Frederick Kempe

Aufstieg und Fall Noriegas

Frederick Kempe

AUFSTIEG UND FALL NORIEGAS

Panama-Poker – gefährliches Spiel mit den USA

Aus dem Amerikanischen übersetzt von Peter Hiess

hannibal

Für meine Mutter und meinen Vater

Robert Azderball, Hannibal-Verlag, Postfach 208, A-1091 Wien
Titelphoto: Contrast Wien
Photos: Contrast Wien, Keystone Press Agency Wien und Martin Levy
Lektorat: Alfred Häuselmann, Seth Mayer-Bruhns
Typographie: Andrea Pokorny GesmbH, A-2500 Baden bei Wien
Druck: Ebner Graphische Betriebe Ulm
ISBN 3-85445-059-1

Inhalt

HINWEIS FÜR DEN LESER

Dies ist das Buch eines Journalisten. Sein Kern setzt sich aus eigenen Recherchen zusammen – nämlich aus mehr als 300 Interviews mit einem Spektrum von Gesprächspartnern, das vom päpstlichen Nuntius bis zu Rauschgifthändlern, von Noriegas ältesten Freunden bis zu politischen Gefangenen, die von seinen Schergen gefoltert wurden, reicht. Fast ausnahmslos waren die Interviews, die für dieses Buch geführt wurden, meine Informationsquellen.

Die Dialoge und Beschreibungen sind in keinem Fall erfunden. Wenn es zu einem Zitat irgendwelche Zweifel gab, wurden die Anführungszeichen weggelassen. Ich habe es mir zur Regel gemacht, Zitate noch einmal auf ihre Richtigkeit zu überprüfen – entweder mit der Person, die mir als Informationsquelle diente, oder mit zwei Zeugen des Zusammentreffens bzw. Austauschs, oder mit Aufzeichnungen oder Dokumenten, in denen der Informationsaustausch festgehalten ist. Weitere wichtige Informationsquellen waren Abschriften von Kongreß-Hearings, im besonderen solcher, die von Senator John Kerrys Drogen-Unterkomitee einberufen wurden.

Viele der Quellen, die für dieses Buch Informationen zur Verfügung gestellt haben, bleiben anonym – sowohl wegen der sensiblen Natur der Informationen als auch wegen der Tatsache, daß General Noriega zum Zeitpunkt der Fertigstellung eines Großteils des Manuskripts immer noch regierte. Um die Unabhängigkeit des Projekts zu bewahren, erhielt keine der Personen, die in die „Handlung“ verwickelt sind, das Recht, vor Veröffentlichung Einsicht in das Manuskript zu nehmen. Bestimmte Abschnitte wurden im Rahmen einer ausgiebigen Faktenüberprüfung den wichtigsten Informanten zur Verfügung gestellt.

Autor Frederick Kempe mit Monsignore José Sebastián Laboa, dem päpstlichen Nuntius.

DANKSAGUNGEN

Dieses Buch hätte ohne die Geduld und die Unterstützung von Norman Pearlstine, Chef vom Dienst beim *Wall Street Journal*, nie entstehen können. Ich bin zutiefst dankbar für seine Bereitschaft, meine merkwürdige Vorliebe für Panama hinzunehmen, mir Urlaub zu geben, damit ich dieses Buch schreiben konnte, und sich dann voller Enthusiasmus für Artikel aus dem Bereich des Isthmus von Panama einzusetzen.

Der kritische Leser wird im gesamten Manuskript Spuren des *Wall Street Journal*-Stils entdecken. Und tatsächlich war dieses Buch eine natürliche Fortsetzung der Arbeit und der Gedanken, die mich in meiner Zeit als diplomatischer Korrespondent für dieses Blatt beschäftigten. Die Panama-Story interessierte mich als faszinierende Fallstudie des Versagens der amerikanischen Außenpolitik wie auch als Geschichte eines unserer eher widerwärtigen Verbündeten, nämlich General Noriega. Es gibt keine Zeitung, die sich für eine solche Story besser eignet. Wenn das *Wall Street Journal* in Hochform ist, dann fördert es tiefschürfende Berichterstattung, ausführliche Darstellungen von Themen, gutes Schreiben, bedeutungsvolle Analysen und unkonventionelle Einsichten.

In diesem Sinne gilt mein Dank auch Karen House, Albert Hunt und Lee Lescaze, meinen Bossen und Freunden beim *WSJ*, die viel von ihrer täglichen Arbeitszeit opfern mußten, um mich für dieses Projekt freistellen zu können. Hunt war besonders großzügig, indem er mir anbot, Büroraum und -einrichtungen zu benutzen, wann immer ich sie brauchte. Speziellen Dank schulde ich Tom Petzinger, einem der besten Redakteure, die ich kenne, dessen Einfluß in meinen Panama-Artikeln und in Teilen dieses Buches deutlich sichtbar ist.

Mein Anwalt und Agent Robert Barnett glaubte von Anfang an an dieses Projekt und lehrte mich das Handwerk. Neil Nyren erwies sich als gestrenger Herausgeber und talentierter Psychiater für einen verunsicherten Autor.

Gute Freunde sind selten. Solche, die Erfahrung beim Redigieren haben, sind noch viel seltener. Muchas gracias für David Ignatius' gewandten Stil und seine Instinkte, die dabei behilflich waren, das Thema und die Schreibweise zu formen. Der Leser sollte darüber froh sein, daß Alan Murrays scharfe Augen die Fehler und möglichen Mißverständnisse erspäht haben, die ich übersehen hätte. Peter Chase, mein Freund und Bruder, stand mir mit seinem Manuskript-rettenden Rotstift zur Seite, sobald eine neue Seite aus dem Drucker kam. Und vor allem: Dank an Kyle Gibson, die dieses Projekt glücklich und unterstützend ertrug, und lange Nächte mit müden Augen und dem Korrekturstift in der Hand aufblieb.

Zwei Journalisten stellten ihre unschätzbare Hilfe zur Verfügung – James Dorsey und M. Scott Malone. Dorseys Freundschaft und Hilfe bei meinen Recherchen waren unersetzlich. Malone stellte mir Informationen zur Verfügung, die einige Kapitel sehr bereichert haben. Von beiden habe ich gelernt.

In Panama nahm mich Queenie Altamirano auf Reisen mit, die sie in größere Gefahr brachten, als sie selbst es wollte. Eine Riesen-Umarmung dafür. Dank auch dem mutigen Louis Martinz (möge er nie wieder im Gefängnis sitzen) und Sarah Simpson (sowie ihren Lebensmittellieferanten) für ihre Freundschaft und Hilfe. Vielen Dank auch der Panama-Expertin Eva Loser, die mich vor Peinlichkeiten bewahrte.

Ein Projekt dieser Größe erfordert eine Menge Recherchen. Carolyn Rhodes opferte endlose Stunden, als es wirklich zählte. Dank auch an Mary Motta, Bellinda Vallarino, Steve Stine und Kathleen Wills. David Dolinger und William Hoover gaben mir das Know-how am Computer. (Wie hat's Dostojewski nur ohne Festplatte geschafft?)

Für ihr besonderes Interesse an dem Projekt ein „Hurra!" für Gil Pimentel, Judd Rose, Forest Sawyer und Scott Willis von ABC. Dank auch an Richard Smith, Maynard Parker und David Alpern von *Newsweek* für gut redigierte und ausgewählte Buchauszüge. Mein Dank gilt weiterhin Kenneth Adelman und Robert Hawkins für ihre Freundschaft und das Büro im Institute of Contemporary Studies.

Stewart Powell zapfte hilfreich Computer- und Speicher-Datenbanken an, und Linda Creighton stellte, wie immer, das richtige Wissen zur Verfügung.

Am allermeisten: an Jeanie, Patty und Teresa, die immer daran glaubten.

Eine Anzahl von Informanten in Panama und Washington, die wissen, daß sie gemeint sind, kann hier nicht mit Namen genannt werden. Vergeßt Makkaroni mit Käse! Vergeßt die Roastbeef-Sandwiches! Ich lade euch jederzeit ein.

Ihr bezahlt die Getränke.

Und Gott segne den Nuntius.

VORWORT

Blut unter dem Kopfkissen

Ich kann Ihnen nur ehrlich sagen, daß das höhere kosmische Gewissen, das Gott ist, auf meiner Seite steht. Ich habe jeden Tag gebetet, seit meine Mutter es mir beigebracht hat. Das ist mein moralisches Prinzip.
– MANUEL ANTONIO NORIEGA, 26. MAI 1989

Ich finde Ivan Trilha am Ende des schäbigen Korridors, an dessen Beginn zahme Tukans an Papayas mampfen, nach dem Zimmer mit den gefälschten Salvador Dali-Originalen und unter einem lebensgroßen Plakat von General Manuel Antonio Noriega, der in einer so blendend weißen Uniform abgebildet ist, daß die Tauben, die daneben flattern, ganz grau aussehen.

Die Inschrift auf dem Plakat, in der unverkennbaren, kühnen und zugleich kindlichen Handschrift des Generals, lautet: „Meinem Bruder, Compadre, Berater und Licht, Ivan Trilha, 1984." Trilha lächelt, als er liebevoll seinen Finger über die Buchstaben gleiten läßt, als wolle er Energie aus ihnen ziehen. Unterhalb der Krempe der weißen, hohen Militär-Schirmmütze scheinen Noriegas dunkle Schlangenaugen Blicke durchs ganze Zimmer zu werfen.

Trilha ist ein brasilianischer Zauberer, auf dessen Geschäftskarte in goldenen Buchstaben steht: „Der weltbeste Wunderheiler, Astrologe und Tarotkartenleger". Aussagen von Noriegas Offizierskollegen zufolge ist er auch die kosmische Kraft, die dem General eine magische Waffe gegen amerikanische und einheimische Feinde in die Hand gab. Trilha ist keineswegs zurückhaltend, wenn es darum geht, ein Lob für sich zu beanspruchen.

„Alle Zauberer der Welt waren hinter Noriega und mir her", sagt er, „und wir konnten gewinnen. Ich habe ihm mit meiner spirituellen Unterstützung geholfen. Er und ich kommunizieren geistig miteinander. Er besitzt eine sehr starke Fähigkeit zum Hellsehen."

Das brasilianische Medium wirft seinen wilden Schopf schulterlanger schwarzer Haare zurück – sie kleben vor Schweiß, da er gerade eine Operation ohne Anästhesie durchgeführt hat. Er hat mit einer Schneiderschere einen Tumor herausgeschnitten und dabei nur die Energie seiner Hände dazu benutzt, das umliegende Gebiet zu betäuben.

Jetzt führt er ein Video von einer früheren Operation vor, um diese außergewöhnliche Fähigkeit zu dokumentieren, und erklärt mir, daß die Schreie des Operierten kosmische Aufschreie der Freude und kein Anzeichen für Schmerz seien.

Als er bemerkt, daß sein Zuhörer einige Zweifel hegt und zusätzliche Beweise für sein überragendes Können will, zeigt Trilha ein Dankschreiben vom United Nations Recreation Council, vor dessen Parapsychologie-Club er einen Vortrag gehalten hat. Außerdem führt er mich zu einer Wand, wo er mit zwei gefälschten Diplomen protzt, die im New Yorker Mendez Print Shop angefertigt wurden.

Nachdem er auf diese Weise seinen Leumund bestätigt hat, wendet er sich seinem Lieblingsthema zu: Manuel Antonio Noriega Moreno. Noriega, sagt er, sei einer der vier stärksten Männer der Weltpolitik – zusammen mit Gorbatschow, Castro und Ghaddafi. „Noriega ist Christ, Rosenkreuzer, Freimaurer, Buddhist, Taoist und ein Mann, der von Gott und Gottes Sohn beschützt wird." Noriega ging also auf Nummer Sicher und beschritt sämtliche religiösen und abergläubischen Pfade, damit er nicht in die Lage kommen würde, gerade den einen vergessen zu haben, der ihm die Erlösung bringen würde. Trilha nennt ihn einen „Synchrotisten": Er hat alle Glaubensrichtungen zusammengesetzt und glaubt somit an alles und nichts.

„Es gibt etwas, von dem ich möchte, daß sie es schreiben", sagt Trilha und starrt dabei auf mein Notizbuch. „Wenn Noriega sich für eine bestimmte Religion entscheiden müßte, dann hege ich keinerlei Zweifel daran, daß er ein lateinamerikanischer Christ wäre. Er wurde so viel verfolgt, daß aus dem Dämon ein Engel geworden ist. Es war eine moderne Kreuzigung. Er spricht sogar in Gleichnissen, wie Christus."

Mitte der siebziger Jahre, als Noriega Chef des panamaischen Geheimdienstes war, lernte er Trilha kennen. Zuvor hatte der brasilianische Wunderheiler Noriegas Adoptivmutter von einer schwächenden Arthritis geheilt, und sie schlug vor, daß ihr überraschend erfolgreicher Sohn dieses wandelnde Phänomen aufsuchen solle, um seine Migräne behandeln zu lassen. „Die Leute glauben, daß er ein Rauschgiftsüchtiger ist, weil er die ganze Zeit eine Sonnenbrille trägt", meint Trilha. „Das ist nicht wahr. Es ist wegen seiner Kopfschmerzen."

Nachdem er seine dämonischen Kopfschmerzen mit Zaubersprüchen belegt hatte, erzählte Trilha Noriega etwas, das er gern hörte. Er sagte, daß der introvertierte und häßliche Agenten-Chef international berühmter werden würde als Panamas beliebter und gutaussehender Diktator Omar Torrijos. Zu dieser Zeit machte sich Torrijos gerade einen guten Namen, indem er über die neuen Panamakanal-Verträge verhandelte. Insgeheim hielt Noriega Torrijos für einen Schwätzer und Trunkenbold. Als er nun ein Medium seine geheimsten Wünsche aussprechen hörte, war das das Omen, auf das Noriega nur gewartet hatte, und er adoptierte Trilha sofort als seinen Bruder und Spiritisten.

Trilha hört abrupt zu sprechen auf. Er hat eine Vorahnung, eine Vision. Er sieht etwas, da draußen im kosmischen Jenseits, und anscheinend macht es ihn glücklich. Seine feuchtkalten, klebrigen Hände berühren den Arm seines Besuchers. Der Raum ist zu heiß, so dunstig wie die Straßen draußen, überzogen mit der schwülen Decke von Panamas Regenzeit. Trilha durchschwitzt sein reinweißes Hemd und die Hose, und das

Wasser tropft von der schwarzen Perlenschnur, die um seinen Hals hängt. Während weltweit jeder voraussagt, daß Noriega bald stürzen würde, liegt Trilha auf einer anderen Wellenlänge.

„Mit 12 Jahren sagte ich den Tod Kennedys mit absoluter Genauigkeit voraus", erzählt Trilha. „1971 prophezeite ich das Datum des Sturzes und des Todes von Allende und im letzten Jahr sagte ich den Sturz Stroessners voraus. Jetzt sehe ich, daß Noriega bleiben wird."

Trilha springt von seinem Sitz auf und durchschreitet das Zimmer. Er blickt zur Decke hinauf. Er hat wieder eine Vision. Diesmal ist es eine über mein Buch – dieses Buch. „Ich habe eine Vision. Ich sehe das Buchcover. Der Titel des Buches wird ‚Die große Wahrheit über Noriega und Panama' lauten. Von diesem Buch könnten Sie eine Auflage von einer Million verkaufen. Ich habe sehr gute Kontakte zu Herausgebern auf der ganzen Welt. Ich habe drei Bücher geschrieben, und mehr als 35 Millionen wurden verkauft."

Trilha bietet mir an, Photos von Noriega als Kind zu beschaffen. Von Noriega in der peruanischen Militärakademie. Von Noriega als dem starken Mann hinter Omar Torrijos. Trilha würde den Verlag und den Vorschuß arrangieren: 20 000 Dollar, sagt er. Aber das sei nur der Anfang. „Alles was dazu erforderlich ist, ist, daß darin die unvoreingenommene Wahrheit bekannt wird."

Das ist keine besondere Bestechung, wenn man bedenkt, über welche gigantischen finanziellen Mittel sein diktatorischer Freund verfügt; aber anstatt zu verhandeln, protestiere ich, daß ich bereits einen Verlag und eine Anzahlung hätte. Trilha sagt, er könne mir spanische Lizenzrechte anbieten. Ich antworte ihm, daß auch diese bereits verkauft seien. Dann bietet Trilha an, mich auf Panamas üppiger Insel Contadora unterzubringen, damit ich dort das Buch schreiben könne. Er würde Kost und Logis zur Verfügung stellen und regelmäßige Lieferungen Ziegenmilch schicken.

Als auch das abgelehnt wird, verliert Trilha jedes Interesse an dem Interview und kündigt mit bösem Stirnrunzeln an, er würde mir jetzt die gleiche Massage geben, die Noriega immer so entspannt. Gegen meinen Protest legt er mich auf den Boden, auf eine Matte feuchter Handtücher, und beginnt mit einer so gewalttätigen Massage, daß ich fast ohnmächtig werde. Ein barmherziger Patient gebietet ihm Einhalt, bevor sich die Welt rund um mich verdunkelt.

Ich trete eilig den Rückzug an.

Am selben Nachmittag setze ich meine Recherchen bei einem Anwalt, der diverse Drogen-Persönlichkeiten aus Cali in Kolumbien vertritt, fort. Auch er kennt Noriega gut und zeigt sich über die Probleme frustriert, die seine Klienten mit dem General haben. Noriega bevorzugt das Medellín-Kartell und nutzt seine Stellung dazu aus, dessen Mitglieder in ihrem Wettbewerb gegen die Bosse aus Cali zu unterstützen. Der Anwalt beklagt sich, daß Noriega Informationen über Personen aus Cali an amerikanische Drogenagenten weiterleite, damit diese seinen Klienten Fallen stellen könnten. Dieses Verhalten gefällt sowohl seinen Rauschgift-Geschäftspartnern als auch den US-Behörden. Noriega hat 1985 sogar eine panamaische Bank wegen Geldwaschens schließen lassen – das erste Mal, daß so etwas in Panama passierte. Einer der Besitzer der Bank war eine der wichtigsten Personen aus Cali – also ein Konkurrent des Generals.

Der Anwalt berichtet über einen Klienten, der nicht mit Noriega kooperieren wollte. Der Klient erhielt in seiner luxuriösen Eigentumswohnung an der Küste mitternächtlichen Besuch von Oberstleutnant Nivaldo Madriñan, dem bösartigen Leiter des panamaischen FBI, gegen den später, nach der Vertreibung Noriegas, Mordanklage erhoben werden sollte. Der Anwalt behauptet, daß Madriñan mehrere Millionen Dollar in 100 Dollar-Scheinen an sich genommen habe, die im Schrank seines Klienten gestapelt gewesen wären und zum „Waschen" nach Panama gebracht worden seien – und dann wieder in die Nacht hinaus verschwunden wäre. Ein Teil der Kapitalflucht aus Panama hat überhaupt nichts mit den Schwierigkeiten im Banksystem oder amerikanischen Sanktionen gegen Noriega zu tun, sagt der Anwalt. Es sei eher so, daß viele Geldwäscher fürchteten, Noriegas Leute würden ihnen das Geld abgaunern, bevor sie es in die Banken schaffen könnten.

„Wen hätte mein Klient denn zu Hilfe rufen sollen, die Polizei?" lacht der Anwalt. „In Panama sind die Polizisten die Diebe."

Am Ende des Interviews zeigt sich der Anwalt bestürzt, als er erfährt, daß diese Informationen in einem Buch verwendet werden sollen. Er hat Daten und Namen bekanntgegeben. Ich versichere dem Anwalt, daß ich seine Identität geheimhalten würde, aber auch das beruhigt ihn keineswegs. „Ich glaube nicht, daß Sie begreifen, wie gefährlich das ist, was Sie da tun", sagt er. „Das hier könnte sehr riskant für mich sein – und für Sie. Ihr Amerikaner seid alle zu naiv, um Noriegas Fähigkeiten einschätzen zu können."

Ich gehe in mein Apartmenthotel zurück, sehe mir im amerikanischen Militär-Fernsehsender an, wie David Letterman lahme Witze über Dan Quayle reißt und schalte dann erschöpft das Licht aus. Aber als ich meine linke Hand unters Kissen stecke, spüre ich etwas Kühles, Nasses. Ich mache wieder Licht und bemerke, daß meine Hand voller Blut ist. Unter dem Kissen befindet sich eine kleine Blutlache.

Irgendjemand hat mir eine Nachricht geschickt.

Hat Ivan Trilha beschlossen, daß seine Bemühungen, das Buch zu beeinflussen, etwas weniger subtil sein müßten? War es der Drogenanwalt? Es hätte sogar der Angestellte an der Rezeption des Apartmenthotels sein können, den ich am Tag zuvor angeschwärzt habe, weil er Nachrichten von Noriega-Gegnern an mich zurückhielt (wobei er sie aber fein säuberlich auf eine Liste in seiner Schublade notierte). Einer seiner Kollegen sagte, daß der Mann zum militärischen Geheimdienst gehöre.

Man hat mir erzählt, daß Noriega an Santeria glaube – eine kubanische schwarzmagische Religion, zu der Tieropfer gehören –, also packe ich den Kissenüberzug in das ebenfalls feuchte Bettuch und verstecke beides in einer Tennistasche im Schrank, da ich vorhabe, das Blut auf seine Herkunft testen zu lassen, sobald ich wieder zu Hause bin.

Ich blockiere die Eingangstür mit einem Lehnsessel, schalte die Letterman-Show wieder ein und ziehe ins Nachbarbett um, wo ich in unruhigen Schlaf versinke.

Nach einem schnellen Frühstück am nächsten Morgen kehre ich in mein Zimmer zurück, wo ich alles unverändert vorfinde. Es ist erst acht Uhr früh, und das Zimmermädchen war noch nicht da. Aber der Kissenüberzug und das Bettuch sind verschwunden.

Man hat das perfekte Ding gedreht: Ich bin eingeschüchtert worden und habe keinerlei Idee, wer mich eingeschüchtert hat, und aus welchem Grund. Und es gibt keinen Beweis. Wenn ich panamaischen Freunden davon erzählte, würden sie vor mir zurückschrecken. Wenn ich der amerikanischen Botschaft davon erzählte und amerikanische Diplomaten daraufhin protestierten, dann würde mein guter Kontakt zu Regierungsbeamten abreißen. Ich erzähle es anderen, und sie raten mir, Panama zu verlassen.

Nach panamaischen Maßstäben jedoch scheint die Nachricht fast zu verspielt, um sich deshalb viele Sorgen machen zu müssen. Etwa um die selbe Zeit, als ich das Blut entdeckte, luden Noriegas Männer den kopflosen Leichnam eines Panamaers in der Hauseinfahrt eines panamaisch-amerikanischen Rechtsanwalts ab, der dem Militär Verstöße gegen den Panamakanal-Vertrag vorgeworfen hatte. Der schwarze Kopf stand auf seinem Hals, gleich neben dem Rumpf und ordentlich in Plastik verpackt.

Andererseits scheint mir das Blut unter dem Kopfkissen aber eine passende Metapher für Noriegas Panama zu sein. Bis zur Invasion im Dezember 1989 kontrollierte der General das Land indirekt durch Einschüchterung, obwohl die Unterdrückung meist sorgsam aus dem Blickfeld der Öffentlichkeit ferngehalten wurde, da es seine Methode war, aus dem Schatten heraus zu regieren. Als Noriegas schärfster politischer Gegner, Hugo Spadafora, 1985 geköpft wurde, ließ der General aus dem Schatten heraus zu, daß die enthauptete Leiche in einem amerikanischen Postsack in Costa Rica, gleich jenseits der Grenze, aufgefunden wurde. Der Mord wurde nie untersucht. Als der Kandidat für die Vizepräsidentschaft, Billy Ford, 1989 bei einem offensichtlichen Attentatsversuch mit einem Metallrohr verprügelt und sein Leibwächter erschossen wurde, handelte es sich bei den Tätern um „Würde-Bataillone“ in Zivilkleidung. Wieder einmal wurde niemand festgenommen, aber es konnte auch niemand beweisen, daß die Befehle dazu hinter den Kulissen gegeben wurden. Noriega hinterläßt keine Fingerabdrücke.

Noriegas Lebensziel war es immer, ein Rätsel zu bleiben, ein sphinxartiger, geheimnisvoller Mann. Wie ein untreuer Ehemann schwor er den USA seine Hingabe, während er wahllos andere Partner umwarb: die Kubaner, die Nicaraguaner oder libysche und israelische Geheimdienste, um nur einige zu nennen. Während er einerseits den Amerikanern half, den Drogenhandel zu bekämpfen, brachte er andererseits nur seine Konkurrenten hinter Gitter und streifte dabei die Gewinne einer Multimilliarden-Dollar-Industrie ein. Dennoch würden alle seine Partner irgendwann merken, daß dieser lakonische Militär weder irgendeinem Land noch einer Ideologie, sondern nur sich selbst gegenüber loyal war.

Er schuf sich selbst – eine Kombination aus Frankenstein, Richard III. und dem Zauberer von Oz.

Als Frankenstein war Noriega ein Monster, das die Vereinigten Staaten zusammensetzen geholfen hatten. Die kommunistenfürchtenden Amerikaner finanzierten und bildeten ein einflußreiches Militär aus – das die meisten Panamaer niemals wollten – und schauten dann in die andere Richtung, als dieses Militär die Macht an sich riß, Wahlen manipulierte und die Demokratie unterdrückte. Es war das Militär der Vereinigten Staaten, das Noriega einen Großteil der Ausbildung gab, die er dazu brauchte, um von einem Dienstgrad zum nächsten aufzusteigen und schließlich sein Land unter Kontrolle zu bekommen. Von den Amerikanern erfuhr er erstmals etwas über Geheimdiensttätigkeit, Spionageabwehr und psychologische Kriegsführung.

Wie Richard III. ist auch Noriega ein Mann, der von Natur und Gesellschaft verunstaltet wurde. Seine Erscheinung und sein Charakter trugen bereits in der Kindheit Narben davon, erstere durch Akne, letztere durch Armut, das Verlassenwerden durch den Vater und den vorzeitigen Tod seiner Mutter. Wie Richard III. suchte auch Noriega Vergeltung an der Gesellschaft und an den Leuten, die sich über ihn lustig machten, indem er ein Virtuose des Bösen wurde, der durch die bloße Dreistigkeit und Ungeheuerlichkeit seiner Verbrechenstauglichkeit verblüffte. Noriega widmete sich, wie Richard III., so sehr mit Herz und Seele der Korruption, daß diese dadurch fast so etwas wie eine umgedrehte moralische Bedeutung bekam. Er arbeitete hart daran, der perfekte Schurke zu sein, ein Betrüger auf allen Seiten, und ein Einschüchterer sowohl gegen Freunde als auch gegen Feinde.

Wie der Zauberer von Oz errichtete Noriega eine Fassade, die ihn überlebensgroß erscheinen ließ. Dahinter saß dann er, bewegte all die Hebel von Macht und Zorn, und hoffte, daß niemand sein wahres, gestörtes und verletzliches Selbst entdecken würde. Ohne seine Uniform schien er zu verwelken, und er war um einiges kleiner, wenn er keine seiner hohen Schirmmützen trug. Er hielt die Fassade aufrecht, indem er geschickt die Reichtümer eines Futterkrippensystems verteilte und fachkundig psychologische Kriegsführung betrieb. Die Stimme hinter der Leinwand behauptete von sich, das Symbol für die panamaische Nation zu sein, ein moderner Simón Bolívar; aber dahinter saß ein Mann mit Migräneschmerzen in seiner privaten Welt aus lauter Unsicherheiten. Dennoch würde es ihm mit Sicherheit Schmach und Schande bereiten, müßte er seinen Sessel verlassen und die Kulisse niederreißen. Oder, um es noch besser zu verdeutlichen: Würde er die Fassade aufgeben, dann bedeutete dies wahrscheinlich den Tod für den Zauberer – durch die Hände der Drogenhändler und Geheimdienste, die er so lange Zeit manipuliert und zu oft betrogen hat. Am Ende entschied sich der Zauberer lieber für die Sicherheit eines Gefängnisses in Miami.

Vom aufsässigen Kadetten in Peru über den schattenhaften Doppelagenten, der beim CIA und Fidel Castro schmarotzte, bis zum Drogenhändler und korrupten Diktator – Noriega stellte einen Stachel im Fleisch jeder amerikanischen Regierung seit Eisenhower dar.

Für die Vereinigten Staaten handelte es sich von Anfang an um eine schäbige Vernunftehe. Keiner der beiden Partner empfand für den anderen je besondere Zuneigung, aber jeder hatte seine eigenen Gründe, die Bindung aufrecht zu erhalten. Die USA hielten die Partnerschaft mit Noriega anfangs aus Angst vor dem Kommunismus aufrecht; dann wurde die Beziehung durch die Regierungen Ford und Carter geschützt, die die Gespräche über die Panamakanal-Verträge nicht gefährden wollten; und schließlich und endlich wurde sie noch gefördert, da die Regierung Reagan sich mehr um die nicaraguanischen Contras als um die Demokratie in Panama kümmerte.

Sogar nachdem die Drogen-Anklagen von 1988 und immer mehr Beweise für andere Verbrechen die Beziehung unhaltbar machten, zögerten viele Regierungsmitglieder noch. Die Drug Enforcement Administration (DEA) behauptete, daß er nach wie vor mit ihnen zusammenarbeiten würde; im Pentagon fürchtete man, Abkommen über militärische Stützpunkte auf der ganzen Welt zu gefährden, ginge man gegen Noriega vor; und der CIA sorgte sich insgeheim über die geheimdienstliche Zusammenarbeit, die er verlieren und über die Drohung, daß Noriega vieles von dem, was er wußte, preisgeben könnte: Er kannte etliche Geheimnisse der amerikanischen Regierung.

Der amerikanische Krieg gegen Noriega nahm folglich eine Intimität und Schäbigkeit an, die ihn eher wie eine Schlafzimmer-Schlacht als einen außenpolitischen Kampf aussehen ließen. Viele Individuen und Behörden in Washington, die von ihrer Beziehung zu Noriega profitierten, lehnten die Vorstellung, sie zu beenden, stillschweigend ab – oder wollten zumindest nicht, daß sie in einer Art aufhörte, die einen langjährigen Freund demütigen würde. Und Noriega, der sich wie ein betrogener Liebhaber fühlte, entschloß sich, zurück zu schlagen. Sogar wenn das bedeutete, daß er alle Möbel zertrümmern und das ganze Haus zerstören würde, weigerte sich Noriega, auch nur einen Millimeter von seiner Position zu weichen. Amerikas Bemühungen, Noriega abzusetzen, erweckten eher den Eindruck einer Verhandlung vor dem Scheidungsrichter als den von Diplomatie.

Niemand begriff diese Schäbigkeit besser als Joel McCleary, unter Carter Berater im Weißen Haus, der Noriega 1985 und 1986 als gutbezahlter politischer Ratgeber diente, um bei der Demokratisierung Panamas behilflich zu sein, bevor er den Gegnern des Generals 1987 half, ihre unglückliche Strategie zur Zerstörung Noriegas zu planen.

„Jeder ging mit Noriega ins Bett", sagt McCleary heute. „Noriega war eine süße Schlampe. Aber dann wurde er alt und sein Hintern wurde faltig. Er wurde immer korrupter, begann Drogen zu verkaufen. Es war nicht mehr lustig, ihn auf Parties mitzunehmen. Also mußte man ihn loswerden."

Kapitel eins

Letzte Zuflucht

Jetzt reicht's.
– PRÄSIDENT GEORGE BUSH,
17. DEZEMBER 1989

Der Krieg beginnt an einer behelfsmäßigen Straßensperre in den Slums von Panama City. Das Schlachtfeld ist die Avenida A, eine schmale Verkehrsader, die quer durch eine Barackensiedlung aus fauligem Holz, abblätternder Farbe und zerfallenden, rostigen Blechdächern führt. Es wird gerade dunkel, und die armen *Pueblos* haben, wie sie es immer tun, ihre dunstigen Behausungen verlassen, um die kühleren Türstufen oder wackeligen Balkone des Barrio Chorillos aufzusuchen.

Aber es liegt eine ungewohnte Spannung in der Luft. Noriegas Truppen sind nervös, kontrollieren Autos und patrouillieren durch die Straßen. Erst einen Tag zuvor hat sich der General zum „höchsten Führer" Panamas ausgerufen, die letzten Spuren einer verfassungsmäßigen Regierung beseitigt und erklärt, daß sich Panama mit den Vereinigten Staaten im „Kriegszustand" befände, wodurch er die Belagerungsmentalität seiner Männer noch verstärkte. Noriega hat die Geheimdienst-Information erhalten, daß für eben diesen Tag, den 16. Dezember 1989, ein Staatsstreich gegen ihn geplant sei.

Da er das Schlimmste befürchtet, hat Noriega rund um sein Hauptquartier Soldaten der Machos del Monte – der Macho-Männer aus den Bergen – Aufstellung nehmen lassen. Sie sind von den Kubanern für den Dschungelkampf ausgebildet worden, aber Noriega hat viele von ihnen in die Stadt verlegen lassen, nachdem ein aufständischer Offizier, Major Moisés Giroldi, ihn zwei Monate zuvor bei einem versuchten Staatsstreich fast entmachtet hätte. Die Machos sind die einzige Truppenabteilung, die ihm gegenüber völlig loyal geblieben ist. Sie stehen wie lateinamerikanische Rambos an den Straßensperren rund um den Gebäudekomplex aus Zement, der sein Hauptquartier ist. Sie sind mit halbautomatischen AK-47-Maschinenpistolen bewaffnet, und viele von ihnen tragen kreuzweise umgehängte Patronengurte, ärmellose T-Shirts und wildwuchernde, schwarze Bärte. Etliche Soldaten haben getrunken, da sie den 16. Dezember feiern, den Noriega zum nationalen Feiertag, dem „Tag der Loyalität", erklärt hat, als er 1983 die Macht übernahm.

Kurz nach 21 Uhr biegen vier amerikanische Marines mit dem Auto falsch ab und finden sich unabsichtlich vor der Straßensperre der Machos wieder. Sie haben nur noch zwei Stunden bis zum Beginn ihrer militärischen Ausgangssperre und sind von Fort Clayton für einen schnellen Drink im Hotel Marriott quer durch die ganze Stadt gerast, bevor sie sich zurückmelden wollen. Marine-Hauptmann Richard Haddad sitzt am Steuer eines Autos, das in jeder Hinsicht sofort auf Gringos schließen läßt: ein cremefarbener, ramponierter Chevrolet Impala mit Nummernschildern aus Michigan und einem großen Aufkleber auf der Windschutzscheibe, der den Besitzer des Wagens als amerikanischen Militäroffizier ausweist. Hauptmann Haddad ist ein enthusiastischer Marine, der wirkt, als hätte ihn ein Besetzungsbüro für seinen Posten ausgesucht. Er stemmt Gewichte, sammelt Pistolen und prahlt bei Vorgesetzten damit, daß er niemals wegen einer panamaischen Straßensperre anhalten würde; die Panamakanal-Verträge sähen das nicht vor, und er hat bestimmt nicht vor, die panamaischen Schwächlinge ihre dreckigen Hände an ihn legen zu lassen. Aber jetzt, in den armseligen, labyrinthartigen Straßen der panamaischen Barrios, steht er plötzlich als dritter in der Autoschlange vor einer Straßensperre, in einer Gasse, die zu eng ist, als daß er hier wenden könnte.

Hauptmann Haddads Fuß ruht etwas unsicher auf dem Gaspedal. Einer seiner Begleiter – Oberleutnant Robert Paz, der 24jährige Sohn kolumbianischer Missionare – zuckt nervös zusammen, als eine Gruppe Panamaer das Auto einkreist und Flüche und Drohungen ausstößt. „Wir hielten den Wagen an, und einer der Typen zielte sofort auf uns und lud seine Waffe durch“, erzählt Haddad, ein 26 Jahre alter Marine, der beim Southern Command-Geheimdienst tätig ist, später einem vorgesetzten Offizier. Als die beiden Autos vor ihnen weiterfahren, gibt Haddad Gas und fährt schnell durch die Straßensperre. „Ich trat das Pedal bis zum Anschlag durch, um so schnell wie möglich da rauszukommen.“

Die Machos feuern auf das Heck des Wagens, als er die Avenida A hinunterrast, auf Noriegas in der Nähe befindliches Hauptquartier zu, wo der General soeben seinen Feiertag zelebriert. Die panamaische Geschichte würde sich wegen einer der ziellos abgefeuerten Kugeln ein für alle Male ändern – das Geschoß durchschlägt den Kofferraum, dann den Rücksitz und landet schließlich in Paz' Rücken.

Als das Auto an der Comandancia vorbeidonnert, in der sich Noriega und andere Offiziere zu diesem Zeitpunkt gerade aufhalten, fangen auch andere Soldaten zu schießen an. Eine Kugel streift Hauptmann Haddads Knöchel. Der Impala schleudert um die Ecke, in Richtung des Gorgas-Armeehospitals von Southern Command, das auf einem ein paar Meilen entfernten Hügel liegt. Aber das Fahrzeug biegt noch einmal falsch ab, diesmal auf der July 4 Avenue, der Trennlinie zwischen den Barrios von Panama und den Häusern der Reichen in der ehemaligen Kanalzone. Auf dem Rücksitz blutet Paz heftig. Wenige Minuten, nachdem sie im Gorgas angekommen sind, ist Lieutenant Paz der erste amerikanische Soldat, der – im Laufe eines zweieinhalb Jahre dauernden Nervenkrieges zwischen dem Diktator und Washington – von einem Mitglied der Truppen des Generals Noriega getötet wurde. Dieser schicksalhafte Fehler setzt die Vorbereitungen für die größte militärische Operation Amerikas seit dem Vietnamkrieg in Gang. Es wird sich um die umfangreichste US-Invasion handeln, die jemals so ausschließlich gegen einen einzelnen Mann gerichtet war.

Denn es geht dabei nicht um einen isolierten Akt, den sich amerikanische Funktionäre leisten können, zu ignorieren. Zusätzlich zum Mord an Lieutenant Paz versetzen Noriegas Truppen nämlich noch ein amerikanisches Ehepaar, das Zeuge des Zwischenfalls wurde, in ein Trauma.

Es handelt sich um einen Navy-Leutnant und seine Frau, die soeben in einem Restaurant namens La Cascada – einer vulgären Gringo-Kneipe mit falschen Wasserfällen, Tieren aus Papiermaché, einer 16-seitigen Speisekarte (in Englisch und Spanisch) und Piña Coladas für zwei Dollar – zu Abend gegessen haben. Die Frau des Leutnants, eine Graduierte in lateinamerikanischen Studien, ist erst an diesem Tag angekommen, weil sie hier ihre Weihnachtsferien verbringen will. Auch der Leutnant hat eine falsche Abzweigung genommen und landet hinter der Straßensperre, wo die beiden Zeugen der Konfrontation werden.

Die Machos ergreifen sie, kleben ihnen die Münder mit Kreppband zu und machen sich mit ihnen davon – gleich um die Ecke, zum Hauptquartier des militärischen Geheimdienstes. Deine Frau hat nette Titten, sagt einer der Vernehmungsbeamten. Zu schade, daß du eine Zeitlang nichts davon haben wirst.

„Sie traten mir etwa fünfzehn oder zwanzig Mal in die Leistengegend. Sie schlugen mich in den Magen und sie schlugen mit einem Hammer auf meine Füße und meinen Kopf und später knallten sie mir noch ein paar auf die Ohren“, erzählt er später. „Sie drohten damit, mich umzubringen und fragten, ob ich sterben wolle. Sie hatten mir die Augen verbunden, so daß ich nie wußte, aus welcher Richtung der nächste Schlag kommen würde.“

Die panamaischen Soldaten drohen auch damit, die Frau des Leutnants sexuell zu mißbrauchen, aber die einzige Verletzung, die sie davonträgt, ist eine klaffende Wunde am Kopf, als man sie gegen eine Zementmauer stößt. „Sie trieben es wirklich nicht allzu wild“, sagt der Leutnant. „Aber sie deuteten an, daß sie sie an anderen Stellen berühren würden, und sie rieben sich an ihr, solche Sachen eben.“ Sie wird ohnmächtig, nachdem man sie zwingt, längere Zeit mit den Händen über dem Kopf an einer Wand zu lehnen.

Am Vormittag des 17. Dezember, einem Sonntag, studiert Präsident Bush Geheimdienstberichte über die Ereignisse der vergangenen Nacht. Wenn er sich darüber aufregt, dann zeigt er es seiner Familie, einigen Freunden und einer größeren Zahl von deren Kindern, die er zu einem Weihnachts-Brunch eingeladen hat, zumindest nicht. Der Präsident singt mit ihnen Weihnachtslieder und lädt Kindergruppen zu einer Führung ein, die alle Räume außer dem Schlafzimmer des Präsidenten-Ehepaars einschließt.

Erst am frühen Nachmittag, als alle seine Gäste wieder gegangen sind, zieht sich der Präsident mit seinen engsten Ratgebern in sein privates Arbeitszimmer im Wohnbereich des Weißen Hauses zurück. Es ist ein gemütliches Büro, in dem er den Großteil seiner Abende damit zubringt, Arbeit nachzuholen und auf seiner elektrischen Schreibmaschine Briefe an Freunde zu verfassen. Der letzte Gast, eine Nachzüglerin, sieht, als sie gerade das Weiße Haus verläßt, ein paar bekannte Persönlichkeiten zum Aufzug gehen, um zum Treffen zu fahren: den Vorsitzenden des Vereinigten Generalstabs, Colin Powell, Verteidigungsminister Dick Cheney, den Nationalen Sicherheitsberater Brent

Scowcroft und den Sprecher des Weißen Hauses, Marlin Fitzwater. Außenminister James Baker und Vizepräsident Dan Quayle, die beim Brunch zu Gast waren, schließen sich ihnen im Obergeschoß an.

„Alles wie üblich", meint die Frau.

Kaum.

Präsident Bush steht kurz davor, das größte Risiko seiner politischen Karriere auf sich zu nehmen. Der Präsident ist zur Überzeugung gekommen, daß Noriega ein Problem darstelle, das mit der Zeit immer schlimmer werden wird – offensichtlich hat er seit seiner Zeit als CIA-Direktor im Jahr 1976, als er Noriega noch als einen „Aktivposten" bezahlte, eine Lektion gelernt. Er hat bereits einige Schritte zu einer Lösung unternommen. Nach dem fehlgeschlagenen Versuch eines Staatsstreichs drei Monate zuvor, als er davor zurückscheute, den aufständischen Offizieren in den kritischsten Momenten zu Hilfe zu kommen, hat Bush jetzt eine militärische Alternative vorbereitet.

Ranghohe Beamte haben Vereinbarungen mit Geheimdienst-Komitees des Kongresses überarbeitet, um dem Weißen Haus dadurch größere Handlungsfreiheit in Panama zu geben – einschließlich einer Lockerung der Beschränkungen bezüglich Attentaten. Noch wichtiger ist die Tatsache, daß General Maxwell R. Thurman aus dem Ruhestand zurückgerufen wurde, um General Frederick Woerner zu ersetzen, einen Offiziers-Diplomaten von eigenen Gnaden, der – als Vorsitzender des Southern Command – eine militärische Vorgangsweise gegen Noriega abgelehnt hat. Thurman ist ein 58 Jahre alter Junggeselle, der von einigen seiner Männer wegen seiner begeisterten Hingabe an die militärische Disziplin nur „Mad Max" genannt wird. Thurman überprüfte die Eventualitätspläne, die Woerner entworfen hatte – und warf sie weg. Er war der Ansicht, daß nach ihnen die Truppen zu langsam nach Panama befördert würden, um dort einen praktischen Zweck erfüllen zu können. Und nach dem Mord an Paz gab auch Colin Powell, der Vorsitzende der Vereinigten Generalstabschefs, plötzlich seinen Widerstand gegen den Einsatz militärischer Mittel gegen Noriega auf.

Damit hat Bush alles genau dort, wo er es haben will. Bleibt nur mehr die Frage, was ihn provozieren würde. Und die Ereignisse rund um den Mord an Paz reichen aus.

„Jetzt reicht's", sagt Bush zu seinen versammelten Beratern.

Bush stehen drei militärische Alternativen zur Verfügung, und zu jeder davon gibt es Eventualitätspläne. Die begrenzteste der Aktionen nimmt die Gefangennahme Noriegas im Rahmen eines überraschenden Kommandounternehmens spezieller Einsatztruppen in Aussicht, die nur von den konventionellen Truppen, die sich bereits in Panama befinden, unterstützt werden soll. Der Vorteil dieser Vorgehensweise ist eine Begrenzung der Verluste und die größere Wahrscheinlichkeit, eine Geheimhaltung aufrechterhalten zu können, aber man kann Bush nicht garantieren, daß die Soldaten es schaffen werden, Noriega zu finden, von dem man ihm berichtet hat, daß „er sich wie eine mexikanische Springbohne von einem Ort zum anderen bewege", um eben eine solche Attacke gegen ihn zu verhindern. Der Mittelweg sieht vor, die 12 000 Soldaten einzusetzen, die bereits in Panama stationiert sind. Sie würden mit Sicherheit die Verteidigungsstreitkräfte ausschalten und Noriegas Kumpane festnehmen können. Auf diese Weise könnten die Verluste gering gehalten und die Geheimhaltung gesichert werden. Die Gefahr dabei ist, daß eine solch begrenzte Einsatztruppe es vielleicht nicht schaffen könnte, längere Kampfhandlungen außerhalb Panama Citys oder Bedrohungen des Panamakanals zu verhindern.

Zum Schluß schließt sich Bush also Powells Meinung an, indem er die Holzhammermethode bevorzugt: massive Stärke. Dabei gibt es zwar mit Sicherheit weniger Geheimhaltung, aber mehr Garantien dafür, daß mit Noriega und seinen Verbündeten ein für alle Mal Schluß gemacht werden kann, ob man ihn nun schon zu Beginn der Invasion festsetzen kann oder nicht. Powell stimmt zu, daß es sich dabei um die einzige Art handle, einen „schnellen Erfolg zu garantieren" – was eine ungeduldige amerikanische Öffentlichkeit auch fordern würde. Das einzige Problem dabei: Diese Möglichkeit stellt das größte Risiko dar, soweit es militärische und zivile Verluste angeht. Während aber die Gefahr von Todesfällen steigt, verschwindet zugleich die Gefahr eines Versagens.

Bush fragt Powell während des halbstündigen Treffens methodisch aus. Welche Art Ausrüstung? Wird man sie ins Land schaffen können, ohne Noriega damit einen Hinweis zu geben? Welche militärischen Einheiten? Wird man Noriega gleich zu Beginn der Invasion fangen können? Bush verlangt von Powell die Versicherung, daß es keine Wiederholung des Versagens von Desert One, der verhängnisvollen Mission, die von Jimmy Carter zur Rettung der Geiseln im Iran in Gang gesetzt wurde, geben wird. Er spricht weiterhin über die tragischen Fehler, die bei der Invasion Grenadas gemacht wurden und wie man diese in Panama vermeiden müsse.

Dennoch trifft Bush am Ende die Entscheidung ganz alleine, ohne eine Übereinstimmung unter seinen Beratern abzuwarten. „Wir machen's", sagt er. Der ursprüngliche Name der Operation lautete „Blue Spoon", „Blauer Löffel". Aber das würde in den Geschichtsbüchern nicht gut genug aussehen. Also wählt man eine passendere Bezeichnung aus: „Operation Gerechte Sache".

Am Donnerstag, um vierzehn Uhr, beruft Bush ein Treffen ein, das vielsagenderweise als Sitzung bezeichnet wird, in der „der Einsatz des Militärs im Krieg gegen die Drogen" diskutiert werden soll. Um diese Zeit stimmen bereits die meisten Einzelheiten, und die wichtigsten Truppenteile wurden mobilisiert und haben keinen Zugang zu Telefonen mehr. Der Kreis höherer Beamter, die vom Invasionsplan wissen, wurde vorsichtig erweitert, aber Bush wird sein Geheimnis erst um 22 Uhr vor dem Kongreß preisgeben. Der Nationale Sicherheitsberater Brent Scowcroft händigt jedem der Berater ein Dokument aus, in dem die Aufgaben beschrieben sind, die zwischen 18 Uhr und ein Uhr morgens – der „Stunde H", in der die Invasion beginnen soll – durchzuführen sind. Wieder benimmt sich Bush für die Augen der Außenwelt ganz natürlich. An diesem Abend, wenige Stunden vor einem massiven militärischen Angriff von mehr als 20 000 Soldaten, verbringt er zwei Stunden damit, 300 Gäste bei einem von vielen Weihnachtsempfängen des Weißen Hauses zu begrüßen. Er trägt eine leuchtend rote und grüne Krawatte und hört mit den anderen Gästen im East Room dem Armee-Chor zu, der Weihnachtslieder vorträgt. Der letzte Gast in der Menschenschlange, die *New York Times*-

Journalistin Maureen Dowd, flüstert einem Freund zu, daß sie den Präsidenten eigentlich etwas über Panama fragen wollte. Aber sie hat es sich bei dieser festlichen Angelegenheit dann doch anders überlegt.

Die Frage kann warten.

In der Zwischenzeit wird das bestgehütete Geheimnis von Washington in Noriegas Umgebung schnell zum Allgemeinwissen.

General Noriega erhält den ersten Hinweis auf eine drohende Gefahr vom nicaraguanischen Geheimdienstchef Ricardo Wheelock, der am Sonntagabend zu einem seiner immer häufiger stattfindenden Besuche eintrifft. „Wir glauben, daß Wheelock Noriega gewarnt hat, daß er zu weit gegangen ist", meint ein Offizier des Southern Command. Er sagt, daß die Sowjets, die die verstärkte Aktivität in amerikanischen Militärstützpunkten beobachtet haben, zur Überzeugung gekommen sind, daß die USA bald handeln würden, aber: „Wir glauben jedoch nicht, daß Wheelocks Bericht maßgeblich war." Wheelock wird von einem Reporter am Flughafen von Panama gesehen, als er sich am 19. Dezember, dem Tag vor der Invasion, gerade auf den Weg nach Managua macht – Wheelock zeigt auf seine Duty-free-Tasche und erklärt, daß er nur zum Einkaufen nach Panama gekommen sei.

Weitere Vorwarnungen kommen mehr als 24 Stunden vor dem Angriff, am Montag, dem 18. Dezember um 10 Uhr, vom stellvertretenden Gesundheitsminister Orlando Allen. Allen, ein naher Verbündeter Noriegas, hat an der medizinischen Fakultät in Moskau seinen Abschluß gemacht, und man weiß, daß er enge Kontakte zu Sowjets hat, die man für KGB-Agenten hält. Allens Warnung wird über den „heißen Draht" telefonisch in die Comandancia übermittelt. Unabhängig davon wird auch ein Bericht von Israel Gonzalez aufgezeichnet, einem Feldwebel im Ruhestand, der „zwei spanischstämmige US-Soldaten dabei belauschte, wie sie über die Stunde H sprachen und das sofort der Comandancia mitteilte". Die Stunde H, berichtet man Noriega, würde am Donnerstag um 14 Uhr beginnen – nur knapp eine Stunde später, als sie dann tatsächlich anfangen sollte. Aber nach wie vor „glaubte Noriega nicht daran, daß die USA Panama angreifen würden und maß der Warnung nur geringen Wert bei", wie ein US-Geheimdienstbericht feststellt. Die USA haben mit ihren Drohungen gegen Noriega schon so oft blinden Alarm geschlagen, daß er nicht daran glaubt, daß Bush wegen seiner Person amerikanische Leben aufs Spiel setzen würde.

Am Vorabend der Invasion jedoch werden die Warnungen deutlicher. Noriega hält sich in der Stadt Colón auf, wo sein Geheimdienstchef Rafito Cedeño Informationen an ihn weitergibt, die er von den Kubanern erhalten hat. Die Daten seien unbestreitbar, sagt er. In eben diesem Augenblick fliegen C-130-Transportmaschinen, mit Männern und Ausrüstung beladen, Richtung Panama – alle zehn Minuten eine neue, und sie alle durchqueren einen Luftraum, der sich in Reichweite der Geräte des kubanischen Geheimdienstes befindet. Die Kubaner protokollieren die Daten jeder der Maschinen und schätzen das Gewicht ihrer Ladungen. Es handelt sich entweder um einen äußerst kostspieligen Bluff oder den Anfang vom Ende. Am 19. Dezember um 17 Uhr kommt General Noriega zur Überzeugung, daß ein Angriff unmittelbar bevorsteht. In einem späteren Bericht über ein Verhör mit einem von Noriegas Strategen heißt es: „Der Informant sagte, daß Noriega sich darüber sorgte, daß die Delta Force ihn gefangennehmen könnte. Er fürchtete einen Feindeinsatz von chirurgischer Präzision. Noriegas größte Angst betraf die Anklage wegen Drogen, und er hatte das Gefühl, daß man ihm in den USA keinen fairen Prozeß gewähren würde." Er zweifelt an Cedeños Schätzung der möglichen Dimension dieser Invasion. Aber er weiß, daß er ihr erstes und wichtigstes Ziel sein wird.

Also macht sich Noriega auf die Flucht. Er schlüpft heimlich aus dem Haus eines Freundes in Colón und fährt in einem weißen Wohnmobil durchs Land. Der Fahrer fährt den Wagen gelegentlich von der Hauptstraße weg, um zu überprüfen, ob sie verfolgt werden. Wieder in Panama City, leiht er sich einen Hyundai aus und fährt Richtung Flughafen, wie eine Motte, die vom Licht angezogen wird; die amerikanischen Fallschirmtruppen sind bereits ziemlich weit. Noriega hat das perfekte Fluchtfahrzeug: Man weiß, daß er stets BMW's oder Fahrzeuge mit Vierradantrieb mit verdunkelten Fenstern fährt. Die Gringos halten nicht nach einem südkoreanischen Kompaktwagen Ausschau.

Ein Team der Eliteeinheit Delta Force von der Luftlandetruppe 82nd Airborne, das einige Tage zuvor geheim nach Panama geflogen ist, setzt in einem vergeblichen Versuch, ihre Beute zu lokalisieren, die höchstentwickelte elektronische Lauscheinrichtung und Satellitenüberwachung der Welt ein. Manchmal verwendet Noriega ein Double, das sich hinter den verdunkelten Scheiben eines solchen Jeeps mit Vierradantrieb, wie der General ihn besitzt, blicken läßt. „So unwahrscheinlich das klingt, aber es gibt einen anderen Kerl, der so häßlich ist wie Noriega", sagt ein Offizier, „und wir glauben, daß er als Lockvogel benutzt wurde." Er schickt – oft leere – Helikopter aus, die von seinen Zufluchtsorten abfliegen und die amerikanischen Streitkräfte zu vergeblichen Jagden veranlassen. Er wechselt mehrmals pro Tag seine Kleidung, um die auf ihn angesetzten Beobachter abzuschütteln. Um die Lauscher der Gringos zu verwirren, läßt er seine Stimme auf Band aufnehmen und über Bürotelefone abspielen, die er persönlich seit Wochen nicht mehr verwendet.

Zu guter Letzt kommt er Dienstagnacht schließlich in einem heruntergekommenen Freizeitzentrum des Militärs namens La Siesta an, in der Nähe des Tocumen-Flughafens, wo die Rangers und das 82nd Airborne in weniger als vier Stunden landen werden. Aber die U. S. Special Forces schaffen es nicht, Noriegas Spur aufzunehmen. Die Invasion wird zwar vorangehen, aber es wird etwas länger dauern, ihr eigentliches Ziel zu erreichen.

Und daher verschiebt sich, je näher die Stunde H kommt, der Schwerpunkt von der Ergreifung Noriegas auf die Zerstörung der militärischen Infrastruktur des Generals, damit selbst sein Entkommen die Operation nicht gefährden kann. Um das zu erreichen, gibt es nichts Wichtigeres, als bereits in den ersten Minuten der Schlacht sein Hauptquartier und damit die Kommando- und Führungszentrale zu zerstören.

Am Montag um 19 Uhr, knapp sechs Stunden vor der Stunde H, gibt Lieutenant Doug Rubin aus Virginia Beach den etwas mehr als zwei Dutzend Männern seines Zuges genaue Anweisungen für ein Gefecht, das seiner Ansicht nach blutig und vielleicht sogar todbringend sein wird. Er stellt sie vor ihren Mannschaftswagen auf und macht mit seiner Pentax-Kamera ein paar Schnappschüsse. Er befiehlt ihnen, Briefe nach Hause zu schreiben und sie auf ihren Schlafsäcken oder Kojen zurückzulassen – wo man sie leicht finden wird, für den Fall, daß ihnen etwas passiert. Dann betet der 26jährige Rubin – ein für sein Alter recht reifer Mann – gemeinsam mit seinen Männern. Rubin sieht diesen Krieg als einen klassischen Konflikt zwischen Gut und Böse an, wie die Kriege, über die er im Alten Testament gelesen hat. Er betrachtet seinen gepanzerten Mannschaftswagen als Gottes moderne Waffe gegen die neuen Abgesandten des Satans. Rubins Männer waren nie zuvor im militärischen Einsatz, und er will sie davon überzeugen, daß Gott auf ihrer Seite steht. „Ich weiß nicht, wie manche von euch darüber denken, daß Gott bei einem Kampf Partei ergreift", betet er. „Aber Gott wollte immer, daß das Böse vom Antlitz der Erde ausgelöscht wird." Und Noriega ist böse.

Um 0:30 fährt er mit seinem gepanzerten Mannschaftswagen, Modell M-113, zur „LD", der Demarkationslinie. Das Fahrzeug, das als vorderstes in eine Schlacht rollt, ist immer jenes, das mit größter Wahrscheinlichkeit vernichtet wird, also bemannen nur vier Leute dieses M-113, während in jedem der nachfolgenden Fahrzeuge mindestens acht Soldaten sitzen. Die Demarkationslinie ist passenderweise die Fourth of July Avenue, die Straße zwischen dem panamaischen Ghetto und den Häusern der Reichen in der ehemaligen Kanalzone, die von den Panamaern in Avenue of the Martyrs umbenannt wurde, zu Ehren der Studenten, die 1964 bei Zusammenstößen mit den Amerikanern getötet wurden. Lieutenant Rubin wirft einen nach Unterstützung suchenden Blick in den Himmel. Und da ist sie auch schon, wie aufs Stichwort: zwei AC-130 Spectre Kampfhubschrauber. Die dröhnenden, untersetzten, propellerbetriebenen Luftfahrzeuge haben Waffen, die durch „Star Wars"-Leitsysteme mit punktgenauer Treffsicherheit arbeiten können – „chirurgische Feuerkraft", die Noriegas Hauptquartier in den zehn Minuten ausradieren wird, welche Rubin und seine Leute dazu benötigen werden, das Zielgebiet von der Fourth of July Avenue aus zu erreichen. Die Soldaten haben die Flugmaschinen mit einem zärtlichen Spitznamen bedacht: „Puff, der Zauberdrache".

Endlich kommt um 0.45 Uhr der Befehl zum Angriff.

Rubin beobachtet die Spectre-Kampfhubschrauber vom 1st Special Operations-Geschwader Floridas in Aktion. Sechs der Ziele werden sofort getroffen. Aber die Warnungen haben den meisten der Soldaten und Offiziere genug Zeit gegeben, Noriegas Hauptquartier zu verlassen. Rubins Mannschaftswagen rollen über Autoblockaden, die Noriegas Soldaten an diesem Abend errichtet haben, während von den Slumhäusern rund um die Comandancia Gewehrschüsse, Granatwerfergeschosse und Handgranaten herunterregnen. Aus beiden Richtungen zischen Leuchtspurgeschosse, und die roten amerikanischen Lichtstreifen überkreuzen sich mit den grünen panamaischen.

Die Hüttensiedlung fängt – entweder durch die Leuchtspurmunition oder durch Molotowcocktails – schnell Feuer. Die Feuersbrunst ist noch von kilometerweit entfernten Luxushochhäusern aus sichtbar.

Rubin führt seinen Zug bis zur Hinterseite des Hauptquartiers, da er den Auftrag hat, dort die Wand zu sprengen und diese Seite zu sichern. Da seine drei Wagen jedoch bald fahrunfähig sind, sucht Rubin unter einem von ihnen Schutz und funkt um Hilfe, als überall um ihn herum Granaten explodieren. 21 seiner 24 Männer tragen Verletzungen davon, 15 von ihnen müssen zur Behandlung in die Staaten transportiert werden. Dennoch gibt es unter ihnen keine Toten – ein Ergebnis, das Rubin für ein Wunder hält.

Der Angriff auf die Comandancia ist vielleicht der brutalste in einer Invasion, bei der bemerkenswert wenige Pannen passieren, wenn man ihr Ausmaß und die Tatsache, daß sie in der Nacht gestartet wird, bedenkt. In einer Reihe simultaner Angriffe, zu denen auch zwei weit auseinanderliegende per Fallschirm gehören, erobert die nächtliche Invasionsarmee nicht nur Noriegas Hauptquartier in der Innenstadt von Panama City, sondern blockiert auch die Verstärkungen von außerhalb, indem sie die Panamaischen Verteidigungsstreitkräfte und die paramilitärischen „Würde-Bataillone" aktionsunfähig macht. Die Panamaischen Verteidigungsstreitkräfte sind etwa 15 000 Mann stark, aber nur 3 300 davon sind für den Kriegseinsatz geeignet, und nur ein paar hundert leisten den amerikanischen Invasionstruppen tatsächlich Widerstand. Die meisten geben entweder auf oder flüchten, als der Himmel über Panama vom Dröhnen der angreifenden Hubschrauber, Jagdbomber der Air Force und Transportflugzeuge, die herunterstoßen und schwerbewaffnete Fallschirmspringer absetzen, widerhallt. Manchmal scheint es fast zu einfach, eher wie ein Manöver als ein Krieg. Man entdeckt, daß ganze Kompanien aus ihren Hauptquartieren verschwunden sind. Und die USA haben die Möglichkeit, einige ihrer neuesten High-Tech-Ausrüstungsgegenstände zu testen – etwa die streng geheimen Stealth F-117-Kampfflugzeuge, die chirurgisch genaue Angriffe auf die Peripherie des Rio Ható-Flugstützpunkts durchführen und die Panamaer mit betäubenden 1000 Kilo-Sprengladungen zum Aufgeben veranlassen.

Noriega läßt sich in La Siesta gerade von einer Prostituierten unterhalten, als er kurz vor 0.45 Uhr die ersten Explosionen hört, wie einer seiner Begleiter später amerikanischen Untersuchungsbeamten berichtet. „Er zog seine Hose rauf, sprang in den Hyundai und flüchtete", sagt ein Angehöriger des US-Militärs, der später den Spuren des Generals nachgeht. „Im Prinzip fuhr er die ganze Nacht im Kreis herum." Noriega hat nur einen winzigen Vorsprung vor den Truppen, die in die Stadt eindringen. „Einmal wurde mit Leuchtspurgeschossen auf den flüchtenden Hyundai gefeuert, und er mußte die Scheinwerfer abschalten, um entkommen zu können", heißt es in dem Bericht, in dem nichts darüber steht, ob die Soldaten, die die Schüsse abfeuerten, wußten, daß sich Noriega in dem Fahrzeug befindet.

Noriega bleibt in Bewegung. Der Bericht besagt, daß er zuerst in Los Andes # 2, an der Straße, die vom Flughafen in die Stadt führt, Halt macht, wo Lucho Gómez, ein Lokalpolitiker, ihn versteckt; dann beim Haus der Bürgermeisterin von San Miguelito, Balbina Periñan, die für ihre brutale Herrschaft im Namen Noriegas berüchtigt ist; später beim Haus seines Rechtsanwalts Ramón „Tinto" Arosemena; und schließlich auf dem luxuriösen und ausgedehnten Besitz des Waffenhändlers Jorge Krupnick, der bereits auf der Suchliste der USA steht, da man ihm Beziehungen zum Narkotika- und Drogenbusiness vorwirft.

Zwei Stunden nach dem Angriff, entweder aus dem ersten oder zweiten der angeführten Häuser, ruft Noriega einen verborgenen Radiosender an und gibt eine drohend-prahlerische Stellungnahme durch, daß er „bis zum Ende" kämpfen würde. Aber trotz der gespielten Tapferkeit seiner Erklärung liegt er flach auf dem Boden, als er seine Verbündeten zu den Waffen ruft – sein Versteck ist nämlich ein kleines Haus, in dem es keine Vorhänge gibt. „Noriega mußte den ganzen Tag auf allen vieren durch das Zimmer kriechen, wenn er zum Telefon wollte", heißt es in einem amerikanischen Geheimdienstbericht. Noriega ruft aus seinem Versteck auch den kubanischen Botschafter an. „Wie uns berichtet wurde, wollte Noriega tatsächlich zum kubanischen Amtssitz oder der kubanischen Botschaft gelangen", steht im selben Dokument.

Ein weiterer Telefonanruf vom kalten Marmorboden der konspirativen Wohnung geht an seine Geliebte Vicky Amado, die schon fast seine Frau war. Tatsächlich sind die Amados so etwas wie seine angenommene Familie. Vicky Amados Mutter Norma kümmert sich um seine Geschäfte, seine Verabredungen und sogar sein Essen – damit er einem Giftattentat entgehen kann. Er versucht auch, seine Lieblingstochter Sandra anzurufen, hat aber dabei kein Glück. „Der Informant berichtete uns, daß er nicht versucht hat, seine Frau zu erreichen", heißt es in dem Dokument trocken.

Als sich der aufgewirbelte Staub am Vormittag des 20. Dezember wieder legt, bleibt ein Makel für die ganze Welt deutlich sichtbar: Noriega befindet sich nach wie vor auf freiem Fuß. Die Regierung Bush setzt folglich eine Belohnung aus – eine Million Dollar für Informationen, die zur Ergreifung des flüchtigen Diktators führen. Da ein Großteil der Freunde Noriegas nur wegen des Geldes mitgespielt hat, stellt dies scheinbar die perfekte Lösung dar. Tatsächlich verschwinden seine Freunde zugleich mit seiner Macht. Noriega kontaktiert keinen seiner Offizierskollegen, um Befehle durchzugeben, da er nicht weiß, ob er ihnen trauen kann.

Am Mittwoch vermutet der General in seinem Versteck, daß die Amerikaner ihm auf die Spur gekommen sind, da das Telefon plötzlich nicht mehr funktioniert. Wieder einmal steigt er in seinen Hyundai und fährt weiter, voller Angst, daß jedes Gesicht, das er sieht, das eines Feindes sein könnte. „Er verhielt sich extrem aufgeregt und vermied sogar die Kontaktaufnahme mit verschiedenen Offizieren der Panamaischen Verteidigungsstreitkräfte, die er und seine Gruppe unterwegs trafen, weil er so paranoid war", heißt es in dem Geheimdienstbericht, der einen später gefangengenommenen Informanten zitiert, der zu dieser Zeit mit Noriega unterwegs ist.

Der Informant berichtet amerikanischen Geheimagenten später, daß Noriega besonders besorgt darüber war, daß er keines seiner religiösen Totems bei sich hatte, von denen er glaubte, daß sie das Böse abhalten könnten. Er hat sie zu Hause vergessen, als er sich dort umgezogen hatte, und wagte es jetzt nicht mehr, zurückzukehren. Alles was er besaß, war die schützende schwarze Perlenschnur, eine von denen, wie er sie auch seinen Verbündeten schenkte. „Der Informant berichtete, daß Noriega normalerweise rote Unterwäsche trage, um den ‚bösen Blick' abzuwehren", heißt es im Bericht.

Später am Mittwoch übersiedelt Noriega in den Umkleideraum des Fitnessclubs in Jorge Krupnicks luxuriösem Haus an der Avenida 3L Sur, in einer der wohlhabendsten Gegenden der Stadt. Während Noriega sich in luxuriöser, aber erschöpfter Isolation aufhält, wird der Plan, an dem er viele Wochen lang gearbeitet hat, in Gang gesetzt – aber nur teilweise, da so viele sich schon in den ersten Stunden des Kampfes ergeben haben und übergelaufen sind. Ein paar Einheiten verstecken sich in den Hügeln, um von dort aus möglicherweise einen Guerillakrieg zu führen, da sie wissen, daß rechtzeitig tonnenweise Waffen im ganzen Land in Stellung gebracht wurden. Und in Panama City wird Noriegas Plan, die Geschäfts- und die Mittelklasse zu zerstören und anschließend mit seinen eigenen Gefolgsleuten und den Armen von Panama zu regieren, in die Tat umgesetzt. Mitglieder der Würde-Bataillone brechen in Geschäfte ein, stehlen das Geld aus den Kassen und laden die wertvollsten Waren auf Lastwagen. Dann stehen sie Wache, während Plünderer die Ware abräumen, die in den Regalen liegengeblieben ist. Das offenkundigste Versehen der US-Invasion ist das Versäumnis, die Militärpolizei mit Tränengas gegen die Plünderer auszurüsten. Dieser Fehler erweist sich als kostspielig: Die Vereinigten Staaten werden später bei der Reparatur von Schäden im Wert von mehr als einer halben Milliarde Dollar mithelfen müssen.

Der zweite Teil dieses Plans – der Guerillakrieg – soll jedoch nie in die Tat umgesetzt werden. Der stellvertretende Leiter von Noriegas Sicherheitsabteilung, Hauptmann Ivan Castillo, fragt den General, als sie beide auf Krupnicks Besitz am Swimmingpool sitzen, ob sie sich nicht in den Dschungel oder in die Berge begeben sollten, um einen Guerillakrieg zu inszenieren. „Noriegas Reaktion auf diese Idee war vorsichtige Zustimmung", heißt es in einem Geheimdienstbericht über dieses Gespräch. „Aber er stellte fest, daß sie (Castillo und Noriega) wahrscheinlich beide Herzanfälle kriegen würden, wenn sie es versuchten."

Früher war Noriega ein Musterschüler im Dschungel-Trainingscenter der US-Army in Fort Gulick in Panama. Kurz vor der Invasion wurde Noriega mit einer Tarnjacke bekleidet gesehen, die deutlich den Aufnäher seiner Dschungel-Ausbildungsklasse von 1967 trug. Andererseits hat er jedoch seit der Blüte seiner Ausbildungstage einiges zugenommen und eine starke Vorliebe für das gute Leben und für Old Parr, seine Lieblings-Whiskymarke, entwickelt.

„Noriega begriff, daß das Spiel aus war", so der US-Geheimdienstbericht, als er aus einem kleinen Radioapparat äußerst beunruhigende Nachrichten erfährt: Lieutenant Colonel Luis del Cid hat sich in Militärzone Fünf ergeben.

Del Cid, ein gutaussehender, wenn auch etwas korpulenter Offizier mit adeliger Nase und durchdringenden Augen, ist außer Noriega der einzige Offizier, der in den Vereinigten Staaten wegen eines Drogendelikts angeklagt wurde. Er wußte, daß er für die Gringos im Drogenkrieg Feind Nummer Zwei sein würde. In der Nacht nach der Invasion ist del Cid bestürzt darüber, daß er kein Wort von seinem Comandante gehört hat, der anscheinend mehr Interesse daran hat, seine eigene Haut zu retten, als für seine Würde zu kämpfen. Del Cid muß jetzt ein paar rasche Entscheidungen treffen.

Nach der ersten Attacke hält sich del Cid an den Eventualitätsplan, der bereits Monate vor einer solchen Invasion erstellt wurde. Seine Truppen legen am örtlichen Flughafen Minen, um amerikanische Flugzeuge vom Landen abzuhalten, und er zieht sich mit loyalen Offizieren in die Berge vor der Stadt David, der Hauptstadt der Provinz Chiriquí, zurück, wo ein junger Major namens Tony Noriega einst gegen Guerillas der

Opposition kämpfte. Dabei handelt es sich um den selbstverständlichen Ort, an den sich Noriega zurückziehen und von dort aus seine eigene Widerstandsbewegung führen könnte. Aber del Cid und sein Offizierskorps bemerken in den nächsten 24 Stunden, daß es sich bei Herrn Noriega um keinen modernen Che Guevara handelt.

„Die gesamte Infrastruktur unserer Streitkräfte wurde innerhalb der ersten Stunde vernichtet", sagt Major Ivan Gaytan, der mit 37 Jahren einer der intelligentesten und am schnellsten Karriere machenden Offiziere und die rechte Hand del Cids ist. „Das einzige, was wir tun konnten, war auf bereits bestehende Pläne zu reagieren. Mehr nicht."

Major Gaytan unterrichtete in den Jahren 1985 bis 1987 psychologische Kriegsführung und andere Fächer für salvadorianische Offiziere in Fort Benning, Georgia. Außerdem besuchte er Management-Kurse an der Emory University in Atlanta. Aber er benötigte keine Abschlußprüfung, um zu erkennen, daß ein langgezogener Guerillakrieg in diesem Fall ein Ding der Unmöglichkeit sein würde. Major Gaytan und die anderen Offiziere begreifen, daß die USA nicht vorhaben, sich auf einen blutigen Bodenkrieg gegen Guerillastreitkräfte einzulassen.

„Ich kenne die Amerikaner persönlich sehr gut", erzählt Major Gaytan den anderen. „Sie werden gegen unsere Guerillas keine Truppen in den Kampf schicken, weil sie ihre Soldaten nicht in ein neues Vietnam treiben wollen. Alles was sie tun werden, ist ganz einfach unsere Gegend in Grund und Boden zu bombardieren."

Etwas anderes dämmert ihm auch bald: Obwohl sie eine Menge Waffen und Männer zur Verfügung haben, fehlen ihnen doch die High-Tech-Raketenwerfer, die auf der Schulter getragen werden und mit denen sie sich die 82. Luftlandedivision vom Leibe halten können. Einmal wendet er sich seinen Offizierskollegen zu und sagt: „Es ist ein Ding der Unmöglichkeit, mit diesen Fossilien von Waffen der US-Invasion gegenüberzutreten." Ebenso bedeutend ist, daß es den Truppen an der Unterstützung des Volkes fehlt, die nötig ist, um einen Guerillakrieg durchzuhalten.

Also beschließen del Cid und die anderen, den Krieg hier in Chiriquí zu beenden. Ivan Gaytan wendet sich um Hilfe an seine Familie. Von seinem Versteck in den Bergen aus telefoniert er mit seinem 33jährigen Bruder Moisés, einem katholischen Priester. Er erzählt Moisés, daß die Offiziere beschlossen hätten, sich auf einen Handel mit den Gringos einzulassen, dabei aber die Hilfe der Kirche wollten. Später erreicht Ivan auch noch Eliecer, einen zweiten Bruder, den Chef der Spezialtruppen und der privaten Sicherheitsabteilung Noriegas. Es gibt keinen Offizier, der Noriega treuer ist. Ivan berichtet Eliecer, daß del Cid aufgeben will, und einen Tag danach sucht Eliecer selbst in der vatikanischen Botschaft in Panama City um Asyl an, womit ein weiterer der eventuell gefährlichen Verbündeten Noriegas aus dem Weg geschafft ist.

Die Aufgabe des Colonels ist keineswegs der übliche Akt der Selbsterniedrigung. In einer Reihe telefonischer Verbindungen mit dem US-Militär in Panama City verfolgt del Cid eine neue Form des Schuldbekenntnisses mit gleichzeitiger Strafminderung. Kurz gesagt: Was er anzubieten hat, ist Frieden in Panamas wichtigster und gefährlich entlegener Provinz. Auf diese Weise kann er den Amerikanern Noriegas letzte Hoffnung in die Hand geben, den USA militärisch standzuhalten. Im Austausch dafür, so berichtet Lieutenant Colonel del Cid später, erhält er das Versprechen der Amerikaner, keine

Truppen gegen ihn einzusetzen – und eine Versicherung, „daß sie meinen militärischen Rang respektieren würden", wie er es ausdrückt. Weiterhin gibt man ihm Zusagen, daß seine Kooperation die Anklagen wegen Drogen, die seiner in Miami harren, reduzieren könnte.

Und dann macht sich Major General Marc Cisneros vom U.S. Southern Command an die Arbeit.

Cisneros, ein Amerikaner mexikanischer Herkunft, geboren in Texas, macht mit seinen diplomatischen Fähigkeiten großen Eindruck auf Beamte des Außenministeriums. Er telefoniert im ganzen Land herum und überzeugt lokale Kommandanten davon, daß sie sich lieber ergeben sollten, anstatt einen Krieg mit den Amerikanern anzufangen, den sie nur verlieren könnten. Er verspricht ihnen eine würdige Behandlung und die Möglichkeit, daß ihre Truppen sich den neuen Sicherheitskräften anschließen können werden, und dabei stellt er die ganze Zeit klar und deutlich heraus, daß die Alternative darin bestehe, daß die Amerikaner Bomben abwerfen würden.

Bevor er del Cids Köder annimmt, will Cisneros einen Beweis für den guten Willen von Noriegas loyalem Offizier. Cisneros verlangt, daß er auf seiner Kommandozentrale die weiße Flagge hissen soll. Er möchte, daß del Cid westlichen Journalisten Interviews über seine Aufgabe gibt. Und er will, daß del Cid die Waffen der Würde-Bataillone seiner Provinz, die unter seinem Kommando stehen, einsammelt.

Spät am Donnerstag, dem 21. Dezember, nicht ganz zwei Tage nach der Invasion, schickt Cisneros Flugzeuge aus, die den Beton-Kommandoposten in der Stadt David überfliegen sollen. Die amerikanischen Militärs erfahren zu ihrer Erleichterung, daß es unwahrscheinlich scheint, daß sie einem langen Guerillakrieg über ganz Panama gegenüberstehen werden. In der warmen tropischen Brise weht die weiße Flagge. Am Tag darauf dürfen auch Journalisten das Gebiet betreten und del Cid beginnt mit dem Einsammeln der Waffen. Als die erste Pressekonferenz stattfindet, hat del Cid noch keine Zeit gefunden, ein Gedicht zu entfernen, das er mit der Inschrift „Voller Liebe und Respekt" für den General versehen hat. Es heißt „Wenn ich mich als dein Freund bezeichne" – hier ein Auszug daraus:

Wenn Schatten über deine Seele ziehen,
und du alles für verloren hältst,
dann sollst du wissen, daß du mich nur zu rufen brauchst –
deinen Freund – und ich werde da sein.

Aber Noriegas Freund ist nicht mehr da.

Früh am Sonntag, dem 24. Dezember, wird del Cid in einer Militärmaschine nach Panama City geflogen. Seine telefonischen Kontakte ließen ihn eine herzliche Begrüßung und das Angebot einer sanften Behandlung erwarten. Stattdessen filzen ihn die Rauschgiftagenten der DEA, bringen ihn in ein militärisches Transportflugzeug und lassen ihn sich ausziehen. Während er mit Handschellen an die Decke gefesselt ist, überprüfen Ärzte unsanft seinen Gesundheitszustand und erklären ihn dann für fähig, den Flug als gefangener Flüchtling in die Vereinigten Staaten anzutreten. Wenn es zu einer Verhandlung käme, würde er Zeuge der Anklage gegen Noriega sein. Del Cid weint.

Aber das schmälert den US-Sieg in der Provinz Chiriquí keineswegs. Ironischerweise wurde er genau durch die Verhandlungsmethoden mit einem des Drogenhandels Angeklagten erreicht, die sich Washington monatelang weigerte, mit Noriega zu führen. Der größte amerikanische Triumph seit dem ersten Tag der Kampfhandlungen wird erzielt, ohne daß ein Schuß abgegeben werden muß. Noriega steht jetzt ohne einen Ort der Zuflucht und des Widerstands da.

Michael Kozak vom Außenministerium, der seit dem Ende der Ära Reagan die Panama-Politik beaufsichtigt hat, beobachtet, wie Cisneros seine telefonische Kriegsführung mit verschiedenen Kommandanten im ganzen Land wiederholt. „Das 82nd Airborne hat Panama City und Río Ható erobert – und Marc Cisneros eroberte den Rest Panamas am Telefon", lacht er.

Mit jedem Überläufer verschärft sich die Situation für Noriega, der durch die Plötzlichkeit seines Machtverlustes zunehmend verwirrter wird. Er hat nicht nur das Kommando über ein Land, sondern auch über sich selbst verloren. Seine zwei Leibwächter nehmen sein Schicksal in die Hand und sagen ihm, wann er sich weiterbewegen und wann er stillhalten muß.

Während der letzten beiden Tage seiner vier Tage dauernden Flucht bewegt sich der gestürzte Diktator hauptsächlich zwischen Krupnicks luxuriösem Besitz und einem anderen bequemen Chateau ein paar Meilen davon entfernt – in der Nähe der berühmten Pferderennbahn von Panama City – hin und her. Dieses Haus gehört der Schwester des Sängers Ulysses Tason, aber geheimdienstliche Quellen vermuten, daß die wahre Gastgeberin Noriegas die plumpe und sympathische Marcela Tason, Ulysses' Frau, ist. Marcela, eine begeisterte Photographin, ist durch Diktate, Kurzschriften und ihre loyale Freundschaft, die sie zu einem der wenigen Menschen machten, die Zugang zu Noriegas Akten haben, zur Millionärin geworden. Noriega ist ein großzügiger und eifersüchtiger Chef. Anfangs stellte er sich gegen ihre Ehe mit dem Sänger, der zwei Jahrzehnte damit zugebracht hat, in den Bars von New York zu trinken und zu singen. Ulysses schien auch ein Mann zu sein, der wußte, wo Geld zu holen war, und er nahm mit Freuden den Nachnamen seiner Frau, Tason, als seinen eigenen an. Der Einfluß der Sekretärin war in diesem Land, in dem jeder glaubte, daß ihre Wünsche auch die des Generals waren, wesentlich größer als sein eigener.

Ein weiterer Begleiter Noriegas in den vier Tagen, die er in Verstecken zubringt, ist Ivan Castillo, einer der Leibwächter des Generals, den Noriegas Verbündete in den Wochen davor mehr und mehr verdächtigten. Castillo wird nervös und befürchtet, daß ein Angriff auf Noriega auch sein eigenes Leben kosten wird. Noriega hat in der Nacht des 23. Dezember so große Angst vor einer Gefangennahme, daß er mit Selbstmordgedanken spielt. Um 6.30 Uhr am Weihnachtstag überredet Castillo Noriega, ihn Hilfe holen und „in einer Stunde zurückkommen" zu lassen. Er kommt nie wieder.

„Obwohl er anscheinend Noriega gegenüber loyal war“, meint ein geheimdienstlicher Bericht über Castillos Handlungsweise, „brachten ihn seine eigenen Interessen am Schluß dazu wegzugehen. Wenn er aber wirklich begriffen hätte, daß ein Kopfgeld von einer Million Dollar auf Noriega ausgesetzt war, dann hätte er sich gestellt.“ Loyalität hatte für Noriegas Freunde stets ein Preisschild.

Das Angebot über eine Million Dollar führt zu einer Flut von Meldungen Verrückter an die Einheiten der Special Forces, die nach dem General suchen. Die meisten der Hunderten Anrufe sind eher phantastischen Inhalts. Panamaer berichten, daß sich Noriega, als Frau verkleidet, in den Bergen der Provinz Chiriquí aufhalte, oder als Patient getarnt in einem Ambulanzwagen verstecke, oder in Bordellen mit den Schönheiten der Nacht seine Zeit verbringe. Sie sind völlig sicher, daß er sich in Kuba, Nicaragua und der Dominikanischen Republik befindet. Einer hat seine Leiche gesehen – es war anzunehmen, daß er Selbstmord begangen hat. Aber am späten Vormittag des Heiligen Abends stößt Lieutenant Colonel Harry B. Axson, der 44 Jahre alte Kommandant eines Bataillons des 82nd Airborne, endlich auf eine Spur, die er ernstnehmen kann.

Ein Informant kommt mit so präzisen Details über Noriegas Aufenthaltsort an, daß Axson, ein 1,85 m großer und 113 kg schwerer Mann, seine Leute in Bewegung setzt. Der Informant behauptet, Noriega halte sich in Krupnicks Haus auf, und zeichnet einen so genauen Plan des Hauses, daß man annehmen kann, er habe schon viele Stunden bei Krupnick verbracht. Bei dem Mann handelt es sich um einen Arbeiter – und keinen von Noriegas Kumpanen – und die Million Dollar erschien ihm scheinbar verlockend. Er sagt, daß sowohl Noriegas Geliebte Vicky Amado als auch deren Tochter im Teenageralter mit dem General unterwegs seien. Axson zieht dem Informanten einen Sack über den Kopf – Tarnfarbenstoff, in den man zwei Löcher geschnitten hat – und sie steigen in ein Geländefahrzeug, um zu dem Haus zu fahren. Er bereitet zwei Viermannteams darauf vor, an der Vorder- und Hinterseite zugleich zu stürmen, während der Rest seines Zugs von dreißig Männern das Gutshaus im spanischen Stil – unweit der Pazifikküste und nur zwei Minuten Fahrzeit vom Marriott entfernt, wo der Informant verhört wurde – umzingeln und isolieren soll.

Als die Soldaten gegen Mittag den Besitz betreten, finden sie etwas vor, das eher einem Erholungsort als einem Haus gleicht: Es gibt ein Felsendampfbad, einen riesigen Weinkeller, einen Raum zum Gewichtheben, einen Swimming-pool, einen großen Billardtisch, fünf Mercedes Benz, einen bonbonfarbenen roten Porsche und die größte Satellitenantenne, die Axson je gesehen hat. Sie finden sogar Noriegas Versteck, einen gemütlichen Schlupfwinkel im „Umkleideraum“ des Schwimmbads. Dort stehen eine Quadrophonie-Anlage, zwei Fernsehapparate und ein bequemes Bett. Das Bad und die umliegenden Räume sind noch immer für die Hochzeit von Krupnicks Tochter, die eine Woche zuvor stattfand, dekoriert – eine Unmenge bunter Schleifen und dekoratives spanisches Moos im Pool. Für Axson wirkt das Ganze wie eine Szene aus *Miami Vice*. Rund um den Pool sitzen Tukans auf den Treppengeländern und einige Affen schwingen sich durch die Palmen.

Aber Noriega ist nirgends zu finden.

Axsons Truppen haben ihn um nicht einmal eine halbe Stunde verfehlt. Nachbarn und Mrs. Krupnick werden später erzählen, daß er mit einem kleinen Hubschrauber für die Thunfischjagd, einer blauweißen Maschine von der Sorte, die dazu verwendet wird, in geringer Höhe über dem Meer zu fliegen, um Fischschwärme zu erspähen, von Krupnicks ausgedehntem Hinterhof abgeflogen ist. Die Leibwächter sind unabhängig davon in einem grünen Mitsubishi abgefahren. Axson vermutet, daß Vicky Amado zusammen mit Noriega entkommen ist – eine Flucht durch die Luft für ein abgewracktes Bonnie und Clyde-Pärchen.

Zuerst bezweifelt Axson diese Story, aber sowohl Nachbarn als auch der Beobachtungsposten, den das 82nd Airborne auf dem Dach des nahegelegenen Marriott installiert hat, haben den Hubschrauber gesehen und über seinen kurzen Flug entlang der Küste von Panama City berichtet. „Ich bin sicher, daß er auf diesem Weg verschwunden ist", sagt Axson. Der Helikopter flog von Panama City aus die Küste entlang und landete nur sechs Meilen entfernt davon wieder.

Aber obwohl Axson Noriega verpaßt hat, entdeckt er doch eine ganze Kollektion von Mitläufern. Anfangs protestiert Mrs. Krupnick und behauptet, Noriega sei nie hier gewesen. Sie sagte, daß sie zu ihrem Truthahn, der im Herd schmore, zurück müsse. „Während Sie diesen Truthahn kochen, jage ich den anderen Truthahn", lacht Axson.

Es ist eine Teenagerin, die schließlich und endlich auspackt. Santa Sossa, Vicky Amados Tochter, bittet die Soldaten, ihrer Mutter nichts anzutun. Erst zwei Monate früher ließ Noriega eine Nonne deportieren, die das Mädchen in der Konfessionsschule in einem Unterrichtsfach durchfallen ließ, und führte damit einen lokalen Meinungsstreit herbei. Aber jetzt wendet sich die junge Dame, verdorben von den Reichtümern, die Noriega auf ihre Familie herabregnen ließ, gegen den General und berichtet über Einzelheiten seiner Abreise. „Meine Mutter will nur Frieden", behauptet sie.

Dann verhört Axson einen Jungen, der ein Computerspiel spielt. Kennt er General Noriega? „Ja, er ist mein Patenonkel", antwortet der Bub. Was für eine Familie, denkt Axson.

Und schließlich beginnt auch Mrs. Krupnick zu reden und macht deutlich, daß es sich bei Noriega um einen Gast handle, den niemand anderer wolle. Er kenne – in einem Land mit zwei Millionen Einwohnern – nicht mehr als 20 Familien, an die er sich wenden kann. Und er reist hauptsächlich zwischen fünf dieser Familien hin und her. „Er wird immer mein Freund sein – er war gut zu uns", sagt sie. „Das müßt ihr Leute begreifen. Ich würde jedem menschlichen Wesen helfen. Und er ist ein menschliches Wesen. Wann werdet ihr endlich aufgeben?"

„Gar nicht, Madame", entgegnet der hoch aufgeschossene Oberstleutnant. Er warnt Mrs. Krupnick. Sollte sich Noriega wieder bei ihr aufhalten, dann würden die Soldaten beim nächsten Sturm auf das Haus vielleicht nicht in der Lage sein, die Schreie ihrer Kapitulation zu hören. Er sagt, sie würden so viele Schüsse abfeuern, daß das Dach einstürzen werde. Er will die Frau davon abbringen, Noriega in Zukunft einen sicheren Zufluchtsort zur Verfügung zu stellen.

Sie scheint an ihrem Haus mehr interessiert zu sein als an Noriega. „Aber ich habe so viele Jahre lang so hart an diesem Haus gearbeitet", protestiert sie, als sie Axson ein

Stück Weihnachts-Früchtebrot serviert, das sie für den General gebacken hatte. Das Früchtebrot schmeckt Axson und er merkt an, daß es zu schade sei, daß der Ex-Diktator nicht hier sei, um es zu genießen.

Mrs. Krupnick sagt, daß der General für niemanden mehr eine Gefahr darstelle. „Er hat keinen eigenen Willen“, erklärt sie. „Seine Leibwächter überwachen seine Schritte und sagen ihm, wann er wo hingehen soll.“

Um diese Zeit läutet das Telefon. Vicky Amado möchte ihre Tochter sprechen. Zwei Spezialagenten heben an zwei anderen Apparaten ab, um mithören zu können. Die Amado sagt, daß Noriega erschöpft sei. „Er ist müde“, meint sie. „Er gibt sich auf.“

Gegen 13.30 Uhr ruft Mario Rognoni, ein Freund Noriegas, den päpstlichen Nuntius José Sebastián Laboa auf seiner Privatleitung an. Da sowohl die kubanischen als auch die nicaraguanischen Botschaften und Amtssitze von Soldaten umstellt sind, handelt es sich bei Monsignore Laboa um seine letzte Hoffnung, Asyl in einem Drittland gewährt zu bekommen. Und Noriega kennt Laboa – einen Mann, der für den sündigen General immer offene Türen hatte – gut. Er weiß, daß Laboa zwar nicht auf seiner Seite steht, aber er weiß auch, daß der päpstliche Nuntius der Methode der Vereinigten Staaten, mit dem General umzugehen, immer kritisch gegenüberstand. Noriega, ein Mann vieler abergläubischer und gläubiger Ansichten, kehrt am Schluß doch zum Katholizismus zurück. In einem seiner Büros hing ein übergroßes Gemälde des Heiligen Georg, seines Schutzheiligen, und sooft er Laboa besuchte, nahm er seine schwarzen Santeria-Perlen ab und hängte sich ein Kreuz um.

Mit seinen 67 Jahren sieht Laboa für einen Laien nicht wie ein typischer Erzbischof aus. Er ist ein koboldhafter Monsignore, ein spanischer Baske mit einer Vorliebe für gutes Essen, der gerne lacht. Er kam im Februar 1983, also nur sieben Monate vor Noriegas Machtergreifung, nach Panama, und ist der Vorstand des Diplomatischen Korps und dessen bei weitem bestinformierter Botschafter. Außerdem hat er eine Art, den Aufputz des diplomatischen Lebens zu durchschauen und die Wahrheit zu sehen. Seine letzte Tätigkeit im Vatikan bestand darin, einem Tribunal vorzustehen, das im Rahmen neuer Heiligsprechungen Berichte über Wunder untersuchte. Laboa war der *Abogado del Diablo* – der „Advocatus Diaboli“. Er war der Priester, der Betrüger und ihre falschen Wunder auseinandernahm.

Noriega zieht den Nuntius am Heiligen Abend gegen 14 Uhr in das tragische Schauspiel hinein, als er ihn aus einer öffentlichen Telefonzelle bei einer Tankstelle anruft. Er kündigt an, in zehn Minuten einen seiner Leibwächter in die vatikanische Residenz schicken zu wollen. Noriega will, daß ihn der Nuntius abholt und ihm Asyl gewährt. Der Leibwächter soll den Nuntius im hellblauen Toyota Crown mit der flatternden weißgelben päpstlichen Fahne, der dem Vatikan gehört, zu Noriega bringen. Es sei eher unwahrscheinlich, daß die amerikanischen Soldaten das Auto, das unter diplomatischem Schutz steht, anhalten würden. Noriega will dem Nuntius nicht sagen, wo er sich aufhält, da er fürchtet, verraten zu werden.

„Sie sind wahnsinnig“, meint der Nuntius. „Das kann ich nicht machen.“

Noriega spricht schnell. Sie haben zehn Minuten, um sich zu entscheiden, sagt er. Wenn Sie nicht kommen, dann gehe ich in den Dschungel. Dann wird es ein Blutbad in Panama geben. Ein Massaker.

Der Nuntius versucht eilig, General Cisneros zu erreichen, aber er ist schon seit mehr als einem Tag unter den Telefonnummern, die er kennt, nicht zu ihm durchgekommen. Er beschließt, seinen Wagen zu Noriega zu schicken, aber für den Nuntius selbst ist es zu riskant, den Leibwächter zu begleiten. Also verkleidet sich Pater Javier Villanueva, einer der freimütigsten Anti-Noriega-Priester Panamas, mit der Amtstracht des Nuntius. Er ist wie Monsignore Laboa ein spanischer Baske und etwa so alt und so groß wie er. Er setzt sich rechts auf den Rücksitz des Wagens, genau auf den Platz, den der Nuntius immer einnimmt. Pater Joseph Spiteri, der Privatsekretär des Nuntius', sitzt neben dem Leibwächter auf dem Beifahrersitz. Der Leibwächter hält seinen Passagier für den Nuntius.

Nachdem sie ein paar Häuserblocks weit gefahren sind, bemerkt Pater Spiteri, daß der Wagen fast kein Benzin mehr hat – und alle Tankstellen sind wegen des Kriegs geschlossen. Schließlich halten die Priester das Fahrzeug eines Kollegen aus dem Klerus an und zapfen ihm genug Benzin ab, um es bis zu ihrem Treffpunkt zu schaffen: einer Dairy Queen-Milchbar in einem Arbeiter-Vorort von Panama City, nur acht Meilen von der Nuntiatur entfernt. Das Benzinproblem hat die Priester aufgehalten, und von Noriega ist weit und breit nichts mehr zu sehen. Da sie fürchten, daß er bereits wieder weg ist, bitten sie darum, bei Dairy Queen ein Telefon benutzen zu dürfen. Aber dort gibt es keines.

Als sie zum Wagen zurückkommen, der neben den leuchtend bunten Rutschen eines Kinderspielplatzes steht, kommt dort ein dunkler Mitsubishi mit so dunkel getönten Scheiben an, daß die Priester den Fahrer nicht erkennen können. Den Insassen, der eilig aus dem Fahrzeug klettert, erkennen sie jedoch auch in seiner Verkleidung – einem grauen T-Shirt, blauweißen Bermudashorts und einer großen weißen Baseballmütze, die er tief in die Stirn gezogen trägt – sofort. Er trägt eine Uzi-Maschinenpistole bei sich und hält unter einer Decke eine Handgranate versteckt. Eine Reservewaffe, eine kleine Damenpistole, steckt am Rücken, unter seinem Hemd, im Gürtel.

Wie vorher vereinbart, steigt Noriegas Leibwächter in den Montero und Pater Joseph setzt sich ans Steuer des Toyota. Noriega klettert schnell auf den Rücksitz, damit ihn niemand sehen kann, und wendet sich dem Mann zu, den er für den Nuntius hält.

„Kennen Sie mich?" fragt Pater Javier Villanueva.

„*Lamentable, sí*", antwortet Noriega. Leider ja. Der Nuntius hat ihn ausgetrickst.

Während er auf dem Rücksitz des Toyota neben Noriega sitzt, betrachtet Pater Joseph das Gesicht des gestürzten Diktators und versucht, seine Gedanken zu lesen. Er denkt über die Ironie der Situation nach – wie die katholische Kirche nun das Leben dieses Sünders schützt. Der geborene verlorene Sohn, der alle seine Freunde und jede Hoffnung verloren hat, sucht bei der Kirche Obdach. Pater Joseph sucht in seinem Gesicht nach Spuren von Spannung, nach einem Zeichen, das ihn warnen könnte, daß Noriega gewalttätig reagieren oder ihn und Pater Javier als Geiseln nehmen würde. Aber stattdessen, wie Pater Joseph später berichtet, „sah ich ein ängstliches kleines Gesicht unter einer Baseballmütze".

Schweigend fahren sie zur vatikanischen Botschaft, wo der Nuntius sie nervös erwartet. Die Jagd auf Noriega ist vorbei. Der General ist den Gringos entkommen. Aber zugleich – und das scheint passend – hat sich der Antichrist einem Erzbischof ergeben.

Die amerikanische Invasion Panamas verlief erfolgreicher, als jeder ihrer Planer hoffen konnte. Noriegas Streitkräfte wurden am Boden zerstört, die meisten seiner Kumpane wurden gefangengenommen oder befanden sich auf der Flucht, und der General selbst wurde aus dem Verkehr gezogen und würde vielleicht nie wieder das Licht der Freiheit erblicken.

Aber was kostete das alles! 25 Amerikaner sind tot. Man hat vielleicht 1000 Panamaer umgebracht. Und der Sachschaden beträgt etwa 1,5 Milliarden Dollar.

Trotz seines augenscheinlichen Erfolges ist dieser Krieg, wie auch die meisten anderen, eher das Ergebnis einer Politik, die versagt hat, als das einer brillanten Strategie. Er fand erst statt, nachdem die Regierungen Reagan und Bush mehrere Möglichkeiten verpfuscht hatten, General Noriega mit wesentlich geringerem Aufwand aus seinem Amt zu entfernen. Und etwas mehr als ein Vierteljahrhundert zuvor hatten amerikanische Beamte sehr dabei mitgeholfen, Noriega zu „erschaffen“: Sie engagierten ihn 1960 als Spion, halfen ihm dabei, 1967 einen kleinen, provinziellen Geheimdienst aufzubauen, und sie statteten ihn mit jeder Ausbildung aus, die sich ein hoffnungsvoller Geheimdienstchef und Comandante nur wünschen konnte. Dann setzten sie ihn auf ihre Gehaltsliste und ließen sich seine Geheimdiensttätigkeit im Jahr 1985 schon 200 000 Dollar jährlich kosten – das entspricht etwa dem Gehalt des amerikanischen Präsidenten.

Mit der Invasion vom Dezember 1989 haben die Vereinigten Staaten zwar Noriega gestürzt, aber auch einen kleinen Teil ihrer selbst zerstört.

Kapitel zwei

Der Alptraum des Präsidenten

Ich hab' Bush an den Eiern.
– MANUEL ANTONIO NORIEGA,
12. AUGUST 1988

Für George Bush wurde es zur lieben Gewohnheit, das Problem Noriega unter den Teppich zu kehren – das ging bis zu den Tagen zurück, als er unter Präsident Ford Direktor der Central Intelligence Agency (CIA) war.

Damals wollte Bush nichts davon wissen, daß der billige Chef eines Geheimdienstes aus einer Bananen- und Bankenrepublik von seinen CIA-Agenten Informationen kaufte, aber genau das war es, was der findige Noriega tat. Und was noch schlimmer war – Noriega tat es zu einer Zeit, als er auf Bushs CIA-Gehaltsliste stand.

Präsident Gerald Ford hatte Bush im Januar 1976 mit einer einzigen Aufgabe auf diesen Posten berufen: Schadensbegrenzung. Der CIA taumelte immer noch wegen der Schocks, die die Watergate- und die Kirchenkomitee-Hearings ihm versetzt hatten und die den Geheimdienst konfus und demoralisiert zurückgelassen hatten, mit viel zu viel bösen Medienberichten, die von Korruption, Attentatsverschwörungen und illegalen Geheimaktivitäten gegen Feinde im eigenen Land sprachen. Außerdem hatte Bush eine unausgeprochene Partisanenrolle zu spielen: als früherer Vorsitzender des Nationalkomitees der Republikaner würde er jeden weiteren Skandal zu vermeiden suchen, der einen republikanischen Sieg bei den Präsidentschaftswahlen im Jahr 1976 eventuell verhindern konnte.

Senator Frank Church aus Idaho, der demokratische Vorsitzende des Geheimdienstkomitees des Senats, schäumte wegen Bushs Ernennung vor Wut. „Wie absonderlich", sagte Church, „daß man uns auffordert, die Ernennung eines Individuums zum CIA-Direktor zu bestätigen, dessen frühere politische Aktivitäten und dessen Parteibindungen zum Präsidenten genau dem Zweck politischer Unparteilichkeit und Objektivität widersprechen, zu dem der CIA eigentlich gegründet wurde." Präsident Ford schaffte es, die wütenden Senatoren etwas zu beschwichtigen, indem er versprach, Bush nicht als Kandidaten für die Vizepräsidentschaft zu betrachten – aber das minderte die politische Rolle des loyalen Republikaners nicht im geringsten.

Nur drei Monate nach der Amtsübernahme Bushs erfuhr dieser, daß die Armee soeben eine Untersuchung über Noriegas mißliebige Handlungsweise in Gang gesetzt hatte, deren Einzelheiten für die Regierung Ford peinlich sein und für die Republikaner einen politischen Langzeitschaden bedeuten konnten. Die Untersuchung mit dem Codenamen „Canton Song" deckte auf, daß Oberstleutnant Manuel Antonio Noriega, der Geheimdienstchef von Panama, von Mitgliedern der 470th Military Intelligence Brigade – die High-Tech-Lauschaktionen im Auftrag der Defense Intelligence Agency (des Heeresgeheimdienstes) durchführte – Tonbandaufnahmen erworben hatte. Die 470. Brigade hatte den Spezialauftrag, panamaische Beamte zu belauschen, die mit den Verhandlungen über den Kanal-Vertrag zu tun hatten. Zu dieser Zeit sammelte der frühere kalifornische Gouverneur Ronald Reagan bereits politische Punkte bei den Präsidentschaftsvorwahlen, indem er Ford denunzierte und behauptete, daß dieser vorhätte, „unseren Panamakanal" herzugeben. Wäre die Affäre „Canton Song" in die Zeitungen gelangt, dann hätte das für Fords Wahlkampagne einen schweren Schlag bedeutet.

Die Einzelheiten waren relativ einfach: Noriega, der zu dieser Zeit sowohl vom CIA als auch von der Defense Intelligence Agency bezahlt wurde, war hinter die US-Lauschaktion gekommen. Aber er hatte eine bessere Idee, als die Sache einfach auffliegen zu lassen. Er gestattete den Amerikanern, mit ihren Aufnahmen fortzufahren, und erwarb im Auftrag seines Chefs, des panamaischen Diktators Omar Torrijos, Kopien einiger Tonbänder. Es war nie ein besonderes Problem gewesen, in Panama amerikanische Agenten zu kaufen. Viele von ihnen waren puertorikanischer Abstammung und empfanden gegenüber ihren Vorgesetzten, typischen weißen angelsächsischen Protestanten, keinerlei Loyalität. Noriega erinnerte sich zu Weihnachten mittels kleiner Geschenke an sie und ihre Kinder, und er rief sie an ihren Geburtstagen an – das war mehr Aufmerksamkeit, als Gringo-Beamte ihnen jemals geschenkt hatten.

Lew Allen jun., der damalige Chef der National Security Agency (NSA, nationale Sicherheitsbehörde), hatte die Leitung der internationalen elektronischen Überwachung, als der Fall, der bald unter dem Namen „Singende Sergeants-Affäre" bekannt sein würde, ans Licht kam. Um anderen möglichen Verrätern gleich vorab eine Lektion zu erteilen, wollte Allen die Schuldigen hart und in aller Öffentlichkeit bestrafen. Allen schickte Bush eine Notiz, in der er ihn ersuchte, sein Vorhaben zu unterstützen. Aber der CIA-Direktor scheute davor zurück. Er behauptete, dafür keine Autorität zu besitzen. Hierbei handle es sich um eine Angelegenheit der Armee, sagte er, und die peinlich betroffene Armee hatte sich dafür entschieden, Schweigen über die Sache zu hüllen. Trotzdem fürchtete der CIA aber bereits zu dieser Zeit, daß Noriega die sensiblen Geheiminformationen – zu denen möglicherweise auch abgehörte Gespräche von Kubanern und anderen politischen Führern dieser Region gehörten – an Fidel Castros Geheimdienst verkauft haben könnte, auf dessen Gehaltsliste Noriega ebenfalls stand.

Bush ließ die Beamten und Noriega nicht nur ungestraft davonkommen, er plädierte auch dafür, Noriega weiterhin etwa 110 000 Dollar im Jahr für seine Zusammenarbeit mit dem CIA zu bezahlen.

„Bush muß Noriega von allem Anfang als das Böse betrachtet haben", sagt Stansfield Turner, der Admiral im Ruhestand, der den CIA 1977 von Bush übernommen hatte, heute. „Wir haben ihn auf frischer Tat ertappt. Zur selben Zeit, als er eine enge Beziehung zu uns aufbaute, war er dazu bereit, uns zu betrügen."

Turner behauptet, daß diese und andere Verdachtsmomente über unglückliche Aktionen Noriegas ihn dazu veranlaßten, die vereinbarten Zahlungen an Panamas Geheimdienst zu kürzen. Diese Maßnahme war ein Teil von Präsident Carters allgemeinem Aufräumen im CIA, das viele Agenten so demoralisierte, aber das, wie Turner glaubt, die Vereinigten Staaten weniger erpreßbar machte. Turner sollte sich mit einigem Zorn elf Jahre später daran erinnern, als Bush während seiner Präsidentschaftskandidatur behauptete, die letzten sieben amerikanischen Regierungen hätten Noriega bezahlt. „Bush ist während der Regierung Ford in der Regierung, und Noriega steht auf der Gehaltsliste", sagt Turner. „Bush ist während der Jahre unter Carter nicht in der Regierung, und Noriega steht nicht auf der Gehaltsliste. Bush kommt zurück – und mit ihm Noriega. Das sind die Tatsachen, und jeder kann sich selbst ausmalen, was sie bedeuten."

Schon damals, 1976, begriff Bush, daß man Noriega nicht kaufen konnte, wenn man ihn bezahlte. „Canton Song" war in dieser Hinsicht nicht einmal die schlimmste Affäre. Neue Geheiminformationen, die im Herbst eintrafen, brachten Noriega mit einer Reihe von Bombenanschlägen in Verbindung, die gegen amerikanisches Eigentum und Zivilisten gerichtet waren. Er war von Torrijos, der wegen der erlahmenden Gespräche über die Panamakanal-Verträge aufgebracht war, beauftragt worden, etwas Staub aufzuwirbeln. Da die Wahlen vor der Tür standen, hatte die Regierung Ford beschlossen, von den ziemlich unpopulären Vertragsverhandlungen etwas Abstand zu nehmen. Das Ergebnis war, daß der panamaische Diktator unter Druck des linken politischen Flügels seines Landes geraten war, mit Washington doch etwas härter umzuspringen. Zudem war Torrijos noch über einen Kommentar des Präsidentschaftskandidaten Carter erregt, der bei einer Diskussion mit Ford gesagt hatte, daß er „nie" die „praktische" Kontrolle über die Kanalzone aufgeben würde. Kurz vor den Bombenanschlägen traf sich Rómulo Escobar Bethancourt, einer von Torrijos' leitenden Unterhändlern, am Swimming-pool mit seinem amerikanischen Gesprächspartner Michael Kozak, um ihn zu warnen. „Ich würde Ihnen raten, möglichst schnell auszusteigen", sagte er. „Ich glaube, daß für vernünftige Menschen hier nichts Gutes mehr zu holen ist." Er kündigte an, daß Panama sich „direkten Aktionen" zuwenden würde – ein Begriff, der bereits zum Vokabular von Terroristen gehörte –, um seinen Gefühlen Ausdruck zu verleihen.

Torrijos beauftragte wie gewohnt Noriega mit seiner schmutzigen Arbeit. Die Ziele der Anschläge sollten in der von Amerika kontrollierten Panama Canal Zone liegen – einem Redneck-Reservat aus Baseballplätzen, Country & Western-Bars und Kirchen der Südstaatler-Baptisten, wo der Rassismus einen guten Ruf besaß und aus dem der reaktionärste politische Lobbyismus gegen die Verträge kam. Die „Zonenbewohner", eine einzigartige Menschenrasse, die sich in den frühen Jahren dieses Jahrhunderts in der amerikanischen Zone angesiedelt hatte, waren immer schon ein Stachel im Fleisch nationalistisch denkender Panamaer. Die Zonenbewohner wußten, daß Panama nur deshalb 1903 die Unabhängigkeit erlangt hatte, weil Teddy Roosevelt Kriegsschiffe gesandt hatte, um die Kolumbianer von einer Intervention abzubringen. Und ohne amerikanische Technik hätten die Panamaer es auch nie zu einem Kanal gebracht. Sie betrachteten den Wasserweg in alle Ewigkeit als amerikanisches Eigentum. Wie sie lachend zueinander zu sagen pflegten: Sie hatten ihn offen und ehrlich gestohlen. Die Gehälter der Zonenbewohner waren höher, nur wenige von ihnen sprachen Spanisch, und sie stolzierten mit dem arroganten Getue von Kolonialherren durch Panama, wenn sie nicht gerade in ihren großen Luxushäusern saßen und sich dort um ihre gutgepflegten Rasenflächen kümmerten. Der offenherzigste Vertreter dieser Ansichten war William Drummond, ein Polizist aus der Kanalzone, dessen Lobbyismus in Washington und Ansprachen in Panama Torrijos mehr und mehr aufregten.

Noriegas G-2 legte innerhalb von 48 Stunden drei Bomben. Die erste zerstörte das Auto Drummonds, der gerade eine Zivilklage eingebracht hatte, in der er einen Stop der Vertragsverhandlungen forderte und bei der Präsident Ford und Außenminister Kissinger als Mitangeklagte genannt wurden. Die zweite explodierte auf dem Parkplatz eines amerikanischen Krankenhauses in der Nähe der Atlantikküste bei Coco Solo. Und einer von Noriegas Männern warf die dritte in der Nähe eines amerikanischen Siedlungsgebiets aus einem Auto – am Montagabend vor den Carter-Ford-Wahlen.

Ein paar Tage nach den Bombenattentaten überreichten amerikanische Geheimagenten William J. Jorden, dem Botschafter Washingtons in Panama, sichere Beweise für die Mitbeteiligung Noriegas. Es handelte sich um den ersten je bekanntgewordenen Fall eines von der Regierung finanzierten terroristischen Anschlags gegen die USA in Panama, und Noriega war indirekt für die Ausführung der Gewaltakte verantwortlich. Aber wie so oft bei Angelegenheiten, die Noriega betrafen – die USA schauten einfach weg.

In seinem letzten Monat als CIA-Direktor mußte George Bush Noriega mit den ärgerlichen Themen der Bombenanschläge und der Affäre „Canton Song“ konfrontieren. Obwohl Bush es geschafft hat, keinen neuen CIA-Skandal an die Öffentlichkeit dringen zu lassen, hat Ford im November die Wahl gegen Carter verloren. Aber weder Ford noch Carter wollten in diesem Übergangsstadium irgendwelchen Ärger. Obwohl Noriega also voller Angst vor einem scharfen Tadel vom Chef des CIA nach Washington flog, verlief ihr Treffen eigentlich überraschend herzlich.

Die beiden trafen sich im Dezember 1976 in der eleganten Residenz des panamaischen Botschafters in Washington zu einem privaten Mittagessen. Jahre später, als Noriega 1988 in Florida wegen Drogendelikten angeklagt wurde, würde Bush anfangs zu leugnen versuchen, Noriega je getroffen zu haben. Später erinnerte er sich jedoch an das Treffen, aber an keine Einzelheiten. Seine drei Essensgäste haben bessere Erinnerungsvermögen, und einer von ihnen bestand darauf, daß es sich dabei um das dritte Treffen zwischen den beiden Männern gehandelt habe.

Die Sitzung, um die Noriega ersucht hatte, wurde von Panamas Botschafter bei den Vereinten Nationen, Aquilino Boyd, arrangiert. Gastgeber war Botschafter Nicholás Gonzalez Revilla, Torrijos 32 Jahre alter Gesandter in Washington. Boyd fungierte als Übersetzer für die beiden Agentenchefs, die er beide gut kannte. Als panamaischer Außenminister hatte er Noriega im Jahr 1957 seine erste große Chance gegeben, indem er den Empfehlungsbrief verfaßte, der ihm den Zugang zur peruanischen Militärakademie ermöglichte. Seine Beziehung zu Bush war jüngeren Datums. Boyd und Bush hatten 1971 gleichzeitig als UN-Botschafter ihrer Länder gedient.

Die beiden Geheimdienstchefs unterschieden sich sowohl äußerlich als auch inhaltlich. Bush ist schlank und kultiviert, Sproß einer alteingesessenen Familie aus New England. Er überragt den 1,65 m großen Noriega um einiges. Noriega ist ein Mestize ärmlicher Herkunft, der uneheliche Sohn einer Hausangestellten seines Vaters. Noriega hatte Bushs festem Griff nur seinen üblichen feuchten, schlaffen Händedruck entgegenzusetzen. Sie fühlten sich in Gegenwart des anderen sichtlich unwohl.

Und auch ihre Aufträge unterschieden sich deutlich voneinander. Bush wollte Noriega und Torrijos davon überzeugen, daß sie ihre provokativen Methoden ändern müßten. Noriega war im Auftrag gekommen zu protestieren – er und Torrijos wären aller Vorwürfe, die man gegen sie vorbrachte, unschuldig – und um einen Brief an den gewählten Präsidenten Carter zu überbringen, in dem für die Zukunft herzliche Beziehungen zwischen den beiden Ländern versprochen wurden.

Noriega eröffnete das Gespräch in fast wehleidiger Manier, indem er Bush versicherte, daß Torrijos und er keine Kommunisten seien. „Welches Interesse sollten wir denn daran haben, die Feindseligkeit eines so großen und gefährlichen Nachbarn hervorzurufen?“ fragte er. Dann brachte er ein technisches Argument vor, das gegen seine Verwicklung in die Anschläge sprechen sollte: Es waren amerikanische Sprengstoffe und -techniken benutzt worden, mit denen Panamaer gar nicht umzugehen verstünden. Bush wußte jedoch, daß Noriega einen „Spreng-Spezialkursus“ im amerikanischen Fort Gulick in Panama besucht hat, und nur deshalb amerikanische Sprengmaterialien und die dort erlernten Methoden eingesetzt hatte, um die Verbindung zum G-2 auf diese Weise zu tarnen. Dann setzte Noriega – der jetzt eine Technik verwendete, die er 1967 bei der Ausbildung für psychologische Kriegsführung in Fort Bragg gelernt hatte – das Gerücht in die Welt, daß Drummond sein eigenes Auto in die Luft gesprengt habe. Bush wußte aus seinen eigenen Vorbereitungen auf dieses Gespräch, daß Noriega log, aber er stellte ihn deswegen nicht zur Rede. Seine Anweisungen lauteten dahingehend, daß er bestimmt, aber kooperativ sein sollte. Bush hörte höflich zu und sagte nie das, was er tatsächlich dachte.

„Ich akzeptiere Ihre Erklärungen in gutem Glauben“, sagte Bush. „Alles was wir wollen, ist, daß diese Dinge nie mehr vorkommen.“

Und was „Canton Song“ betraf, da drehte Noriega einfach den Spieß um und gab die US-Beschwerden, daß er gegen Washington spioniert hätte, zurück. Schließlich, so wandte er ein, hätten die USA zuerst gegen ihn spioniert. „Aquilino“, sagte er zu Boyd, „frag' deinen Freund, wer die Leute waren, die die Denunziationen wegen dieser terroristischen Anschläge vorgebracht haben?“ Noriega hegte zu Recht den Verdacht, von einem US-Agenten innerhalb seines eigenen G-2 verpfiffen worden zu sein. Er lächelte Bush über den Tisch hinweg zu, und dieser lächelte unschuldig zurück. Spion gegen Spion.

Aber Noriega hatte sich auch einen komischen Ausrutscher geleistet: Er hatte gefragt, wie Washington etwas über eine Operation wissen konnte, von der er eigentlich geleugnet hatte, daß sie überhaupt je existierte. Boyd erinnert sich heute, daß Bush entgegnete, die Information über die Bombenattentate „von seinem Mann an der Front" erhalten zu haben. Bushs nur wenig verschleierte Botschaft an Noriega lautete somit, daß der CIA den panamaischen Geheimdienst infiltriert hatte.

Das Treffen endete damit, daß beide Seiten einander noch mißtrauischer gegenüberstanden als zuvor. Boyd war schockiert, den Amerikaner so offen zugeben zu hören, daß er Agenten in den G-2 eingeschleust hatte. Nachdem Bush gegangen war, wandte sich Boyd Noriega zu und bemerkte: „Wir müssen Torrijos berichten, daß die USA überall in Panama Augen und Ohren haben." Noriega war über Boyds Naivität überrascht; wie hatte er denn bis jetzt etwas anderes glauben können? Schließlich hatte ja auch Noriega seine Agenten in amerikanische Geheimdienste eingeschleust.

Das letzte Problem, das CIA-Direktor George Bush im Zusammenhang mit Noriega hatte, war die Frage, was er mit dem goldenen Medaillon anfangen sollte, das die Panamaer ihm gegen Ende ihres gemeinsamen Essens überreicht hatten – ein Erinnerungsstück an einen Kollegen, der auch Chefspion war und in Kürze aus dem Amt scheiden würde. Um ihm das Geschenk etwas schmackhafter zu machen, hatte Noriega Bush erzählt, daß es von Demetrio Lakas, Torrijos' Marionettenpräsident, käme – einem Mann, der für seine seit langer Zeit bestehenden Kontakte zu amerikanischen Geheimdiensten bekannt war. Bush sandte seinem Freund Boyd das Medaillon mit einer Erklärung zurück: „Ich wünsche, ich könnte es behalten und voller Stolz herzeigen", schrieb Bush, aber die amerikanischen Gesetze, sagte er, verlangten von ihm, solche Geschenke der General Services Administration zu übergeben. Er schrieb weiter, daß das Medaillon dort nur „auf irgendeinem Regal verstauben würde". Daher schickte er es also an Boyd, der es bitte an Lakas retournieren sollte. „Mensch, Aquilino, ich hoffe, Sie verstehen das", schrieb Bush.

Nur der verdrehte Verstand eines Manuel Antonio Noriega konnte dieses Essen mit George Bush 1976 als den Beginn einer schönen Freundschaft interpretieren. Zehn Jahre später würde sich Noriega an ihr Treffen erinnern und es als Beweis dafür betrachten, daß er und Bush gut miteinander zurechtkämen, daß sie gemeinsam Krisensituationen vermeiden könnten, und daß Bush ihn schätzte.

Für Bush war Noriega jedoch ein immer wiederkehrender Alptraum. Der Panamaer verfolgte Bush durch alle seine politischen Posten. Für Bush, den Geheimdienstchef, war Noriega ein lästiger „Aktivposten", den man leichter ignorieren als zurechtweisen konnte. Für den Vizepräsidenten Bush war Noriega der zum Diktator gewordene Geheimdienstchef, dessen Verbindungen zu Drogenhandel, Wahlbetrug und Mord es immer peinlicher für die USA machten, ihn zum Verbündeten zu haben. Für den Präsidentschaftskandidaten Bush stellte Noriega eine Bedrohung seiner Wahlkampagne dar. Und für den Präsidenten Bush bedeutete Noriega eine dauernde Erinnerung an Amerikas Ohnmacht und auch schon eine Gefahr für seine Kandidatur zu einer zweiten Amtsperiode – in einer Zeit, als es zur nationalen Leidenschaft geworden war, Drogen zu bekämpfen.

Am fünften Jahrestag der Herrschaft Noriegas, dem 12. August 1988, veranstaltete der Diktator im Atlantic-Pacific Convention Center (allgemein als Atlapa bekannt) eine Party für sich selbst. Etwa 2 000 seiner besten Freunde waren anwesend. Er wüßte die Wahrheit über George Bush, erzählte Noriega einem kleinen Kreis, der sich um ihn scharte. Wenn Bush gewählt würde, dann wären alle seine Probleme vorbei. Er sagte, daß sein Geschäftspartner Carlos Duque – über eine dritte Partei – der Bush-Wahlkampagne große Summen gestiftet hätte. Noriega könne Bush mit dieser Information bloßstellen, wann immer er wolle.

Noriega war ziemlich angesäuselt von seinem gewohnten Old Parr Whiskey (der teureren, 15 Jahre alten Sorte in der glockenförmigen Flasche) und daher in sadistischer Hochform. Er hatte eine Supermacht in Verlegenheit gebracht, und die beiden Männer, die seine Nemesis waren – der stellvertretende Außenminister Elliott Abrams und Präsident Ronald Reagan – standen kurz davor, aus dem Amt zu scheiden. Er erzählte Freunden, die aus dem Ausland zu seiner Feier gekommen waren, daß er gegen amerikanische Sanktionen und Drohungen gesiegt habe, weil er nach wie vor Freunde in Washington habe, die die Regierung davon abhielten, sich ganz und gar gegen ihn zu stellen. Und da viele von ihnen ihm auch etwas schuldig waren, hatten sie keinen Grund, an Noriega zu zweifeln.

Jetzt, so der General, wolle er, daß George Bush und nicht Michael Dukakis gewählt würde. Er sagte, daß Dukakis einen Abgesandten geschickt habe, der belastendes Material über den Vizepräsidenten zusammentragen solle. Noriega hatte seine Mitarbeit verweigert. Bush würde versöhnlicher sein müssen. „Ich hab' Bush an den Eiern", sagte er. Noriegas Strategischer Militärrat, der CEM – eine Institution, die er zur Unterstützung seiner Militärregierung geschaffen hatte – beriet sogar darüber, ob man nicht eine Kampagne gegen Bush starten und damit den Wahlkampf in Verwirrung stürzen sollte. Auch wenn Noriega nicht die Wahrheit über den Vizepräsidenten wußte, wie er behauptet hatte, konnten gezielte Fehlinformationen Bush in die Defensive treiben. Aber Noriega hielt sich zurück, da er bessere Zeiten auf sich zukommen sah, sollte Bush die Wahl gewinnen. Noriega genoß seine potentielle Stellung mitten im amerikanischen Wahlkampf und erwartete, daß Bush ihn dafür belohnen würde, daß er sich jetzt raushielt.

Was Noriega aber nicht begriff, war die Tatsache, daß Bushs pragmatische Art, die ihn in den 70er Jahren und in den frühen Jahren der Regierung Reagan zu einem widerstrebenden Verbündeten gemacht hatte, ihn jetzt zum Feind machen würde. Da in Florida die Anklage wegen Drogen existierte, hatte Bush gar keine andere Wahl, als Noriegas Entfernung zu bewirken, und so setzte er Noriega am Schluß viel effektiver und konsequenter unter Druck, als Reagan es je getan hatte – mit anhaltenden psychologischen Maßnahmen gegen ihn, militärischem Druck und erfolgreicheren Bemühungen, noch mehr lateinamerikanische Führer dazu zu bringen, Anti-Noriega-Botschaften nach Panama zu schicken.

Der Interviewer David Frost befragte Präsident Bush über seinen offensichtlichen Stimmungswandel, was Noriega betraf. „Sie haben ihn einige Male getroffen", sagte Frost.

„Würden Sie General Noriega als einen der wenigen Menschen bezeichnen, die man böse nennen könnte?"

„Heute würde ich das tun", antwortete Bush und fügte verschämt hinzu: „Ich habe ihn nicht immer so eingeschätzt. Aber seit er angefangen hat, sich ins internationale Drogengeschäft zu verstricken, würde ich die Frage mit ja beantworten."

Gegen Ende des Jahres 1989 wußte Bush, daß Noriega die größte Störung seiner Außenpolitik war und nach wie vor eine politische Bombe darstellte. Noriega steckte Bush im Hals, und der Präsident drückte immer wieder seine Frustration darüber aus, daß er es nicht schaffe, ihn auch nur einen Millimeter von der Stelle zu bewegen. Noriegas Überleben warf ein schlechtes Licht auf Bushs Kampf gegen die Drogen und betonte die zunehmende amerikanische Machtlosigkeit in dieser Region – eine Machtlosigkeit, die durch den fehlgeschlagenen Staatsstreich vom Oktober, als Bush langsam und unfähig reagiert hatte, noch unterstrichen wurde. Schließlich mußte Bush eine Invasion vom Stapel lassen, um einen Mann zu vernichten, den er ein Jahrzehnt zuvor unwissentlich beschützt hatte.

Aber andererseits war Noriega immer schon ein Problem gewesen – sogar als junger Mann.

Kapitel drei

Das ausgesetzte Kind

Tony wurde am 11. Februar in seiner geliebten Heimatstadt Panama geboren.
Sein Berufswunsch: Psychiater und Präsident der Republik.
Seine Interessen: Mädchen und Essen im Casa China [einem Restaurant].
Sein Lieblingsmusikstück: „Torna Sorrento [sic]".
Repräsentant beim Ersten Außerordentlichen Studentenkongreß.
... Er hat das Zeug zum Arbeiterführer in sich.
– NORIEGAS HIGH SCHOOL-JAHRBUCH, 1953

Felicidad Sieiro de Noriega schluchzte so unkontrolliert, daß sie es kaum schaffte, ihre Geschichte vorzubringen. Die Wölbung ihres Bauches – sie war im siebenten Monat schwanger – hob und senkte sich mit jedem weiteren Aufschrei des Zorns und Ekels. Rodrigo Miranda Morales, der Familienanwalt der Sieiros, betrachtete Felicidad nervös. Er hatte Angst, sie würde ihr Kind gleich hier zur Welt bringen, so sehr zitterte sie. Er versuchte sie zu beruhigen. „Was ist denn los, *Muñeca*", fragte er und benutzte dabei ihren Spitznamen „kleine Puppe". Miranda runzelte die Stirn. „Es gibt doch nichts, was so schlimm sein könnte."

„Ich möchte eine Scheidung", schluchzte sie. „Er war sehr grausam zu mir."

„Er", das war Hauptmann Manuel Antonio Noriega, der junge Leiter der Verkehrspolizei-Abteilung in David, Hauptstadt der Provinz Chiriquí.

Noriegas zerbrechliche Frau, der Tränen übers Gesicht rannen, hatte einen harten Blick, als sie ihre langen, dunklen Haarsträhnen aus dem Gesicht warf. Sie war früher von einer Einkaufstour nach Hause gekommen, da sie ihr Geld daheim vergessen hatte. Sie hatte ihren Ehemann überrascht, wie er sich gerade auf dem Ehebett mit einem indianischen Hausmädchen, das halbtags bei ihnen arbeitete, vergnügte. Der Schauplatz regte sie genauso sehr auf wie der Akt selbst. „Können Sie sich das vorstellen, auf unserem eigenen Bett", weinte sie. „Auf unserem eigenen Bett!"

Miranda wollte helfen. Er hatte Tony Noriega kennengelernt, als er ihn als Sachverständigen in einem Strafprozeß engagiert hatte. Er bezahlte Noriega bis zu 50 Dollar für sein Erscheinen vor Gericht – etwa soviel, wie ein armer Polizeihauptmann in der Woche verdiente. Und Noriega war sein Geld wert. Im Gegensatz zur größtenteils ungebildeten Masse, aus der die Nationalgarde bestand, war er klug, ernsthaft, kannte sich mit Technik aus, war glaubwürdig und geradezu besessen von den Einzelheiten, die Geschworene überzeugen konnten. Hier handelte es sich um einen Polizisten, der es noch weit bringen würde, dachte Miranda.

Mirandas Beziehung zur Familie Sieiro ging noch weiter zurück. Die Sieiros waren ein stolzer Mittelklasse-Clan baskischer Herkunft. Sie betrieben ein lokales Geschäft für Lebensmittel und alkoholische Getränke, wo man immer freundlich bedient wurde und zu fairen Preisen einkaufen konnte. Die Familie war gar nicht glücklich darüber, daß ihre Tochter, eine Grundschullehrerin und reinrassige Baskin, diesen häßlichen Polizisten mit der dunklen, pockennarbigen Haut geheiratet hatte, über dessen Eltern man nicht genau Bescheid wußte. Er sprach nie über seinen Vater und seine Mutter, und sie glaubten, daß er gar nicht wußte, wer sie waren – nichts Ungewöhnliches für einen Panamaer seiner sozialen Klasse.

Was ihre Tochter aber an Noriega fasziniert hatte, war die introvertierte Art, die sie miteinander verband. Sie hatten sich bei einer Tanzveranstaltung für Lehrer der Gegend kennengelernt, die stets von Mitgliedern der Nationalgarde in ihren eleganten, gebügelten Uniformen besucht wurde. Das junge Paar hatte jedoch nicht miteinander getanzt. Stattdessen waren sie stundenlang in der Ecke gesessen und hatten miteinander gesprochen. Für die Provinz Chiriquí waren die beiden ein ungewöhnliches Paar - zwei äußerst ernsthafte junge Leute, die über Bücher und Ideen diskutierten. Noriega fühlte sich sein ganzes Leben lang selten zu den hirnlosen Schönheiten hingezogen, die seinen Offizierskollegen so gefielen.

Als Felicidad jetzt von Schluchzern geschüttelt vor ihm saß, meinte Miranda, daß sein Freund, der junge Tony, nach zwei Jahren Ehe einfach etwas ruhelos geworden war. Felicidad hatte in dieser Zeit eine Tochter zur Welt gebracht, und Tony tat nur das, was für lateinamerikanische Männer natürlich war. Miranda ließ die Frau mit einer Schachtel Papiertaschentücher allein in seinem Büro und rief Noriega aus seinem Empfangszimmer an.

Wenn Noriega sich über Mirandas Anruf aufregte, dann zeigte er es nicht. Er entschuldigte sich für die Mühe, die er ihm machte. Er hatte einen Fehler gemacht und würde ihn bei Felicidad wieder gutmachen. Er wies Miranda an, die Scheidungsdokumente vorzubereiten, aber nur als Mittel zur Beruhigung Felicidads – er sollte sie nicht einreichen. Der Polizeihauptmann sagte, er würde etwas Zeit brauchen, die Angelegenheit wieder zu kitten.

Miranda befragte Felicidad also und schrieb ihre Antworten pflichtgemäß nieder, wobei er die ganze Zeit wußte, daß er sich Hauptmann Noriegas Wünschen fügen würde. Es machte sich bezahlt, wenn man ein gutes Verhältnis zur Verkehrspolizei hatte.

Noriegas System bekam jedoch einen kleinen Defekt, als er im Club David, einer Kneipe im Ort, Felicidads wütendem Bruder über den Weg lief. Der betrunkene und zornige Ramón Sieiro warf Noriega vor, den guten Namen seiner Familie in den Schmutz zu ziehen. Ramón hatte einen Abschluß in Landmaschinenbau und hielt sich Noriega sowohl herkunfts- als auch bildungsmäßig für weit überlegen. Ein Zeuge erinnert sich, wie Ramón tobte, daß er Noriega dafür töten würde, daß dieser seine Schwester so besudelt hatte. Daraufhin zog Noriega seine Pistole und richtete sie gegen seinen Schwager. Bevor er noch abdrücken konnte, mischten sich seine Freunde ein. So wurde ein Mord verhindert.

Etwa einen Monat später rief Felicidad aus dem Krankenhaus Miranda an. Sie hatte ein Mädchen zur Welt gebracht, das sie Sandra getauft hatte. Sie fragte Miranda, ob er die Scheidung noch aufhalten könne. Tony war neben ihrem Bett niedergekniet und hatte sie am Morgen nach Sandras Geburt um Verzeihung gebeten. Wie konnte sie da ablehnen? Sie bat Miranda, den Fall geheimzuhalten.

Was Noriega betrifft, so liefert diese Geschichte ein frühes Beispiel seiner Geduld und seines listigen Gefühls für den richtigen Zeitpunkt. Er hatte die Situation von Anfang an unter Kontrolle und wußte von Anfang an mehr als alle anderen Beteiligten in diesem Schauspiel. Und er wartete auf den richtigen Augenblick, um sich zu bessern. Er war kein gewöhnlicher Polizist, sondern ein meisterhafter Taktiker.

Felicidad zwinkerte Miranda noch Jahre später zu und glaubte, daß sie ein schmutziges kleines Geheimnis gemeinsam hatten – nämlich daß sie einmal versucht hatte, sich von dem Mann scheiden zu lassen, der sie und ihre Familie schließlich und endlich über deren Vorstellungsvermögen hinaus reich und einflußreich gemacht hatte. „Sie sind meine Geheimwaffe", lachte sie. „Ich werde sie rufen, wenn er mich schlecht behandelt." Auch Miranda lachte, obwohl er wußte, daß das Geheimnis für Noriega nie eines war.

Noriega zeigte schon seit frühester Jugend einen Hang zur Manipulation und zu heimlichen Verbindungen – zwei Eigenschaften, die später Kennzeichen seines Privatlebens und seiner politischen Karriere werden sollten. Da er zu schüchtern war, es direkt mit der Welt aufzunehmen, benutzte er seine Intelligenz auf kluge Weise dazu, Freunde und Feinde auszumanövrieren, während er zielsicher seinen Weg zur Macht ging. Obwohl er zu häßlich war, um charmant wirken zu können, lief er den Frauen nach und versuchte, sie ins Bett zu kriegen – wobei er manchmal durch Tricks und andere Male durch bloße Einschüchterung Erfolg hatte.

Wenigstens war Noriega aber auf ehrliche Art und Weise zu diesen seinen Charakterzügen gekommen. Er war das mißgestaltete Produkt eines Landes, dessen Geschichte eine der Verschwörer und Piraten ist – von der Zeit an, als Kolumbus im frühen 16. Jahrhundert auf der Suche nach Gold und einer Passage in den Orient das erste Mal in Panama gelandet war. Noriega wurde am 11. Februar 1934 geboren, als Sohn eines alkoholsüchtigen Schürzenjägers, und in einer armen und entrechteten Gegend Panamas, die wenige Ausländer je gesehen haben, in der Nähe des jahrhundertealten Marktes der Stadt.

Gleich um die Ecke der Einzimmerwohnung, in der Noriega aufwuchs, lag eine häßliche, enge Gasse, in welcher der Uringeruch zum Himmel stank, ein Durchgang, der so wenig ansprechend war, daß man ihn im allgemeinen Sal Si Puedes nannte – „Verschwinde, solange du kannst". Noriega war ein Mestize, ein Mischling mit indianischem, schwarzem und spanischem Blut. Die meisten der ansässigen Mestizen stammten von den Arbeitern ab, die man aus den Nachbarländern hierhergebracht hatte – zum Bau der Eisenbahn, des Kanals und der Straßen, die Fremde und Panamaer von besserer Abstammung reich gemacht hatten.

Da er sich für seine bescheidene Herkunft genierte, hatte Noriega alle Geschichten über seine Jugend als „streng geheim" eingestuft. Die meisten Bekannten aus den Jahren seiner Kindheit trauten sich vor seinem Sturz im Dezember 1989 nur anonym etwas zu sagen. Noriegas Ressentiments, was seine Jugendjahre betrifft, haben sein ganzes Leben gefärbt, ihn mißtrauisch gegen die Oligarchen gemacht, die traditionellerweise das Land beherrschten, ablehnend gegen eine Welt, die es zugelassen hatte, daß er häßlich und unterpriviligiert geboren wurde, und vor allem mit dem festen Vorsatz ausgestattet, über sein Leben und das anderer Kontrolle zu erlangen – eine Kontrolle, die ihm in der Kindheit gefehlt hatte. Er hatte es zu Geld und Macht gebracht, aber das waren nur Nebenprodukte seiner Suche nach Kontrolle.

Als Tony Noriega zur Welt kam, gab es keinen Grund zur Annahme, daß dieses Kind es weiter bringen würde als der Vater, der es verlassen hatte. Ricaurte Tomás Noriega war Beamter im öffentlichen Dienst, gehörte der unteren Mittelklasse an und war Wirtschaftsprüfer für die Regierung. Er war Alkoholiker, und nur sein Hunger nach Frauen war mit seinem Durst zu vergleichen. Oft blieb er seinem Regierungsjob fern, um eines der beiden Verlangen zu stillen. Ricaurtes erste Frau war an Lungenentzündung verstorben; er hatte sie geheiratet, als sie fünfzehn gewesen war und sie hatte ihm einige Kinder geboren. Wenigstens zwei von ihnen waren noch im Kindesalter gestorben. Drei Jungen überlebten: Julio, Tomás und Rubén. Der Tod seiner Frau hatte den Vater jedenfalls isoliert und nach einer Reihe meistens belangloser Affären heiratete er eine eifersüchtige und bittere Frau. Sie arbeitete in einem Büro in der Nähe der Wohnung, um so bei der Ernährung der Familie zu helfen. Daher brachte und bereitete eine Hausangestellte namens Moreno aus der kleinen Stadt Yaviza in der Provinz Darién die Mahlzeiten für Noriega sen., der damals schon von einer Invalidenunterstützung lebte.

Nachdem Moreno etwa ein Jahr bei ihnen gearbeitet hatte, kündigte sie, weil sie schwanger war. Die Noriegas machten sich über ihren Abgang nicht allzuviele Gedanken. Sie war unverheiratet, aber in der Gegend rund um den Zentralmarkt waren uneheliche Kinder eher die Regel als die Ausnahme. Was Ricaurtes Familie nicht wußte, war, daß er das Kind gezeugt hatte. Er versprach Moreno gelegentliche Unterstützungszahlungen und sie ging.

Noriegas Vater erkannte das Kind nicht als sein eigenes an, und die Mutter starb – wahrscheinlich an Tuberkulose – als er vier oder fünf Jahre alt war. Nachdem sie krank geworden war, hatte sie eine Lehrerin – Tonys Taufpatin, die aus Morenos Heimatstadt in der Provinz Darién stammte – gefragt, ob sie den Fünfjährigen zu sich nehmen wolle. Noriegas leibliche Mutter ging nach Yaviza zurück, wo sie dann starb. Noriegas Freunde messen der Tatsache Bedeutung bei, daß er das Grab seiner Mutter nie besucht hat, bevor er Offizier war. Es war offensichtlich, daß er keine besondere Zuneigung für sie empfand. Auf alle Fälle verehrte er aber seine Adoptivmutter Luisa Sanchez, die ihn mit Liebe und Aufmerksamkeit überschüttete.

Sie lebten in einem einzigen Zimmer in einem alten Holzhaus, das noch aus der Zeit stammte, als die Franzosen den Kanal kontrollierten. Heute hat dieses Haus die Adresse 3-36 12th Street. Die Einzimmerwohnung im zweiten Stock existiert nach wie vor, in einem versteckten Winkel gleich neben dem gebrechlichen hölzernen Stiegenhaus. Das Zimmer war nur etwa 6 x 4,5 Meter groß. Der schäbige Gang, der zu diesem Raum führt, ist weiß und türkis gestrichen. Von einer Cantina namens Chucu-Chucu dringen Bargeräusche herauf, und die Gerüche des Meeres mischen sich mit denen des nahegelegenen Marktes, die durch die immer geöffnete Haustür wehen.

Das Zimmer, in dem Noriega aufwuchs, trägt keine Erinnerungsplakette. Die Bewohner des Hauses wissen nichts über ihren historischen Vormieter. Dennoch erinnern sich Noriegas Freunde daran, dort mit ihm gespielt zu haben.

In Panama halten sich die Legenden, daß Tony von seiner Mutter grausam behandelt und von einem seiner Brüder homosexuell vergewaltigt wurde, aber die Wahrheit über Noriegas Kindheit ist keineswegs so furchtbar und düster wie diese Gerüchte. Luisa Sanchez adoptierte Noriega, verhätschelte ihn und richtete ihn für den Schulbesuch sauberer und netter her, als die meisten seiner Freunde es waren. „Er war fast immer gewaschen und gepflegt, und die meisten anderen Eltern mochten ihn gerne, weil er sich benehmen konnte", sagte Hector Manfredo, der beste Freund seiner Kindheit in den frühen vierziger Jahren. Mit sieben Jahren besuchten sie zusammen die Escuela República de Méjico, ein umgebautes Kloster, in dem Manfredos Vater Direktor war. Er erinnerte sich daran, daß er und Tony überdurchschnittliche, „aber nicht brillante" Schüler waren.

Die beiden Freunde fühlten sich zueinander hingezogen, da sie beide schüchtern waren. „Wir mochten einander sofort", erzählte Manfredo. „Wir stammten beide aus bescheidenen Verhältnissen – auch meine Familie lebte über einer Cantina. Tony war introvertiert, und ich war es auch. Wir waren gerne zusammen, weil wir dann nicht so viel sprechen mußten."

Tony Noriega war auch wirklich ein seltsam ernsthaftes Kind. Manchmal verbrachten Hector und Tony den ganzen Tag zusammen, ohne etwas Besonderes zu sagen oder zu tun. Hector erinnert sich nicht daran, irgendwelche Spiele gespielt zu haben. „Es war eine Beziehung, die großenteils aus Gesprächen und einfach dem Zusammensein bestand. Er war überhaupt nicht sportlich – genau wie ich."

Tony Noriegas Noten waren gut genug, um ihm 1947 einen Studienplatz am Instituto Nacional einzubringen – einer panamaischen höheren Schule, die seit ihrer Gründung immer ein Treibhaus für politischen Aktivismus und eine Brutstätte für nationalistische Politiker war. Aber das wichtigste Ereignis in Tonys erstem Jahr dort war sehr persönlicher Natur: Er traf einen Bruder, von dessen Existenz er zuvor nichts gewußt hatte.

Luis Carlos Noriega, fünf Jahre älter als Tony, war einer der bekanntesten Schüler im Instituto Nacional. Er stand bereits im letzten Schuljahr und war bei allen Schülern als Anführer politischer Demonstrationen und geselligster der sozialistischen Aktivisten bekannt.

Luis Carlos war größer, schwerer, dunkler und extrovertierter als sein Bruder. Außerdem war seine wirtschaftliche Situation besser, obwohl er der Sohn einer Mittelklassefamilie war. Ihren gemeinsamen Vater hatte Tony erst ein Jahr zuvor kennengelernt, und obwohl dieser seine Vaterschaft anerkannt hatte, hielt er sie vor den anderen Söhnen und seiner eifersüchtigen Frau geheim. Auch wenn die beiden Brüder also jetzt eine gemeinsame Schule besuchten, war es unwahrscheinlich, daß sie von selbst hinter die Wahrheit gekommen wären. Luis Carlos Noriega Hurtado und Manuel Antonio Noriega Moreno sahen nicht aus wie Brüder, handelten nicht wie Brüder und verhielten sich nicht wie Brüder. Ihr gemeinsamer Familienname war gerade verbreitet genug, daß man ihn für einen Zufall halten konnte. Erst einer von Tonys geselligeren Freunden, Pedro Brín Martínez, brachte sie zusammen.

Pedro Brín hatte sich Luis Carlos' sozialistischer Schülerorganisation angeschlossen und Luis Carlos, der ihn als vielversprechendes Führungstalent betrachtete, hatte ihn zum Mittagessen bei sich zu Hause eingeladen. Brín mußte zweimal hinschauen, als er Luis Carlos' Vater sah, der wie eine ältere und dickere Version seines Freundes Tony Noriega aussah. Der alte Mann war etwa so groß wie Tony und hatte sogar ein ähnlich vernarbtes Gesicht. Brín zweifelte nicht daran, daß es sich um Vater und Sohn handelte.

Brín, der auf seine Entdeckung stolz war, arrangierte ein Treffen zwischen Luis Carlos und seinem Bruder Tony in einer Cantina namens El Atlas in der Nähe des Instituto Nacional. Brín erinnert sich daran, die beiden auf ein Bier eingeladen zu haben, „zu zehn Cents das Glas".

„Das ist dein Bruder", sagte er zu Tony. „Lern' ihn kennen." Von diesem Augenblick an spielte Luis Carlos in Tonys Leben eine kritische Rolle. Hätte Tony Noriega seinen Bruder nie kennengelernt, dann wäre er wahrscheinlich nie mit Studentenpolitik in Berührung gekommen oder hätte ein Stipendium für die peruanische Militärakademie erhalten. Mit ziemlicher Sicherheit hätte kein Amerikaner je von ihm gehört. Luis Carlos war Tony Noriegas politischer Lehrer und enger Vertrauter, als er an Macht und Einfluß gewann. Ihr Treffen war der erste große Schnitt in Tony Noriegas bisher wenig aufregendem Leben.

Luis Carlos war noch dazu offensichtlich homosexuell (ein Charakterzug, der in der lateinamerikanischen Macho-Gesellschaft nicht leicht zu verbergen ist). Sowohl er als auch sein unehelicher Bruder wurden von der Noriega-Familie geächtet, Luis Carlos wegen seiner sexuellen Neigungen und Tony wegen seiner Herkunft. Die drei ältesten Noriega-Söhne, Kinder einer anderen Mutter, waren Luis Carlos nie sehr nahegestanden. Als er homosexuell wurde, mieden sie ihn noch mehr. Und Manuel Antonio ignorierten sie völlig, als sie von seiner Existenz erfuhren. Die drei Jungen waren wegen ihres alkoholsüchtigen Vaters und der Stiefmutter, die sie nicht akzeptierte, ohnehin schon verbittert genug, und hatten keinerlei Interesse daran, den Kreis der Familie noch zu erweitern. Einer der Brüder, Tomás, würde Manuel Antonio Jahre später einmal helfen, wofür ihn der versöhnliche General Noriega dann belohnte, indem er seinen Sohn als Panamas Generalkonsul nach Hongkong entsandte. Die beiden anderen jedoch sollten ihre Unfreundlichkeit dem zukünftigen Diktator gegenüber noch bereuen.

Luis Carlos und Tony hatten eine Beziehung gegenseitigen Vertrauens, und es gibt viele, die glauben, daß Tony Noriegas Probleme erst nach Luis Carlos' Tod 1984 so außer Kontrolle gerieten. „Es war Luis Carlos, der Manuel Antonio formte", erinnert sich Hector Manfredo. „Tony blickte zu ihm auf. Daß er diese Leute [die sozialistische Jugend] traf, veränderte seine Ansichten übers Leben. Er begann sich sehr für die Studentenbewegung zu interessieren. Ohne Luis Carlos gäbe es keinen General Noriega." In der Schule ging das Gerücht, daß Luis Carlos und zwei seiner Gefolgsleute – Jorge Illueca und Rómulo Escobar Bethancourt, die später beide unter General Noriega politische Führungspositionen einnehmen würden – sogar eine Wahlschiebung zugunsten des jungen Tony organisiert hätten. Möglicherweise war es also eine manipulierte Wahl, die ihn im Schuljahr 1949/50 in den Nationalen Studentenkongreß brachte. Etliche wesentlich populärere Schüler verloren nämlich. Noriega setzte seine politische Karriere mit einem Schwindel in Bewegung, und so würde es auch weitergehen.

Von 1948 bis 1949 war Luis Carlos Präsident des Nationalen Studentenkongresses. Als Tony ihn kennenlernte, führte er gerade eine Bewegung gegen eine geheime Abmachung an, die Panama bald mit Washington unterzeichnen wollte. Sie würde dem amerikanischen Militär zeitlich unbegrenzte Kontrolle über die meisten Stützpunkte verleihen, die es während des 2. Weltkriegs in Panama errichtet hatte.

Die Schüler des Instituto Nacional betrachteten die Militärstützpunkt-Abmachung aus dem 2. Weltkrieg als einen Pakt der Oligarchie mit dem amerikanischen Teufel, bei dem Souveränität gegen Dollars eingetauscht wurde – ebenso wie damals, als sie den Amerikanern nicht nur gestattet hatte, 1913 den Kanal zu bauen, sondern auch die Herrschaft über das umliegende Land auszuüben. Die Schüler erfuhren von einem Vertrag, der 1947 geheim abgeschlossen worden war und es den USA erlaubte, ihre militärischen Stützpunkte und Einrichtungen zu behalten. Schüler- und Lehrergruppen mobilisierten eine nationalistische Koalition gegen diese Vereinbarung. Luis Carlos plante einen Demonstrationsmarsch zur Nationalversammlung, und sein neuentdeckter Bruder Tony lief – bei seiner ersten politischen Demonstration – hinterher. Die panamaische Kavallerie wurde eingesetzt und tötete vier oder fünf Schüler.

Daraufhin machte die Nationalversammlung einen Rückzieher und weigerte sich, den Vertrag zu ratifizieren. Luis Carlos war ein Held, der von seinem kleinen Bruder mit Ehrfurcht betrachtet wurde. „Noriega hatte soeben seinen Bruder entdeckt, und dieser vollbrachte großartige Leistungen", sagt Pedro Brín. „Es schien für uns alle eine ganz natürliche Sache zu sein: für die Freiheit und gegen den Imperialismus kämpfen."

Zu dieser Zeit wurde gerade die Universität von Panama – als Abendschule – eröffnet. Sie teilte sich die Klassenzimmer im Schichtbetrieb mit den Schülern des Instituto Nacional. Die sozialistischen und kommunistischen Parteiführer der Universität streiften jeden Tag auf der Suche nach neuen Rekruten durch die Gänge. Sie wußten nämlich, daß die Polizei nicht so schnell auf Mitglieder mit jüngeren Gesichtern einschlagen würde. Noriega stand immer an vorderster Front, da er seinem Bruder nacheifern wollte.

Tony ließ Hector Manfredo, den Freund seiner Kindheit, und ihre schweigende Allianz hinter sich zurück. Er begann Reden zu halten, Märsche zu organisieren und politische Kampagnen zu planen. In ihrem letzten High School-Jahr begannen Tony und sein Freund Pedro Brín eine Zeitung herauszugeben, die sie in die Provinz Darién auslieferten. Sie gab sich sozialistisch und trat für die Landreform ein. „Im Instituto Nacional“, erinnert sich Hector Manfredo, „machte Noriega eine Verwandlung durch. Er wollte anerkannt werden. Er wurde extrovertiert.“

Auf dem Photo in seinem High School-Jahrbuch sieht Manuel Antonio Noriega fast hübsch aus. Der Luftpinsel eines Künstlers hat sein von Akne zernarbtes Gesicht geglättet, und das jungenhafte Lächeln ist voller Hoffnung und Unschuld.

Er war der einzige Schüler, von dem in diesem Jahrbuch ein Aufsatz veröffentlicht wurde, der die Tugenden der Bauernschaft pries und davor warnte, daß Unzufriedenheit unter den Bauern eine Revolution schüren könnte. „Das Landwirtschaftsproblem in Panama ist zu einer großen Kollektivlast geworden“, schrieb er. „Das panamaische Plantagensystem unterdrückt die Bevölkerung, lähmt den wirtschaftlichen Fortschritt und spiegelt sich in unserer rückständigen, oligarchischen und ärgerlichen Politik wider.“

Durch die aus weißen Hemden und schwarzen Krawatten bestehende Schuluniform sehen sich die Schüler im Jahrbuch alle ziemlich ähnlich. Zu ihnen gehören Boris Martínez, der spätere Militärführer und das Gehirn hinter dem Putsch von 1968, der Noriega den Weg zur Macht ebnete; César Rodriguez Maylin, der unter Noriega Luftfahrtdirektor und Botschafter in Bogotá (während er diesen Posten innehatte, machte er angeblich mit Noriega Drogen- und Waffenschmuggelgeschäfte); Carlos Bolívar Pedreschi, damals ein junger Sozialistengenosse und Redner bei der High School-Schlußfeier, der 40 Jahre später einer der unverblümtesten Gegner Noriegas sein würde; und Carlos Duque, der sein Geschäftspartner werden sollte und 1989 Präsidentschaftskandidat war.

Boris Martínez war alles, was Noriega in der High School nicht war – männlich, gutaussehend, sorglos und vergleichsweise hochbegabt. Noriega war weicher, fast weibisch, und eher durchschnittlich. Ihre Jahrbuch-Eintragungen deuten auf große Ambitionen hin. Bei Martínez heißt es, daß er einmal der erste Panamaer sein wolle, der den Medizin-Nobelpreis erhält; in derselben Eintragung deutet jedoch auch seine erklärte Vorliebe für Kriminal- und Horrorstories auf seine militärische Zukunft hin. Noriega wollte Psychiater und Präsident werden, gleichzeitig aber wird auf seine Schwäche für Mädchen hingewiesen. Martínez war ein konservativer Schüler, während Noriega eher zur Linken tendierte.

Wie vorauszusehen war, wurde Martínez nach dem Schulabschluß im Jahre 1952 schneller prominent als Noriega. Nach dem Besuch der Militärschule in Mexiko wurde er Noriegas vorgesetzter Offizier in der Provinz Chiriquí, bevor er 1968 mit Omar Torrijos den Staatsstreich anführte. Martínez erkannte im stillen Noriegas Führungsqualitäten, sogar schon in der High School. Er wußte nicht, daß Noriega diese Fähigkeiten Jahre später dazu einsetzen würde, gegen ihn zu putschen.

„Noriega hatte einen guten Verstand und den Wunsch, Menschen zu führen“, sagt er. „Viel mehr braucht man nicht.“

Selbst in einer Schule, in der keiner der Schüler besonders wohlhabend war, wußte man von Noriega, daß er besonders benachteiligt war. „Wir waren uns sicher, daß er arm war", erzählt Martínez. „Nie paßten ihm seine Kleidungsstücke. Sie sahen immer abgelegt aus. Andererseits war er aber sehr beliebt. Sein Akneproblem schien ihn nicht zu beunruhigen. Er flirtete mit den Mädchen und hatte Freundinnen. Seine Hautunreinheiten kümmerten ihn überhaupt nicht."

Er gab nie auf, egal wie oft ihn ein Mädchen abblitzen ließ; und er fand sogar schon damals Gefallen am sozialen Aufstieg. Mestizinnen ignorierte er – seine Zuneigung galt eher blonden Panamaerinnen. „Er hatte Milch immer schon lieber als Kaffee", sagte ein Freund aus dieser Zeit.

Boris Martínez meint, daß – auch wenn Noriega merklich ärmer als andere Schüler war – sein Antiamerikanismus nichts Ungewöhnliches war. „In unserer Schule gab es keine Angehörigen der Oberklasse", sagt er, „also konnten wir den Gringos gar nicht mit Sympathie gegenüberstehen. Viele von uns hatten arbeitslose Väter oder kamen aus Haushalten mit nur einem Elternteil. Viele mußten hungrig in die Schule gehen, weil sie kein Frühstück bekamen. Das beeinflußt natürlich die Art, wie man über die Regierung denkt. Die Schüler des Instituto Nacional tendierten eher zum Nationalismus als andere. Wir wußten, wer der Feind war: die Leute, die Geld hatten und die, die den Kanal besaßen. Das waren die Oligarchie und die Amerikaner. Hätte der Kanal den Sowjets gehört, dann wären die der Feind gewesen."

Noriega folgte unauffällig den Fußstapfen seines Bruders und wurde Leiter der sozialistischen Jugendbewegung. Zweimal wurde er in den Nationalen Studentenkongreß gewählt. In seinen Reden zitierte er oft die Worte Ralph Waldo Emersons, die in spanisch auf der großen Bronzetafel vor der Schule, neben den beiden Sphinxen, die die Tore bewachen, zu lesen sind: „Nur die, die auf Ideen aufbauen, bauen für die Ewigkeit."

Seine ganze Laufbahn hindurch wiederholte er vor Freunden diesen Wahlspruch. In seiner High School-Zeit schrieb Noriega immer wieder voller Leidenschaft – im Jahrbuch oder an anderer Stelle – über „die Macht der Theorie, der Lehre".

Freunde haben ihn als einen jungen Mann in Erinnerung, der Bücher las und Gedichte schrieb, während andere Schüler ihre Zeit vergeudeten oder irgendwelche Spiele spielten. Er war immer ernsthaft und lachte nicht oft. Seine Schriften und Gedichte waren markig und gefühlvoll.

Ein Gedicht aus seiner High School-Zeit, das später ausgegraben wurde, wirft ein Licht auf seinen seltsamen Intellekt. Es ist ein Liebesgedicht an eine Kugel.

DIE KUGEL MIT EINER SEELE

Die Kugel, die mich verletzen wird
wird eine Kugel mit einer Seele sein

Und die Seele dieser Kugel
wird die einer Rose sein,
wenn Blumen singen könnten
Oder wie Topas,
wenn Steine einen Duft besäßen

Wenn ich ins Gehirn geschossen werde,
wird sie zu mir sagen,
daß sie meine Gedanken erforschen wolle

Und wenn sie dann zärtlich meine Brust
verbrennt, dann wird sie sagen,
daß sie darauf aus war,
meine Herzschläge kennenzulernen

Die Kugel, die mich verletzt,
wird deine Liebe sein

Im Instituto Nacional entdeckte Noriega auch die Vaterfigur, die er niemals zuvor besaß: Demetrio Porras, den Gründer der kleinen sozialistischen Partei Panamas. Porras war bei vielen panamaischen Linken in Ungnade gefallen, weil er das Angebot der Regierung, als Botschafter in London zu dienen, angenommen hatte. Er kehrte mit philosophischen Ansichten der britischen Labour Party zurück, die er dann den Schülern des Instituto Nacional zu vermitteln suchte, die dazu neigten, viel weiter links zu stehen. Porras hielt den jungen Tony für vielversprechend, als Luis Carlos ihn erstmals ins Büro der Sozialisten mitnahm.

Hector Manfredo erinnert sich an eine Unterrichtsstunde, in der die Schüler Rousseaus *Der Gesellschaftsvertrag* lasen. Noriega war einer der wenigen, die das Buch verstanden, und er bot an, Porras in die nächste Stunde mitzunehmen, der das Werk erklären könnte. Die Schüler, die für jede Hilfe dankbar waren, die sie durch die Prüfungen bringen konnte, hielten das für eine gute Idee; aber sie waren enttäuscht, als Porras nur über den Sozialismus und überhaupt nicht über das Buch redete. Er sprach über die starken Übereinstimmungen zwischen Kapitalismus und Kommunismus und warum man beides ablehnen sollte. Er sprach über die Agrarreform. „Nach diesem Tag sah ich Noriega immer mit Porras zusammen", erzählt Manfredo. „Manche Leute sagten sogar, daß er Demetrio Porras' Sohn wäre."

Ironischerweise agitierte Noriega als Schüler energisch gegen den Mann, der die militärische Kontrolle über das Land festigen und der Vater der Nationalgarde werden sollte, die später Noriegas Weg zur Macht darstellte. Als der Populist Arnulfo Arias nach zwei Jahren seiner Regierungszeit von Colonel Remón gestürzt wurde – wieder einmal mit dem Segen Washingtons – ging Noriega zum Steinewerfen auf die Straße. Als Remón 1952 für die Präsidentschaft kandidierte, unterstützte Noriega die Kampagne gegen ihn und für den von den Sozialisten favorisierten Kandidaten, Remóns Cousin Adolfo Chiari. Aber Chiari verlor die Wahl und das Land hatte seinen ersten militärischen Führer. Remón verwandelte die Polizei in eine Nationalgarde, um so das neue amerikanische Gesetz ausnutzen zu können, das lateinamerikanischen Truppen Finanzhilfe gab – ein Gesetz, das darauf abzielte, gegen den Kommunismus zu arbeiten.

„Noriega war der antimilitarischste Mensch, den ich je in meinem Leben kennengelernt habe", lachte Pedro Brín Jahre später. „Er war geradezu der Prototyp des Antimilitaristen."

Während der Wahlkampagne kam er auch an seine ersten politischen Geldmittel. Die Chiaris hatten den Schülern zwischen zwei- und dreitausend Dollar gegeben, um ihre Kampagne zu finanzieren. Schüler aus dieser Zeit erinnern sich noch heute, daß Noriega und Pedro Brín die besten Parties gaben, zu denen absolut jeder kam.

Obwohl Noriegas Abschlußphoto sich im 1952er-Jahrbuch des Instituto Nacional findet, beendete er seine Schulausbildung eigentlich erst 1953, nachdem er und ein paar andere Schüler in Mathematik durchgefallen waren. „Wir waren beide schlecht in Mathe", sagt Brín. „Sie wollten uns unsere Diplome nicht geben, wenn wir nicht ein Jahr zusätzlich Mathematik lernten. Der Grund war nicht, daß wir nicht lernten, obwohl wir keine Genies waren. Ich glaube, es lag eher daran, daß wir arm waren. Wir konnten uns keine Schulbücher leisten."

Außerdem interessierten Zahlen den jungen, poetischen Noriega nicht. Woran sich Freunde des jungen Tony Noriega am ehesten erinnern, das war sein unersättlicher Lesehunger. Hector Manfredo besaß zwar ein photographisches Gedächtnis, hatte aber wenig Lust, die Pflichtlektüre zu lesen. Noriega war einer der wenigen Schüler, die gerne lasen; also bat Manfredo Noriega, ihm eine Zusammenfassung eines Buchs zu geben, bevor er eine Arbeit darüber schreiben mußte. „Er hatte eine phantastische Fähigkeit, Inhaltsangaben von Romanen zu geben", erinnert sich Manfredo. „Er las alles und konnte aus dem Gedächtnis eine komplette Zusammenfassung dessen, was er gelesen hatte, wiedergeben. Trotzdem bekam ich für meine Aufsätze die besseren Noten, nur weil ich seine Inhaltsangabe gehört hatte", lacht Manfredo heute. „Er wurde deshalb sehr wütend."

Oft gab Noriega Bücher an seinen Freund Pedro Brín Martínez weiter, der später ein von Noriega unterstützter Gesetzgeber aus der Provinz Darién sein würde. Brín erinnert sich daran, daß Noriegas Lieblingsbuch Machiavellis *Der Prinz* war. Noriega dachte, daß das Buch auf Panama zuträfe, also drängte er Brín, es zu lesen, damit er jemanden hätte, mit dem er darüber diskutieren könnte. Noriega schrieb über *Der Prinz* eine lange Arbeit. Er schrieb darüber, wie Machiavelli davon besessen gewesen war, daß Florenz eine eigene starke Miliz aufbauen müsse, anstatt sich auf Söldnertruppen und Alliierte von außen zu verlassen. Panama sollte dasselbe tun und sich nicht auf die Vereinigten Staaten verlassen, schrieb er. Er schrieb über Realpolitik, nicht über Ideale und Ansichten, sondern darüber, wie Fürstentümer tatsächlich am besten erobert und regiert werden.

Obwohl Noriegas Arbeit unzusammenhängend wirkt, läßt sie Einblicke in die Gedankenwelt des jungen Studenten zu. Als hätte er eine Vorahnung seines Aufstiegs im Schatten des Diktators Omar Torrijos (vielleicht bezog er sich aber auch auf die Beziehung zu seinem Bruder), zitiert er darin Machiavelli: „Ein vernünftiger Mann muß immer in die Fußstapfen großer Männer treten und denen nacheifern, die außergewöhnlich waren. Wenn seine eigene Tüchtigkeit sich mit der ihren nicht vergleichen läßt, so hat sie doch wenigstens einen Hauch von Größe. Er muß sich wie jene Bogenschützen benehmen, die – wenn sie geübt sind – die Möglichkeiten ihres Bogens kennen, wenn das Ziel zu weit entfernt scheint, und daher um einiges höher zielen, nicht um höher zu schießen, sondern damit sie durch ihr höheres Zielen das Ziel treffen können.“

Noriega fand am meisten Gefallen an Machiavellis Geschichte von Agathocles, dem Sizilianer, der aus den niedersten Klassen durch die Dienstgrade der Miliz bis zur Macht aufstieg. Er zitiert Machiavelli: „Agathocles, der Sizilianer, stieg nicht nur vom Status eines Privatmannes, sondern aus den niedrigsten, verzweifeltsten Lebensumständen auf, um König von Syrakus zu werden. In jedem Stadium seiner Laufbahn benahm sich dieser Mann, der Sohn eines Töpfers, wie ein Krimineller; nichtsdestotrotz waren seine Verbrechen von so viel Verwegenheit und physischem Mut begleitet, daß er, als er sich der Miliz anschloß, durch die Dienstgrade aufstieg und Prätor von Syrakus wurde.“

Noriega zitiert jedoch nicht den Teil aus *Der Prinz*, der auf seine spätere Karriere am ehesten zutrifft: „Man könnte sich fragen, wie es kam, daß Agathocles, und andere wie er, nach zahllosen Verrätereien und Grausamkeiten, in ihrem eigenen Land sicher existieren und sich ausländische Feinde vom Leib halten konnten, ohne daß seine Landsleute je eine Verschwörung gegen ihn planten, da doch so viele andere wegen ihres grausamen Benehmes nicht einmal in Friedenszeiten an der Macht bleiben konnten, geschweige denn in unsicheren Zeiten des Krieges. Ich glaube, daß es sich hierbei um eine Frage der guten oder schlechten Anwendung von Grausamkeit handelt.“

Jahre später zweifelte Brín daran, daß Noriega immer noch Machiavelli las. „Ich lese *Der Prinz* noch“, sagt Noriegas Freund. „Aber er schrieb seine eigene Version. Er übertraf Machiavelli.“

Kapitel vier

Ein Spion wird geboren

Er besaß eine elegante Uniform mit Goldknöpfen, in einem Land, wo es einen Militarismuskult gab, wo Offiziere die Elite darstellten und besondere Privilegien hatten.
– DARIEN AYALA, NORIEGAS FREUND IN PERU

Im Sommer 1960 schickte ein amerikanischer Agent des militärischen Geheimdienstes, der unter diplomatischer Tarnung in der US-Botschaft in Lima, Peru, diente, ein Geheimtelegramm mit einigen beunruhigenden Neuigkeiten nach Hause.

Einer seiner vielversprechendsten Rekruten aus letzter Zeit, ein junger panamaischer Kadett in der Militärakademie Chorillos, war verhaftet worden, weil er eine Prostituierte verprügelt und vergewaltigt hatte. Sie war fast gestorben.

Der Rekrut: Manuel Antonio Noriega.

Obwohl das Telegramm keine Einzelheiten anführte, können zwei Freunde Noriegas aus Peru und ein früherer amerikanischer Geheimagent die Geschichte nacherzählen.

In diesem Sommer hatten Noriega und zwei Freunde in den örtlichen Bars ein bißchen Abwechslung von der Härte ihrer militärischen Ausbildung gesucht. Noriega hatte den Großteil seines Wochenend-Taschengelds für peruanisches Bier ausgegeben, weswegen er sich auch den zu hochgeschraubten Preis einer Hure nicht leisten konnte, die bereits seine beiden Freunde bedient hatte. Also wies sie den jungen Kadetten ab und rechnete auch nicht mit irgendeiner Gefahr, die dieser kleine, dünne Panamaer, dessen Gesicht so von Pockennarben übersät war, daß seine Freunde ihn heimlich „Cara de Piña“ oder „Ananasgesicht“ nannten, für sie darstellen könnte. Sein ungewöhnlich kleiner, ovaler Schädel schien im Verhältnis zu seinem Körper so winzig, daß seine Kadettenkollegen ihn auch mit dem Spitznamen „Cabecita“ oder „Kleiner Kopf“ hänselten.

Noriega fühlte sich jedoch mit seiner hohen Militär-Schirmmütze und der ordentlich gebügelten, in Frankreich hergestellten Akademie-Uniform gutaussehender und mächtiger als je zuvor in seinem unterprivilegierten Leben. Er betrachtete sich den meisten anderen Kadetten der Akademie als intellektuell überlegen, und er war älter – da er vier Jahre von seinem Geburtsdatum abgezogen hatte, um in die Akademie aufgenommen zu werden. Er wußte, daß es demütigend für ihn sein würde, müßte er in die Barracken zurückgehen, ohne mit dieser Frau Geschlechtsverkehr gehabt zu haben. Also schlug er die Prostituierte, bis sie sich fügte.

Jahre später erzählte er einem US-Geheimdienstagenten genau, wie sich damals alles abgespielt hatte und spielte ihm vor, wie er seine Faust mitten ins Gesicht der Prostituierten geknallt hatte. „Aber danach habe ich mich sehr anständig benommen", erklärte er unmittelbar darauf. „Ich wußte, daß sie mich im Auge behielten."

Für die Elite-Akademie, die Anfang des 19. Jahrhunderts von der französischen Militärmission in Peru gegründet worden war und sich nach wie vor an die Grundsätze europäischer Militärordnung hielt, handelte es sich um einen seltenen Verstoß gegen die Disziplin. Die großenteils peruanischen Kadetten, von denen viele aus wohlhabenden Familien kamen, nannten die ärmeren und ausgelasseneren panamaischen Studenten „Tropenbewohner".

Wenn sich der für Noriega zuständige Beamte von diesem Ereignis betroffen zeigte, so wußte er doch auch, daß sie mit ihm einen guten Fang gemacht hatten. Er war klüger als andere Kadetten und bekam daher bessere Zeugnisse. Er lehnte seine reicheren Kadettenkollegen und die strengen Offiziere ab, also hatte er sowohl die Motivation, Informationen zu liefern als auch das Bedürfnis nach den bescheidenen Honoraren eines amerikanischen Agenten.

Noriega erhielt seine erste US-Geheimdienst-Bezahlung entweder 1958 oder 1959 durch seinen Bruder Luis Carlos, der bereits von amerikanischen Geheimagenten für andere Dienste honoriert wurde. „Den Mann, der Noriega gefunden hat, sollte man entweder erschießen oder auszeichnen", lacht ein Geheimdienstler, der irgendwann in den Siebzigern den Noriega-Bericht erbte. „Er war die perfekte Entdeckung: gescheit, verschlagen, ohne Moral, erfinderisch und verläßlich." Er war ein intelligenter junger Offizier, der den USA in Zukunft noch von Nutzen sein könnte. Da konnte man sich doch kaum um eine kleine Hurenprügelei in Peru Sorgen machen.

Was diesem historischen Augenblick für Noriega – seiner ersten Tätigkeit für den amerikanischen Geheimdienst – vorausging, waren fünf der schlimmsten Jahre seines Lebens, zwischen seinem High School-Abschluß 1953, mit 19 Jahren, und seinem Eintritt in die peruanische Militärakademie. Diese Jahre hatten einen optimistischen, ambitionierten Studenten mit großen politischen Träumen zu einem reizbaren, depressiven Labortechniker im Santo Tomás-Krankenhaus gemacht, der kaum Hoffnungen auf Beförderung hegen konnte. Als junger Mann war er fest entschlossen gewesen, große Dinge im Leben zu erreichen, aber er mußte entdecken, daß die Klassenbarrieren unüberwindlich waren. Seine Freunde erinnern sich, daß es mit ihm stetig bergab ging: Ablehnung durch die Frauen, ein enttäuschender Job, Saufphasen und gelegentliche Schlägereien in Bars – von denen er die meisten gegen größere Gegner verlor. Nach einer dieser Raufereien erhielt Noriega seinen ersten Eintrag ins Strafregister (den er später löschen ließ). Die psychologischen Narben seiner Kindheit tauchten wieder auf – mit einer neuen Gemeinheit und Grausamkeit, die seine Freunde nie zuvor an ihm bemerkt hatten.

Noriega hatte seinen Freunden erzählt, daß er wie Arnulfo Arias, der nationalistische panamaische Führer, der in den Vereinigten Staaten Medizin studiert hatte, bevor er sich der Politik zuwandte, sein wollte. Noriega war auf die Straße gegangen, um Steine auf die Soldaten zu werfen, als Arnulfo Arias 1951 von Colonel Remón gestürzt wurde. Ironischerweise wurde Arias fast zwei Jahrzehnte später wieder gewählt und auch wieder gestürzt. Einer von denen, die sich dann dem Staatsstreich anschlossen, war Tony Noriega.

Aber damals, knapp nach der High School, als Noriega Arias noch verehrte, wurde ihm bald klar, daß es ihm an Arnulfo Arias' Vorteilen mangelte: Geld und Familienverbindungen. 1950 war das Medizinstudium in Panama eine Familienaffäre, und neue Studenten kamen entweder aus den richtigen Familien oder wurden von ihnen finanziell unterstützt. Noriega fehlte es an Geld für die medizinische Ausbildung und an Verbindungen oder ausreichend guten Noten, um ein Stipendium zu bekommen.

Noriega wandte sich um wirtschaftliche Unterstützung an seine Halbbrüder, aber diese ließen ihn im Stich, was seine Ablehnung noch größer machte. Die beiden älteren Brüder, beide Ingenieure, hätten Tony Geld geben können, aber sie fühlten sich nie mit ihm verwandt und wiesen ihn ab. Julio, Halbbruder Nummer Drei, hatte soeben geheiratet und eine Familie gegründet; er hatte kein Geld, um helfen zu können. Und Noriegas Lieblingsbruder Luis Carlos, ebenso wie er ein schwarzes Schaf der Familie, schloß zu dieser Zeit gerade sein Universitätsstudium ab.

Noriega besuchte gelegentlich Abendkurse an der wissenschaftlichen Fakultät der Universität und hoffte, daß er sich dem Medizinstudium zuwenden könnte, wenn er dort gut abschnitte, aber seine unter dem Durchschnitt liegenden Noten und seine Armut veranlaßten ihn dazu, wieder aufzuhören. Durch einen Politiker, für den er einmal im Wahlkampf tätig gewesen war, bekam Noriega einen Job als Laborassistent in der Apotheke des Santo Tomás-Krankenhauses in Panama City. Er fand sich jedoch wieder von der in sich geschlossenen Gemeinschaft ausgeklammert, die die Apotheke betrieb. Viele der Angestellten waren durch Familien- oder andere Kontakte den pharmazeutischen Lieferanten verbunden, und daher förderten sie bestimmte Produkte, setzten die Preise für das Krankenhaus hinauf, um mehr Gewinn zu machen und verkauften sogar einige der begehrtesten Medikamente außerhalb des Krankenhauses, um so persönlichen Profit herauszuschlagen.

Ein früherer Angestellter erinnert sich, daß Noriega einmal beschuldigt wurde, Medikamente gestohlen zu haben, obwohl ihm seine Vorgesetzten das nie nachweisen konnten. „Es ging nicht darum, daß er ein Verbrechen begangen hatte", erzählt der frühere Angestellte. „Er gehörte einfach nicht zum Kreis der Eingeweihten." Noriega sah, daß die, die weiterkamen, Teil der Gesundheitsmafia von Panama waren, zu der junge Männer aus der Unterklasse keinen Zugang hatten.

Aber trotz dieser Enttäuschungen erinnern sich Ärzte aus dem Spital an Noriega – als einen der intelligentesten und fleißigsten der Assistenten. Seine Ambitionen und sein Antrieb bestanden immer noch. Er erzählte Freunden, daß er versucht hätte, in einen Kursus zur Apothekerausbildung zu kommen, aber abgelehnt worden sei. Er bewarb sich um die Ausbildung als Krankenpfleger, wurde aber auch hier zurückgewiesen. Und während dieser ganzen Zeit schrieb er an Freunde und seine Familie und bat sie um Hilfe. Jetzt war er verbittert. Er haßte das System der Reichen, weil es ihm keine Chance gab, eine medizinische Karriere zu machen; er haßte die USA, die nur den Söhnen und Töchtern der Oligarchie Stipendien bewilligten; und er lehnte seine Halbbrüder ab, weil sie ihn wie einen Verwandten zweiter Klasse behandelten. Damit begann sein Klassenhaß, der seine Handlungen in den nächsten Jahren bestimmen sollte, ein Haß, von dem Freunde meinten, sie hätten ihn vor seiner Zeit im Krankenhaus nie bemerkt.

Eines Tages tauchte sein High School-Freund Boris Martínez wegen einiger medizinischer Untersuchungen auf. Er war mit einer schnittigen Kadettenuniform der mexikanischen Militärakademie bekleidet. Noriega durchlöcherte ihn mit Fragen. Er beneidete Martínez um seinen Erfolg, und Martínez zeigte sich erstaunt darüber, daß Noriega nicht mehr aus seinem Leben gemacht hatte. Von da an drängte Noriega seinen Bruder Luis Carlos – der kurze Zeit zuvor Diplomat in Peru geworden war – ihm ein militärisches Stipendium zu verschaffen.

Luis Carlos schrieb seinem Bruder schließlich, daß es eine Chance gäbe: die Chorillos-Militärakademie hatte zwei Stipendien für Panamaer anzubieten. Manuel Antonio war aber schon zu alt, um dort noch aufgenommen zu werden und es sah so aus, als wären die beiden Kandidaten schon ausgesucht worden. Als Manuel Antonio aber bei ihm bat und bettelte, erklärte sich Luis Carlos bereit, das Geburtsdatum seines Bruders zu fälschen und einen Förderer zu finden, der wichtig genug war, um einen der bereits ausgewählten Kandidaten wieder hinausdrängen zu können. In Panama hing alles von den richtigen Verbindungen ab, und Luis Carlos fand einen der wichtigsten Förderer, die es gab: Aquilino Boyd, einen Mann, dessen Brief die Aufnahme an die Schule garantieren würde. 1956 war der 35jährige Boyd zum Außenminister ernannt worden. Er war Luis Carlos' Vorgesetzter, aber auch einer seinen engen Freunde aus dessen aufwieglerischen Tagen als Vorsitzender der Studentenverbindung an der Uni.

Boyd hatte seinen Abschluß am Holy Cross College in New Orleans gemacht und vor Castros Machtübernahme an der Universität von Havanna Rechtswissenschaft studiert. Er hatte bereits in der Botschaft in Washington gearbeitet und war vier Mal hintereinander in die Nationalversammlung von Panama gewählt worden. Er sah sich als zukünftigen Präsidenten und erwies jenen Leuten Gefallen, die ihm später einmal nützlich sein konnten – in diesem Fall sowohl Luis Carlos als auch Tony Noriega. Boyd schrieb einen Empfehlungsbrief für Noriega, da er dachte, es könnte nicht schaden, wenn ein aufstrebender Politiker einen jungen Offizier zum Freund hätte. Er hatte keine Vorstellung davon, welchen Gewinn ihm dieses Briefchen in späteren Jahren noch bringen sollte.

Die Theorie, die in den Salons von Panama am weitesten verbreitet ist, besagt, daß Noriegas erster Job für den CIA darin bestand, andere Schüler am Instituto Nacional auszuhorchen. Aber ein ehemaliger US-Geheimdienstagent, der jahrelang Noriegas Kontaktmann war, nennt diese Geschichten „Mist und pure Erfindung". Noriegas erster Einsatz erfolgte an der Militärakademie in Peru, wo er als Freiwilliger in Erscheinung trat.

Es ist normalerweise nicht üblich, daß US-Geheimdienstagenten Kadetten rekrutieren. Sie neigen dazu, ihre Zeit eher in junge Offiziere zu investieren, die mit viel größerer Sicherheit – in Anbetracht der investierten Zeit und Honorare – rentable Ergebnisse bringen. Aber Luis Carlos Noriega wollte alles tun, um seinen Bruder zu fördern und schlug ihn dem örtlichen Postenkommandanten und Militärattaché vor.

Zu dieser Zeit hatten die Ereignisse auf den Westindischen Inseln die amerikanischen Interessen wieder auf dieses Gebiet gelenkt.

Fidel Castro hatte von seinem Stützpunkt in den Bergen aus eine Guerillabewegung geleitet, die am 1. Januar 1959, nach einem Jahrzehnt der Rückschläge, schließlich den kubanischen Diktator Fulgencio Batista stürzte. Die schlimmsten amerikanischen Ängste des Kalten Krieges waren Wirklichkeit geworden. Der Kommunismus besaß nur neunzig Meilen von Florida entfernt eine Basis; und was noch ärger war: Castro kündigte sofort an, eine Politik des Exports der Revolution ausüben zu wollen. Am Ende von Eisenhowers Präsidentschaft und während der gesamten Regierung Kennedy wurden alle lateinamerikanischen Angelegenheiten von der Angst vor Castro dominiert. Und eben diese Jahre verbrachte Noriega in Peru. Alle CIA-Stationen dieses Gebiets waren angewiesen worden, revolutionäre Brutstätten genau im Auge zu behalten. Es gab in dieser Hinsicht nichts Wichtigeres als Militärakademien, an denen künftige lateinamerikanische Putschisten ausgebildet wurden.

Und von diesen waren wiederum nur wenige so wichtig wie die in Peru. Der lokale Postenchef war außerordentlich erfreut, seine Augen und Ohren in der peruanischen Militärakadamie zu haben, da man diese Institution bereits für von linksstehenden Ausbildern unterwandert hielt. Noriega lieferte regelmäßig Berichte über deren Pro-Fidel-Unterricht ab und gab dabei die Namen jener Offiziere bekannt, die ein paar Jahre später in den Putsch von 1968 verwickelt sein würden, der Juan Velasco Alvarado an die Macht bringen, Unternehmen in amerikanischem Besitz verstaatlichen und diplomatische Beziehungen mit den kommunistischen Ostblockstaaten aufnehmen sollte. Noriegas Informationen konnten das alles zwar nicht aufhalten, aber sie fütterten den gigantischen Schlund der CIA-Zentrale in Langley, die über lateinamerikanische Kommunisten gar nicht genug Daten zusammentragen konnte.

Manuel Antonio Noriega war der perfekte Informant – und das nicht nur deshalb, weil er klüger als die anderen Kadetten war, von denen viele von ihren reichen Angehörigen dorthin geschickt worden waren, als handelte es sich um eine Besserungsanstalt. (Man erzählte sich scherzhaft, daß jede wichtige peruanische Familie einen Sohn habe, der Offizier würde, und einen anderen, der die Priesterlaufbahn wählte.) Noriegas schüchterne Art war von passender Unaufdringlichkeit. Er besaß ein gutes Gedächtnis und einen Bruder, der als perfekter Mittelsmann für Geheimdienstberichte und Zahlungen agieren konnte. Geheimdienstmitarbeiter berichten, daß sich Noriega nie mit seinen amerikanischen Aufsehern traf. Luis Carlos erhielt die Informationen von seinem Bruder und gab sie – manchmal im Rahmen eines ganz normalen Gesprächs – weiter.

Und Tony Noriega war ein preiswerter Einkauf. Einem Freund an der peruanischen Militärakademie gegenüber sagte er scherzhaft, daß er einmal ein Wochenende lang mit seinen „nordamerikanischen Belohnungen“ Bier einkaufen könne.

„Wir waren sehr enttäuscht darüber, wie schnell es kein Bier mehr gab", lacht Noriegas Freund, „und rieten ihm, eine Gehaltserhöhung zu verlangen." Noriegas Berichte über die linken Neigungen von Ausbildern und Studenten waren gut genug, daß die niedrigen Zahlungen weiter eintrafen. Außerdem war es fast so wichtig, sich bei einem zukünftigen panamaischen Offizier „einzukaufen", wie die Informationen zu erhalten, die er lieferte.

Noriega zählte seine Zeit in Peru zu den besten Jahren seines Lebens. In seiner Uniform fühlte er sich männlicher denn je zuvor. Die Stellung seines Bruders brachte ihm Einladungen zu Diplomatenparties und sein Stipendium nahm ihm seine finanzielle Last von den Schultern. Außerdem war er glücklich darüber, das Mißverständnis peruanischer Frauen, die ihn für reich hielten, ausnutzen zu können. „Die Mädchen wußten, daß die Studenten der Militärakademie Geld hatten und rechneten sich aus, daß die Ausländer noch reicher sein mußten", lacht Darién Ayala, Noriegas guter Freund, der damals in Peru Landwirtschaft studierte. „Er besaß eine elegante Uniform mit Goldknöpfen – und das in einem Land, wo es einen Militarismuskult gab, wo Offiziere die Elite darstellten und besondere Priviligien hatten."

Trotzdem behielt Noriega auch offene Augen für die Reichtümer und die Unterdrückung, die er in Panama nicht gekannt hatte. Die sozialen Gegensätze waren viel größer. Peruanische Kadetten luden ihn zum Besuch bei ihren Familen ein – auf Farmen, die sogar ihre eigenen Friedhöfe und Gefängnisse hatten; während die Indianer in Strohhütten lebten und ihren Kindern keine Schuhe kaufen konnten.

Noriega hatte jedoch Schwierigkeiten, sich an die peruanische Schule zu gewöhnen. Sie war, was Disziplin und akademische Anforderungen betraf, viel europäischer als alles, was er bisher erlebt hatte. An dieser Schule sah er zum ersten Mal, wie Brutalität als Mittel zur Kontrolle eingesetzt wurde. Ausbilder und Offiziere bestraften die Kadetten schon für die allerkleinsten Verstöße schwer. Wenn jemand dabei erwischt wurde, wie er bei einer Prüfung schwindelte, dann kam er vielleicht mit ein paar hundert Liegestützen davon, aber es gab auch solche, die verprügelt wurden, wenn ihr Disziplinarvergehen zu groß war.

Die jungen panamaischen Kadetten sahen auch Repressionen gegen Zivilpersonen, die alles weit übertrafen, was sie bisher erfahren hatten. Soldaten feuerten in Demonstrationen und setzten Ausgangssperren mit brutaler Gewalt durch, was die sanfteren Panamaer schockierte. „Wir wurden das erste Mal mit wirklich harter Unterdrückung konfrontiert", sagt Ayala. „Wir begriffen erstmals, was eine Ausgangssperre bedeutet."

Aber die blauen Flecken und die Demütigungen, die er von peruanischen Offizieren abkriegte, wurden durch die liebenswürdige Art seines Bruders, der sich wie eine Glucke um sämtliche panamaische Studenten in Lima kümmerte, abgemildert. Es war das erste Mal in seinem Leben, daß Noriega die Sicherheit eines älteren Bruders – einer Vaterfigur – genoß, der ihn unter seine Fittiche nahm, vor Strafen schützte und ihn einlud, in seinem schlechtsitzenden Anzug zu diplomatischen Parties zu kommen, wo er seinen ersten Vorgeschmack von der besseren Gesellschaft erhielt.

Noriega lernte Freunde kennen, denen er später viele Jahre lang vertrauen und die er fördern würde. Er brachte seinen Freund Darién Ayala als stellvertretenden Landwirtschaftsminister in die Regierung. Später wurde Ayala Vorsitzender des politisch heiklen Gemeindeentwicklungs-Programms und Staatsminister. Ein weiterer Freund aus seiner peruanischen Zeit, Elías Castillo, wurde später Kommandant der Landstreitkräfte. Sogar sein zukünftiger Feind und Stabschef Oberst Roberto Díaz Herrera befand sich in Lima, wenn auch an der weniger angesehenen Polizeiakademie.

Noriegas bester Freund war jedoch Francisco Rodriguez, einer der besten Studenten an der Landwirtschaftsuniversität und Kollege von Ayala. Rodriguez hatte nicht den Eindruck, Noriega wirklich zu kennen, obwohl er dazu ausgewählt worden war, in jenem Jahr sein Mentor und Studienberater zu sein. Noriega, der geborene Geheimagent, saß still in einer Ecke, lernte und hörte den anderen zu, ohne sich an Gesprächen zu beteiligen oder seine Meinung zu sagen.

„Ich habe mich immer gefragt, was ihn wirklich motivierte“, sagt Rodriguez. „Er hat es mir nie verraten. Er war nachdenklich und besaß eine analytische Begabung, aber er war auch sehr introvertiert. Er stellte schon damals ein totales Rätsel dar. Wir übernahmen das Reden und Witzeerzählen. Er sprach nur, wenn es notwendig war. Er war kein extrovertierter Mensch, den man verstehen und durchschauen konnte.“

Stattdessen saß Noriega still da und las Biographien großer Militärs, wie etwa die von José de San Martín, eines südamerikanischen Revolutionsführers des frühen 19. Jahrhunderts, und die Simón Bolívars, des venezuelanischen Helden in der südamerikanischen Bewegung für die Unabhängigkeit von Spanien.

Dennoch versuchte Rodriguez damals, Noriega davon zu überzeugen, die Militärakademie zu verlassen und eine Zivillaufbahn einzuschlagen. Einmal erzählte Rodriguez ihm – als sie sich gemeinsam betrunken hatten –, daß nur Rowdys und Verbrecher zum Militär gehen würden. „Du besitzt eine großartige Intelligenz“, hielt er Noriega damals vor. „Die Leute, die eine Militärausbildung besuchen, haben in unserem Land keine Chance. Nur wer aus einer besseren Gesellschaftsschicht kommt, kann höherer Offizier werden. Die aus den Unterschichten werden Polizisten. Wenn ich nach Panama zurückkomme, werde ich einen Cadillac haben und bei einer Kreuzung an dir vorbeifahren, wenn du in deine Trillerpfeife bläst.“

1983 – also mehr als zwanzig Jahre danach – wurde Rodriguez zu einer Feier zur Ernennung Noriegas zum Oberbefehlshaber der Nationalgarde eingeladen. Rodriguez, der es mittlerweile zum Präsidenten des panamaischen Rechnungshofes gebracht hatte, gratulierte seinem alten Freund. Noriega war völlig von sich eingenommen, stolzierte umher und lächelte stolz, als er die Gratulationen in fast königlicher Art und Weise entgegennahm.

„Weißt du noch, wie du mir in Peru das mit der Trillerpfeife erzählt hast?“ fragte Noriega.

Rodriguez entsann sich nicht mehr, also erinnerte ihn Noriega, der jedes Wort im computerhaften Archiv seines Gedächtnisses gespeichert hatte. „Und wer fährt jetzt Cadillacs?“ lachte er.

Rodriguez reagierte überrascht und ein bißchen peinlich berührt. „Wie das nun mal so ist, Tony“, antwortete er. „Wenn wir betrunken sind, reden wir eine Menge Blödsinn.“

„Noriega behält alles auf ewig in seinem Inneren“, sagt Rodriguez. „Er kennt jene, die seine Freunde waren und die, die ihm untreu sind. Ob in zehn oder zwanzig Jahren, er wird sich immer an alles erinnern.“

Rodriguez stand im Lauf der Jahre auf Noriegas Seite und diente ihm loyal in Regierungsposten, zu denen es gehörte, die Finanzen des Landes zu überwachen und sicherzustellen, daß der General seinen Anteil davon erhielt. Immer wenn sie ein paar Wochen lang nicht miteinander gesprochen hatten, rief ihn Noriega an und fragte wehleidig: „Warum meldest du dich nicht öfter? Warum bittest du mich nicht um mehr Gefallen?“ In einer Welt, in der er gelernt hatte, jedem zu mißtrauen, wurden Rodriguez und andere Freunde aus Peru die wenigen Leute, bei denen er das Gefühl hatte, sich auf sie verlassen zu können.

Am 1. September 1989 revanchierte sich Noriega für Rodriguez' Treue, indem er ihn zu seinem fünften Präsidenten – innerhalb der sechs Jahre, die er nun schon Comandante war – ernannte. Sein ehemaliger Studienberater war nun seine treue Marionette. Noriega hielt Zivilisten, die eine bessere politische Reputation als Rodriguez hatten, entweder für treulos oder für eine Bedrohung. Bei Rodriguez, den er nun schon mehr als drei Jahrzehnte kannte, war es unwahrscheinlich, daß er sich irgendwelchen Staatsstreichen oder Verschwörungen gegen ihn anschließen würde. Aber allen war klar, daß es Noriega war, der nach wie vor den Cadillac fuhr. Er entfernte Rodriguez aus dem Amt, als seine Marionetten-Nationalversammlung ihn im Dezember 1989 – nur wenige Tage vor der US-Invasion – zum „höchsten Führer“ ernannte.

Noriegas fünf Jahre in Peru, die 1962 zu Ende waren, stellten einen Wendepunkt in seinem Leben dar. Der Abschluß, das Wissen und die Verbindungen, die er hergestellt hatte – deren wichtigste seine neue Beziehung zu den Amerikanern und Freunde wie Rodriguez waren – waren die ersten Pflastersteine auf seinem Weg zur Macht. Er hatte Amerikas engstirnigen Wünschen entsprochen, indem er sensible Informationen über lateinamerikanische Linke – von zweifelhaftem Wert und gegen geringe Bezahlung – zusammengetragen hatte. Und was noch wichtiger war: Washington entsprach seinem Bedürfnis nach einem frühen Gönner und – in den folgenden Jahren – enthusiastischen Förderer. Voller neuer Hoffnungen und Ambitionen kehrte er nach Panama zurück, um dort eine Laufbahn einzuschlagen, von der er nun hoffte, daß sie ihn zum Kommandanten der Streitkräfte machen würde.

Noriegas nächster großer Durchbruch zum Erreichen dieses Zieles würde sieben Jahre später kommen, als er und sein Bruder sich wieder zusammenschlossen, um eine Diktatur zu retten und Noriega einen Platz in der Geschichte Panamas zu sichern.

Kapitel fünf

Ein nicht ganz so treuer Diener

Die beste Vorbereitung dazu, ein Mann von Autorität zu sein, ist die, einmal ein gehorsamer Mann gewesen zu sein, sich der Pflicht gebeugt zu haben. Wer nie gelernt hat, sein eigenes Selbst zu kommandieren, der wird nie über andere kommandieren können.
– AUS NORIEGAS PAMPHLET
DIE PHILOSOPHIE DES TALENTS,
DAS KOMMANDO ZU FÜHREN

Es war zwei Uhr früh am 15. Dezember 1969, als Major Manuel Antonio Noriega, Garnisonskommandant der Provinz Chiriquí, den Anruf erhielt. Am Telefon war Major Alejandro Araúz, Chef des militärischen Geheimdienstes von Panama und ein Mann, von dem man wußte, daß er vom CIA angeworben, ausgebildet und gut bezahlt worden war. Araúz sagte, daß der Diktator Omar Torrijos von seinem „Urlaub" in Mexiko, wohin er geflogen war, um die Caribbean Classic-Pferderennen zu besuchen, nicht mehr zurückkommen würde. Torrijos war weg. Gestürzt.

Araúz fragte, ob Noriega auf Seite der Putschisten stünde.

Noriega schwieg. Wenn er sich auf die Seite der aufständischen Obersten stellte und deren Versuch mißlänge, dann würde man ihn einsperren und wegen Verrats hinrichten. Wenn sich Noriega aber gegen einen erfolgreichen Staatsstreich wandte, dann würde das seine vielversprechende Karriere und seine hochtrabenden Ambitionen zerschmettern. Die Aufständischen würden ihn genau im Auge behalten. Torrijos war zu Noriega wie ein Vater gewesen, er hatte ihn erzogen und, während eines Großteils seiner Jahre in der Nationalgarde, als Einheitsführer seine Karriere gefördert. Aus diesem Grund waren Noriegas Beförderungschancen unter dieser neuen Führung verschwindend gering.

Noriega wollte Zeit schinden und antwortete Araúz, daß er erst Gelegenheit haben müsse, sich mit seinen Männern zu beraten. „Es sollte ihre Entscheidung sein", sagte er. Was er tatsächlich benötigte, war eine Gelegenheit, seine eigene Strategie auszuhecken. Sollte er sich mit Offizieren, die er nicht mochte, und deren Gringo-Verbündeten zusammentun, oder sollte er auf Gedeih und Verderb zu einer Vaterfigur halten, die vielleicht nie wieder nach Panama zurückkehren würde?

Während der vorangegangenen sieben Jahre hatte Noriega sowohl Torrijos als auch den Amerikanern treu gedient – in Colón und der Provinz Chiriquí. Beide dieser Verbindungen hatten ihm einiges gebracht. Jetzt sah es so aus, als würde er sich zwischen ihnen entscheiden müssen. Der 35jährige Major stand vor der wichtigsten Entscheidung seines Lebens. Ein einziger falscher Schritt konnte dazu führen, daß er in die Verbannung, ins Gefängnis oder in den Tod gehen müßte.

Der Legende nach traf Noriega Omar Torrijos das erste Mal im Februar 1962 in der Hafenstadt Colón am Atlantik, Panamas zweitgrößter Stadt, wo Torrijos Garnisonskommandant der Nationalgarde war. Noriega hatte damals eine besonders attraktive Freundin im Schlepptau, um mit ihr den Karneval in ihrer Heimatstadt zu feiern. Und zum ersten Mal in seinem Leben besaß er Geld im Überfluß: Die Amerikaner hatten ihm dabei geholfen, vielleicht weil sie sich für seine gute Arbeit in Peru erkenntlich zeigen wollten, einen gutbezahlten Straßenvermessungs-Job in der amerikanisch kontrollierten Kanalzone zu bekommen. Amerikanische Löhne waren die besten in Panama, und außerdem war bei Noriegas Rückkehr aus Peru sowieso nirgends ein Posten für einen jungen Offizier frei gewesen.

Bei einer besonders lebhaften Karnevalsparty in dieser sorglosen Karibikstadt warf Torrijos sofort ein Auge auf Noriegas schöne Begleitung. Als der berüchtigte Schürzenjäger, der er war, begann er sofort hemmungslos mit ihr zu flirten und schätzte, daß der magere, kleine und häßliche Noriega wahrscheinlich wohl eher ihr Bruder als ihr Freund sein müßte. Aber als sie den Tisch verließ, fing Noriega an zu reden. Der örtliche Kommandant, der in Colón bereits wohlbekannt war, zeigte sich von Noriegas Intelligenz und seinem Leumund beeindruckt. Torrijos sprach ausführlich über seine Pläne, die Nationalgarde in eine Kraft umzuwandeln, die dem sozialen Fortschritt dienen sollte, und sagte, daß er Männer vom Kaliber Noriegas benötige, die ihm dabei helfen könnten.

Noriega faßte Zuneigung zu diesem gutaussehenden, charismatischen Major und willigte ein, seinen besser bezahlten amerikanischen Job aufzugeben. Torrijos fehlten die Budgetmittel zur Bezahlung eines neuen Mannes, also bezahlte er Noriega aus der Handkasse. Noriega flog im September 1962 nach Colón.

Aber seine neue Karriere endete fast ebenso schnell, wie sie begonnen hatte. Einer seiner ersten Aufträge bestand darin, den großen Bevölkerungsanteil der Prostituierten in dieser karibischen Stadt zu überwachen. Das gewinnbringende Prostitutionsgeschäft wurde von der Nationalgarde geführt, und Torrijos war so etwas wie das lokale Gegenstück zu einer Puffmutter. Noriega betrachtete den kostenlosen Zugang zu den Huren als einen Nebenverdienst seines Amtes, und geriet nach einigen Monaten in Schwierigkeiten, weil er eine Prostituierte vergewaltigte und verprügelte – dasselbe Problem, das er schon in Peru gehabt hatte. Die Story sickerte bis zu einer Lokalzeitung durch, die zu dieser Zeit gerade eine Kampagne gegen Torrijos führte.

„Das war irgendwie etwas Häßliches für uns, aber nicht furchtbar“, sagt Boris Martínez, der in Noriegas Akte über den Zwischenfall las, als er sein Kommandant in der

Provinz Chiriquí wurde. Martínez erzählt, daß der unangenehmste Aspekt der Vergewaltigung der war, daß Noriega sie in einem Polizeiauto begangen hatte und die Prostituierte sich das Kennzeichen notiert hatte. Außerdem hatte es Zeugen gegeben.

General Bolívar Vallarino gab Torrijos den Befehl, Noriega aus der Nationalgarde zu entfernen. Torrijos' Frau Raquel war der junge Noriega aber sympathisch und er tat ihr leid. Sie meinte zu ihrem Mann, daß Tony eine zweite Chance brauche. Wie könne man denn erwarten, daß er keine Komplexe haben solle – bei seiner traurigen Jugend und seiner Reizlosigkeit?

Also rettete ihn Torrijos. Sein Führungsstil war ohnehin nicht der eines militärischen Zuchtmeisters. Noriega, sein effizientester und klügster junger Offizier, würde ihm nun noch ergebener sein. Ein paar Monate danach wurde Torrijos befördert und übernahm die Garnison der Provinz Chiriquí, in der Stadt David. Am 1. Februar 1963 schloß sich ihm Noriega dort an und wurde bald danach Leiter der verkehrspolizeilichen Abteilung.

Die Garnison von Chiriquí war die wichtigste der Nationalgarde in der ländlichen Gegend Panamas. Die Provinz war der wichtigste Hersteller von Nutzvieh und Ackerbauprodukten. Ihre durchlässige Grenze zu Costa Rica lockte den Handel – legalen und illegalen – an, und die Provinz war zudem ein Bollwerk der Unterstützung für die „Arnulfistas", die hinter dem früheren Präsidenten Arnulfo Arias standen, den man abgesetzt hatte, nachdem er versucht hatte, das Militär zu demontieren. General Vallarino wollte, daß Torrijos die Anhänger Arnulfos im Auge behielt, und auch in Schlüsselpositionen befindliche Geschäftsleute der Gegend, die nicht wollten, daß ihnen jemand in ihre guten Geschäfte mit dem Militär dreinpfuschte, hatten diesen Wunsch.

Der CIA wollte, daß Torrijos, der auf seiner Lohnliste stand, etwas anderes überwachte: den kommunistischen Einfluß unter Bananenpflanzern in Puerto Armuelles und Bocas del Toro. Die Plantagen gehörten der United Fruit Company, einem mächtigen amerikanischen Unternehmen, das nach wie vor die Macht besaß, politische Führer in Panama aufzubauen oder zu stürzen.

1964 und 1965 halfen Offiziere von der 470th Military Intelligence Brigade Torrijos, einen tauglichen Geheimdienst zu gründen. Ein oder zwei amerikanische Agenten waren auf Dauer in seiner Zentrale stationiert. Torrijos wählte Noriega, seinen Leiter der verkehrspolizeilichen Abteilung, dazu aus, diese bescheidene Informationssammlungs-Abteilung zu überwachen. Auch die Amerikaner waren über diese Wahl erfreut: Ihre Akten zeigten, daß es sich bei ihm um einen inaktiven ehemaligen Aktivposten handelte, der dem US-Geheimdienst früher gut gedient hatte.

In seiner Stellung als Leiter der verkehrspolizeilichen Abteilung hatte Noriega bereits begonnen, jene Akten zu sammeln, die das erste Rohmaterial darstellten, auf dem er seine Karriere aufbauen würde. Er wußte zum Beispiel, welche prominenten Bürger wegen Trunkenheit am Steuer festgenommen worden waren, und welche von ihnen man in Begleitung ihrer Freundinnen erwischt hatte. Außerdem kontrollierte er die Führerscheine von Taxilenkern, Busfahrern und Chauffeuren. Sie würden nicht nur zu seinen ersten Informanten gehören, sondern auch bei den Wahlen von 1964 von Noriega dazu eingesetzt werden, es Wählern aus bekannten Hochburgen der Opposition schwer zu machen, zu den Wahllokalen zu gelangen.

Der Verbindungsmann der 470th MI zu Torrijos war ein in Puerto Rico geborener Amerikaner namens Efrain Angueira, der dem Kommandanten von Chiriquí 250 Dollar im Monat für seine Dienste bezahlte. Gelegentlich übergab Angueira – für gut ausgeführte Tätigkeiten – Bonusse, die aus technischen Geräten, Essen oder Alkohol aus den Beständen von Verkaufsläden der amerikanischen Streitkräfte oder Verpflegungsämtern bestanden. Diese Bezahlung sieht nicht nach viel aus, aber Torrijos' Sold zu dieser Zeit betrug nur etwa 500 Dollar im Monat. Noriegas Anfangssold lag zwischen 50 und 100 Dollar pro Monat.

Da Noriega nun wieder mit amerikanischen Geheimdienstleuten zusammenarbeitete, ließen diese ihn eine Reihe von Abschluß-Lehrgängen besuchen. Aber wie es so oft bei lateinamerikanischen Offizieren ist – der Erfolg der amerikanischen Ausbildung lag eher darin, daß er die technischen Fähigkeiten zur Kontrolle der panamaischen Bevölkerung erlernte, als in der Vermittlung demokratischer Ideen oder Verfahrensweisen. Noriegas Lebenslauf, der 1983 abgedruckt, später jedoch als geheim eingestuft wurde, zeigt, daß er im Juli 1967 unter der Leitung amerikanischer Offiziere in Fort Gulick in Panama Spionage und Gegenspionage studierte; anschließend psychologische Kriegsführung im September 1967 in Fort Bragg; dann kehrte er in die panamaische School of the Americas zurück, wo er einen zwei Monate dauernden Kursus zum Thema „Militärischer Geheimdienst für Offiziere" besuchte.

Noriega besuchte jeden verfügbaren Kursus, um sein Wissen zu erweitern und so anderen jungen panamaischen Offizieren gegenüber einen Vorteil zu haben. Sein Lebenslauf weist auch Kurse für die Verwaltung von Dokumenten und Archiven, grundlegende und fortgeschrittene Kartographie, Militärtechnik, Dschungel-Kriegsführung und Aufruhrbekämpfung, und ein amerikanisches Spezialtruppen- und Fallschirmtraining auf. Anderswo – vor allem in Israel und Taiwan – absolvierte er auch Kurse für Militär, Spezial-Geheimdienstarbeit und polizeiliche Untersuchungsmethoden.

Aber Noriegas damalige Ausbilder erinnern sich, daß das Thema „Psychologische Kriegsführung" ihn am meisten interessierte. Der High School-Schüler, der davon geträumt hatte, Psychiater zu werden, beschloß, daß es sich dabei um die Form der Kriegsführung handelte, die am besten in die moderne Zeit paßte. Er verbrachte sieben Wochen in Fort Bragg damit, die Kunst der Medien-Manipulation zur Unterwerfung von Gegnern und Kontrolle von Menschen zu erlernen. Seine Ausbilder bezeichneten das im Kursuskatalog als „zielgerichtete Kommunikation". Die Betonung lag auf der Entwaffnung von Feinden im eigenen Land, die 1967 von den Amerikanern als Kommunisten betrachtet wurden. Noriega studierte neben persischen Offizieren, die Angst vor den Sowjets und Kurden hatten, neben Taiwanern, die sich wegen der Volksrepublik China sorgten, und neben lateinamerikanischen Offizieren, die jede Menge damit zu tun hatten, die Infiltration aus Kuba abzuwehren.

Noriega lernte alles über graue Kommunikation – die Kunst, Neuigkeiten und Gerüchte zu verbreiten, deren Quelle verschwommen ist – und „schwarze" Kommunikation, bei der die Information so gestaltet wird, daß sie klingt, als käme sie zur Gänze aus einer anderen Informationsquelle. Später, im Jahre 1975, schrieb Noriega Panamas erstes Handbuch für psychologische Kriegsführung.

Noriega eignete sich auch selbständig polizeiliche Fähigkeiten an. Vor den Wahlen im Jahre 1964 lauteten Torrijos' Befehle an Noriega, die Führer der Arnulfista einzuschüchtern, also verhaftete Noriega nach dem Bombenanschlag auf ein lokales Kraftwerk ein paar von ihnen und beschuldigte sie dieses Verbrechens.

Zwei Augenzeugen berichten, daß sie im Gefängnis beobachtet hätten, wie Kriminelle Cola-Flaschen dazu verwendet hätten, die Arnulfistas zu vergewaltigen. Einer benutzte außerdem einen zersplitterten Holzstock. Noriega beaufsichtigte den Vorgang und sah still zu, als die Gefangenen schrien. Manchmal trug er einen Sack auf dem Kopf, damit man sein charakteristisches Gesicht nachher nicht so leicht wiedererkennen würde.

Diese Sexualfolter von 1964 löste so große Feindseligkeit aus, daß Frauen aus der Gegend einen Protestmarsch ins Geschäftsviertel organisierten. Panama stand immer noch unter ziviler Herrschaft und ein örtlicher Anklagevertreter setzte eine Untersuchung in Gang, was Torrijos dazu veranlaßte, Noriega für sechs Wochen – vom 11. März bis 26. April – nach Bocas del Toro zu schicken, damit vor den Wahlen im Mai noch etwas Gras über die Sache wachsen konnte.

Major Boris Martínez erbte den eifrigen Noriega und seine eben erst flügge gewordene Spionageorganisation, als er 1966 die Garnison Chiriquí von Torrijos übernahm. Martínez war überrascht, als er in Noriegas Akte über dessen Fehltritte las, zeigte sich aber über die lange Liste von Diensten beeindruckt, die Noriega für Torrijos geleistet hatte. Martínez' einzige Beschwerde war, daß Torrijos diesen talentierten Geheimagenten nicht genügend gegen die ortsansässigen Kommunisten und Arnulfistas eingesetzt hatte.

Torrijos war zu weich, dachte er, aber die Zeiten verlangten nach einer starken, sicheren Hand. Torrijos war ein ungewöhnlicher Militär, der Martínez wie eine Kreuzung aus Humphrey Bogart und W. C. Fields vorkam. Martínez hingegen betrachtete sich selbst eher als lateinamerikanischen George Patton, der mißbilligend auf Torrijos' Schürzenjägerei und Trinkgewohnheiten herabsah.

Bei einem der ersten Treffen zwischen Martínez und Noriega erfuhr der neue Chiriquí-Kommandant, daß der junge Offizier an Hexerei glaube. Man hatte ihm gesagt, er könne Torrijos und Noriega zusammen im Haus einer Frau namens Billings finden, die zusammen mit dem Militär die lokale Lotterie betrieb. Er fand die beiden Männer, als sie zusammen in einer Wanne im Hinterhof saßen, in der Blätter, Beeren und Kräuter neben ihnen auf dem Wasser schwammen, während die Billings Beschwörungen aufsagte. „Er sagte, daß es wichtig wäre, solche Leute aufzusuchen, um sie um Rat zu fragen und Informationen über andere, die sie besuchen, zu erhalten", erinnert sich Martínez. „Noriega hatte gute Kontakte zu solchen Leuten."

Martínez erinnert sich nur an einen Anlaß, bei dem er Noriega bestrafen mußte. Der junge Oberleutnant, nackt und in einem Zustand betrunkener Raserei, hatte seine Frau Felicidad durch die ganze Nachbarschaft gejagt und ihr sexuelle Schimpfnamen nachgebrüllt, während er mit seinem Gürtel nach ihr schlug. Ein Nachbar hatte sich beschwert. Dieser Zwischenfall war nur der letzte von vielen ähnlichen: Aus Noriega, dem Dr. Jekyll, wurde unter dem Einfluß von Alkohol ein Mr. Hyde. Erst ein paar Monate zuvor hatte Noriega am Straßenrand bei einer Farm angehalten und im betrunkenen Zustand ein paar Kühe und ein Pferd erschossen. Bei verschiedenen Gelegenheiten kam Noriega betrunken zu den Gefängniszellen, befahl Gefangenen, ihre Kleider auszuziehen und nackt im Gefängnishof herumzulaufen. Meistens tat er ihnen sonst nichts an – keine sexuelle Folter oder Gewalt. Es handelte sich nur um ein paar gemütliche Demütigungen. „Viele begannen sich zu fragen, ob irgendetwas mit ihm nicht stimmte", erzählte ein lokaler Anwalt, der anfangs mit dem jungen Oberleutnant befreundet gewesen war.

Major Martínez befahl Noriega, sofort seinen Alkoholkonsum einzuschränken – oder er würde gefeuert werden. Noriega gehorchte und hatte unter Martínez nie mehr ein Problem mit der Disziplin. Keiner der früheren Vorgesetzten Noriegas kann sich erinnern, daß er je einen Befehl nicht erfüllt hätte, egal wie schwierig oder gefährlich der Auftrag gewesen sein mag. „Noriega war der verläßlichste und treueste Diener, den ich je hatte", erinnert sich Martínez an die Tage in Chiriquí.

„Wenn er einen Boß hat, dann stellt er diesen Boß zufrieden", sagt Martínez. „Wenn der Boß Kaffee will, dann bringt er Kaffee. Wenn der Boß Tüchtigkeit will, dann ist er tüchtig. Wenn er Brutalität will, ist Noriega brutal. Ich mag keine Leute, die einem die Füße küssen, aber ich mag einen Offizier, der die Erwartungen erfüllt. Ich habe Noriega eine Menge Aufträge gegeben. Ich weiß nicht, wie er sie alle erledigt hat, aber er hat es getan. Wann immer ich über irgendeine Bewegung in der Provinz Chiriquí informiert sein wollte, informierte er mich."

Martínez dehnte Noriegas ohnehin schon anspruchsvollen Aufgabenbereich aus und stellte ihm mehr Mittel zur Verfügung. Sein Auftrag: die Infiltration der Gewerkschaften der Bananenplantagen-Arbeiter und die Überwachung kommunistischer Gewerkschaftsmitglieder.

In den darauffolgenden Wochen baute Noriega in jeder Stadt und jedem Dorf ein Netzwerk von Informanten auf, die alle begierig waren, den Kommunismus zu bekämpfen. Noriega gab den Dorfbewohnern einfache Anweisungen. Wenn Gewerkschaftswerber ins Dorf kamen, dann waren die Informanten angewiesen, sich die Zeit ihres Besuchs und die Kennzeichennummer ihres Jeeps zu notieren. Sie sollten die Besucher nicht persönlich befragen, sondern nur später, nach den Treffen, dem Tratsch der Dorfbewohner zuhören. Seine neuen Rekruten schickten Woche für Woche Informationen ins zentrale Hauptquartier.

„Es war eine interessante Tätigkeit, in der Noriega besonders gut war", erinnert sich Martínez.

Noriegas Geheimdienstinformationen machten es leicht für Martínez, Probleme zu vermeiden. Eines Tages erzählte Martínez Noriega, daß er gehört hatte, ein Gewerkschaftsführer würde am Tag der Arbeit einen Marsch von 25 000 Arbeitern anführen. Sie hätten geplant, Macheten und Farmwerkzeuge mit sich zu tragen, und Martínez fürchtete nun, daß sie einen Aufstand provozieren könnten. Noriega erhielt den Befehl, die

Angelegenheit zu untersuchen und kam drei Tage später mit einem vollständigen Bericht wieder. Auch er fürchtete, daß es Ärger geben würde.

„Was schlagen Sie vor, daß wir tun sollen?" fragte ihn Martínez.

Noriega zog eine Akte aus der Tasche. Er behauptete, daß der Gewerkschaftsboß mit der Frau seines Stellvertreters eine Affäre hätte. Die beiden Männer hatten wegen dieses Verhältnisses privat Streit gehabt, aber ihr Zwist war nicht an die Öffentlichkeit gelangt. Vielleicht können wir das dazu benutzen, sie zu demoralisieren, schlug Noriega vor.

Zuerst studierte Noriega den Jargon der Arbeiter und sammelte Flugzettel, die sie bisher gedruckt hatten, dann startete er eine Verleumdungskampagne gegen den Gewerkschaftsführer, indem er den richtigen Arbeiterslang und sogar das Papier, das sie immer nahmen, verwendete. Seine Männer postierten die Flugzettel an Stellen, wo die Männer gewohnheitsmäßig nach Nachrichten ihrer Gewerkschaftsführer suchten, und es dauerte nicht lange, bis alle Bananenplantagen-Arbeiter vom sexuellen Kampf zwischen ihren Anführern wußten, und daß jeder der beiden den anderen beschuldigte, damit angefangen zu haben. Mit einer einzigen Tat hatte Noriega die gesamte Gewerkschaft gespalten.

„Das Wichtigste dabei war, daß die Verleumdung stimmte", sagt Martínez heute. „Noriega wußte, daß das die Wirkung nur steigern würde."

Als der Boß der Bananengewerkschaft ein oder zwei Wochen danach in David auftauchte, um sich die Erlaubnis für seine Demonstration zu besorgen, verlangte Martínez, daß die Arbeiter sämtliche Werkzeuge zu Hause lassen müßten. Der Gewerkschaftsführer ließ sich darauf ein, verlangte aber, daß seine Arbeiter – mit Armbinden gekennzeichnet – für die Sicherheit zuständig sein dürften. Martínez lehnte ab.

„Wenn ich so etwas zu Gesicht bekomme", sagte er, „dann verhafte ich Sie als ersten." Die Position des Gewerkschaftsbosses war geschwächt, und er besaß die volle Unterstützung seiner Leute nicht mehr. Der normalerweise kampflustige Arbeiterführer wirkte müde und demoralisiert. Noriega hatte ihn zermürbt.

„Es war wie in einem Broadwaystück", lacht Martínez. „Noriega managte die ganze Angelegenheit. Er war Experte in Sachen Bestechung und Erpressung. Und er wußte, wann man eine wertvolle Information nicht gleich einsetzen, sondern zurückhalten mußte."

Ein typisches Beispiel: Der CIA gab Noriega jedes Mal, wenn ein Panamaer von einer sowjetischen Schule oder einem verdächtigen Ausbildungslehrgang zurückkam, einen Tip. 1967 informierte der CIA Noriega über eine Lehrerin, die in die Provinz Chiriquí heimkam, nachdem sie in Moskau an der Patrice Lumumba-Universität studiert hatte. Sie nahm eine Stellung im Bananenpflanzer-Gebiet an, wo es ihre Aufgabe sein würde, Lehrer und Arbeiter für ihre Sache zu mobilisieren. Noriega ließ sie in ihrem heruntergekommenen Hotelzimmer überwachen und sammelte Tonbandaufnahmen von ekstatischen Liebesakten und dem Schmieden politischer Pläne mit einem männlichen Besucher. Bei diesem Mann handelte es sich um Moisés Torrijos, den älteren Bruder von Noriegas ehemaligem Kommandanten und Panamas zukünftigem Diktator. Noriega war über diesen Fund so stolz, daß er Boris Martínez mitnahm, damit auch er zuhören konnte.

Als die beiden Verschwörer ihr Zimmer verließen, drangen Noriega und Martínez ein und fanden einen sehr deutlichen Liebesbrief an Moisés, der ebenfalls einige Zeit in Moskau verbracht hatte. Martínez sagte, er wolle diesen Brief nicht in den Akten seines Büros haben, also nahm Noriega ihn mit nach Hause. Martínez glaubt, daß dies das erste Stück einer umfangreichen privaten Akte war, die Noriega über Moisés Torrijos anlegte, und die es dem Diktator später unmöglich machen würde, Noriega im Zaum zu halten.

„In all den Jahren bewies Torrijos keinem im Militär soviel Loyalität wie Noriega", meint Martínez. „Er gab häufig jemandem einen anderen Posten oder verminderte seine Macht, aber Noriega durfte immer bleiben und gewann an Einfluß. Torrijos gab seinen Freunden gegenüber oft deutlich zu verstehen, daß er Noriega nicht vertraute, aber andererseits war er doch immer sein Liebling. Die Erklärung dafür kann nur im Spionagebereich liegen – er muß etwas über ihn gehabt haben."

1968 gab es nichts, was für General Vallarino, das letzte Mitglied der Oligarchie, das die Streitkräfte anführte, wichtiger war, als die Wahl von Arnulfo Arias zu verhindern. Vallarino schickte an Major Martínez den Befehl, in Zusammenarbeit mit ortsansässigen Geschäftsmännern einen Wahlschwindel zu planen. Aber die Geschäftswelt haßte Martínez, der ihre kleinen Geschäfte mit der Nationalgarde ebenso bösartig hatte platzen lassen, wie er die Arnulfistas unterdrückte. Martínez gab den Auftrag also an Noriega weiter. Noriega setzte ein Unternehmen zur Einschüchterung der Führer der Arnulfistas in Gang, indem er willkürliche Verhaftungen vornahm und Drohungen ausstieß; er benutzte seine Macht über die Verkehrsabteilung dazu, Taxilenkern und Buschauffeuren Angst zu machen, so daß sie Oppositionswähler nicht aus den ländlichen Gegenden zu den Wahllokalen bringen würden; und in Orten, wo Arias von vornherein als Verlierer feststand, half er dabei mit, die Wahlbücher zu fälschen.

Aber dieses Mal konnten sämtliche Tricks des Militärs und seiner Partner aus der Geschäftswelt der Provinz Chiriquí den Erdrutschsieg nicht verhindern. Arias gewann mit 175 000 Stimmen gegen 134 000, die für den Regierungskandidaten David Samudio abgegeben wurden. Sogar General Vallarino war gezwungen, die Ergebnisse anzuerkennen. Die Nationalgarde zeigte sich beunruhigt, da sie wußte, daß Arnulfo schon früher sein Vorhaben geäußert hatte, das Militär demontieren und eine Geheimpolizei schaffen zu wollen, die nur ihm gegenüber loyal sein sollte.

In der Nationalgarde bildete sich sofort eine Verschwörergruppe gegen Arias, die sich den Namen „die Combo" gab. Ihr mächtigstes und schärfstes Mitglied war Major Martínez, ein beliebter Kommandant, der das Vertrauen der Truppe – nicht nur in Chiriquí, sondern auch in anderen Garnisonen, bei denen er gedient hatte – für sich gewonnen hatte. Sein oberster Mitverschwörer war Torrijos, der zwar einen höheren Rang, aber keine Befehlsgewalt über die Soldaten hatte. Noriega war einer der jungen Offiziere, die sich der Combo anschlossen.

Aber General Vallarino plädierte für Vorsicht und überzeugte die jungen Offiziere davon, daß Arias ihre Posten nicht dezimieren würde. Daraus folgte, daß sie ihre Verschwörung eine Zeitlang ruhen ließen, und Arias wurde am 1. Oktober 1968, mit 67 Jahren, ein drittes Mal zum Präsidenten eingesetzt. Er blieb nur elf Tage im Amt.

Kurze Zeit nach seiner Amtsübernahme gab Arias deutlich zu verstehen, daß er die Nationalgarde tatsächlich säubern würde. Er beorderte Torrijos und seine Familie nach El Salvador und versetzte Martínez in die Provinz Chitré, auf einen viel unwichtigeren Posten.

Daraufhin wurde Martínez von einem ängstlichen Torrijos besucht, der in Begleitung seines Freundes Demetrio Lakas und des Geschäftsmannes Juan David Morgan war. Torrijos drängte Martínez zum Handeln, bevor es zu spät wäre, Arias von der Zerstörung der Nationalgarde abzuhalten.

„Aber Ihr Rang ist höher als meiner", meinte Martínez.

„Und Sie haben die Truppen", antwortete Torrijos. Da er Vallarinos Sekretär war, hatte er seit zwei Jahren keine Soldaten mehr befehligt. Außerdem besaß Martínez geradezu magische Kräfte, was Logistik betraf, während Torrijos' Talente eher im politischen Bereich lagen. Es dauerte nicht lange, da hatten sich 30 Offiziere der Verschwörung von Martínez und Torrijos angeschlossen.

In derselben Woche, nach der Amtseinführung, schickte Charles Adair, der amerikanische Botschafter in Panama, beruhigende Telegramme nach Washington, in denen er versicherte, daß die Nationalgarde nicht rebellieren würde. Diese Botschaften beruhten auf geheimdienstlichen Fehlinformationen, die von der Combo gezielt an amerikanische Freunde weitergegeben wurden – wie etwa an Efrain Angueira von der 470th Military Intelligence Brigade, der seine Informationen meistens bei Cocktails mit Torrijos und Rory Gonzalez im US-Offiziersklub sammelte. Er hatte für ihre Mitgliedschaft dort gebürgt. Gonzalez und Torrijos entdeckten, daß die Amerikaner hoffnungslos einfach zu manipulieren waren. Amerikanische Geheimdienstoffiziere nahmen jede ihrer Informationen für bare Münze und leiteten sie weiter.

Torrijos nahm Angueira sogar ins Büro der Fluggesellschaft mit, wo er für sich und seine Familie Tickets nach Mexiko erstand. Auch Martínez hatte seine Sachen bereits nach Chitré übersiedelt – ein weiterer Schachzug, der die Amerikaner und Arias zur Ansicht veranlassen sollte, daß alles unter Kontrolle wäre.

Ironischerweise war die Strategie, die Martínez einsetzte, um die Macht im Land an sich zu reißen, nach dem Muster eines Plans gestaltet worden, den er mit Hilfe der Amerikaner konstruiert hatte, um auf den Fall einer kommunistischen Invasion vorbereitet zu sein. Mehr als zwei Jahre lang hatte er Anti-Aufruhr-Manöver geleitet, und die Moral seiner Männer war hoch. „Wir waren darauf vorbereitet, das Land zu übernehmen", sagte Martínez. „Laut Plan waren wir auf Kommunisten vorbereitet, aber wir setzten ihn einfach gegen Arnulfo ein." Oberleutnant Noriega war für den Geheimdienst und die Übernahme von Kommunikationseinrichtungen verantwortlich.

Aus Angst, daß Torrijos doch noch aussteigen könnte, startete Martínez die Anti-Arias-Verschwörung um acht Uhr abends, eine Stunde vor der vereinbarten Zeit. Arias befand sich mit einer jungen Geliebten im Iris-Kino, aber sobald er merkte, was los war, flüchtete er in die Amerikanische Kanalzone und erwischte eine Militärmaschine nach Miami. Es war von seltsamer Ironie, daß dieser Politiker, der so lange gegen die USA eingetreten und zweimal bei von den Amerikanern unterstützten Staatsstreichen gestürzt worden war, sich nun schutzsuchend nach Washington wandte.

Der Putsch war einfacher gelaufen, als man erwartet hatte. Martínez war besonders von Noriegas Arbeit beeindruckt. Dieser hatte Arias' Radiosender eingenommen, bei der Festnahme von zehn Hintermännern Arias' mitgewirkt, und eine Gruppe Soldaten ausgeschickt, die Arias' Farm niederbrannten und eine Menge seiner Erntearbeiter zusammentrieben.

Einer der ersten Politiker, die Noriega nach dem Staatsstreich von 1968 verhaftete, war Rodrigo Miranda, der ortsansässige Anwalt, der einige Jahre zuvor Noriegas Ehe gerettet hatte. Nachdem er Miranda drei Tage im Gefängnis hatte verbringen lassen, beorderte Noriega ihn in sein Büro – als den ersten von etwa hundert Festgenommenen, die verhört werden sollten. Die Gefangenen sahen voller Angst zu, wie Miranda vorbeigeführt wurde; sie kannten Noriegas Ruf als brutaler Mensch. Die Tür schlug hinter dem beliebten Anwalt zu und ihr Echo hallte durch das Gefängnisgebäude aus Zement. Noriega lächelte Miranda an, zog eine Pistole und zielte damit auf seinen Kopf. Dann hob er den Lauf und feuerte einen Schuß in die Decke. Der Knall hallte in sämtlichen Zellen wider und ließ die anderen Gefangenen vor Furcht erzittern. Noriega lachte wie ein Irrer. „Das war typisch Noriega", meint Miranda, der am Tag darauf unversehrt entlassen wurde.

Der 1968er-Putsch bewahrte Noriega auch davor, sich weiteren Anklagen wegen Vergewaltigung stellen zu müssen, diesmal vor dem Gemeindegericht des Dorfes Progreso. Juan B. Ibarra, der Richter des Dritten Gerichtsbezirks, hatte den Fall bereits vorbereitet, bei dem Noriega in Dokumenten vorgeworfen wurde, zur Feier der Reisernte in diesem Jahr ins Dorf gekommen zu sein, wo man ihn dazu ausersehen hatte, die Königin zu krönen – später am Abend war Noriega mit der Königin in ein nahegelegenes Feld gegangen und hatte sie vergewaltigt. Die Dorfbewohner hatten ihn angezeigt und die einleitenden Verfahren zur Vorverhandlung hatten bereits begonnen, aber nach dem Sturz Arias' ließ man die Angelegenheit fallen. Seit 1968 haben die Gerichte in Chiriquí nur selten Verbrechen verhandelt, die von Mitgliedern der Nationalgarde begangen wurden.

Nach dem Putsch vom Oktober 1968 setzten Torrijos und Martínez Noriega ganz oben auf die Liste der zu Belohnenden. Die beiden beförderten ihn für die Rolle, die er beim Sturz von Präsident Arnulfo Arias gespielt hatte, zum Major, obwohl Noriega erst seit drei Jahren Leutnant war. Am 3. Januar 1969 ernannten sie Noriega zum Kommandanten der Ersten Techniker-Kompanie und Beauftragten im Generalstab der Nationalgarde. Einen Monat später bekam Noriega auch noch das Kommando über die Zweite Infanteriekompanie.

Noriega nahm Kommandos mit Genuß an. Sein erster Auftrag war es, Martínez dabei zu helfen, eine neue Bande bunt zusammengewürfelter Guerilleros, die für Arnulfo Arias kämpften, auszuheben. Sie wurden von zwei Ausländern angeführt, nämlich dem uruguayischen Guerillaführer Walter Sardinia und Adolfo Aguilar aus Costa Rica, aber im wesentlichen bestand die Bande aus nicht mehr als ein paar dutzend Bauern und deren Söhnen aus der Gegend. Dennoch verfolgte sie Martínez – mit Noriegas Hilfe –, als handelte es sich bei ihnen um gefährliche Invasionstruppen. Diejenigen, die Noriega in die Hände fielen, erlitten die furchtbarsten Schicksale. Noriega ließ einige von ihnen nackt und gefesselt auf dem Rücken im von der Sonne ausgedörrten Hof des Provinzgefängnisses von Chiriquí liegen, bis ihre Haut Blasen zu werfen begann.

Noriega setzte auch Methoden der psychologischen Kriegsführung ein und verbreitete das Gerücht, daß er seinen Soldaten befohlen hätte, die Ohren jedes gefangenen Guerilleros zurückzubringen, und daß er es vorzöge, wenn man den Aufständischen die Ohren abschnitte, bevor man sie umbrächte. „Er setzte diese Geschichten in die Welt“, erzählt Martínez. „Er erkannte den Wert dieses Informations-Terrorismus.“ Andererseits wahrte Noriega aber Stillschweigen über gewisse Themen, von denen er und sein Kommandant wußten, daß sie die eigenen Truppen in Angst und Schrecken versetzt hätten: Die Guerilleros hatten zwei seiner Männer erwischt, beiden die Hoden abgeschnitten und ihnen in den Mund gesteckt und die zwei dann mit dem Kopf nach unten an Bäumen erhängt.

In dieser Zeit arbeitete Noriega enger mit den Amerikanern zusammen als je zuvor. Da die Nationalgarde keine Hubschrauberflotte ihr eigen nannte, wandte sie sich an die Amerikaner um Hilfe, damit sie die Guerillas in den abgelegenen Wäldern mit Hilfe von Nachtsichtgeräten jagen konnten.

Nach wie vor war es Martínez, der diesen Anti-Guerillakrieg führte, aber sein treuer Diener Noriega führte alle seine Befehle besser als jeder andere untergeordnete Offizier aus, den er je gehabt hatte.

Trotzdem würde sich Noriega bald zwischen Torrijos und Martínez – einem Team, dem es bestimmt war, sich zu trennen – entscheiden müssen.

Martínez verkörperte den ordentlichen und korrekten Militär, der häufig brutal, aber andererseits auch ehrlich bis zur Naivität war. Er duldete weder Schwäche noch Untreue. Seine Ideologie hieß Disziplin.

Torrijos, der desorganisierte, versoffene Schürzenjäger, führte seine Soldaten mit Hilfe seines Charismas. Er umgab sich gern mit Leuten, die genug Schwächen hatten, um interessant zu wirken. Er war ein Romantiker, der die Macht wollte – aber ohne viel Anstrengung. Seine Ideologie war vage sozialistisch.

Martínez drückte öffentlich seine Besorgnis über Torrijos' Alkoholkonsum und seine Fähigkeit, das Land zu regieren, aus und suggerierte seinen militärischen Verbündeten, daß Torrijos für das Amt untauglich sein könnte. Als ob das für Torrijos nicht schon schlimm genug gewesen wäre, schockierte ihn Martínez noch mehr, als er allein im staatlichen Fernsehen auftrat, um ein neues Wirtschaftsprogramm anzukündigen, das eine Landreform zugunsten der panamaischen Bauern und einen umfassenderen Gesundheitsplan einschloß. Torrijos ärgerte sich darüber, bei der Ankündigung dieses populären Plans nicht dabeigewesen zu sein. Er beschloß zu handeln, und sein amerikanischer Geheimdienstfreund, Efrain Angueira, half ihm, die Vorbereitungen zum Sturz Martínez' zu treffen.

Am 24. Februar 1969 tappte Martínez geradewegs in eine Falle, die ihm in Torrijos' Büro gestellt worden war. Ein Oberst richtete eine Thompson-Maschinenpistole auf seinen Bauch; ein anderer Offizier versetzte ihm einen Schlag auf den Kopf. Sie knebelten ihn mit einem dicken, militärgrünen Klebeband und steckten ihn, zusammen mit drei anderen Offizieren, in eine Maschine nach Miami. Vier weitere Offiziere wurden ins Exil nach Spanien geschickt. Noriega, der früher Martínez' treuer Diener gewesen war, hatte an diesem Komplott teilgenommen. Er hatte sogar persönlich einen von Martínez' Verbündeten nach Panama City gelockt, damit er selbst Kommandant der Garnison in Chiriquí werden konnte.

Als Martínez in Miami eintraf, wurde ihm klar, daß auch die USA an seinem Sturz beteiligt waren. Sämtliche Einwanderungspapiere waren schon vorbereitet, und Martínez kam schnell durch den Zoll. Torrijos schickte einen Boten, der Martínez in Miami traf und ihm einen bequemen Posten beim Interamerikanischen Verteidigungsausschuß anbot.

Martínez lehnte das Angebot ab, weil er immer noch hoffte, sich seine Machtposition wiedererkämpfen zu können. Aber er erzählte dem Boten, daß er sich um Noriegas Wohlergehen sorge. „Ich bin sehr traurig", sagte Martínez, „weil ich sicher bin, daß sie Tony Noriega ermordet haben." Aber Noriega hatte es verstanden, die Situation richtig einzuschätzen und vorsichtig die Stärke seiner beiden früheren Kommandanten zu beurteilen, bevor er auf Torrijos gesetzt hatte.

„Die Sache mit Noriega hat mich überrascht", seufzt Martínez heute, als er am Terminal B des Miami International Airport sitzt und ein Amstel Light schlürft. Er hat immer noch eine breite Brust und gerade Schultern, aber heute trägt er die Uniform von Taca Airlines, der Fluglinie von El Salvador, in deren Frachtabteilung er tätig ist. „Ich war sehr naiv. Torrijos war ein uniformierter Politiker. Ich war nur ein Soldat. Aber ich dachte immer, Noriega und ich würden ähnlich denken. Sein Talent bestand darin, mein Vertrauen zu gewinnen. Zu den Dingen, die Noriega nicht besaß, gehört Loyalität. Weder zu einem Menschen noch zu einer Sache."

Zehn Monate nach Martínez' Absetzung mußte Noriega sich also aufs neue entscheiden. Diesmal war die Situation jedoch weit weniger klar und seine Entscheidung viel gefährlicher. Denn jetzt hatten sich die Putschisten gegen Torrijos verschworen, und hinter ihnen standen anscheinend einflußreiche Amerikaner. Und nun riefen sie ihn an und ersuchten um seine Unterstützung. Wie so oft in seinem Leben wandte er sich an seinen Bruder Luis Carlos um Rat.

Luis Carlos, der damals Beamter im Außenministerium mit ausgezeichneten Verbindungen war, stand den unrechtmäßigen Machthabern nahe. Die beiden Brüder waren sich einig, daß die Rebellen unter den anderen Offizieren oder Soldaten nicht allzuviel Unterstützung besaßen. Luis Carlos folgerte daraus, daß der Staatsstreich nicht gelingen würde, außer Washington stünde voll dahinter. Aber diese Möglichkeit existierte natürlich auch. Die Regierung Nixon fürchtete, daß Torrijos Panama zu weit nach links dirigieren könnte.

Hinzu kam, daß Aráuz mehr Amerikaner als Panamaer war. Er spielte fast täglich mit amerikanischen Offizieren in ihrem Fort Amador Country Club Golf – das war ein luxuriöser Platz, der passenderweise nach Panamas erstem Präsidenten benannt war, welchem Theodore Roosevelt zur Macht verholfen hatte. Während der blutigen antiamerikanischen Unruhen von 1964 hatte Aráuz seine eigene Truppe zur amerikanischen Botschaft geführt, um die Diplomaten vor gewalttätigen Studenten zu schützen. Seitdem war er den Amerikanern immer nahe gestanden. Einige der anderen Offiziere, die in der Verschwörung steckten – Ramiro Silvera, Amado Sanjur und Luis Nentzen Franco – waren oft dabei beobachtet worden, wie sie das „rote Telefon“ benutzt hatten, das Panamas Militär mit dem U.S. Southern Command verband.

Amado Sanjur, der Anführer des Putsches, hatte in Panama City die Kabinettsmitglieder für 1.30 Uhr zum Präsidentenpalast bestellt. Die Rebellen führten drei Gründe für Torrijos' Entfernung an. Sie fürchteten Torrijos' politische Unterstützung einer Zwangsmitgliedschaft bei der Gewerkschaft und beschuldigten ihn, ein Péron-artiges populistisches System in Panama einzuführen, mit sich selbst als Führer der „Hemdlosen“; sie waren wütend darüber, daß Torrijos bekannte Kommunisten in den Ministerrat berufen hatte; und schließlich warfen sie Torrijos vor, zu viel Macht in seinen Händen zu konzentrieren. Sie versprachen, sich mit schnellen Schritten in Richtung Demokratie zu bewegen.

Die Putschisten stellten die Kabinettsmitglieder vor die Wahl: entweder abtreten oder sich der Junta anschließen. Zwei der damaligen Kabinettsmitglieder, Fernando Manfredo und Nicholás Ardito Barletta, erinnerten sich später daran, sich der neuen Führung angeschlossen zu haben, weil sie das Gefühl hatten, das Land könnte auseinanderfallen, wenn sie zurückträten. Sie hatten kein Vertrauen zum neuen Regime.

José María Pinilla, einer der aufständischen Obersten, rief Torrijos um 4.30 Uhr an und benachrichtigte ihn vom Verlust seines Jobs. Fernando Manfredo, der in der Nähe Pinillas stand, nahm einen anderen Telefonhörer und verfolgte das Gespräch. Pinilla sagte Torrijos, daß seine Frau in Sicherheit wäre, seine Hypotheken bezahlt würden und daß er im Ausland bleiben solle. „Ich kann dieses arme Land nicht in euren Händen lassen“, antwortete Torrijos. „Ich komme zurück.“ Pinilla belog die zivilen Regierungsmitglieder, die im Nebenzimmer warteten, und berichtete ihnen daß Torrijos ihre Machtübernahme akzeptiert hätte. Manfredo flüsterte den anderen zu, was er belauscht hatte.

Die Amerikaner – wie es ihrer Tradition entsprach – pfuschten herum. Einmal bekam Aráuz einen Anruf von Efrain Angueira, dem Agenten des amerikanischen Militärgeheimdienstes. Er berichtete seinen Mitverschwörern, daß Angueira darauf eingestellt sei, sie zu unterstützen, wenn er gebraucht würde. Diese Information war bedeutend, wenn auch niemals ein Beweis dafür auftauchte, daß die Regierung Nixon selbst hinter dem Staatsstreich steckte. Angueira war der Amerikaner, der Torrijos am nächsten stand. Die beiden waren Saufkumpane und ihre Frauen waren die besten Freundinnen.

„Die Gringos stehen auf unserer Seite“, sagte Aráuz.

Die Noriega-Brüder sahen den Schlüssel zu dieser Angelegenheit in der Frage, wie weit das Engagement der Amerikaner gehen würde. Würden die Gringos die Putschisten mit Waffen unterstützen? Keiner der beiden wußte es – obwohl sie daran zweifelten, daß Nixon, der sich damals hauptsächlich auf China und die Sowjetunion konzentrierte, Panama wirklich soviel Aufmerksamkeit schenken würde. Außerdem kannten sie Torrijos' Pläne nicht und konnten ihn in Mexiko nicht erreichen. Sie dachten sich also eine Strategie aus, die ihnen zugute kommen würde – ganz egal, wer den Sieg erringen sollte.

Noriega rief Aráuz nicht einmal eine Stunde nach dessen erstem Anruf zurück. Er sei kooperationsbereit, sagte er, wenn sein Bruder Luis Carlos zum Minister ernannt würde. Dieser Schachzug würde ihm einen Beschützer innerhalb des neuen Regimes verschaffen, wenn es an der Macht blieb, und außerdem einen Spion im Kreis der Putschisten. Diese mochten Luis Carlos und brauchten Manuel Antonio, also stimmten sie dem Handel zu.

Nichtsdestotrotz machte Noriega privat für seinen Mentor General Torrijos Stimmung, weil unter diesem seine Chancen auf Beförderung um einiges größer waren. Torrijos hatte Noriegas Beteiligung an Martinez' Sturz am 22. Oktober 1969 damit belohnt, daß er ihn zum Kommandanten der Fünften Militärischen Zone, mit Hauptquartier in David, der Hauptstadt der Provinz Chiriquí, ernannt hatte. Es gab nur wenige panamaische Offiziere, die jemals in so kurzer Zeit so weit aufgestiegen waren. Aber Noriega konnte nicht einmal telefonisch zu Torrijos durchkommen. Die Aufständischen hatten die Leitungen für Ferngespräche durchgeschnitten. Also wartete er nervös auf die ersten Berichte seines Bruders.

In Mexico City ging Torrijos wütend in seinem Hotelzimmer auf und ab. Die Aufständischen hatten ihn zuerst über den panamaischen Botschafter in Mexiko erreicht, der ihn mit den schlechten Neuigkeiten aus dem Schlaf gerissen hatte. Seither kochte er vor Zorn. Der ehemalige Außenminister Fernando Eleta, ein Pferderennen-Fanatiker, der sich zu dieser Zeit ebenfalls in Mexiko befand, fand Torrijos in seinem Hotelzimmer, als er gerade wütend Möbel, Vasen und Bilder herumschmiß – alles, was nicht niet- und nagelfest war. „Es ist unmöglich, daß Silvera und Sanjur mir das antun", brüllte er zu früher Stunde – es war noch nicht Tag – so laut, daß andere Hotelbewohner neugierig ihre Türen aufrissen. In Mexico City hatte um diese Zeit noch alles geschlossen; Torrijos konnte telefonisch nicht nach Panama durchkommen; und der Diktator zerschlug alles, was er in die Hände bekam.

Eleta bahnte sich durch das Chaos einen Weg zum Telefon und rief die zentrale Vermittlung von INTERCOMSA (Internationaler Kommunikations-Satellit) an. Er gehörte zum Aufsichtsrat von INTERCOMSA. Er bat den Telefonisten, ihn mit der Provinz Chiriquí und Major Manuel Antonio Noriega zu verbinden. Torrijos wußte, daß Noriega, sein treuester junger Offizier, seine größte Hoffnung für eine Rückkehr nach Panama darstellte. Während die beiden Männer Torrijos Gegenputsch planten, fand Eleta im Branchenverzeichnis des Telefonbuchs eine Charterflug-Firma. Noriega würde dafür sorgen, daß eine Landebahn zur Verfügung stand, und Eleta mußte jetzt ein Flugzeug auftreiben. Ein Nachtwächter nahm den Anruf entgegen und teilte Eleta den Namen eines Piloten mit. „General Torrijos' Mutter liegt in Panama im Sterben", sagte Eleta. „Er muß sofort zurück." Der verschlafene Pilot sagte, daß er ihnen helfen würde, aber in El Salvador zwischenlanden müsse, um aufzutanken. Eine junge Botschaftsangestellte, Emilia Arosemena, stellte einen Scheck zur Verfügung, um den Flug zu bezahlen. Später platzte der Scheck zwar, aber das war kein Problem. Sie würde später für ihre Dienste zur Botschafterin ernannt werden und diese Stellung mehr als ein Jahrzehnt lang innehaben.

Mittlerweile war Noriega in der Provinz Chiriquí völlig klar, daß Geld in Panama immer der erste Schritt zur Gewinnung oder Erhaltung der Macht war. Noriega wußte, daß Torrijos Truppen versorgt werden und möglicherweise eine Zeitlang von Chiriquí aus operieren mußten, und daß die neuen Herrscher die Konten der Nationalgarde gesperrt hatten. Also rief er Torrijos' langjährigen Freund und Leibarzt Jorge Abadía Arias an, um durch ihn zu Geld zu kommen. Torrijos hatte in der Provinz Chiriquí eine Menge reicher Freunde: Als Garnisonskommandant hatte er ihre Schmuggelunternehmen beschützt, über fragwürdige Geschäfte hinweggesehen und ihnen geholfen, lokale Wahlen durch Betrug zu gewinnen. Dr. Abadía gelang es schnell, eine Million Dollar zu beschaffen, deren größter Teil von der Familie Abadía stammte – aber auch vier oder fünf andere stellten je 150 000 Dollar zur Verfügung.

Abadía wandte sich an seinen Bruder Aristides, der die panamaische Konzession der American Motors Corporation besaß. Noriega wollte, daß Aristides ihm eine Jeep-Flotte zur Verfügung stellte, und er benötigte Geschäftsstellen der AMC im ganzen Land, die ihm mit Hilfe ihres unabhängigen Netzes von CB-Funkgeräten geheimdienstliche Informationen beschaffen konnten. Bald begannen die Händler, Noriega über Truppenbewegungen und über Unterstützung für den Staatsstreich in ihren jeweiligen Städten zu berichten. Noriega kommandierte außerdem einige Jeeps zu Positionen entlang der Straße nach Panama City, um die mögliche Route von Torrijos' Rückkehr auszukundschaften.

Die Informationen klangen günstig: Achtzehn Stunden nach dem Putsch hatten die Aufständischen noch immer keine Soldaten auf den Straßen. Es war offensichtlich, daß sie nicht an eine Rückkehr Torrijos' glaubten. Vielleicht waren sie aber auch noch nicht bereit, ihre Macht über die Nationalgarde auf die Probe zu stellen, indem sie den Befehl ausgaben, wichtige Verbindungsstraßen zu besetzen.

Auf Wunsch Torrijos' schickte ihm Noriega einen Piloten – für das letzte Teilstück seiner Heimreise – nach San Salvador. Torrijos wollte einen Piloten, dem er vertraute, einen Amerikaner namens Red Gray, der normalerweise mit seiner Maschine Schädlingsbekämpfungsmittel versprühte und während des Zweiten Weltkriegs Oberstleutnant in der britischen Royal Air Force gewesen war. Gray kannte die Landschaft Panamas so gut, daß er keine Karten brauchte. Er konnte auch bei Nacht nach Chiriquí finden. Sein spanischer Spitzname – wegen seines feuerroten Haars – war „Gallo Chiricano", der Hahn aus Chiriquí.

Torrijos und Red Gray brachen nach Einbruch der Dunkelheit in Richtung Chiriquí auf. Noriega war so nervös, daß er Lakas, der in El Salvador zurückgeblieben war, jede halbe Stunde anrief. „Noriega hatte Angst, das Flugzeug würde nicht pünktlich ankommen", erzählt Lakas. „Er sagte immer wieder: ‚Es wird schon spät. Wo ist Omar? Es ist höchste Zeit. Er sollte schon da sein.' "

Und schließlich, als Noriega aus dem Kontrollgebäude neben der unbefestigten Landebahn von Chiriquí den dunklen Himmel beobachtete, hörte er ein Knistern im

Funkgerät, und dann eine vertraute amerikanische Stimme, die die Identifikation der Maschine durchgab. Aber er wollte kein Risiko eingehen.

„Wie nennt man dich?" fragte Noriega den Copiloten.

„Ich bin El Gallo Chiricano", antwortete der.

Torrijos war wieder da.

Noriega feuerte seine Pistole in die Luft ab. Der Schuß im Dunkeln war für die Fahrer der AMC-Jeeps und anderer Wagen, die entlang der Landebahn Aufstellung genommen hatten, das Signal, ihre Scheinwerfer einzuschalten. Es war der frühe Morgen des 16. Dezember 1969. Torrijos sagte zu Red Gray, daß die Landebahn wie zwei lange Ketten aus Weihnachtslichtern wirke. Torrijos war sich jedoch immer noch nicht sicher, daß er bei Betreten des Rollfeldes nicht getötet werden würde; und Noriega – ebenso nervös – hatte seinen Soldaten befohlen, ihre Gewehre auf die Maschine zu richten. Als aber wirklich Torrijos aus dem Flugzeug stieg, umarmte ihn Noriega. „Jetzt sind Sie in Panama", sagte er. „Jetzt können wir das Land übernehmen."

Am Tag darauf begann Torrijos, in Jorge Abadías privatem Wagoneer, die Fahrt nach Panama City. In ganz Panama verbreitete sich das Gerücht von seiner Rückkehr. Ein Großteil des Landes stellte sich hinter ihn, als er den Highway entlangfuhr. Fernsehteams, die Torrijos' Comeback aufzeichnen wollten, fuhren an seiner Seite. Noriega blieb in David und starrte in den Fernsehapparat. Sollte Torrijos wieder an die Macht kommen, dann wäre er ein Held. Wenn nicht, dann hoffte er, daß sein Bruder ihn retten würde können.

Nachdem Noriega am 12. August 1983 das militärische Kommando übernommen hatte, ernannte er den 16. Dezember zum nationalen Feiertag – „Tag der Loyalität" – und ließ neben der Landebahn, auf der Torrijos' triumphale Rückkehr begonnen hatte, eine Tafel errichten. Die Aufschrift lautet. „16. Dezember 1969. General Torrijos kehrte ins Land zurück und eroberte die politische und militärische Macht der Nation in 24 Stunden wieder – eine Odyssee, die noch von keinem anderen Caudillo (Bezeichnung für lateinamerikan. Militärdiktatoren, *Anm. d. Übers.*) übertroffen worden ist. Dies war dank der Entschlußkraft und des Mutes der Fünften Militärischen Zone möglich, welche damals unter dem Kommando von Major Manuel Antonio Noriega stand, der heute General der Panamaischen Verteidigungsstreitkräfte ist. Er schrieb die ruhmreichste Seite dieser Institution in einem großartigen staatsbürgerlichen und patriotischen Geiste – Loyalität, die keinen Preis hat und keine Zweifel kennt. Am 16. Dezember 1969 wurde der Torrijosismus geboren."

Was aber nur wenige Panamaer wußten, war die Tatsache, daß sich General Manuel Antonio Noriega sogar an diesem wichtigsten Tag nicht festlegen wollte und auf beiden Seiten mitspielte.

Noriegas Rolle bei der Vereitelung dieses gescheiterten Staatsstreichs war genau die Chance, die der ehrgeizige Major brauchte.

Ein paar Wochen zuvor hatte sich Noriega bei einem Kabinettsminister beschwert – er wollte, daß Torrijos ihn beförderte. Noriega sei es leid, im Hinterland zu sitzen, sagte er, und er könne nicht verstehen, warum Torrijos ihn nicht nach Panama City versetze.

Der Minister fragte Torrijos, warum er Noriega in der Provinz Chiriquí bleiben ließe, und Torrijos antwortete, daß Noriega für ein hohes Amt zu viele Ambitionen und zu wenige Prinzipien besäße. Nach dem 16. Dezember stand Torrijos jedoch tief in Noriegas Schuld und hatte außerdem neues Vertrauen in seine Loyalität gewonnen. Torrijos verdankte seine Diktatorenherrschaft nun Noriega. Acht Monate später, im August 1970, ernannte Torrijos Noriega zum Leiter des G-2, also des militärischen Geheimdienstes des Landes. Torrijos beförderte ihn außerdem zum Oberstleutnant, nur 18 Monate nach seiner Beförderung zum Major, und machte ihn zum Mitglied des Generalstabs. Nie zuvor hatte es in der Nationalgarde einen solch meteorhaften Aufstieg gegeben.

Der 16. Dezember prägte zudem Panamas politische Landschaft. Torrijos gewann, indem er über seine Gegner triumphierte, eine neue Führungsaura. Er war stärker und selbstsicherer – und auch antiamerikanischer. Torrijos war davon überzeugt, daß Washington den Staatsstreich gegen ihn unterstützt – wenn nicht gar geplant – hatte, und befahl Noriega, den miltärischen Geheimdienst des Landes in einen raffinierten nationalen Spionagedienst umzuformen. Er wollte, daß Noriega die gespannten Beziehungen zum CIA langsam wieder verbesserte, aber er wies ihn auch an, seine Beziehungen zu variieren: Noriega sollte engere Kontakte zu den Israelis, den Kubanern und anderen Geheimdiensten aufbauen.

In den darauffolgenden Wochen konnte Noriega beobachten, wie Torrijos auf allen Seiten zugleich agierte – mit einer Gewandtheit, auf der Noriega später aufbauen würde. Obwohl Torrijos sicher war, daß die Gringos ihn beseitigen wollten, sandte er eine beruhigende Botschaft an Präsident Richard Nixon, in der er behauptete, eines seiner Grundprinzipien sei „totale Ablehnung des Kommunismus und aller anderen extremistischen Ideologien“. Er sagte, daß das Entwicklungsprogramm des Landes „völlig mit der Philosophie der Allianz für Fortschritt übereinstimme“, die von Präsident Kennedy begonnen worden war.

Zur selben Zeit sagte er zu Noriega: „Die Panamaer sollen niemals mehr amerikanische Diener sein. Dafür werden Sie sorgen.“ Torrijos prahlte, durch seinen Putsch und dessen Verteidigung wäre es wahrscheinlich das erste Mal in Panama gelungen, trotz amerikanischer Gegnerschaft eine Macht an die Regierung zu bringen und diese dann zu verteidigen.

Noriega nahm an einer von Oberst Rodrigo Garcia geleiteten Untersuchung teil, die eine amerikanische Verwicklung in den Staatsstreich bewies – vor allem die von Torrijos' ehemaligem Freund Efrain Angueira. Torrijos hatte Angueira so sehr vertraut, daß sogar seine Frau Raquel in Angueiras Haus geflüchtet war, um während des fehlgeschlagenen Staatsstreichs in Sicherheit zu sein. Die USA waren peinlich berührt und beriefen Angueira aus Panama ab.

„Die Beziehungen waren ausgesprochen schlecht“, erzählt Nicholás Gonzalez Revilla, der später Torrijos' Botschafter in Washington wurde. „Es gab keinen Pakt, keinen Botschafter, gar nichts. Torrijos glaubte, er hätte die Unterstützung der USA. Als er herausfand, daß dem nicht so war, überdachte er seine Politik neu.“

Torrijos wollte von Null an mit neuen Panamakanal-Verträgen anfangen, obwohl die Verhandlungen in den späten Sechzigern bedeutende Fortschritte gemacht hatten. Er ernannte prominente Linke zu Verhandlungsführern: Rómulo Escobar Bethancourt, den Rektor der Universität von Panama, und Aristides Royo. Im Mittelpunkt seiner populistischen Kampagne stand das Ziel, die Ungerechtigkeiten der Panamakanal-Verträge von 1903 für immer zu beseitigen. Dazu gehörten kostspielige Reformen in der Landwirtschaft, der Sozialfürsorge und im Schulwesen.

Sein erstes Geheimdienstunternehmen suchte sich Noriega selbst aus: Er sammelte die Glückwunschtelegramme, die kriecherische Panamaer während der weniger als 48 Stunden ihrer Machtausübung an die Putschisten geschickt hatten. „Noriega hob sie alle auf", sagt Aristides Abadía, der Sohn des AMC-Händlers, der Torrijos bei der Wiedererlangung der Macht behilflich gewesen war. „Ich habe sie gesehen. Eine Menge Leute, die behaupteten, Torrijos gegenüber loyal zu sein, waren es nicht. Noriega wußte, wer sie waren und was sie taten."

Die geheimen Noriega-Akten, auf die er später seinen Aufstieg zur Macht gründen würde, begannen dicker zu werden. Die Beziehung zwischen Noriega und Torrijos, die den Hintergrund für die Zunahme von Macht und Einfluß Noriegas darstellte, war felsenfest.

Kapitel sechs

Noriegas Unterwelt

Na, sehe ich vielleicht wie ein Monster aus?
– NORIEGA ZUR *WASHINGTON POST*-JOURNALISTIN SALLY QUINN, 8. MÄRZ 1978

General Omar Torrijos regierte Panama mit tropischem Laisser-faire. Er war kaum so etwas wie ein Militärdiktator, eher ein Populist, ein sorgloser Faulenzer, der fest entschlossen war, Geschichte zu machen, indem er ein großzügiges Sozialfürsorgesystem und neue Panamakanal-Verträge schuf. Aber seine Nichteinmischungspolitik ermöglichte es, daß sich in den Rängen des Militärs und im ganzen Land die Korruption ausbreitete wie ein Dschungelfieber. Noriegas Geheimdienst war der einzige hauptberufliche Überwacher.

Von Anfang an waren Torrijos und Noriega so etwas wie das „seltsame Paar" der Karibik. Torrijos war ein fauler, chaotischer, aber charismatischer und gutaussehender Diktator. Noriega war der detailfixierte, arbeitssüchtige Hochstapler. Torrijos suchte das Licht der Scheinwerfer, Noriega fühlte sich im Schatten wohler. Torrijos mischte sich mit volkstümlicher Behaglichkeit unters Volk, watete mit Bauern durch Flüsse und wanderte mit Nomaden durch die libysche Wüste. Noriega mied den Kontakt mit Menschen und zog ruhige Treffen an abgeschiedenen Orten vor.

Jeder kannte Torrijos und die meisten liebten ihn. Nur wenige Menschen kannten Noriega, und wer ihn kannte, der fürchtete ihn. Ironischerweise war es dennoch Torrijos, der das System aus Korruption und weitreichender Machtausübung des Militärs schuf, das Noriega später dazu benutzen würde, eine Nation zu unterdrücken. Noch beunruhigender ist die Tatsache, daß Washington das Problem schon früh erkannte, aber nichtsdestotrotz eine Entwicklung von Finanzsystem und Militär begrüßte, die Panama auf den falschen Weg brachte.

Torrijos hatte der traditionellen Oligarchie des Landes die politische Macht entrissen und sie – das erste Mal in der Geschichte Panamas – mit Gewalt der politischen und militärischen Führung enthoben. Sie nahm es dennoch stillschweigend hin, zum Teil deshalb, weil er ihr erlaubte, ihre wirtschaftliche Stärke nicht nur beizubehalten, sondern sogar noch auszubauen. Torrijos stand hinter neuen Bankgesetzen, die Geldanlegern strenge Geheimhaltung und Anonymität zusicherten und Panama so zur Schweiz

Lateinamerikas machten. Hatte es vor dem Staatsstreich von 1968 nur zwölf Banken gegeben, so waren es Mitte der siebziger Jahre mehr als 100. Dementsprechend stieg auch der Anteil illegaler Gelder, die nach Panama flossen, und Briefkastenfirmen vermehrten sich wie die Kaninchen.

„Plötzlich öffneten Banken ihre Pforten, deren einziger Zweck darin bestand, sich mit leicht oder total verdächtigen Geldern zu beschäftigen", meint Jack Blum, ein Untersuchungsbeamter des Kongresses, der für Senator John Kerrys Drogen-Unterkomitee tätig ist, das Jahre nach den beschriebenen Ereignissen die Puzzlesteinchen zusammenfügte und rekonstruierte, wie Panama sich in ein Drogengelder-Waschzentrum verwandelte. „Panama wurde so zu einem Ort, an dem Firmen und Individuen illegale Gelder anlegten. Noriega wäre ohne das panamaische Bankensystem möglicherweise nie mehr als ein etwas sadistischer und relativ unwichtiger Militär gewesen."

Die Ironie dabei war, so Blum, daß Washington diesen Weg der Entwicklung begrüßte und sogar unterstützte. Wieder einmal legte Washingtons kurzsichtige Politik den Grundstein für die zukünftigen Probleme der USA in Panama. Denn für einen cleveren kriminellen Verstand gab es in Panama buchstäblich alles: anonyme Aktionäre, Dollarkonten und Scheinfirmen.

Das grundlegende Konzept hinter dieser Politik sollte es zwielichtigen Gestalten der gesamten Hemisphäre ermöglichen, ihr Geld aus Gebieten, wo die Durchführungskontrollen strenger waren, nach Panama zu schaffen. „An solchen Orten entstehen alle guten kriminellen Pläne", sagt Blum. „Und Noriega besaß einen der bemerkenswertesten kriminellen Geister unserer Gegenwart, als er mit dieser Situation konfrontiert wurde."

Anfangs gelangten drei Arten von Geldern nach Panama. Lateinamerikanische Gelder wurden aus Gründen der Kapitalflucht – wegen Besteuerung und politischer Unruhen – nach Panama verschoben. Unternehmen benutzten Panama dazu, ihre Gewinne zu verschleiern; kolumbianische Kaffeepflanzer zum Beispiel verkauften ihre Ware mit gigantischen Verlusten an panamaische Firmen, die sie selbst gegründet hatten; der Verlust stand zu Hause in ihren Büchern; und der Kaffee wurde mit großen, steuerfreien Gewinnen nach Amerika verkauft. Die dritte Möglichkeit war, daß Unternehmen aus der Hemisphäre in Panama eine Bank gründeten, die ihnen dann zu extrem hohen Verzinsungsraten Geld borgte. Die Zinsen wurden im Heimatland der Firma von der Steuer abgeschrieben, und die Bank derselben Firma verzeichnete in Panama hohe Gewinne. Die Phantasie des Geschäftsführers war das einzige, was solchen Plänen in Panama Grenzen setzen konnte.

Panamas geographischer Standort, sein 51 Meilen langer Kanal, der Atlantik und Pazifik verbindet, und seine Freihandelszone Colón, wo Schmuggelwaren jeder Art und Herkunft problemlos gehandelt werden konnten, machten das Land zu einem guten Platz für alle möglichen Transaktionen. Von den Tagen des Camino Real der Spanier bis zum Panamakanal der Amerikaner war die schmale Landenge stets ein Magnet für Glücksritter. Torrijos erzählte Noriega gern, Panama sei „wie eine Frau mit schmaler Taille – jeder will sie ficken". Und jetzt gehörte Panama eben Torrijos, der es lüsternen Fremden anbieten konnte.

Nach Torrijos' Putsch begann Panama das Kuba der Prä-Castro-Ära zu ersetzen – als Magnet für das Waschen von Mafiageldern, für Drogengeschäfte, Waffenschmuggel und diverse andere Schmuggelunternehmen, vom Neuverpacken kubanischer Garnelen, die einem Embargo unterlagen, in panamaische Hüllen für den US-Markt, bis zur Fälschung von Endverbraucherurkunden, um auf diese Weise amerikanische Hochtechnologie zu Castro weiterschaffen zu können. Einige Zeit lang, während der Prohibition, lebte Kuba von Millionen Dollars der Mafia-Schwarzbrenner, aber die Geld- und Geschäftsdimensionen, die in den Siebzigern Panama durchquerten, stellten die von Havanna vor Castro weit in den Schatten.

Torrijos lag jedoch nie viel am Geld allein. Bei seinen Reisen wandte er sich gelegentlich an seinen „Leibwächter", einen kommunistischen Dichter namens José de Jesús Martínez, und fragte nach dem Zustand ihrer Finanzen. Martínez, der den Spitznamen „Chuchu" trug, hielt dann einfach Daumen und Zeigefinger so weit auseinander, wie der Stapel Dollarnoten hoch war. Wenn der Abstand auf 2,5 cm absank, dann bestellte Torrijos Nachschub aus dem Staatsschatz.

Noriega aber ließ sich jeden Monat von seinem Bankier ausführlich Bericht über die Kreditkartenrechnungen seiner Frau erstatten, und er erhielt über jeden Geschäftsmann oder Ausländer, den er bestechen, erpressen oder mit dem er kooperieren wollte, Computerausdrucke von der Nationalbank. Sein G-2 sammelte peinlich genau sämtliche Daten über das schnell expandierende Finanzzentrum. „Jeder in Panama hat etwas zu verbergen", pflegte Noriega zu seinen G-2-Offizieren zu sagen. „Was ich in jedem Fall wissen möchte ist, was dieses Etwas ist."

Die Faszination, die Noriega für die Schattenseiten dieser Welt empfand, brachte ihm bald Ärger mit den Amerikanern ein – fast sofort nach seiner Übernahme des panamaischen Geheimdienstes 1970. Die Regierung Nixon hielt Ausschau nach einer Ausbreitung des Kommunismus und Drogenhandels in Lateinamerika, und auf Panama schien beides zuzutreffen. Das Bureau of Narcotics and Dangerous Drugs (BNDD), der Vorläufer der jetzigen Drug Enforcement Administration, fing an, einen von Noriegas G-2-Informanten und anscheinend auch einen Angestellten zu beschatten. Die Spur führte zur Spitze der Regierung Panamas.

Joaquín Him Gonzalez, Chef der Fluglotsen auf Panamas internationalem Flughafen, hatte zwei Schwächen: Drogenhandel und Softball. Als amerikanische Rauschgiftfahnder die erste entdeckten, beschlossen sie, ihn mit Hilfe der zweiten in eine Falle zu locken.

1971 hatten die amerikanischen Agenten genug Beweise zusammengetragen, um zur Ansicht zu gelangen, daß Him Gonzalez einen stetigen Heroinfluß aus Europa, dem Fernen Osten und Südamerika durch Panama und weiter in die Vereinigten Staaten überwachte. Him Gonzalez, dessen Spitzname wegen seines orientalischen Aussehens „Chino" war, war ein raffinierter Bursche, dessen Geschäftspartner Regierungsbeamte waren. Die Agenten nahmen an, daß sie durch seine Verhaftung auch mehr Informationen über seinen Boß, den G-2-Leiter Manuel Antonio Noriega, dessen Verbindungen zur Drogenwelt in Washington langsam eine Alarmstimmung erzeugten, erhalten würden.

Um sich gegen eine mögliche Festnahme zu schützen, flog Him Gonzalez nie in die Vereinigten Staaten – tatsächlich verließ er Panama fast nie. Also beschlossen die Bundesrauschgiftfahnder, ihn zu einem Softballspiel zwischen der Bundesluftfahrtverwaltung (Federal Aviation Administration) und der Zivilluftfahrtbehörde Panamas in die amerikanisch kontrollierte Kanalzone zu locken. Die Agenten manipulierten die Sache so geschickt, daß Him Gonzalez sogar bei der Organisation des Spiels mithalf. Bevor aber noch der erste Ball geworfen wurde, war er schon verhaftet, mit Handschellen gefesselt und auf dem Flug in die USA, wo ihn in Texas eine versiegelte Anklageschrift erwartete. Die Panamaer waren fuchsteufelwild. Es war keine Überraschung, daß das Spiel abgesagt wurde.

Torrijos kochte vor Wut über diesen Affront gegen seine nationale Souveränität, kündigte öffentlich militärische Maßnahmen gegen die Amerikaner in der Kanalzone an und verlangte den Abzug von 120 Mitarbeitern des Friedenskorps. Er befahl dem Bureau of Narcotics and Dangerous Drugs, sein lokales Büro zu schließen. Robert Sayre, der amerikanische Botschafter in Panama, war wegen dieser diplomatischen Peinlichkeit ebenfalls zornig. Er beschwerte sich beim Außenministerium, daß man ihn nicht zuvor über diesen Kidnapping-Plan informiert hatte, der die Beziehungen gerade zu einer Zeit beeinträchtigte, in der die Regierung Nixon sich mit einer Neueröffnung der Panamakanal-Vertragsverhandlungen befaßte.

In der Regierung Nixon saßen während der ersten Amtszeit jene Leute, die sich über das neue Team Torrijos-Noriega die meisten Sorgen machten.

Richard Nixon war nach den Wahlen 1968 mit einer programmatischen Erklärung, das Verbrechen bekämpfen zu wollen, ins Amt gekommen. Am 17. Juni 1971 sagte er vor dem Kongreß, daß es sich beim Krieg gegen die Drogen um nichts geringeres als „einen nationalen Ausnahmezustand“ handle. Seine Rauschgiftbekämpfer betrachteten Panama und Torrijos eindeutig als Bedrohung: Sie behaupteten, Informationen zu haben, nach denen Torrijos und sein Geheimdienstchef Manuel Antonio Noriega den Heroinhandel durch ihre Botschaften, Konsulate, Flughäfen und Zollbüros im Fernen Osten und auf den beiden amerikanischen Kontinenten erleichterten. Sogar Torrijos' älterer Bruder Moisés sei angeblich in die Sache involviert.

Zusätzlich dazu stellte Torrijos für Nixon eine zweite und vielleicht noch beunruhigendere Bedrohung dar: Das weiße Haus war wegen der Verbreitung des Kommunismus in Lateinamerika auf der Hut. Torrijos hatte bekannte Kommunisten in seine Regierung berufen, geheime Kontakte zu Fidel Castros Kuba hergestellt und tendierte im allgemeinen – trotz des amerikanischen Kanals und der Militärstützpunkte – nach links. Der nicaraguanische Machthaber Anastasio Somoza warnte seine amerikanischen Freunde, daß das Duo Torrijos-Noriega Panama den Kommunismus bringen würde. Daß der Drogenhandel dazukam, machte alles nur noch schlimmer.

Drogen waren möglicherweise die legitime Entschuldigung für die Regierung Nixon, das Regime Torrijos aufs Korn zu nehmen, aber Panamas Linksdrall stellte eine zusätzliche Motivation dar, Recht und Ordnung durchzusetzen.

Die Verhaftung des Fluglotsen war eines der Zeichen dafür, daß Washington wußte, was in Panama passierte und versuchen würde, dem ein Ende zu machen. Sechs Monate danach nahmen amerikanische Agenten in New York Rafael Richard Gonzalez, den Sohn eines panamaischen Diplomaten, fest und beschuldigten ihn, 77 Kilo Heroin in seinem Besitz zu haben. Rafael Richard besaß einen von Außenminister Juan Antonio Tack persönlich unterzeichneten Diplomatenpaß, und versuchte sich – erfolglos – hinter seiner Immunität zu verschanzen. Später behaupteten die Untersuchungsbeamten, daß er Verbindungen im Rauschgiftgeschäft zur Regierung von Panama und Moisés Torrijos, dem Bruder des Diktators, gehabt hätte. Richard stand über seinen Vater angeblich auch mit Noriegas Geheimdienst G-2 in Verbindung.

Im Mai 1971 wies das weiße Haus John Ingersoll, den Direktor des BNDD, mittels einer Aktennotiz an, einen Plan für „heimlichen Gesetzesvollzug" in der ganzen Welt zu erstellen. Die Einzelheiten der diesbezüglichen Besprechung ließen nur wenig Zweifel daran, wie weit er gehen sollte. „Diese maßgebende Aktion ist unsere einzige Hoffnung, die oberste Ebene der Drogenhändler zu zerstören oder handlungsunfähig zu machen", hieß es da.

Ingersoll befahl seinem Team im Januar 1972, Möglichkeiten zu entwerfen, wie man mit Torrijos und Noriega umgehen sollte. William Durkin und Phillip Smith, zwei der Agenten, lieferten fünf Alternativen. Ein Top Secret-Bericht von fünf Seiten Länge, der unter mehreren Schichten Geheimhaltung im Senats-Sonderausschuß über Geheimdienste begraben liegt, zählt die Möglichkeiten auf:

„Den Funktionär [Noriega] mit einer fiktiven Verschwörung gegen General Torrijos in Zusammenhang bringen; Informationen über den Drogenhandel an die Presse durchsickern lassen; seine Absetzung mit den Panamakanal-Verhandlungen in Zusammenhang bringen; heimlich mächtige Gruppen innerhalb Panamas ermutigen, das Thema aufs Tapet zu bringen; sowie vollständige und komplette Ruhigstellung."

Die Anti-Drogen-Maßnahmen dieser Zeit überstiegen akzeptable Grenzen so sehr, daß das Justizministerium einige Jahre danach eine Untersuchung über „Anschuldigungen wegen Betrugs, Unregelmäßigkeiten und schlechter Führung innerhalb der Drug Enforcement Administration" anordnete. Das nach wie vor geheime Dokument, das die Ergebnisse dieser Untersuchung enthält, wird – nach seinem Autor Michael DeFeo, einem Untersuchungsbeamten der DEA – „DeFeo-Report" genannt. Es führt peinliche Einzelheiten an: über Rauschgiftvollzugsbeamte, Kontakte zu Mafia-Persönlichkeiten und die Infiltration von CIA-Agenten in die DEA, um politischere Ziele verfolgen zu können; in einem Extrateil skizzieren viele Seiten die Verwicklung panamaischer Funktionäre in den Drogenhandel. Der explosivste Teil aber sind diverse Aktennotizen, die sich mit der Überlegung befassen, im Falle Torrijos und Noriega Mordanschläge oder andere Maßnahmen anzuwenden.

Der Bericht enthält außerdem einen sieben Seiten umfassenden Teil mit dem Titel „Internationaler Drogenhandel in Panama und die Verwicklung panamaischer Regierungsfunktionäre". Weiterhin finden sich darin fünf Seiten unter dem Titel „Möglichkeiten betreffs Oberst Manuel Noriega in Hinsicht auf Ruhigstellung und/oder Neutralisierung von Noriega."

Eine der Aktennotizen im DeFeo-Report liest sich beispielsweise so:

„Das ständige Ermittlungs-Unterkomitee des Senats erkundigte sich nach Berichten, nach denen Phillip Smith und William Durkin an Diskussionen innerhalb der DEA teilgenommen hätten, in denen es um den Vorschlag eines Attentats auf den Präsidenten von Panama ging, den man der Verwicklung in den Drogenhandel verdächtigte." Der DeFeo-Bericht zitiert ein Memorandum von Smith, in dem er einen solchen Plan leugnete und stattdessen behauptete, er hätte Informationen erhalten und dem CIA übermittelt, bei denen es um eine Verschwörung zur Ermordung des panamaischen Generals ging.

„Es wurde behauptet, daß eine Diskussion zum Thema Attentat auch die Möglichkeit der Ermordung Mr. Noryagos [sic], der rechten Hand des Präsidenten von Panama, einschloß, und daß es Smith und William Durkin waren, die seine Ermordung vorschlugen."

Am Ende entschied sich Ingersoll jedoch für eine viel weniger strittige Haltung gegenüber Panama – nämlich eine, die darauf abzielte, sein Büro im Land wieder eröffnen zu können und die Beziehungen zu Torrijos zu verbessern. Nach einem Vorschlag John Ehrlichmans, Nixons innenpolitischem Berater, flog er im Juni 1972 nach Panama, um General Omar Torrijos direkt gegenüberzutreten. Die diplomatische Möglichkeit zielte auf zwei Dinge ab: dem Drogenhandel Einhalt zu gebieten und die Beziehungen wieder zu reparieren, damit Panama die Rauschgiftagenten wieder ins Land bitten und beginnen würde, sich bei internationalen Vollzugsplänen kooperativ zu zeigen.

Die Stimmung in Torrijos' Haus an der Küste, südlich von Panama City, war gespannt, als Ingersoll die Liste seiner Beschwerden aufzuzählen begann. „Wir haben ein Dauerproblem mit dem Mißbrauch der diplomatischen Immunität", sagte er.

Ein geheimes Memorandum über das Treffen zitiert Ingersoll, der einige überraschende Anschuldigungen vorbrachte: „Das BNDD erhielt beispielsweise einen Interpol-Bericht, der besagt, daß Armando Moreno Guillen, der Panamaische Botschafter in Ägypten und Indien, am 28. Mai 1971 mit fünf Koffern in Dänemark einreiste. Vier der Koffer wurden beschlagnahmt. Sie enthielten 81 Kilogramm Haschisch. In Dänemark existiert ein offener Haftbefehl gegen ihn." Dann wandte sich Ingersoll dem Problem von Torrijos' älterem Bruder zu.

Die Amerikaner wußten, daß Omar Torrijos eher zurückhaltend sein würde, wenn es darum ging, seinen Bruder im Zaum zu halten, bevor er alle Tatsachen kannte. Moisés war fast zehn Jahre älter als er, und Omar hatte ihn immer respektiert. Im Gegensatz zur Familie Noriega hielt der Torrijos-Clan, dem die Eltern – beide Lehrer – vorstanden, eng zusammen. Die Amerikaner hatten Angst, daß Torrijos im Falle einer geheimen Verhaftung Moisés' einen Schlag gegen die Amerikaner in der Kanalzone oder gegen den Kanal selbst führen würde. Dies war der Anfang einer endlosen Reihe von Entschuldigungen für den Nicht-Vollzug amerikanischer Drogengesetze.

Tatsächlich brach Ingersoll eigentlich sogar die Gesetze, indem er Torrijos über die Einzelheiten einer laufenden Untersuchung informierte: „... Mir ist klar, daß das, was Sie nun hören werden, für Sie schwierig ist, und es tut mir leid, daß ich es sein muß, der Ihnen davon berichtet. Ich tue es jetzt, da ich weiß, wie groß der Schaden sein würde, den diese Sache Ihnen, Ihrer Familie und der Regierung von Panama zufügen würde, wenn sie an die Öffentlichkeit gelangt."

Er erzählte Torrijos, daß sein Bruder schon seit 1969, als er noch Botschafter in Argentinien war, im Drogenhandel tätig sei. Er sagte, daß Moisés durch einen Freund, Guillermo Gonzalez López, den Botschafter in Taiwan, der im Juli 1971 in den USA wegen Drogendelikten verhaftet worden war, in die Sache hineingezogen worden sei. Ingersoll berichtete, daß Moisés in der versiegelten Anklageschrift einer New Yorker Anklagekammer vom 16. Mai 1972 beschuldigt würde, im vorangegangenen Jahr 77,5 Kilogramm Heroin in die Vereinigten Staaten geschmuggelt zu haben. Moisés würde sofort festgenommen werden, sollte er die USA betreten. „Ich gebe das in der Hoffnung an Sie weiter, daß Sie die Angelegenheit genau untersuchen, Ihren Bruder zurückrufen und ihn überzeugen werden, daß er sich aus dem illegalen Drogengeschäft zurückzieht." Ingersoll versuchte weiterhin, eine Genehmigung für ein Verhör, das DEA-Agenten mit Torrijos' Bruder führen wollten, zu erhalten.

Torrijos sagte, daß sein Bruder naiv wäre – ein „intellektueller Idiot, der die Schwierigkeiten des Lebens nicht begreift und nicht weiß, wie man überlebt". Er versuchte ihn zu rechtfertigen und deutete an, daß sein Bruder vom skrupellosen Gonzalez hereingelegt worden sei, der ein Feind Panamas und mit kubanischen Kommunisten verbündet sei.

Ingersoll brachte dann das Thema Manuel Antonio Noriega aufs Tapet. Als er darlegte, wie Noriega den Drogenhandel erleichterte, bemerkte Ingersoll, wie sich Torrijos' Gesichtsausdruck in einen der Angst verwandelte. „Es wirkte fast so, als hätte er Angst, wegen der Dinge, die ich ihm berichtete, etwas zu unternehmen", erinnerte sich Ingersoll später. „Jeder hatte Angst vor [Noriega]."

Moisés Torrijos blieb in Freiheit. Einmal warnte das Außenministerium Omar sogar, daß Rauschgiftfahnder planten, seinen Bruder zu verhaften, wenn er mit einem Boot durch den Panamakanal segelte. Der panamaische Diktator konnte ihn noch rechtzeitig davon verständigen. Die Anklage wurde während der Verhandlungen um die Panamakanal-Verträge in den späten 70er Jahren von einem New Yorker Bezirksgericht auf Geheiß hoher Funktionäre der Regierung Carter still und leise fallengelassen.

Danach ernannte Torrijos, der einen teuflischen Sinn für Humor besaß, seinen Bruder Moisés zum Chef der Panamakanal-Vertragsinformation. Außerdem hielt er ihn als Botschafter in Spanien unter diplomatischer Immunität.

Alle Attentatspläne gegen Torrijos und Noriega starben ihre eigenen stillschweigenden Tode, als der Watergate-Skandal die Energien der Regierung von illegalen Aktivitäten auf bloßes Überleben umlenkte. Nach dem Treffen mit Ingersoll gestattete Torrijos der DEA, ihre Tätigkeit wiederaufzunehmen. Er behielt sich jedoch das Recht vor, seinen eigenen Verbindungsmann zur DEA zu ernennen, der ihn persönlich über Anti-Drogen-Aktivitäten in Panama informieren sollte. Er wollte keine neue Peinlichkeit vom Schlage des Him Gonzalez-Falls.

Als seinen Verbindungsoffizier zur DEA bestimmte der boshafte Torrijos Noriega, den Mann, den die Regierung Nixon fast zum Ziel eines politischen Attentats gemacht hätte. Nur zwei Jahre nach seinem Umzug nach Panama City war Noriega Panamas Verbindungsmann zu den USA – und das galt für sämtliche Gesetzesvollzugs- und Geheimdienst-Organisationen, sowohl militärische als auch zivile. Noriega stand immer noch relativ weit unten auf der Rang-Karriereleiter, aber er wurde schnell zum zweitmächtigsten Mann Panamas.

An anderen Stellen in der Regierung Nixon existierten Pläne gegen Torrijos und andere panamaische Führungspersonen noch eine Zeitlang, aber auch sie verpufften, als Watergate plötzlich die gesamte Aufmerksamkeit im Land auf sich zog.

In einen dieser Pläne – wie so oft in Nixons Weißem Haus, wenn es um Geheimdienstoperationen ging – waren auch Gordon Liddy und E. Howard Hunt verwickelt.

Man weiß, daß Gordon Liddys „Special Investigative Unit" (Spezial-Untersuchungseinheit), die so tief in die Watergate-Affäre und ihre versuchte Verschleierung verstrickt war, auch den Auftrag hatte, einen geheimen Drogenkrieg zu führen. E. Howard Hunt, CIA-Agent im Ruhestand, arbeitete als privater Berater für Liddy und wurde aus einem geheimen 1,5 Millionen Dollar-Fonds des Weißen Hauses für Spezialprojekte bezahlt.

Hunt erneuerte in Sachen Panama seine Bekanntschaft zu Manuel Artime. Die beiden hatten bereits 1961 bei der katastrophalen Schweinebucht-Invasion zusammengearbeitet und Artime hatte auch mit darauffolgenden CIA-Plänen zur Ermordung Castros und einer neuerlichen Invasion Kubas zu tun gehabt. In einer geheimen Aussage, die er 1973 vor der Watergate-Anklagekammer machte, sagte Artime, daß Hunt ihn gebeten hätte, bei der Beendigung des Drogenhandels in Panama behilflich zu sein und Artime „einen Freund des Weißen Hauses" namens Gordon Liddy vorgestellt hätte. Das Projekt zum Sturz Torrijos' war für 1972, nach Nixons Wiederwahl, angesetzt, also die Zeit, zu der Watergate bekannt wurde; und die im Weißen Haus tätige Gruppe konzentrierte sich ausschließlich auf Torrijos – der Anti-Noriega-Plan war anscheinend nur die Arbeit kreativer DEA-Agenten.

Im Februar 1977, als ein Fernsehreporter aus Boston E. Howard Hunt über einen Attentatsplan bezüglich Panamas befragte, machte dieser ein überraschendes Eingeständnis: „Panama war ein Drogenhandelsgebiet, in dem man ohne Schwierigkeiten Rauschgift verschieben konnte ... mit dem Segen der panamaischen Regierung. Unter Regierungsfunktionären, die mit dem Thema Drogen befaßt waren – und sicherlich auch unter einigen lateinamerikanischen Drogen-Informanten – herrschte große Besorgnis. Ich glaube, man hatte das Gefühl, daß Torrijos, würde er sich nicht zusammenreißen und kooperieren, beseitigt werden sollte. Aber das passierte nie. Ich kannte niemanden, den man um seine Mitarbeit gebeten hatte, außer den Leuten aus der ‚Klempner-Einheit'. Bei denen war es Teil ihrer Instruktionen."

In dieser Atmosphäre gegenseitigen Mißtrauens, die die Beziehungen zwischen den USA und Panama in den Siebzigern kennzeichnete, stellten Torrijos und Noriega eine nahezu perfekte Kombination dar. Torrijos hatte große Ambitionen, so eindrucksvolle internationale Bindungen zu schaffen, daß Washington zu gerechteren Kanal-Verträgen gezwungen sein würde. Noriega, sein Meister der Logistik, war glücklich darüber, ein weltweites Geheimdienst-Netzwerk aufbauen und die Sicherheitsmaßnahmen für Torrijos' scheinbar endlose Überseereisen treffen zu können.

Torrijos schreckte vor den eher ekelhaften Aspekten einer diktatorischen Herrschaft zurück – diese Dinge delegierte er an Noriega. Der am besten belegbare frühe Zwischenfall war der Mord an Pater Hector Gallegos im Juli 1971. Der in Kolumbien geborene Priester organisierte zu dieser Zeit eine Bauernkooperative und stieß dabei mit einem großen Landbesitzer zusammen, der ein persönlicher Freund Torrijos' war. Man erzählt sich, daß Noriega Gallegos persönlich ins Meer gestoßen hätte, nachdem Mitglieder der Nationalgarde den Priester erschossen hatten – ein Ereignis, das er vor Freunden stolz zugab. Als Roberto „Tito" Arias an der Wand von Noriegas Büro ein Photo sah, das ihn beim Fallschirmspringen zeigte, scherzte er: „War dieser Sprung bevor oder nachdem du Gallegos gestoßen hast?" Noriega lächelte nur.

Sogar Torrijos' Präsident Demetrio Basilio „Jimmy" Lakas wußte, daß Noriegas Macht weit größer war als seine eigene. Wenn sich Torrijos und Noriega unterhielten und er dazukam, schwiegen sie plötzlich und sperrten ihn aus ihrer geheimen Welt aus. „Ich war nur der Präsident", runzelt Lakas die Stirn. „Eine Marionette. Es ist schwer, das zuzugeben, aber ich muß einfach ehrlich sein. Torrijos benutzte mich, um so an die Amerikaner und die Geschäftsleute heranzukommen." Lakas brummt sein tiefes Bärenlachen und fährt mit schleppendem texanischem Akzent fort. „Noriega wußte alles, was Lakas tat, aber Lakas hatte keine Ahnung von Noriegas Aktivitäten. Nach den Bürostunden übernahmen die G-2-Leute die Herrschaft im Land."

Noriega erweiterte seinen Einflußbereich, indem er Aufgaben in Angriff nahm, die seine Vollmacht eigentlich überstiegen. Er nutzte Torrijos' mangelndes Interesse am Regierungsalltag und die allgemeine Mattigkeit der anderen Offiziere für sich aus. Innerhalb von zwei Jahren hatte er einen rein militärischen Geheimdienst in ein Spionagenetzwerk verwandelt, das seine Tentakel im ganzen Land ausstreckte und weltweite Kontakte hatte. Er schuf neue G-2-Abteilungen für psychologische Kriegsführung, zivile Repressionen und elektronische Abhörmaßnahmen.

Und er wurde der CIA-Kontaktmann in Panama, als Alternative zu jenem Mann, der von amerikanischen Geheimdiensten als gefährlicher Linker angesehen wurde – Omar Torrijos. Die USA halfen in großem Maße dabei mit, die Entwicklung des panamaischen Geheimdienstes zu finanzieren, indem sie sowohl Geldmittel als auch – zwischen 1973 und 1982 (nachher verließ sich Noriega mehr auf die Israelis) – kostenlose Ausbildungsplätze für mehr als 350 panamaische Geheimagenten und mehr als 80 Männer für spezielle Sprengkommandos zur Verfügung stellten. „Noriega gab mir zu verstehen, daß die Ausbildungsplätze in den USA für ihn wertvoller waren als das Geld, das wir ihm gaben", berichtet ein amerikanischer Geheimagent, der damals eng mit ihm zusammenarbeitete.

Er erinnert sich an eines seiner ersten Treffen mit Noriega, das im amerikanischen Fort Gulick stattfand. Damals bat Noriega ihn um Handbücher über den Aufbau eines Geheimdienstes. Er sagte dem Beamten, daß er einmal Präsident von Panama sein würde, also sollten die Amerikaner ihm helfen.

Nur zwei Jahre später begegnete der Geheimagent Noriega wieder – diesmal um zwei Uhr morgens in einem belebten Nachtclub. Noriega hatte eine Baseballmütze und eine dunkle Sonnenbrille auf und war fast nicht wiederzuerkennen, als er ruhig einen Politiker und seine Geliebte beschattete. Innerhalb von zwei Jahren nach der Gründung des G-2 hatte Noriega bereits sämtliche Fakultäten der Universität infiltriert, wobei er seinen besten Informanten manchmal bis zu 1000 Dollar im Monat bezahlte. Er hatte Spitzel in allen wichtigen Gewerkschaften und Verbänden sitzen.

Noriegas besondere Besessenheit galt den Medien, was aus seiner Überzeugung herrührte, daß die Kommunikation im modernen Zeitalter die wichtigste aller Waffen sei. Für Torrijos überwachte er Journalisten, und er definierte die Kunst des Rufmords neu, indem er gezielt Stories in Regierungszeitungen plazierte. „Dort beginnt seine wahre Macht über die Gesellschaft", meinte Mayín Correa, eine exilierte Journalistin, die bei einer dieser Regierungszeitungen kündigte, nachdem Noriega ihr befohlen hatte, den Ruf eines ihrer besten Freunde zu ruinieren.

Still und leise brachte Noriega Bundesgenossen in Konsulaten auf der ganzen Welt unter, um auf diese Weise sowohl den geheimdienstlichen Informationsfluß als auch sein Einkommen zu verbessern; sie stellten Pässe für befreundete Spionageorganisationen zur Verfügung. Panamas Konsulat in Wien wurde beispielsweise eine Paßfabrik für israelische Agenten, die in Osteuropa eingesetzt waren, und die Büros in Hongkong und Singapur lieferten Taiwanesen, die hofften, die Volksrepublik China infiltrieren zu können, die notwendigen Papiere.

Noriega besaß auch genügend Einfluß, um seine Freunde in wichtige Regierungspositionen bringen zu können. So ernannte Torrijos etwa Noriegas Bruder Luis Carlos zum Leiter des Wahltribunals – eine mächtige Position, auch wenn es nicht besonders viele Wahlen gab, aber das Tribunal stellte Personalausweise aus. Er verschaffte Darién Alaya, seinem Freund aus der Zeit in Peru, einen Posten als Vize-Landwirtschaftsminister und später als Vize-Außenminister, und hatte dadurch Augen und Ohren in wichtigen Ministerien. Ayala erinnert sich daran, wie ihn Noriega von seinem ertragreichen Job auf einer Zuckerplantage holte und zu Torrijos brachte, der ihm den Posten anbot. Du wirst dem Alten kein Nein zur Antwort geben, wies Noriega Ayala an.

So manövrierte sich Noriega sehr schlau in eine Position, die ihn für die Amerikaner ebenso unentbehrlich machte wie für Torrijos. Als Ambler Moss sich 1976 darauf vorbereitete, die Stellung als US-Botschafter in Panama anzutreten, erfuhr er, daß Noriega Verbindungsmann für den CIA, den FBI, den Zoll und diverse militärische Geheimdienste war. Die Funktionäre der Drug Enforcement Administration in der Botschaft sagten Moss, er solle Torrijos vergessen. Noriega besaß die wahre Macht. „Torrijos war als ‚der faule Diktator' bekannt", erzählt Moss. „Bestimmte Dinge hielt er unter seiner Kontrolle, eher wie Hobbys, aber in Wirklichkeit regierte er das Land nicht. Das hieß, das Noriega herumlaufen und Freundschaften kultivieren sowie seine Macht ausbauen konnte."

Aber auch während Noriegas Macht zunahm, begann die bisexuelle Seite seiner Persönlichkeit immer offener zutage zu treten, obwohl sie durch das Macho-Image, das er so sorgsam kultivierte, noch verborgen blieb. Der Macho-Offizier, erfahren in Judo und

Fallschirmspringen, parfümierte sich in seiner Freizeit stark und trug gelbe Overalls mit gelben Schuhen. Er reiste mit einem Pilotenfreund durch die ganze Welt – es ging das Gerücht, daß er eine heißblütige Affäre mit ihm unterhielt – und er umgab sich mit unverhüllt homosexuellen Botschaftern und persönlichen Beratern.

Ein Freund Noriegas behauptete, daß er homosexuelle Berater deswegen mochte, weil sie leichter zu erpressen waren, aber einer seiner schwulen Ratgeber erklärt diese Anziehung etwas anders: „Er ist ein geistreicher und sanfter Mann, und er umgibt sich eben gern mit geistreichen und sanften Menschen." Noriega scherzte Freunden gegenüber, daß die einzigen Panamaer, denen es an Mut fehlte, die heterosexuellen Männer wären; „die Tunten und die Frauen sind die einzig Mutigen", sagte er.

Möchtegern-Psychiater führen Noriegas sexuelle Verwirrung auf seinen homosexuellen Bruder Luis Carlos zurück. Luis Carlos war der einzige Mensch, dem Noriega je völlig vertraute, und er führte mit Beratern, die in Vertrauenspositionen kommen wollten, oft noch vor Noriega Einstellungsgespräche. Luis Carlos war ein auffälliger Homosexueller, der sich nicht für seine sexuelle Vorliebe entschuldigte, und Freunden oft mit einem Augenzwinkern zuflüsterte: „Soweit ich das mitkriege, ist mein Bruder Manuel Antonio bisexuell." Und er war dabei behilflich, Noriega mit einem ergebenen Kader aus schwulen Ratgebern und Botschaftern zu umgeben.

Andererseits stellte Luis Carlos für Noriega natürlich auch eine Brücke zur Welt der politischen Opposition und zu gutsituierten Panamaern dar, in deren Gegenwart sein jüngerer Bruder sich unwohl fühlte. Einer von ihnen war Louis Martinz, Sohn eines der erfolgreichsten Unternehmer Panamas, der sich jahrelang für Arnulfo Arias eingesetzt hatte – den Populisten, der dreimal Präsident gewesen war und dessen Beliebtheit bei den Panamaern Noriega interessierte. Wie Luis Carlos ihm geraten hatte, fing Martinz damit an, über seine Kindheitsbekanntschaft mit Marilyn Monroe und seine Erwachsenenfreundschaft mit Soraya, der Exfrau des Schahs, zu plaudern, dann über deren schöne grüne Augen und ihren funkelnden Schmuck sowie über europäische Prinzen aus seiner Bekanntschaft. Als Luis Carlos ihm ein Zeichen gab, wechselte Martinz das Thema und kam auf den eigentlichen Grund des Zusammentreffens zu sprechen: Er wollte Noriegas Hilfe beim Aufbau einer neuen Zeitung. Später wurde Martinz von Noriegas Schergen mehrmals für längere Zeit ins Gefängnis geworfen, aber damals hielt er den Militär intellektuell für eine Stufe höherstehend als Torrijos.

Martinz gehörte nie zum inneren Kreis Noriegas, aber die beiden freundeten sich so sehr miteinander an, daß Noriega Martinz später immer wieder um Rat bat, wie er sein Image verbessern könnte – ein Problem, das nach der Machtübernahme geradezu zu einer Leidenschaft des Generals wurde. „Du jagst den Leuten Angst ein, Manuel", antwortete Martinz. „Dabei hast du doch so ein wunderhübsches Lächeln. Warum lächelst du nicht mehr?" Martinz schrieb sich später einen Teil der Schuld an Noriegas Lächeln zu, das in den darauffolgenden Jahren so oft und unpassend eingesetzt werden sollte.

Noriegas liebster und unmöglichster Traum war, daß die einfachen Panamaer ihn ebenso sehr lieben sollten wie Torrijos. Er hoffte dies teilweise zu erreichen, indem er die

Washington Post-Journalistin Sally Quinn in sein G-2-Büro einlud, dessen Ausstattung wie eine surreale Hommage an Fellini und Playboy-Herausgeber Hugh Hefner aussah.

Sanfter Jazz und Rock ertönten von der modernen Stereoanlage. An einer der Wände, sozusagen als Mittelpunkt dieses seltsam dekorierten Zimmers, glitzerte eine reich verzierte, verspiegelte Bar. Ölbilder und Photos von leidenden Kindern warfen einen dunklen Schatten auf das ganze Ensemble – vielleicht eine Art Rückkehr zu Noriegas trauriger Jugend. Tische und Bücherregale waren übersät von Porzellanfröschen, seinen *sapos* – dem panamaischen Ausdruck für Informanten.

Trotz seiner unbestreitbaren Fähigkeit, Agenten zu rekrutieren, mangelte es Noriega doch an der Gabe, Frauen zu verführen – und das störte ihn. Ein guatemaltekischer Freund erinnert sich daran, eines Abends einige Prostituierte in ein Hotel in San José in Costa Rica eingeladen zu haben, wo er sich mit Noriega und ein paar anderen Leuten aufhielt. Noriega suchte sich wie üblich die schönste Prostituierte aus; die anderen hatten nicht vor, sie ihm streitig zu machen. Aber die Frau musterte Noriega voller Abscheu. Sie wußte nicht, daß er Panamas Geheimdienstchef war, und wies ihn ab, trotz seiner deutlichen Bereitschaft und Fähigkeit, zu bezahlen.

Ich kann nicht mit dir schlafen, sagte sie. Du machst mir Angst. Du hast die Augen eines Killers. Noriega zog sich deprimiert auf sein Zimmer zurück und nahm eine halbleere Flasche Old Parr-Whisky mit. Er sah fern und trank, während sich seine Freunde in den Nebenzimmern vergnügten.

Als er Sally Quinn 1978 in seinem Büro traf, hatte er seine Bemühungen um ein neues Image bereits gestartet. Sie bemerkte seine eng beieinanderliegenden Augen, die hohen Wangenknochen und den drahtigen Körperbau: „der dunkelhäutige, pockennarbige Teint verleiht ihm ein fast mongolisches Aussehen", schrieb Quinn.

Noriega sagte, sein Job wäre es, die Menschen zu beschützen, so daß sie in der Nacht gut schlafen könnten und nicht von Terroristen entführt würden. Es schien fast, als wollte er mit ihr flirten, als er mit seinen engen Hosen dasaß, das wellige Haar in einer glänzenden Kuppel an den Kopf geklatscht und penetrant nach Parfüm riechend. Noch dazu war er nervös und schwitzte beim Reden. Eitel log er über sein Alter und erzählte Quinn, daß er mit 38 Jahren der jüngste unter Panamas sieben Obersten wäre.

„Ich weiß", sagte er fast freudig, „daß ich ein Imageproblem habe. Meine Stellung ist keine, die Sympathie auf sich zieht. Aber irgendjemand muß diese Arbeit eben tun."

Noriega lieferte Gesprächsstoff für jede Cocktailparty. „Das beliebteste Spiel war stets, den nächsten Diktator zu erraten, und die schlimmste Variante war immer, daß Noriega an die Macht kommen könnte", erzählt General Frederick F. Woerner, der spätere Leiter des United States Southern Command in Panama, der in den Siebzigern oft von seinem Posten in Washington nach Panama reiste. „Damals glaubten aber alle, daß er sich immer dafür entscheiden würde, seine Macht aus dem Hintergrund heraus zu genießen, ohne den Preis dafür bezahlen zu müssen, der erste Mann im Staat zu sein."

Während Noriega weiterhin im Schatten seine Pläne schmiedete, aalte sich Torrijos im Licht der Scheinwerfer und organisierte neue Panamakanal-Verhandlungen, die darauf abzielten, die amerikanischen Stützpunkte zu schließen und die Kontrolle über den Kanal an Panama zu übertragen. Am 29. Juni 1971 hatten die Vereinigten Staaten und Panama die Gespräche wiederaufgenommen.

Die amerikanischen Verhandlungspartner sahen Noriega während der Gespräche nur selten, aber wenn sie ihm begegneten, dann bedeutete das normalerweise Ärger. Noriega war das häßliche Antlitz der Revolution, und er führte jene Drohungen und Aufträge aus, die Torrijos unappetitlich fand. Nicholás Gonzalez Revilla, der während eines Großteils des Verhandlungszeitraums Panamas Botschafter in Washington war, erinnert sich daran, daß Noriega immer dann ins Spiel gebracht wurde, wenn die Dinge schlecht zu laufen schienen – wie eine Elektropeitsche, die Washington jedesmal einen Schock versetzen sollte, wenn das Interesse seiner Abgesandten scheinbar nachließ.

Ein solcher Vorfall ereignete sich im März 1973, als Torrijos den Sicherheitsrat der Vereinten Nationen zu einer Sitzung nach Panama brachte, da er versuchte, das Panamakanal-Problem zu „internationalisieren". Als die Sitzung zu einem Beschluß führte, der für die Vereinigten Staaten offensichtlich unannehmbar war, erhielt der amerikanische Repräsentant John Scali von Nixons stellvertretendem Ratgeber für Nationale Sicherheit, Brent Scowcroft, die Anweisung, ein amerikanisches Veto einzulegen. Scali, ein ehemaliger Journalist von Associated Press und ABC Television, erinnerte Scowcroft daran, daß dieses Veto erst das dritte der USA in der Geschichte der Vereinten Nationen sein würde, und daß es die Panamaer und die Dritte Welt in Wut bringen würde. Aber Scowcroft beharrte auf seiner Anordnung.

Als Scali kurz davor stand, die US-Botschaft zu verlassen und sich auf den Weg zur Ratskammer zu machen, um seine Stimme abzugeben, erhielt er einen Anruf von Oberstleutnant Noriega. Wenn Sie ein Veto gegen die Resolution einlegen wollen, dann tun Sie das besser gleich am Flughafen, sagte Noriega. Scali, der zuvor gegen das Veto eingestellt gewesen war, wurde so zornig, daß er nun nichts als schnell handeln wollte.

Dabei handelte es sich um ein Stück psychologischer Kriegsführung, das Noriega gemeinsam mit Torrijos ausgeheckt hatte, und es hatte wie geplant funktioniert. Torrijos war zur Ansicht gelangt, ein zorniges US-Veto wäre genau die Sache, die Panamas mißliche Lage auf der großen Weltbühne weiter dramatisieren würde, und hatte zu diesem Zweck sogar einen Kompromißbeschluß, den er mit den Amerikanern ausgearbeitet hatte, wieder aufgegeben. Es war Noriega, dem die Provokation Scalis eingefallen war. Torrijos entschuldigte sich später bei Scali wegen des „Mißverständnisses", aber Noriega hatte sein Ziel in perfekter Weise erreicht.

Etwas später, nämlich Mitte August 1974, wurde Torrijos wieder wütend, als er glaubte, die USA wollten sich aus Vereinbarungen, nämlich den sogenannten Kissinger-Tack-Grundsätzen, bei denen es um die Unabhängigkeit des Kanals ging, zurückziehen. Der Nationale Sicherheitsberater Henry Kissinger hatte im ursprünglichen Entwurf der Vereinbarungen bedeutende Veränderungen vorgenommen, die eine weitere unbegrenzte militärische Präsenz der Amerikaner vorsahen. „Sie fordern das Recht, in alle Ewigkeit militärische Einheiten in unserem Land zu stationieren", beschwerte sich Außenminister Juan Antonio Tack. Die Panamaer verlangten außerdem internationale Garantien für die Neutralität des Kanals, aber Washington wollte eine Einbeziehung der UN vermeiden.

„Dabei handelte es sich um einen der schlimmsten Momente überhaupt während dieser Verhandlungen“, meint der damalige Botschafter Gonzalez Revilla. „Kissinger beschwindelte uns. Es gab nichts, worüber wir wenigstens noch diskutieren konnten. Niemand konnte es fassen.“

Auf Befehl Torrijos' verließen die panamaischen Verhandlungsführer die auf der Insel Contadora stattfindenden Gespräche, um den Diktator in Panama City zu treffen. Torrijos sagte, er hätte beschlossen, den Vereinigten Staaten eine Nachricht zukommen zu lassen, indem er mit Kuba Verhandlungen aufnehmen würde. Damit würde er der Organisation Amerikanischer Staaten trotzen, die alle Verbindungen zu Kuba abgebrochen hatte – und das wäre ein teurer Preis für Washingtons Widerspenstigkeit. Außerdem würde es Torrijos' Image als unabhängiger Führer, der mit den blockfreien Staaten Kontakt aufnehmen wollte, etwas aufpolieren.

Mitte August 1974 wandten sich Torrijos' Generalstab, Präsident Lakas und andere Berater aus Gründen des Antikommunismus fast einstimmig gegen diesen Plan. Was sie zusätzlich fürchteten, war ein Vergeltungsschlag der USA. Noriega schwieg jedoch und sagte Torrijos später bei einem Privatgespräch, daß er die Weisheit seines Handelns erkannt hätte und die anderen Offiziere hoffnungslos kurzsichtig wären. Er war das einzige Mitglied von Torrijos' Generalstab, das die Handlungsweise des Diktators so offensichtlich unterstützte.

Die Rückkehr der Verhandlungspartner nach Contadora war von einem angespannten Gefühl begleitet. Ellsworth Bunker saß im totalverglasten Vorderzimmer des Strandhauses, das dem Unternehmer Gabriel Lewis gehörte, und wartete auf Torrijos' Antwort. „Ich hätte mit einer schriftlichen Stellungnahme antworten sollen“, erinnert sich Gonzalez Revilla. „Aber stattdessen sagte ich: ‚Wir sind gekommen, um Sie darüber zu informieren, daß wir morgen vollständige diplomatische Beziehungen mit Kuba aufnehmen werden.‘ Bunker fiel fast aus seinem verdammten Sessel.“

Botschafter William J. Jorden mußte feststellen, daß es ein Ding der Unmöglichkeit war, Torrijos mit dem Argument von seinem Beschluß abzubringen, daß die Organisation Amerikanischer Staaten die Beziehungen abgebrochen hätte und nur ein kollektiver Beschluß sie wiederaufnehmen könnte. Torrijos argumentierte richtig, daß Mexiko die Beziehungen nie abgebrochen hatte und sowohl Argentinien als auch Peru bereits wieder Kontakt aufgenommen hatten. Und daß auch er es tun würde, ob das den USA nun gefiel oder nicht.

Am 21. August machte sich eine aus 100 Personen bestehende panamaische Delegation auf, die von Planungsminister Nicholás Ardito Barletta angeführt wurde – Torrijos hatte diesen Mann klug ausgesucht, da er damit die Ängste der panamaischen Geschäftswelt besänftigen konnte. Aber wesentlich wichtiger für die Zukunft Panamas war der Mann, den Torrijos für Sicherheitsmaßnahmen und Logistik ausgesucht hatte: Noriega.

Als jemand, der mit einem Sonderauftrag auf die Reise nach Kuba ging, verstärkte Noriega die Beziehungen, die mit der Zeit sogar noch besser werden sollten, als er den Besuch und die Öffnung der Botschaften plante. Im Sommer 1974 nahm Noriega die ersten offiziellenVerbindungen zum kubanischen Geheimdienst auf.

Inoffiziell existierten diese Verbindungen schon seit einigen Jahren. Bei seiner ersten Reise nach Kuba war Noriega einer der zwei oder drei Geheimboten gewesen, die Torrijos seit 1971 zu Castro geschickt hatte. Ironischerweise hatte er diese erste Mission auf Ansuchen der USA unternommen. Die Kubaner hatten nämlich zwei Boote beschlagnahmt, die unter panamaischer Flagge gefahren und vom CIA dazu eingesetzt worden waren, in diesem Gebiet zu spionieren; und Washington bat Torrijos um Hilfe bei der Rückgabe der Schiffe und ihrer Kapitäne. Zuerst hatte Torrijos Rómulo Escobar Bethancourt, den politisch linksstehenden Rektor der Universität von Panama, hingeschickt. Dieser hatte nämlich zwei Jahre zuvor, als Torrijos' erster Gesandter zu Castro, erfolgreich die kubanische Unterstützung für die Anti-Torrijos-Guerillas beendet. Aber nicht einmal er schaffte es, Castro dazu zu bringen, die „Fischerboote" wieder herauszugeben.

Also beschloß Torrijos, Noriega zum Geschäftemachen auszusenden, und dieser bekam die Schiffe und ihre Kapitäne auch zurück. Mit dem Segen Washingtons hatte er die ersten geheimdienstlichen Kontakte Panamas zu Kuba hergestellt. Ohne amerikanischen Segen baute er diese Beziehung stillschweigend weiter aus.

Nachdem die Botschaft bezüglich Kuba ausgerichtet worden war, kamen die Verhandlungen mit den USA – inklusive der kurzen Auftritte Noriegas – wieder ins Rollen. Als skeptische Senatoren eintrafen, die die Einzelheiten der Verträge untersuchen sollten, beschwichtigte sie Torrijos, indem er über die Entwicklung zur Demokratie und die Kooperation mit den Vereinigten Staaten sprach. Noriegas Job war es, den bösen Bullen Torrijos' zu spielen. 1977 hielt er einmal Senator Howard Baker einen Vortrag und zog dann eine Landkarte hervor, auf der er zeigte, wie leicht es wäre, Löcher in die Dämme zu sprengen und Minen im Kanal anzubringen. „Wirklich, meine Herren", meinte er dazu, „sie sind sehr verwundbar."

Dabei handelte es sich nicht um eine bloße Drohung. Noriega hatte in den späten sechziger Jahren von den Amerikanern eine spezielle Sprengausbildung erhalten, und diese Sachkenntnis sowie sein Wissen über Militärtechnik benutzte er dazu, für Torrijos einen Plan zur Sabotage des Kanals auszuarbeiten, für den Fall, daß die Amerikaner dem Vertrag nicht zustimmen sollten. Er genoß es, Freunden bis ins kleinste Detail über diesen Plan zu berichten und gab dabei zu verstehen, wie einfach es wäre, den Schiffsverkehr für mehrere Monate zu unterbrechen.

Nach der Abstimmung im April 1978 fragte Botschafter Ambler Moss Torrijos, ob er Noriega wirklich damit beauftragt hätte, seinen gut ausgedachten Sabotageplan in die Tat umzusetzen. Überraschenderweise gestand Torrijos ein, daß er das sehr wohl getan hätte, schon allein deshalb, weil er so einen Teil seines verlorenen Images zurückgewinnen hätte wollen. Er erzählte, daß er, während er in der „Stimme Amerikas" die Untersuchungen im Senat verfolgte, zwei Kisten voller Sony-Transistorradios verbraucht hätte. Jedes Mal, wenn ein Angehöriger des Kongresses etwas gegen ihn gesagt hatte, hätte er das Radio angeblich voller Zorn an die Wand geworfen und seine Gehilfen ein neues für ihn auspacken lassen.

In den späten Siebzigern war Noriega immer noch Oberstleutnant, da ihn der Diktator, der sein Wissen und seine Fähigkeiten ebenso sehr fürchtete, wie er sie brauchte, auf diesem militärischen Rang beließ. Mit dem Segen und der Hilfe der USA baute Torrijos jedoch die Mannschaftsstärke und Tauglichkeit seiner Nationalgarde aus – und diese Veränderungen verliehen Noriega noch mehr Macht, als er bereits besaß.

In den ersten zehn Jahren seiner Herrschaft, bis 1978, erweiterte Torrijos die Mannschaftsstärke der Nationalgarde um das Dreifache, von 5 000 auf mehr als 15 000 Mann. Die Anzahl der öffentlich Bediensteten stieg von 50 000 auf 150 000. Das Budget für die Nationalgarde wurde von zehn Millionen Dollar (1968) auf mehr als 100 Millionen Dollar erhöht. Weder politische Parteien noch die Presse konnten frei agieren. Macht erzeugt einen Rausch – und das Militär wurde betrunken. In den sechziger Jahren hatten die Offiziere in relativer Armut und Bescheidenheit gelebt. Gegen Ende der Siebziger fuhren sogar Offiziere der unteren Ränge teure Autos, hielten sich zwei oder drei Geliebte und fanden heraus, daß ihre Einkommensquellen nur durch den Ort ihrer Stationierung und ihre Phantasie begrenzt waren.

„All das erlaubte es dem Comandante, wer auch immer das gerade war, einen unwiderstehlichen Druck auf die Zivilregierung auszuüben, bis zu einem Punkt, wo er sogar ihre Zusammensetzung bestimmen konnte", sagte Juan Materno Vasquez, der Mann, der Torrijos' erste Verfassung schrieb, aber dann aus dem Regime ausschied, als er sah, daß es sich trotz seiner anfänglich populistischen Aussichten nur in eine weitere Form von Panamas historischer Korruption verwandelte. „Lateinamerikanische Streitkräfte können ihren Ländern nichts Gutes tun. Zivilpersonen werden dazu erzogen, liberal und flexibel zu denken sowie akademische Berufe zu ergreifen. Sie sind dazu fähig, sich auf einem Markt der Ideen und der Politik durchzuschlagen. Die mit den besseren Ideen setzen sich durch. Militäroffizieren bringt man bei, wie man Krieg führt und Feinde besiegt. Sie geben Befehle und folgen Befehlen, und das ohne jede Fähigkeit, über die Zukunft nachzudenken oder auf einem Ideenmarkt zu überleben."

Die amerikanischen Politiker unterstützten unfreiwillig die Militärdiktatur in Panama. Denn so notwendig es politisch auch gewesen sein mag, den Kanal eines Tages den Panamaern zu übergeben – die Verhandlungen mit Torrijos hatten den praktischen Effekt, seine Herrschaft zu legitimieren. Die Gespräche gestatteten es Torrijos, den politischen Druck, der von ihm forderte, in die Kaserne zurückzukehren und das Land zu demokratisieren, immer weiter hinauszuschieben.

Und je länger die Militärdiktatur bestehen blieb, desto mehr Zeit hatte Noriega, seine Machtbasis auszubauen. Torrijos versetzte andere Offiziere von einem Posten auf den anderen und schränkte damit ihre Möglichkeiten ein, seine Macht herauszufordern. Noriega aber war zu seinem unersetzlichen Bundesgenossen geworden. Torrijos vertraute keinem anderen den Geheimdienst an. So konnte Noriega stillschweigend in Torrijos' Schatten gedeihen.

Kapitel sieben

Die Carter-Vertuschung

Noriega weiß, wo wir sind, aber wir wissen nicht, wo er ist.

OMAR TORRIJOS, 1975

Stansfield Turner hatte in seinem Job als Carters CIA-Direktor vom ersten Tag an böse Ahnungen über einige seiner ausländischen Verbündeten. Er war der Ansicht, daß man ein paar ziemlich fragwürdigen ausländischen Spionagediensten zu zweifelhaften Zwecken gutes Regierungsgeld in den Rachen warf. Die iranische SAVAK mit ihren Foltermethoden und politischen Morden verursachte ihm die schlimmsten Sodbrennen, aber über Noriegas G-2 dachte er nicht wesentlich besser.

Als Turner über Noriegas Aktivitäten in Panama informiert wurde, war das bereits Grund genug, die vertraglich vereinbarten Zahlungen an den G-2 einzustellen – immerhin brachte diese „Zusammenarbeit" Noriega 110 000 Dollar im Jahr ein. Er hörte Berichte darüber, wie Noriega sensible Geheimdienstinformationen von Personen innerhalb der Nationalen Sicherheitsbehörde NSA in Panama gekauft und in der Kanalzone Bomben gelegt hatte. Die Explosionen waren zwar als Protest gegen die Widerspenstigkeit Washingtons bei den Gesprächen über die Panamakanal-Verträge gedacht, aber Noriega hätte damit auch zahlreiche Amerikaner umbringen können.

„Wenn man in der Welt der Geheimdienste Informationen haben will, dann bekommt man sie immer von zwielichtigen Typen", sagte Turner. „Die Frage ist nur, wie weit die Verbindung zu diesen Leuten gehen soll, und ob sie einen erpressen können. Es ist eine düstere Welt. Man schafft es fast nicht, dem Teufel einen Korb zu geben. Aber man muß sich fragen, wieviel es auf lange Sicht kostet, an diese Informationen zu gelangen."

Trotz Turners Entscheidung, die Zahlungen einzustellen, blühte Noriega unter der Regierung Carter auf wie nie zuvor. Omar Torrijos wurde mehr denn je von ihm abhängig, und Washington beschloß, die größer werdende Beweislast zu ignorieren, die dafür sprach, daß Noriega in illegale Waffengeschäfte verwickelt war, Kontakte zu Drogenhändlern hatte, an kubanischen Maßnahmen zur Überwindung des US-Wirtschafts- und Handelsembargos und mehreren anderen Bedrohungen amerikanischer Interessen beteiligt war. Die Beendigung der vertraglichen Beziehung zum CIA bedeutete keineswegs, daß Noriegas korrupte Aktivitäten verfolgt wurden.

Im Interesse einer Ratifizierung der Panamakanalverträge im Jahre 1978 und als Belohnung dafür, daß Panama der Regierung Carter im Dezember 1979 den Schah abgenommen hatte, spielten amerikanische Funktionäre weiterhin die Verbrechen Noriegas herunter und verheimlichten sie manchmal sogar. Schließlich stellte Noriega seinen amerikanischen Geheimdienstfreunden ja auch Informationen über lateinamerikanische Truppen und Guerillabewegungen zur Verfügung, die sie anderswo nicht bekommen hätten. Sobald die Sandinisten 1979 Nicaragua übernommen hatten, lieferte er die regelmäßigsten und verläßlichsten Geheimdienstinformationen über sie.

Noriegas Bestechung amerikanischer Agenten hatte schon unter der Regierung Nixon begonnen und wurde das erste Mal von George Bush entdeckt, als dieser unter Präsident Ford CIA-Direktor war. Aber es war die Regierung Carter, die sich einen Monat, nachdem der Präsident und Torrijos am 7. September 1977 die Panamakanal-Verträge unterzeichnet hatten, öffentlich mit diesem Skandal herumschlagen mußte.

Kongreßabgeordnete, die Gegner der Verträge waren, erfuhren, daß Torrijos' Haus und sein Büro 1974 von amerikanischen Agenten verwanzt worden waren, weil diese so versucht hatten, etwas über Torrijos' Kontakte zu Kommunisten herauszufinden und zu überprüfen, ob man ihm bei Verhandlungen trauen konnte. Aber drei der Tonbänder waren von wenigstens einem, wahrscheinlich aber drei US-Sergeanten an Noriega verkauft worden. Panama war für Amerika ein bedeutender Horchposten in dieser Region, und Gegner der Verträge fürchteten, daß eine Menge wertvoller Informationen an Noriega übergeben worden sein könnte. Noch enervierender war der Gedanke, daß Torrijos amerikanische Funktionäre an kritischen Punkten der Verhandlungen erpreßt haben könnte, indem er ihnen drohte, sein Wissen über die Abhöraktion öffentlich preiszugeben, sollten die Amerikaner keine Konzessionen machen.

Senator James Allen aus Alabama, der einen Ruf als einer der ärgsten Polit-Guerillas hat, sagte über die Panamakanal-Verträge folgendes: „Wir haben unsere Flagge in eine Besenkammer gesteckt" und „unseren lebenswichtigen Kanal einer Bananenrepublik übergeben". Er beschloß, eine Untersuchung über den Fall der „singenden Sergeanten" in Gang zu setzen. Seine politische Plattform war das Justiz-Unterkomitee zur Gewaltenteilung des Senats, dessen Vorsitzender er war.

Das Unterkomitee stellte am 26. September 1977, nur etwas mehr als zwei Wochen nach Unterzeichnung des Vertrags, Vorladungen aus. Sie betrafen unter anderem U.S. Army Sergeant Ilor Rodriguez Brustmayer aus Brooklyn, New York, einen der verdächtigen militärischen Geheimdienstagenten, der im August 1977 unehrenhaft aus dem Militär entlassen worden und nie eines Fehltritts angeklagt worden war.

Die Vorladung forderte nicht nur seine Anwesenheit bei einer Untersuchung, sondern enthielt auch folgendes: „Weiterhin wird von Ihnen verlangt, daß Sie sämtliche Bücher, Dokumente, Memoranden, Notizen, elektronische Aufnahmen sowie alle anderen Aufzeichnungen mitbringen, die sich in Ihrem Besitz befinden oder zu denen Sie Zugriff haben, und die sich auf jedweden Kontakt, den Sie mit der Regierung von Panama oder einem ihrer Funktionäre hatten, beziehen; oder die mit jedweder Angelegenheit zu tun haben, die angebliche Vorfälle betrifft, bei denen die Gespräche von Funktionären der panamaischen Regierung einem versteckten Abhören durch die Regierung der Vereinigten Staaten oder eine ihrer Behörden unterzogen wurden."

Auch andere wurden vorgeladen: CIA-Direktor Stansfield Turner; FBI-Direktor Clarence M. Kelley, Armeesekretär Clifford I. Alexander; Generalleutnant Eugene Tighe jun., der Direktor der Defense Intelligence Agency; Thomas M. Constant, Geschäftsführer der Panama Canal Company; Benjamin H. Civiletti, der stellvertretende Justizminister, der für die Kriminalabteilung des Justizministeriums zuständig war; und Brigadegeneral Robert S. Young, kommandierender General der Reserveabteilung, des Personalwesens und der Verwaltung der Armee. Das Unterkomitee bedachte auch die Geheimdienste mit Zeugenvorladungen und Anforderungen aller Aufzeichnungen, die mit verschleierten Aktivitäten in Panama zu tun hatten. Die Gegner der Panama-Verträge konnten es kaum erwarten. Hier war der Beweis, der die Beziehungen zwischen den beiden Ländern so unterminieren würde, daß der gefürchtete Vertrag ein für allemal abserviert sein würde.

Aber die Untersuchung verlief im Sand. „Unsere Rechtssprechung ist im besten Falle dürftig", sagte Allen, als er gezwungen war, die Untersuchung des Unterkomitees Anfang Oktober 1977 abzusagen, weil Justizminister Griffin Bell sich weigerte, die geforderten Dokumente vorzulegen. Bell hatte sich darauf verlassen, daß der Vorsitzende des Justiz-Komitees, der demokratische Senator James Eastland aus Mississippi, Allen schon im Zaum halten würde.

Das Geheimdienst-Komitee des Senats befaßte sich ebenfalls mit den Beschwerden, aber unter größerer Geheimhaltung und in nichtöffentlichen Sitzungen. Ambler Moss, der Botschafter in Panama, und andere Vertrags-Verhandlungsführer sahen sich gezwungen, kleine Berge von Abschriften der Verhandlungsaufzeichnungen mitzubringen, um Komitee- und Belegschaftsmitgliedern nachzuweisen, daß es keine plötzlichen Positionswechsel gegeben hatte, die nur durch Erpressung erklärt werden könnten. „Sie quetschten uns ziemlich aus, um irgendein Loch in der Geschichte zu finden", erzählt Moss. Danach veröffentlichte der Vorsitzende des Geheimdienst-Komitees, Daniel K. Inouye, eine Stellungnahme, in der er erklärte, daß sein Komitee keine Beweise für eine Beeinflussung der Gespräche durch US-Geheimdienstaktivitäten gefunden hätte.

Aber der Kampf war noch nicht vorbei. Ein Jahr danach, während der im Kongreß laufenden Verfahren zur Ratifizierung der Verträge, forderten konservative Senatoren eine geheime Sitzung des Senats. Die Belegschaftsmitglieder wurden nach Hause geschickt, die Mikrophone abgeschaltet. Die aufpolierte Abschrift der zweitägigen Sitzung ist eine unheimliche Lektüre. Die Drogenkontakte von Torrijos' Familie, die geheimen Verbindungen Panamas zum kubanischen Staatschef Fidel Castro und eine ganze Liste weiterer illegaler panamaischer Aktivitäten machten klar, daß Panama unter Torrijos ein sicherer Hafen für die Mafia, Drogenhändler, die Kubaner und jeden anderen war, der sich mit dunklen Geschäften befaßte.

„Wir sind dabei, uns mit einigen der sensibelsten – wenn nicht überhaupt den sensibelsten – Informationen zu befassen, die dem Senat der USA jemals zu Gehör gebracht wurden", warnte Birch Bayh, ein Demokrat aus Indiana und neuer Vorsitzender des Geheimdienst-Komitees, auf dessen Bericht über Panama sich die Sitzung konzentrierte.

Die Senatoren befaßten sich in der Hauptsache wieder mit Noriegas Kauf von Geheimdienst-Tonbändern und dessen möglichen Einfluß auf die Verhandlungen.

„Es wurde festgestellt, daß ein in der Kanalzone stationierter Angehöriger des Militärs Informationen an die Panamaer weitergeleitet hat", sagte Bayh. „Die Untersuchung ergab, daß diese Person unter anderem Informationen über US-Geheimdienstoperationen und sensibles Material aus einer dieser Operationen weitergegeben hat."

Bayh berichtete, daß Noriega, sobald er von der Abhöraktion erfuhr, beschlossen hatte, sie für seine eigenen Zwecke auszunutzen. Den dramatischsten Gebrauch machte er von diesem amerikanischen Lauschangriff, als er wütend auf einen Zeitungsbericht reagierte, nach dem Botschafter Sol Linowitz Reportern erzählt hätte, die Verträge würden Amerikas Recht auf eine einseitige Verteidigung des Kanals beibehalten.

Der wütende Torrijos hatte sofort Gabriel Lewis, seinen Botschafter in Washington, angerufen. Da er wußte, daß die Amerikaner seine Stimme aufnahmen, hatte Torrijos verkündet, daß er als Reaktion sein Wissen über die amerikanischen Geheimdienstoperationen preisgeben, eine Pressekonferenz halten und behaupten würde, daß hochrangige Mitglieder der Legislative und Exekutive Schmiergelder dafür verlangt hätten, eine Erhöhung der Jahresgebühren zu arrangieren, die für die Benutzung des Kanals an Panama bezahlt werden sollten. Der Aussage Bayhs zufolge erhielten das Weiße Haus und das Außenministerium den Bericht des Geheimdienstes am Morgen des 16. Juli 1977.

Nachdem sie diese Berichte gesehen hatten, forderten die Senatoren des Geheimdienst-Komitees eine Untersuchung, fanden aber keine Beweise für Bestechung. Torrijos versuchte nur, die Verhandlungen durcheinanderzubringen. Die Senatoren entdeckten auch keinerlei Zeichen für plötzliche Kompromisse am Verhandlungstisch, die auf Erpressung zurückgeführt werden konnten. Der einzige Einfluß auf die Außenpolitik war die Veröffentlichung eines Presse-Statements durch den Nationalen Sicherheitsberater Zbigniew Brzezinski, das Torrijos beruhigen sollte. Darin hieß es, daß die Berichte, die Linowitz zitierten, „in wichtigen Details falsch" wären. Torrijos sagte daraufhin seine Pressekonferenz ab.

Dennoch waren die Senatoren bei der Sondersitzung über die Abhöraktion gegen einen Verhandlungspartner ebenso beunruhigt wie über Noriegas Unterwanderung dieses Unternehmens.

„Das ist etwa so, als spielten Sie Poker und Ihr Gegner schaute Ihnen in die Karten", sagte der republikanische Senator Henry Bellmon in seinem gedehnten Oklahoma-Akzent.

Senator Bayh erwiderte: „Genau so ist es, und in diesem speziellen Fall weiß der eine auch noch, daß ihm der andere in die Karten schaut."

Die Sitzung hinter verschlossenen Türen konzentrierte sich auch stark auf Drogen. Die Senatoren erfuhren über die tiefe Verstrickung von Torrijos' Familie in den Rauschgifthandel – vor allem die seines Bruders Moisés, der angeklagt, aber nie ausgeliefert worden war. Tatsächlich mußten schockierte Senatoren hören, wie das Weiße Haus 1973 Torrijos einen Hinweis darauf gegeben hatte, daß Zollbeamte nur darauf warteten, seinen Bruder zu verhaften, sobald er ein Schiff verließe, das in den von den USA kontrollierten

Hafen Cristobal einfuhr. Aber sein Bruder hatte ihm damals einen Hubschrauber geschickt, der ihn rettete, bevor das Boot anlegen konnte.

Eine Informationsquelle gab Noriega als Zentrum des ganzen panamaischen Netzes an, und das ein volles Jahrzehnt vor der Anklage, die wegen diverser Drogenvergehen in Florida gegen ihn erhoben wurde. Noriega hatte viele Drogenhändler verhaftet und an die Vereinigten Staaten ausgeliefert, aber andererseits ebensoviele Dealer erpreßt, bevor er sie wieder freiließ. Ein Kolumbianer, der in Panama festgenommen worden war, berichtete der kolumbianischen Zeitung *El Tiempo*, daß er Noriega 235 000 Dollar für seine Freiheit bezahlt hatte.

Am Ende der Sitzung zeigte sich Senator Jesse Helms – ein konservativer Vertragsgegner aus North Carolina – frustriert darüber, daß zuwenige seiner Amtskollegen von dieser Aufzählung panamaischer Korruption ausreichend beeindruckt waren. Er argumentierte, daß eine Verabschiedung der Panamakanal-Verträge nur der Beginn von Amerikas Problemen mit Panama sein würde. Damals wurden seine Warnungen ignoriert und als übertriebene Behauptungen eines weit rechts stehenden Politikers abgetan, der sich um jeden Preis an den Kanal klammern wollte.

Zehn Jahre danach wirken Helms' Behauptungen jedoch fast prophetisch: „Durch diesen Akt werden wir zu Mittätern vergangener Verbrechen. Aber wir werden auch für alle Zukunft zu Panamas Kollaborateuren. In den nächsten 22 Jahren werden wir vertraute Partner einer Regierung, der man, wie die jüngste Geschichte zeigt, nicht vertrauen kann. Wenn Panama, sobald die Verträge einmal ratifiziert sind, wieder ein Verbrecherzentrum des internationalen Drogenhandels wird, dann gibt es nichts, was wir dagegen tun können. Andererseits werden wir den Kanal aber gemeinsam verwalten und verteidigen. Wir werden also in alles verwickelt sein, was Panama tut. Es gibt keine Möglichkeit, uns zurückzuziehen, ohne den Kanal aufzugeben."

Der Kampf um die Verträge in Washington war eine der emotionellsten politischen Schlachten, die je am Capitol Hill geführt wurden, und er zeigt, warum Panama genauso eine innenpolitische wie eine außenpolitische Angelegenheit ist. Viele Senatoren, die für den Vertrag waren, wurden wegen dieses Themas nicht wiedergewählt.

Aber sowohl die Verträge als auch Noriega überlebten. Wenigstens hatten die Vereinigten Staaten ein erstes Mal über die Bedeutung der Verbrechen Noriegas diskutiert, die damals erst am Anfang standen. Nach Ratifizierung der Verträge entdeckten die USA bald neuen Grund zur Sorge: Waffenhandel. Man glaubte, daß Noriega beim Waffenschmuggel an die nicaraguanische Guerilla behilflich wäre, die für einen Sturz Anastasio Somozas kämpfte. Andererseits hatten die USA aber auch bald einen neuen Grund, Noriega zu beschützen: die Bereitschaft des Torrijos-Regimes, dem gestürzten persischen Schah Exil zu gewähren.

Im Mai 1979 erhob Jerome Sanford, ein stellvertretender US-Staatsanwalt in Florida, gegen fünf prominente Panamaer Anklage wegen Waffenschmuggels. Die Informationen für diese Anschuldigung waren von einem Undercover-Agenten in einem Waffenladen in Miami gekommen, und die Spur führte deutlich zur panamaischen Regierung. Sanford war fest entschlossen, diesen Fall von Waffenschmuggel gerichtlich zu verfolgen. In der Klageschrift wurde Noriegas enger Freund und Geschäftspartner, Carlos Wittgreen, der dunkelhäutige und korrupte Cousin seiner Frau, genannt. Und bald konzentrierten sich die Untersuchungsbeamten immer mehr auf Noriega selbst. Der Mittdreißiger Sanford wirkt wie eine Figur aus einem Raymond Chandler-Roman – geradeheraus, mit einem Sinn für Öffentlichkeitsarbeit; ein Staatsanwalt, den man sich gut mit Trenchcoat und weichem Filzhut vorstellen kann. Er ist Prozeßanwalt und liebt den Geruch und die Atmosphäre des Gerichtssaals.

Aber Washington war auf diesen Fall gar nicht so erpicht wie Sanford. Im Juni 1979, einen Monat nach Ausstellung der Anklageschrift, flirtete der militärische Geheimdienst der USA schon wieder mit seinem langjährigen Spion in Lateinamerika, dessen Informationen über die Kubaner und den Krieg in Nicaragua mit jedem Tag wertvoller wurden. Noriega machte Pläne für einen Flug nach Washington, wo er sein Gegenstück im Pentagon, Generalleutnant Eugene Tighe jun., den Direktor der Defense Intelligence Agency, treffen sollte. So ein Besuch war keineswegs unüblich; es geschah oft, daß die DIA ihre besseren „Aktivposten" samt Ehefrauen in die USA einflog, einfach zum Tratschen und Einkaufen.

Aber die Behörden von Dade County und die Bundesbehörden erfuhren irgendwie davon, daß er dabei durch Miami fliegen wollte und begannen mit der Errichtung einer Falle, die darauf abzielte, Noriega unter Anklage des Waffenschmuggels zu verhaften, sobald er amerikanischen Boden betreten würde. Das war an einem Freitag im Juni, und Noriega wurde für den Montag darauf erwartet. In nur 72 Stunden würden ihn die Agenten hinter Gittern haben.

Aber bevor das noch passieren konnte, intervenierte ein Schreibtischbeamter aus dem Außenministerium. Nachdem ein Beamter des Justizministeriums ihn routinemäßig über die bevorstehende Verhaftung informiert hatte, rief er einen Freund im Pentagon an und warnte ihn vor der Gefahr für Noriega.

„Das ist ja fürchterlich", sagte der Beamte im Pentagon, ein altgedienter Veteran bürokratischer Kriege. Scherzhaft meinte er zum Schreibtischbeamten, daß es ein ungeschriebenes Gesetz gab: Krisen ereignen sich immer vor dem Wochenende.

„Ich dachte, es würde Sie interessieren", antwortete der Diplomat, ohne eine Miene zu verziehen. „Aber von mir haben Sie nichts gehört." Die Verbindung war plötzlich unterbrochen.

Der Pentagon-Beamte gab das Problem nach oben weiter. Ein höherer Offizier im Vorzimmer des DIA-Chefs dankte dem Pentagon-Beamten und meinte, daß er sich nicht weiter um das Problem zu kümmern brauche.

Die nächste Information zum Noriega-Besuch kam am Montagmorgen. Der militärische Gruppenkommandant der U.S. Army in Panama telegraphierte eine routinemäßige, unverschlüsselte Nachricht: „Oberstleutnant Noriega hat sich aus gesundheitlichen Gründen entschieden, seinen Besuch in Washington zu verschieben."

Der Schreibtischbeamte des Außenministeriums mußte über diese Nachricht lächeln, da er wußte, daß sein Anruf seinen Zweck erfüllt hatte. Aber der Pentagon-Beamte fragte sich schon damals, ob das Pentagon richtig gehandelt hatte, indem es Noriega warnte.

„Jetzt bin ich aber wirklich gespannt", sagte er.

Ein ehemaliger Agent des Militär-Geheimdienstes legte Dokumente vor, die bewiesen, daß die amerikanischen Spione in Panama ebenfalls ganz genau wußten, was Noriega vorhatte, daß aber die Regierung Carter nicht auf ihre Berichte reagierte und Stanfield Turners CIA ihnen Botschaften schickte, daß sie aufhören sollten, so viel Zeit und Energie in eine Dokumentation aller Waffenlieferungen an die Sandinisten zu investieren, die von Torrijos und Noriega gefördert wurden. Der amerikanische Geheimdienst besaß genaue Beschreibungen der Ausrüstung, der Flugzeuge, mit denen geflogen wurde und ihrer Leitwerknummern, sowie der Panamaer, die an den Waffenlieferungen mitarbeiteten – an die Sandinisten, die ORPA-Guerillas in Guatemala und die kommunistischen FARC-Guerillas in Kolumbien. Ein Dokument enthält einen Bericht, demzufolge Waffen von Kuba zum Río Ható-Flugfeld im panamaischen Farralon geflogen und von dort weiter nach Guanacate in Costa Rica, in der Provinz Liberia, transportiert wurden, wo sie für eine Auslieferung auf dem Landweg nach Nicaragua verladen wurden.

Der Geheimagent mußte über die Menge von Einzelheiten, die er seinen Vorgesetzten in Washington präsentieren konnte, lächeln. „Was glauben Sie, woher ich das alles wußte?" sagte er Jahre später. „Noriega gab sämtliche Informationen an uns weiter: die Namen der Piloten, die kubanischen Gesellschaften, die damit zu tun hatten, Leitwerknummern, alles. Er gab uns sogar ein paar Photos." Noriega spielte auf allen Seiten, aber das wußten die Anklagevertreter in Miami nicht.

Die Ankäufe, deren Spuren sie verfolgten und die sie gerichtlich zu verfolgen versuchten, begannen mit Bestellungen des panamaischen Konsuls in Miami, Edgardo López, der auf G-2-Computerlisten dieser Zeit mit einem monatlichen Gehalt von 447 Dollar, das er von Oberst Noriega erhielt, geführt wurde. López, der nach Noriegas Machtübernahme Noriegas Militärsprecher werden sollte, stand dem G-2-Chef auch persönlich sehr nahe.

Eine Firma, die Carlos Wittgreen gehörte, Caza y Pesca – übersetzt „Jagen und Fischen" – kaufte die Waffen. Dann flog sie sie mit der Air Panama nach Panama City – verpackt, verladen und ohne eine einzige Zollkontrolle. Den Aussagen dreier Angeklagter und López' zufolge, der nicht angeklagt war, war auch Noriega involviert. José Antonio Alvarez, einer der Angeklagten, berichtete den Agenten, daß er bei den Waffengeschäften für Noriega tätig gewesen wäre und lieferte ihnen Kopien von Spesenrechnungen, die ihm vom G-2 vergütet wurden. Er behauptete, Noriega wäre Wittgreens Partner bei Caza y Pesca.

Bevor Noriega noch angeklagt werden konnte, beschloß er, sich über die Köpfe der Staatsanwälte hinweg direkt an den Außenminister zu wenden. Es war klar, daß er dachte, er hätte genug für die Amerikaner getan, um etwas Schutz verdient zu haben, also schrieb Noriega eilig einen Brief an Cyrus Vance, in dem er gegen die Untersuchung der US-Staatsanwälte protestierte und behauptete, daß der Konsul die Waffen nur zur Verwendung durch seine panamaische G-2 gekauft hätte. Der damalige stellvertretende Außenminister Warren Christopher verfaßte die Antwort, in der er Noriega ermahnte, daß die reguläre Art, Waffen zu erwerben, die war, sich vom Kriegsmaterial-Kontrollbüro des Außenministeriums eine Letztverbraucher-Bestätigung zu beschaffen.

„Das zeigte Noriegas Arroganz", sagte Sanford Jahre später. „Ein Militär schickt einen Brief an den Außenminister der USA, weder über das Außenministerium noch seinen Vorgesetzten Torrijos ... sondern ganz einfach direkt von ihm."

Der Fall verursachte sofort öffentliche Erregung, als Jimmy Carter versuchte, die Durchführungsbestimmungen des Vertrags durchzudrücken. Erneut wurde eine Kongreßuntersuchung einberufen, diesmal vom Handelsmarine- und Fischerei-Unterkomitee zum Panamakanal, und zwar über „Waffenschmuggel in Panama". Dieses Komitee steckte voller Vertragsgegner, die den Kampf noch immer nicht aufgegeben hatten.

Sein Vorsitzender war John Murphy, der seinen Abschluß an der Militärakademie West Point gemacht hatte – ein Gegner, der zu dieser Zeit noch zorniger war, weil er jetzt wußte, daß die Panamaer die Feinde eines anderen West Point-Graduierten mit Waffen versorgten – nämlich Anastasio Somoza, mit dem er jahrelang eng befreundet gewesen war. Aber das Außenministerium verleugnete vor den Kongreßabgeordneten, was dem CIA als Wahrheit bekannt war: Die Panamaer schmuggelten Gewehre und bewaffneten die Sandinisten.

Die Kongreß-Hearings über den Waffenschmuggel begannen am 7. Juni 1979, einen Monat nach Sanfords Anklageerhebung. In der Zwischenzeit drängte das Weiße Haus, daß die Hearings wegen der Durchführungsbestimmungen am 12. Juni stattfinden sollten – das war früher, als die Verantwortlichen im Kongreß es wollten.

Generalleutnant i. R. Gordon Sumner, der ehemalige Vorsitzende des Interamerikanischen Verteidigungsausschusses, sagte aus, daß General Torrijos seine Hilfe für die Sandinisten bei einem persönlichen Gespräch überraschenderweise zugegeben, sie die „guten alten Jungs" genannt und Sumner erzählt hatte, daß er auch andere revolutionäre Bewegungen unterstützen würde. Zu dieser Zeit hatte Torrijos bereits Noriega damit beauftragt, die Waffentransporte von Kubas Fidel Castro und Venezuelas Carlos Andrés Pérez zu den Sandinisten zu organisieren.

„[Torrijos] sagte, daß er diese Unterstützung weiterführen und noch erhöhen würde", bestätigte General Sumner. „Er sagte: Sie wissen doch, es passiert eine Menge, Sozialismus ist der Weg der Zukunft, und ihr Leute habt die Kurve noch nicht gekratzt." Torrijos verteidigte auch die Rebellen in El Salvador und sagte, daß er sie „unterstützen und ihnen helfen" würde, den regierenden Präsidenten Carlos Humberto Romero abzusetzen. Romero wurde 1979 bei einem Staatsstreich aus dem Amt entfernt. Sumner zitierte Torrijos: „Sie wissen doch, mein Klassenkamerad General Romero will lieber Panzer einsetzen als reden. Ich werde auch dagegen etwas tun."

Sumner war sich ziemlich im klaren darüber, daß Torrijos seiner Ansicht nach bis zu einem gewissen Grad von Oberstleutnant Noriega manipuliert wurde, der trotz seiner Introvertiertheit mehr revolutionäre Gesinnung zu besitzen schien als der General. „Ich glaubte damals wie auch heute noch, daß [Torrijos] unter dem Einfluß von Kommunisten/Marxisten innerhalb Panamas und Kubas steht, besonders unter dem von Oberst Noriega ... Noriega ist nicht einfach ein Geheimdienstoffizier. Er ist der Chef ihrer Spionage und Gegenspionage. Er ist so etwas wie der Leiter des FBI und des CIA in einer Person."

Aber Generalleutnant Dennis P. McAuliffe, der damalige Oberbefehlshaber des U.S. Southern Command, und Brandon Grove, der stellvertretende Vize-Außenminister für Interamerikanische Angelegenheiten, leugneten die Existenz von Beweisen für eine Verwicklung der panamaischen Regierung in den Waffenschmuggel. „Ich habe nichts, was ich als schlüssigen Beweis dafür ansehen würde, daß diese Handlungen etwas anderes sind als die Handlungen von Individuen, die offensichtlich versuchen, Geld zu verdienen und sich an einer bestimmten Situation zu bereichern", sagte General McAuliffe. „Es gibt keinen Beweis dafür, daß die panamaische Regierung als solche dahintersteckt."

Nichtdestotrotz gab es etliche Regierungsmitglieder, die genau wußten, daß die Beweismittel gegen die panamaische Regierung zwingend waren. Tatsache ist, daß die Regierung Carter sich mindestens ein Dutzend Mal wegen des Waffenschmuggels bei Torrijos beschwert hatte. General McAuliffe wußte über diese Protestäußerungen Bescheid, als er seine Zeugenaussagen machte, ebenso wie er ausführliche Informationen über den Waffenschmuggel an die Sandinisten besaß. Nun stellte sich Torrijos aber immer unschuldig, leugnete jede persönliche Verwicklung und beharrte darauf, daß keine einzige Waffe panamaisches Territorium durchquert hätte. Botschafter Moss, der im Auftrag von Robert Pastor, einem Mitglied des Nationalen Sicherheitsrats, diplomatische Schritte unternahm, sagte, daß Torrijos „wußte, daß wir wußten, daß er log". Torrijos führte seine List jedoch so weit, daß er folgenden Satz auf einem Stück Papier für Moss niederschrieb: „Wenn jemand beim Waffenschmuggel erwischt wird, lasse ich ihn einsperren."

Präsident Carter beschloß, Torrijos nicht in aller Öffentlichkeit der Lüge zu bezichtigen. Die damit verbundene Publicity hätte ihm und seinen umstrittenen Panamakanal-Verträgen nur geschadet – ganz zu schweigen von Panamas Schutz für den Schah. Auch Carter wollte Somoza aus dem Weg haben, obwohl es der Regierung lieber war, wenn das auf friedliche Weise geschehen könnte. „Wenigstens", meinte Moss, „nahmen wir eine öffentliche Haltung des Desinteresses ein. Niemand war bereit, Somoza aus seiner Lage zu retten."

Den Anklagevertretern in Miami war die Politik völlig egal; sie kümmerten sich nur darum, daß das Gesetz gebrochen worden war. Aber nach einem weiteren Rückschlag im Oktober 1979 mußten sie mit ihren Bemühungen um eine Anklageerhebung von vorne anfangen. Die ursprüngliche Klage gegen Wittgreen, den Freund Noriegas, und die anderen vier wurde wegen einer juristischen Spitzfindigkeit abgewiesen, die mit dem sachlichen Gehalt des Falls nichts zu tun hatte. Er konnte mit denselben Beweisen wieder eingereicht werden, aber das brauchte Zeit. Nun wollte Sanford aber nicht nur Noriegas Kumpel neu anklagen, sondern auch Noriega selbst – aufgrund neuer, von Zollbeamten entdeckter Beweise, denen zufolge er mit dem illegalen Kauf und Schmuggel von Waffen im Wert von etwa zwei Millionen Dollar zu tun hatte.

Im Januar 1980 wurde Sanford zu einem Treffen mit einem Mann, der angeblich vom FBI war, bestellt. In Washington hatte man davon erfahren, daß Sanford den Fall vor einer neuen Anklagejury einreichen wollte, aber die Interessen des FBI-Mannes schienen eher politischer als detektivischer Natur zu sein. Man erzählte Sanford, daß der panamaische Diktator Torrijos dem Schah von Persien Asyl gewährt hatte, um Washington einen Gefallen zu tun. „Wir haben von einem prominenten Geschäftsmann hier in Miami erfahren, daß der Schah von Persien nach Panama übersiedeln wird", sagte der FBI-Agent. „Carlos Wittgreen, den Sie schon einmal angeklagt haben und vielleicht wieder anklagen werden, wurde von General Torrijos zum Sicherheitschef für den Schah ernannt, wenn dieser nach Panama kommen sollte. Wir sind also zu der Ansicht gekommen, daß es keine besonders gute Idee ist, wenn Sie Wittgreen jetzt unter Anklage stellen."

Noriega glaubte, daß er ein Meisterstück der Manipulation zuwege gebracht hatte, um seinen Freund Wittgreen zu beschützen, obwohl das damals in Washington niemals ahnte. Es war nicht Wittgreen, der auf den Schah aufpassen würde, sondern Noriega selbst. Noriega hatte die Fehlinformation verbreitet, um Wittgreen loszueisen. Wie konnten die Amerikaner jemanden gerichtlich verfolgen, dessen Aufgabe es war, den Schah zu beschützen?

„Warum kann ich nicht weitermachen?" fragte Sanford. „Mir ist Wittgreen egal. Ich will auch Noriega unter Anklage stellen."

Der FBI-Mann zeigte sich alarmiert. „Um Gotteswillen! Wie können Sie sowas tun?"

Trotz dieser entmutigenden Schwierigkeit arbeiteten Sanford und andere Anklagevertreter weiter in dieselbe Richtung. Im Januar hatten die Ankläger eine zweite Untersuchung begonnen, die erwies, daß die Panamaer Waffen im Wert von etwa zehn Millionen Dollar erworben hatten. Das wäre genug gewesen, um die Sandinista-Rebellen monatelang zu versorgen: 7 000 M-1-Gewehre, 3 000 M-16-Gewehre, auf Jeeps montierte Maschinengewehre und eine Million Schuß Munition. Bei einem Treffen mit einem panamaischen Offizier, das überwacht und aufgezeichnet wurde, erzählte der Waffenhändler einem Informanten, der im Waffenladen beschäftigt war, daß der Panamaer „Waffen ... für General Omar Torrijos und Oberst Noriega, den Chef des panamaischen Geheimdiensts G-2, kaufen wollte".

Die Agenten planten, dem Einkäufer aus Panama am 15. Januar 1980 eine Falle zu stellen und ihn festzunehmen. Aber wieder war es ein Hinweis von Noriegas Freunden in der Regierung Carter, so fürchtete man, der den Panamaer vorwarnte. Der Offizier sagte das Treffen ab, bei dem das Geschäft endgültig abgeschlossen werden sollte. Er war nach Panama zurückgerufen worden. Die Agenten waren der Ansicht, daß der Offizier von amerikanischen Funktionären gewarnt worden war. „Meiner Meinung als Untersuchungsbeamter nach", sagte Donald Kimbler von der Behörde für Alkohol, Tabak und Schußwaffen, „wurde [der Panamaer] von jemand uns Unbekanntem vor dem geplanten Einsatz gewarnt."

Nachdem er von Mr. Sanford angestachelt worden war, schickte US-Staatsanwalt Jack Eskenazi ein Strafverfolgungs-Memorandum nach Washington, das zu diesem Fall – wegen dessen politischer Sensibilität – vom Justizministerium angefordert worden war. In einem Begleitbrief trat er bei den höheren Beamten dafür ein, das Anklageverfahren doch weiterlaufen zu lassen. „Unglücklicherweise", so schrieb Eskenazi in einem Brief vom 31. Januar 1980, „finden wir Vollzugsbeamten in Miami uns häufig in Situationen, wo wir versuchen, die Gesetze der Vereinigten Staaten zu vollstrecken, aber gleichzeitig in außenpolitische Überlegungen verstrickt werden, auf die wir keinen Einfluß haben."

Das Strafverfolgungs-Memorandum machte deutlich, daß es sich bei Noriega um den Verbindungsmann handelte, über den die Waffen vom panamaischen Konsulat in Miami zu den Sandinisten gelangten. Als lange Zeit keine Antwort erfolgte, fragte Sanford, was denn los wäre. Das Justizministerium behauptete, das Memorandum verloren zu haben. Also schickte es Sanford noch einmal ab. „Sie wollten Zeit schinden", behauptete Sanford.

Nachdem Sanford aus Gründen, die mit diesem Fall nichts zu tun hatten, seinen Posten im Februar verließ, ereignete sich ein neuer Aufschub. Wes Currier, ein noch aggressiverer stellvertretender US-Staatsanwalt, übernahm den Fall. Der 36 Jahre alte Currier, ein ehemaliger Flieger bei den Marines, sah mit seiner Größe von 1,71 m, der kräftigen Statur und den kurzgeschnittenen Haaren immer noch eher wie ein Angehöriger des U.S. Marine Corps als wie ein Anwalt aus. Currier hegte bereits den Verdacht politischer Machenschaften in diesem Fall, da wegen eines Falles dieser Art in mehr als einem Jahrzehnt seiner Laufbahn noch nie ein Strafverfolgungs-Memorandum nach Washington hatte schicken müssen. Doppelt so mißtrauisch wurde er, als das Strafverfolgungs-Memorandum im späten Frühjahr mit der Bitte um nähere Einzelheiten zurückgeschickt wurde.

„Wir hatten das Gefühl, daß man einfach mit uns herumspielte", erzählt er. „Denn das Straf-Memo war ziemlich umfangreich. Das war eindeutig ein Fall, den man verfolgen sollte. Die Beweise waren gut."

Aber die Politik war – für die Regierung Carter – schlecht.

Die Regierung Carter sah sich nie gezwungen, eine Entscheidung zur Abweisung des Anklageverfahrens zu treffen, die sicherlich umstritten gewesen wäre. Stattdessen warf sie durch das Justizministerium den US-Staatsanwälten solange Steine in den Weg, bis sie begriffen, worum es ging. „Wenn der Widerstand zu groß wird, dann findet man irgendwann andere Fische, die man sich angeln kann", sagte Currier Jahre danach.

Carl Perrian, der damals festes Mitglied des Handelsmarine- und Fischerei-Komitees war, behauptet, daß die damaligen Untersuchungen seines Ausschusses ergeben hätten, daß das Justizministerium auf Geheiß des Außenministeriums das Anklageverfahren blockiert hatte. „Wir hegten keinen Zweifel daran, daß das alles vom Außenministerium inszeniert wurde", sagte er. „Sie kamen einfach und logen uns an. Und der Schlimmste war General McAuliffe." Perrian drängte weiter, aber sein Vorgesetzter John Murphy war durch den Abscam-Skandal, eine FBI-Untersuchung über Bestechung und Korruption, politisch schwer geschädigt worden.

Dazu kam, daß die Regierung die Herausgabe von Dokumenten blockierte, die eine Vertuschungsaktion schlüssig hätten beweisen können. „Wir können bei keiner Unternehmung mitmachen, die unseren Beziehungen zu einer befreundeten Regierung schaden könnte", meinte das Außenministerium. „Daher müssen wir bestimmte Informationen, die für Ihre Untersuchung eventuell wichtig sein könnten, aus diplomatischen oder geheimdienstlichen Gründen unter Geheimhaltung stellen."

So entkam Noriega knapp der für ihn bisher schlimmsten Konfrontation mit den USA, und er hatte guten Grund zur Annahme, daß seine Dienste für die DIA und den CIA dafür maßgeblich waren. Er würde diese Lektion nie vergessen und erkaufte sich auch weiterhin den Schutz für seine Verbrechen, indem er seinen Kollegen bei amerikanischen Spionagediensten behilflich war.

Sanford erinnerte sich später an ein geheimes US-Dokument, das darauf hinwies, daß „Noriega sich über die möglichen indirekten Folgen aufgrund seiner Verbindungen zur Regierung der Vereinigten Staaten und der Gefallen, die er ihr getan hatte, keine allzugroßen Sorgen machte." Sanford meinte Jahre danach mißbilligend: „Das bedeutete, daß Noriega, wenn es sein mußte, schon etwas aus dem Hut ziehen würde, wenn es darum ging, die Untersuchung oder Anklage zu unterdrücken. Ich glaube, wenn man uns damals erlaubt hätte, weiterzumachen, dann hätten wir später nicht so viele Probleme gehabt. Wäre er schuldig gesprochen worden, dann hätten wir ihn im Keim ersticken können."

Nachdem die Regierung Carter Noriega vor den Gerichtssälen Miamis bewahrt hatte, war es ihr recht eilig damit, den umherreisenden Schah an seinen Zufluchtsort zu verfrachten. Noriega liebte logistische Herausforderungen, und keine paßte besser zu ihm als der Schutz für den Schah während seines 100 Tage dauernden Aufenthaltes (von Dezember 1979 bis März 1980) in Panama.

Torrijos wollte, daß sich der Schah wie zu Hause fühlte und ernannte daher José de Jesús Martínez alias Chuchu, der seit der Zeit, als er an der Sorbonne Mathematik studiert hatte, fließend französisch sprach, zum Begleiter und Leibwächter des gestürzten Herrschers. In dieser Wahl lag aber eine auch teuflische Bosheit. Martínez war begeisterter Marxist, der genau wissen wollte, was in so einem Monarchen eigentlich vorging. Außerdem war er ein romantischer Dichter und gefesselt von der Geschichte dieses traurigen Mannes, den Omar Torrijos einen *chupón* nannte – eine Orange, deren Inneres völlig ausgepreßt ist.

Daß Torrijos Noriega auswählte, war die Folge eines einfacheren Entscheidungsprozesses. Er wollte den Schah gegen die zahlreichen Gefahren schützen, die Khomeinis Attentäter darstellten, und Noriega war sein bester Mann für Sicherheitsfragen. Außerdem war es ja auch möglich, daß Torrijos im Hinblick auf den Schah einmal irgendeinen Handel mit der Unterwelt abschließen wollte, und Noriega besaß auch hier gute Kontakte. Torrijos war ein Spieler, und der Schah war die wertvollste Karte, die er eventuell einmal ausspielen konnte. Die Tatsache, daß amerikanische Geiseln im Iran gefangengehalten wurden – und die Peinlichkeit des Schah-Aufenthalts in den USA – mochte dazu führen, daß sein Freund Jimmy Carter nicht wiedergewählt werden würde. Indem er den Schah aufnahm, tat Torrijos Carter einen Gefallen und verhalf sich außerdem zu einem guten Start in der internationalen Diplomatie.

Diese Situation entsprach Torrijos' Verschwörungsinstinkten und – nach der Unterzeichnung der Panamakanal-Verträge – auch dem leicht übertriebenen Gefühl für seine eigene Wichtigkeit. Er würde in einer internationalen Krise vermitteln, amerikanische Leben retten und die Wiederwahl seines Freundes sichern. Die Welt würde ihn dafür lieben.

Noriegas Rolle war eine viel einfachere. Torrijos wies ihn an, dafür zu sorgen, daß der Schah am Leben blieb, befahl ihm, alle Telefongespräche des Monarchen abzuhören und das Kommen und Gehen in seinem Haus auf Contadora Island zu überwachen. Noriega gab sich selbst den Auftrag, dabei behilflich zu sein, dem Schah panamaischen Grundbesitz zu verkaufen, und bei mindestens einer Gelegenheit organisierte er die logistischen Maßnahmen für ein mitternächtliches Rendezvous mit einer Touristin, die der Schah am Strand kennengelernt hatte.

„Torrijos sah sich mit der Übernahme des Schahs zu internationaler Größe heranwachsen", sagt Robert Armao, der Berater und Freund des iranischen Monarchen. „Noriega sah nur Dollars." Armao, der ebenso fest entschlossen war, Kosten einzusparen, wie Noriega darauf achtete, sie zu steigern, stieß von Anfang an mit dem Geheimdienstchef zusammen. Armao war ein kultivierter Republikaner aus dem Osten – ein Insider im Rockefeller-Clan – der nie mit der Idee einverstanden war, daß der Schah nach Panama ging. Wenn nicht imkompetente panamaische Ärzte den Schah ohnehin auf dem Operationstisch umbringen würden, dann – so fürchtete Armao – würde Torrijos den König der Könige vielleicht an Khomeini ausliefern.

Armao betrachtete Noriega als Unterklassengangster, als die Art Straßenschläger, die sich normalerweise nicht in Gesellschaft von Monarchen aus dem Mittleren Osten befinden sollte, außer eben in diesen, den schlimmsten Umständen. Armao erinnerte sich später an seine erste Reise nach Panama, am 13. Dezember 1979, um den Aufenthalt des Schahs zu organisieren. Sein Team kam von der Lackland Air Force Base und landete auf dem panamaischen Flughafen Paitilla an der Pazifikküste. „Noriega und seine Verbrecherbande warteten am Flughafen", sagte Armao. „Es war wie in einem Gangsterfilm. Er fuhr in einem sechssitzigen Mercury vor, über dessen Vordersitzen ein Gewehrhalter mit einem Sortiment Waffen angebracht war. Er sah wie ein Agent aus der Serie *Chicago 1930* aus, abgesehen davon, daß Noriega wie eine Hyäne lächelte und einen doppeltgewebten Freizeitanzug anhatte.

Hamilton Jordan, den Armao für fast ebenso ungehobelt und wenig vertrauenswürdig hielt wie Noriega, begrüßte den Geheimdienstchef überschwenglich mit einer lateinamerikanischen *abrazo*, und sie flogen in Noriegas DC-9 gemeinsam in die Provinz Chiriquí weiter. Armao fand diesen Jordan mit seiner Alter-Junge-Masche und den panamaischen Gauner abstoßend, als sie beide zum Frühstück ihr erstes Balboa-Bier in sich hineinschütteten, während mit Maschinenpistolen bewaffnete G-2-Männer vor Noriegas Büro standen. Die beiden wiederum zeigten sich von Armao angewidert, den sie für einen verklemmten Bubi hielten, der das gute Leben in Panama nicht zu schätzen wußte. Auch der Chefleibwächter des Schahs, Oberst Kiumars Jahanbini, fühlte sich in Noriegas Anwesenheit nicht besonders wohl. Jahanbini war auf der Sandhurst-Militärakademie in England ausgebildet worden und hatte 15 Jahre lang als Offizier in der kaiserlichen Garde gedient. Er sah nicht wie ein Leibwächter aus, hatte eine Brille und einen zurückweichenden Haaransatz. Er war überhaupt nicht glücklich über die Tatsache, daß Noriega genauso aussah, wie man sich einen korrupten lateinamerikanischen Geheimdienstchef vorstellte.

Noriega fuhr seine amerikanischen Gäste glücklich durch David in der Provinz Chiriquí, wo er früher als Garnisonskommandant gedient hatte. „Ich war Chef der Roten Teufel-Division", prahlte er und wies dabei auf das rote Bild, das auf die grüne Wand des Hauptquartiers gemalt war. „Im entscheidenden Moment traf ich die entscheidenden Maßnahmen, damit Torrijos an der Macht bleiben konnte." Dann fuhr er durch die wohlhabenden Gegenden der Stadt, wobei er Armao scherzhaft jedes Haus anbot, das er für den Schah nur haben wollte. Oft sagte Noriega: „Wenn Ihnen dieses Haus gefällt, gehört es Ihnen."

Später lachte Botschafter Moss über diese Situation. „Noriega und ich waren im Immobiliengeschäft. Es war unsere Aufgabe, Jahanbini ein Haus zu verkaufen."

Armao lehnte aus Gründen der Sicherheit immer wieder ab und schüttelte den Kopf, als Noriega sich rühmte, den Schah überall in Panama beschützen zu können. „Er war Mr. Macho", erinnert sich Armao. „Er konnte den König überall beschützen. Und wenn er 200 Männer dazu brauchen würde, er würde es tun."

Daher flog Noriega – der erkannte, daß er einen kritisch urteilenden Kunden vor sich hatte – mit Armao und Jordan auf Contadora Island. Armao war etwas nervös, weil sie in der ziemlich angeschlagenen Electra-Maschine Torrijos' fliegen sollten, aber Jordan warnte ihn, die Panamaer nicht vor den Kopf zu stoßen – also bestieg er widerstrebend das Luftfahrzeug, das er für das fliegende Äquivalent des panamaischen Militärs zu einem abgetakelten Autobus hielt. Er erinnert sich daran, daß die kitschigen Billigmöbel darin aussahen, als wären sie zehn Jahre vorher bei Ethan Allen gekauft worden. Die Trennwand zwischen dem Personalbereich und der Passagierkabine war aufgeschlitzt. Armao fand, daß die Stewardeß wie eine Nutte aussah und kam dann zum Entschluß, daß es sich tatsächlich um eine solche handeln mußte, besonders nachdem Torrijos' amerikanische Freunde das Flugzeug zum Spaß das „fliegende Bordell" nannten, sowohl wegen seines Aussehens als auch wegen seiner gelegentlichen Verwendung durch Panamas Dikator und seinen Geheimdienstchef für fleischliche Genüsse.

Als nächstes bot Noriega Armado das Küstenhaus des ehemaligen panamaischen Botschafters in Washington, Gabriel Lewis, an. Im Vergleich zum unbequemen Offiziersquartier in der Lackland Air Base war Lewis' Haus der Himmel. Die große Terrasse sah auf den Pazifik hinaus, über Palmen und Hibiskus. Es war kein Palast, aber das beste, was der Schah in seinem gestürzten Zustand kriegen konnte. Armao akzeptierte den Vorschlag grundsätzlich. Jetzt wollten die hohen Funktionäre, daß Torrijos den Schah überzeugte, hierher zu kommen.

Armao hat Torrijos als traurige Figur in Erinnerung behalten. Als sie in einem seiner Häuser ankamen, verabschiedete er sich gerade von einer Frau, die vielleicht fünf Jahre zuvor noch schön gewesen war. Geistesabwesend gab er ihr ein paar Scheine aus einer Rolle Hunderter. Er stand in weißen Socken ohne Schuhe da und trug eine zerknitterte Khakihose. Torrijos versuchte erst gar nicht, diese Übergabe zu verheimlichen, als sie ankamen, und erledigte die Transaktion.

Torrijos begann schon um acht Uhr morgens Whisky zu trinken, weil er hoffte, dadurch den Kater der vorigen Nacht überwinden zu können. „Er sah aus, als würden ihm gleich die Augen aus dem Kopf fallen“, sagte Armao. „Ich merkte, daß er beinahe am Ende war, und auch Noriega muß das bemerkt haben.“ Dennoch stand Noriega ruhig und gehorsam an Torrijos‘ Seite. Er zündete ihm sogar die Zigarre an, nahm nicht Platz, bevor Torrijos saß, und sprach nie, bevor der Diktator nicht ausgeredet hatte. „Ich glaube nicht, daß Noriega gern in Gesellschaft Torrijos’ war“, erinnerte sich Armao. „Er mußte total unterwürfig sein.“

Torrijos schickte dem Schah einen handgeschriebenen Brief, in dem er ihn nach Panama einlud, und bewegte mit dieser persönlichen Note den persischen Monarchen so tief, daß dieser bereitwillig seine Koffer für den Umzug in den Süden packte.

Der Besuch des Schahs stellte für Noriega eine noch nie dagewesene logistische Herausforderung dar. Er entwarf Pläne und Karten und vergab Aufträge, und all das mit der Energie eines Oberbefehlshabers, der die Invasion in der Normandie plante. Er errichtete am Strand von Contadora, direkt vor Lewis’ Haus, eine Baracke für ein Schnellboot mit Froschmännern und Sonargeräten, die jeden Eindringling, der sich unter Wasser anschleichen mochte, fernhalten würden.

Sooft Noriega darüber spricht, daß er ein Buch über sein ungewöhnliches Leben verfassen will, erwähnt er auch, daß seine Beziehung zum Schah ein wichtiges Kapitel darin sein wird. „Ach ja“, erzählte er 1989 einem Interviewer, „der erste Teil meines Buches wird die Überschrift ‚Ich, der Beschützer des Schahs‘ tragen.“

Dabei waren Noriegas Schutzmaßnahmen für den Schah alles andere als eindrucksvoll. „Die Froschmänner sahen aus wie McHales Navy“, sagte Armao. „Sie taten nichts als sich sonnen, Bier trinken und ihre Wäsche aufhängen“ – direkt im Blickfeld des Schahs auf das Meer.

Noriega ließ außerdem einen Landeplatz für Angriffshubschrauber vorbereiten und installierte an drei Stellen rund um das Haus Flugabwehrgeschütze. Er verbesserte die Sicherheitsmaßnahmen in Flughäfen und Häfen und ließ Pässe aus jenen Ländern, die als Feinde des Schahs bekannt waren, genau kontrollieren. Noriega ließ alle Touristen, die nach Contadora Island kamen, so streng überwachen, daß der dort ansässige Hotelmanager sich beschwerte, daß er in drei Monaten eine Million Dollar an Einkünften eingebüßt hätte.

Oberstleutnant Noriega besuchte den Schah im Lauf dieser drei Monate mehrmals, aber sie hatten nie besonders viel miteinander zu besprechen. Noriega zog es vor, seine Informationen über den Schah heimlich zu beziehen. Er war auf philosophische Art von diesem gestürzten Diktator fasziniert. In einem Interview für das Buch *The Shah's Last Ride* (Die letzte Fahrt des Schahs) von William Shawcross sagte Noriega: „Ich hatte das Gefühl, daß er dazu programmiert war, sich selbst als eine Art Außerirdischen zu sehen, so etwas wie der Sohn der Sonne, und nicht wie ein menschliches Wesen. Eine Art göttliches Wesen.“

Noriegas Freunde meinen, daß es eine tiefgreifende Wirkung auf den jungen Geheimdienstoffizier hatte, die Verzweiflung des Schahs aus nächster Nähe zu betrachten und sich dieser zu erinnern, als er selbst acht Jahre später ebenfalls ein Diktator in

Nöten war. Noriega sah damals, daß es nach dem Diktatorsein nur mehr wenig Leben gab. Diese Botschaft wurde immer wieder verstärkt, als gestürzte Herrscher in ihr trauriges Exil gingen – egal, wie groß ihr Reichtum war. Später in diesem Jahr, am 17. September, wurde Anastasio Somoza Debayle aus Nicaragua in kleine Stücke gesprengt, als er durch Asunción in Paraguay, den Ort seines Exils, fuhr. Amerikanische Geheimdienstagenten behaupten, daß Noriega von den Sandinisten kontaktiert worden war, um ihnen bei diesem Attentat behilflich zu sein, aber sie bestehen noch heute darauf, daß er an der Verschwörung, die zu Somozas Tod führte, keinen Anteil hatte.

Es war typisch, daß Noriega auch als Gastgeber des Schahs immer ans Geschäft dachte. Er berechnete Armao fünf- bis zehntausend Dollar im Monat als Miete für zwei Hütten, in denen Noriegas G-2-Männer untergebracht waren. Der Schah mußte auch für ihre Mahlzeiten im nahegelegenen Hotel aufkommen, wo seine Monatsrechnung 21 000 Dollar betrug. Er mußte sogar das Sicherheitssystem bezahlen, das nicht nur zu seinem Schutz eingesetzt wurde, sondern auch dazu, daß Torrijos seine Telefonanrufe und Gespräche überwachen konnte. Der Preis: 68 000 Dollar. Ein ehemaliger Buchhalter, der Kontakte zu den Verteidigungsstreitkräften hatte, behauptete, daß Noriega auch das Konto des Militärs mit diesen Ausgaben belastete und so das Geld vom Schah in seine eigene Tasche stecken konnte. Oberst Díaz Herrera, der Stabschef wurde, als Noriega 1983 den Posten des Comandante übernahm, sagte, daß sich Noriega 12 Millionen Dollar erwirtschaftete, die der Schah dafür bezahlte, daß man ihm erlaubte, in Panama zu bleiben.

In einem Wohnwagen hinter dem Haus installierte Noriega ein Überwachungssystem. Er nahm sämtliche im Haus geführten Gespräche auf – ein Unternehmen, das von seinem Verbündeten beim Militär, Luis del Cid, geleitet wurde, der später gemeinsam mit ihm unter Drogenanklage stehen würde.

Der Schah beschwerte sich darüber, daß Noriega ihn sogar zwang, 400 Dollar für seine Lauschausrüstung zu bezahlen. „Der finanzielle Druck war alles andere als subtil. Mein Stab beschwerte sich über Rechnungen, die ausgesprochen überhöht zu sein schienen. Freunde von General Torrijos ließen mich wissen, daß Contadora zum Verkauf stand und zehn Millionen Dollar kostete. Man zeigte uns Grundstücke … zu überhöhten Preisen."

Noriega arrangierte für den Schah gelegentliche Ausflüge, wobei seine Männer versuchten, Armao davon fernzuhalten. Bei einer dieser Missionen bat man den Schah, 35 000 Dollar für die Errichtung einer Knabenschule an einer Stelle seiner Wahl zu spenden. Der Schah wies Jahanbini an, das Geld einem von Noriegas Kumpanen zu geben, und dem sparsamen Armao nichts davon zu erzählen. Als Armao hinter die Freigiebigkeit des Schahs kam, leitete er die Information an eine panamaische Zeitung weiter, um so das Image des Schahs in Panama zu verbessern. Armao glaubte auch, daß diese Publicity das untergraben würde, was er für Noriegas wahre Absicht hielt: das Geld selbst einzustreichen und die Schule nie zu errichten.

Ambler Moss weiß noch, wie sehr Noriega und seine G-2-Männer Armao hassen lernten. Sie beklagten sich, daß Armao ihnen nicht erlaubte, ihre Fahrzeuge in der Nähe des Hauses zu parken, und daß er sie mit obszönen Gesten beleidigte. Schließlich verhafteten sie Mark Morse, Armaos Gehilfen, und brachten ihn nach Panama City. Botschafter Moss rief Noriega an, um die Freilassung des Mannes zu fordern.

„Ich wollte ihm nur eine Lektion erteilen", sagte Noriega. „Er hat meine Leute belästigt. Wir hatten genug davon. Ich lasse ihn gehen, um Ihnen einen Gefallen zu tun. Aber er kann heute morgen noch nicht weggehen. Er wird diese Nacht in Panama City verbringen müssen."

Noriega leistete dem Schah auch Zuhälterdienste. Eines Abends verließ der Schah die Insel, scheinbar um sich am nächsten Morgen Grundbesitz anzusehen. Noriegas Sicherheitsleute hielten Armao davon ab, ihnen an den Fersen zu kleben, und erzählten ihm nicht, wohin sie den Schah bringen wollten. Armao war wegen seines Verschwindens verzweifelt. Er fürchtete, daß man den Schah postwendend nach Teheran schicken wollte.

Ambler Moss, der von Armao unter Druck gesetzt wurde, rief hektisch sämtliche Leute an, die in einem nahen Verhältnis zu Noriega und Torrijos standen, und bekam in seiner Verzweiflung schließlich Präsident Aristides Royo an den Apparat. Moss warnte ihn, daß es nicht mehr lange dauern würde, bis man in Washington vom Verschwinden des Schahs erfahren würde.

Royo rief kurze Zeit später zurück, um Moss zu beruhigen. „Machen Sie sich keine Sorgen", sagte er. „Dem Schah geht es gut. Ihr Schah ist sogar sehr glücklich und genießt in der Präsidentensuite im Panama Hilton mit einer kanadischen Touristin, die er am Strand kennengelernt hat, ein paar schöne Stunden."

Heute lächelt Moss darüber: „Noriega war der logistische Experte des Schahs für sein Rendezvous."

Aber Armao fürchtete, daß der Schah in Panama nicht in Sicherheit wäre. Torrijos versuchte, Carter zu retten, indem er die Freilassung der Geiseln arrangierte, und iranische Zwischenhändler gaben Torrijos zu verstehen, daß es von Nutzen wäre, wenn er den Schah einsperren und einer Straftat anklagen würde. Der Schah mochte Torrijos bereits nicht mehr. Der panamaische Diktator hatte aus seinem sexuellen Begehren für die Kaiserin kein Geheimnis gemacht, indem er sie einfältig angestarrt hatte und ihr angeboten hatte, sie jederzeit besuchen zu wollen – besonders dann, wenn der Schah unabkömmlich wäre. Torrijos hatte Noriega sogar befohlen, Videobänder von der gutgebauten Kaiserin beim Wasserskifahren zu machen. Der Diktator bewahrte den Film im Schlafzimmer seines Hauses an der Calle Cincuenta auf. Noriega lieferte Torrijos auch alle Bänder mit den Telefongesprächen der Kaiserin. Sie telefonierte den ganzen Tag mit Freunden in Europa, dem Mittleren Osten und Amerika, wobei sie je nach Tageszeit den Kontinent wechselte. Torrijos sah in ihr eine verletzliche, schöne und einsame Frau. Er war so von ihr besessen, berichtete Shawcross, daß er sogar verlangte, ihm nach ihrer Abfahrt ihre Bettücher zu bringen.

„Wir haben eine Chance, die Geiseln freizukriegen", erzählte Torrijos im März dem Schah. „Aber ich werde Sie deswegen vielleicht einsperren, ein paar Photos von Ihnen schießen und dann behaupten müssen, daß Sie verhaftet wurden."

„Wenn es einem nicht gut geht, sind solche Dinge eine große Belastung", sagte der Schah mit einem Seufzen zu Armao.

„Nur über meine Leiche, Euer Majestät", antwortete Armao. „Das ganze hat mir zu viele unheilvolle Aspekte." Zu diesem Zeitpunkt wurde Armao klar, daß er den Schah aus Panama herausbringen mußte.

Armao mußte sich auch mit einem Streit zwischen panamaischen und ausländischen Ärzten herumschlagen, bei dem es darum ging, wer den Schah an der Milz operieren sollte – und in welchem Krankenhaus. Zu den beteiligten Ärzten gehörte einer der führenden Herzspezialisten der Welt, Dr. Michael DeBakey, und panamaische Ärzte, die sich dagegen wehrten, wie Metzger aus der Dritten Welt behandelt zu werden. DeBakey dachte, daß er die Operation leiten würde, und die Panamaer glaubten, daß er nur als ihr Berater hier wäre. Weiterhin wollten die Panamaer nicht, daß der Schah im amerikanischen Gorgas-Krankenhaus behandelt würde, wo sie ihn, wie sie behaupteten, nicht beschützen könnten. Sie betrachteten diese Absicht als einen Affront gegen ihren Nationalstolz. Andererseits fürchtete der Schah, daß es private Kontakte zwischen Panamaern und Iranern gegeben hatte, die darauf abzielten, im Austausch für Panamas Bereitschaft, die iranischen Auslieferungsanträge zu akzeptieren, eine Freilassung der Geiseln zu erreichen. Einmal verkündete der panamaische Präsident sogar, daß sich der Schah in Haft befände – ein Schachzug, mit dem man den Iran zufriedenstellen wollte, wenn auch die Bedingungen des Aufenthalts des Monarchen auf Contadora sich tatsächlich nie geändert hatten.

Die Ärzte schlossen schließlich Frieden miteinander, und der Schah wurde im Paitilla-Krankenhaus in Panama City unter einem falschen Namen aufgenommen: Manuel Antonio Noriega. Weiterhin machten sich der Schah und seine Frau jedoch Sorgen darüber, daß panamaische Ärzte gegen ausreichende Bezahlung die Operation sabotieren könnten. Seine nicht-panamaischen Ärzte schoben die Operation immer länger hinaus, obwohl der Krebs sich verschlimmerte und der Schah immer weniger weiße Blutkörperchen hatte. Sie wollten ihn aus Panama herausbringen, irgendwohin, wo weniger Gefahr bestand, daß der Schah ausgeliefert oder auf dem Operationstisch ermordet werden könnte.

In seinen Memoiren beschrieb der Schah, wie wütend er über diese Art der Behandlung war: „Ich hielt ihre Einstellung für abnormal", schrieb er. „Mein Leben war in Gefahr und ich hatte nicht vor, es wegen persönlicher Unsicherheiten der Panamaer zu verlieren." Er bezeichnete die Situation als „ein medizinisches Rührstück".

Man traf die Entscheidung, den Schah an einen anderen Ort zu bringen. Der Schah hinterließ Gabriel Lewis eine handgeschriebene Notiz, die Lewis noch heute gerahmt in seinem Wohnzimmer mit Ausblick aufs Wasser aufbewahrt, wo der Schah stundenlang saß und hinaus aufs Meer starrte. Jahanbini saß immer in einem Sessel hinter ihm, um die Aussicht nicht zu stören. „Die Kaiserin und ich finden kaum die richtigen Worte, um Ihnen und Mrs. Lewis für Ihre beispiellose Gastfreundschaft, Freundlichkeit und Hilfsbereitschaft zu danken. Ich bedaure es, daß ich kein Land mehr habe, in das ich Sie und Ihre Familie einladen könnte, um Ihnen wenigstens teilweise zu vergelten, was Sie für uns getan haben…"

Lewis ließ sich während des Aufenthalts des Schahs nie auch nur einen Groschen bezahlen. Die Begleitung des Schahs brachte Noriega hingegen nicht so freundliche

Gefühle entgegen. Der General war auf den Flughafen gekommen, um sie am Sonntag, dem 23. März, mehr als drei Monate nach der Ankunft des Schahs, um 14 Uhr zu verabschieden. Noriega lächelte Armao absurderweise an, als er ihm alles Gute wünschte. „Ich war drauf und dran, Noriega umzubringen, aber am Flughafen umarmte er uns alle noch einmal, bevor wir abflogen", erzählte Armao.

Als der Schah Panama verließ, verlor Torrijos das Interesse an der Macht. Er hatte seine Panamakanal-Verträge erreicht und es im Fall des Schahs nicht geschafft, seinem Freund Jimmy Carter behilflich zu sein. Was ihn aber am meisten beunruhigte, war die Tatsache, daß er seinen Einfluß auf die Sandinisten verlor, die mit seiner Hilfe an die Macht gekommen waren, aber jetzt von den Kubanern kontrolliert wurden.

Seine Sorgen begannen, als er Geheimdienstberichte erhielt, die ihm von Oberst Rubén Paredes, dem Leiter einer militärischen Unterstützungsmission, die er nach Nicaragua geschickt hatte, übermittelt wurden. Paredes war mit einem Team aus fünzehn Offizieren nach Nicaragua gereist – dazu gehörten auch Noriega, vier Hubschrauber und ein Transportflugzeug –, um der neuen nicaraguanischen Regierung zu helfen. Paredes verstand unter „helfen" ein Stoppen des Kommunismus à la Kuba und die Förderung des Populismus Marke Torrijos. Torrijos hatte Kawasaki-Motorräder und Peugeots für die Polizei mitgeschickt, damit die Kubaner keinen Grund zur Behauptung hätten, seine Unterstützung erfolge nur im Auftrag der Amerikaner. Paredes sollte ein dreißigtägiges Trainingsprogramm für eine neue Polizeistreitkraft auf die Beine stellen – offensichtlich betrachtete Torrijos es nicht als Notwendigkeit für Nicaragua, ein selbständiges Militär zu unterhalten.

Aber Paredes berichtete bald, daß er dort nicht viel mehr als ein Tourist wäre, der dabei zusehen müsse, wie die Kubaner Nicaragua übernahmen. Er schickte Informationen über die überraschende Anzahl von Flügen und Beratern, die Tag für Tag ankamen. Torrijos' Sorgen wurden noch größer, als der spanische Präsident Felipe Gonzalez nach einem Aufenthalt in Nicaragua nach Panama kam, um ihm im wesentlichen dasselbe zu berichten. Also schickte Torrijos Paredes und Noriega nach Kuba, wo sie Castro befragen sollten. Anfangs leugnete Castro voller Zorn das Ausmaß der kubanischen Einmischung. Als Paredes mit Einzelheiten aufwartete, verlor Castro die Kontrolle. „Wir haben seit 20 Jahren mit Nicaragua zu tun", sagte er zu Paredes. „Jetzt kriegt ihr uns dort nicht mehr raus. Was glaubt ihr denn, wer ihr seid?" Castro war wütend. Schließlich hatte Torrijos bereits seine Position als Held aller Revolutionäre der Region in Frage zu stellen begonnen. Die Kanal-Verträge hatten Torrijos so populär gemacht, daß er auf der ganzen Welt Treffen mit politischen Führern hatte – sogar mit dem Papst. Castro hingegen war nach wie vor isoliert und ein Außenseiter.

Voller Zorn beendete Castro die Besprechung. Er war außerdem fest entschlossen, seinen Besuchern in dieser Nacht einen Schrecken einzujagen. Seine Truppen feuerten in der Nähe des Diplomatenhauses in Los Colinos, wo sie wohnten, sporadisch ihre Waffen ab. Paredes schaltete ängstlich alle Lichter aus und flüchtete sich in einen sichereren Teil des Hauses.

Trotzdem traf Noriega während dieses Besuchs weiterhin fröhlich mit seinen kubanischen Geheimdienstkollegen Manuel Piñeiro Losada und José Abrantes zusammen. Sie plauderten in aller Ruhe und freundschaftlich in einer Ecke des Konferenzzimmers miteinander, während ihre Vorgesetzten einander heiße Diskussionen lieferten.

Piñeiro stattete Noriega bei verschiedenen Gelegenheiten private Besuche ab. Sie standen in einem nahen Verhältnis und wollten diesen Zustand auch weiterhin aufrechterhalten, trotz des zu dieser Zeit herrschenden diplomatischen Krieges zwischen ihren Herren. Damals hatte Noriega bereits die bemerkenswerte Leistung zustandegebracht, sowohl die Kubaner als auch die Amerikaner davon zu überzeugen, daß sie in ihm einen verläßlicheren und ausgeglicheneren Freund besäßen als im romantischen Torrijos, den weder die kubanischen noch die US-Geheimdienste für loyal hielten. Castro betrachtete Noriega als wertvollen Geschäftspartner, einen Mann, den er leichter manipulieren konnte, wohingegen Torrijos zu seinem politischen Konkurrenten geworden war.

Das Wissen Noriegas über die gesamte Region wurde geradezu legendär. 1980 stattete der ehemalige Präsident von Costa Rica, José „Pepe" Figueres, Fidel Castro einen Höflichkeitsbesuch ab. Figueres, der alte Mann unter den zentralamerikanischen Linkspolitikern, hegte großen Respekt für Castro und sprach ihm das Lob aus, der bestinformierte Mann in der Region zu sein. Als Figueres gedankenverloren mit seinen Fingern in großen Salatblättern herumstocherte, ließ er eines davon plötzlich überrascht auf den Teller zurückfallen, weil Castro antwortete: „Nein, Noriega ist der bestinformierte Mann. Er weiß alles, was die Linke und die Rechte tun."

Oberstleutnant Noriegas Macht wuchs in den Jahren 1979 und 1980, als Torrijos sich von den Alltagsproblemen, die es mit sich bringt, ein Land zu regieren, immer mehr zurückzog. Freunden gegenüber sagte Torrijos mißbilligend, daß nur mehr Noriega alles über die Vorgänge in Panama wüßte, und daß er dieses Wissen nicht einmal mehr an seinen Vorgesetzten weiterleite. Torrijos war ein Mann, der nicht gerne las und es vorzog, seine Berichte auf Kassette zu erhalten. Auf diese Art konnte er sie einfach abschalten, wenn sie ihn langweilten, und seine Berater würden nichts davon erfahren, daß er sich dazu entschieden hatte, ihre Ansichten überhaupt nicht anzuhören. Wenn man ihm vorwarf, Geheimnisse vor Torrijos zu haben, entgegnete Noriega, daß er nicht genug Kassetten anfertigen könnte und Torrijos ohnehin nicht soviel Zeit habe, sich alles anzuhören, was Noriega wisse.

Torrijos verlor den Überblick über Noriegas zahlreiche Aktivitäten. Der Diktator wußte weniger über die Geschehnisse in Panama als Noriega. „Die Rolle als Geheimdienstchef erlaubte es ihm, sich so gut wie unsichtbar zu machen, aber das verlieh Noriega natürlich auch eine Menge Macht", sagte Juan Materno Vasquez, der Rechtsanwalt, der als erster Justizminister Torrijos' tätig war. „Torrijos sagte immer zu mir: ‚Noriega weiß, wo wir sind, aber wir wissen nicht, wo er ist.' "

Torrijos' Sorgen bezüglich Noriega wuchsen, als ein panamaisches Regierungsflugzeug, das mit Waffen für die FMLN–Guerillas beladen war, in El Salvador abstürzte. Im Prinzip hätte Torrijos gegen diese Mission nichts einzuwenden gehabt, und tatsächlich unterstützte er den Kampf der Guerillas, aber er hatte Carter versprochen, die Lieferungen eine Zeitlang einzustellen. Er fand, daß sich Noriega über diese Vereinbarung hinweggesetzt hätte und die daraus resultierende Peinlichkeit ein typisches Beispiel für Noriegas Privatunternehmungen wäre. Die Guerillas besaßen nach einigen Kidnappings Geld im Überfluß, und sie verwandelten diesen Reichtum in Waffen, die sie über Noriegas Kumpane erwarben und die von seinen Piloten geliefert wurden.

Diese Piloten – Floyd Carlton Caceres und César Rodriguez Contreras – hatten ihre Basis auf dem El Tamarindo-Flugfeld an Costa Ricas Pazifikküste. Carlton flog eine Piper Seneca und Rodriguez eine Navajo Aerocommander. Noriega bezahlte jedem Piloten pro Flug 35 000 Dollar.

Bei dieser Mission waren die Guerillas, die die beiden Piloten im Hotel abholen sollten, zu spät aufgetaucht. Sie hatten die Flugzeuge bereits beladen. Normalerweise warteten die Guerillas auf die Piloten, die den Ladevorgang überwachten, aber die Guerillas behaupteten, sie hätten Probleme mit der örtlichen Polizei gehabt und die Ladung aus den Lastwagen schaffen müssen, bevor sie die Panamaer abholten.

Zusätzlich zu den halbautomatischen AK-47-Maschinenpistolen, der Munition und anderen Waren für die FMLN beförderte Rodriguez Extra-Treibstoff, damit sie gleich am darauffolgenden Tag zurückfliegen und Vatertag feiern könnten – ein kleiner Luxus, der sie teuer zu stehen kam. Rodriguez' Aerocommando war überladen und hatte schon beim Start Schwierigkeiten, hochzukommen. Sie blieb in einer Stromleitung hängen, wobei eine hydraulische Leitung beschädigt und die Bremsen funktionsunfähig gemacht wurden.

Rodriguez flog die Maschine trotzdem nach El Salvador und landete – aber ohne Bremsen, daher rollte er weiter, bis ihn ein Baum zum Stehen brachte. Die linke Seite des Flugzeugs wurde zerschmettert und Rodriguez brach sich beide Beine. Carlton lieferte seine Ladung Waffen ab und kam dann zurück, um nach seinem Freund zu sehen, den er für tot hielt. Carlton zerbrach mit seinem Gewehrkolben die Windschutzscheibe des Cockpits und zog ihn aus der Maschine, aber er kümmerte sich nicht weiter um Noriegas ausdrückliche Anweisung, daß flugunfähige Maschinen mit panamaischen Kennzeichen zerstört werden mußten.

Zwei Hubschrauber der Luftwaffe von El Salvador schwebten über ihnen, und das Flugzeug war immer noch mit Treibstoff und Munition beladen. Eine Sprengung hätte sie beide umbringen können, also sagte Carlton den Guerillas, daß sie das Flugzeug sprengen sollten, sobald sie mit ihrer Maschine abgehoben hatten.

Carlton brachte Rodriguez in ein Krankenhaus in Panama und rief Noriega an, um ihm die schlechten Neuigkeiten mitzuteilen. Als Noriega fragte, ob Carlton das Flugzeug zerstört habe, log ihn Carlton an und sagte, daß er es getan habe. Aber Noriega rief ihn schon ein paar Minuten später wütend zurück. Die internationalen Nachrichtendienste berichteten, daß man in El Salvador eine panamaische Maschine erbeutet hätte. „Er war sehr, sehr wütend", erinnerte sich Carlton später. Die im Flugzeug aufgefundenen Dokumente brachten die Sache mit Noriega in Verbindung.

Rodriguez wurde in ein Militärspital gebracht, um ihn von der Oppositionspresse fernzuhalten. Beide Männer machten nur dem G-2 und dem Justizminister gegenüber Aussagen. Dann wurde die Untersuchung eingestellt.

Danach beauftragte Torrijos den Leiter seines politischen Geheimdienstes, José Blandón, Noriega auf allen seinen Auslandsreisen zu begleiten. Sein Mißtrauen gegenüber Noriega wuchs von Tag zu Tag. Blandón lieferte Torrijos nach jeder Mission einen vollständigen Bericht auf Kassette. Noriegas Benehmen war perfekt, aber innerlich kochte er wegen der Demütigung, immer eine Anstandsperson dabeihaben zu müssen.

Aber Torrijos besaß nicht mehr genug Energie, um Noriega unter Kontrolle zu halten. Anfang 1980 schickte er einen Hubschrauber von Contadora Island ab, der seinen Freund Rory Gonzalez zu einer dringenden Besprechung abholte.

Ich verlasse die Nationalgarde, erzählte er ihm. Ich höre dort auf. Ich hab' genug vom Militär. Es ist zu korrupt. Es ist außer Kontrolle.

„Aber wer soll führen?“ fragte Gonzalez. „Du kannst nicht aufhören.“

Sie sprachen über mögliche Alternativen. Díaz Herrera war nicht militärisch genug und verlangte außerdem andauernd mehr Geld. Paredes hatte zu viele Ambitionen. Er hatte einmal versucht, Torrijos aus dem Amt zu entfernen, und seine beiden Söhne hatten bereits im Alter von 17 bzw. 18 Jahren in der Freihandelszone Geschäfte zu machen begonnen. Noriega war zu heimtückisch.

Torrijos zeigte sich besonders über einen Brief vom kubanischen Botschafter besorgt, in dem sich dieser über eine Rechnung von 40 000 Dollar beschwerte, die an Enrique Pretelt – einen Piloten Noriegas – bezahlt werden sollten, weil dieser dabei behilflich gewesen war, einen kubanischen Learjet zurückzubekommen, der als Beutegut, mit nicaraguanischer Registrierung und kubanischer Mannschaft, in Fort Lauderdale stand. Er hatte gefälschte panamaische Dokumente dabei.

In den darauffolgenden Wochen erzählte Torrijos mehreren Freunden von seinen Plänen, den gesamten Generalstab in den Ruhestand zu versetzen. Er sagte, daß sie in den letzten 12 Jahren die Macht zu sehr liebgewonnen hätten und es nie zulassen würden, daß zivile Politiker im Rahmen der Demokratisierungspläne, die er bei Unterzeichnung der Panamakanal-Verträge versprochen habe, Einfluß gewinnen würden.

„Wir sind zu sehr daran gewöhnt, Diktatoren zu sein“, sagte Torrijos.

Gonzalez wollte die Diskussion ein bißchen auflockern und scherzte: „Aber was ist mit dem Hubschrauber und dem Geld? Du wirst dir wie jeder andere Flugzeuge mieten müssen.“ Er lachte und sie setzten sich zusammen, um das Budget auszurechnen, das ein Ex-Diktator brauchen würde.

Im Juni 1981 nahm Omar Torrijos mit ein paar Freunden im Haus von Gabriel Lewis auf Contadora Island ein paar Drinks zu sich. Er war depressiver und verstörter, als seine Freunde ihn je zuvor gesehen hatten, und seine Stimmung schien sich mit jedem Tag zu verschlechtern. Der Anwalt Jaime Arias Calderón fragte ihn, warum er sich mit der Demokratisierung so viel Zeit ließe. „Ich muß erst etwas wegen der Nationalgarde unternehmen“, antwortete er. „Ich kann nicht zulassen, daß meine Nachfolger diese Organisation übernehmen.“ Damals glaubte Arias, daß diese Antwort eine egoistische Ausrede wäre – eine Ausrede, um an der Macht bleiben zu können.

Nicholás Ardita Barletta, Torrijos' langjähriger Freund, der aus Washington zu Besuch kam, erinnerte sich, daß der Diktator gegen Ende die Vorahnung gehabt hatte, daß er bald sterben würde. Er erkannte Torrijos kaum wieder. Dieser trank noch mehr als üblich, aber er war auch netter zu seiner Frau; er hatte aufgehört, sie zu betrügen. Er hatte einem guten Freund ein großes Stück Land geschenkt und damit begonnen, seinem langjährigen Kammerdiener Drinks zu servieren.

Torrijos fand einen Weg aus seinem Elend, als sein De Havilland Twin Otter-Flugzeug am 31. Juli 1981 in einen Berggipfel im westlichen Teil des Isthmus krachte. So kamen 13 Jahre ununterbrochener Ein-Mann-Herrschaft zu einem abrupten Ende.

Jeder Panamaer hat seine eigene Theorie darüber, wie er umgekommen ist. Die Anti-Noriega-Fraktion schwört, daß es Manuel Antonio gewesen sein muß, der den Auftrag, den Absturz zu untersuchen, nie besonders ernst nahm. Andere behaupten, daß Castro einen Mann umbringen ließ, der ihm lästig geworden war. Die Linken behaupten, daß es der CIA war (der Noriega vielleicht unterstützte), und die Rechten meinen, daß die nicaraguanische Führung dahintersteckte, um sich für Torrijos' neuerliche Unterstützung der Anti-Sandinista-Verschwörung des Edén Pastora zu rächen. Pastora hatte ursprünglich vorgehabt, sich mit Torrijos gemeinsam in diesem Flugzeug zu befinden.

Bekannt ist nur, daß amerikanische Geheimdienstagenten sich über sein Dahinscheiden recht erfreut zeigten und hofften, daß Noriega an die Macht kommen würde. „Ich persönlich war froh, als er gestorben ist", sagte ein ehemaliger Geheimagent, der mehr als ein Jahrzehnt lang eng mit Noriega zusammenarbeitete. „Torrijos war eine echte Plage. Er erzählte mir einmal, daß ihm die USA völlig egal wären, abgesehen von den Frauen und dem Geld. Sicherlich – Noriega arbeitete für die Kubaner, aber wir rechneten uns aus, daß er zu zwanzig Prozent denen gehörte und zu achtzig Prozent uns."

Die überzeugendste Theorie von allen ist, daß es sich um einen Unfall gehandelt hat: den Zusammenstoß mit einem Berggipfel, an einem stürmischen Tag mit schlechter Sicht, in den der Mann verwickelt war, der nie normale Sicherheitsvorkehrungen traf. Der Pilot, mit dem er normalerweise unterwegs war, war nach Hause geflogen, da seine Frau ein Baby bekommen hatte. Und Torrijos war bekannt dafür, daß er oft Piloten zwang, unter den schlimmsten Umständen zu fliegen; sie hatten Angst, sich zu weigern und damit zu zeigen, daß es ihnen an *machismo* fehlte.

Die Welt wird vielleicht nie erfahren, wer – wenn überhaupt jemand – Torrijos umbrachte. Aber jeder konnte sofort sehen, wer am meisten von seinem Tod profitierte: Manuel Antonio Noriega.

Kapitel acht

Die Arroganz der Macht

Die Macht in Panama ist wie eine Viper. Du mußt sie sehr vorsichtig loslassen ... sonst beißt sie dich.
– GENERAL RUBÉN DARÍO PAREDES, 1989

Oberstleutant Noriega wirkte bei Torrijos' Begräbnis gequält und verzweifelt. Er saß allein am äußersten Rand einer Kirchenbank. Er preßte beide Daumen gegen seine Schläfen. Er sah aus, als wüßte er nicht, wohin er sich begeben sollte, also blieb er einfach an seinem Platz – fast katatonisch. Sein Selbstvertrauen war zusammen mit Torrijos' Maschine abgestürzt, und seine normale Introvertiertheit war zur totalen Zurückgezogenheit in sich selbst geworden.

Einer seiner Freunde sagte, daß Noriega wie ein herrenloser Schatten wirkte. Enrique Carreras, ein Politiker aus Costa Rica, der keine Reaktion erhielt, als er die Hand auf Noriegas Schulter legte, beobachtete: „Hier war ein Mann, der normalerweise alles mitbekommt, was sich in einem Raum abspielt, dessen Augen von Person zu Person schießen. Aber jetzt bekam er überhaupt nichts mit. Er war einige Wochen lang sehr verwirrt."

Sogar im Tod war Torrijos noch überlebensgroß: der *macho caudillo*, Meister der Frauenhelden, Unterzeichner der Kanal-Verträge – und daher der Mann, der ein Unrecht, das seit 1903 bestanden hatte, wieder in Recht verwandelt hatte – und 13 Jahre lang Panamas populistischer Herrscher. Wenn er bestechlich war, dann hatte seine Bestechlichkeit den Anschein von Sorglosigkeit, und seine Herrschaft bewies eher mediterranen als diktatorischen Charakter.

Die große Frage nach seinem Tod war nicht, wer der nächste Torrijos sein würde, sondern eher, wer am meisten „Torrijista" war. Wer würde der Tradition Torrijos' am treuesten folgen und sie noch lange nach dem Tod des Diktators am Leben erhalten?

Noriega war ein Spion, der sich in der dunstigen Finsternis der Spionage-Unterwelt am wohlsten fühlte, und doch stand er im Mittelpunkt der Spekulationen darüber, wer den Machtkampf nach dem Tod Torrijos' gewinnen würde.

Rangmäßig stand Noriega an vierter Stelle, hinter Oberst Florencio Flores, Oberst Rubén Darío Paredes und Oberst Armando Contreras. Der andere Konkurrent im Kampf um die Macht, Oberst Roberto Díaz Herrera, stand eine Stelle hinter Noriega, aber Díaz

Herrera war der politischste der Obersten, der enge Kontakte zu Linken und Gewerkschafts-Führern besaß und zusätzlich noch den Vorteil hatte, ein Cousin Torrijos' zu sein.

In typischer Diktatorenmanier hatte Torrijos keine Anweisungen betreffend seiner Nachfolge oder der Institutionen, die eine Veränderung erleichtern könnten, hinterlassen. Oberst Flores, Torrijos' Stabschef, übernahm die Verantwortung. Obwohl er der ranghöchste mögliche Nachfolger war, stellte Flores für die anderen Obersten, die berechtigte Ansprüche auf den Thron hatten, keine Bedrohung dar. Flores erwies sich als relativ schwach: Er führte die Nationalgarde – und damit Panama – nur während der folgenden acht Monate. Er zog Baseball und Basketball der Politik vor, und seine Kenntnis der Ergebnisse der American League überstieg seine Vertrautheit mit der panamaischen Politik. Er fühlte sich am wohlsten, wenn er mit Offizieren von niedrigerem Rang und Soldaten zusammen war, und mied Politiker und andere höhere Offiziere, die er richtigerweise als ihn umkreisende Haie betrachtete.

Als José Blandón, sein oberster politischer Ratgeber, vorschlug, daß Flores sich selbst zum General befördern sollte, um damit seine Position zu stärken, scheute Flores davor zurück. „Torrijos ist der einzige General in Panama, und niemand anderer kann diese Stellung einnehmen", sagte er. „Aus Respekt für Torrijos kann ich mich nicht befördern." Flores sah seine Aufgabe darin, Torrijos' Politik, seine Leute und seine Träume zu bewahren.

Flores hatte recht damit, seinen höheren Offizieren zu mißtrauen. General Paredes flüsterte den anderen Offizieren verschwörerisch zu, daß das Land einen Führer statt eines Museumswärters brauche. Andere Offiziere, die von einer Absetzung Flores' nur profitieren konnten, drängten Paredes dazu, zum Wohl des Landes zu handeln. „Sie betrachteten Flores als einen Mann, der in der Zeit, in der wir lebten, keine Führungspersönlichkeit sein konnte", sagte Paredes später. „Er konnte nicht so schnell Lösungen liefern, wie das Land sie gebraucht hätte." Paredes, der damalige Stabschef, verübelte es Flores auch, daß er von ihm nicht öfter um seinen Rat gebeten wurde.

Der gutaussehende und intelligente Paredes konnte sich viel besser ausdrücken und politischer denken als Flores, und er war während einer revolutionären Landreform Torrijos' Landwirtschaftsminister gewesen. Er war ein Mischling und stammte aus der Mittelklasse, und er fühlte sich in Gesellschaft weißer Zivilisten-Politiker wohler als mit seinen Offizierskollegen. Paredes war Pferdezüchter, was ihn in Berührung mit Angehörigen der höheren Klassen brachte, in deren Augen er sich Rechtmäßigkeit verschaffen wollte, indem er seine Uniform ablegte und als Zivilist das Land regierte. Paredes wollte den Übergang zur Demokratie, wie ihn Torrijos versprochen hatte, aber er wollte der Präsident sein, der ihn herbeiführte. Er betrachtete das Militär als die einzige Institution, die fähig war, Panama zu regieren, und sich selbst als den Mann, der diese Macht reibungslos an die Zivilisten übergeben können würde, wenn er seine Uniform ablegte. Aber erst mußte er Comandante werden.

Im verschwörerischen Klima Panamas mißtraute jedoch jeder der vier Obersten dem anderen – also arbeiteten sie einen drei Seiten langen Plan aus, der sie alle beschützen sollte. Paredes würde von 1981 bis 1983 Kommandant sein und danach zurücktreten, um bei der Präsidentschaftswahl von 1984 anzutreten. Contreras würde von 1985 bis 1987 regieren, Noriega von 1987 bis 1989 (dann würde wieder eine Präsidentschaftswahl stattfinden), und 1989 sollte Díaz Herrera übernehmen. Noriega war mit dieser Vereinbarung zufrieden, weil er während der ersten demokratischen Wahl des Landes seit 1968 das Militär führen und rechtzeitig abtreten würde, um 1989 für das Amt des Präsidenten zu kandidieren, wenn er das zu diesem Zeitpunkt wollte.

Die Vereinbarung verlieh General Paredes eine gewisse Unterstützung bei der Absetzung Flores' in einem Putsch, den man später als „Sitzungssaal-Staatsstreich" bezeichnen sollte. Noriega machte Paredes Mut und sprach sein Ego an, indem er ihm wiederholt zu verstehen gab, daß er der einzige Mann wäre, der das Militär und die Nation führen könne. Noriega setzte völlig verschiedene Methoden ein, die ganz spezifisch auf die Persönlichkeit jedes seiner Rivalen ausgerichtet waren. Paredes' Schwächen waren Eitelkeit und Ehrgeiz.

Am Morgen des geplanten Staatsstreichs war Noriega jedoch nirgends aufzufinden. Díaz Herrera rief Paredes um 4.30 Uhr an, um seine Besorgnis darüber auszudrükken, daß Noriega immer noch an Flores' Seite stehen und ihren Plan sabotieren könnte. Seine Ängste wurden um 6 Uhr noch stärker, als Noriegas von den Israelis ausgebildete Anti-Terror-Truppe UESAT eigentlich planmäßig die Comandancia umstellen hätte sollen, um Flores-treue Soldaten daran zu hindern, ihrem Kommandanten zu Hilfe zu kommen. Aber Noriega und seine Streitkräfte erschienen nicht. Die Putschisten warteten voller Nervosität auf ihn, versuchten erfolglos, ihn zu Hause und im Büro zu erreichen, und es dauerte bis kurz vor 7 Uhr, als Noriega schließlich ganz ruhig und entspannt ankam und der Angriff auf Flores gestartet wurde.

Heute bedauert Paredes, was er 1981 getan hat: „Flores war ein guter Mann, ein guter Bürger, aber ihm fehlte einfach das Zeug zum politischen Führer." Flores versuchte bei der Sitzung gar nicht erst zu diskutieren. Er wünschte den Offizieren schlicht und einfach Glück und bat sie, „an ihr Land und nicht nur an sich selbst zu denken". Flores merkte, daß individueller Ehrgeiz das Ziel Torrijos', die Macht nach und nach in die Hände von Zivilisten zu legen, ins Gegenteil verkehrte, und er warnte seine ranghohen Offiziere davor.

„Die UESAT hatte nur den unteren Teil der Comandancia umstellt", sagte Díaz Herrera. „Ich dachte immer, wenn Flores uns besiegt hätte, dann hätte die UESAT uns wahrscheinlich gleich verhaftet. Noriega war der einzige unter uns, der sich wieder einmal in eine Position manövriert hatte, wo er auf beiden Seiten gleichzeitig stand."

Der nächste Schritt bestand darin, Aristides Royo, Torrijos' Präsidenten, abzusetzen. Ein Jahr nach Torrijos' Tod teilte Paredes ihm mit, daß seine Amtszeit beendet sei und er ihn jetzt als Botschafter nach Spanien schicken würde. Er mußte seine eigenen Leute in Machtpositionen bringen, um so an die Präsidentschaft gelangen zu können. Royo verkniff sich ein Lächeln, als er ankündigte, daß er aus Gesundheitsgründen zurücktreten wolle. „Ich habe eine Halsentzündung", sagte er damals. „Ein General muß für mich sprechen." Paredes ersetzte ihn durch Ricardo de la Espriella.

Dann entfernte Paredes unabsichtlich die nächste Hürde für Noriegas Aufstieg, nämlich Stabschef Oberst Contreras. Indem er Contreras beschuldigte, ein Schwächling und Homosexueller zu sein, schob er ihn in eine Botschaft im Ausland ab. Noriega zeigte ihm den Weg dazu: Contreras konnte nach 25 Dienstjahren in den Ruhestand versetzt werden. Contreras widersetzte sich nicht; und Paredes war hocherfreut darüber, Noriega während seines Versuchs, Präsident zu werden, an der Spitze der Nationalgarde zu wissen – einen Mann, den er für loyaler, effizienter und vor allem fähiger hielt, die Nationalgarde zu mobilisieren, damit sie ihm eine Grundlage für die Wahl im Jahre 1984 schaffen konnte.

„Da steckt Paredes dahinter", entschuldigte sich Noriega, der wie immer auf allen Seiten zugleich stand, bei Contreras. „Ich werde es irgendwann wieder gutmachen."

Während seiner gesamten Karriere bestand Noriegas besondere Stärke in seiner Geduld und in der Gabe, seine Vorgesetzten glauben zu machen, daß er loyal wäre. Diese beiden Talente erwiesen sich in den zwei Jahren nach Torrijos' Tod als nützlich, als ein Rivale nach dem anderen auf der Strecke blieb. Noriega sagte häufig in lehrerhaftem Tonfall zu seinen ungeduldigen Freunden und Verbündeten, daß denen, die warten können, oft alle Möglichkeiten in den Schoß fallen. Probleme verschwinden oft, wenn man sich nicht mit ihnen befaßt, sagte er, oder andere Ereignisse können die Situation so verändern, daß die Probleme nicht mehr länger von Bedeutung sind. Nach Torrijos' Tod war Noriega klar, daß er, was sein Wissen und die Kontrolle über bestimmte Schlüssel-Kommandobereiche und Konsulate betraf, der mächtigste Offizier war. Seine Möglichkeiten, Waffen zu verkaufen und die sich damals entwickelnden Kontakte zu Drogenhändlern vergrößerten seine privaten Reichtümer und ermöglichten es ihm, sich noch mehr Freunde zu kaufen.

Sowohl Offiziere als auch Politiker fürchteten Noriega, und er erkannte, daß es für ihn nur von Vorteil sein konnte, wenn er dieses Image nährte. Bei einer wichtigen Sitzung, zu der Paredes seinen Generalstab und die wichtigsten Geschäftsleute des Landes einlud, war Noriega der einzige, der uniformiert erschien. Er setzte sich in die erste Reihe und machte sich ruhig, aber ziemlich heftig, Notizen über alles, was dort vorging. Während der drei Stunden dauernden Gespräche blickten die Geschäftsmänner immer wieder nervös auf den Geheimagenten, der jedes ihrer Worte mitschrieb. Dann überreichte er die Notizen umständlich einem seiner Assistenten und wies ihn an, sie für General Paredes abzutippen. Aber Noriegas Auftritt war nichts als Show gewesen: In Wirklichkeit hatte der Assistent mitgeschrieben, und Noriegas Notizblock war voll mit sinnlosem Gekritzel.

Am 12. August 1983 schied Paredes aus der Nationalgarde aus. Er plante, mit Noriegas Hilfe die Präsidentschaftswahl zu gewinnen und anschließend die militärische und politische Macht unter die Kontrolle der Zivilisten – d.h. seine – zu stellen. Er hatte bereits Verfassungsreformen durchgebracht, die die demokratischen Hoffnungen im Land gesteigert hatten, und er versicherte den amerikanischen Diplomaten, daß nur ein starker Mann es schaffen würde, die Macht des Militärs einzuschränken und sie an den zivilen Bereich zu übertragen.

Was Paredes nicht erkannte, war die Tatsache, daß Noriega das Militär bereits unter Kontrolle hatte und nicht vorhatte, es an einen Zivilisten zu übergeben – nicht einmal an Paredes. Er stärkte Noriegas Position sogar unabsichtlich, indem er ihn, bevor er überhaupt noch das Kommando übernahm, zum General ernannte und ihn damit in den gleichen Rang versetzte, den er innehatte. Es gab auch andere Offiziere, die mit Paredes' Plänen, die Macht des Militärs – und damit ihre eigene – zu verringern, gar nicht einverstanden waren.

Paredes' Sorgen bezüglich Noriegas Loyalität begannen sofort, als er die Feier sah, die Noriega bei der Übernahme des Befehls über die Nationalgarde für sich selbst gab. Noriega verwandelte Fort Amador und den dort von den Amerikanern errichteten Golfplatz in eine Bühne für seine „Krönung", ein Festival mit Militärparaden, Berittenen, schönen Frauen und amerikanischen Generälen. Militärmusik aus der Oper *Aida* dröhnte aus den Lautsprechern, als Noriega das Mikrophon ergriff, um seine „Antrittsrede" zu halten.

Noriega erhob mit einem Lächeln das Glas auf seinen früheren Chef und bedachte Paredes mit einem Fallschirmspringer-Trinkspruch: „*Buen salto*, Rubén" – Guten Sprung! Obwohl dieser Spruch damals aufrichtig gemeint schien, wurde er bald zum Lieblingswitz Panamas. Noriega, sagten die Panamaer, hatte Paredes ohne Fallschirm aus dem Flugzeug gestoßen.

Innerhalb der nächsten drei Wochen machte Noriega Paredes fertig. Er brachte die Linke gegen ihn auf, weil er einen Brief Castros vorzeigte, in dem dieser schrieb, daß Kuba alle diplomatischen und Geschäftsbeziehungen abbrechen würde, sollte Paredes gewählt werden. Er brachte Washington gegen ihn auf, indem er andeutete, daß ein ehemaliger General keine zivile, demokratische Herrschaft einführen könne.

Noriegas Taktik der Nadelstiche funktionierte. Die politischen Führer der Regierungspartei zogen ihre Unterstützung für Paredes' Kandidatur zurück und betrachteten Paredes als Bedrohung ihrer eigenen Macht, so wie das auch viele Geschäftsleute taten. Wieder benutzte Noriega andere dazu, seine Schmutzarbeit zu verrichten. Präsident Ricardo de la Espriella führte den zivilen Kampf gegen Paredes an. Noriega ermutigte Espriella in seiner fehlgeleiteten Ansicht, daß er nach der Beseitigung Paredes' bei der ersten Präsidentschaftswahl des Landes seit 16 Jahren antreten könnte. Noriega erzwang auch personelle Veränderungen im Kabinett, die Paredes Unterstützung kosteten. Díaz Herrera ließ Paredes wissen, daß der Generalstab nicht länger hinter ihm stand, sondern hinter Noriega. „Wir mußten ihn aufhalten, bevor er uns die Macht aus den Händen nahm", sagte Díaz Herrera. „Er wollte uns wieder in unsere Kasernen zurückschicken."

Noriega blieb bei alledem wieder im Hintergrund und zog an den richtigen Fäden. Paredes – wie so viele andere vor und nach ihm – hatte Noriega falsch eingeschätzt. „Ich glaubte, er würde mich nicht hintergehen können, weil er keinen anderen finden würde, der gewinnen konnte", sagt Paredes heute. „Sollten sie mir den Boden unter den Füßen wegziehen, dann würden sie schließlich ohne einen Kandidaten dastehen.

Die Macht in Panama ist wie eine Viper", sagt Paredes. „Du mußt sie ganz vorsichtig loslassen. Wenn du eine Viper unvorsichtig fallenläßt, dann dreht sie sich um und beißt dich. Ich habe einen großen Fehler gemacht, indem ich keine Angst vor der Viper hatte." Ohne militärische Unterstützung hatte Paredes' Kandidatur nie eine Chance.

Danach neutralisierte Noriega Paredes mit Hilfe seiner Söhne, die beide mit Noriegas Geschäftspartner und Freund César Rodriguez in den Drogenhandel verwickelt gewesen waren. Einer der Söhne Paredes' wurde später bei einem Anschlag in Medellín, an dem sein Vater Noriega die Schuld gab, zusammen mit Rodriguez getötet, der andere wurde eingesperrt, als Paredes begann, sich öffentlich gegen Noriega zu äußern.

Wir können deinen Sohn gut behandeln, sagte Noriega während der Haftzeit. Aber dafür mußt du den Kopf in deinen Arsch stecken und den Mund halten.

Zwei Jahre nach Torrijos' Tod hatte Noriega die drei Offiziere, die ranghöher als er waren, aus dem Weg manövriert und führte jetzt selbst die Nationalgarde. Viele der Verbündeten Torrijos' zeigten sich damals erleichtert, weil sie wußten, daß Noriega im Hintergrund als Beschützer Torrijos' tätig gewesen war und daß seine Dienste die Arbeit des Diktators erleichtert hatten.

Aber Noriegas Herrschaft in den darauffolgenden Monaten sollte sich sehr davon unterscheiden. Sogar die korruptesten Diktatoren sind normalerweise durch eine politische Ideologie oder einen Plan motiviert. Anastasio Somoza aus Nicaragua war vom Kampf gegen den Kommunismus besessen; Torrijos' Ziel bestand darin, der Oligarchie die Macht zu entreißen und um den Kanal zu kämpfen. Die einzigen Dinge, für die Noriega kämpfte, waren Geld und Macht.

Noriega triumphierte – der arme Junge aus den Barrios war Panamas militärischer Führer. Aber er war ein Comandante, der sich nicht besonders zu Politikern, Volkswirtschaftlern und Gesetzgebern hingezogen fühlte, in deren Anwesenheit er schüchtern und distanziert war. Noriega fühlte sich am wohlsten unter Verschwörern, Waffenschmugglern, Drogenhändlern, Prostituierten und Angehörigen der Unterwelt, die ihm während des vorangegangenen Jahrzehnts immer gut gedient hatten. Bei einer der Feiern, die er anläßlich seines Aufstiegs zur Macht veranstaltete, sprachen Enrique Carreras, der Politiker aus Costa Rica, Díaz Herrera und Noriega – alle betrunken – darüber, in welchem Zeitalter sie am liebsten gelebt hätten.

Der Costaricaner sagte, daß er das tiefste Mittelalter vorziehen würde, als keiner wußte, was im Umkreis von hundert Meilen um sein Dorf vorging. „Das wäre ein ungeheurer Vorteil gewesen, wenn man ein glückliches Leben suchte", sagte er.

Díaz Herrera sagte, er hätte gern während einer der chinesischen Dynastien gelebt – einer Zeit echter militärischer Disziplin und neugewonnener Seemacht. Die Herrscher achteten damals auf das Wohlergehen ihrer Soldaten.

Noriega jedoch zog die Zeit der amerikanischen Prohibition in den Appalachen vor. Die Familien arbeiteten von frühmorgens bis Sonnenuntergang in ihren Destillen, aber sie hielten gegen die Regierung zusammen und machten die Bundesagenten, die hinter ihnen her waren, zu Narren.

Das wichtigste Kennzeichen von Noriegas Führung, das wurde bereits in den ersten drei Monaten seiner Herrschaft deutlich, war der Wunsch, die wichtigsten Institutionen und Ministerien Panamas in der Art einer streng geführten Aktiengesellschaft zu kontrollieren.

Bei seinen Bemühungen, in der Mitte dieses Netzes zu sitzen, intensivierte Noriega gleichzeitig seine Kontakte zu den Kubanern, den Sandinisten, dem CIA, dem Pentagon und dem Medellín-Kartell. Noriega spielte kein doppeltes Spiel, sondern ein vier- und fünffaches. Er wurde von mindestens zehn Geheimdiensten aus der ganzen Welt bezahlt, behaupten Quellen aus dem amerikanischen Militärgeheimdienst, darunter solchen aus Kuba, Nicaragua, Israel, Taiwan, Frankreich, England und den USA. Die Regierung Reagan setzte ihn neuerlich auf die Gehaltsliste des CIA: Er konnte beim Kampf gegen die Sandinisten von Nutzen sein.

Noriega begann sofort damit, die Nationalgarde von einer lockeren, korrupten Organisation in ein streng geführtes Geschäft umzuwandeln. Er benannte sie in „Panamaische Verteidigungsstreitkräfte" um – dem Vorschlag seines Geschäftsfreunds und Beraters Michael Harari folgend, eines ehemaligen israelischen Mossad-Agenten, der Noriega mit Geschichten über die Israelischen Verteidigungsstreitkräfte den Mund wässrig gemacht hatte. Noriega verlieh Harari bei einem kleinen Mittagessen für geladene Freunde am Tag, als er zum Kommandanten ernannt wurde, einen Orden, und Harari stellte Noriega Pläne für die Organisation der PDF (Panamanian Defense Forces) und seine eigene persönliche Sicherheit zur Verfügung. Obwohl Harari später seine Wichtigkeit für den General leugnete, glauben Noriegas Freunde, daß er bei Noriegas Erfolg eine wichtige Rolle spielte.

Harari, ein silberhaariger Mann mit militärischer Haltung, war einer von Noriegas eifrigsten Freunden und brauchbarsten Unterstützern. Er sollte jener Berater werden, dem Noriega jetzt, als er das panamaische Militär und in gesteigertem Ausmaß das ganze Land führen mußte, am meisten vertraute – abgesehen von seinem eigenen Bruder. Außerdem verehrte Noriega abgöttisch das israelische Volk und sein Militär, und er wollte die Methoden dieses Landes kopieren.

Anfangs hatte es sich bei Hararis Versetzung nach Lateinamerika um ein politisches Exil gehandelt, nachdem ein verschleiertes Unglück fast seine Karriere beendet hätte. Er hatte einen israelischen Killertrupp in Norwegen geführt, dessen Ziel es war, die Morde des Schwarzen September an israelischen Sportlern bei der Olympiade 1972 in München zu rächen. Aber sie hatten versehentlich einen unschuldigen marokkanischen Kellner niedergeschossen. Premierministerin Golda Meir, zu der Harari ein gutes Verhältnis hatte, rettete den Mossad-Mann und machte ihn zum Leiter der Niederlassung in Mexico City. Harari baute einen guten Kontakt zu Torrijos auf, indem er zwischen ihm und seinem jüdischen Schwiegervater vermittelte, der die Heirat seiner Tochter Raquel mit einem panamaischen Diktator nie gutgeheißen hatte – er überzeugte Verteidigungsminister Yitzhak Rabin, einen Anruf zu tätigen, in dem er sich telefonisch für Torrijos einsetzte. Er diente Israel, indem er Geld und Unterstützung von betuchten Mitgliedern der ansehnlichen jüdischen Gemeinde Panamas organisierte – und durch Waffenhandel. Er besaß Torrijos' Vertrauen in einem solchen Ausmaß, daß er sogar 1979 ein Treffen besuchte, bei dem Hamilton Jordan, ein Assistent Präsident Carters, über Panamas Pläne sprach, dem Schah von Persien Exil zu gewähren. Harari sollte mit für die Sicherheit des Schahs garantieren.

Aber Harari hatte zu seinem Geheimdienstexperten-Kollegen Noriega ein viel besseres Verhältnis entwickelt als zu Torrijos. Er hatte Noriega mit militärischer Ausrüstung versorgt, gab ihm einfach alles – von Lauschvorrichtungen bis zu Lügendetektoren.

Anfang 1984, kurz nach dem Tod von General Noriegas älterem Bruder Luis Carlos, bezeichnete Noriega Harari als seinen „Mentor". Offiziell kündigte Harari in den späten Siebzigern bei der Mossad, aber er blieb in Panama City, wo er ein Import-Export-Geschäft betrieb, das sowohl Noriega als auch den Israelis diente.

Hararis offizielles Geschäft bestand darin, in Israel erzeugte Solarheizungen und landwirtschaftliche Geräte zu importieren, und zwar hauptsächlich für drei von Israelis gemanagte Farmen in Panama, auf denen Erdbeeren und Wassermelonen angebaut wurden. Er betrieb auch eine Firma namens Celidor – Celi für seine Tochter, die in der israelischen Armee gedient hatte, und Dor für seinen Sohn, den Piloten. Aber Geheimdienstberichten zufolge stammten seine echten Gewinne aus Waffengeschäften, die er in der Region abwickelte – oft mit dem Chef des Mossad-Büros in Guatemala, Passat Ben Or. Wenn Noriega einem panamaischen Zivilisten eine Nachricht zukommen lassen wollte und dabei zu vermeiden suchte, daß in seiner Tratschgesellschaft sofort jeder davon erfuhr, dann übermittelte Harari die Nachricht. Und Harari trainierte auch Noriegas Leibwächter, die mit Uzis - der berühmten Maschinenpistolenversion des israelischen Maschinengewehrs – bewaffnet waren. Noriega stand Harari schließlich so nahe – und empfand im allgemeinen soviel Respekt für die Israelis – daß er seine Tochter in die israelische Albert Einstein-Schule in Panama schickte, wo sie Hebräisch studierte.

Noriegas erster gesetzgeberischer Akt bestand darin, das „Gesetz 20" durchzuboxen, das Häfen, Flughäfen, die Einwanderungsbehörde und den Zoll unter militärische Kontrolle stellte, egal wer die Wahl von 1984 gewinnen würde. Das Gesetz verlieh den Präsidenten zwar das Recht, einen Militärkommandanten ihrer Wahl zu ernennen, aber es gestattete ihnen nicht, Noriega oder einen anderen amtierenden Comandante aus dem Amt zu entfernen. Das Gesetz unterstellte Armee, Luftwaffe, Marine, Kanal-Verteidigungstruppe, Polizei, Verkehrsabteilung und sogar die Einwanderungsbeamten der permanenten Kontrolle Noriegas. Er vergrößerte die Anzahl der Soldaten und militärischen Einheiten, bewilligte bessere Ausrüstung und Ausbildung für Anti-Terrorkommandos und Kriegsführung mit geringer Intensität, und führte weitere Militäreinrichtungen ein, besonders in Gegenden in der Nähe des Kanals. Außerdem erweiterte er die gemeinsame Ausbildung mit amerikanischen Streitkräften und schickte mehr Offiziere zu Abschlußkursen des US-Militärs.

Aber zur selben Zeit beschloß Noriega auch, seine Kuba- und Sandinista-Karten besser auszuspielen, als Torrijos das getan hatte, der wegen Castros plumper Einmischung in Managua wütend gewesen war.

„Torrijos stand sein eigenes Ego im Weg", sagte Ambler Moss, Washingtons Botschafter in Panama zur Zeit von Torrijos' Tod. „Noriega ließ sich von so etwas nicht aufhalten. Er ist ein Mensch ohne bestimmte Ideologie. Ihm fehlte Torrijos' messianischer Sinn für Bestimmung in der Welt. Er wird nur von zwei einfachen Prinzipien angetrieben: Macht und Geld."

Die Veränderung war vom Augenblick an, als Torrijos starb, offensichtlich. Noriega lud den kubanischen Spionagechef Manuel Piñeiro Losada, den man wegen seines roten Barts auch „Barba Roja" nannte, zu Torrijos' Begräbnis nach Panama ein.

Dann entzog er Torrijos' liebstem Nicaraguaner, Edén Pastora Gómez, jede Unterstützung, obwohl dieser gerade begonnen hatte, gegen die Sandinisten zu kämpfen. Noriega hatte ein weitaus besseres Verhältnis zu Tomás Borge, dem nicaraguanischen Innenminister und daher auch zum Aufseher aller geheimdienstlichen Operationen. Eine seiner ersten Handlungen nach Torrijos' Tod bestand darin, die Bedrohung, die Pastora für Borge darstellte, zu neutralisieren.

Am 7. Juli 1981, kurz vor Torrijos' Flugzeugabsturz, waren Pastora und etwa ein Dutzend anderer Männer, die mit ihm gegen Somoza gekämpft hatten, nach Panama gefahren. Pastora hatte dem Direktorium der Sandinisten erzählt, daß er sich revolutionären Guerillabewegungen in Guatemala oder El Salvador anschließen wolle. Aber stattdessen zog er in die Wohnung von Hugo Spadafora in Panama City. Auch Spadafora war ein Abenteurer, der mit seiner panamaischen Brigade an der Seite Pastoras in Nicaragua gekämpft hatte. Martín, einer von Torrijos' Söhnen, hatte mit 15 Jahren in Spadaforas Brigade gedient. Torrijos, der sowohl von seinem Sohn als auch von Spadafora beeinflußt war, wollte Pastora dabei helfen, in Nicaragua wieder Einfluß zu gewinnen und vielleicht sogar einen bewaffneten Kampf gegen die Sandinisten anzufangen.

Pastora glaubte, daß der „Unfall“ vom 31. Juli, bei dem Torrijos, sein wichtigster Unterstützer, getötet wurde, vom Direktorium der Sandinisten verursacht worden war. Pastora hatte vorgehabt, an genau diesem Tag mit Torrijos im Flugzeug unterwegs zu sein. Nach dem Absturz flüchteten er und Spadafora in Torrijos' Haus an der Küste von Farallon, in der Nähe des Stützpunkts Rio Ható. Noriega rief Pastora dort an, um ihm zu erzählen, daß der venezuelanische Präsident Carlos Andrés Pérez zum Begräbnis in die Stadt gekommen wäre und ihn in Panama City treffen wolle. Er schickte eine Maschine, die Pastora zurückholte; Spadafora mußte auf Noriegas Anweisung dortbleiben.

Als Pastora in einem anderen Torrijos-Haus in der Nähe des alten Golfclubs von Panama ankam, war er schockiert, dort nicht Andrés Pérez, sondern Noriega und Borge vorzufinden. Noriega hatte Pastora hereingelegt, um ihn nach Panama City zu locken. Pastora versuchte seine Unruhe zu verbergen, indem er Borge, seinen gefährlichsten Feind in Managua, umarmte. Castro wollte, daß Pastora Havanna besuchen solle, sagte Borge, und Noriega würde ihm das Flugzeug zur Verfügung stellen. Mit einem einzigen Streich hatte Noriega die Nicaragua-Politik Torrijos' in Richtung auf eine stärkere Unterstützung der Sandinisten – und der Kubaner – verändert. „Hätte ich Castros Einladung abgelehnt, dann wäre es mit mir vorbei gewesen“, sagte Pastora später. „Andererseits wußte ich, daß ich es – wenn ich sie annahm – schwer haben würde, Kuba wieder zu verlassen.“ Nach einigen Wochen Aufenthalt in Kuba gelang es Torrijos' Sohn Martin, Pastora herauszubringen, und zwar nach Caracas.

Noriegas Unterstützung der Sandinisten war ein deutlicher Bruch mit Pastora. „Es war ganz einfach“, sagt Botschafter Moss. „Borge besaß Macht und Pastora nicht. Gefühle standen Noriega nicht im Weg.“

Es ging nicht um Ideologien. Kurz danach unterstützte Noriega stillschweigend die Israelis bei ihren Bemühungen, den antisandinistischen Contras zu helfen, indem man sie mit Landebahnen und Ausbildungsplätzen ausstattete. Binnen weniger Monate nach

Torrijos' Tod knüpfte er außerdem engere – auch finanzielle – Kontakte zu den kolumbianischen Drogenhändlern, während er gleichzeitig immer mehr Drogenhändler der Drug Enforcement Administration auslieferte. Noriega baute eine verwirrende Zusammenstellung von Kontakten und Verbündeten auf, deren einzige Gemeinsamkeit darin bestand, daß sie alle Noriegas Macht, sein Einkommen und seinen Zugang zu Informationen vergrößerten.

Die Vereinigten Staaten kamen schon ziemlich bald hinter Noriegas doppeltes Spiel, glaubten jedoch andererseits immer seiner Behauptung, daß Washington von seinen Beziehungen am meisten profitierte. John Negroponte, Washingtons Botschafter in Honduras, wußte, daß Noriega die Schaltstelle für Nachrichten von Fidel Castro zu honduranischen Führungspersönlichkeiten war. Noriega stand Leonide Torres Arias, dem Leiter des honduranischen Geheimdiensts und einer Schlüsselstelle beim Ermöglichen der Contra-Hilfe, ebenso nahe wie dem damaligen kubanischen Innenminister José Abrantes, der für Castros Bemühungen zuständig war, die Contras zu untergraben. „Er hat schon immer auf beiden Seiten gespielt“, sagte Negroponte über Noriega.

Nachdem Noriega am 12. August 1983 die Rolle des Kommandanten übernommen hatte, handelte er schnell, um die Regierung für die Wahl im Mai 1984 vorzubereiten. Um das zu erreichen, wollte er eine größere Kontrolle über das Kabinett und die Präsidentschaft. Anfang 1984, auf einem Flug zwischen der Provinz Chiriquí und Panama City, machte Oberst Díaz Herrera dem Präsidenten de la Espriella klar, daß er abdanken müßte. Er hatte diesen Flug so inszeniert, daß die Familie des Präsidenten ihm in einem Hubschrauber nachkam. Díaz Herrera stellte klar, daß eine schnelle Rücktrittsentscheidung im Interesse der Familie von Präsident Ricardo de la Espriella läge. „Manchmal erledigen Drohungen einen Job prompter als Diplomatie“, sagte Díaz Herrera später.

Im selben Februar aber erlitt Noriega einen harten persönlichen Rückschlag, dessen Konsequenzen nur der innerste Kreis um ihn vollständig begriff. Sein Bruder Luis Carlos hatte einen Schmerz in der Brust gespürt, also setzte er sich in sein Auto und fuhr zum Krankenhaus. Er starb während der Fahrt an einem Herzanfall. Noriegas Berater, die Vaterfigur, der Freund, dem er vertraute, starb im Alter von 55 Jahren, zu einer Zeit, als der soeben zum General aufgestiegene Noriega seine Hilfe am dringendsten brauchte. Michael Harari, wahrscheinlich der einzige andere Mann, der Noriegas uneingeschränktes Vertrauen besaß, kam mit dem nächsten Flugzeug aus Israel, um das Begräbnis besuchen zu können, da er begriff, daß es jetzt galt, ein Vakuum zu füllen. „Mike, ich bin so froh, daß du jetzt hier bist“, sagte Louis Martínz, ein Freund von Luis Carlos. „Er wird dich jetzt mehr denn je brauchen. Luis Carlos hätte sich keine schlechtere Zeit zum Sterben aussuchen können.“

Noriega war jetzt auf sich selbst gestellt, als er die erste demokratische Wahl seit 16 Jahren in seinem Land vorbereitete – eine Wahl, die er nicht zu verlieren gedachte. Noriega erkannte aber, daß es, wenn er schon gezwungen war, die Wahl zu manipulieren, das beste wäre, wenn er einen Präsidentschaftskandidaten auswählte, der den Amerikanern gefiel. Dann würden sie sich wahrscheinlich wegen einiger gestohlener

Stimmen nicht gegen ihn stellen. Außerdem mußte er jemanden finden, der Torrijos nahegestanden hatte, um dessen Verbündete zu gewinnen.

Anfangs wandte sich Noriega an Fernando Manfredo, Torrijos' ehemaligen Handelsminister, der nur kandidieren wollte, wenn er alle Parteien hinter sich wüßte. Er wollte ohne einen Gegner ins Rennen gehen, nicht weil er gegen die Demokratie war, sondern weil er sich ausrechnete, daß dies der einzige Weg wäre, die nötige Stärke zu haben, sich gegen das Militär zu stellen. Manfredos Forderung war unakzeptabel, also wählte Noriegas Regierungspartei den Weltbank-Vizepräsidenten Nicholás Ardito Barletta aus. Barletta hatte auch Verbindungen zu Torrijos gehabt, unter dem er als Planungsminister gedient hatte. Er stand in einem nahen Verhältnis zu den Amerikanern und hatte auf der Universität in Chicago, an der Außenminister George Shultz unterrichtet hatte, seinen Doktortitel in Wirtschaftswissenschaft gemacht. Und Noriega stellte sich vor, daß Barlettas Kontakte zur internationalen Wirtschaft dabei behilflich sein würden, die steigenden Schulden Panamas – die höchste Pro-Kopf-Schuld in ganz Lateinamerika – zu überwinden und die kraftlose Wirtschaft des Landes zu retten.

Barletta wollte den Posten, aber nur unter der Voraussetzung, daß Noriega ihm bei seiner zivilen Herrschaft die volle Unterstützung der Verteidigungsstreitkräfte zusagte. Das tat Noriega. Barletta fragte Noriega dann, ob er versuchen könne, eine Koalition mit dem führenden antimilitaristischen Kandidaten des Landes, Arnulfo Arias Madrid, zu bilden, der dabei Vizepräsident werden sollte. Nach einer Sitzung von einer Stunde Dauer lehnte Arias diese Idee ab. Nachdem er bereits dreimal nach gesetzmäßigen Wahlen von seinem Posten entfernt worden war, wollte Arias es noch einmal auf eigene Faust versuchen. Also mußte Barletta gegen Arias antreten, von dem man behaupten konnte, daß er der beliebteste Mann des Landes war. Trotzdem schlug sich Barletta im Wahlkampf gut und schaffte es fast, ehrlich zu gewinnen, aber das Militär wollte kein Risiko eingehen. Arias hatte schon einmal versucht, die Nationalgarde aufzulösen, und man war sicher, daß er es wieder tun würde.

Noriegas Stabschef, Roberto Díaz Herrera, gelangte um 23 Uhr in der Wahlnacht zur Überzeugung, daß Barletta verlieren würde, und startete einen Plan, nach dem die Stimmenauszählung beendet und der Sieg mit illegalen Mitteln erreicht werden sollte. „Barletta war optimistischer und sagte, daß er gewonnen habe, aber unsere Daten stimmten damit nicht überein", sagte Díaz Herrera.

Für Barletta bedeutete ein Verlieren bei der Wahl nicht mehr als eine Rückkehr zu seinem Job bei der Weltbank oder in eine andere Position auf dem internationalen Finanzsektor, aber für Díaz Herrera und das Militär hatte ein Sieg größere Bedeutung. Díaz Herrera hatte die Mitglieder einer der Oppositionsparteien bereits bedroht, weil sie sich der Regierungskoalition nicht angeschlossen hatten, und er wußte, daß sie ihn im Falle ihres Sieges seiner Macht berauben und vielleicht sogar verhaften würden. „Ich war bereits gefährdet", sagte Díaz Herrera. „Ich mußte Barletta um jeden Preis und egal, wie riskant es war, zum Sieg verhelfen. Wenn Arnulfo gewonnen hätte, hätte er mich in die Hölle befördert."

Díaz Herrera hat das Gefühl, daß Noriega wahrscheinlich mit Arnulfo Arias irgendwie übereingekommen wäre, aber seinen Stabschef sicher nicht gerettet hätte. „Ich wußte, daß Noriega mich nie verteidigen würde", sagte Díaz Herrera. „Er würde niemand anderen verteidigen, wenn er selbst in Gefahr ist." Obwohl man also Noriega vorwirft, die Wahl von 1984 manipuliert zu haben, war es Díaz Herrera, der die Schmutzarbeit erledigte.

Noriega sanktionierte jedenfalls das Feuern seiner paramilitärischen Truppen auf Demonstranten der Opposition, die zum Justizpalast vorrückten, wo die Stimmen am Tag nach der Wahl ausgezählt wurden, wobei ein Demonstrant getötet und vierzig verletzt wurden. Das Militär hatte die Auszählung so verlangsamt, daß sie nur mehr im Kriechtempo vonstatten ging, und die Opposition hatte den Verdacht, daß da ein Schwindel im Gang war. Am späten Abend warnten bewaffnete Noriega-Anhänger, die Pistolen und Schrotflinten bei sich hatten, daß sie auf jeden schießen würden, der sich der Zählstelle nähere.

Der Präsident des Wahltribunals, César Quintero, trat von seinem Posten zurück, als er sah, was dort geschah. „Er war der einzige ernstzunehmende und respektable Mensch in dieser Gruppe", sagte Díaz Herrera. „Er war der einzige, den wir nicht bestechen konnten."

Ein anderer Mann, Rolando Murgas, Richter am Obersten Gerichtshof, hatte an der Universität von Panama bei Quintero Jus studiert und es widerstrebte ihm, die Wahl zu manipulieren. Díaz Herrera gibt an, Murgas persönlich 30 000 Dollar als Anzahlung überreicht zu haben, damit er Barlettas Sieg bestätigte. „Er war wie ein glitschiger Fisch, der mir aus den Händen schlüpfen wollte", sagte Díaz Herrera über Murgas. „Er ist ein sehr anständiger Mann, so wie ich – zumindest versuchen wir, anständig zu sein, aber dann kommt immer etwas dazwischen und wir schaffen es nicht." Díaz Herrera behauptet, daß die dritte Angehörige des Wahltribunals, Yolanda Pulice de Rodriguez, bereits vom Militär gekauft war und keine weitere Überredung mehr brauchte. Sie nannte als erste den endgültigen Vorsprung von 1713 Stimmen, mit dem Barletta gewonnen hatte. „Ich kann mich nicht daran erinnern, warum sie sich ausgerechnet diese Zahl ausgesucht hat", sagte Díaz Herrera. „Mir wäre ein größerer Vorsprung und eine Zahl, die nicht mit 13 aufhörte, lieber gewesen. Wie Sie ja wissen, ist die Zahl 13 ein Unglücksbringer." Díaz erzählte, daß in verschiedenen Provinzen – San Blas, Veraguas, Coclé, Colón und anderen – viele tausend abgegebene Stimmen geändert wurden.

Díaz Herrera sagte, daß das Militär anschließend vor anderen Problemen stand: Es fürchtete, daß Barlettas Ehrlichkeit ihn dazu veranlassen könnte, die Präsidentschaft abzulehnen, wenn er erfuhr, wieviele Stimmen man manipuliert hatte. Daher hielt ihn Díaz Herrera in sicherer Entfernung von diesem Unternehmen, und Barletta glaubt bis heute, daß er auch ohne die Stimmen, die die PDF für ihn manipuliert haben, gewonnen hätte. Mit peinlicher Genauigkeit überfliegt er Computerausdrucke, um sein Argument zu beweisen, und führt Videobänder seiner Wahlveranstaltungen vor, die demonstrieren sollen, wie groß die Menschenmengen waren, die ihm zujubeln kamen. „Ich glaube, daß Barletta von der Gruppe, die für ihn arbeitete, irregeführt wurde", sagte Díaz Herrera. „Er glaubte wirklich, daß er gewonnen hatte und brachte Akten und Dokumente mit, die bewiesen, daß er die Wahl ohne viel Schwindel für sich entschieden hatte. Aber wir machten ihn zum Präsidenten. Das hätte er nie vergessen dürfen."

Die anwesenden US-Geheimagenten hegten keinen Zweifel daran, wer gewonnen hatte.

Sie schickten Berichte nach Washington, aus denen hervorging, daß die Computer der Panamanian Defense Forces anzeigten, daß Arnulfo Arias mit einem Vorsprung von 66 000 Stimmen – in einem so kleinen Land ein sicherer Sieg – die Wahl gewonnen hatte. Tatsächlich befand sich ein Telegramm des Außenministeriums, in dem über den Schwindel berichtet wurde, in Außenminister George Shultz' Einsatzbuch, als er einige Wochen später zur Amtseinführung reiste. Das Außenministerium beschloß, über diese Gesetzesübertretung hinwegzusehen, zum Teil auch deshalb, weil Barletta ein ehemaliger Weltbank-Vizepräsident mit einem Dr. phil. der Universität von Chicago war, an der Shultz lange Zeit als Professor tätig gewesen war. Hohe amerikanische Funktionäre glaubten außerdem, daß Noriega nie zulassen würde, daß Arias dieses Amt bekleidete, also war die Wahl Barlettas anscheinend der beste Schritt auf dem Weg des Landes zur Demokratie.

Noriega konnte jedoch nur daraus schließen, daß er die Interessen der Amerikaner so gut gewahrt hatte, daß Washington nun auch die seinen wahrte. Aber Präsident Barletta sollte bald ein Problem darstellen. Noriega und seine Offiziere hatten das Gefühl, Barletta erschaffen zu haben. Und als sie ihr schändlichstes Verbrechen begingen, einen der brutalsten Morde in der Geschichte des Landes, rechneten sie nicht im geringsten damit, daß sich ihr scheinbarer Marionettenpräsident gegen sie wenden würde.

Kapitel neun

Die Ermordung Spadaforas

–Major Luis Córdoba: „Wir haben den tollwütigen Hund in unserer Gewalt."
–Noriega: „Und was tut man mit einem Hund, der Tollwut hat?"

– 13. SEPTEMBER 1985

Hugo Spadafora war der Anti-Noriega.

Spadafora war charismatisch und besaß das gute Aussehen eines Operntenors; Noriega war introvertiert und geradezu legendär abstoßend. Spadafora war optimistisch und konnte das Leben genießen – er kannte keine Angst. Noriegas Charakter war ebenso vernarbt wie sein pockennarbiges Gesicht – Paranoia und Mißtrauen folgten ihm immer wie riesige Schatten.

Spadafora war ein eleganter Arzt und Revolutionär. Er hatte an der Universität von Bologna seinen Abschluß in Medizin gemacht, und war dann in den Süden gereist, um sich den Guerillas anzuschließen, die für die Unabhängigkeit von Guinea-Bissau kämpften. Er hatte auch ein Buch über seine Eskapaden verfaßt – *Gedanken und Erfahrungen eines medizinischen Guerillas*–, das ihn zum Nationalhelden gemacht hatte. Noriega war die Medizinerausbildung verweigert worden, und seine einzige Kampferfahrung bestand in der Unterdrückung von drei oder vier Dutzend halbherzigen Guerilleros in den späten Sechzigern – eine Aktion, bei der er so brutale Folter anwendete, daß sie nach wie vor als Staatsgeheimnis behandelt wurde.

Spadafora war die Personifikation des lateinamerikanischen *macho*. Frauen waren geradezu verzückt, wenn sie ihn sahen, und die Männer wurden von Ehrfurcht befallen. Noriega hatte einen schlaffen Händedruck und viele seiner Bewegungen wirkten weibisch. Sogar sein Fallschirmspringen, Judo und Sporttauchen wirkten befangen, als würde er das alles nur tun, um sein Image zu verbessern und nicht, um eine nach Abenteuern dürstende Seele zu erfreuen.

Spadafora und Noriega lernten einander 1975 bei einer Karnevalsfeier in Colón kennen, der am ehesten karibischen Stadt Panamas, einem Ort, wo man zwanglos und unbefangen feiert. Noriega war der erfolgreiche junge Geheimdienstchef und der ranghöchste anwesende Offizier. Er schickte eine Nachricht an Spadaforas Tisch, daß er den berühmten Guerillakämpfer kennenlernen wolle, der vor kurzem stellvertretender Gesundheitsminister geworden war.

Sogar das lockere lateinamerikanische Protokoll erforderte es, daß Spadafora diese Einladung annahm. Aber Spadafora tanzte gerade mit seiner Frau und anderen attraktiven Frauen, und außerdem mochte er Noriega ohnehin nicht besonders. Er ignorierte dessen Wunsch. Jene, die Noriega damals am besten kannten, erzählten, daß er wie ein abgewiesener Freier reagierte. Freunde hatten den Eindruck, daß sich Noriegas homosexuelle Seite zu Spadaforas jungenhafter Ausgelassenheit und Lebenslust hingezogen fühlte. Noriega war eingeschnappt und verließ die Feier früh.

Spadafora war all das, was Noriega immer sein wollte.

Im Alter von 25 Jahren, während Noriegas erstem Jahr an der peruanischen Militärakademie in den späten fünfziger Jahren, hatte Spadafora ein Schiff nach Afrika bestiegen, um sich einer Guerillatruppe anzuschließen, die für die Unabhängigkeit Portugiesisch-Guineas kämpfte. Er hatte von linksstehenden Freunden in Italien von der Sache erfahren und an die sowjetische und kubanische Botschaft in Ägypten geschrieben, um seine Hilfe anzubieten. Als diese nicht antworteten, machte er sich einfach selbst auf den Weg.

„Was ihn am stolzesten machte, ist die Tatsache, daß er noch vor den Kubanern da war", erzählt Spadaforas Halbbruder Carmelo, ein Landarbeiter mit verwittertem Gesicht, schwieligen Händen und einem Händedruck wie ein Schraubstock. Die ganze Familie konnte Hugos Abenteuer nachempfinden. Wir liebten seine Verrücktheit. Wir sind eine komische Familie. Wir wollten alle mit ihm gehen."

1968 kehrte Hugo nach Panama zurück, um dort gegen Torrijos' „Revolution" zu kämpfen, die er für nichts anderes als eine schlecht getarnte Militärdiktatur hielt. Erst sperrte man ihn ein, aber dann schaffte es Torrijos mit seinem verführerischen Populismus, ihn zu bekehren und ernannte ihn zum stellvertretenden Gesundheitsminister. 1976 war er von der Bürokratie gelangweilt und so wütend über die Korruption innerhalb der Regierung, daß er eine Gruppe panamaischer Abenteurer rekrutierte, um mit ihr zusammen an der Seite der Sandinisten gegen Anastasio Somoza zu kämpfen.

Spadaforas Rebellen, die er die Victoriano Lorenzo-Brigade nannte, waren verbissene Unabhängige, die vor allem dem nicaraguanischen Widerstandsführer Edén Pastora Gómez, der auch als „Kommandant Zero" bekannt war, ergeben waren. Damals hatte er seinen ersten Zusammenstoß mit Noriega. Torrijos hatte Noriega zum Operationsleiter für die Unterstützung des Sandinista-Widerstands ernannt, und Noriega beschwerte sich darüber, daß Spadafora außerhalb seiner Kontrolle aktiv war.

„Die Victoriano Lorenzo-Brigade nimmt von keiner Regierung, nationalen oder internationalen Organisation Befehle entgegen – außer von der Sandinistischen Befreiungsfront, in die wir völlig integriert sind und der wir uns sowohl politisch als auch militärisch unterordnen", schrieb Spadafora über seine Bewegung. Diese seltsame Brigade wurde von Ideen motiviert, die sich aus Gedanken des panamaischen Nationalismus und des Marxismus sowie den Lehren des Revolutionsführers Amilcar Cabral aus Guinea-Bissau zusammensetzten.

Anschließend begann Spadafora Beweise gegen Noriega zu sammeln, da er glaubte, daß dieser bei den Waffenverkäufen an die Sandinisten in seine eigene Tasche wirtschaftete. Nach Somozas Sturz 1979 war Spadafora davon überzeugt, daß Noriega und der costaricanische Minister für öffentliche Sicherheit, Juan José „Johnny" Echeverría fette Gewinne machten, indem sie überschüssige Waffen verkauften, die in Voratslagern in Costa Rica aufbewahrt wurden. Spadafora war dieser panamaische Offizier zuwider, der eher wegen des Geldes als wegen der Sache an dem Kampf teilgenommen hatte, und jetzt sah er, daß die Korruption noch schlimmer wurde. Noriega benutzte die Piloten, Flugfelder und Waffenlieferanten, die man eingesetzt hatte, um den Sandinisten zu helfen, dazu, ein weitaus lukrativeres Waffen- und Drogenhandelsnetz aufzubauen.

Spadaforas Rivalität mit Noriega und die Anschuldigungen gegen ihn, die er laut ausgesprochen hatte, wurden so lästig, daß Torrijos den Guerillakämpfer im Januar 1981 zu einem Treffen in sein Büro bringen ließ.

José Blandón, der Diktatorssohn Martín Torrijos und Hauptmann Felipe Camargo waren anwesend. Spadafora warnte Torrijos, daß Noriega in einen unkontrollierbaren Korruptionsfall verwickelt war und sogar schon begonnen hatte, sich gegen ihn zu verschwören. „Omar, du mußt bei Noriega sehr vorsichtig sein", sagte Spadafora. „Noriega hat dich unter Kontrolle. Noriega steckt im Drogengeschäft. Noriega handelt mit Waffen. Noriega wird dich umbringen."

Torrijos arrangierte ein weiteres Treffen mit denselben Gästen, erweiterte dieses jedoch um Noriega, Rolando Armuelles Armudas und Rodolfo Miguel Espinoza.

Spadafora beschuldigte Noriega, mit Waffen und Drogen zu handeln. Er sagte, daß Noriega Informationen über die privaten Angelegenheiten der Menschen sammle, um sie damit erpressen zu können. Noriega war schockiert. Niemand hatte es je gewagt, so gegen ihn aufzutreten. Jeder wußte, daß Spadafora entweder den letzten Nagel in Noriegas Sarg geschlagen hatte – oder in seinen eigenen. Noriegas Verteidigung war ziemlich lahm, was Torrijos zur Ansicht brachte, daß er seinen Geheimdienstchef vielleicht nicht mehr ganz unter Kontrolle hatte. Später traf sich Torrijos mit Blandón, Armuelles und Spadafora, um mehr Einzelheiten zu erfahren.

Spadafora hatte ihm den Krieg erklärt, und dieser eskalierte sieben Monate später, nach Torrijos' Tod. Gleich nach Torrijos' Tod stellte Noriega nämlich Spadafora und einige andere in Torrijos' Residenz in Farallon unter Hausarrest. „Seine Grausamkeit richtete sich besonders gegen mich", erzählte Spadafora Radio Continente. „Er sperrte uns noch ein paar weitere Tage ein und hinderte mich so daran, das Begräbnis zu besuchen. Das war eindeutig ein Versuch, mich zu terrorisieren und mich seine Macht spüren zu lassen."

Spadafora war weltweit der erste Mensch, der Noriega öffentlich der Verwicklung in Drogengeschäfte beschuldigte, und er tat das lautstark und oft. Schön langsam wurde er für Noriega, das Drogenkartell von Medellín und – wie manche behaupten – auch für den CIA und seine heimliche Bewaffnung der Contras zur Bedrohung, weil er ganz offen über Noriegas Hilfestellung für die Israelis während der ersten Jahre des Contra-Kampfes sprach.

Die folgenden Berichte gelangten auf Noriegas Schreibtisch:

Am 21. Dezember 1981 erzählte Spadafora dem Oppositionsblatt *La Prensa*, daß Noriegas G-2 sich mit „willkürlichen Verhaftungen, Einschüchterungen und dem Versuch, politische Gruppen und Sektoren zu manipulieren“, befasse. Nie zuvor war der G-2 so offen vor der gesamten Gesellschaft Panamas beschuldigt worden.

Am 23. Dezember 1981 stellte Spadafora in Radio Continente völlig klar, daß es sich bei seinen Behauptungen nicht um Fehler gehandelt hatte: „Besonders möchte ich das Problem der Repressionen durch die G-2-Truppe der Nationalgarde betonen, die von Oberst Noriega geleitet wird ... Die Verfolgung durch Noriega, der jeder ausgesetzt war, mit dem er sich persönlich nicht verstand, richtete sich sowohl gegen Mitglieder des rechten als auch des linken Flügels; hier kennt er keine Diskriminierung. Von dem Zeitpunkt an, als er seine jetzige Stellung antrat, hat Oberst Noriega seine Macht gewohnheitsmäßig mißbraucht.“ Spadafora berichtete der Öffentlichkeit, daß Major Julian Borbua Melo vom G-2, der Noriega direkt unterstellt war, ihm eine Nachricht von seinem Boß hatte zukommen lassen: Wer sich mit ihm einließ, der ließ sich mit der Nationalgarde ein. „Ich glaube, daß Noriega der Nationalgarde sehr schadet, indem er nach Feinden sucht, wo gar keine existieren, wie er das in zahlreichen mir bekannten Fällen getan hat.“

Noriega antwortete darauf, indem er Zeitungsredakteure zwang, Artikel abzudrucken, die sich über Spadaforas Rolle im Krieg Nicaraguas lustig machten und andeuteten, daß er nur aus politischem Ehrgeiz handelte.

Am 18. Januar 1982 verurteilte Spadafora Noriegas Versuche, ihn einzuschüchtern. Er erzählte Radio Continente folgendes: „Noriega hat mir am 24. Dezember drei ‚Weihnachtsgeschenke‘ geschickt. Das erste wurde von Major Julian Melo überreicht, der meinen Freund Dr. Juliao anrief und ihn anwies, mich davon zu verständigen, daß ‚über mich Gericht gehalten und ich verurteilt worden sei‘. Später sagte Noriega selbst zu Dr. Juliao, daß ich vorsichtig sein sollte. ‚Hugo könnte jeden Tag etwas Tödliches zustoßen, und wenn er nur eine Gräte schluckt‘, sagte Noriega. Das dritte Geschenk wurde mir durch Mr. Rodolfo Miguel Espinoza überbracht, der ... meinen Brüdern Winston und Carmelo die Nachricht hinterließ, daß sie an diesem Tag nach mir suchten, um mir etwas anzutun.

Ich bin es leid, daß Oberstleutnant Noriega glaubt, er kann mit mir Katz-und-Maus spielen“, sagte Spadafora. „Denn wenn es etwas gibt, was ich nie war und nie sein werde, dann eine Maus. Also habe ich beschlossen, ihn wissen zu lassen, daß ich ebenfalls hinter ihm her bin; und zwar mit der Waffe der Wahrheit. Und ich habe seinem Freund Mr. Carlos Duque einen Besuch abgestattet, um ihn von etwas zu verständigen, was Noriega bisher nicht wußte: daß ich wegen Drogenhandels hinter ihm her bin, und daß ich auch schon bestimmte Beweise besitze –“

An diesem Punkt schaltete Noriega – wenn auch etwas zu spät – dem Sender den Strom ab. Es war das erste Mal, daß Noriega via Äther des Drogenhandels beschuldigt wurde.

Noriega versuchte, Spadafora zu schwächen, indem er seine Guerilla-Brigade für eigene Zwecke einsetzte. Im September 1982 rief er die ehemaligen Mitglieder der

Brigade zusammen, um politische Unterstützung für seinen Kampf gegen Präsidentschaftskandidat Paredes zu finden. Einige von ihnen schlossen sich ihm an. Noriega bot Spadafora sogar Geld an, wenn er auf seiner Seite mitmachen würde.

Aber Spadafora weigerte sich und redete weiter, sogar noch, nachdem Noriega Kommandant geworden war. Im März 1984 erzählte er *La Pensa*, daß er Noriega für „einen Pseudo-Kommandanten" hielt, „der mittels Verrat und Opportunismus zu der Stellung und dem Rang gelangt ist, den er jetzt innehat, was die Öffentlichkeit sehr wohl weiß. ... Ich habe mich durch viele Jahre hindurch als Freund der Garde erwiesen und halte es für notwendig, darauf hinzuweisen, daß es eine wirkliche Schande ist, daß heute ... die Uniform jedes einzelnen Mitglieds der Nationalgarde durch die Aktivitäten besudelt ist, die Noriega seit Jahren betreibt, und zu denen Dinge wie Drogenhandel, Waffenschmuggel und politische Manipulation gehören."

Spadaforas Worte klangen in diesem ängstlichen Land wie Donnerschläge. „Es ist höchste Zeit, daß wir laut ausrufen, daß es ein Grund zur nationalen Schande ist, wenn ein internationaler Drogenhändler als Repräsentant unseres Landes durch die Welt reist. ... Es gibt genug Leute, die über die Situation in unserem Land gut informiert sind, sich aber nicht trauen, öffentlich darüber zu sprechen. Nichtsdestotrotz – ich sage es, und alle sollen es hören: Noriega ist die Hauptperson, die für den Druck, die Intrigen, Geschäfte und Komplotte – mit einem Wort, für die Korruption – verantwortlich ist, die die Demokratie in unserem Lande verhindern." Dann deutete er an, daß Noriega am Tod Torrijos' beteiligt war – oder wenigstens sehr glücklich darüber war.

„Noriega war zum Zeitpunkt von Torrijos' Tod voller Groll gegen Torrijos; er wußte, daß er das Vertrauen Torrijos' verloren hatte, und daß er den G-2 nicht mehr länger führen sollte. Diese Tatsachen sind innerhalb der Nationalgarde gut bekannt."

Nachdem er drei Monate lang mit den Guerilleros in Nicaragua gekämpft hatte, kehrte Spadafora nach Panama zurück, um sich Noriega erneut vorzunehmen. Er erzählte *La Prensa*: „Ich habe mich mit einer Gruppe von Bürgern zusammengetan, die sich mit der Frage einer möglichen offiziellen Anklage gegen Manuel Antonio Noriega vor den Tribunalen der Justiz beschäftigen – wegen Machtmißbrauchs und voller Mittäterschaft beim Drogenhandel." Er sagte, daß ihm klar war, daß die panamaischen Gerichte kein Urteil gegen ihn fällen würden, also würden die gesammelten Beweise „dem obersten Richter unseres Landes" vorgelegt werden, „dem Volk".

Als man ihm die Frage stellte, warum er so verrückt war, angesichts eines solchen Risikos nach Panama zurückzukehren, erwiderte er: „An dem Tag, an dem es mir nicht mehr gestattet ist, in mein eigenes Land einzureisen und mich dort frei zu bewegen, werde ich an der Spitze eines Bataillons nach Panama kommen." Vier Tage später sagte er in Radio La Republica: „Der Friede unseres Landes ist wegen der kriminellen und repressiven Politik, die von Noriega und seinen ‚Groupies' ausgeübt wird, in Gefahr."

Spadafora hatte 1982 Panama verlassen und war in ein freiwilliges Exil gegangen, weil er Noriega fürchtete und es vorzog, sich Pastoras neuem Kampf gegen die Sandinisten anzuschließen. Nachdem er sich mit Pastora überworfen hatte, schloß er sich Miskito-Indianer-Rebellen an, die aus Costa Rica heraus operierten. Aber mittlerweile hatte sich Spadafora ganz eindeutig auf Noriega konzentriert.

Hugo Spadafora erzählte seiner Familie, daß sein Kampf gegen Noriega nichts als eine andere Form des Partisanenkampfes sei, der sein Markenzeichen geworden war. Am 13. September 1985 verließ er Costa Rica, um seine entscheidende Offensive zu starten. In seine Segeltuchtasche packte er einige Exemplare seines Buchs aus dem Jahre 1980. Diese würde er seinen Bewunderern schenken, und die Bücher würden ihn sofort identifizieren und es für seine Gegner schwieriger machen, ihn unbemerkt zu kidnappen.

Er hielt es immer für möglich, daß man ihn ermorden könnte. Er hatte sich mit César Rodriguez, Noriegas Geschäftspartner und Rauschgiftpilot angefreundet, der die Quelle für einen großen Teil der Informationen war, die er über Noriegas Unterwelt besaß. Rodriguez war sechs Monate zuvor in Medellín in Kolumbien ermordet worden. Spadafora glaubte, daß es sich bei Rodriguez' Ermordung um eine abgekartete Sache zwischen Killern aus der Drogenszene und Noriega gehandelt hatte.

Viele Wochen lang war Hugo von San José aus zwischen seinen beiden Fronten hin- und hergependelt: Er half den Miskito-Indianern in Nicaragua, die Sandinisten zu bekämpfen und führte in Panama seinen persönlichen Feldzug gegen Noriega. Der normalerweise optimistische Spadafora wußte, daß er in seinem Kampf gegen den General möglicherweise schon zu weit gegangen war, aber es gab kein Zurück. Jetzt wollte er endgültig nach Panama gehen – oder zumindest solange, bis Noriega gestürzt war. Aber sein Bruder Carmelo hörte in seiner Stimme etwas, das es nie zuvor in ihr gegeben hatte: Angst.

Ich fürchte mich, Melo, sagte er. Der Mann will mich umbringen.

Am 13. September 1985 machte Hugo Spadafora in der Morgendämmerung seine Yogaübungen und verewigte dann eine kurze Eintragung in sein vinylgebundenes, buchgroßes Tagebuch. Da er fürchtete, daß ihm wertvolle Aufzeichnungen gestohlen werden könnten oder daß man ihn möglicherweise verhaften würde, hatte er Kopien des Tagebuchs, in denen er auch seine Treffen mit DEA-Agenten aufzählte, an seinen Freund Joshua D'Baron geschickt. Er würde auf Umwegen per Sportflugzeug, Minibus und Taxi zur Grenze reisen und sie dann zu Fuß überqueren. Seine Frau schickte er mit dem Flugzeug nach Panama City.

Noch bevor er abfuhr, telefonierte er mit D'Baron, damals Oberfeldwebel bei der amerikanischen Armee, der die Freundschaft des Guerillakämpfers mit seiner unheimlichen Begabung für die Zauberei gewonnen hatte. Sergeant D'Baron hatte ein enges Verhältnis zu Spadaforas bestem Freund, Dr. Abdiel Juliao, entwickelt, weil sie beide an Santeria glaubten, eine kubanische schwarzmagische Religion, die ihre Wurzeln in Afrika hat. D'Baron war ein Babalao, das ist der höchste Santeria-Rang. „Das panamaische Volk steht wirklich auf Zauberei", sagt D'Baron, der aus einer Familie von Santeria-Anhängern in der Dominikanischen Republik stammt. „Sie stehen wirklich darauf. Und ich war der beste *brujo* [Zauberer] in Panama."

D'Baron spielte mit Muscheln und blickte in ein hinter einer Kerze stehendes Glas Wasser, um so in die Zukunft und in die Vergangenheit blicken zu können. Als er 1980 Spadafora kennenlernte, wußte D'Baron nicht, wer dieser war. „Sag' deinem Freund, er soll nicht nach Guatemala gehen", sagte er, „weil er dort umkommen wird." Niemand wußte von Spadaforas Geheimplänen, sich Edén Pastora in Guatemala anzuschließen,

George Bush leugnete, General Noriega je getroffen zu haben. Als dieses Bild aus dem Dezember 1976 erschien, erinnerte er sich plötzlich wieder.

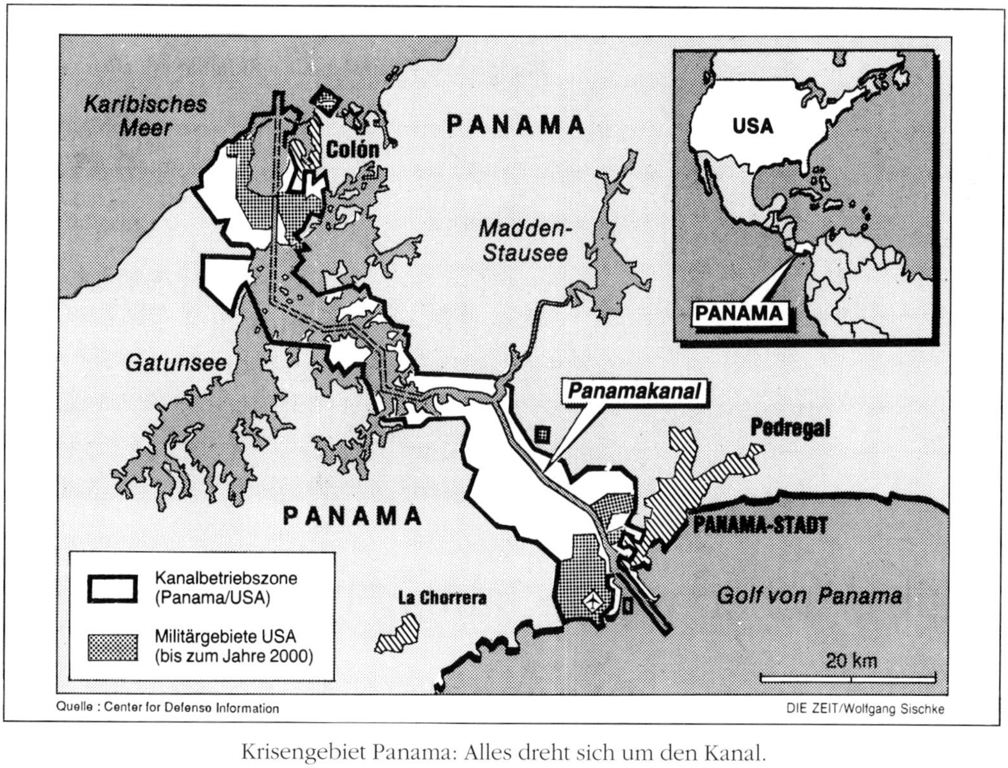

Krisengebiet Panama: Alles dreht sich um den Kanal.

Demagoge, Schürzenjäger, Volksheld, Tyranni: General Noriega im panamaischen Wahlkampf.

Oppositionskandidat Billy Ford, ein Todfeind Noriegas, wurde bei einer friedlichen Demonstration von paramilitärischen Truppen zusammengeschlagen und verhaftet.

Ob Staatsstreiche Erfolg hatten oder nicht: Sieger war immer das Militär.

30. Dezember 1989: Amerikanische Truppen marschieren in Panama ein …

… Sie zerstören Noriegas Hauptquartier, die militärische Führung des Landes ergibt sich den Amerikanern …

um dort eine neue Guerillabewegung zu gründen. „Woher wußten Sie das?“ fragte er ungläubig. Er sagte die Reise ab und begann D’Baron – wegen der magischen Kerze – „Candelo“ zu nennen.

Sie freundeten sich näher an. Spadafora stellte D’Baron seinen prominenten Freunden vor, unter anderem auch dem Vizepräsidenten von Guinea-Bissau. D’Baron machte mit Spadafora einen Nachtclub in Panama auf, der zugleich auch als Geldquelle für Guerilla-Aktivitäten der antisandinistischen Rebellen Edén Pastoras diente. Weiterhin sorgte D’Baron dafür, daß Spadafora einen monatlichen Gehaltsscheck erhielt. Der amerikanische Soldaten-Unternehmer sagte, daß er abgesehen von dem Nachtclub noch indirekter Eigentümer dreier Profiringer-Unternehmen war, die ihm bedeutende Gewinne einbrachten, von denen ein Teil auch Spadafora zugute kam.

Noriega befahl die Schließung des Nachtclubs. Die Armee berief D’Baron aus Panama ab und befragte ihn, wieviel Geld er an Pastora gesandt habe. Er wisse die genaue Summe nicht, behauptete er, aber es sei eine ganze Menge gewesen.

Nach einigen geschickten Manövern schaffte es D‘Baron, wieder nach Panama verpflichtet zu werden. Er besaß Kontakte im Pentagon, die an den richtigen Fäden zogen, und kehrte ironischerweise als Funktionär in der Abteilung Finanzen und Buchhaltung wieder. Diesmal blieb er nicht einmal einen Monat. Am 7. September rief er Hugo Spadafora an, der ankündigte, er würde nach Panama zurückkehren und dort eine wichtige Enthüllung machen. Spadafora sagte, er hätte mit „den Gringos“ von der DEA und vom CIA und mit Felix Rodriguez gesprochen, den er als CIA-Detektiv bezeichnete, der aus Washington gekommen war, um der Botschaft in Costa Rica einen Besuch abzustatten. Kennst du diesen Typen? fragte er D’Baron, der antwortete, daß er ihn nicht kannte. Ist er wirklich ein CIA-Agent?

Die DEA hatte Spadafora keinen Schutz angeboten. Der ortsansässige Agent sagte, daß ihm Spadaforas Informationen fragwürdig erschienen seien. Spadafora suchte also nach Erhärtungen seiner Informationen und weiteren Einzelheiten. Die DEA bot ihm keinen Schutz an, und er fürchtete nun, daß etwas über seinen Versuch, den USA Informationen zukommen zu lassen, zu Noriega durchgesickert war, der zur DEA in Panama enge Kontakte unterhielt.

Er versprach D‘Baron, daß er ihm eine ganze Ladung Beweise nach Panama bringen werde, damit er zur Sicherheit eine Kopie aufbewahren könne. Sollte Spadafora etwas passieren, dann würde es D’Barons Aufgabe sein, diese Papiere der Presse zu übergeben. Anfangs versuchte D’Baron, ihn von dieser Reise abzuhalten. Als er 1983 in Costa Rica einmal mit Spadafora zusammensaß, hatte D’Baron einen Kürbis mit Öl gefüllt und ihn dann zu Ehren des Heiligen Norberto, des Schutzheiligen des Kampfes und der Sicherheitsleute, angezündet. Dann hatte er Spadafora gesagt, er solle nie wieder die Grenze überqueren, weil man ihn sonst ermorden würde. Spadaforas Frau Aris erinnert sich noch heute an diesen Rat. D’Baron sah keinen Grund, seine ursprüngliche Warnung zurückzunehmen.

Aber nun bestand Spadafora auf seinem Vorhaben, also bot ihm D’Baron an, ihn mit seinem Auto an der Grenze abzuholen. „Es ist sicherer, wenn ich in einem vollen Bus reise“, sagte Spadafora. Spadafora hatte angefangen, Alpträume zu haben, daß Noriega ihn töten würde. Er trug eine kurzläufige 38er, die an seinem Bein angebracht war, aber er glaubte nie, daß sie ihm besonders viel helfen würde. Er glaubte, daß seine Ermordung unauffällig stattfinden würde, bei einem arrangierten Autounfall. Er hielt den Bus für ein wesentlich schwierigeres Angriffsziel.

Hugos Halbbruder Carmelo hörte an diesem Tag früher mit seiner Arbeit bei der Reisernte im Grenzort Progreso auf. Er hatte seinen Bruder stets um dessen Abenteuer beneidet und sich heimlich gewünscht, er hätte selbst als Guerilla gekämpft. Jetzt hatten die beiden Brüder ein Treffen im Restaurant y Café Los Mellos ausgemacht, einer Cantina im Freien, die an der Grenze von Panama zu Costa Rica von einem Freund der Familie betrieben wurde.

Aber Hugo war zu früh dran. Er hatte vergessen, daß Costa Rica Panama eine Stunde voraus war und war überrascht, als er auf der Wanduhr sah, wie früh es war. Die Zeiger der Uhr wiesen über einer Reklame für Viceroy-Zigaretten genau nach oben, auf Mittag. Seine eigene Uhr zeigte 13 Uhr. Er wollte nicht warten; Hugo betrachtete das Grenzgebiet als die gefährlichste Gegend Panamas und sagte dem Restaurantbesitzer, daß er sich Sorgen um seine Frau mache.

Außerdem erwartete Spadafora nicht, daß er den Schutz seines Bruders brauchen würde. An diesem Tag hatte auf den Straßen der Grenzstadt ein Grenzfestival begonnen, das die ganze Woche dauern sollte, und dieser Tag war ein Freitag. Die Wochenenden in Panama waren nicht die richtige Zeit für böse Taten, nicht einmal für Noriegas Gangster.

Ivan Garcia Gonzalez, der Restaurantbesitzer, begleitete Hugo zum Bus. Hugo überreichte ihm ein Exemplar seiner Memoiren. Da er ein Freund der Familie war, wies Garcia Gonzalez Spadafora nicht darauf hin, daß er ihm in der Vergangenheit bereits zwei Exemplare gegeben hatte. Als Carmelo zwei Stunden später ankam, erzählte ihm der Eigentümer – der auch als El Guapo, „der Gutaussehende", bekannt war – die ganze Geschichte. Carmelo zuckte die Achseln, trank auf dem Festival ein paar Gläser und machte sich dann auf den Weg zurück nach Panama City. „Ich schlief gut", sagte Carmelo. „Ich machte mir überhaupt keine Sorgen."

Aber am Samstag kam keine Nachricht von Hugo. Am Sonntag um 7 Uhr sorgte sich Hugos Vater so sehr, daß er etwas unternehmen wollte. Spadafora der Ältere rief seinen Sohn an.

„Melo, ich glaube, daß sie Hugo in Costa Rica erwischt haben", sagte der Vater zum Sohn.

„Ich bin sicher, daß Hugo über die Grenze gekommen ist", erwiderte sein Sohn.

„Du bist sicher?"

„Er ist hier in Panama. Ja. Ich bin sicher."

„Aber er ist nie hier angekommen. Kein Mensch hat ihn gesehen."

„Dann haben sie Hugo umgebracht", sagte der Sohn.

„Glaubst du das wirklich?"

„Ja."

„Ich will, daß du dir absolut sicher bist. Fahr' zur Grenze zurück und sprich mit ‚El Guapo'. Frag' ihn ganz genau aus, was sich abgespielt hat. Finde mehr heraus."

Am Sonntag, dem 15. September, erhielt Rodrigo Miranda einen Anruf von seinem Freund aus Panama City, dem Anwalt Diogenes Arosemena. Arosemena wollte, daß Miranda einen Habeas corpus-Antrag für die Leiche von Hugo Spadafora stellte, da er – mit Recht – annahm, daß Miranda der einzige Anwalt wäre, der mutig oder verrückt genug sein würde, sich mit Noriega anzulegen. Seit Noriega an der Macht war, hatte Miranda eine große Sammlung von Zwischenfällen zusammengestellt, die eine Eskalation von Menschenrechtsverletzungen dokumentierten.

Arosemena wollte, daß Miranda schriftliche Aussagen von den Leuten einholte, die Hugo als letzte gesehen hatten: der Restaurantbesitzer, die Buschauffeure, die Grenzbeamten. Carmelo und ein paar Freunde würden die Befragungen für Miranda erledigen.

Am Montag, dem 16. September, um 15 Uhr, war Miranda gerade dabei, ins Büro zu gehen, als Carmelo, Bürgermeister für den Bezirk David, und zwei weitere Freunde der Familie Spadafora mit den Abschriften langer Befragungen ankamen, die bewiesen, daß Hugo nach Panama eingereist war. Noch beunruhigender war die Tatsache, daß Spadafora mit Sicherheit von den PDF verfolgt und festgenommen worden war. Miranda brachte diese ausführlichen Aufzeichnungen in eine gesetzlich gültige Form, so daß sie als Beweis für Spadaforas willkürliche Verhaftung dienen konnten.

Als er gerade dabei war, das Dokument fertigzustellen, rief Hugos Vater an. Rodrigo konnte den Habeas corpus-Antrag vergessen. Spadafora war ermordet worden.

Miranda nahm den Anruf, wie alle seine Gespräche, auf Band auf. „Rodrigo, hör' auf zu arbeiten", sagte der Vater. „Man hat mich gerade aus Costa Rica angerufen. Seine Leiche ist in einem Leichenschauhaus in San José identifiziert worden. Und halt' dich gut fest, weil ich dir jetzt gleich etwas erzählen werde. Du bist der zweite Mensch nach mir, der von dieser Unmenschlichkeit erfährt. Man hat Hugo tot in einer Schlucht an der Grenze zu Panama gefunden, ohne Kopf, den haben ihm seine Mörder abgeschnitten." Der Körper war in einen amerikanischen Postsack gestopft worden. Und was noch schlimmer war – der Kopf konnte nie gefunden werden.

Der Autopsiebericht des Leichenbeschauers aus Costa Rica war trotz der trockenen anatomischen Sprache grauenvoll. Scharfe Gegenstände waren in die Haut unter Spadaforas Fingernägeln eingedrungen und man hatte seine Nägel entfernt. Sein Rücken war von Blutergüssen übersät. Zwei Rippen waren gebrochen. Seine Hoden waren geschwollen. Man hatte die Muskeln in seiner Leistengegend durchschnitten – „saubere, symmetrische Einschnitte" – ein geübter chirurgischer Eingriff, der homosexuelle Vergewaltigungen leichter machte. Bei der Autopsie stellte sich heraus, daß Spadaforas Rektum durch erzwungenes – wiederholtes und gewaltsames – Eindringen schwer deformiert war. Schließlich und endlich entdeckte man auch noch eine bedeutende Menge Blut in seinem Magen. Die Folterknechte hatten den Kopf vom Körper abgetrennt, als Hugo Spadafora noch am Leben war; der sterbende Körper hatte das Blut geschluckt.

Wäre Spadaforas Tod früher bekannt geworden, dann hätte Angst die Zeugen zum Schweigen gebracht, aber die Spadaforas besaßen schriftliche Aussagen, die gemacht wurden, bevor sich die Nachricht verbreitete, und sie hatten die Namen weiterer Zeugen, die sie noch kontaktieren konnten. Noriegas Gangster waren bei ihrem gemeinsten Verbrechen ertappt worden. Miranda rief den *La Prensa*-Kolumnisten Guillermo Sánchez-Borbón an, woraufhin am nächsten Tag viele der Details aus seinen ersten Befragungen in der Zeitung standen. Noriegas Leute zeigten sich schockiert darüber, daß Sánchez-Borbón so schnell so viel wußte und zogen den Schluß, daß amerikanische Agenten ihm diese Informationen übermittelt haben mußten.

Eine Kombination aus neuen Interviews und diesen ersten Aussagen, die von der Familie Spadafora und ihren Anwälten in Verstecken aufbewahrt wurden, zeichnet das folgende Bild vom letzten Tag im Leben Spadaforas:

– Der Restaurantbesitzer „El Guapo" berichtete Carmelo, daß ihm eine Sache Sorgen machte, als Spadafora den Bus in die Stadt David bestieg. Ein berüchtigter Offizier der Panamanian Defense Forces, Francisco Eliecer Gonzalez, stieg nach ihm ein. Gonzalez hatte den Spitznamen „Bruce Lee", den er eher wegen seines gewalttätigen Naturells als wegen seines überragenden Könnens im Kampfsport trug. Eliecer Gonzalez war ein Neger-Indianer-Mischling mit dunklen, wütenden Augen. Spadafora stieg gar nicht gern mit ihm gemeinsam in den halbleeren Bus, also ging er über die Straße zu einem vollen Bus, der kurz vor der Abfahrt stand. „Bruce Lee" machte es ihm nach. El Guapo schrieb sich das Kennzeichen auf: 4B-52. Er kannte den Chauffeur und seinen Gehilfen.

– Der Bus passierte zwei Kontrollpunkte, Jacu und Santa Marta: einer befand sich zwei Meilen südlich der Grenze und der andere sieben Meilen weiter. Die Beamten überprüften routinemäßig sämtliche Personalausweise, aber sie forderten Spadafora an beiden Kontrollpunkten auf, den Bus zu verlassen. Hugo war mittlerweile an diese Unannehmlichkeit gewöhnt. Sein Name befand sich auf einer Liste jener Leute, über die die Beamten an jedem Kontrollpunkt sofort Bericht erstatten mußten. Beim ersten Kontrollpunkt stieg Eliecer Gonzalez hinter Spadafora aus dem Bus und dann auch wieder ein. Beim zweiten Mal bewegte er sich nicht von seinem Sitz weg. Den anderen Passagieren machte diese kurze Verzögerung überhaupt nichts aus. Sie wußten, daß sie mit Hugo Spadafora unterwegs waren – mit dem romantischen Guerillakämpfer. Sie alle starrten ihn an und ein paar lächelten und unterhielten sich freundlich mit ihm – zumindest so freundlich, wie man sich in der Mittagshitze in einem Bus ohne Klimaanlage unterhalten konnte. Beim zweiten Kontrollpunkt winkte ihm ein Guerillero aus Nicaragua zu, der in einem anderen Bus in die Gegenrichtung fuhr. Die vielen Zeugen lassen die offiziellen Behauptungen, nach denen Spadafora nie nach Panama eingereist sei, lächerlich erscheinen.

– Spadafora verließ den Bus am Hauptplatz von Concepción. Die Busstation lag neben einem Zementgebäude, in dem sich eine Zahnklinik und ein Schustergeschäft befanden, und nur wenige Gehminuten die Avenida Centario hinunter lag das Hauptquartier der PDF. Hugo war von seinem Ziel, der Stadt David, nur mehr ein paar Kilometer entfernt, aber er wechselte oft die Busse, wenn er den Verdacht hatte, daß etwas nicht stimmte. Offensichtlich wollte er Eliecer Gonzalez abschütteln, bevor er im Hauptquartier der Fünften Zone ankam, die von Noriegas bösartigstem Freund, Major Luis Córdoba, kommandiert wurde.

Zeugen erinnern sich an die folgende Szene:

Gonzalez stieg aus und bestand darauf, daß Spadafora mit ihm käme. Spadafora protestierte und Gonzalez umklammerte den Griff von Spadaforas Aktentasche. Hugo hielt dann seinen Personalausweis in Richtung Bus, damit ihn jeder sehen konnte. „Ich bin Hugo Spadafora. Ich bin Hugo Spadafora. Dieser Mann von der Guardia nimmt mich fest." Stolz ging er vor Gonzalez auf das örtliche Hauptquartier zu, das mattweiß gestrichen war (seit damals wurde es in Tarnfarben neu bemalt). Der Gehilfe des Buschauffeurs rannte hinter ihm her. Hugo hatte vergessen, den Fahrpreis zu bezahlen. Verwirrt überreichte Hugo ihm eine Handvoll Münzen, wesentlich mehr als die verlangten 1 Dollar 20, und ging weiter die Avenida Centario hinunter, auf den PDF-Posten zu.

Carmelo war nicht überrascht darüber, daß sich sein Bruder nicht gegen die Verhaftung gewehrt hatte. Hugo war schon früher festgenommen und wieder entlassen worden, und er muß geglaubt haben, daß sie es nicht wagen würden, ihm etwas anzutun, wenn so viele Zeugen seine Festnahme beobachtet hatten. Und sie fingen nicht hier an, ihn zu schlagen, nicht in Concepción. Das dortige Hauptquartier ist von Privathäusern umgeben, und Gefangene werden dort nur selten verhört.

Zeugen behaupten, daß er die Reise in seinen Tod erst nach Einbruch der Dunkelheit antrat, als er auf dem Interamerican Highway, einer asphaltierten Landstraße, nach San Martín gebracht wurde. Von San Martín ging es auf einer anderen Landstraße weiter, parallel zum Interamerican Highway, nach Progreso. Der erste Halt war auf der Farm von Major Nivaldo Madriñan, dem Leiter der polizeilichen Ermittlungen, bei San Martín. Den Panamaern war Madriñan als einer der zwei oder drei brutalsten Assistenten Noriegas bekannt. Er war nach David geflogen, als er von Spadaforas Verhaftung erfahren hatte. Mindestens vierzehn Offiziere nahmen – zumindest zeitweise – am Verhör und der Folter teil. Die meisten gelangten in drei Toyota-Jeeps mit Vierradantrieb, die dem Ministerium für Landwirtschaft gehörten, zu Madriñans Farm. Auf der Farm begannen sie, Spadafora zu schlagen, dann brachten sie ihn zu einem nahegelegenen Strand. Ein Liebespaar, das sich dort hinter einem Busch versteckt hatte, als es die Autos kommen hörte, sah zu, wie Spadafora homosexuell vergewaltigt wurde. *La Prensa* druckte die Namen anderer Offiziere ab, die beteiligt waren.

Nachdem man ihn bereits schwer verprügelt hatte und er bewußtlos war, warf man Spadafora hinten in eines der Fahrzeuge und brachte ihn in ein kleines Dorf namens Corozo. Das ist eine ziemlich verlassene Gegend. Ein paar Jahre zuvor hatte man dort eine Berufsschule errichtet, die jedoch nie besonders erfolgreich war. An Wochenenden, zu der Zeit also, als man Spadafora dorthin brachte, war die Stadt fast verlassen. Zeugen sahen nur, wie man den Körper hineinschleppte – sie konnten nicht erkennen, ob er tot oder lebendig war. Aber sie sahen, daß der Körper immer noch einen Kopf besaß. Den Kopf trennte man also erst im Schulgebäude ab.

Als die Schüler am Montag wieder in die Schule kamen, waren sie überrascht, mehr Mitglieder der PDF in ihrer kleinen Stadt zu sehen als je zuvor – nämlich mehr als ein

Dutzend. Ein Hund buddelte wie besessen im nichtasphaltierten Hof vor einem der Schulgebäude. Einer der Männer, der eine grüne Uniform trug, ging zu dem Hund und erschoß ihn – vor den Augen des Schuldirektors und der Lehrer.

Unter den Einwohnern der Stadt geht das Gerücht, daß der Hund nach Spadaforas Kopf suchte. Aber es ist eher wahrscheinlich, daß er Blut roch. Hugos Bruder Carmelo behauptet, daß der Journalist Sánchez-Borbón von *La Prensa* für den Verlust des Kopfes verantwortlich sei. Dorfbewohner hatten Carmelo und Miranda gesagt, wo er sich befand, und Carmelo sammelte bereits Waffen und Männer, um ihn zu holen. Aber Miranda erwähnte den Standort Sánchez-Borbón gegenüber, und der nannte ihn in seinen Berichten.

Am Morgen, als die Zeitung erschien, schickten die PDF einen Traktor, der den Boden im gesamten Schulhof umgrub. Anscheinend wurde dabei der Kopf entfernt oder zerschmettert. „Sánchez-Borbón hat diese Information veröffentlicht, ohne uns etwas davon zu sagen", sagt Carmelo, der mit einer Gruppe Bewaffneter zu spät am Ort des Geschehens eintraf. „Ich halte das für einen großen Fehler. Sie löschten alles aus, was dort gewesen sein könnte und hinterließen keine Spuren."

Nach der Enthauptung warfen die Mörder den Rumpf in eine Schlucht bei Robalito, jenseits der Grenze in Costa Rica. Der Ort ist nicht viel mehr als 1000 Meter von Corozo entfernt.

Die Mörder reinigten sich und ihr Auto in einer Farm-Kooperative namens La Balsa. Ein Augenzeuge beobachtete sie von weitem, kam dann näher, nachdem die Autos wieder weg waren, und sah blutige Fußabdrücke. Er photographierte sie und zeigte sie Miranda.

Noriegas Freunde verstanden die ganze Angelegenheit nicht. Sie kannten Noriega, und das sah nicht nach seiner Arbeit aus. Im Gegensatz zu vielen anderen Diktatoren hatte Noriega politische Morde nie als Waffe sanktioniert, und die Unterdrückung Panamas unter seiner Herrschaft war relativ mild und gewaltlos gewesen. Aber Miranda wußte, daß Spadafora ein einzigartiges Problem für Noriega dargestellt hatte – ein Feind, der zuviel wußte und zuviel Mut hatte. Vielleicht hatte Noriega sogar seinen Kopf verlangt. Die Belohnungen, wenn man Noriega zufriedenstellte, waren immer groß. Und die Aktion würde auch allen anderen, die eventuell über ihre Verbindungen zu Noriegas Drogenmafia sprechen wollten, ein Zeichen geben.

„Als Strafverteidiger habe ich immer versucht, den kriminellen Verstand zu begreifen", sagte Miranda. „Aber diese Art von Verbrechen konnte ich nicht verstehen. Warum so viel Grausamkeit? Hugos Hoden wurden abgeschnürt und man durchschnitt die Sehnen seiner Schenkel, um die Vergewaltigung leichter zu machen. Sie schlugen ihn. Sie rissen ihm die Fingernägel aus. Das ist nicht Noriegas Handschrift, sondern die von Luis Córdoba, dem Garnisonskommandanten von Chiriquí – einem brutalen Menschen. Córdoba wollte sich einen Orden verdienen."

Die Familie Spadafora brachte Ankündigungen in Lokalzeitungen und im Radio, in denen sie um Informationen baten – und ein Zeuge nach dem anderen meldete sich.

Einer schlich sich auf den Rücksitz von Mirandas Auto und erschreckte ihn, als er gerade wegfahren wollte. Er war die eine Hälfte des Liebespaars am Strand, das Zeuge der Ereignisse geworden war.

Miranda verrechnete jedem neuen Klienten 20 Dollar für den ersten Besuch, und eine Frau bezahlte die Gebühr, bevor sie sagte, daß sie gekommen wäre, um ihm Informationen zu geben. Mitten in ihrer Aussage mußte sie eine Pause machen und sich erbrechen gehen, bevor sie weitersprechen konnte.

Zwei Geliebte der Mörder trafen sich heimlich mit Miranda. Eine hatte ihrem Priester gebeichtet, was sie wußte, und dieser hatte ihr vorgeschlagen, daß es wahrscheinlich das beste wäre, wenn sie es Miranda erzähle (er hatte ihr davon abgeraten, zur Polizei zu gehen).

Die andere Geliebte sagte, daß sie über die Spadafora-Sache nicht allzuviel wüßte, lieferte aber Informationen über einen anderen Mord, den ihr Liebhaber zusammen mit anderen PDF-Offizieren einen Monat zuvor ausgeführt hatte. „Ich leide darunter", sagte sie. „Ich bin Katholikin."

Nachdem *La Prensa* die Namen des Buschauffeurs und seines Gehilfen veröffentlicht hatte, die Spadaforas Ankunft in Panama und seine Festnahme durch „Bruce Lee" bestätigt hatten, holten die PDF die beiden zum Verhör. Man fragte sie nach den Namen all jener, von denen sie wußten, daß sie sich im Bus befunden hatten. Danach leugneten die Buschauffeure, daß Spadafora jemals in ihr Fahrzeug eingestiegen wäre. Nach einer Fürsprache durch die Familie Spadafora sagte die Gewerkschaft der Buschauffeure, daß sie sich um die Verteidigung der beiden Fahrer kümmern würde. Von da an sagten sie wieder die Wahrheit: Spadafora war eingestiegen. Noriega brachte die Chauffeure jedoch erneut zum Schweigen: Sie wurden zu Landarbeiterjobs versetzt, wo die Gewerkschaft sie nicht mehr beschützen konnte.

Die PDF brachten die anderen Zeugen zum Schweigen. Eine Frau, die im Bus gesessen war, dachte, sie wäre schon zu alt, um noch von den PDF belästigt zu werden. Sie wurde geköpft. Man beschuldigte einen bekannten Alkoholiker des Mordes an ihr und steckte ihn ins Gefängnis, aber der Fall gelangte nie vor Gericht.

Andere Businsassen und Fahrer verloren nach Kontaktaufnahme durch die PDF plötzlich ihr Gedächtnis.

Und das Alibi der Soldaten? Na klar, sie waren gar nicht da, sondern übten in Bugavita, zwei Meilen außerhalb von Concepción, gerade Zielschießen. Einer sagte für den anderen als Zeuge aus. Aber keiner der Dorfbewohner hörte am Tag der Ermordung irgendwelche Schüsse oder sah auch nur einen Soldaten.

„Die Beweise existierten, die Augenzeugen existieren, das einzige, was nicht existierte, war ein Rechtssystem, das der Sache auf den Grund gehen konnte", sagte Miranda. Nach Noriegas Absetzung, so hoffte Miranda, würde er die einzelnen Teile des Falles neu zusammensetzen können.

Während der Jahre von Noriegas Herrschaft wies Miranda sämtliche Zeugen an, zu schweigen – und nicht einmal Freunden gegenüber etwas zu sagen. Eines Tages würden sie vielleicht vor Gericht aussagen können, aber damit das möglich war, mußten sie darauf achten, am Leben zu bleiben.

Nur Miranda hielt sich nicht an seinen eigenen Rat. Er erzählte alles.

Irgendwann rief Córdoba Miranda an. „Wissen Sie, wer hier spricht?“ fragte Córdoba. „Ihre Tage sind gezählt.“

„Sie sind ein Feigling“, entgegnete Miranda und legte auf. Er hatte das Gespräch aufgezeichnet und rief Córdoba zurück, um ihm das Band vorzuspielen. Schon vor Spadaforas Tod hatten Córdobas Männer Mirandas Toyota mit einer Brandbombe zerstört. Damals war er aus dem Haus gerannt, um auf sie zu schießen. Später, im Oktober 1987, als Miranda noch mehr Informationen für einen Bericht über die Menschenrechte sammelte, feuerten drei Männer mit Maschinenpistolen wahllos auf seine Ställe. Eines seiner Pferde starb.

„Es ist wie immer im Leben“, sagte er. „Irgendwann kommt der Moment, von dem an man keine Angst mehr hat. Mein Tod wäre manche Leute politisch sehr teuer zu stehen gekommen. Ich zog es vor, im Widerstand und vor vielen Leuten zu sterben, wenn sie mich erwischen sollten, als so zu sterben wie Hugo Spadafora.“

Für Miranda stellte der Fall Spadafora nur den Höhepunkt in einer Eskalation der Repression dar. Menschenrechtsorganisationen berichten, daß die Verstöße nach Torrijos' Tod 1981 zunahmen und noch weiter anstiegen, als Noriega im August 1983 das Kommando übernahm; aber erst ein Jahr danach begannen sie sich zu vervielfachen, als der Wahlschwindel und Probleme mit den Führern des Drogenkartells die Führerschaft Noriegas immer verwundbarer machten. Am 17 Mai 1984, kurz nach der Wahl, nahmen Soldaten Edwin Eredia Amaya fest, da sie ihn für ein Mitglied der Guerillatruppe hielten, die Hugo Spadafora angeblich gerade organisierte. Sein Leichnam wurde nie gefunden.

Am 20. und 25. Mai feuerten unbekannte Schützen auf das Haus eines oppositionellen Mitglieds der gesetzgebenden Körperschaft, Bertilo Mejía, eines Christdemokraten, der mit großer Mehrheit gewählt worden war, und auf Oppositionsführer Edgar A. De Puy. Paramilitärische Truppen beschossen außerdem die Klinik des Zahnarztes und Oppositionellen Luis B. de Arrco.

Zwei Monate später erschossen Bewaffnete Natividad Gonzalez. Beim Pokerspiel mit einem ortsansässigen Farmer erzählte man Major Córdoba, daß Gonzalez, ein Landarbeiter, 1969 und 1970 als Guerillero gegen das Regime gekämpft hatte. In der darauffolgenden Nacht klopfte jemand an die Tür des Bauern und schoß ihm mit einer großkalibrigen Waffe durch die Brust. Das Verbrechen wurde nie untersucht.

Im August 1984 fand man die schwer verstümmelte Leiche von Diomedes Gonzalez am Rand der Straße von Volcan nach Cerro Punto. Auch er war ein Guerillero gewesen, der gegen das Militär gekämpft hatte. Und wieder wurde das Verbrechen nicht untersucht.

Im Mai 1985 zerstörten Brandbomben das Moisés Clinical Laboratory und die Chicas-Boutique, zwei Geschäfte, die man mit Oppositionsbewegungen in Verbindung brachte. Die Eigentümer des Labors waren Anführer einer neuen Bürgerrechtsbewegung, die angetreten war, den moralischen Verfall Panamas aufzuhalten.

Im August 1985 wurde der oppositionelle Arzt Mauro Zuñiga, der Nationaldirektor eben dieser Bürgerrechtsbewegung namens Cocina, in einem belebten Restaurant in Santiago de Veraguas verhaftet. Er wurde von paramilitärischen Einheiten auf dem vielbefahrenen Interamerican Highway nach Chiriquí gebracht. Während der Fahrt wurde er gefoltert und auf dem Rücken mit dem Initialen F-8 gezeichnet. Diese Initialen sollten später auf dem kopflosen Rumpf Spadaforas wieder auftauchen. Zuñiga wurde nicht ermordet, sondern stattdessen in der Einfahrt zur Siedlung Remedios abgeladen, von wo aus ihn Passanten in ein Krankenhaus in David brachten. Geheimdienstliche Quellen entdeckten später, daß es sich bei der F-8 um eine Gruppe von Noriegas Leuten handelte, der er größtes Vertrauen schenkte – eine Geheimgesellschaft, die durch Mord, Folter, Drogen und illegale Geschäftsverbindungen zusammengehalten wurde.

Für die Familie Spadafora waren die Qualen nicht vorbei. Zwei Monate nach dem Tod seines Sohnes ging Hugos Vater mit seiner Kampagne für Gerechtigkeit in die Provinz Chiriquí. Er war einer der wenigen ehrlichen Politiker im Lande, ein Bürgermeister und später Gouverneur in der Provinz Chitré. Als ein von Armut geplagter Freund ihn einmal bat, ein Strafmandat rückgängig zu machen, weigerte sich Carmelo, sen. Er bezahlte die Strafe selbst.

Hugo war das Herz und die Seele seiner Familie – eines italienisch-panamaischen Clans aus zwei Schwestern und drei Brüdern – gewesen. „Er ist zwar ein bißchen verrückt, aber das ist schon in Ordnung“, sagte Carmelo, sen. immer zu seinen anderen Kindern, wenn sie über Hugo sprachen. Hugos Vater würde keine Ruhe finden, bevor die Mörder nicht bestraft würden.

Carmelo, sen. war geradezu besessen davon, Hugos Kopf zu finden. Anfangs weigerte er sich, den Körper nach der Begräbniszeremonie in der Don Bosco-Kirche zu begraben, bevor der Kopf gefunden war. Seine Kinder versuchten ihn mit Dominospielen etwas abzulenken, aber er hob nur die Spielsteine auf und murmelte immer wieder: „Wo ist der Kopf, wo ist der Kopf?“ Manchmal hörte er mitten während einer Mahlzeit zu essen auf und fragte seinen Sohn Carmelo, jun.: „Wo ist der Kopf?“

Trotz einer Herzkrankheit reiste er durchs ganze Land, um Unterstützung bei seinem Vorhaben zu finden, die Mörder ihrer gerechten Strafe zuzuführen. Präsident Eric Arturo Delvalle lehnte es ab, ihm zu helfen; und das brachte Spadafora dazu, noch härter daran zu arbeiten. Sein Arzt riet ihm aufzupassen, aber der Tod seines Sohnes machte ihm das unmöglich. Dennoch war der Kampf zuviel für sein schwaches Herz. Bevor er zu einer versammelten Menge von 3 000 Menschen sprechen konnte, die sich in der Kulturhalle von David versammelt hatten, starb er in den Armen seines Sohnes. Carmelo, jun. betrachtete den Tod seines Vaters ebenso als Mord wie den seines Bruders.

„Als ich ihn begrub, wollte ich eine Vendetta anfangen“, sagte er. „Aber jetzt ist mir einfach schlecht. Diese Ohnmacht zu spüren ist das schlimmste, was es auf der Welt gibt, und genau das ist es, was ich spürte. Ich hoffe, sein Tod lastet auf Delvalles Gewissen.“

Noriega brachte Freunde der Familie davon ab, ihr zu helfen. Es gab nur wenige, die Carmelo, jun. beschäftigen wollten, und Noriegas Leute beschatteten ihn ununterbrochen. Restaurantbesitzer wurden verhört, nachdem er bei ihnen gegessen hatte. Seinen Freunden riet man, nicht in einem Auto mit ihm zu fahren, weil er möglicherweise einen Unfall haben könnte. Hugos Bruder Winston, ein Rechtsanwalt, war beim Kampf gegen Noriega der Aktivste gewesen; aber wenn Freunde ihm in Panama Fälle übergaben, mußten sie feststellen, daß es viel länger dauerte, bis diese vor Gericht kamen und daß sie oft erfolglos ausgingen. Als Hugos Schwester bei einem Unfall einen anderen Autofahrer tötete, brachte die von der Regierung kontrollierte Zeitung die Story auf der Titelseite und nannte sie eine „Mörderin", die ihren Zorn an anderen ausließ.

„Die Familie stand allein", sagte Carmelo. „Nur wenige unserer Freunde konnten dem Druck der PDF standhalten."

Heute stirbt Carmelo, jun. langsam an Krebs.

Carmelo fragte sich auch, warum ihnen Washington nicht zu Hilfe kam, obwohl es so schien, als wüßten die Amerikaner, was geschehen war. Zwei ehemalige Geheimdienstbeamte, die Panama zu dieser Zeit überwachten, haben die Existenz eines Tonbands bestätigt, auf dem ein Telefongespräch zwischen Noriega in Paris und einem seiner Offiziere in Panama am Abend der Ermordung aufgezeichnet wurde. Der Anruf fand etwa um Mitternacht Pariser Ortszeit statt.

Anrufe für Noriega wurden via Satellit von Noriegas Haus in Panama City aus weitergeleitet, damit all jene, die seine Schlafzimmer-Nummer besaßen, ihn überall in der ganzen Welt erreichen konnten. Andererseits machte die Verwendung dieser Telefonverbindung, die Noriega von den Amerikanern zur Verfügung gestellt bekommen hatte, sie auch anfällig für Abhöraktionen.

Eine Stimme, die wie die von Córdoba klang, sagte: „Wir haben den tollwütigen Hund in unserer Gewalt."

Noriegas Stimme ist leichter erkennbar: „Und was tut man mit einem tollwütigen Hund?"

Die Antwort ist ganz offensichtlich: ihn vernichten.

Aber warum wurde Spadafora geköpft?

Die Panamaer führen Noriegas Glauben an Voodoo als eine mögliche Erklärung an. In den unteren Klassen, aus denen sich ein Großteil der Panamaian Defense Force zusammensetzt, ist der Aberglaube weit verbreitet. Einige Panamaer nehmen an, daß Noriega glaubte, ein Opfer könne nicht zurückkehren, um seinen Mörder zu verfolgen, wenn man den Kopf vom Körper abtrennte.

Noriega, ein abergläubischer Mann, stellt sich mit Sicherheit einige Fragen. In den Augen der meisten Panamaer war der schreckliche Tod Hugo Spadaforas Noriegas erster schicksalshafter Fehler auf dem Weg zu seinem Untergang. Er wollte nie über dieses Thema sprechen und seine Berater wagten nicht, es auch nur zu erwähnen. Aber einmal, als Noriega betrunken war, erzählte er einem guten Freund, daß ihm manchmal in seinen Alpträumen Hugos Rumpf erscheine. Dieser jagte ihn durch eine schwer zu beschreibende Straße. Egal wie schnell er lief, er konnte nicht entkommen. Seine Füße wurden schwerer und schwerer, und Hugo hatte ihn fast schon eingeholt. Noriega sagte, daß er immer erwache, bevor Spadaforas Rumpf ihn erreiche.

Was kann dieser Traum nur bedeuten? fragte er seinen Freund.

Dann wechselte Noriega das Thema. Er wollte die Antwort nicht hören.

Kapitel zehn

Der Sturz Barlettas

Hören Sie mir zu: Der Tag wird kommen, an dem Sie bereuen werden, was sie jetzt tun. Denken Sie an meine Worte.
– PRÄSIDENT BARLETTA ZU NORIEGA, 27. September 1985

Eine Woche nach der Enthauptung Hugo Spadaforas ließ Manuel Antonio Noriega in Genf sein Gesicht medizinisch behandeln. Er hatte sich dafür entschieden, in Europa darauf zu warten, daß der politische Sturm vorüberginge – eine für ihn typische Reaktion. Der General rechnete sich aus, daß seine Unschuld dadurch bewiesen würde, wenn er nicht sofort zurück in sein Land eilte, und daß außerdem die Last, die Krise zu bewältigen, so auf seine Untergebenen abgeladen würde.

Außerdem konnte Noriega in der Schweiz seinen beiden Leidenschaften nachgehen: Geld und Dermatologie. Sowohl sein wichtigster Finanzfachmann als auch sein liebster Hautarzt arbeiteten in Genf. Seine vertraute Beraterin und Finanzbuchhalterin Teresita Chishan hatte die Verabredungen für ihn getroffen. Noriega hatte schon jede Salbe und alle möglichen Ärzte in Amerika und Europa ausprobiert, um seine pockennarbige Haut zu reparieren, da er davon überzeugt war, daß seine Erscheinung der Grund für seine politischen Probleme war. Schönheitschirurgen hatten gemeint, daß das Problem zu weitreichend wäre, um es durch eine Operation beheben zu können. Wundersalben aus der Schweiz schienen zeitweilig zu helfen, aber er mußte oft zu Behandlungen dorthin reisen.

Oberst Marco Justine lieferte regelmäßig Berichte über die Spadafora-Situation an Noriega – manchmal fünf oder mehr pro Tag. Am Samstag, dem 21. September, berichtete er Noriega, daß Präsident Nicholás Ardito Barletta plane, eine unabhängige Kommission zur Untersuchung des Mordes einzurichten. Barletta war lange Zeit mit Spadaforas Vater befreundet gewesen. Justine erzählte Noriega, daß Barletta enttäuscht sei, weil er bis jetzt nicht mit Noriega habe sprechen können. Barletta bestand auf einem Gespräch, bevor er am Montag zur Generalversammlung der Vereinten Nationen abreisen würde.

Barletta war ein für die Panamaer untypischer Präsident, und er hatte sich während des einen Jahres seiner Herrschaft durch seine Standhaftigkeit und Ehrlichkeit mit geradezu erschreckendem Tempo Feinde gemacht. Seine Arroganz machte es schwer, ihn über die byzantinischen Erfordernisse zu beraten, die dazu gehörten, ein Land wie Panama zu regieren – dazu gehörten auch Besprechungen in Hinterzimmern und eine Korruption, deren Ausmaß Barletta verblüffte. Weiterhin erwartete er preußische Charakterzüge von seinen lateinamerikanischen Untergebenen, die nicht daran gewöhnt waren, einen Chef zu haben, der sie antrieb und wollte, daß sie früh zur Arbeit kämen und spät wieder nach Hause gingen. Die vielen Jahre, die er in Washington bei der Weltbank verbracht hatte, hatten dazu geführt, daß er in Panama keine loyalen politischen Verbündeten besaß, die ihn vor den heimlichen Intrigen linksstehender Politiker und Militäroffiziere hätten beschützen können, mit denen er den politischen Wohlstand nicht freigiebig genug geteilt hatte.

Barletta war ein ernstzunehmender Wirtschaftsfachmann in einem leidenschaftlichen Land. Sogar seine engsten Freunde glaubten, er wäre besser dran gewesen, hätte er Schweden statt dieses panamaischen Phöniziens regiert, wo Mißtrauen und Betrug zum täglichen Geschäft gehörten.

Diesen lästigen Präsidenten also rief Noriega am Tag nach Justines Warnung aus Genf an. Noriega warnte ihn, nicht zuzulassen, daß der Fall Spadafora zu einem Politikum würde. Er sprach ganz langsam, um sicherzugehen, daß Barletta auch jedes Wort verstand. Sehen Sie zu, daß Sie den Verteidigungsstreitkräften in nächster Zeit möglichst nahestehen, sagte er. Arbeiten Sie nicht der Opposition in die Hände.

Barletta bat Noriega, nach Panama zurückzukommen. Es sei nicht von Vorteil, wenn sie beide in dieser Krisenzeit außer Landes wären, sagte Barletta. Noriega sagte, er würde am Dienstag über New York zurückkehren, und daß sie beide die ganze Angelegenheit dort besprechen könnten, bevor er nach Panama weiterreisen würde.

Barletta erzählte ihm dann, daß er eine Kommission zur Untersuchung des Spadafora-Mordes einsetzen wolle, und wartete auf Noriegas Antwort. Noriega stellte sich anscheinend nicht gegen diese Idee, sondern hörte nur zu, still und leise, was Barletta als Zeichen dafür betrachtete, daß er grünes Licht zum Weitermachen hatte – ein kostspieliger Fehler in seiner Kalkulation.

Folglich gab Barletta am Montag auch die Anweisung, eine unabhängige Kommission zu gründen, die die Ermordung Spadaforas untersuchen sollte. Er befahl seinen Untergebenen, geführt vom damaligen Vizepräsidenten Eric Arturo Delvalle, die Mitglieder der Kommission einzuberufen. Barletta wußte aber nicht, daß Delvalle schon damals Teil einer Verschwörung gegen ihn war. Das Pläneschmieden hatte bereits Monate zuvor begonnen, nachdem Barletta feststellen mußte, daß es ihm an politischer Unterstützung – oder, wie manche behaupten, an den Fähigkeiten – fehlte, unpopuläre Sparmaßnahmen durchzusetzen, die zu einer Durchführung seines Wirtschaftsreformpakets und zur Unterstützung durch den Internationalen Währungsfonds notwendig gewesen wären.

Wenn Barletta aber eine Entscheidung traf, dann war er wie verrückt dahinter her, daß sie auch ausgeführt wurde. Er rief seinen Stabschef José Fierro von einem Zwischenstop in Miami an. „Wurde die Kommission bereits gegründet?“ fragte er.

Fierro wandte ein, daß er doch gerade erst vom Flughafen zurückgekommen sei.

„Sie müssen sich beeilen“, sagte Barletta. „Also los.“

Fierro, Barlettas engster Vertrauter, nahm an, daß Barletta diese Kontroverse dazu benutzen wollte, einiges, was er dem Militär gegenüber an Boden verloren hatte, wieder zurückzuerobern. Im April hatte man ihn gezwungen, mehrere Posten im Kabinett Noriega zu überlassen, im Austausch für die Unterstützung des Militärs und der Regierungspartei für seine Wirtschaftsreformprogramme. PDF-Stabschef Díaz Herrera hielt Barlettas „Kompromiß" für einen entscheidenden Fehler, den nur ein politischer Amateur machen konnte: Es war viel wichtiger, Anhänger in wichtigen Positionen sitzen zu haben, als irgendeine vorübergehende politische Maßnahme durchzubringen. „Aber wir hätten ihn ohnehin rausgeschmissen, wenn er es nicht getan hätte", lacht Díaz Herrera heute.

Als er in New York ankam, telefonierte Barletta mit dem Mann, der als jener amerikanische Regierungsfunktionär betrachtet wurde, zu dem Noriega das beste Verhältnis hatte: Nestor Sanchez. Sanchez war stellvertretender Verteidigungssekretär für Lateinamerika im Amt für Angelegenheiten der Inneren Sicherheit im Pentagon. Sanchez hatte schon während seiner Zeit als Lateinamerika-Experte des CIA mit Noriega Bekanntschaft geschlossen.

Na, wie läuft's? fragte ihn Nestor.

Barletta sagte, daß es ihm gut ginge, aber daß er US-Unterstützung brauche, um das Militär im Zaum zu halten. „Sie müssen mir gegen diese Kerle helfen", sagte er.

Ja, das werden wir tun, sagte Sanchez, aber er bestand auch darauf, daß Barletta sich besonders anstrengen solle, mit Noriega und seinen hohen Offizieren gut auszukommen.

Barletta runzelte angesichts dieser nicht ganz rückhaltlosen Unterstützungserklärung die Stirn. Er war doppelt nervös, weil in eines der hinteren Fenster der panamaischen Regierungsmaschine, mit der er nach New York gebracht worden war, ein „F-8" gemalt worden war. Es war das gleiche F-8, das einen Monat zuvor auf die Schulter von Dr. Mauro Zuñiga tätowiert worden war, als man ihn gekidnappt und gefoltert hatte, nachdem er eine Bürgerrechtsbewegung gegen Noriega gegründet hatte. Die Maßnahme gegen Zuñiga hatte an Barlettas Geburtstag stattgefunden – eine nicht besonders subtile Nachricht, daß Barletta mit der politischen Opposition härter umspringen sollte. Es war das gleiche F-8, das man – mit einem Messer eingeschnitzt – auf Spadaforas kopflosem Rumpf gefunden hatte. Diese Wiederholungstat hatte bei amerikanischen Menschenrechtsorganisationen Besorgnis darüber ausgelöst, daß in Panama eventuell eine Art Todesschwadron tätig sein könnte. War Barletta ihr nächstes Ziel?

Noriega kam am Dienstagnachmittag, dem 24. September, in New York an, und fuhr zu seiner gewohnten Suite im Helmsley Palace-Hotel, zu Fuß nicht weit von den Vereinten Nationen entfernt. Aber ein Treffen mit Barletta war das letzte, woran er jetzt denken wollte. Ein CIA-Funktionär war mit Informationen zu ihm gekommen. Später sollte Noriega Freunden erzählen, daß es sich bei dem Mann um Duane „Dewey" Clarridge gehandelt hatte, mit dem er während dessen Zeit als Chef des lateinamerikanischen Direktoriums engere Bekanntschaft geschlossen hatte.

Der Geheimdienst zeigte sich aufgrund von in Panama gesammelten Informationen besorgt, denen zufolge Oberst Díaz Herrera, der Noriegas Nummer Zwei war und in der CIA-Zentrale in Langley für einen Kommunisten gehalten wurde, versuchte, die

Ermordung Spadaforas in einen Militärputsch gegen Noriega zu verwandeln. Zu dieser Zeit befand sich CIA-Direktor William Casey gerade mitten in einer Operation, in der er zusammen mit Oliver North vom NSC (Nationalen Sicherheitsrat) Restriktionen über Waffenlieferungen an nicaraguanische Widerstandskämpfer und deren Finanzierung umging. Noriega war in dieser Hinsicht hilfreich gewesen, weil er Flugfelder und Geldmittel dafür zur Verfügung stellte, und erst vor kurzem hatte er sich einverstanden erklärt, eine kleine Gruppe von Offizieren des nicaraguanischen Widerstands ausbilden zu lassen, die an der Südlichen Front, also Nicaraguas Grenze zu Costa Rica, kämpfen würden. Der Feind war Díaz Herrera, und man mußte ihn aufhalten.

Noriegas Rivalität mit Díaz Herrera hatte schon 1959 in Lima in Peru begonnen, als er versucht hatte, Herrera seine „Mrs. Robinson" auszuspannen – eine ältere Frau, die für den jungen Kadetten bügelte und kochte. Noriega hatte auf Díaz Herrera, der die Polizeiakademie besuchte, die weniger als seine Chorillos-Militärakademie galt, herabgesehen. Díaz Herrera sah wiederum auf Noriega herab, den schüchternen und häßlichen Kadetten, dessen in der Botschaft beschäftigter Bruder homosexuell war.

Von Anfang an war ihr Konkurrenzkampf eher persönlicher als politischer Natur. Díaz Herrera war 2,5 cm kleiner als Noriega, aber seine Haut war heller, sein Teint glatter und seine Sprache gewandter. Torrijos machte seinen Cousin Díaz Herrera zum Militäroffizier, als präsentables Aushängeschild, das mit „Volksbewegungen" verhandeln konnte – linken Gewerkschaften, Studentengruppen und politischen Splitterparteien. Über Noriega dachte Torrijos ganz gegenteilig – seine introvertierte Art machte ihn zum perfekten Geheimdienstoffizier, der in einer Welt dunkler Irreführungen nur aufblühen konnte. „Ich habe immer gedacht, daß er nur Geheimdienstoffizier wurde, weil er durch normale Gespräche mit anderen Leuten nicht an Informationen kommen konnte", sagte Díaz Herrera Jahre später.

Beide Männer waren besessen von Geld und schönen Frauen, und sie umgaben sich soviel wie möglich sowohl mit dem einen als auch mit den anderen. In der Macho-Welt des lateinamerikanischen Militärs wurde Führungstalent nach solchen Gesichtspunkten bemessen. Díaz Herrera mochte Künstler und Tänzerinnen, und Noriega war wegen Herreras Verbindungen zu beiden Gruppen eifersüchtig. Noriega nahm eine äußerst bekannte panamaische Ballettänzerin beiseite, nachdem er erfahren hatte, daß Díaz Herrera der Mann war, der sie aushielt und ihre Karriere sponserte. „Such' dir einen anderen Paten", sagte Noriega rätselhaft.

Besonders eifersüchtig war Noriega wegen Díaz Herreras Beziehung zu einer ehemaligen Miß Panama, Gabriele DeLeuze, einer umwerfend schönen Frau, deren Beine einem so lang schienen wie Díaz Herrera groß war. Noriega verfrachtete sie in die panamaische Botschaft in Paris, um Díaz Herrera zu zeigen, wer das Land – und dessen Frauen – regierte. Díaz Herrera fragte sich, warum Noriega das nötig hatte – schließlich hatte er ja bereits eine Affäre mit einer anderen Miß Panama. Warum konnte nicht jeder der beiden seine eigene Miß Panama haben?

Die Miß Panama-Affäre rief Díaz Herrera einen Abend in der Provinz Chiriquí, Ende 1969, in Erinnerung. Díaz Herrera war mit einer Frau, die schöner, blonder und hellhäutiger war als Noriegas Begleitung, zu einer Party gekommen. Noriega war zum

Kommandanten der Provinz ernannt worden, und Díaz Herrera hielt sich in seinem Revier auf. Also ignorierte Noriega seine eigene Begleitung und starrte stattdessen solange Díaz Herreras Freundin an, bis ihr das unangenehm wurde und sie ging. Noch während sie in Hörweite war, fragte er Díaz Herrera: Macht es dir was aus, wenn ich sie mir nehme?

„Ja, heute abend macht es mir etwas aus", antwortete Díaz Herrera. „Wegen später weiß ich es noch nicht."

Noriega war jedoch hartnäckig und begann einen Monat später eine Affäre mit der Frau.

„Manchmal glaube ich, er interessiert sich gar nicht wirklich für Sex oder Geld, sondern das einzige, was ihn wirklich beschäftigt, ist Macht als solche", sagte Díaz Herrera Jahre später. „Ich war nie hinter seinen Mädchen her, aber er hielt sich immer an meine. Das Problem ist nur, daß er nie wußte, was er mit der Macht anfangen sollte. Er besaß die wirtschaftliche Macht, seinen Status; er hätte alle Frauen haben können, die er wollte – indem er sie eroberte oder kaufte. Er hätte überhaupt keinen Grund zur Klage gehabt. Und trotzdem war er nie zufrieden. Ich habe ihn nur selten entspannt gesehen. Er war sogar bei Parties verkrampft."

Die Informationen, die der CIA Noriega über Díaz Herreras Pläne lieferte, waren unvollständig, aber wenigstens konnte der General sicher sein, daß ihm Langley treu zur Seite stand. So sehr Noriega ihn auch haßte – die bedrohliche Tatsache, daß Díaz Herrera seine Nummer Zwei war, stellte eine gute Versicherung für die amerikanische Unterstützung dar. Solange er in seiner Position blieb, war es unwahrscheinlich, daß Washington sich gegen Noriega wenden würde. Nach der Sitzung befahl Noriega seinen wichtigsten politischen Beratern in Panama, José Blandón und Major Felipe Camargo, nach New York zu fliegen, um ihn über die Situation im Land aufzuklären. Er wollte total vorbereitet in Panama ankommen. Sie brachten auch Carlos Garcia, Noriegas Arzt, und seinen Friseur mit, dessen undankbare Aufgabe darin bestand, Noriegas unebenes Gesicht zu rasieren.

Zu Mittag, am 25. September, marschierte Blandón in Noriegas Suite im Helmsley Palace. Blumenarrangements und Obstkörbe standen auf fast jedem Tisch im Zimmer. Blandón wußte, daß diese entweder von Noriegas Bank stammten, der in Luxemburg beheimateten und im Besitz von Pakistanis befindlichen Bank for Credit and Commerce International, die alle seine Reisen und die Aufenthalte in New York organisierte, oder von Leona Helmsley persönlich (die ihm auch einen persönlichen Willkommensgruß zukommen hatte lassen). Noriega war schließlich ein guter Kunde. In einem silbernen Eiskübel auf einem anderen Tisch stand eine leere Flasche Dom Perignon – der Überrest vom Amüsement des vorigen Abends. Noriega tauchte in einen Bademantel gekleidet auf, offensichtlich war er gerade erst erwacht. Er schien es überhaupt nicht eilig zu haben, nach Panama zurückzukehren, und er sagte zu Blandón, daß er vorhabe, noch ein paar Tage in New York zu bleiben, um sich hier um seine Geschäfte zu kümmern.

Blandóns erste Frage war vorhersehbar, aber sie überraschte Noriega dennoch. „Wer hat Spadafora umgebracht?" fragte er.

Ich habe ihn nicht getötet, behauptete Noriega steif und fest. Es war Córdoba. Er wollte mir eine Freude machen. Noriega wirkte nicht nervös. Er stellte nur Tatsachen fest.

Blandón sorgte sich darüber, daß Noriega möglicherweise die politische Sprengkraft des Mordes nicht begriff.

Blandón faßte für Noriega die Ereignisse seit Spadaforas Tod zusammen: die Propaganda der Opposition, die Bemühungen, einen falschen Zeugen zu finden, die Verschwörung Díaz Herreras, Barlettas Anordnung, eine Kommission zu bestellen und die Empörung der Familie Spadafora. „Sie müssen nach Panama zurückkommen", sagte er. „Die Lage ist ernster, als Sie glauben."

Jetzt fing Noriega zu handeln an. Er befahl Blandón, sofort die Piloten und den Chauffeur herzubestellen. Sie würden umgehend nach Hause fliegen. Aber erst wollte Noriega Blandón mit seinen Kontakten in Langley beeindrucken. Er sagte, er würde seinen „Freund Casey" anrufen, der den unbehinderten Start für sein Flugzeug vom La Guardia-Flughafen in New York freigeben sollte. Noriega rief auch tatsächlich jemanden an, sprach aber Spanisch. „Wir haben ein ernstes Problem in Panama", sagte er. „Wir könnten am Flughafen Hilfe brauchen."

Bald saßen Noriega, Blandón und Camargo nervös in ihrer extralangen Limousine mitten im Stoßverkehr. Als sie auf dem La Guardia-Flughafen ankamen, wurde ihr Flugzeug einer langen Warteschlange auf der Startbahn vorgezogen, da man der Maschine Vorrang beim Start gewährt hatte – anscheinend als Folge eines Anrufs aus der CIA-Zentrale in Langley.

Auf dem Weg nach Panama schilderte Blandón in groben Umrissen, wie das Spadafora-Problem immer schlimmer geworden war. Er erzählte über eine Sitzung von Noriegas politischer Geheimdienstgruppe, die von Blandón selbst geleitet wurde, bei der Major Nivaldo Madriñan berichtete, daß der Leiter der CIA-Station in Costa Rica, Tomás Castillo, ihnen jemanden zur Verfügung stellen wollte, der aussagen würde, daß Spadafora Costa Rica niemals verlassen hätte. Madriñans Chef-Untersuchungsbeamter, Domitillo Córdoba – mit Luis Córdoba weder verwandt noch verschwägert – hatte die Sitzung verlassen, um den Betreffenden zu holen.

Der Zeuge, ein in Deutschland geborener Elektriker namens Manfred Hoffman Wittenberg, hatte früher in Costa Rica für den CIA gearbeitet, war aber als Augenzeuge eindeutig ein Fehlgriff. Domitillo Córdoba und Madriñan hatten Hoffman vor Fernsehkameras ausgefragt und Teile der Aufzeichnungen dem Fernsehpublikum in Panama vorgespielt. Das Ergebnis war katastrophal.

Díaz Herrera stellte ihn als „...gebürtigen Bürger Deutschlands" vor, „der aber einen panamaischen Personalausweis für Ausländer besitzt, und im Gebiet von Zentralamerika arbeitet – Costa Rica, Honduras und Panama". Der Elektriker, der sich manchmal selbst widersprach, sagte, daß die Regierung von El Salvador von Spadaforas Kidnapping gewußt habe und daß linke Guerillas aus diesem Land für seine Ermordung in Costa Rica verantwortlich seien.

Seine Geschichte war so unglaubwürdig und zusammenhanglos, daß sie den Verdacht der Öffentlichkeit gegen Noriega nur noch steigerte. Die Behörden von El Salvador leugneten jede Kenntnis dieser Sachverhalte, und Untersuchungsbeamte aus Costa Rica stellten ganz kategorisch fest, daß der Mord in Panama stattgefunden hatte. Hoffman wurde bereits am nächsten Tag aus dem Land ausgeflogen, und der Haupt-

Augenzeuge für die Seite der Regierung tauchte nie mehr auf – was die fast schon allgemeine Annahme, daß Noriega hinter dem Mord steckte, weiter erhärtete.

„Der Typ in Costa Rica ist ein Hurensohn", sagte Blandón. „Wir haben angenommen, daß er uns jemand Ernstzunehmenden schicken würde. Diese Sache wird den Leuten im Gedächtnis bleiben, wenn wir nicht ein paar drastische Änderungen vornehmen."

Blandón zählte methodisch auf, welche Alternativen Noriega hatte:

– Er könnte Spadaforas Mörder verfolgen und bestrafen lassen.

– Er könnte Barletta gestatten, die Idee mit seiner Kommission weiter zu verfolgen.

– Oder aber – und das war auch die Alternative, für die sich Blandón einsetzte – Noriega könnte Barletta ab- und Delvalle an seine Stelle setzen. Blandón hatte Barletta nie gemocht und mehrere Monate lang aktiv gegen ihn konspiriert. Er hielt Barletta für inkompetent und viel zu sehr den ökonomischen Reformideen des Internationalen Währungsfonds und der Weltbank verhaftet, die von der panamaischen Linken abgelehnt wurden. Barletta glaubte, daß Blandón sich deshalb gegen ihn gewandt hätte, weil er ihn von seinem lukrativen und politisch einflußreichen Posten als Leiter der Energiegesellschaft des Landes entfernt hatte. Der machthungrige Blandón arbeitete mit Díaz Herrera und Delvalle zusammen, um Barlettas Sturz herbeizuführen.

Blandón sagte zu Noriega, daß Barletta als Präsident ohnehin am Ende sei, egal was er wegen der Spadafora-Sache unternehmen würde. „Mit Barletta werden Sie nur ein noch größeres Chaos haben", sagte er. „Er ist politisch unfähig." Andererseits – so warnte Blandón – sollte Noriega Barletta stürzen, dann würde er sich politisch zurückziehen müssen und es Delvalle gestatten, die zivile Führung zu stärken. Noriega nickte. Er würde Blandóns Rat annehmen.

Als Noriega am 26. September um zwei Uhr landete, hatten Díaz Herrera, Blandón und andere bereits alles vorbereitet. Die wichtigsten Politiker und Offiziere wurden zu einer Sitzung im Gebäude der Nationalversammlung einberufen, und Barlettas Entfernung aus dem Amt wurde ihnen als beschlossene Sache präsentiert.

Aber Barletta nahm an, daß der politische Kampf in Panama sich jetzt zwischen Díaz Herrera und Noriega abspielen würde, und in diesem Kampf stand er auf Noriegas Seite. Barletta dachte, er hätte seinen Konflikt mit Noriega bei einer Sitzung am 3. September besonders schlau gelöst, als er dem General gestattet hatte, sich für die Wirtschaftspolitik seiner Wahl zu entscheiden – was eine monatelange Diskussion über diese Angelegenheit beendete und es Barletta erlaubte, Díaz Herrera auszutricksen. Was Barletta aber wieder übersehen hatte, war die Tatsache, daß die Politik in Panama sehr von Persönlichkeiten und Verschwörungen abhing. Macht ist wichtiger als Politik. Und Wirtschaftspolitik interessierte die Militärs am wenigsten. Noriegas wichtigstes Anliegen war es, die Einheit der PDF und seine eigene Macht zu erhalten. Zivilpolitiker waren entbehrlich; die Einheit des Militärs hatte Vorrang.

Barlettas Vermutungen über eine Rivalität innerhalb des Militärs waren korrekt, aber Díaz Herreras Versuch, einen Putsch zu starten, waren bereits gescheitert. Noriegas Stabschef hatte heimlich die Unterstützung einiger Funktionäre gesucht, von denen ihm jeder sagte, er würde mitmachen, wenn Díaz Herrera es schaffen würde, bestimmte

Obersten in Schlüsselpositionen einzubeziehen, die Truppenteile befehligten, aber Noriegas Macht über die hohen Offiziere war größer, als Díaz Herrera vermutet hatte. Er hatte sich nicht klargemacht, wie weit das Gewinnsystem der Firma Noriega bereits reichte. Mit einer Menge illegaler Geldmittel hatte er sich überall innerhalb der Verteidigungsstreitkräfte Loyalität erkauft. Díaz Herrera behauptete, daß die ranghöchsten Offiziere monatliche Bonuszahlungen in braunen Briefumschlägen erhielten, die vom Schatzmeister der PDF ausgegeben wurden und mehr als je 20 000 Dollar ausmachten. Die Leute, die mit Noriegas Geschäften am meisten zu tun hatten, verdienten sogar noch mehr. Díaz Herreras Überedungskunst war Silber, aber Noriega verwandelte alles in Gold.

Und Díaz Herrera mußte auch feststellen, daß Noriega die Gringos auf seiner Seite hatte.

Nachdem Díaz Herrera es geschafft hatte, ein paar ihm ergebene Truppenteile auf die Straßen von Panama City zu bringen, rief ihn ein besorgter amerikanischer General an. Was haben Sie vor? fragte ihn General John Galvin, Leiter des United States Southern Command in Panama. Was ist hier los? Díaz Herrera, der ohnehin schon nervös war, hatte Angst, daß die Amerikaner ihm vielleicht auf die Schliche gekommen wären. Nun mußte er also schnell alle Spuren beseitigen und seinen Posten retten, und er betrachtete einen Sturz Barlettas als einzige Möglichkeit, die Aufmerksamkeit von seiner Person abzulenken und seine Loyalität Noriega gegenüber zu betonen.

Also begann Díaz Herrera, Barletta eine Falle zu stellen. Er rief Außenminister Jorge Abadía an, der Noriegas Verbündeter war, seit sie im Dezember 1969 Torrijos wieder an die Macht gebracht hatten. Auf Befehl Díaz Herreras teilte Abadía Barletta gehorsamst mit, daß er so schnell wie möglich nach Panama zurückkommen sollte. Aber Barletta zögerte immer noch. Er hatte zu viele wichtige Treffen.

Bei seinem Empfang an diesem Abend erfuhr Barletta, daß wegen des Hurrikans Gloria die Möglichkeit bestand, daß alle New Yorker Flughäfen am Wochenende ihren Betrieb einstellen könnten, und er versuchte erneut, Vizepräsident Delvalle zu erreichen – vergebens. Sowohl Esquivel als auch Fierro rieten ihm, nach Hause zurückzukehren. Also befahl Barletta, daß man sein Flugzeug für einen Start noch in derselben Nacht vorbereiten sollte. Er wollte schneller sein als der Hurrikan Gloria und erkannte nicht, daß ihn in Panama City ein wesentlich gefährlicherer politischer Sturm erwartete.

Barletta rief Noriega an, aber Oberst Justine teilte ihm mit, daß dieser schon schliefe – müde vom Jetlag nach seiner Reise. Justine gab zu verstehen, daß er sich über Barlettas Rückkehr freue. Wir möchten mit Ihnen „privat" über einige Dinge sprechen, sagte er.

Als der ehemalige Botschafter Gabriel Lewis erfuhr, daß Barletta wieder heimfliegen wollte, rief er ihn aus einer Telefonzelle in der Madison Avenue an. Da er im Militär viele Freunde besaß, war es keine Frage für ihn, daß Noriega eine Falle für den Präsidenten vorbereitet hatte. Bleiben Sie hier, bat Lewis inständig, da er sich ausrechnete, daß die Chancen Barlettas, seine Stellung zu behalten, wesentlich größer wären, wenn er in Washington etwas Lobbyismus betreiben würde. Barletta, stur wie immer, weigerte sich. Er befolgte den Rat seiner Leute und war wie besessen davon, es noch vor dem

Hurrikan Gloria zum Flughafen zu schaffen. Während des Flugs in seine Heimat fragte er sich allerdings, ob er nicht die falsche Entscheidung getroffen hatte.

Als Barletta kurz nach Einbruch der Dämmerung am 27. September am internationalen Flughafen von Panama City ankam, zeigte er sich besorgt, daß Delvalle nicht zu seiner Begrüßung erschienen war. Noch unheilvoller wirkte allerdings Díaz Herreras Telefonanruf am Flughafen.

„Wir müssen uns sofort mit Ihnen treffen", sagte er. „Kommen Sie sofort in die Comandancia."

Barletta schwieg. Díaz Herrera wußte, daß er zu aggressiv gewesen war. „Nicky, machen Sie sich keine Sorgen", sagte er. „Es gibt kein Problem. Alles ist normal." Aber Barletta war jetzt auf die Gefahr vorbereitet.

Die Militärs konnten ja in sein Büro kommen, wenn sie ihn sehen wollten, dachte Barletta wütend, aber Außenminister Abadía besuchte ihn zu Hause, als der Präsident sich gerade umzog und duschte, und drängte Barletta, in die Comandancia zu kommen.

„Sie sind Ihnen gegenüber schon mißtrauisch genug", sagte Abadía. „Wenn Sie zu Ihnen in die Comandancia gehen, könnte das die Spannung beseitigen." Noriegas Spion im Kabinett erledigte seine schmutzige Arbeit, aber Barletta war das Ausmaß von Abadías geschäftlichen und persönlichen Kontakten zum Militär nicht bekannt. Er akzeptierte Abadías Rat, sagte aber, daß er erst mit Noriega sprechen wolle. Er fürchtete, daß Noriega von Díaz Herrera in Haft genommen worden sein könnte.

Aber als Barletta Noriega um neun Uhr anrief, klang er fröhlich und entschuldigte sich dafür, in New York keinen Kontakt mit seinem Präsidenten aufgenommen zu haben.

Ich wollte Sie anrufen, sagte Noriega. Aber Sie waren so beschäftigt mit Ihren Treffen, und ich dachte, ich sollte besser schnell hierher zurückkommen. Also – was ist los mit Ihnen? Wir haben erwartet, daß Sie bei uns vorbeischauen.

Abadía chauffierte dann Barletta persönlich in Noriegas Falle. Nach einem Flug, der die ganze Nacht gedauert hatte, marschierte Barletta gegen neun Uhr ins Büro des Generals; er war die nächsten 14 Stunden lang Noriegas Gefangener.

Noriegas Büro war Barlettas weitläufige Zelle. Der General hatte Torrijos' bescheidenere Räume für sich in Anspruch genommen und dann die Wände der beiden danebenliegenden Zimmer niederreißen lassen, womit er eine geradezu königliche Halle schuf, die mit vulgären Plüschteppichen ausgelegt und mit Andenken aus aller Welt dekoriert war: einem goldenen Buddha, einem Kerzenleuchter aus Israel und chinesischen Vasen. Außerdem stand da noch seine Sammlung von Porzellanfröschen, die *sapos.* Auf einem breiten Couchtisch lagen Photobücher, und an den Wänden hingen Bilder von Noriega mit diversen Weltpolitikern und Militärkommandanten.

Im Büro war es kalt, wie immer. Noriega hatte die Klimaanlage stets auf höchste Stufe geschaltet und er erklärte seinen Gästen, daß eine niedrige Temperatur ihn scharfsinnig mache. Er trug eine Militärjacke, aber Barletta hatte nur ein dünnes Hemd an, in dem er fror.

Díaz Herrera und Oberst Marco Justine saßen daneben, als Noriega dem Präsidenten die Neuigkeiten mitteilte. Eine umstürzlerische Bewegung hätte sich in Panama gegründet, die von Barletta unterstützt worden wäre, sagte Noriega. Er sagte, daß jeder im Zimmer der Ansicht sei, daß Barletta zurücktreten solle. „Wir sind Ihre Freunde, Herr Präsident", sagte er voller Respekt. „Sie können von uns haben, was Sie wollen. Wenn Sie Botschafter sein wollen, können Sie Botschafter sein."

Barletta antwortete schlicht und einfach: „Warum sollte ich gehen? Ich sehe keinen Grund dafür."

„Wir müssen uns um dieses Problem kümmern", sagte Noriega. „Und mit Ihnen können wir das nicht."

Barletta erwiderte: „Wenn Sie mir genau erzählen, worum es geht, dann könnten wir zusammenarbeiten und das Problem beseitigen. Ohne mich kann es nur noch schlimmer werden."

Noriega wollte nicht, daß Barletta erfuhr, was vorging, aber der panamaische Präsident war dennoch fest entschlossen, sich dem Komplott zu seinem Sturz zu widersetzen und sich Zeit zu erkaufen. Vielleicht würde Washington intervenieren, wenn die Amerikaner erfuhren, daß die Demokratie in Panama in Gefahr war. Washington war seine letzte Hoffnung, und er mußte die Nachricht irgendwie aus Panama herausbringen, damit die Regierung Reagan etwas unternehmen konnte.

Barletta war auf einmal kühl und ruhig. Noriegas Überredungsversuche wurden durch Díaz Herreras starken Druck ersetzt. Für Noriega war Barlettas Entfernung ein Vorteil, aber für seinen Stabschef war sie eine Sache des Überlebens.

„Sie haben uns verraten", sagte Díaz Herrera. „Aufruhr ist ein nationales Sicherheitsproblem. In Zeiten nationaler Sicherheitsprobleme müssen wir die Integrität der Verteidigungsstreitkräfte verteidigen. Und diese Integrität kann mit Ihnen als Präsident nicht erhalten werden." Díaz Herrera sagte, daß Barlettas Verrat im Versuch bestanden habe, eine Kommission zu gründen, die das Spadafora-Verbrechen untersuchen sollte, eine Kommission, deren Absicht es war, Noriega und die Verteidigungsstreitkräfte in die Sache hineinzuziehen. Díaz Herrera beschuldigte Barletta, die Kommission mit „Feinden der Verteidigungsstreitkräfte vollzustopfen".

„Sie sind Freunde meiner Regierung", sagte Barletta. Er behauptete, daß nur Kommissionsmitglieder mit unabhängigen Standpunkten für die öffentliche Glaubwürdigkeit der Kommission garantieren könnten. „Wenn Sie diese Haltung nicht teilen, dann wird jeder in Panama glauben, daß ihr Spadafora ermordet habt."

„Wir, der Generalstab, und alle Majore sind zu einem äußerst heiklen Beschluß gelangt, zu dem wir einstimmig stehen: Sie müssen gehen, weil Sie ein Verräter sind", wiederholte Díaz Herrera. „Um die Einheit der Verteidigungsstreitkräfte und des Landes zu bewahren, müssen Sie gehen. Sie können sich aussuchen, wie Sie es machen wollen, aber der Beschluß ist unabänderlich. Sie können zurücktreten oder Sie können von der Nationalversammlung abgesetzt werden."

Barletta bat darum, seine Sekretärin anrufen zu dürfen, da er erkannte, daß seine Situation wohl unrettbar verloren war. Er flüsterte ihr zu, daß sie alle privaten Papiere aus seinem Büro entfernen sollte. Sie sagte ihm, daß Elliott Abrams angerufen habe. Der konservative stellvertretende Staatssekretär für lateinamerikanische Angelegenheiten hatte seinen Posten erst im Juli angetreten und Barletta kannte ihn nicht besonders gut.

Dennoch war dies seine Chance. Er notierte sich seine Telefonnummer und wählte sie sofort, bevor Noriega sich noch einmischen konnte.

„Wie geht es Ihnen?" fragte Abrams, dem berichtet worden war, daß man Barletta in die Comandancia bestellt hatte und daß Noriega wegen der Kontroverse um die Spadafora-Kommission seinen Rücktritt verlangte. Abrams wollte Barletta aufmuntern.

„Wie geht es Ihnen?" wiederholte Abrams, und diesmal klang es schon etwas dringlicher.

Barletta gab zur Antwort, daß er sich in einer schwierigen Situation befände, aber daß er wohlauf sei.

„Bleiben Sie dran, bleiben Sie hart", sagte Abrams. „Treten Sie nicht zurück. Wir stehen auf Ihrer Seite."

Barlettas Laune besserte sich erheblich.

„Genau das tue ich gerade", antwortete er. „Also fangen Sie an und unternehmen Sie was, denn ich kann mich hier nicht wegbewegen." Barletta war jetzt noch zuversichtlicher, daß die Hilfe für ihn bereits unterwegs wäre. Aber als er den Hörer auflegte, fürchtete er, nicht genug gesagt zu haben. War die Nachricht für Abrams klar genug gewesen? Wußte er, daß Barletta als Geisel festgehalten wurde? Er fürchtete, daß er mit seiner Vorsicht eine wichtige Möglichkeit verpfuscht haben könnte.

Und er hatte recht. „Wir verstanden diesen Anruf durchaus nicht als Aufforderung an unsere Seite, etwas zu unternehmen", sagte Abrams später. Andererseits hätte ihm eine deutlichere Aufforderung wahrscheinlich auch nichts genutzt. Abrams, der damals erst sechs Wochen im Amt war, war noch nicht der gnadenlose Kämpfer, der sich später so viele Feinde machen sollte. Und die meisten US-Funktionäre glaubten, daß Barletta ohnehin nur im Amt wäre, weil Noriega ihn nach einer geschobenen Wahl dorthin gesetzt hatte und daß er sich danach nicht als besonders erfolgreicher Politiker erwiesen hätte. „Die Vereinigten Staaten hätten nichts davon gehabt, wenn sie etwas unternommen hätten", sagte Abrams.

Díaz Herrera berief um 15 Uhr weitere Unterstützung hinzu – nämliche eine Gruppe prominenter Parlamentarier von der Regierungspartei PRD (Demokratische Revolutionäre Partei). Die meisten von ihnen bevorzugten Delvalle, vor allem, nachdem sie hatten mitansehen müssen, wie Barletta in der komplizierten panamaischen Politik herumgestümpert und versucht hatte, Unterstützung für höhere Steuern und Sparprogramme zu finden.

Barletta sah ihnen in ihre ängstlichen Augen. Schließlich sagte Jerry Wilson, ein Freund Barlettas im Parlament, das, was sie alle dachten. „Wenn du es nicht tust, dann werden wir alle gehen müssen", meinte er. Die PRD hatte ihr Vertrauen in Barletta verloren und beschlossen, daß es besser wäre, ihren unangenehmen Präsidenten zu verlieren als alle Macht dem Militär überlassen zu müssen. Barletta sah, daß sogar seine Freunde nicht bereit waren, sich für ihn einzusetzen.

„Welche Entschuldigung wollt ihr denn für meinen Rücktritt anbieten?" fragte Barletta. „Daß es Meinungsverschiedenheiten wegen der Spadafora-Kommission gibt?"

Rigoberto Paredes, der grausamste und opportunistischste Mann, der sich im Zimmer befand, tat Barletta schnell ab. „Sie glauben doch ernsthaft an die Maßnahmen des Währungsfonds und der Weltbank. Und damit sind wir nicht einverstanden. Genau das ist es, was wir der Welt erzählen werden."

Díaz Herrera lachte schadenfroh, als die Parlamentarier wieder aus dem Zimmer marschierten. „Ich habe Ihnen doch gesagt, daß die PRD uns gehört", meinte er zu Barletta. „Und sonst keinem."

Barletta hoffte immer noch auf die rettende Kavallerie aus Washington und versuchte Zeit zu gewinnen, indem er eine Sitzung mit Noriegas Generalstab forderte. Schließlich hoffte er auch, daß die richtigen Worte vor Noriegas höheren Offizieren ihn noch retten könnten. Eine Stunde später waren sie da.

„Man hat mich einen Verräter genannt und zum Rücktritt aufgefordert", sagte er. „Ich bin kein Verräter, und es gibt keinen Grund, warum ich zurücktreten sollte. Welches Problem wir auch haben, wir müssen es gemeinsam lösen. Mein Rücktritt kann die Angelegenheit nur verschlimmern."

Gefühlvoll sprach er über die Zeit unter Torrijos und wie der Vater ihrer Bewegung ihm die Planung der Wirtschaft anvertraut hatte. Er sprach vom 16. Dezember 1969, als die Putschisten den Linkspolitiker Escobar Bethancourt in Haft genommen hatten. Damals hatte er sich um Escobar gekümmert, sagte er und deutete dabei auf den Politiker, der mit ihm und dem Generalstab im selben Zimmer saß. Escobar nickte zustimmend.

Aber Díaz Herrera unterbrach ihn mit einer neuerlichen Tirade. Es war zu spät für seine kunstvollen Überredungsversuche. Der Generalstab ging wieder, und es war offensichtlich, daß die Würfel gefallen waren. Díaz Herrera überreichte Barletta ein Blatt Papier und man gab ihm dem Befehl, darauf seine Rücktrittserklärung zu schreiben.

Noriega kam nach längerer Abwesenheit um 19 Uhr wieder, während Barletta immer noch seine Hinhaltetaktik durchzog. Auf der anderen Seite des Zimmers nahm Noriega einen Anruf entgegen, aber er sprach laut genug, daß Barletta ihn deutlich verstehen konnte. „Nein, Nestor. Ja, Nestor. Es wird alles verfassungsmäßig stattfinden, Nestor. Mach' dir keine Sorgen."

Es schien, als wäre dieses Gespräch ausschließlich für Barletta inszeniert worden. Nestor Sanchez, ein hoher Funktionär im Pentagon, überbrachte eine Nachricht der US-Regierung. Sanchez war für diese Aufgabe ausgesucht worden, weil er Noriega gut kannte und sagte später, daß er die Nachricht, die verfassungsmäßige Maßnahmen forderte, zu wenig hart fand, aber seine Instruktionen – und die Nachricht – wären direkt von Elliott Abrams gekommen.

Abrams leugnet Sanchez' Behauptung. Er sagte, daß Sanchez, der mehr als drei Jahrzehnte lang in Zentralamerika für den CIA tätig gewesen war, sich in den darauffolgenden Monaten immer wieder weigerte, Druck auf Noriega auszuüben, was soweit ging, daß das Außenministerium schließlich aufhörte, ihm als Überbringer von Nachrichten an Noriega zu vertrauen. „Es gab 1985 und 1986 keinen Menschen, der vehementer die Ansicht vorgebracht hätte, daß der Widerstand gegen Noriega im Außenministerium weltfremd sei", sagte Abrams.

Wer auch immer die Befehle gab – Sanchez' Nachricht war dabei behilflich, Barlettas Schicksal zu besiegeln. „Wir würden es gar nicht für gut halten, sollten Sie versuchen, gegen die Verfassung zu verstoßen", sagte Sanchez am Telefon. Noriega interpretierte den Anruf so, als hätte er jetzt freie Hand, Barletta aus dem Amt zu entfernen, solange er nur im Rahmen der Verfassung bliebe und ihn durch Vizepräsident Delvalle ersetzte, einen jüdischen Panamaer, der unter den pro-israelischen Lobbyisten und Senatoren auf dem Capitol Hill eine Menge Freunde hatte. Delvalle würde es Noriega gestatten, seine Flanke gegenüber den USA zu schützen.

Der Anruf demoralisierte Barletta. Die USA waren, ohne es zu wissen, ein stummer Teilnehmer an den Verhandlungen in Noriegas Büro geworden, und sie hatten sich soeben mit seinen Feinden zusammengetan. Aber Barletta verwendete in seinem Rücktrittsbrief einen eigenen Verfassungstrick. Statt zurückzutreten würde er aus seinem Amt „ausscheiden", was ein Präsident für 90 Tage tun darf. Sogar wenn man ihn stürzte, hoffte Barletta, würde er durch dieses Manöver genug Zeit gewinnen, um ein Comeback zu schaffen.

Er hörte um 20 Uhr zu schreiben auf, freute sich, daß er dieses Schlupfloch entdeckt hatte, und bekam von Díaz Herrera seine erste Mahlzeit innerhalb der letzten 12 Stunden angeboten. Der argwöhnische Präsident lehnte es jedoch ab, von der Fischsuppe zu essen, bevor er nicht sehen konnte, wie sie aus einem gemeinsamen Topf geschöpft wurde. Er hatte Angst, vergiftet zu werden. Also aß er mit den anderen Offizieren in der Messe.

Als ihm der Brief zurückgebracht wurde, korrigierte ihn Barletta und schickte ihn zum Abtippen – nur um noch mehr Zeit zu gewinnen. Um 21 Uhr erlaubte Díaz Herrera Barletta, seine Frau anzurufen. Sie sagte, daß der Regierungssender TV-2 seinen Rücktritt bekanntgegeben hätte. Barletta wurde bleich vor Wut. Er war noch nicht zurückgetreten und wollte diesen Entschluß selbst bekanntgeben, damit niemandem die subtile Einzelheit seines „Ausscheidens" entgehen konnte. Noriega hatte ihn beschwindelt. Er sagte seiner Frau, sie solle die Presse davon verständigen, daß er nicht zurückgetreten sei, und weigerte sich, den Brief, den er verfaßt hatte, zu unterschreiben.

Barletta erhob sich wütend aus seinem Sessel und versuchte, Noriegas Büro zu verlassen und in den Präsidentenpalast zurückzukehren. Díaz Herrera hielt ihn mit Gewalt zurück. Barletta durfte nicht weg, bevor er den Brief nicht unterzeichnet hätte, sagte der Oberst. Díaz Herrera verlangte außerdem, daß Barletta den Teil aus seinem Brief streichen sollte, in dem er sagte, daß die PDF für sein „Ausscheiden" verantwortlich wären. Barletta weigerte sich.

Um 23 Uhr spielte Oberst Díaz Herrera seine Trumpfkarte aus. „Wenn Sie Ihre Familie wirklich lieben, dann denken Sie besser genau über Ihre Entscheidung, nicht zu unterschreiben, nach", sagte er. „Unsere Entscheidung steht fest." Díaz Herrera stürmte aus dem Zimmer und schlug die Tür hinter sich zu.

Wenige Minuten später kam Rómulo Escobar herein, um die Drohung in sanfterem Ton noch einmal zu wiederholen. „Diese Typen werden alles tun", sagte er. „Wenn sie sich einmal entschieden haben, können Sie gar nichts dagegen unternehmen."

Demoralisiert, erschöpft und um seine Familie besorgt unterzeichnete Barletta sein „Ausscheiden" aus dem Amt.

„Hören Sie mir zu", sagte er zu Noriega. „Der Tag wird kommen, an dem Sie bereuen werden, was Sie jetzt tun. Denken Sie an meine Worte."

Barletta sah eine letzte Chance. Er würde im Fernsehen auftreten und dort sagen, daß man ihn unter Druck gesetzt hatte, zurückzutreten, dann aber erklären, daß sein „Ausscheiden" nicht von Dauer wäre. Barletta gab seinem für die Fernsehauftritte zuständigen Sekretär Befehle. Aber Noriega kontrollierte die Sender, und er würde keine Live-Ansprache gestatten, also nahm Barletta seine Ankündigung, zusammen mit den Kabinettsmitgliedern, um vier Uhr früh auf. Die nette Einzelheit mit dem „Ausscheiden" ging dabei allerdings verloren. Die offizielle Abschrift der US-Botschaft übersetzte das spanische Wort für „Ausscheiden" sogar mit „Abdankung". Barletta war zutiefst enttäuscht – und am Ende.

Um hier jedes Mißverständnis zu vermeiden: Die Botschaftsangestellten benutzten damals die Übersetzung, die sie von den PDF erhalten hatten. „Die Übersetzung für die amerikanische Botschaft war eine politische Entscheidung, kein Übersetzungsfehler", sagte Barletta später. „Meine Zukunft war keine juristische, sondern eine politische Angelegenheit."

Nachdem seine Bewegungsfreiheit mehrere Wochen lang eingeschränkt worden war, flog Barletta zwei Monate später nach New York, um dort einen letzten Versuch zu wagen, die Ereignisse rückgängig zu machen. Wegen seines „Ausscheidens" glaubte er, 90 Tage Zeit für ein Comeback zu haben. Aber Berater Barlettas in Washington erzählten ihm, daß die Regierung Reagan momentan total auf Nicaragua fixiert und daß sein Schicksal unabänderlich wäre. Shultz war zwar – trotz umfassender Beweise für einen Wahlschwindel – zur Feier seiner Amtseinführung gekommen, aber jetzt war Shultz nicht bereit, für „Nicky", wie er seinen ehemaligen Studenten an der University of Chicago nannte, zu kämpfen. „Im Prinzip fanden wir alle, daß er sich durch seinen Rücktritt und dadurch, daß er den Posten überhaupt je angenommen hatte, kompromittiert hatte", sagte Abrams später.

Durch Barlettas Sturz war eine zwischenbehördliche Überprüfung der panamaischen Politik ins Rollen gebracht worden, aber die Regierung entschied sich dafür, das Problem auf die lange Bank zu schieben: Washington mußte die Demokratie in Panama zugunsten der Contras opfern. Die Regierung würde den Sturz Barlettas schlucken und Washington würde es vorziehen, Noriega zu freien Wahlen im Jahre 1989 zu drängen.

Der stellvertretende Außenminister Elliott Abrams wandte sich gegen den Vorschlag von Washingtons Botschafter in Panama, Everett Ellis Briggs, daß die Regierung Barletta weiterhin als gesetzmäßigen Präsidenten anerkennen sollte. Briggs' Vorschlag bestand im wesentlichen darin, das zu tun, was Präsident Reagan zwei Jahre später tun würde – die Entfernung eines eingesetzten Präsidenten durch das Militär nicht anzuerkennen und seine Herrschaft weiterhin als gesetzmäßig zu betrachten. Aber er wurde von der Contra-verrückten Regierung Reagan überstimmt.

Was Barletta nicht bekannt war, nicht einmal in seiner Rolle als Präsident, war die Tatsache, daß Noriega den CIA heimlich mit soviel Hilfe bei seinem Krieg in Nicaragua unterstützt hatte, daß dadurch sein Schutz durch einige der einflußreichsten Drahtzieher in Washington so gut wie gesichert war. Er hatte sowohl William Casey vom CIA als auch Oliver North im Weißen Haus davon überzeugt, daß er bei ihren Geheimunternehmen ein wertvoller Alliierter sein könnte, auch wenn er immer mehr versprach, als er dann hielt. Die Geheimdienste dachten, daß der Verlust eines Präsidenten, der ohnehin durch Wahlschwindel in seine Position gelangt war, viel weniger gefährlich für sie wäre als eine Diktatur Díaz Herreras – die ihren privaten Contra-Krieg untergraben hätte können.

Sie betrachteten den Sturz Barlettas zwar als unglücklichen Zwischenfall, aber unter den gegebenen Umständen war er vielleicht das bestmögliche Ergebnis.

Kapitel elf

Noriega und die Contras

Die Beziehungen zwischen Panama und den Vereinigten Staaten müssen aufrechterhalten werden, weil wir Partner bei ein- und derselben Mission sind. ... Wir befinden uns in einem Zeitalter, das in dieser Hinsicht Reife und eine offizielle Ernsthaftigkeit erfordert.
– GENERAL NORIEGA, 2. Oktober 1986

Am sonnendurchglühten Morgen des 6. März 1985 erschütterte eine Reihe von Explosionen Managua mit solcher Gewalt, daß viele der Einwohner ein Erdbeben vom Schlage der Katastrophe befürchteten, die ihre Stadt mehr als zwölf Jahre zuvor dem Erdboden gleichgemacht hatte.

Viele warfen sich unter Tische. Andere liefen auf die Straße, damit ihnen ihre Häuser nicht über dem Kopf zusammenbrachen. Ein ganzer Hang war in Flammen gehüllt. Soldaten rannten ungeordnet die Straße hinunter. Sie kamen aus der Gegend, in der die Explosionen stattgefunden hatten, und rund um sie herum fielen die Betonblökke.

Die Explosion zerriß den Gebäudekomplex des Militär-Hauptquartiers von Managua, zu dem Kasernen, Offizierswohnungen und ein Munitionslager gehörten, das in die Luft gesprengt worden war. Wie durch ein Wunder kam niemand ums Leben, aber das war ohnehin nicht Sinn und Zweck der Sache. Das Ziel dieser Operation, die ihren Ursprung in Oliver Norths Büro im Nationalen Sicherheitsrat hatte, war es, zu demonstrieren, daß die Contras überall im Land, wo sie wollten, zuschlagen konnten. Und genau um diesen Eindruck zu vermeiden, erklärten nicaraguanische Untersuchungsbeamte nach einer oberflächlichen Untersuchung von einer Woche Dauer die Explosion zum „Unfall“.

Nun war die Lage aber so, daß die Contras wahrscheinlich gar nicht dazu fähig waren, regelmäßig Großstadtaktionen gegen militärische Ziele in Managua durchzuführen. Tatsächlich gab es innerhalb Nicaraguas nur einen ausländischen Geheimdienst, der das Know-how, die Mittel und ein Motiv besaß. Er gehörte Manuel Antonio Noriega aus Panama. In seinem Bemühen, sich bei Washington lieb Kind machen zu wollen, war der panamaische General dabei behilflich gewesen, den Sabotageanschlag auszuführen, der einem Plan des britischen Söldners David Walker und Norths entsprungen war. Obwohl

Noriega nicht das Hirn hinter dieser Operation gewesen war, war er doch für ihren Erfolg unerläßlich gewesen; denn sowohl den Vereinigten Staaten und Walker als auch den Contras mangelte es an Noriegas Fähigkeit, Nicaragua zu infiltrieren. Noriegas Spionagenetzwerk in Managua lieferte ihnen nicht nur genug Informationen, um den Anschlag genau zu planen, sondern auch Sprengexperten, die die Ladungen anbrachten und zündeten.

Indem er im März 1985 beim Angriff auf Managua half, spielte Noriega ein Spiel, mit dem er mittlerweile schon vertraut war: Er bot den Geheimdiensten ein Minimum an Hilfe und bezog daraus ein Maximum an Schutz für sich selbst. Die Umstände waren zu dieser Zeit perfekt dazu geeignet, einer Vernunftehe zwischen den USA und Noriega neues Leben einzuhauchen.

Noriega wußte, daß er Washingtons Hilfe nie nötiger gebraucht hatte als in einer Zeit, in der sein politisches Glück im eigenen Land abnahm und seine Rolle im Drogenhandel – und auch seine Probleme damit – größer wurden. Und Oliver North und seine Freunde, die einem vom Kongreß ausgesprochenen Verbot für militärische Hilfe an die Contras gegenüberstanden, suchten verzweifelt nach Verbündeten, die verhindern konnten, daß die Contras geschlagen würden.

Die Regierung Reagan folgte daher einem tief ausgetretenen Pfad; sie übersah die zunehmende Anzahl von Beweisen für Noriegas Verbrechen, weil er bei ihren engstirnigen und momentanen Interessen von Nutzen sein konnte. Die Leute innerhalb der Regierung Reagan, die Geheimoperationen durchführten, liefen in vollem Galopp drauflos und hatten ihre Contra-Scheuklappen umgehängt. Andererseits stillte Noriega, den Beamte des Außenministeriums mittlerweile den „Leihoberst" nannten, weiterhin den Hunger der nicaraguanischen und kubanischen Geheimdienste – und das zur selben Zeit, als seine Männer dabei behilflich waren, das Waffenarsenal der Sandinisten in die Luft zu sprengen. Wie immer spielte Noriega auf allen Seiten gleichzeitig. Das Spiel wurde zwar immer riskanter, je höher die Einsätze wurden, aber wie ein Spieler, der zu tief in der Klemme sitzt, um Schluß machen zu können, konnte auch Noriega jetzt nicht aufhören, die Würfel rollen zu lassen.

Oliver North wußte, daß Noriega auf mehreren Seiten abkassierte, und er mißtraute den Versicherungen des Generals, daß für ihn die Amerikaner immer an erster Stelle stünden, aber er konnte sich in Nicaragua an niemand anderen wenden. Noriega betreibe den einzigen freundlich gesinnten und relativ verläßlichen Geheimdienst in Managua, erzählte North seinen Kollegen. Noriega versprach den Contras zwar regelmäßig mehr Unterstützung, als er dann lieferte, aber andererseits lieferte er auch mehr als jeder andere in dieser Region. Und North akzeptierte jede Hilfe, die er bekam – von den Israelis, den Saudis, dem Sultan von Brunei – also warum nicht auch von Noriega? Hier handelte es sich schließlich um einen Krieg – gegen den Kommunismus und den Kongreß – und Noriega war ein Verbündeter.

Noriegas heimlicher Partner beim Angriff vom März 1985 war David Walker, ein Veteran britischer militärischer Spezialaufträge, der den Überfall organisierte. Walker, ehemaliger Kommdandant des 22nd Special Air Services-Regiments (SAS), hatte in Nordirland und Südamerika gedient, bevor er 1974 im Rang eines Majors aus dem Militär ausschied. Für die Augen der Öffentlichkeit war er in den Ruhestand getreten und führte ein ruhiges Leben als Funktionär der Konservativen Partei in Esher, einer Stadt in Surrey.

Was seine Nachbarn jedoch nicht wußten, war die Tatsache, daß Walker begonnen hatte, seine eigene Art von Spezialaufträgen zu erledigen, oft mit dem Segen, wenn nicht sogar auf deutlichen Befehl der Regierung Ihrer Majestät.

Walkers erster Job nach seinem Rückzug in den Ruhestand fand bei Control Risks statt, einer mächtigen Sicherheitsfirma der neuen Art, die sich auf Kidnapping-Verhandlungen spezialisiert hatte. Die Funktionäre von Control Risks hatten eine Menge Zeit in Panama zugebracht, wo sie Verhandlungen über die Lösung von Kidnapping-Fällen führten, an denen Noriega Interesse zeigte. Noriega agierte oft als Vermittler zwischen Guerillagruppen der Region und den Familien und Regierungen derer, die von ihnen entführt worden waren. Sogar wenn Noriega nicht in einen Fall verwickelt war, wurde Panama oft als Schauplatz von Gesprächen oder Lösegeldzahlungen ausgewählt.

Aber auch als er für Control Risks arbeitete, war Walker immer mehr an deren Tochtergesellschaft interessiert, die er auch managte: der in Kensington ansässigen KMS, Ltd., die auch „Keeny-Meeny Services" genannt wurde. (Der Name stammt von einem Suaheli-Wort ab, das etwa soviel bedeutet wie „Schlange im Gras".) Diese Firma bot Regierungen paramilitärische Fachkenntnisse an. 1977 kaufte Walker das Unternehmen und machte auf eigene Faust weiter, wobei er frühere SAS-Kollegen als seine Mannschaft engagierte. Die Nachfrage nach seinen Diensten, zu denen es sowohl gehörte, Leibwächter für Saudi-Scheichs zur Verfügung zu stellen, als auch Anti-Aufruhr-Truppen mit militärischen Kenntnissen zu versorgen, machte ihn zum reichen Mann.

Sein neuer Beruf war Grund genug für ihn, seine Kontakte zu den Vereinigten Staaten zu erneuern, die er Jahre zuvor geknüpft hatte. Die britische Armee hatte Walker ein Technikstudium an der Universität von Cambridge finanziert, wo er seine Freundschaft zu John Lehman, einem Amerikaner aus einer mächtigen Republikanerfamilie, begann, die durch zwanzig Jahre gehalten hatte. Sie waren während der Zeit, als sie beide an Rang und Einfluß gewannen, in engem Kontakt geblieben. 1981 wählte Präsident Reagan Lehman dazu aus, die Navy zu führen. Als er diese Position innehatte, brachte Lehman Walker und North zusammen.

Im Dezember 1984 begann North gemeinsam mit Walker Operationen zu planen, nachdem die beiden mit einem Segelboot von der Marinewerft in Washinghton abgelegt hatten. Sie kamen glänzend miteinander aus, als sie so auf dem Potomac dahinsegelten und schlaue Ideen über geheime Einsätze austauschten. North verfaßte ein Memo an den Nationalen Sicherheitsberater Robert C. McFarlane: „Dieses Wochenende traf ich mich, auf Ersuchen von Minister John Lehman, mit David Walker, einem ehemaligen britischen SAS-Offizier. Walker deutete an, daß er daran interessiert wäre, ein Arrangement für gewisse Spezialeinsätze mit der FDN [den Contras] zu treffen." North sagte, daß er bei der Vernichtung neuer russischer Angriffshubschrauber, die den Contras erheblichen Schaden zufügen könnten, Hilfe brauchen würde; Walker schlug einen Sabotageeinsatz vor, der in Nicaragua stattfinden sollte. Zu den Diensten, die er während eines Zeitraums von zwei Jahren für die Contras leistete, gehörte auch, daß Walker North dabei behilflich war, einen Luftangriff auf Flughäfen und ein Wohnviertel in Nicaraguas Hauptstadt vorzubereiten. North berichtete Kongreßabgeordneten, daß diese Angriffe vom Nationalen Sicherheitsberater Präsident Reagans, Vizeadmiral John Poindexter, genehmigt worden waren. Einem Artikel in den *London Daily News* zufolge stellte KMS, Ltd. fünfzig Veteranen zur Verfügung, die Contras ausbildeten und unterstützten. In fetten Schlagzeilen wurde Walker darin „Großbritanniens Oberst North" genannt.

Walkers Kontakte zu North kamen erstmals durch Dokumente heraus, die dem Iran-Contra-Komitee 1987 zur Verfügung gestellt wurden. North gab auf eine Frage des demokratischen Abgeordneten Thomas Foley aus Washington zögernd seine Verbindung zu Walker zu. „David Walker war an der Unterstützung des nicaraguanischen Widerstands beteiligt, was internationale Operationen in Nicaragua und anderswo beinhaltete", sagte er, „im Bemühen, den Eindruck zu verstärken, daß der nicaraguanische Widerstand überall zuschlagen könnte, wo er wollte."

Während dieses Kongreß-Hearings gab North nur wenige Hinweise auf Walkers Kontakte zu Noriega. Als Louis Stokes, der Vorsitzende des Geheimdienstkomitees, ihn fragte, ob Walker in die Vorgänge vom 6. März verwickelt gewesen wäre, antwortete North einfach: „Soweit ich weiß, stellte Walker zwei Techniker zur Verfügung, die damit zu tun hatten. Soviel wir wissen, handelte es sich bei diesen beiden Experten um Panamaer." North erwähnte nicht, daß es Noriega gewesen war, der Walker mit diesen Technikern und anderen logistischen Hilfen versorgt hatte. North sagte, daß Walker – und damit auch Noriega – vom nicaraguanischen Widerstand mit Geldern, die aus den USA kamen, bezahlt wurden.

Ein nur im kleinen Kreis zirkulierendes 42 Seiten starkes Dokument, das unter dem Namen „Parteienübereinkunft" lief, faßte Beweise aus Regierungsdokumenten für den Strafprozeß gegen North zusammen und warf etwas mehr Licht auf Noriegas Rolle beim Sabotageanschlag im Jahr 1985. Ein Auszug daraus enthüllte auch Noriegas erschreckendes Angebot, zugunsten Washingtons nicaraguanische Politiker zu ermorden. Noriega hatte einen neuen Kurs eingeschlagen: Je schwieriger die politische Situation in Panama wurde, desto mehr bot er seine Hilfe für die Contras an, bis sogar Oliver North ablehnen mußte.

„Ende August 1986 berichtete North Admiral Poindexter, daß ihn ein Abgeordneter des panamaischen Führers Manuel Noriega um ein Treffen gebeten hatte. Noriegas Abgeordneter schlug vor, daß er im Austausch für ein Versprechen der US-Regierung, beim Verbessern von Noriegas Image behilflich zu sein und sich zu verpflichten, das Verbot der US-Regierung bezüglich militärischer Lieferungen an die Panamaischen Verteidigungsstreitkräfte, aufzuheben, bereit wäre, die Führungsschicht der Sandinisten für die US-Regierung ermorden zu lassen.

North teilte dem Abgeordneten Noriegas mit, daß die amerikanischen Gesetze solche Aktionen verbieten", geht es in der Übereinkunft weiter. „Der Abgeordnete entgegnete daraufhin, daß er innerhalb Nicaraguas zahlreiche Aktivposten stationiert habe und mit ihrer Hilfe viele wichtige Dinge erreichen könnte, *wie zum Beispiel die*

Sprengung eines Sandinista-Waffenarsenals, bei der Noriega der US-Regierung im vorigen Jahre geholfen hatte." (Kursivschrift vom Autor dieses Buches hinzugefügt.)

Noriega war nun tief in Norths Contra-Netzwerk verwickelt und hatte Einzelheiten über Amerikas Geheimkrieg erfahren, deren Enthüllung peinlich gewesen wäre. Zum Beispiel, daß der nicht mit Namen genannte „Abgeordnete" aus der North-Übereinkunft Roberto Cordovez gewesen war, ein ehemaliger Polizist aus der Kanalzone, der viele der sensibelsten Aufträge für Noriega ausführte. Er war ein rundlicher, braunhaariger und verschwiegener Mann, der Englisch mit deutlich amerikanischem Akzent sprach und einen schwarzen Mercedes mit verdunkelten Scheiben fuhr. Cordovez hatte durch die beste Freundin seiner Ehefrau, Vicky Amado – die mittlerweile Noriegas Dauergeliebte war, welche er deutlich seiner Gattin vorzog – ein gutes Verhältnis zu Noriega bekommen. Und auch Cordovez' Kontakte zu Oliver North waren sehr eng. Arrangiert hatte sie Francis G. Gomez, ein ehemaliger Angestellter des Außenministeriums und des United States Information Service, dessen PR-Firma International Business Communications heimlich von North dazu benutzt wurde, Geldmittel zu beschaffen und Propaganda für die Contras zu machen. Gomez achtete sehr darauf, nicht direkt von Noriega oder North für seine Tätigkeit in Panama bezahlt zu werden. Cordovez' Firma, Impulso Turistico y Financiero, bezahlte einige Zeit 35 000 Dollar im Monat an IBC, und Gomez kooperierte, indem er Norma Amado, Vickys Mutter, beschäftigte, die ihm bei seiner Arbeit in Panama behilflich sein sollte.

An einer anderen Stelle der Übereinkunft beleuchtete die Regierung die Verbindung zwischen Walker, Noriega und North etwas genauer. „North benachrichtigte Admiral Poindexter davon, daß die britischen Personen, die die Operation gegen das Waffenarsenal durchgeführt hatten, dabei die Hilfe eines panamaischen Sprengexperten hatten. North merkte an, daß Noriega die Fähigkeiten, die er angeboten hatte, wirklich besäße, und daß die Kosten jeder Geheimoperation vom Project Democracy getragen werden könnten." Bei diesem „Projekt Demokratie" handelte es sich um eine Geldbeschaffungsaktion für die Contras, die gestartet worden war, nachdem der Kongreß jede weitere Militärhilfe für den Widerstand untersagt hatte.

Wie konnte die Regierung Reagan in eine so kompromittierende Situation gelangen, von der der panamaische Diktator profitieren und mit Hilfe von Oliver Norths „Project Democracy" seine undemokratische Herrschaft aufrechterhalten konnte? Eine historische Rekonstruktion zeigt, daß Noriega schon Anfang der Achtziger begann, die Regierung Reagan in ihrem Contra-Krieg zu unterstützen, indem er den Israelis gestattete, Panama als Zwischenstation für Geld- und Waffenlieferungen zu benutzen, und daß sein israelischer Berater Michael Harari dabei eine Schlüsselrolle spielte. Noriegas Rolle war zwar nur klein, aber er machte sie größer, nachdem er im August 1983 Comandante wurde. 1984 und 1985, als Noriega verzweifelt Freunde suchte, wuchs sie noch weiter. Es war tatsächlich eine Zeit der Verzweiflung, sowohl für Noriega als auch für seine amerikanischen Verbündeten.

Die Geschichte der Beziehung zwischen Noriega und North – und die Geschichte von Panamas halbherziger Contra-Hilfe – ist eine traurige Lektion, die zeigt, wie leicht ein

Schmalspurdiktator mehr Einfluß als die Vereinigten Staaten gewinnen kann, indem er sich an einer Geheimoperation beteiligt, deren Bekanntwerden einen amerikanischen Präsidenten in Verlegenheit bringen könnte.

Der erste Schritt der Regierung Reagan bestand darin, Noriega 1981 wieder auf ihre Gehaltsliste zu setzen, mit einem Jahreseinkommen von 185 000 Dollar, und auf diese Weise eine Beziehung wieder instand zu setzen, die unter der Regierung Carter gelitten hatte. CIA-Direktor William Casey lud Noriega wenigstens zweimal zum Abendessen in sein Haus ein, und sein Beauftragter für Operationen in Lateinamerika, Duane R. „Dewey“ Clarridge, bewirtete ihn während seiner langen Nächte in Panama.

Casey hatte Clarridge zum Leiter seiner lateinamerikanischen Abteilung ernannt, und es war Clarridge, der – nach einem Rat des ehemaligen CIA-Agenten Nestor Sanchez – die Vertragsbeziehung mit Noriega wiederaufbaute, die von Stansfield Turner beendet worden war. Clarridge kam in seinem Einsatzgebiet an, wobei er den Decknamen „Dewey Maroni“ benutzte, und brachte immer Zigarren und Cognac mit. Noriega, der das gute Leben selbst zu schätzen wußte, genoß seine Gesellschaft. Clarridge war von allem Anfang an Caseys Mann, und er hatte leichteren Zugang zu Casey als jeder andere Abteilungsleiter. Er informierte Casey regelmäßig und ausführlich über Noriegas nützliche Beiträge und seine Mißgeschicke. Es war offensichtlich, daß Casey und Clarridge auf Noriegas Seite standen, und sie freuten sich darüber, als der langjährige Geheimdienst-Aktivposten im August 1983 Kommandant der Panamaischen Verteidigungsstreitkräfte wurde.

„Nach 1982 oder 1983 reiste Noriega oft nach Washington“, sagte José Blandón, der damals Noriegas Berater war. „Jedesmal, wenn es wichtige Probleme gab, reiste Noriega allein, und er war auch bei seinen Treffen mit Casey allein.“ Blandón sagte, daß Noriega auch zu Clarridge und Joe Fernandez, dem Leiter des CIA-Büros in Costa Rica, der den Decknamen Tomás Castillo benutzte und später auch in den Iran-Contra-Skandal verwickelt werden sollte, ein gutes Verhältnis besessen hätte.

Der neue Comandante Noriega gab deutlich zu verstehen, daß er kooperationsbereiter war als seine Vorgänger. Außerdem wurde der politische Druck auf ihn – wegen Panamas Rolle bei der Geldwäsche für internationale Drogenhändler – immer größer, und er interpretierte einen Staatsbesuch George Bushs im Dezember 1983 als Aufforderung zu mehr Contra-Hilfe von seiner Seite. Obwohl Bush fast ausschließlich mit Noriegas Marionettenpräsident Ricardo de la Espriella sprach, nahm Noriega still und leise zur Kenntnis, daß die zwei Hauptthemen Bushs Sorge über die Bedrohung in Nicaragua und seine Betroffenheit über die Geldwäscherei in Panama waren. Noriega hatte Bushs Worte so verstanden: Wenn Panama den Contras helfen würde, könnte die Kritik über das Geldwaschen entschärft werden. Er äußerte diese Interpretation einem treuen Berater gegenüber.

Vielleicht war es Zufall, daß die Israelis im Dezember 1983 angeblich eine CIA-Tarnfirma in Panama dazu zu benutzen begannen, den Contras ihre Unterstützung zukommen zu lassen. Die Firma hieß IFMA Management Company und war 1969 als Durchgangsstation für Schwarzgelder des CIA gegründet worden.

Noriega wurde für Casey und Clarridge sogar noch wichiger, als bekannt wurde, daß der CIA hinter der umstrittenen Verminung nicaraguanischer Häfen im Januar 1984 steckte. Als Senatoren hinter das kamen, was sie als Kriegshandlung betrachteten, wandten sich sogar Republikaner, die für die Contras eintraten, gegen die Regierung. Die Leute, die Casey früher verteidigt hatten, verurteilten jetzt gemeinsam mit den Demokraten die Verminung, und am 26. April 1984 entschuldigte sich Casey offiziell im Rahmen einer geheimen Senatssitzung.

Die Demokraten hatten es endlich geschafft, die finanzielle Unterstützung für die Contras zu stoppen, nachdem das Geld im Juni ausgegangen war, und im Oktober verabschiedete der Kongreß die harte Version einer Maßnahme, die unter dem Namen Boland-Zusatzartikel bekannt ist und erstmals 1982 bestätigt wurde. Der neue Zusatzartikel verbot dem CIA oder „jedem anderen Geheimdienst oder jeder juristischen Person, die mit geheimdienstlichen Aktivitäten befaßt ist“, auch nur einen Cent zur Unterstützung der Contras auszugeben. „Für diese Beschränkung gibt es keine Ausnahme“, sagte ihr Namensgeber, Abgeordneter Edward P. Boland aus Massachusetts.

William Casey und Oliver North fanden dennoch ein Schlupfloch, und Noriega sollte ein Teil ihrer Umgehung des Beschlusses sein. Sie beschlossen, daß das Weiße Haus vom Boland-Zusatzartikel ausgenommen wäre, und North leitete eine fanatische Suche nach Geldmitteln, Waffen und Unterstützung für die Contras. North machte für eine Firma mit dem unschuldig klingenden Namen Lake Resources ein Geheimkonto bei der Genfer Crédit Suisse auf. Der Mann, der das Konto eröffnete, Richard V. Secord, war seit dem geheimen Luftkrieg in Vietnam ein Veteran, was Geheimunternehmen betraf. Secord nannte dieses neue Unternehmen, das den Contras helfen sollte, „The Enterprise“ (Das Unternehmen). North, ein Mann, der wußte, daß ein zugkräftiger Name ihnen konservative Dollars einbringen würde, bezeichnete die Operation als „Projekt Demokratie“.

Secord wußte bereits über Panamas wertvolle Rolle bei Geheimunternehmen Bescheid. 1986 erwarb das panamaische Unternehmen Energy Resources International, das mit dem „Projekt Demokratie“ zusammenhing, 158 Tonnen Sturmgewehre und Munition für die Contras, die mit einem Schiff geliefert wurden, das von einer weiteren panamaischen Firma erworben wurde: Dolmy Business, Inc. Diese Firma befand sich im Besitz seines Partners Albert Hakim.

Noriega stellte der Regierung Reagan seine Hilfe schon früh zur Verfügung – als die Israelis den nicaraguanischen Widerstand ausbildeten und bewaffneten, zu einer Zeit, als die Regierung Reagan sich noch nicht voll auf diesen Kampf konzentriert hatte. Den Worten eines panamaischen Funktionärs und José Blandóns – der damals Noriegas politischer Berater war – zufolge stellte Michael Harari mit der Hilfe Dewey Clarridges, dem Chef des lateinamerikanischen Direktoriums des CIA, und Donald Gregg, dem Nationalen Sicherheitsberater Präsident Bushs, Kontakte her, die zur Gründung eines ganzen Netzwerks von Flugfeldern und Unterstützung für die Contras führten. Gregg streitet jede Beteiligung an der Sache sowie seine Bekanntschaft mit Harari ab.

Blandón sagte, daß Noriega – durch Harari – die Landerechte auf drei verschiedenen panamaischen Flugfeldern angeboten hätte: in den Provinzen Chiriquí und Veraguas und am Paitilla-Flughafen von Panama City. Die ersten Waffenlieferungen kamen aus dem Ostblock und wurden über israelische Verbindungen in die Region dirigiert.

Die Mission eines Senators, die diesen im Januar 1983 nach Panama führte, war dabei behilflich, Noriegas frühe Teilnahme bei der Contra-Hilfe zu bestätigen. Patrick Leahy, ein Demokrat aus Vermont, der damals Mitglied des Senats-Geheimdienstkomitees war, besuchte im Rahmen einer Reise durch die Region, die dazu dienen sollte, Aktivitäten der US-Geheimdienste, die mit Nicaragua zu tun hatten, zu überprüfen, auch Panama. Die Tatsache, daß er in Panama überhaupt einen Halt einlegte, führte schon zu Erstaunen genug, da die Rolle dieses Landes im Krieg damals nicht öffentlich bekannt war. Es war das Gerücht um ein streng geheimes Ausbildungslager, das Leahy nach Panama geführt hatte.

Als Leahy dem Leiter des CIA-Büros in Panama erzählte, daß er über das Nicaragua-Programm in Panama informiert werden wolle, antwortete ihm der Geheimagent, daß Clarridge – der einen Tag zuvor Panama verlassen habe – ihn angewiesen hatte, solche Fragen nicht zu beantworten. Leahy legte in Washington Protest ein und sagte, er würde Panama nicht verlassen, bevor er nicht ein paar Antworten bekäme. Clarridge tauchte schließlich um sechs Uhr morgens auf und klopfte an die Tür von Leahys Hotelzimmer. Anscheinend hatte er das Land doch nicht verlassen.

Clarridge erzählte ihm, daß Noriega dem CIA gestattet habe, eine Ausbildungsstätte für Contras in Panama zu errichten, daß diese Tatsache aber ein Geheimnis bleiben müsse. Noriega, der die Ausbildung nur mit einem gewissen Zögern erlaubte, würde jede undichte Stelle als Entschuldigung dafür benutzen, die ganze Sache wieder abzublasen. (Und obwohl Noriega das nie sagte, so konnte ein Informationsleck auch seinen guten Verbindungen zu den nicaraguanischen und kubanischen Geheimdiensten schaden.) Panama mochte vielleicht ein seltsamer Ort zur Ausbildung von Contras sein, aber Clarridge erklärte das damit, daß man die Rebellen darauf vorbereiten wollte, die Sandinisten vom Süden her, aus Costa Rica, anzugreifen.

Clarridge erzählte Leahy noch einiges mehr über Noriega. Er sagte, daß Noriega schon seit langer Zeit dem CIA seine Dienste zur Verfügung stelle und ihm vieles ermögliche, aber trotzdem auf zwei Seiten zugleich stünde und auch zu den Kubanern freundliche Beziehungen hege. Durch diese Beziehungen kamen die USA an Informationen, aber wer konnte schon wissen, was die Kubaner davon hatten? Leahy kam von seiner Reise zurück und war überrascht, daß sogar Panama Teil eines Anti-Sandinista-Netzwerks war, das Casey unter bedeutenden Kosten und Mühen aufbaute. Seine Reise durch die gesamte Region überzeugte ihn davon, daß „das Nicaragua-Programm über das hinauswuchs, was das Komitee ursprünglich als seine Grenzen betrachtet hatte".

Als der Gültigkeitstag des Kongreßbeschlusses immer näher rückte, hatte Casey offensichtlich schon ein Auge auf Noriega geworfen, den er als mögliche Alternativquelle für Hilfe und finanzielle Unterstützung für die Contras ansah. In einem Memorandum vom 27. März 1984, das Casey an McFarlane schickte und das den Titel „Ergänzende Unterstützung für das Nicaragua-Programm" trug, schrieb der CIA-Direktor, daß die erste Alternative die Israelis wären, die militärische Ausrüstung zur Verfügung stellen konnten, die sie von der PLO erobert hatten. „Die zweite Alternative, mit der wir uns gerade beschäftigen, ist, sich Unterstützung aus Panama zu beschaffen", schrieb er. Casey behauptete, daß Noriega „angedeutet hatte, daß er den Contras möglicherweise über die Honduraner Ausrüstung und Ausbildung beschaffen könne".

Caseys Wunsch nach Noriegas Hilfe war so groß – und seine Beziehung zu Noriega bereits so gut –, daß er mit North vom 31. Juli bis 2. August eine ungewöhnliche Reise nach Panama unternahm, um dort für die Contra-Unterstützung zu werben – wie aus einem Enthüllungsdokument hervorgeht, das der CIA für den Oliver North-Prozeß offenlegen mußte. Dies sollte nur das erste in einer Reihe von Treffen mit Noriega sein, bei denen es immer um Norths Wunsch nach panamaischer Hilfe und um Noriegas Bemühungen ging, politische und wirtschaftliche Vorteile aus seiner Mitarbeit zu schlagen.

Dokumente, die für den Prozeß gegen North freigegeben wurden, zeigen, daß Noriega im Sommer 1985 auf die amerikanischen Ansuchen reagierte, indem er den Contras finanzielle Unterstützung anbot, was anscheinend ein Ergebnis von Caseys Ausflug war, der etwa um dieselbe Zeit stattfand. Noriega sah sich nach der manipulierten Wahl vom Mai 1984 mit dem Zorn seiner politischen Gegner konfrontiert, und er hatte gerade erst von Castro vermittelte Verhandlungen mit dem Medellín-Kartell hinter sich, um eine mögliche Krise mit den kolumbianischen Drogenhändlern zu vermeiden. Die Geschichte der Verzweiflung auf beiden Seiten näherte sich ihrem Höhepunkt.

Die „Parteienübereinkunft" anläßlich des North-Prozesses offenbarte in trockenen Worten Noriegas bedeutende Kooperation: „Ein Widerstandsführer von der Südlichen Front hat – im Juli 1984 – 100 000 Dollar vom Leiter der panamaischen Verteidigungsstreitkräfte Noriega erhalten, sowie 20 000 Dollar von einem europäischen Politiker [möglicherweise Margaret Thatcher], der schon früher 40 000 Dollar gespendet hat." Damals gehörte Vizepräsident George Bush zu jenen Leuten, die Kopien der Dokumente erhielten, die Noriegas Finanzhilfe an die Contras dokumentierten.

Nachdem der Boland-Zusatzartikel 1984 die Militärhilfe für die Contras abreißen ließ, war Juan Bautista Castillero, Noriegas Anwalt und Geschäftsbeauftragter in Genf, dabei behilflich, die Udall Research Company zu gründen, eine von zehn durch „The Enterprise" gegründeten Scheinfirmen, die die Contras unterstützen sollten. Sie wurde gegründet, um im nördlichen Costa Rica einen Flugplatz errichten zu können, über den Waffenlieferungen an die Contras gehen sollten. Castillero spielte wie Noriega auf allen Seiten zugleich. Angeblich hat er auch Firmen für mehrere kubanische Funktionäre und für Noriega gegründet. Auch eine Handvoll weiterer panamaischer Gesellschaften wurde gegründet, um beim „Projekt Demokratie" behilflich zu sein.

Mitte Januar 1985 flog Oberstleutnant North wieder einmal nach Zentralamerika – und Panama –, diesmal zusammen mit dem Nationalen Sicherheitsberater Robert McFarlane, „um mit seinen politischen Gegenstücken in diesen anderen Ländern über die Fortsetzung ihrer Bereitschaft zu sprechen, den Widerstand zu unterstützen". Andere, die ihn auf dieser Mission begleiteten, waren Vizeadmiral Arthur Moreau und General Paul Gorman, der Oberbefehlshaber des United States Southern Command in Panama.

Auslösender Grund für diesen Ausflug war die Drohung der honduranischen Regierung, ihre Contra-Hilfe einzustellen, wenn sie nicht „ein Zeichen der Unterstützung durch die amerikanische Regierung erhielte". Zu den Treffen gehörte auch eine Sitzung mit Noriega, in deren Verlauf der General seine Bereitschaft ausdrückte, den Widerstand weiterhin zu unterstützen. Die Sabotagemission in Nicaragua wurde zwei Monate danach ausgeführt, aber es ist unklar, ob sie bei diesem Treffen schon besprochen wurde.

Aber North wollte noch mehr, und Noriega entsprach seinem Wunsch. Im Sommer 1985 hatte North ausreichendes Vertrauen in Noriegas guten Willen, daß er sich wegen der Ausbildung möglicher Contra-Zugsführer für die Südliche Front an ihn um Hilfe wandte. Im Juni 1985 nahm Oliver North über den politischen Berater Frank Gomez, der wiederum Roberto Cordovez, den Verbündeten des Generals, anrief, erneut Kontakt zu Noriega auf.

North und Noriega trafen sich um 10 Uhr im Hafen von Balboa zu einer Kreuzfahrt, weit entfernt von den mißtrauischen Blicken von Noriegas Offizierskorps, von dem North glaubte, daß es von russischen Agenten infiltriert wäre.

An diesem Morgen hatte Noriega José Blandón angerufen, um ihn aufzufordern, ihn wegen einer Zusammenkunft mit einem „US-Delegierten", mit dem man über Zentralamerika sprechen wollte, am Pier 17 zu treffen. Oliver North hatte eine attraktive Frau in seiner Begleitung – und eine ebenso attraktive Übersetzerin.

Während die Jacht langsam auf die Landbrücke zwischen den beiden Teilen des amerikanischen Kontinents zukreuzte, sprachen North und Noriega eineinhalb Stunden lang über das Thema Zentralamerika. Blandón und North tranken Cola, Noriega schlürfte orientalischen Tee. Er trank nie Alkohol, wenn er in unvertrauter Umgebung heikle Themen besprach.

Das Treffen begann damit, daß North die Bedrohung für die Demokratie erläuterte, die von den Sandinisten ausging – eine eigenartige Themenwahl für ein Gespräch mit dem Diktator von Panama. North wollte die Südliche Front stärken. Er sagte, daß 2 000 neue Contra-Soldaten bereit stünden und nur mehr darauf warteten, zu den Waffen greifen zu können, aber sie bräuchten eine Ausbildung. Ihm fehlte es an Führungspersonen, die die Ausbildung übernehmen und anschließend die Truppen befehligen könnten. Er wollte, daß die Panamaer eine relativ leichte Aufgabe übernehmen sollten: einen kleinen Kader von Nicaraguanern – vielleicht 200 – zu Kommandanten von kleinen und Kommunikations-Einheiten auszubilden. Diese würden anschließend die besagten 2 000 Männer ausbilden und bei einer Invasion Nicaraguas von der Südlichen Front aus anführen. North hoffte, daß die Nicaraguaner, um dieses Eindringen in ihr Land zu verhindern, das wehrlose Costa Rica überfallen würden. Ein solcher Akt würde auf internationale Empörung stoßen und die Sympathie für die Contras steigern, meinte North.

North benötigte die Panamaer aus drei Gründen. Die Nicaraguaner in Honduras stammten aus einer geographisch anderen Gegend und aus einer anderen Klasse als die Soldaten an der Südlichen Front, und „die beiden vertrugen sich wie Katz und Maus". Auch die kubanischen Ausbilder des CIA stießen immer wieder mit den Contras zusammen. North hoffte, er könnte einen Teil dieser Probleme durch den Einsatz von Panamaern überwinden. Unausgesprochen blieb, daß die Ausbildung nicht in einer amerikanischen Militärbasis in Panama stattfinden durfte. Noriega wußte, daß der amerikanische Kongreß eine militärische Einmischung der USA untersagt hatte.

Noriega hielt Norths Vertrauen in die nicaraguanischen Widerstandskämpfer in Costa Rica für tollkühn, aber er fürchtete, daß seine Beziehung zum CIA Schaden nehmen könnte, wenn er so etwas sagte, also schickte er Blandón vor, der statt ihm diese Einwände vorbringen sollte.

„Vom militärischen Standpunkt aus ergibt ihr Plan Sinn", sagte Blandón zu North, der diesen kleinen, arroganten Panamaer auf Anhieb nicht ausstehen konnte. „Das Problem ist nur, daß Sie die Contras nicht haben, die ihn ausführen können. Ich weiß nicht, wo Ihre 2 000 Männer sind. Die Südliche Front existiert doch gar nicht." Blandón sagte, daß Edén Pastora der einzige Kommandant mit vielleicht einigen hundert Anhängern wäre, daß der CIA sich aber gegen ihn gestellt hätte.

„Wir kennen die Südliche Front gut", sagte Blandón. „Es ist eine Zone, in der die Contras größeres Interesse daran haben, Geschäfte zu machen und es mit Prostituierten zu treiben, als zu kämpfen. Wir nennen sie Kaffeehaus-Guerillas. Sie kämpfen zwei Stunden lang an der Grenze und kehren dann nach Costa Rica zurück, um sich zu amüsieren."

North verteidigte die Fähigkeiten der Contras an der Südlichen Front. Er sagte, er hätte von den Contra-Führern Francisco Locayo und Edgar Chamorro, einem ehemaligen Jesuitenpriester und Intellektuellen, der dem Contra-Direktorat vom CIA zugeteilt worden war, weitaus rosigere Analysen gehört. Blandón wandte ein, daß es sich hierbei nicht um glaubwürdige Berichte handeln könne. Er meinte, daß die amerikanischen Geheimdienste in dieser Region deshalb jahrelang so erfolglos gewesen wären, weil man sich auf solche Leute verlassen hätte.

Noriega unterbrach ihn. „Wir haben einige Einwände gegen ihren Plan, Oberst", sagte er. „Aber wir werden den Contras helfen. Das werden wir für Sie tun. Wir sind Freunde. Wir sitzen im selben Boot. Wenn Ihnen etwas zustößt, dann stößt auch uns etwas zu." Noriega sagte, daß sie Ausbildungseinrichtungen an der Pana Jungula-Schule in Bocas del Toro und der José Domingo Espinar-Schule in Colón benutzen könnten. An der Bocas del Toro-Schule gab es ein spezielles Dschungeltraining, wohingegen sich die Einrichtung in Colón auf die Ausbildung von Gruppenkommandanten spezialisiert hatte.

North fragte Noriega dann, ob sein Präsident Nicholás Ardito Barletta die fünf Contra-Führer empfangen würde. Sie hätten ein Dokument, das sie ihm überreichen wollten. North versuchte, mehr regionale diplomatische Unterstützung für die Contras zu organisieren. Zwei Wochen danach, im Juli 1985, empfing sie Barletta, und danach gaben die Contra-Führer in Panama City eine Pressekonferenz.

Eine begrenzte Ausbildung für die zukünftigen Contra-Offiziere begann, so Blandón, später in diesem Monat auf der Insel Bocas del Toro. Die Offiziere, die für die Ausbildung in Colón zuständig sein würden, waren Oberstleutnant Elias Castillo und Oberstleutnant Ojone. Die Ausbildung in Colón begann etwas später.

Je ärger Noriegas Probleme im eigenen Land wurden, desto dramatischer wurden die Angebote, die er für eine Unterstützung der Contras machte. Nach der Ermordung

Spadaforas und dem Sturz Barlettas nahm er Ende September Kontakt zu Roberto Cordovez auf, um dringend ein zweites Treffen mit North zu vereinbaren.

Noriegas Wirtschaft hatte Probleme. Internationale Finanzorganisationen weigerten sich, ihm zu helfen. Sein gestürzter Präsident war einmal Vizepräsident der Weltbank gewesen. Die US- und internationale Wirtschafts-Behörden zeigten ihm die kalte Schulter. Diesmal war es Noriega, der Hilfe suchte, nicht North.

Wenn Noriega ein Treffen geheimhalten wollte, dann hielt er es in seinem eigenen Revier ab – im „El Ocho", seinem fensterlosen Kommandogebäude aus Zement in Fort Amador – und trug dabei seine Uniform. Im Oktober 1985 empfing Noriega North im „El Ocho", in voller militärischer Aufmachung, mit einem seiner Hauptmänner als Übersetzer.

North hatte es eilig. Er legte auf Noriegas Bitte hin einen außerplanmäßigen Aufenthalt ein und mußte sofort nach Washington weiterfliegen. Noriega begann das Treffen mit der Behauptung, daß die Ausbildung bereits teilweise begonnen hätte. „Wir haben Fortschritte gemacht bei unserer Arbeit", sagte er. „Der Grund, warum ich Sie hergebeten habe, ist folgender: Jetzt brauchen wir Ihre Unterstützung. Wir haben Schwierigkeiten mit unserer Wirtschaft. Wir brauchen Ihre Hilfe." Noriega wollte, daß Onkel Sam tief in die Tasche griff.

Auf Anweisung Noriegas umriß Blandón für North, was Panama von der Weltbank und dem Internationalen Währungsfonds wollte. Solange die Privatbankiers des Landes nicht den Segen des Fonds hätten, würden sie keine neuen Kredite gewähren oder alte verlängern. Noriega bat um Norths Hilfe dabei, amerikanische Unterstützung für dieses Finanzhilfe-Paket zu bekommen. North, der im Juni auf der Jacht am meisten geredet hatte, hörte diesmal hauptsächlich zu.

Noriega bot North im Austausch dafür weitere Hilfe für die Contras an. Er schlug vor, eine panamaische Einheit vorzubereiten, die nach Nicaragua eingeschleust werden sollte, um dort Sabotageanschläge auszuführen. Ihre Mitglieder würden sich als Contras tarnen, aber die Vorteile panamaischer Geheimdienstinformationen genießen und weit besser ausgebildet sein. Er erwähnte auch, daß Panama vorhatte, dem Ansuchen der USA um die Eröffnung eines politischen Propagandabüros auf panamaischem Territorium zuzustimmen. Das Büro wurde einen Monat später, im November 1985, eröffnet.

Blandón war davon überzeugt, daß es sein Treffen mit North und Noriegas neue Versprechungen über die Contra-Hilfe waren, die ein neues Kreditpaket von internationalen Finanzinstitutionen und Privatbanken im März des folgenden Jahres möglich machten. North hatte zwar nur eine untergeordnete Rolle bei dieser Finanzierung gespielt, aber er brachte Noriega nie von der Ansicht ab, daß er mit seiner Hilfe für die Contras solche direkten finanziellen Erfolge verzeichnen könnte.

Rückblickend ist Leahy nichtsdestotrotz der Ansicht, daß Noriega aus den USA immer mehr herausholte, als die Contras von Noriega bekamen. „Noriega spielte mit Geheimdiensten und der amerikanischen Regierung wie mit einer Violine", sagt Leahy heute. „Es brachte ihm eine Menge Schutz ein, daß er auf eine Art half, wie das sonst niemand konnte. Aber andererseits hörten sie auch nur, was sie hören wollten. Das ist mit ein Grund dafür, daß der Contra-Krieg ein solches Fiasko war. Man mußte ihnen nicht viel geben, um sie glücklich zu machen."

Dennoch waren die Geheimdienste, die von Noriega so gut versorgt wurden, taub für die stets anwachsende Informationsflut, die besagte, daß Noriega mehr und mehr mit der kolumbianischen Drogenmafia zu tun hatte und umfassende Geschäftsverbindungen zu den Kubanern unterhielt, die es jenen gestatteten, das amerikanische Handelsembargo zu umgehen – mit großen Gewinnen für Noriega und seine Kumpane.

„Diese Leute waren bereit, sich im Austausch für kurzfristige Gewinne mit ihm abzufinden", sagt Leahy. „Das gestattete ihm, stärker und stärker zu werden. Ich glaube nicht, daß wir ihn geschaffen haben, aber wir haben ihn gefüttert und gesäugt und aufgezogen, damit er groß und stark werden konnte."

Etwa um dieselbe Zeit gelangte Elliott Abrams, der neue stellvertretende Außenminister für lateinamerikanische Angelegenheiten, zu der Ansicht, daß Noriegas Hilfe für die Contras überschätzt und der allgemeine Schaden, den er der Demokratie und den Menschenrechten zufügte, unterschätzt wurden. Abrams kam aus dem Menschenrechtsbüro des Außenministeriums, und trotz seines konservativen Leumunds würde er später der erste sein, der sich gegen den standhaften Schutz stellte, den Pentagon und CIA Noriega gewährten. Abrams war noch nicht soweit, daß er nach dem Sturz Barlettas eine Totaloffensive gegen Noriega starten wollte, aber er brachte bei mehreren zwischenbehördlichen Sitzungen das Argument vor, daß eine Unterstützung der Contras wohl nur Teil einer Gesamtstrategie für eine Förderung der Demokratie in dieser Region sein könnte. Er wollte auf Panama mehr Druck wegen einer Demokratisierung ausüben, ohne dabei die guten Beziehungen zu gefährden, die derzeit existierten. Eher zynische Stimmen wie die des Pentagon-Funktionärs Nestor Sanchez meinten, daß die Panamaer selbst keinen besonderen Druck wegen ihrer Demokratisierung machen würden, und daß Abrams daher so etwas sein würde wie ein Don Quichote, der gegen Windmühlenflügel kämpfte – solange bis Noriegas Volk selbst demonstrierte, daß es zum Kämpfen bereit war. Und außerdem, so meinte er, wäre Panama schlechter dran, wenn Noriega weg wäre. Seine Nummer zwei, Roberto Díaz Herrera, wäre nämlich ein Kommunist, und ohne Noriega würde Panama noch weiter nach links abdriften.

Trotzdem erklärte sich die Regierung bereit, die erste in hartem Ton gehaltene Botschaft an Noriega wegen der Demokratisierung zu sanktionieren. Es war die erste in einer langen Reihe zusammengepfuschter und halbherziger Botschaften an den Diktator von Panama, deren Absicht es war, die Demokratie zu fördern, bei denen aber genau das Gegenteil herauskam. Der erste diplomatische Speerträger war William Casey. Das Außenministerium war der Ansicht, daß Casey ein Mann war, dem Noriega sicherlich Respekt schenken würde. Was Abrams damals nicht begriff, war die Tatsache, daß Casey seine diplomatische Waffe gar nicht tragen wollte.

Casey brachte den General am 1. November 1985, weniger als zwei Monate, nachdem dieser Barletta gestürzt hatte, in die CIA-Zentrale in Langley. Noriega war aufs Schlimmste vorbereitet.

Eine geheime Einschätzung der kriminellen Aktivitäten Noriegas wurde am selben Tag vom Southern Command nach Langley telegraphiert – anscheinend sollte Casey sie noch vor dem Treffen erhalten. Das Schriftstück bewies klar und deutlich, daß den USA die Drogenhandels-Aktivitäten Noriegas bekannt waren, daß man sich aber still und heimlich damit beschäftigen wollte. Das passierte mehr als zwei Jahre, bevor er in Florida unter Anklage gestellt wurde.

Punkt Sieben dieses Memorandums lautet: „Obwohl sie relativ effektiv arbeitet, mißachtet die Führung der PDF [Panamaischen Verteidigungsstreitkräfte] die Menschenrechte, handelt oft tyrannisch und willkürlich und ist in illegale Aktivitäten verwickelt (z.B. Drogen). Der Regierung der USA ist dieser Zustand bekannt und sie versucht in der einen oder anderen Weise, das Verhalten und die Einstellung des panamaischen Militärs zu ändern."

Aber der CIA-Direktor hatte nie vor, diese harte Botschaft weiterzuleiten. Stattdessen hielt Casey mit Noriega einen freundschaftlichen Plausch. Er erwähnte dabei weder Drogenhandel noch Demokratie. Ein panamaischer Funktionär behauptet, daß über die Contras und Norths Treffen mit Noriega im Oktober gesprochen wurde, bei dem letzterer mehr Hilfe angeboten hatte. Es war eine betont herzliche Sitzung.

Casey übergab Noriega dann an seine Untergebenen, die ihn sich wie zu Hause fühlen ließen. Sie luden Noriega zu einem teuren Mittagessen in einem Landgasthof in Virginia ein. Da sie annahmen, daß ihr Chef Noriega gerade fertiggemacht und beschimpft hatte, waren sie besonders herzlich zu ihm und hofften, so die Wunden heilen zu können, die ihrem langjährigen „Aktivposten" zugefügt worden waren. Noriega kehrte nach Panama zurück und gab damit an, wie der CIA ihn extra nach Washington einfliegen ließ, um ihn zum Essen und Trinken einzuladen.

Am 20. November – fast drei Wochen danach und nur auf Drängen des Außenministeriums, das von Panamaern erfahren hatte, welch herzlicher Empfang Noriega vom CIA bereitet worden war – bereitete Casey ein Memorandum über das Treffen vor.

„Es war eher ein CYA-Memo [Cover Your Ass – rette deinen Hintern]", sagte Francis J. McNeil, der zu dieser Zeit stellvertretender Unterstaatssekretär für Geheimdienst und Forschung war. „Er warf Noriega nur vor, daß er die Kubaner Panama benutzen ließ, um das Handelsembargo zu umgehen, aber er erwähnte nie Narkotika oder, wenn ich mich recht erinnere, Demokratie." Mr. Caseys Memorandum merkte an, daß Noriega bei seiner Ankunft nervös gewesen war, aber beruhigt wieder abfuhr, sagte McNeil.

Im Memorandum wurde behauptet, daß Casey sich darüber beschwert hätte, daß panamaische Firmen von den Kubanern dazu benutzt wurden, das Handels- und Wirtschaftsembargo gegen Kuba zu umgehen. Casey sagte, er habe die Themen Narkotika und Demokratie nicht aufgebracht, weil er sicher gewesen sei, daß Noriega die amerikanische Einstellung dazu kannte. Solche Themen seien eine Angelegenheit des Außenministeriums und des US-Botschafters in Panama. „Das Memo zeigte klar und deutlich, daß Casey Noriega wegen der Drogensache wieder vom Haken ließ", sagte McNeil später. „Noriega wußte, daß er tun konnte, was ihm gefiel, wenn er uns nur wegen Nicaragua weiterhin glücklich machte."

Der Nationale Sicherheitsberater John Poindexter flog im Dezember in die Region, um dort Werbung für die Contras zu machen. Sein Zwischenstop in Panama sollte unter anderem dazu dienen, die Mißverständnisse des Treffens im Dezember zu korrigieren. Es war also Poindexter, der die Gesprächspunkte erledigte, die eigentlich Caseys Sache gewesen waren. Die beiden Männer trafen sich in der vornehmen Besucherlounge der Howard Air Force Base, zusammen mit Abrams und Botschafter Briggs. Noriega kam allein. „Er wollte nicht, daß seine Freunde hörten, wie er zurechtgewiesen wurde“, sagte Abrams.

Aber wieder kamen die Botschaften durcheinander. Zur selben Zeit, als Poindexter sich mit Noriega traf, überbrachte Stabsmitglied Constantine Menges vom Nationalen Sicherheitsrat eine Nachricht an Noriegas amerikanische Beraterfirma – Joel McCleary von der Sawyer-Miller Group sowie Bill Hecht und Craig Hellsing von Hecht and Associates. Diese Nachricht klang wesentlich härter und bedrohlicher als das, was Noriega in Panama City zu hören bekam.

Menges war Caseys nationaler Geheimdienstoffizier für Lateinamerika gewesen, bevor er 1983 zum Nationalen Sicherheitsrat überwechselte. Er hatte beim CIA zu oft als Blitzableiter herhalten müssen. Menges war Anfang vierzig, ein gebildeter und ausgesprochen selbstsicherer Konservativer aus dem Hudson Institute, den Casey für noch rechtsstehender hielt, als er selbst es schon war. Menges betrachtete den erzwungenen Rücktritt Barlettas im September 1985 als den Beginn einer erzwungenen Umkehrung des demokratischen Fortschritts in dieser Region – es war schließlich der erste lateinamerikanische Militärputsch der Reagan-Ära. Es frustrierte ihn, daß die nationalen Sicherheitsberater Robert McFarlane und John Poindexter, der im Dezember 1985 diese Aufgabe übernahm, sich nicht genug darum kümmerten.

„Ich habe davor gewarnt, daß ein von Noriega geführtes Militärregime in Panama dieses Land verwundbarer für eine Destabilisierung und letztlich eine Übernahme durch radikale pro-kubanische/sowjetische Elemente machen würde“, sagte er. „Ich habe monatelang erfolglos versucht, Präsident Reagan dieses Thema vorzulegen.“ Menges überzeugte Reagans Anti-Drogen-Chef, Carlton Turner, eine Untersuchung einzuleiten.

McCleary sagt, daß Menges den Beratern Noriegas jedenfalls klarmachte, daß der Präsident beschlossen habe, daß Noriega weg müsse. Menges sagte, daß alle Offiziere, die in die Ermordung Spadaforas verwickelt gewesen seien, aus dem Land geschafft werden würden. Er drohte mit dem Einsatz der Streitkräfte, sollte Noriega jetzt nicht aufräumen und das Land demokratisieren, sagte McCleary. McCleary kam es so vor, als hörten sie jetzt genau das, was Poindexter im selben Augenblick in Panama zu Noriega sagte, und das machte ihm Sorgen.

Menges leugnete später diese Version der Ereignisse und betrachtete das Treffen mit den Beratern rückblickend als ein einziges großes Mißverständnis. Er bestand darauf, daß ihm Poindexter nicht einmal von seiner Mission in Panama erzählt hätte. Menges war im vorangegangenen Juli als Lateinamerika-Chef des Nationalen Sicherheitsrats abgesetzt und aus dem Kreis der Eingeweihten entfernt worden. Man hatte ihn auf einen nur vage beschriebenen Posten versetzt, in dem er die weltweite Demokratie fördern sollte.

Aber wie gesagt – zu dieser Zeit war McCleary sicher, daß Menges von dem Poindexter-Treffen wissen mußte.

Was die Drohung mit den Streitkräften betraf, naja, da kann sich Menges nur vorstellen, daß er gesagt haben könnte, eine militärische Intervention könnte einmal notwendig werden, sollte man sich der Situation in Panama nicht annehmen.

Die Verwirrung wurde noch durch die Tatsache gesteigert, daß die Berater anfangs glaubten, daß Menges ihnen eine Nachricht vom Präsidenten überbrachte. Sie behaupten nach wie vor, daß Menges das gesagt hätte. Aber Menges sagte, daß er gar nicht für den Präsidenten über Panama sprechen konnte, weil er nicht einmal einen Sitzungstermin bei ihm bekommen hätte, um das Thema zu besprechen. „Man war nicht bereit, sich mit irgendetwas zu befassen, das keine sichtbare Krise war", sagte er später.

Im Vorraum, nach der Sitzung mit Menges, wollte McCleary eine Klarstellung der Angelegenheit. Er würde nämlich danach einen Bericht an Major Daniel Delgado, Noriegas Verbündeten, der zu Besuch in Washington weilte, liefern müssen. „Wenn Sie wollen, daß ich meinem Klienten eine Nachricht zukommen lassen, Mr. Menges, dann muß ich sie auch genau verstehen. Ich werde diese Nachricht weiterleiten, aber – und das sage ich als Amerikaner – das ist eine ziemlich gefährliche Sache."

Ich weiß nicht, was für eine Art Amerikaner Sie sind, gab Menges zurück – mit offensichtlicher Geringschätzung für diesen Mann, der seine Dienste an Noriega verkaufte.

Und tatsächlich – McCleary war ein ungewöhnlicher Amerikaner. Er stammte aus North Carolina, hatte in Harvard Politik studiert und besaß eine Vorliebe für gute Weine, dunkle Nadelstreifenanzüge und politische Intrigen. Sein beständiger Glaube an den Buddhismus war nur Teil einer ganzen Sammlung esoterischer Interessen, von der Computer-Software bis zur orientalischen Philosophie. McCleary war der Mann, neben dem man gern bei einer Abendgesellschaft saß und den man bei einem politischen Sraßenkampf gern an seiner Seite wußte.

McCleary, ein geselliger irisch-stämmiger Amerikaner mit roten Wangen und gelocktem Haar, hatte eine Vorliebe für Aktion. Er stieg vom Wahlkämpfer in der Organisation „Jugend für Muskie" in North Carolina mit 24 zum jüngsten nationalen Schatzmeister der demokratischen Partei im Alter von 28 auf, wo er entdeckte, daß es in der Politik eigentlich nur um Geld geht. Als Protegé Hamilton Jordans wurde er unter Jimmy Carter zum stellvertretenden Assistenten für politische Angelegenheiten ernannt. Das erste Mal fand McCleary 1983 nach Panama, als Jordans Freund Gabriel Lewis Hilfe bei der Präsidentschaftskampagne der Regierungspartei brauchte.

Jordan hielt McCleary für den geeignetsten Mann. Zwei Jahre früher hatte McCleary als internationaler Berater bei D.H. Sawyer Associates – der späteren Sawyer-Miller Group – zu arbeiten begonnen und dort Geschmack an politischen Verschwörungen gefunden. „Joel ist der Gringo, der weiß, wie man die Dinge in Gang bringt", sagte Jordan. „Er betrachtet alle Angelegenheiten unter den Aspekten von Geheimplänen und Intrigen, und genau das ist in Panama nicht unbedingt fehl am Platz."

McCleary verließ Barletta Anfang 1985, verärgert darüber, daß Barletta nicht auf seinen Rat hörte und davon überzeugt, daß er bald gestürzt werden würde. Bevor er abfuhr, sagte er noch zu Vizepräsident Delvalle: „Rufen Sie mich an, wenn Sie Präsident werden. Das ist nur eine Frage der Zeit. Nicky wird stürzen." Und daher berief Delvalle, nach dem Skandal um Hugo Spadaforas Enthauptung und den Sturz Barlettas, McCleary auch wieder nach Panama zurück.

Zwei Jahre später, als er seine Bemühungen darauf verlegt hatte, an einer Absetzung Noriegas zu arbeiten, behauptetete McCleary steif und fest, daß er damals geglaubt hätte, Noriega wäre an der Ermordung Spadaforas unschuldig. Ein prominentes Mitglied des Senats, das McCleary über die Affäre informierte, erzählte ihm, daß der Schuldige wahrscheinlich ein rechtsradikaler Kubaner mit engen Kontakten zum CIA gewesen wäre und nannte auch den Namen dieses Mannes. McCleary war so fest entschlossen, Noriegas neuem Präsidenten Eric Arturo Delvalle, der an der Verschwörung gegen Barletta teilgenommen hatte, zu helfen, daß er sogar Präsident Reagans ehemaligen Wahlkampfleiter und Freund Stuart Spencer engagierte.

Später gab McCleary die Schuld, in die Panama-Falle gegangen zu sein, sich selbst. „Panama ist ein Bordell für Geheimdienste, Waffenhändler, Drogendealer und Söldner", sagte McCleary. „Miami war nicht Casablanca. Panama war Casablanca. Ich wurde da hineingezogen und es gefiel mir. Panama ist für mich das Herz der Finsternis. In Panama verlor ich meine politische Jungfräulichkeit."

Als McCleary nach dem Treffen mit Menges in Delgados Zimmer spazierte, bereitete er Noriegas Militärberater auf das Allerschlimmste vor. „Ich muß Ihnen eine Geschichte aus ‚Alice im Wunderland' erzählen", sagte McCleary.

Delgado rief Noriega sofort an, um die unglaubliche Nachricht an ihn weiterzuleiten und seine diesbezüglichen Befehle entgegenzunehmen. Er fürchtete, daß ein bewaffneter Konflikt unmittelbar bevorstünde.

„Ich habe soeben die gleiche Nachricht erhalten wie Sie [von Poindexter], und ich bin äußerst besorgt", sagte Delgado zu Noriega.

In Wirklichkeit war aber die Botschaft, die Poindexter überbracht hatte, relativ hart, doch keineswegs bedrohlich. Der freundliche, Pfeife rauchende nationale Sicherheitsberater hatte Noriega zu verstehen gegeben, daß Panama innerhalb Lateinamerikas gegen den Strom schwimme, weil es dort immer mehr Verstöße gegen die Menschenrechte und eine zunehmende Machtstellung des Militärs gäbe. Er sagte, daß auch Drogen in Panama ein immer größeres Problem seien und daß das Militär damit zu tun habe, aber er beschuldigte Noriega nicht direkt des Drogenhandels, sagte Elliott Abrams, der der Sitzung gemeinsam mit dem US-Botschafter in Panama, Ellis Briggs, und dem Leiter des Southern Command, John Galvin, beigewohnt hatte.

Noriega reagierte gelassen. Sie sind Opfer von Fehlinformationen aus der panamaischen Oberschicht, die wieder an die Macht zu kommen versucht, sagte er. Die berichten Ihnen alle möglichen schlechten Dinge über die PDF, weil sie die guten alten Zeiten – vor der Revolution von 1968 – wieder einführen wollen, als sie noch in Panama das Sagen hatten. Das Treffen bestand hauptsächlich daraus, daß Poindexter in keineswegs drohender Art und Weise seine Punkte vortrug, die dann von Noriega höflich und gut formuliert widerlegt wurden. Dem General kam das also gar nicht so schlimm vor.

Hecht rief etwas später McCleary an, nachdem er Casey und Nestor Sanchez einen Besuch abgestattet hatte. Hecht sagte, daß Casey ihnen geraten habe, Menges zu ignorieren, weil dieser mit den tatsächlichen politischen Verhältnissen nun gar nichts mehr zu tun habe.

Dennoch zeigte sich McCleary schockiert darüber, wie nahe ein Funktionär, durch das Übertreiben einer Nachricht vom Präsidenten, daran gewesen war, eine außenpolitische Krise auszulösen. Vielleicht war das genau das, was Menges gewollt hatte, dachte er: eine militärische Konfrontation, die die Übergabe des Panamakanals an die Panamaer beendet hätte.

Als Marcos am 25. Februar 1986 auf den Philippinen gestürzt wurde, wußte McCleary, daß seinem panamaischen Klienten Noriega einige Probleme bevorstanden. Er dachte, daß die Elliott Abrams-Typen dieser Welt jetzt den emotionellen Auftrieb hatten, den sie brauchten. Als er sah, daß Marcos bald abtreten mußte und die USA weiterhin Druck auf alle Diktatoren ausübten, hatte McCleary schon zehn Tage zuvor ein 75 Seiten umfassendes Dokument in sauberer Computerschrift verfaßt, das Noriega einen Schlachtplan vorschlug, wie sein Regime funktionieren und die zivile Herrschaft gestärkt werden könnte, und wer seine Feinde in Washington waren.

Noriega, der glaubte, die Regierung Reagan auf seiner Seite zu haben, war über einige der Ratschläge McClearys gar nicht glücklich, obwohl sie rückblickend gesehen relativ mild formuliert waren:

„Der Rücktritt Barlettas und der Mord an Spadafora haben eine unverhältnismäßig starke Reaktion in den USA ausgelöst", stand im Bericht. „Diese Ereignisse gaben negativen historischen und ideologischen Gefühlen neue Nahrung, die während der ersten Jahre der Regierung Reagan eingeschlafen waren."

Das Dokument nannte auch die amerikanischen Feinde – Elliott Abrams und Botschafter Briggs, der bald abtreten würde – und Freunde Noriegas: "[Der Pentagon-Funktionär] Nestor Sanchez ist ein Verbündeter. Casey ist ein unauffälligerer, aber echter Freund. ... Das Verteidigungsministerium und der CIA besitzen in Washington einigen Einfluß, aber sie sind nicht so stark, wie Panama annimmt."

Aber McCleary erteilte auch Noriegas Regime einen strengen Verweis: „Die Regierung taumelt von einer Krise in die andere, weil sie keinen Plan hat. ... Nach außenhin erweckt die Regierung den Eindruck des Zeitschindens und der Defensive."

Und er tadelte sogar Noriega: „[Noriegas] Geheimdiensthintergrund verleiht ihm ein öffentliches Ansehen und eine Vorgehensweise, die für eine volkstümliche Politik nicht besonders geeignet sind. Er ist instinktiv eher verschlossen und erklärt seine Handlungsweise und deren Gründe nicht. ... Noriega genießt in den heimischen und internationalen Medien einen schlechten Ruf, weil er nicht richtig präsentiert wurde. ... Die Presse baut ein finsteres, fast orientalisches Image von ihm auf, das ihn, sollte es nicht geändert werden, untergraben wird."

Er warnte Noriega vor bevorstehenden Gefahren von Seiten der USA, obwohl er der Kritik einiges an Schärfe nahm, indem er einräumte, daß einige dieser Gefahren unfair wären: „Das anti-panamaische Gefühl ist bisher von Ideologen der äußersten Rechten ausgegangen. Das ändert sich jetzt, wodurch sich echte Probleme stellen. … [Liberale] beschreiben mit den Denkmodellen von ‚Marcos Philippinen' und ‚Somozas Nicaragua' jetzt ‚Noriegas Panama'. Für die liberalen Ideologen von heute sind alle Menschen, die eine Uniform tragen, korrupte Faschisten. Sie sind bedauerlicherweise blind für die Unterschiede zwischen Pinochet und Noriega. … Das bedeutet eine neue, seltsame und gefährliche Allianz: die äußerste Rechte und die Linke. Diese Allianz gegen die gegenwärtige Regierung muß ernstgenommen werden. … Wenn man die Fakten gut genug erklärt, werden die Liberalen wieder auf der richtigen Seite stehen."

Der Bericht versuchte dann den Schlag, der dem dünnhäutigen General damit versetzt worden war, wieder etwas zu dämpfen: „Noriega ist sich seiner Imageprobleme bewußt, arbeitet an ihrer Lösung und wird sie auch mit der Zeit lösen können, aber im Augenblick ist sein Image nicht das eines fürsorglichen, sympathischen Staatsführers."

Dieser schriftliche Rat war schon schlimm genug, aber dann rügte McCleary kurze Zeit danach Noriega noch persönlich, nämlich kurz nach dem Sturz Marcos' am 25. Februar und der Absetzung des despotischen Herrschers von Haiti, Jean-Claude Duvalier, zwei Wochen zuvor. Es war keine gute Zeit für Diktatoren, und McCleary riet Noriega, Akten, die sich in seinem Büro befanden und ihm eventuell einmal schaden könnten, zu verbrennen. „Sehen Sie zu, daß Sie die Dokumente, die Sie nicht wollen, loswerden", sagte er.

Aber Noriega lachte ihn aus. „Wir haben keine Sicherheitsprobleme", sagte er.

McCleary sah ihm direkt in die Augen. „Das hat auch Marcos geglaubt."

Noriega haßte es, mit Marcos verglichen zu werden, und sein Stabschef sprach das aus, was der General dachte. „Wie können Sie es wagen, den General wie einen Schuljungen zu belehren?" sagte Oberst Marco Justine.

Noriega glaubte, daß der CIA und Oliver North auf seiner Seite stünden, und er hatte Berater, die mit der Regierung Reagan auf gutem Fuß standen – Frank Gomez und Richard Miller. McCleary vertrat eine Meinung, die er nicht hören wollte, also hörte er einfach nicht mehr zu. Und Stuart Spencer sollte herausfinden, daß Noriega ihn bei seinen Besuchen in Panama nicht einmal mehr empfangen wollte.

In den darauffolgenden Wochen änderte Noriega nichts an seinen undemokratischen Methoden, aber die Regierung Reagan, die ausschließlich an Nicaragua interessiert war, schob das Problem wieder einmal auf die lange Bank. Als der Trend gegen Noriega in den USA im Frühjahr und Sommer 1986 begann, war das auf die Arbeit des ehemaligen Stabsmitglieds des Nationalen Sicherheitsrats, Norman Bailey, des *New York Times*-Journalisten Seymour Hersh und vor allem des republikanischen Senators Jesse Helms aus North Carolina zurückzuführen. Später verfolgte auch Senator John Kerry aus Massachusetts, ein liberaler Demokrat, mit seinem Drogen-Unterkomitee Noriega und stellte damit den Anti-Noriega-Kräften jene zweite Angriffsfront zur Verfügung, die ihnen solange gefehlt hatte.

Helms hatte schon lange nach einer Gelegenheit gesucht, seinen langjährigen Glauben bestätigen zu können, daß panamaische Führer einfach zu korrupt wären, als daß man ihnen den Panamakanal anvertrauen könnte. Bei den 1978 stattfindenden Kongreß-Hearings zu den Kanal-Verhandlungen vertrat er die Meinung, daß es ausreichende Beweise dafür gäbe, daß Torrijos und Noriega in den Drogenhandel, den illegalen Handel mit den Kubanern und weitere schändliche Aktivitäten verwickelt wären.

Damals wurden seine Warnungen als Übertreibungen eines reaktionären Rechtspolitikers abgetan, aber jetzt tauchten neue Beweise auf, die ihn unterstützen konnten. Trotzdem fürchteten seine demokratischen Kollegen nach wie vor, daß der konservative Senator aus North Carolina mehr Interesse an einer Rückgabe des Panamakanals als an der Förderung der Demokratie haben könnte.

Helms' Interesse an Panama wurde wiedererweckt, als Hugo Spadaforas Bruder, ein nachdenklicher Anwalt namens Winston, ihm in seinem Büro am Capitol Hill einen Besuch abstattete. Der konservative Einzelgänger zündete sich eine seiner Lucky Strikes an, als Winston Spadafora ihm in grausigen Einzelheiten von der Enthauptung seines Bruders und den Beweisen, die direkt zu Noriega führten, berichtete. Dann zeigte ihm Winston die Photos von der Autopsie in Costa Rica. Er erzählte über die sechs Stunden dauernde Folter, die Tatsache, daß man Hugo bei lebendigem Leib geköpft hatte und die Muskeln in seinen Beinen auf professionelle Art durchtrennt worden waren, damit man ihn leichter homosexuell vergewaltigen konnte.

„Ich kann mich nicht erinnern, Helms je zuvor so tief bewegt gesehen zu haben", sagte Deborah De Moss, seine Lateinamerika-Spezialistin, die das Treffen arrangiert hatte. „Er betrachtete lange Zeit die Photos, legte sie dann weg und schüttelte den Kopf. Und da beschloß er, etwas zu unternehmen."

Winston Spadafora war darüber frustriert gewesen, daß kein anderer Senator oder Regierungsbeamter ihn im November 1985 empfangen wollte. Die meisten hatten noch nie von seinem Bruder gehört. Zwei Monate nach der Ermordung Hugos und dem Sturz Präsident Barlettas war Washington schlicht und einfach nicht an Panama interessiert. Senator Helms blieb ihm als einziger Verbündeter.

„Bis jetzt hat mir niemand zugehört, wenn ich über Panama gesprochen habe", sagte Helms zu De Moss. „Ich rede seit Jahren über dieses Problem, und jetzt sehen wir, was wir von unserer Ignoranz haben."

Während der Verhandlungen des Senatskomitees für Auslandsbeziehungen über die Erhöhung der Finanzhilfe an ausländische Staaten brachte Helms einen Zusatzantrag über die Verhängung wirtschaftlicher Sanktionen gegen Panama ein. Er benutzte dabei klugerweise die gleiche Sprache, die die Demokraten nicht lange davor benutzt hatten, um El Salvador bestimmte Hilfen solange vorzuenthalten, bis die Mörder dreier katholischer Nonnen vor Gericht gestellt würden. Er stellte fest, daß die Ermordung Spadaforas mindestens ebenso abscheulich und daß Panama noch wesentlich undemokratischer wäre.

Christopher Dodd, ein Demokrat aus Connecticut und der führende Lateinamerika-Experte des Komitees, sprang auf und beschuldigte Helms, den Spadafora-Mord dazu zu benutzen, die Diskussion um die Panamakanal-Verträge wieder aufs Tapet zu bringen. „Sie wollen sich den Kanal wieder holen", sagte Dodd.

Helms' Antrag bekam vom Komitee nur eine weitere Stimme. Helms versuchte vor dem Plenum noch einmal, seinen Antrag durchzubringen, aber auch hier stimmten nur zwei Senatsmitglieder für ihn.

Aber Helms gab nicht auf. Als Vorsitzender des Unterkomitees für die westliche Hemisphäre im Senatskomitee für Auslandsbeziehungen beraumte er für das folgende Frühjahr Hearings an. Die Demokraten im Komitee scharten sich um Senator Dodd und boykottierten die meisten seiner Sitzungen. Elliott Abrams, der stellvertretende Außenminister, machte erfolglos seinen Einfluß gegen Helms' Pläne für die Hearings geltend. Dasselbe tat Nestor Sanchez im Pentagon, der Mitgliedern von Helms' Stab erzählte, daß Noriega der Regierung Reagan geholfen habe. Kein Regierungsmitglied wollte Helms auf Noriega loslassen.

Dodds Stab schaffte es sogar, Spadaforas Schwester Laura an ihrer Aussage zu hindern – mittels einer nur selten verwendeten Bestimmung, nach der Ausländer nicht als Zeugen zugelassen sind. Also stellte Helms Laura, die sich unter den Zuhörern befand, nur vor. Dann bat er die amerikanische Tante eines prominenten panamaischen Oppositionsführers, die bewegende Aussage von Spadaforas Schwester vorzulesen. Der Augenblick wurde dadurch noch dramatischer; die Zuhörer sahen, wie es in Lauras Gesicht zuckte, als sie ihre gefühlsgeladene Botschaft laut vorgelesen hörte.

Einer von Helms' Zeugen, das ehemalige Stabsmitglied des Nationalen Sicherheitsrats Norman Bailey, bewirkte mit seiner Aussage am 10. März 1986 mehr als alle anderen, daß die Diskussion sich auf Panama zu konzentrieren begann. Bailey enthüllte vor den Senatoren erstmals Einzelheiten über den Sturz Barlettas. Er sagte, daß dieser Akt eine „dreifache Gefahr" bedeutete. Erstens könnte er der Anfang einer Umkehr des derzeitigen Prozesses der Demokratisierung in Lateinamerika sein. Zweitens hatte Noriega die Ausrede benutzt, daß sich Barletta in ungeeigneter Art und Weise mit der Wirtschafts- und Finanzkrise des Landes herumgeschlagen hätte – eine praktische Ausrede zur Rechtfertigung eines Staatsstreichs, die von lateinamerikanischen Militärs jetzt vielleicht öfter benutzt werden würde. Und schließlich und endlich, sagte er, würde Noriega in weiten Kreisen des Drogenhandels und der Ermordung Spadaforas verdächtigt.

Bailey berichtete in allen Einzelheiten über die Korruption innerhalb der panamaischen Regierung und sagte, daß der Drogenhandel ein Problem sei, das „die PDF infiziert" habe. Bailey: „Wir haben hier sämtliche Zutaten vor uns, die Panama zum ersten Land werden lassen könnten, das den Drogenhandel und das Waschen von Narko-Dollars unter dem Schutz einer von den PDF geleiteten Regierung institutionalisiert."

Senator John Kerry aus Massachusetts verließ eine Zeitlang die Reihen der anderen Demokraten und beschloß, bei ein paar von Helms' Hearings dabeizusein. Nachdem er überzeugende Aussagen gehört hatte, wandte er sich an seinen Berater Richard McCall. „Wissen Sie, Helms könnte da wirklich etwas gefunden haben", sagte er. „Vieles von dem, was Jesse sagt, ergibt einen Sinn." Kerry sonderte sich von den anderen Demokraten ab und startete einen Zweifrontenkrieg gegen Noriega. Zwei Jahre später würde sein Drogen-Unterkomitee den Brennpunkt des Senats-Kriegs gegen Noriega bilden.

Die *New York Times* beschleunigte den politischen Erdrutsch. Am 12. Juni 1986 versetzte Reporter Seymour Hersh Noriega den wichigsten Schlag in der Frühzeit des Kampfes gegen den Diktator. Hersh, damals noch freier Journalist, hatte mit seiner Reportage über die Massaker von My Lai die Diskussion auf Vietnam gelenkt und dafür den Pulitzer-Preis erhalten. Sein Artikel auf der Titelseite der *New York Times* schlug in Panama ähnlich explosiv ein, da er – überzeugender als alle anderen vor ihm – einen Bericht über die mannigfaltigen kriminellen Aktivitäten Noriegas lieferte. Hersh und seine Herausgeber stimmten das Erscheingsdatum des Artikels auf seine größtmögliche Wirkung ab – er wurde gedruckt, als sich General Noriega gerade in Washington aufhielt, wo er Generalleutnant Robert L. Schweitzer, dem amerikanischen Vorsitzenden des Interamerikanischen Verteidigungsrats, einen panamaischen Orden überreichte.

Noriega hörte die Anschuldigungen gegen ihn das erste Mal, als er in seinem Hotelzimmer die ABC-Sendung *Good Morning America* einschaltete. Ein Offizierskollege berichtete, daß Noriega vor Wut sein Frühstück auf den Boden warf und einen seiner Berater anschrie, daß „Elemente" innerhalb der amerikanischen Regierung ihn hereingelegt hätten. Er sagte eine Reihe weiterer Treffen ab, flog sofort nach Hause und versammelte dort seine Regierung um sich. Er witterte eine Verschwörung und zwang seinen Präsidenten Eric Arturo Delvalle, mitten in der Nacht eine Stellungnahme abzugeben, daß er voll hinter Noriega stünde.

Bei einer einen Tag nach Erscheinen des Artikels stattfindenden Cocktailparty sagte Delvalle, der Mann, der sich zwei Jahre später aufgrund von Beschuldigungen von Hersh und anderen gegen Noriega wenden sollte: „Ich persönlich glaube, daß sie, die *New York Times*, gelogen haben. … Wir haben hier Beweise dafür, die zu gegebener Zeit an die Öffentlichkeit gelangen werden."

Unter der Schlagzeile „Vorwürfe gegen den starken Mann von Panama wegen des Handels mit Drogen, Waffen und illegalen Geldern" berief sich Hersh auf eine große Bandbreite von Informationsquellen, um die bisher härtesten Anschuldigungen gegen den Langzeitverbündeten des CIA zu treffen. Zu ihnen gehörten illegale Geldwäscherei, Aktivitäten im Drogenhandel, das Versorgen von Guerillagruppen mit Waffen und das geheime Investieren in panamaische Exportfirmen, die amerikanische Technologien mit Ausfuhrbeschränkungen nach Kuba und in osteuropäische Länder verschoben. Er enthüllte weiterhin, daß Noriega hochsensibles Spionagematerial des Nationalen Sicherheitsrats nach Kuba weitergeleitet hätte. Viele dieser Anschuldigungen waren nichts Neues, und viele von ihnen waren bereits ein Jahr zuvor in einer vom Journalisten Knut Royce, der damals für Hearst Newspawers arbeitete, verfaßten Artikelserie genannt worden. Aber die große Verbreitung und Bedeutung eines Artikels auf der Titelseite der *New York Times* rüttelten Panama und den amerikanischen Kongreß auf und trafen Noriega schwer.

Dennoch reichte nicht einmal dieser Artikel aus, die Regierung Reagan zur offenen Opposition gegen Noriega zu veranlassen. Das Weiße Haus kämpfte immer noch gegen die Sandinisten, und es wollte keine zweite Front gegen Noriega bilden müssen.

Gedemütigt und wütend befahl Noriega seinen Untergebenen, einen Schlag ins Herz der US-Regierung zu führen – durch die Beschlagnahme einer Waffenlieferung, die durch den Kanal unterwegs war und von der seine unter der Kontrolle der Regierung stehende Presse behauptete, daß sie von den Saudis finanziert worden und zu den Contras unterwegs wäre. Tatsächlich befanden sich die Waffen auf dem Weg zu peruanischen Rebellen. Es war eine Bootsladung auf einem Schiff namens „Pia Vesta", die die peruanische Regierung – panamaischen Geheimdienstinformationen zufolge – aufhalten wollte. Noriegas Beschlagnahme der *Pia Vesta*, zwei Tage nach der Hersh-Story, wurde inszeniert, um den Amerikanern auf diese Art eine drastische Botschaft zukommen zu lassen: Noriega besaß die Macht, den Amerikanern Schwierigkeiten zu machen, wenn sie ihn nicht verteidigten. Norths Reaktion war jedoch typisch ungeniert, soweit es die Demokratie in Panama anging. Er fragte Noriega, ob er die Waffen für seine Contras erwerben könnte. „Soweit ich das damals verstanden habe, hat Oberstleutnant North sich mit der Bitte an Noriega gewandt, die Fracht für die Verwendung durch die Contras freizugeben, aber gescheitere Köpfe beim CIA stoppten die Idee", sagte McNeil später.

Hershs Artikel veranlaßte Noriega dazu, der *Times* eines seiner seltenen Interviews anzubieten, das am 18. Juni abgedruckt wurde und in dem er die Zeitung dafür kritisierte, daß sie die Namen derjenigen, die ihn beschuldigt hatten, nicht genannt hatte. Er warf dem Reporter vor, ein Werkzeug seiner politischen Feinde und Gegner der Panamakanal-Verträge zu sein. „Es ist ein Kampf um die politische Macht", sagte er. Und schließlich fügte er noch hinzu: „Manuel Antonio Noriega ist nicht das wirkliche Thema. Noriega ist nur ein Mann in Zeit und Raum."

Zu Caseys Verdruß war Noriega aber jetzt das Thema. Der Hersh-Artikel nahm den Pro-Contra-Kriegern die Panamapolitik noch mehr aus den Händen. Die Regierung stimmte der Anschuldigung zu, daß Noriega korrupt wäre, aber eine Überprüfung der Politik ergab nichtsdestotrotz, daß das Problem warten konnte, und sogar Noriegas zukünftiger Feind, der stellvertretende Außenminister Elliott Abrams, zog da mit. Nestor Sanchez aus dem Pentagon kam mit dem Argument, daß die Panamaer nicht gegen Noriega auf die Straße gingen: hier ginge es schließlich nicht um die Philippinen. „Man traf die Entscheidung, das Thema Noriega auf die lange Bank zu schieben, bis das mit Nicaragua erledigt war", sagte McNeil. „Es war offensichtlich, daß diese Nicaragua-Besessenheit unsere nationalen Interessen in den Schatten stellte."

Trotz allem – die Politik befand sich in einem Prozeß der Umstellung. Helms, der früher keine Freunde finden konnte, soweit es Panama betraf, hatte jetzt eine ganze Reihe von Unterstützern, mit denen er gemeinsam noch einmal versuchen konnte, gesetzliche Maßnahmen gegen Noriega zu treffen. Das würde einen persönlichen Krieg mit Casey auslösen, den der CIA-Chef nicht gewinnen konnte.

Helms griff zum unorthodoxen Mittel, eine Änderung des Geheimdienst-Geldbewilligungsgesetzes vor dem Plenum zu beantragen. Normalerweise finden Änderungen dieses Gesetzes hinter den verschlossenen Türen des Senats-Sonderkomitees für Geheimdienste statt. Das Gesetz selbst wird normalerweise ohne Diskussion vom Senat verabschiedet. Aber am 24. September 1986, als gerade über das Gesetz beraten wurde, beantragte Helms – selbst kein Mitglied des Geheimdienstkomitees – Zusatzartikel 2897, der den Direktor des zentralen Geheimdienstes aufforderte, einen Bericht abzuliefern, und zwar „vor dem 1. März 1987, ob und in welchem Ausmaß die Verteidigungsstreitkräfte der Regierung von Panama die Menschenrechte des panamaischen Volkes verletzt haben, in den internationalen Drogenhandel, Waffenhandel oder die Geldwäscherei verwickelt sind, oder mit dem Tod Hugo Spadaforas zu tun hatten".

Casey rief Helms an, um den Zusatzartikel aufzuhalten und argumentierte damit, daß wichtigere Überlegungen der Außenpolitik auf dem Spiel stünden. Er warnte davor, daß diese Handlungsweise eine nützliche Beziehung zu Noriega zerstören würde. Er sagte, daß Helms' Handeln eine Demütigung für ihn und eine Erniedrigung für den CIA bedeuten würde.

Mit seinem schleppenden Carolina-Akzent antwortete Helms, daß er ja „nur einen kleinen Bericht wolle". Die Schärfe Caseys überraschte ihn – sie war viel auffälliger als damals, als er den Senator und seine Kollegen um Unterstützung für die Contras gedrängt hatte.

Als Helms sich weigerte, wurde Casey zornig. Ich verzichte lieber auf das Geheimdienstgesetz, als diesen Zusatzartikel drinnen zu haben, sagte er.

„Dann können Sie das Geheimdienstgesetz genausogut gleich vergessen", sagte Helms. „Ich habe nicht die Absicht, meinen Zusatzartikel zurückzuziehen."

Casey legte einfach auf. Als der CIA-Direktor später leugnete, so etwas getan zu haben, antwortete Helms nur trocken: „Ich weiß nur, daß die Leitung plötzlich tot war, und ich habe immer noch geplappert."

Schließlich siegte Helms. Die Anti-Drogen-Demokraten schlossen sich ihm an, so wie fast alle Republikaner. Am 24. September wurde sein Zusatzartikel mit 53:46 Stimmen angenommen. Zwei Demokraten – Senator Kerry aus Massachusetts und Edward Zorinsky aus Nebraska – unterzeichneten zusammen mit genau einem Dutzend Republikanern als Bürgen.

Senator Kerrys außenpolitisches Unterkomitee für Terrorismus, Drogen und internationale Kommunikation fing jetzt auch an, seine Arbeit von der politisch riskanten und unsicheren Verfolgung einer Drogen-Connection der Contras auf die erfolgversprechendere Untersuchung von Noriegas Kontakten zur Drogenwelt zu verlegen. Kerry, ein mit Orden ausgezeichneter Vietnam-Veteran, der später politisch gegen den Krieg eintrat, war ein liberaler Senator und daher ein eher unwahrscheinlicher Verbündeter für Helms, den Kerry des geheimen Ziels verdächtigte, die Panamakanal-Verträge rückgängig machen zu wollen. Dennoch schloß er sich aber mit Helms zusammen, weil es mehr Vorteile bringen würde, Noriega als das bloßzustellen, was er war. Nachdem Kerry das Eis gebrochen hatte, schlossen sich ihm andere Demokraten eilig an. „Ich dachte, daß wir sofort handeln sollten, statt das Problem zu vertrödeln, bis die Verwaltung des Panamakanals 1990 in panamaische Hände übergehen würde", sagte Kerry später. Während Helms angetreten war, den Kanal wieder zu einem Thema zu machen, plante Kerry einer schmerzhaften Wiederbelebung eines Themas zuvorzukommen, das vielen demokratischen Befürwortern der Verträge in den Siebzigern ihre Senatssitze gekostet hatte.

Der Bericht, der einige Monate später – genau am Tag des Abgabeschlusses – abgeliefert wurde, war harmlos und unbefriedigend. Aber wie Casey befürchtet hatte, war seine politische Bedeutung weit größer als die eines „kleinen Berichts". Von diesem Zeitpunkt an würde die Regierung nur mehr aufholen wollen. Der Senat hatte den Krieg gegen Panamas Diktator begonnen, und das wußte Noriega auch.

Die Rolle, die Noriega in der Contra-Angelegenheit spielte, kam wieder dazwischen. Sogar während der Senat gerade über sein Gesetz diskutierte, hielt sich Noriega in London auf, wo North gerade eifrig bemüht war, Unterstützung für seinen im Scheitern begriffenen Krieg aufzutreiben. Damals schlug Noriega North vor, daß er ihm bei Attentaten auf Mitglieder des sandinistischen Direktorats behilflich sein könnte, wenn man dafür sein Image wieder verbessern würde.

Aber diesmal war Noriega zu weit gegangen. North leitete seine Anfrage an Poindexter und Abrams weiter, und letzterer teilte es seinerseits Außenminister George Shultz mit. Poindexter sagte, daß die Amerikaner keine Attentate unterstützen könnten. Shultz gab Abrams zu verstehen, daß Noriega den Contras helfen könnte, wenn er wolle, aber daß eine Verbesserung seines Images seine eigene Angelegenheit sei.

Noriega legte einen außerplanmäßigen Halt in Washington ein, als er von Europa zurückreiste, um sich über Helms' Zusatzartikel zu beschweren. Seine Geheimdienstkollegen erklärten ihm, daß Helms ein Verrückter vom rechten Flügel sei, der mit Sicherheit nicht repräsentativ für die Regierung oder den Senat sei. Sie versuchten, Noriega in der Hinsicht zu beruhigen, daß ihre Kontakte zu ihm auf jeden Fall erhalten bleiben würden.

Noriega entwarf eine für ihn typische Strategie: Er würde Artikel in der Presse lancieren und Statements abgeben, die Helms' Glaubwürdigkeit in Zweifel stellen sollten, und er würde der Regierung drohen und sie – in kaum verschleierter Art und Weise – erpressen, die Wendung der Ereignisse gegen ihn wieder rückgängig zu machen, indem er soviele Falschinformationen über den geheimen Contra-Krieg enthüllte, daß seine Freunde in der Regierung Reagan sehen konnten, wie sehr er ihnen schaden könnte. Noriega sandte dem CIA eine Botschaft: Er würde ihre geheimste Operation aufdecken, sollten sie ihn nicht unterstützen und Helms aufhalten.

Am 26. September erzählten Mitglieder der Panamaischen Nationalversammlung, die zu Noriega hielten, panamaischen Journalisten, daß die Amerikaner auf dem Boden ihres Landes Contras ausbildeten – in Fort Sherman an der Atlantikküste. Am 2. Oktober sagte Außenminister Jorge Abadía, daß die Regierung eine Untersuchung dieser Anschuldigungen in Gang setzen würde, da die Ausbildung nicaraguanischer Rebellen auf panamaischem Gebiet eine Verletzung der Kanal-Verträge darstelle.

Am 27. September protestierte die panamaische Regierung in einer diplomatischen Note an Vernon Walters, den US-Botschafter bei den Vereinten Nationen, gegen die „unannehmbare Einmischung" in ihre Angelegenheiten.

Doch Noriega war – in einer Zeit, als er Probleme im eigenen Lande hatte – eifrig bemüht, seine engen Beziehungen zu den USA zu erhalten. Er brachte eine versöhnliche Nachricht zurück nach Panama, obwohl er zur selben Zeit Untergebene dazu benutzte, Washington anzugreifen.

„Ich habe mich in den USA mit den obersten Funktionären getroffen, die für die Entscheidungen zuständig sind", sagte Noriega am 2. Oktober im panamaischen Fernsehen. „Sie haben ihre Unterstützung für Panama bekanntgegeben, weil sie sich unserer konstanten Anstrengungen für eine Gesamt-Demokratisierung bewußt sind. Ich konnte feststellen, daß Jesse Helms so etwas wie eine Rakete ohne Zieleinrichtung ist, ein Irrer, der der Regierung Präsident Reagans viele Probleme bereitet. Ich zitiere diese Ausdrücke nur, die von diesen obersten [amerikanischen] Funktionären besonders betont wurden."

Während der nächsten Monate waren die panamaischen Zeitungen voller Attakken auf Helms. Politiker verbrannten sein Bild vor der US-Botschaft, während Noriega weiterhin versuchte, CIA und Pentagon mit seiner Kooperation zufriedenzustellen.

„Wir haben den Eindruck, daß die Sicherheits- und Verteidigungsgruppen umsichtig und weise handeln", sagte Noriega im selben Fernsehinterview. Dann erklärte er, daß die Handlungsweise des Senats das Ergebnis der Agitation panamaischer Lobbyisten sei, die gegen ihn arbeiteten. Er schrieb ihnen die Schuld zu, diesen Panamaern, die „dazu bereit waren, ihr Land zu verkaufen", und den „leichtgläubigen Senatoren", die auf sie hörten.

Nach wie vor rechnete er CIA und Pentagon zu seinen Freunden, und er erwartete, daß sie ihn in Schutz nehmen würden. Noriega und seine Freunde in den Vereinigten Staaten hatten aber nicht erkannt, daß ein unumkehrbarer Prozeß in Gang gesetzt worden war. Der Iran-Contra-Skandal, der im Dezember – also zwei Monate danach – losbrechen würde, würde die letzte Barriere entfernen, die vor dem direkten Kampf mit Noriega stand. Man würde Oliver North zum Rücktritt zwingen; William Casey würde im Mai 1987 sterben; und Noriegas andere Freunde würden sich zurückziehen und aufhören, für ihn einzutreten.

Ein konservativer Senator, ein ehemaliges Stabsmitglied des Nationalen Sicherheitsrats und ein Reporter hatten einen Prozeß gestartet, der die Regierung Reagan in einen Kampf hineinzog, den sie nie wollte.

Kapitel zwölf

Der fünfte apokalyptische Reiter

Der Theologe mit Namen Heiliger Johannes schrieb auf der Insel Patmos die Offenbarung Jesu und das Wort Gottes nieder. Und in der Apokalypse wird der Galopp der vier symbolischen Pferde als die Katastrophen und Leiden des Menschen beschrieben. ...
Wenn Hunger, Pest, Krieg und Tod die ersten vier Reiter sind, dann könnten Drogen sehr gut der fünfte apokalyptische Reiter sein, der vom Propheten vorhergesagt wurde.

– OBERSTLEUTNANT NORIEGA 1973 BEI DER INTERNATIONALEN KONFERENZ ÜBER NARKOTIKA IN WIEN

Pablo Escobar Gaviria war außer sich vor Wut, weil General Noriega seinen Telefonanrufen auswich. Der wohlbeleibte kolumbianische Drogenboß, der unter dem Namen „El Padrino" bekannt war, war durch unternehmerische Verschlagenheit und brutale Durchsetzung der Disziplin einer der reichsten Männer der Welt geworden.

Escobar hatte seine Laufbahn bescheiden als kleiner Grabsteindieb auf Friedhöfen im kolumbianischen Medellín begonnen. Er schliff die Namen von den Steinen ab und verkaufte sie zu Sonderpreisen ein zweites Mal. Mitte der achtziger Jahre veranlaßte sein Kokainproduktions-Netzwerk die Zeitschrift *Fortune* immerhin, ihn als einen der zehn reichsten Männer der Welt anzuführen. Sein Medellín-Kartell war eine Macht in der Drogenwelt geworden, mit der sich nur wenige anzulegen wagten.

Trotzdem hatte Noriega seinen Männern befohlen, eine Razzia in Escobars neuer Kokainherstellungs-Anlage im Dschungel von Darién durchzuführen, was gegen eine Multimillionen-Dollar-Vereinbarung verstieß, die Noriega erst ein paar Monate zuvor mit Escobar getroffen hatte. Erschwerend kam noch hinzu, daß Noriega auf eine Reise nach Israel verschwunden war und jetzt Escobars Anrufe nicht entgegennahm.

Wütend hob Escobar eine chinesische Vase auf – ein Geschenk von Noriega – und schleuderte sie durch das Panoramafenster des komfortablen Hauses, das Noriega ihm vermietet hatte. Er hatte ohnehin schon die Geduld mit Panamas Diktator verloren. Er beklagte sich bei seinen Freunden über die fürstlichen Summen, die er für seine

Unterkunft in Fort Amador bezahlte, welche einmal amerikanische Offiziere beherbergt hatte. Außerdem hegte er seit neuestem den Verdacht, daß die Leibwächter, die Noriega ihm zur Verfügung gestellt hatte, in Wirklichkeit Spione waren, die über jede seiner Bewegungen dem CIA oder, noch schlimmer, der DEA (Drug Enforcement Administration) berichteten.

Man sagte Escobar nach, die Morde an vielen Männern befohlen zu haben. Diese Liste begann mit dem ersten Beamten, der ihn verhaftet hatte und enthielt – wie viele Kolumbianer glaubten – die Ermordung des kolumbianischen Justizministers Rodrigo Lara Bonilla am 30. April 1984. Die nationale Empörung nach dem Mord an Lara Bonilla hatte ihn Anfang Mai gezwungen, in Panama Zuflucht zu suchen, wo General Noriega für ihn und andere Mitglieder des Kartells den roten Teppich ausgerollt hatte. Noriega erkannte schließlich eine Geschäftschance, wenn er sie sah.

„Sie waren aufgeregt", sagte Floyd Carlton Caceres, Noriegas Drogenhandelspartner, der später in Miami verurteilt werden sollte. Verschiedene Kartellmitglieder wohnten zum Zeitpunkt der Razzia in Carltons Haus an der Küste. „Sie hatten nicht mit der Razzia gerechnet. Hubschrauber und viele andere ihrer Vermögenswerte wurden dabei beschlagnahmt … und sie waren bereit, etwas Endgültiges zu unternehmen, um Noriega dafür zur Rechenschaft zu ziehen."

Major Luis del Cid, der Noriegas Beziehungen zum Kartell betreute, war nervös. Der General hatte ihn alleingelassen und er sollte Escobars Wut dämpfen. Del Cid, ein gutaussehender und mit kriminellen Methoden vertrauter Offizier, war nichts als ein etwas herausgeputzter Kassierer Noriegas und schlecht darauf vorbereitet, dieser Krise Herr zu werden. (Vier Jahre später würde er das einzige Mitglied der PDF sein, das zusammen mit Noriega von der Anklagejury in Miami angeklagt werden sollte.) Auch del Cid konnte Noriega nicht erreichen. Noriega verließ oft die Stadt, wenn er eine Krise nahen fühlte, wie bei einer Evakuierung vor einem tropischen Hurrikan. Das zwang andere dazu, die Suppen auszulöffeln, die er eingebrockt hatte, was sie auch oft treu und brav erledigten, um ihre eigenen Karrieren zu schützen und zu fördern. Noriega hatte del Cid oft belehrt, daß die meisten Stürme an denen, die geduldig genug sind, sie abzuwarten, vorbeiziehen.

Dennoch war del Cid davon überzeugt, daß dieses Problem die dringende Aufmerksamkeit seines Chefs erforderlich machte. Er wußte aber nicht, daß Noriega in dieser Angelegenheit kaum eine andere Wahl gehabt hatte.

Am 21. Mai 1984 waren Hubschrauber der panamaischen Luftwaffe auf neue, aus Fertigteilen hergestellte Gebäude, Generatoren und Labors im geschätzten Wert von einer Milliarde Dollar herabgestoßen, die sich mitten in der El Sapo-Gebirgskette im Dschungel von Darién befanden, weniger als fünfzig Meilen von der kolumbianischen Grenze entfernt. Sie nahmen 21 Angestellte des Kartells fest und sperrten sie ein, und sie konfiszierten die Ausrüstung der Anlage und der Laboratorien, einen französischen Hubschrauber und zwei zweimotorige Flugzeuge. Luis Quiel, Noriegas Verbindungsmann in der DEA, hatte die Razzia zusammen mit seinem Ehrengast überwacht – James Bramble, dem Leiter der US-Drug Enforcement Administration für Panama. Noriega präsentierte Darién den Amerikanern als Geschenk.

Die USA hatten die Anlage in Darién durch pures Glück entdeckt. Einige Indianer der Gegend hatten sich über neue Eindringlinge mit einer Menge Ausrüstung beschwert, und diese Beschwerden waren an panamaische Justizfunktionäre gelangt, die wiederum die amerikanische Botschaft alarmierten. Trotz zunehmender Beweise dafür, daß Noriega in den Drogenhandel verwickelt war, hatte die Regierung Reagan ihn weiterhin beschützt, teilweise deswegen, weil er kooperativer war als jeder andere politische Führer der Region, was amerikanische Anti-Drogen-Maßnahmen betraf.

Noriega war in einen immer riskanteren Balanceakt zwischen den zunehmenden Bedürfnissen des Kartells in Panama und steigenden Anforderungen der DEA bezüglich seiner Kooperation geraten. Außerdem brauchte er Washington mehr als je zuvor. Seine politischen Gegner waren voller Zorn wegen seines Wahlschwindels von 1984, und er mußte Washington weiterhin an seiner Seite wissen. Also konnte er auch die Klagen Washingtons wegen Darién nicht ignorieren.

Die Razzia bereitete ihm Kopfschmerzen, aber sie war eine der Kosten, die er dafür bezahlen mußte, im Drogengeschäft bleiben zu können. Noriega hoffte, daß das Kartell die Sache nicht zu schwer nehmen würde: Er hatte nur eine ihrer Produktionsanlagen auffliegen lassen, die noch nicht einmal ihre Arbeit aufgenommen hatte, während er eine andere unberührt und voll funktionstüchtig gelassen hatte. Er hatte das weitergehende Ansuchen der DEA ignoriert, mit der Razzia noch mindestens einen Monat zu warten, damit die Anlage fertiggestellt werden und die Produktion aufgenommen werden könnte. Die Verluste des Kartells hätten also weit höher sein können. Das einzige Problem war, daß er seinen Partnern aus Medellín nie davon erzählt hatte, daß er sie hintergehen würde, um den USA einen Gefallen zu tun.

Einige Monate zuvor hatten Mittelsmänner des Kartells mit Oberst Julian Borbua Melo, Noriegas rechter Hand, einem Mann, der jahrelang sein Stellvertreter beim G-2 gewesen war, über das Projekt Darién verhandelt. Melo war der Filter für Noriega, der mit den Drogenbossen nie direkt zu tun hatte. Sie hatten vier bis fünf Millionen Dollar an Melo bezahlt, um den Bau, die Lieferung des Materials durch Noriegas und ihre eigenen Piloten und den Schutz der Darién-Anlage zu gewährleisten. Die Örtlichkeit war perfekt, nur fünfzig Meilen von der kolumbianischen Grenze entfernt, und die dichte Vegetation verhinderte, daß Satelliten oder Flugzeuge sie entdecken konnten. Escobar hatte sich ursprünglich darüber beklagt, daß sich der Preis in unfairer Höhe bewegen würde, aber er war noch billig, wenn das bedeutete, daß er damit auch den Diktator Panamas einkaufen konnte.

Die Verhandlungen fanden außerdem zu einer für Escobar schwierigen Zeit statt. Die goldenen Jahre des Kartells in Kolumbien waren zerschmettert worden, als eine Ätherlieferung mit elektronischer Abhörvorrichtung – man hatte ein Funkgerät im doppelten Boden eines Behälters versteckt – die kolumbianische Polizei zur größten Kokainverarbeitungs-Anlage der Welt geführt hatte. Die Razzia hatte am 10. März 1984 in einer abgelegenen Gegend in Zentralkolumbien namens Tranquilandia – „Ruhiges Dorf" – begonnen. Die Beute hatte insgesamt 13,8 Tonnen Kokain mit einem Straßenverkaufswert von 1,2 Milliarden Dollar betragen.

Das Kartell reagierte am 30. April darauf, indem es Justizminister Lara Bonilla ermordete. Es war der erste Mord an einem kolumbianischen Minister, den es je gegeben hatte, und Präsident Belisario Betancur schlug zurück. Unter einem am 1. Mai verhängten Ausnahmezustand wurde über Leute, die man wegen Drogenvergehen angeklagt hatte, vor Militärgerichten verhandelt, ohne daß jene nach der Verurteilung Zuflucht zu den Möglichkeiten von Kaution oder Bewährung nehmen konnten. Die Polizei verhaftete den Drogen-Patriarchen Fabio Ochoa Restrepo und Betancur unterschrieb den Auslieferungsbefehl für Drogenboß Carlos Lehder Rivas, der später in Tampa vor Gericht stand und verurteilt wurde. Die Regierung drang in Pablo Escobars Wohnung ein, beschlagnahmte seine Flugzeuge, Autos und Lastwagen und übernahm schließlich auch seinen Zoo mit den bereits verhungernden Tieren, der später als Touristenattraktion wiedereröffnet wurde. Am Morgen des Tages, an dem Lara Bonilla ermordet wurde, war Escobar nach Panama geflüchtet.

Escobar, die Ochoas und weitere Drogenchefs befanden sich das erste Mal auf der Flucht, und es war Noriega, der sie willkommen hieß. Der unternehmerisch begabte Dikator erkannte die bestmögliche Geschäftschance. Er hatte die Aussicht, Milliardenbeträge zu verdienen. Eine der größten Mächte der Welt brauchte seine Hilfe.

Das Kartell versetzte 120 Menschen nach Panama: Buchhalter, Leibwächter, Rechtsanwälte und Familienmitglieder. Noriega stellte ihnen Unterkünfte, seinen Rat und sogar panamaische Pässe zur Verfügung. Als Jorge Ochoa ein Jahr später in Spanien verhaftet wurde, waren er und seine Familie mit panamaischen Diplomatenpässen unterwegs. Die Kartellbosse, die die meiste Sicherheit und Geheimhaltung benötigten, mieteten die ehemaligen Wohnhäuser von US-Offizieren in Fort Amador, das nach den Bestimmungen der Panamakanal-Verträge wieder an Noriega zurückgefallen war. Andere wohnten in Luxussuiten in den oberen Stockwerken im Caesar Park Marriott Hotel.

Anfangs war Noriega hilfsbereit und stellte Leibwächter und seinen Rat zur Verfügung. Am 6. Mai arrangierte er sogar eine Zusammenkunft zwischen Kartellbossen und Alfonso López Michelsen, einem ehemaligen kolumbianischen Präsidenten, der sich als Beobachter der panamaischen Wahlen im Land befand. Die Drogenchefs wollten mit ihm ein Geschäft machen, das es ihnen erlauben würde, nach Hause zurückzukehren.

Als aber ein zweites Treffen stattfand – mit dem kolumbianischen Justizminister Carlos Jimenez Gomez am 26. Mai in Panama – waren Escobar und Ochoa schon etwas verzweifelter. Sie hatten gerade erst ein paar Tage zuvor die Razzia in Darién verarbeiten müssen, die ihnen gezeigt hatte, wie riskant es war, auf Noriega zu vertrauen. Sie schlugen vor, ihre Drogenunternehmen aufzulösen und eine Summe von fünf Milliarden Dollar wieder nach Kolumbien zurückzuführen, wenn man sie begnadigen würde, und sie übergaben dem Staatsanwalt einen sechs Seiten langen Brief, der besagte, daß sie neue Anbauprojekte entwickeln würden, um Coca und Marihuana zu ersetzen. Sie versprachen auch, bei Anti-Drogen-Kampagnen behilflich zu sein und Geldmittel für die Rehabilitation Süchtiger zur Verfügung zu stellen. Aber Escobar und Ochoa erhielten keine Antwort aus Kolumbien, während es um sie herum immer finsterer aussah. Etwa um diese Zeit beschlagnahmte der US-Zoll in Miami 1,2 Tonnen Kokain in Tiefkühlgeräten an Bord einer Frachtmaschine, die INAIR gehörte – einer panamaischen Chartergesellschaft, die Verbindungen zu Ochoa hatte. Eine Woche später konfiszierte die panamaische Polizei in der Freihandelszone Colón 6159 Behälter Äther.

Escobars schlimmste Ängste wegen Noriega bewahrheiteten sich anscheinend; und er sagte del Cid, daß er eine „sofortige geschäftliche Sitzung" mit Noriega wolle.

Del Cid rief Noriegas Schlafzimmernummer an, von wo aus der Anruf sofort automatisch an jeden Ort der Welt, an dem sich der General gerade aufhielt, weitergeleitet wurde – diesmal nach Israel. Die israelische Armee verlieh Noriega einen Orden, anscheinend für seine Hilfestellung, indem er Endverbraucher-Zertifikate für Waffen beschafft hatte, die Israel in den Iran schickte, um den Krieg dieses Landes gegen den Irak am Laufen zu halten. Noriega hatte Freunde und seine Familie zu dieser Zeremonie mitgenommen, die von Michael Harari arrangiert worden war – dem ehemaligen Mossad-Agenten, der für den General Sicherheitsmaßnahmen organisiert und ihm lange Zeit als politischer Ratgeber gedient hatte.

Noriega war gerade nicht erreichbar, also sprach del Cid mit Oberst Julian Borbua Melo, der das Darién-Geschäft ausgehandelt hatte und mit Noriega unterwegs war. Sie unterhielten sich vorsichtig, obwohl das Gespräch über einen Zerhacker lief, aber schließlich hatte Panama seine diesbezügliche Ausrüstung bei den Israelis eingekauft. Die Situation war gefährlich, sagte del Cid. „El Padrino" verlangte sofortige Gespräche.

Noriegas erste Reaktion bestand darin, sich eine Lügengeschichte auszudenken. Sie bestand in der Behauptung, daß Melo sich auf eigene Faust mit dem Medellín-Kartell verschworen hatte, damit Darién errichtet werden konnte. Die Geschichte besagte auch, daß ein befreundeter europäischer Geheimdienst angeblich einen Attentatsplan gegen Noriega aufgedeckt hatte, den Melo und die kolumbianischen Drogenbosse ausgeheckt hätten. Prompt wurde der Oberst, der so falsch gehandelt hatte, vorzeitig aus Israel „zu Untersuchungen" nach Hause geschickt.

Es kam nicht überraschend, daß Melo von diesem Plan keineswegs begeistert war, aber er hatte keine Wahl. Seine Karriere hing voll und ganz von Noriega ab.

Noriega hatte Melo das Leben gerettet, nachdem dieser bei einem fehlgeschlagenen Putsch gegen Omar Torrijos im Jahre 1969 auf der falschen Seite gestanden hatte. Der Diktator – ein Mann, der verzeihen konnte – hatte ihn ins interne Exil in der Provinz Chitré verbannt, aber Melo hatte dort angeblich die ortsansässigen Geschäftsleute verärgert, indem er Schutzgelder von ihnen erpreßt hatte; 1976 schickte ihn Torrijos also nach Kolumbien. Noriega hatte diesen amoralischen Offizier als vielversprechenden Mann betrachtet und auf die Gehaltsliste des G-2 gesetzt, wo er 450 Dollar verdiente – mehr als sein etwas geringerer PDF-Sold. Melos Hauptauftrag war es, ein Auge auf das Wachstum des Drogengeschäfts zu haben, in dem Noriega das Potential zu erkennen glaubte, ein neuer Machtfaktor in dieser Region zu werden. Melo hatte an der Polizeiakademie von Santander in Kolumbien studiert, der einflußreichsten Ausbildungsstätte des Landes für Gesetzeshüter, und setzte sich jetzt wieder mit seinen Klassenkollegen in Verbindung, von denen viele Verbindungen zu neuen Drogenunternehmen hatten.

1979 belohnte Noriega Melo dadurch, daß er ihn beförderte und ihm den sensiblen Posten seines stellvertretenden G-2-Chefs gab. Als Noriega im August 1983 als Kommandant der Verteidigungsstreitkräfte die Macht übernahm, machte er Melo zu seiner rechten Hand – dem ersten Sekretär des Comandante.

Als die Story über Melo und das Kartell also bekannt wurde, wußten seine Freunde, daß er für Noriega die Schuld auf sich genommen hatte. Aber die Geschichte würde Noriega immerhin etwas Zeit verschaffen. Jetzt mußte er nur noch mit den Drogenhändlern Frieden schließen.

Wie hat die Verbindung Noriegas zu den Drogenbossen überhaupt begonnen? Wie die meisten Stories über Noriegas Korruption ist auch diese eine fesselnde Geschichte über einen opportunistischen Geheimdienstchef, der eine unwiderstehliche Chance wahrnahm, seine Macht und seine Profite zu steigern. Es waren nicht die Drogen, die Noriega korrumpierten; es war eher die Korruption, die Noriega zu den Drogenhändlern führte. Und wieder ignorierten die Vereinigten Staaten jahrelang Geheimdienstinformationen über Noriegas Kontakte zur Drogenwelt; und Geheimdienste, die Informationen besaßen – wie der CIA – waren nicht immer bereit, sie anderen zur Verfügung zu stellen. Noriega schien durch die unbekümmerte Haltung Washingtons nur noch mehr zu seinen Missetaten ermutigt zu werden.

Noriegas Kontakte zum Medellín-Kartell waren eine direkte Erweiterung seiner zunehmenden Bedeutung im Waffenverkauf an Guerillas in den späten Siebzigern.

In den Jahren 1976 und 1977 begannen kolumbianische Geschäftsmänner, den damals erst im Embryonalstadium befindlichen Kokainhandel von einem relativ kleinen und von Kriminellen betriebenen Geschäft in eine Großindustrie umzuwandeln, die von selbsternannten Volksführern und Entrepreneurs geführt wurde. 1974 hatte Carlos Lehder in einem kolumbianischen Gefängnis die Pläne dafür entworfen – zwischen Monopoly-Spielen und Zügen an Joints zusammen mit einem amerikanischen Hippie namens Stephen Yakovac, den er für sein neues Geschäft rekrutierte.

Lehder war eingesperrt worden, weil er Chevrolets nach Kolumbien geschmuggelt hatte – ein kleines Vergehen, das mit seinen großartigen Träumen wenig zu tun hatte. Er erzählte Yakovac, daß er „ein Konglomerat aus unbedeutenden Kokainproduzenten" gründen würde, die ihre Waren zu großen Lieferungen zusammenlegen würden, damit man sich die Kosten für die bessere Ausrüstung leisten würde können, die sie alle benötigten, um die Drogen trotz mit Radar ausgerüsteten Patrouillen der Küstenwache sicher zu ihren Kunden in die USA schaffen zu können.

„Er wollte, daß es Kolumbien aus eigener Kraft zu etwas brächte", sagte Yakovac Jahre später aus. „Er wollte die imperialistischen Yankees rauswerfen und in Kolumbien ein Königreich errichten, das auf dem Kokain aufbaute." Lehder achtete und verehrte Adolf Hitler. „Und er verglich sich auch selbst mit Hitler, weil er auch ein Mann aus dem Volke war, der die Weltherrschaft übernehmen könnte", sagte Yakovac. Lehder rekrutierte Yakovac und andere im Gefängnis für sein neues Unternehmen.

Mitte der siebziger Jahre betrachtete Noriega fasziniert von weitem die Entwicklungen in Kolumbien. Je reicher und ungenierter die Drogenhändler wurden, desto größer wurde Noriegas Interesse. Er ließ ihre Bankkonten in Panama durch in Banken plazierte G-2-Agenten überwachen und legte Akten über diese Kolumbianer an, weil er darauf setzte, daß sie zu einer neuen, mächtigen Elite heranwachsen würden. Außerdem drängte er seinen Militärattaché in Kolumbien, Julian Borbua Melo, um mehr geheimdienstliche Informationen. Noriega ließ auch Torrijos einige dieser Berichte lesen, aber die meisten behielt er für sich. Noriegas Informationen erlaubten es ihm bereits Mitte der Siebziger, etwas zu sehen, das Torrijos entging: Es würden die Drogen sein, die die wirtschaftliche und politische Zukunft Lateinamerikas bestimmen würden.

Die ersten Hinweise darauf, daß Noriega mit kolumbianischen Drogeninteressen zu tun hatte, wurden in den USA 1977 bekannt. DEA-Agent Tom Zepeda, der im zeitweiligen Auftrag nach Medellín versetzt worden war, war überrascht, Noriega und Torrijos 1977 in einem Flugzeug der panamaischen Regierung auf dem Flughafen von Medellín ankommen zu sehen. Sie wurden noch auf der Landebahn von einem Mercedes ohne Kennzeichen empfangen – der normale modus operandi für Drogenhändler. Ein verläßlicher Informant hatte über verschiedene andere Reisen Noriegas in diese Region im Laufe der vergangenen sechs Monate berichtet – manchmal mit Torrijos und manchmal ohne ihn. Noriega steckte die Zehen ins Wasser, aber er war noch nicht zum Hineinspringen bereit.

Ein US-Geheimdienstoffizier behauptete sogar, daß Noriega Washington einige der besten Berichte über die Frühzeit der neuen Drogenkartelle und ihre Entwicklung in Kolumbien lieferte. Das war eine gute Tarnung für Noriega, weil es ihm eine praktische Ausrede verschaffte, sollten die USA weitere seiner Geheimtreffen mit den *narcotraficantes* aufdecken.

Zur selben Zeit konnte Noriega – als Verbindungsoffizier zu Washingtons Drug Enforcement Administration – an sensible Geheimdienstberichte über den Drogenhandel gelangen.

Noriega bewegte sich von den Rändern ins Zentrum der Drogenwelt, als er eine Mission erfüllte, die ursprünglich gar nichts mit Drogen zu tun hatte. Er agierte als ein von Torrijos ernannter Mittelsmann, der dabei behilflich sein sollte, einen politischen Konflikt in Kolumbien zu bereinigen.

Anfang 1980 beschloß der ehemalige kolumbianische Präsident Alfonso López Michelsen, daß er die Präsidentschaft wieder übernehmen und dazu die Unterstützung – oder wenigstens Neutralität – von M-19 wollte, einer immer stärker werdenden Linksguerilla-Truppe, an deren Spitze Fidel Castro stand. López Michelsen berief seinen Freund Omar Torrijos zu einem Geheimtreffen nach Bogotá – mit José Blandón, Major Felipe Camargo und dem damaligen kolumbianischen Verteidigungsminister General Luis Carlos Camacho Leyva.

Er fragte Torrijos, ob er bereit wäre, in Panama Verhandlungen mit Jaime Bateman, dem Anführer der M-19-Guerillatruppe, zu arrangieren. Bateman war so etwas wie eine Kombination aus Zorro und Che Guevara, und seine M-19 besaß relativ viel Unterstützung im Volk. Ihre Mitgliederschaft setzte sich damals größtenteils aus Kindern der Mittelklasse mit sozialdemokratischen Ansichten zusammen; viele waren Medizinstudenten. Sie kämpften gegen Korruption in der Regierung und die immer stärkere Verbindung zwischen der Armee, den Politikern und der Drogenszene.

Aber die M-19 war dabei, sich zu einer radikaleren Streitmacht zu entwickeln. In den Achtzigern nahmen die Guerillas eine Gruppe Botschafter, zu der auch Diego C. Asencio aus Washington gehörte, in der Botschaft der Dominikanischen Republik in Bogotá als Geiseln.

Der sanftmütige und gebildete Michelsen sagte zu Torrijos, daß er wolle, daß sich die M-19-Guerillatruppe in eine politische Partei verwandle, die sich von der Gewalt lossagen und seine Kandidatur unterstützen solle. Michelsen erzählte Torrijos, daß er den Forderungen der M-19 entsprechen und nach seiner Wahl die Korruption in der Regierung und den Drogenhandel ausmerzen würde. Torrijos gefiel diese Idee. Er wollte, daß es mehr solche friedliche Revolutionen wie die seine in Panama gäbe. Und er schuldete Michelsen einen Gefallen. Als kolumbianischer Präsident war Michelsen einer seiner wichtigsten Verbündeten dabei gewesen, die Panamakanal-Verträge in Washington durchzubringen.

Torrijos bat Noriega, ein Treffen mit der M-19 zu arrangieren. Noriega lud Bateman über seine Geheimdienstkontakte in Spanien, Mexiko und Kuba dazu ein; und im September 1980 kam der elegante Kolumbianer via Kuba mit seiner neuesten Freundin und einem aus 21 Menschen bestehenden Gefolge in Panama an. Noriega machte die Beteiligten am ersten Tag des Treffens miteinander bekannt und stellte dann alles Nötige zur Verfügung: Kommunikationseinrichtungen, Schreibkräfte und Anwälte. Die M-19 erklärte sich bereit, sich in eine politische Partei umzustrukturieren, um Michelsen zu unterstützen.

Aber diese politische Allianz wurde bald unterlaufen. Nach den Gesprächen in Panama reisten Noriega und Major Luis del Cid mit Bateman zurück nach Kuba, um Castro über die Vereinbarung zu informieren; aber Castro war gegen den Pakt und drängte die M-19 dazu, ihre bewaffnete Revolution weiterzuführen. Bateman stimmte zu; und Noriega, der wieder einmal eine Chance roch, erklärte sich bereit, eine Verbindungsstelle für Waffen und die Infiltration von Guerillas nach Kolumbien zu schaffen.

Die Kolumbianer erfuhren erstmals im März 1981 von Noriegas Hilfe für die M-19-Guerillas, als zwei gleichzeitig stattfindende Rebellenangriffe in ländlichen Gebieten von der Armee zurückgeschlagen wurden. Einige der gefangengenommenen Kämpfer sagten aus, daß sie drei Monate lang in Havanna ausgebildet und dann über Panama nach Kolumbien eingeschleust worden waren. Die Angriffe vom März, bei denen 150 Rebellen getötet oder gefangengenommen wurden, schockierten die Kolumbianer. Obwohl es in den letzten dreißig Jahren immer wieder Guerilla-Aktivitäten gegeben hatte, hatten die kolumbianischen Regierungen die Rebellentätigkeit nie als Bedrohung für existierende politische Systeme angesehen.

Im November 1981 segelte dann der Frachter *Karina*, dessen Mannschaft und Kapitän aus Osteuropa stammten, aus dem Atlantik in den Panamakanal. Aber anstatt ruhig durch den Kanal zu fahren, warf das Schiff im Fischerhafen von Vacamonte – der seit langer Zeit von Kuba kontrolliert wurde – Anker, um revolutionäre Fracht aufzunehmen: einen Hauptmann von Panamas G-2, ein paar M-19-Guerillas und tonnenweise Waffen.

Diese Mission war von einem Kolumbianer namens Jaime Guillot-Lara organisiert worden. US-Geheimdienste würden später herausfinden, daß Guillot-Lara 700 000 Dollar aus Kuba erhalten hatte, um die Waffen einzukaufen und über einen Angestellten einer panamaischen Bank Geldmittel an die Guerillas weiterzuleiten.

Die *Karina* passierte sicher den Kanal und übergab die Waffen dann an ein anderes, weniger auffallendes kolumbianisches Schiff, das vorhatte, etwa 100 Tonnen Waffen an Kolumbiens Nordküste abzuladen. Das Ziel der Aktion war, die M-19 ins Gebiet von El Cacatan zu bringen, wo die Guerillas hofften, einen Stützpunkt errichten zu können, von dem aus sie ihre Macht ausdehnen konnten. Aber die kolumbianische Marine fing das Schiff ab, versenkte es und nahm den panamaischen Kapitän gefangen. Bevor er während des Verhörs starb, versicherte er den Kolumbianern, daß Noriega bei dieser Lieferung seine Hand im Spiel gehabt hätte.

Torrijos war peinlich berührt. Er hatte nichts dagegen einzuwenden, daß man Waffen an Guerillas lieferte, aber er hatte den Eindruck, daß Noriega zu viel Privatinitiative zeigte. Torrijos fürchtete, daß Noriega die Lieferung mit dem kubanischen Geheimdienst vereinbart hatte und war wütend darüber, daß die fehlgeschlagene Operation die M-19 zurückgeworfen und Michelsens Vereinbarung untergraben hatte. Michelsen verlor später die Wahlen von 1982 gegen Belisario Betancur Cuartas, den Kandidaten der Konservativen Partei, der kein Freund Torrijos' war. Torrijos schickte Noriega nach Kolumbien, wo er sich persönlich bei der Regierung entschuldigen mußte, und ließ Blandón und Marcel Salamin, den panamaischen Botschafter in Kuba, eine wütende Nachricht an Castro überbringen. Dies war die erste offene Belastung der Beziehungen zwischen den beiden politischen Führern. „Torrijos glaubt an Revolutionen, die man mit Konzessionen machen kann", spottete Castro. „Ich glaube an die bewaffnete Revolution."

Trotz seines Fehlschlags mit der M-19 hatte Noriega mit jedem Tag seine Hände mehr im Spiel, und seine Verbindungen sowohl zu den Kubanern als auch zu ihren liebsten Revolutionären wurden immer besser. Dennoch versetzten ihn diese Verbindungen mitten in den Krieg zwischen M-19 und den Drogenbossen.

Die M-19 war durch ihre fehlgeschlagene Invasion demoralisiert und hatte jedes öffentliche Wohlwollen verloren, das sie je besessen hatte. Sie brauchte dringend Geld und gute Publicity, um ihre nachlassende Macht und Glaubwürdigkeit wiederzubeleben, und startete daher eine Offensive mit in der Öffentlichkeit stark sichtbaren Entführungen und Anschlägen.

Am 12. November 1981 taten sie das Undenkbare. Guerilleros kidnappten auf dem Gelände der Universität von Antioquia Marta Nieves Ochoa, die jüngste Schwester des Drogenbosses Jorge Ochoa. Sie verlangten 15 Millionen Dollar Lösegeld für ihre Freilassung. Die Entführung war ein zweiter Schock – nachdem die M-19 ein paar Tage zuvor versucht hatte, den Drogenboß Carlos Lehder zu entführen, der bei einer dramatischen Flucht in den Rücken geschossen wurde, aber überlebte. Die Ochoas erklärten der M-19 den Krieg und setzten die ersten Schritte zur Schaffung des Medellín-Kartells.

Der Familienpatriarch Fabio Ochoa berief mehr als 200 der führenden Drogenhändler zu einer geheimen Sitzung ein. Fabios Sohn Jorge, ein korpulenter Mann, der wegen seines Körperumfangs auch „El Gordo" genannt wurde, leitete die Sitzung. Das Resultat war die Gründung einer neuen Organisation namens Muerte a Secuestradores – „Tod den Kidnappern". Die Organisation veröffentlichte eine Stellungnahme: „Unsere Hauptaufgabe wird die öffentliche und sofortige Exekution all jener Leute sein, die vom Zeitpunkt der Veröffentlichung dieses Kommuniqués an mit Entführungen zu tun haben." Weiterhin besagte das Dokument, daß die Schuldigen „an Bäumen in öffentlichen Parks erhängt oder erschossen und mit dem Zeichen unserer Gruppe – MAS - gekennzeichnet werden" sollten. Von diesem Punkt an begannen die Kokainhändler, sich weniger wie konkurrierende Abenteurer und eher wie Mafia-Geschäftsleute zu benehmen, die einer direkten Bedrohung ihrer Industrie gegenüberstanden. Jeder steuerte 30 000 Dollar und zehn Männer zu einer neuen Selbstschutzgruppe bei.

Obwohl die M-19 das Ochoa-Mädchen nicht freiließ, hatten die Rächer sofort Erfolg. Sie töteten oder übergaben in sechs Wochen mehr als 100 Guerilleros und ihre Sympathisanten der Polizei. Die Polizei zählte allein in den ersten beiden Wochen des Jahres 1982 mehr als dreißig Morde in Medellín. Die neue Mörderbande des Kartells brachte unter anderem drei Gewerkschaftsbosse um, die der M-19 nahestanden, und zwei Männer im Gefängnis, die mit Entführungsaktionen der M-19 zu tun gehabt hatten.

Die M-19 wollte Frieden. Sie bat Noriega über Fidel Castro, beim Aushandeln eines Vertrags behilflich zu sein.

Noriega nahm über Kubas ehemaligen Botschafter in Kolumbien, Fernando Ravelo Renedo, der drei Monate zuvor wegen seiner Hilfe für Guerillas aus Bogotá entfernt worden war, Kontakt zu Repräsentanten des Kartells auf. Die Ochoas flogen nach Panama, um dort mit der M-19 zu verhandeln. Noriega stellte ihnen drei Häuser an der Küste in der Nähe von Panama City zur Verfügung. Eines war für Ochoas Gruppe und ein anderes für Bateman und die M-19, und das Haus dazwischen war für die Verhandlungen bestimmt. Am 17. Februar 1982 wurde Marta Nieves Ochoa unversehrt freigelassen.

Die Ochoas bezahlten mehr als eine Million Lösegeld, also wesentlich weniger als die 15 Millionen, die die M-19 gefordert hatte. Der stattliche Patriarch der Familie Ochoa erschien später im selben Jahr bei Pferdeshows auf einem Pony namens *Rescate* („Lösegeld"). Del Cid scherzte einem Offizierskollegen gegenüber, daß das Pferd mit dem Geld gekauft worden war, das Noriega den Ochoas erspart hatte. Aber Noriega, der vom Kartell als wertvoller neuer Kontakt betrachtet wurde, erhielt eine großzügige Belohnung dafür, das Treffen ermöglicht zu haben. Diesen Kontakt wollte das Kartell nicht verlieren. Er war effizient und diskret gewesen und beide Seiten hatten ihm vertraut.

Mitte 1982 hatten das Kartell und die M-19 Frieden miteinander geschlossen. Sie hatten einen Nichtangriffspakt und gegenseitige Kooperation vereinbart, und diese Vereinbarung hatte in den Küstenhäusern in Panama ihren Anfang genommen. Sehr bald erlaubte man mit Drogen beladenen Flugzeugen des Kartells, auf ihrem Weg in die USA einen Zwischenhalt in Kuba einzulegen.

Bedeutend war, daß Noriega diese neue und einträgliche Allianz gefördert hatte. Er war bei der Rettung von Jorge Ochoas Schwester und der Beendigung des Kriegs zwischen dem Kartell und der M-19 behilflich gewesen. Jetzt konnte das Medellín-Kartell zur führenden Macht der Kokainindustrie und einer der profitabelsten Firmengruppen der Welt werden. Noriega war keiner der wirklich großen Männer im Drogenbusiness, aber er war ein wichtiger Freund.

Torrijos' Tod im Juli 1981 ließ die letzten Hemmungen von Noriegas Ehrgeiz abfallen. Innerhalb der panamaischen Nationalgarde fand zwar immer noch ein Machtkampf darüber statt, wer der neue Comandante werden sollte, aber Noriega hatte jetzt bei Geheimdienstoperationen, von denen kein anderer Offizier wußte, völlig freie Hand.

Einige Monate nach der Freilassung Marta Nieves' besiegelte Noriega seinen ersten bekanntgewordenen Handel mit dem Medellín-Kartell.

Die Bosse des Kartells hatten sich über Noriega informiert. Sie waren dahintergekommen, daß ein Weg, mit ihm ins Geschäft zu kommen, über Piloten lief, denen er vertraute und mit denen zusammen er Tarnfirmen besaß. Die Piloten hatten jede Menge Erfahrungen mit riskanten Aufträgen. Sie hatten ihm dabei geholfen, Waffen zu transportieren, erst in den späten Siebzigern zu den Sandinisten in Nicaragua und später zu den Guerillas in El Salvador.

Diese Piloten waren Floyd Carlton Caceres, César Rodriguez Contreras und Enrique Pretelt. Alle drei waren mit Noriega schon seit dessen Zeit als junger Offizier in der Provinz Chiriquí befreundet.

Carlton war ein ernsthafter, zurückhaltender Mann, der Reichtümer sammelte wie ein Eichhörnchen, ohne mit ihnen zu protzen. Rodriguez hingegen war auffällig, ein Playboy, der die heißeste Disco der Stadt und einen internationalen Callgirl-Service besaß und sich scheinbar immer auf der Suche nach neuen Reizen befand. Dennoch waren die beiden unzertrennliche Freunde. Pretelt war der Geschäftsmann dieser Gruppe, den Noriega 1970 nach Panama City mitgebracht und ihm geholfen hatte, sich mit einem Schmuckgeschäft der Spitzenklasse und anderen Unternehmen zu etablieren.

Jedermann in Panama wußte, daß die drei Noriegas Piloten waren. Sie flogen mit ihrem abenteuerlustigen Chef auf Missionen, die von Ausflügen zum Fallschirmspringen (er sprang sehr gern) bis zu Sex in großer Höhe mit Partnern beider Geschlechter reichten.

Im Juni 1982 besuchte ein Kolumbianer Carlton in seinem Büro am Flughafen Paitilla, einem kleinen Flugfeld in Panama City. Der Kolumbianer, Francisco Chavez, charterte von Carlton Maschinen für Flüge nach Medellín. Er schlug vor, daß Carlton in Kolumbien einige „sehr mächtige Persönlichkeiten" kennenlernen sollte, die wollten, daß er Geld von den USA nach Panama transportierte. „Sie hatten bemerkt, daß wir eine gewisse Immunität genossen", sagte Carlton.

Als er in Kolumbien ankam, wurde Carlton von den Kartellbossen Pablo Escobar und dessen Cousin Gustavo Gaviria wie ein König empfangen. Sie erzählten ihm, daß sie Drogen aus Kolumbien über Panama in die Vereinigten Staaten befördern wollten. Carlton protestierte. Er hatte geglaubt, sie wollten Bargeld transportieren. Ohne einen

Namen zu nennen, sagte Carlton, daß er erst höherrangige Leute konsultieren müsse, bevor er zustimmen könne. Na gut, sagte Escobar, fragen Sie also Noriega.

Escobar wußte, daß er Noriegas Mitarbeit brauchen würde. Die Verbindungen, die der panamaische Oberst zur DEA unterhielt, verursachten Probleme. Eines der Schiffe des Kartells, das 800 Kilo Kokain transportiert hatte, war vor der Freihandelszone Colón beschlagnahmt worden, und Escobar war gezwungen gewesen, etwa eine Million Dollar an Noriega zu bezahlen, um das Fahrzeug und dessen Mannschaft wieder frei zu bekommen. Vom Kokain erhielt Escobar nicht ein Gramm zurück. Er wollte eine dauerhaftere Vereinbarung mit Noriega treffen und setzte darauf, daß Carlton der richtige Verbindungsmann dafür wäre.

Carlton informierte Noriega sofort nach seiner Rückkehr aus Kolumbien. Noriega war wütend. Warum war Carlton ohne Noriegas Zustimmung zu dem Treffen gegangen? Aber er ließ dieses Thema zu Carltons Erleichterung bald fallen. Zwei oder drei Wochen später jedoch lud Noriega Carlton zu einer Party in seinem Haus an der Küste in La Playita (dem „kleinen Strand") ein. Es war Noriegas sicherstes Haus, das für geheime Treffen benutzt wurde.

Noriega legte seinen Arm um Carltons Schulter und lachte etwas zu laut, behandelte ihn freundlicher als sonst. Er fragte Carlton, was aus dem Geschäft mit Kolumbien geworden wäre. „Also legte ich ihm die wenigen Dinge dar, die ich über dieses Geschäft erfahren hatte, und daß ich nichts unternehmen würde, und daß er sehr gut wüßte, daß wir ohne seine vorherige Zustimmung gar nichts tun würden", sagte Carlton.

Noriega wies ihn an, mehr herauszufinden. Er wollte aber nicht, daß Carlton dabei seinen Namen erwähnte. „Paß' auf", sagte Noriega, „und vergiß eines nicht: Ich weiß von nichts." Er befahl Carlton, auf seinen Reisen nach Kolumbien nie in Flugzeugen mit panamaischer Kennzeichnung zu fliegen. Dann tranken sie noch etwas miteinander und sprachen über Frauen.

Carlton flog wieder nach Medellín. Escobar sagte zu Carlton, daß die Person, die dem Handel zustimmen würde – niemand erwähnte den Namen Noriega – pro Flug 20 000 oder 30 000 Dollar erhalten würde. Carlton würde für jedes transportierte Kilo 300 Dollar erhalten. Carlton und das Kartell einigten sich auch darauf, mehrere kleine Landeplätze in der Nähe von Panama City zu benutzen, die sämtlich Mitgliedern der Verteidigungsstreitkräfte gehörten oder von ihnen betrieben wurden und auf denen es keinen zufälligen Durchgangsverkehr gab.

Noriega lachte höhnisch, als Carlton zurückkam und ihm von diesem Handel berichtete. Er tadelte Carlton, daß er so wenig für sich selbst verlangt hatte. Wenn das Kartell glaube, daß Noriega ein Bettler sei, dann läge es damit falsch, sagte er. Noriega würde für den ersten Flug nicht weniger als 100 000 Dollar kassieren, und die bereits im voraus. Carlton flog wieder nach Medellín und berichtete Escobar, daß er mit „einer Person" gesprochen hätte und daß diese Person ihre Zustimmung nicht für weniger als hundert Riesen geben würde.

Escobar „kratzte sich am Kopf und sagte: ‚Oh Noriega, Noriega', also fragte ich ihn, was denn Noriega damit zu tun hätte. Und er antwortete: ‚Oh Floyd, Floyd.'" Escobar sagte, daß er den Preis akzeptieren würde und machte Carlton mit dem Piloten bekannt, der ihn ausbilden würde. Es war gegen Ende des Sommers von 1982, als Noriega diese erste bekannte Vereinbarung mit dem Medellín-Kartell getroffen hatte. Torrijos war erst seit einem Jahr tot, und Noriega würde erst im folgenden Jahr Comandante werden. Er würde die Zehntausende von Dollars, die er in den kommenden Monaten einstreichen sollte, dazu verwenden, sich den Weg an die Spitze zu erkaufen und ein bestechliches System noch reicher zu machen, das ihm bereits die Anhänglichkeit wichtiger Verbündeter unter den Offizieren und Zivilpersonen eingebracht hatte.

Noriega erhielt 100 000 Dollar für den ersten Flug, 150 000 für den zweiten und 200 000 für den dritten. Carlton blieb bei seinen 400 Dollar pro Kilo.

Der General erwies sich als anspruchsvoll, was die Einzelheiten dieses Handels betraf. Einmal explodierte er fast vor Wut, als er erfuhr, daß das Kartell versucht hatte, eine zusätzliche Flugzeugladung Drogen durch Panama zu transportieren, die nicht Teil ihrer Vereinbarung war. Er verlangte die volle Bezahlung dafür und bekam sie auch. „Noriega erzählte mir darüber, und es mißfiel ihm sehr", sagte Carlton. „... Seinen Worten nach glaubten diese Leute anscheinend, daß in Panama ein Haufen Indianer lebte – daß sie hierher kommen und machen könnten, was sie wollten."

Noriega steckte Escobars Männer ins Gefängnis und entließ sie erst wieder, als das Kartell ihm eine bedeutende Wiedergutmachungssumme bezahlte. „Diese Leute wurden gefangengenommen und vom G-2 häufig geschlagen, herumgestoßen und mißhandelt", sagte Carlton.

Als Noriega wieder einmal den Preis heraufsetzte, sagte Pablo Escobar, daß er ihm das Geld persönlich überreichen wolle. Noriega „fragte mich, ob die wahnsinnig geworden wären", sagte Carlton. „Er wollte nichts wissen und nichts hören." Noriega strich voller Zorn eine Zeitlang die Flüge und die Beziehung kühlte etwas ab, bis das Kartell Noriega erneut brauchte.

Aber Carlton wußte, daß Noriega auch noch andere Drogen-Kontakte hatte und über andere Verbindungen Geld verdiente. Seine Flüge stellten nur ein kleines Stück des Kuchens dar. „In Panama funktioniert und passiert nichts, über das dieser Herr nicht Bescheid weiß", sagte er über Noriega.

Als die Neuigkeiten von der Razzia auf ein Labor des Medellín-Kartells in der Provinz Darién bekannt wurden, war ein Großteil der panamaischen Bevölkerung auch dementsprechend überzeugt davon, daß Noriega von der Errichtung dieses Labors gewußt haben mußte. Sie waren verblüfft darüber, daß er trotzdem dessen Schließung zugelassen hatte. Sie wußten jedoch nicht, daß sich der Streit zwischen Noriega und dem Medellín-Kartell zu einer gefährlichen Fehde ausgewachsen hatte, und daß Escobar, der verärgert darüber war, daß er den General nicht erreichen konnte, in einem Wutanfall mit der Ermordung Noriegas gedroht hatte. Die Nachricht von diesem Vorhaben erreichte Noriega durch die französischen Geheimdienstkontakte seines israelischen Freundes Michael Harari.

Hinzu kam, daß Noriegas Lügengeschichte, die Julian Melo die Schuld gab, die Ansichten der panamaischen Öffentlichkeit über Noriegas persönliche Verwicklung in den Drogenhandel kaum ändern konnte. Es war wohlbekannt, wie nah Melo und Noriega einander standen, und daher konnten antimilitärische politische Gruppen auf

Beweismaterial verweisen, demzufolge ein hoher PDF-Offizier mit dem Drogenhandel zu tun hatte. Das verlieh einer Opposition, die wegen des Wahlschwindels bereits vor Wut kochte, neue Energien.

Noriega hatte sich aus Israel nach Paris verzogen, um von dort aus in sicherer Entfernung die Entwicklung der Ereignisse beobachten zu können. Er wies seinen scharfsinnigen politischen Berater José Blandón telefonisch an, die Lage für ihn zu analysieren. Blandón war ein Meister im Ersinnen von Strategien und im Zerlegen von Problemen. In den Akten des CIA wurde er als Kommunist mit besorgniserregenden politischen Ambitionen dargestellt, aber in den Augen Noriegas war er ein unvergleichlicher Planer im Hintergrund. In seiner bereichsweise aufgeteilten Art, Panama zu regieren, hatte Noriega Blandón jedoch aus seinen Drogengeschäften draußengehalten, obwohl Blandón genaue Kenntnis seiner Kontakte zu linken Guerillagruppen und zu Castro besaß. Jetzt befahl Noriega Blandón, auf „Die Insel", das war ihr Codename für Kuba, zu fliegen.

Blandón war von der Melo-Geschichte ebenso verwirrt wie die anderen Panamaer. Er wandte sich an César Rodriguez, den flotten Piloten und langjährigen Freund Noriegas um Rat, der seine auffällige Lebensart mit langbeinigen Frauen und endlosen Nächten durch den Drogenhandel finanzierte.

Rodriguez erklärte Blandón, daß Melo nur den Sündenbock für Noriega spielte – was blieb Melo denn anderes übrig? Noriega ist ganz groß im Drogenbusiness, sagte er. Wir stecken alle mit drin.

Dann war Rodriguez auf einmal besorgt. Noriega würde die Schuld auch noch anderen aufhalsen, um selbst sauber zu bleiben, sagte der Pilot. Noriega würde seine Freunde hängen lassen, um seine Haut zu retten. Blandón bemerkte, daß Rodriguez nur an neue Gefahren für sich selbst dachte. Sein allzu verschwenderischer Lebensstil stellte eine peinliche Angelegenheit für einen Diktator dar, der nun versuchen würde, sich von seinen schmutzigsten Partnern zu distanzieren.

Am 23. Juni, weniger als einen Monat nach der Razzia in Darién, flog Blandón mit Felipe Camargo nach Kuba.

Blandón, der Castro schon oft besucht hatte, brachte dem kubanischen Politiker normalerweise Geschenke mit. Castro freute sich besonders über die neuesten elektronischen Spielereien, was von israelischen Abhörgeräten bis zu einem japanischen Recorder ging, der fünf Kassetten zugleich überspielen konnte. Zu seinen Favoriten gehörten auch die neuesten Videos von Agentenfilmen oder die letzten Folgen von *Miami Vice*. Aber diesmal kam Blandón mit leeren Händen. Diese Reise war rein geschäftlich.

Blandón und Camargo betraten Castros weitläufiges, aber spartanisch eingerichtetes Büro im dritten Stock des Revolutionspalastes, eines ausladenden Baus mit einem breiten Treppenaufgang, das Batista für den Obersten Gerichtshof Kubas hatte erbauen lassen. Es stand im Zentrum eines streng bewachten Regierungskomplexes, von dem aus Castro sein Land überwachte. Er liebte es, seinen Computerraum vorzuführen, der am selben Gang wie sein Büro lag und in dem sein IBM-Computer Daten aller Art ausspuckte – von der Truppenstärke in Angola bis zum Betrag in harter Währung, den ein bestimmtes

Restaurant an einem bestimmten Abend eingenommen hatte. Castros überschwengliche und ungestüme Umarmungen gaben Blandón und Camargo das Gefühl, im eindrucksvollen Schatten des kubanischen Führers ganz klein und armselig dazustehen.

Manuel Piñeiro Losada, dessen roter Bart mittlerweile weiß geworden war, schloß sich ihrem Gespräch an. Der frühere Leiter der politischen Geheimpolizei des Landes war zum mächtigen Chef der Zentralkomitee-Abteilung für die beiden Amerikas geworden, was bedeutete, daß er der leitende Koordinator aller kubanischen Geheimoperationen in der ganzen Hemisphäre war – einschließlich der in Nicaragua, Panama, Kolumbien und den USA. Er war Castros treuester Genosse und einer der wenigen Männer, die stets zu seinem Büro Zutritt hatten.

Die vier setzten sich an einem Ende von Castros Büro an einen Konferenztisch für zwanzig Leute. Castro übernahm den Vorsitz und sprach als erster. Er eröffnete das Gespräch mit Konversation über Jesse Jackson, der an diesem Tag in Panama seine Besuchsreise durch die Region begonnen hatte und drei Tage später in Havanna erwartet wurde. Castro mochte Jackson und wollte ein paar politische Gefangene freilassen, um ihm so bei seiner Kampagne für die demokratische Nominierung zur Präsidentschaftswahl behilflich zu sein. Castro meinte, es wäre eine Schande, daß Jackson schwarz sei. Wäre er weiß, dann könnte er zum Präsidenten gewählt werden und die kubanischen Interessen in Washington fördern. Blandón stimmte dieser günstigen Einschätzung nicht zu. Er sagte zu Castro, daß Jackson eingebildet und oberflächlich sei. „Jackson war mehr an seinem Ego, seinen schönen Stiefeln und den Fernsehteams als an sinnvollen Gesprächen interessiert", sagte Blandón.

Wie üblich bei ihren Sitzungen, verlangte Castro eine detaillierte Analyse über die Situation der Verteidigungsstreitkräfte von Blandón. „Es ist das erste Mal, daß ein Offizier aus den höchsten Rängen in aller Öffentlichkeit mit Drogen in Zusammenhang gebracht wird", sagte Blandón. „Diese Situation stellt die Verteidigungsstreitkräfte wieder in den Mittelpunkt der öffentlichen Kontroverse, und das nach einer Wahl, die das Land fast schon in zwei Hälften gespalten hat..." Castro unterbrach Blandón. Er sprach schnell, als wären seine Worte zu schmutzig, um sich länger damit aufzuhalten.

„Die Informationen, die wir besitzen – es sind sehr sensible Informationen; und ich gebe sie an Sie weiter, als gehörten Sie zu meiner Familie –, besagen, daß Noriega 1983 beschlossen hat, es dem Kartell zu gestatten, die Anlage in Darién zu errichten. Für dieses Recht bezahlte man ihm fünf Millionen Dollar. Und Sie müssen wissen, daß sich das Medellín-Kartell aus Geschäftsmännern zusammensetzt. Sie wollen keine Probleme." Castro sagte, daß Melo mit Escobar zusammengearbeitet habe, der die Operation überwachte. Melo wurden fünf Millionen Dollar ausgehändigt, von denen drei Millionen an Noriega gingen, eine Million ihm gehörte und eine Million an andere Panamaer, die damit zu tun hatten, bezahlt wurde.

Castro sagte, daß „die Kolumbianer" wegen der Razzia in Darién außer sich vor Wut seien. „Und das ist eine gefährliche Situation – für Panama und für alle anderen." Castro mußte vor Blandón nicht noch hinzufügen, daß es auch Noriega war, der Kubas unzählige Interessen in Panama beschützte.

„Das Kartell könnte Panama in ein Schlachtfeld verwandeln, wenn Noriega ihm Probleme macht", sagte er. „Der Kampf würde sich zwischen den Verteidigungsstreitkräften und dem Kartell abspielen."

Blandón war überrascht, als er Castro so gut informiert über das Kartell reden hörte. Er hatte Noriega schon lange im Verdacht gehabt, bis zum Hals in Drogengeschäfte verwickelt zu sein, aber Castro bewunderte er schon die längste Zeit, auch wenn sie verschiedene ideologische Ansichten vertraten, als den Führer „der wichtigsten historischen Bewegung in Lateinamerika". Blandón hatte Berichte über Kubas Kontakte zur Drogenwelt als CIA-Propaganda abgetan.

Blandón hatte Angst, behielt aber sein gewohntes Äußeres gekünstelter Langeweile und Arroganz bei. „Das ist das erste Mal, daß ich davon höre, daß Noriega mit Drogen zu tun hat", log Blandón und machte dann mit der Wahrheit weiter: „Noriega hat mir keinerlei Instruktionen gegeben, wie ich in dieser Situation verfahren soll."

Castro sagte, daß die Kolumbianer am dringendsten wollten, daß die gefangenen Kartell-Mitglieder befreit würden. Am wenigsten konnten sie jetzt weitere Zeugen gegen sie vor amerikanischen Gerichten brauchen. Er sagte, daß einer der Verhafteten für das Kartell besonders wichtig sei. Er erwähnte allerdings nicht den Namen dieses Mannes und den Grund für seine Wichtigkeit, und Blandón fragte auch nicht. Castro sagte, daß das Kartell auch das Geld, die beiden Flugzeuge und den Hubschrauber zurück wolle und sofortige Verhandlungen bezüglich neuer Grundregeln verlange.

Blandón fragte Castro vorsichtig, woher er wisse, was das Kartell wollte. Castro beantwortete diese Frage nicht, sprach aber weiter: „Es gibt hier in Havanna jemanden, mit dem Sie sich auf Noriegas Wunsch treffen sollen. Sie könnten die Angelegenheit mit ihm arrangieren. Ich versuche nur, Sie darauf vorzubereiten."

Castro sagte, daß Fernando Ravelo Renedo – Kubas früherer Botschafter in Kolumbien, der angeklagt und gegen den ein Jahr zuvor in absentia vor einem US-Bundesgericht wegen Drogendelikten verhandelt worden war – Blandón vor dem bevorstehenden Treffen über Kolumbien, das Kartell und seine Beziehungen zu Panama informieren würde. „Es ist sehr wichtig für Sie, daß Sie nichts falsch machen", sagte Castro. „Sie arbeiten in einem Minenfeld. Ich möchte nicht, daß Sie einen falschen Schritt tun und eine Bombe auslösen." Es war Blandón klar, daß dieses Treffen nur dann stattfinden würde, wenn Blandón tat, was Castro verlangte, und es war ihm auch klar, daß Noriega die Lösung des Problems an Fidel weitergeleitet hatte. Er fragte sich, in welchem Ausmaß sowohl Noriega als auch Castro ins Drogengeschäft verwickelt waren. Warum sonst hätte Noriega Castro als ersten um seine Hilfe gebeten? Blandón, ein Mann, der normalerweise auf sein Insider-Wissen stolz war, begann sich Sorgen zu machen, weil er in etwas steckte, das über seinen Horizont hinausging.

Blandón bat um eine kurze Pause, um alles mit Camargo besprechen zu können. Sie zogen sich ans andere Ende des langgestreckten Raums zurück, in die Nähe von Castros Schreibtisch. Camargo flüsterte, daß er keine Ahnung von den Drogenkontakten Noriegas gehabt hätte. Blandón beteuerte, daß er auch nur sehr wenig gewußt hätte. Noriega unterteilte seine Geschäfte in so viele Sparten, daß nur er über all das Bescheid wußte, womit er sich befaßte. Aber jetzt, sagte Camargo, stecken wir mittendrin, ob wir nun wollen oder nicht. Er fragte sich besorgt, ob Noriega die Tragweite dessen, was er da getan hatte, überhaupt verstand.

Als sie zum Tisch zurückgingen, sagte Blandón, daß sie sich dem Problem so stellen wollten, wie Castro es vorgeschlagen hatte. Andererseits wollte er natürlich auch einen Weg finden, Panama allgemein von seinen Problemen mit Medellín zu befreien. Blandón fragte, ob es für Noriega möglich wäre, sich aus der Drogenwelt zurückzuziehen.

Castro sagte gar nichts. Piñeiro lachte nur boshaft über diese naive Frage. Er hatte den arroganten Blandón nie gemocht und ihm auch nie vertraut. Er fuhr sich mit dem Finger über die Kehle und zog eine schmerzverzerrte Grimasse. „Diese Leute können – *krrrr, krrrr* – Sie umbringen. Und sie können Noriega umbringen."

Früh am nächsten Morgen lieferte Ravelo Blandón die Vorinformationen für seine Verhandlungen mit dem Repräsentanten des Kartells. Diese Einsatzbesprechung wurde zur ideologischen Diskussion. Piñeiro argumentierte damit, daß Drogen ein Problem der USA seien und ihr Verkauf den Untergang Amerikas beschleunigen und Geld für das Vorrücken „der Revolution" beschaffen würde. Piñeiros Anti-Amerikanismus war entstanden, als er in den frühen Fünfzigern an der Columbia University studiert hatte, wo seine Radikalisierung noch beschleunigt wurde, als er die Wahl zum Leiter einer Studentenvereinigung gegen einen reichen Südamerikaner verlor. Seine erste Frau war Amerikanerin. Piñeiro sagte, daß er zwar selbst keine Drogen mochte, aber daß die dadurch gewonnenen Gelder für die „progressiven Kräfte" in Kolumbien mit ihren edlen Zielen wertvoll seien. Wenn man die falschen Mittel einsetzt, um damit das richtige Ziel zu erreichen, dann ist das nicht falsch, meinte Piñeiro.

Aber die Kubaner warnten Blandón davor, mit den Kolumbianern über Politik zu sprechen. Sie müssen begreifen, daß das für die kein politisches Problem ist, sagte Ravelo. Sie sprechen hier nicht mit Fidel oder Omar Torrijos. Sie verhandeln mit einem Geschäftsmann. Das muß ein sehr kurzes Treffen werden.

Blandón wiederholte, daß er alles vorbringen würde, was Castro ihm vorgeschlagen habe. Ravelo umarmte ihn. Piñeiro schüttelte ihm die Hand.

Am 24. Juni um 14 Uhr wurde Blandón zum Bungalow des kolumbianischen Mittelsmannes chauffiert, der in einem der komfortablen Häuser hinter dem Palast der Blockfreiheit im Zentrum von Havanna wohnte, die früher reichen Kubanern gehört hatten. Der Kolumbianer wollte sich nur mit einem der Panamaer treffen. Camargo ging mit einem kubanischen Offizier Zielschießen – eine seiner Lieblingsbeschäftigungen.

Der Kolumbianer unterbrach Blandón, bevor sie sich einander noch vorstellen konnten. Namen würden nicht nötig sein. Ich vertrete die Interessen der Escobars, sagte er. Er saß aufrecht da, in einen modern geschnittenen, dunklen europäischen Anzug gekleidet, der in der Karibik völlig fehl am Platz schien. Wir machen uns Sorgen über die Lage in Panama, sagte er. Wir wollen keine Schwierigkeiten. Uns ist klar, daß wir es mit ernstzunehmenden Menschen zu tun haben. Alles was wir wollen, sind eine Erklärung und eine Lösung, weil wir in unserer Organisation solche Störungen nicht brauchen können. Sie arbeiten für das Militär. Sie verstehen das. Sie brauchen Disziplin und können keinen Ungehorsam dulden. Das muß ich Ihnen nicht erklären. Also sitze ich hier und höre Ihnen zu. Ich bin zur Kooperation bereit.

Blandón sagte, daß er Noriega vertrete. Blandón entschuldigte sich für das, was geschehen war und sagte, daß auch Panama keine Probleme wolle. „Wir werden unsere Vorschläge an Ihre Leute formulieren, sobald Noriega ankommt", sagte er. „Aber ich bin dazu autorisiert, Ihnen mitzuteilen, daß wir Ihnen das Geld, die Gefangenen, die Flugzeuge und die Hubschrauber zurückerstatten werden. Und Noriega wird jemanden dazu ernennen, Gespräche über die neuen Regeln zu führen."

Der Kolumbianer nahm diese Vorschläge bereitwillig an. Sie plauderten noch einige Minuten unbeholfen miteinander. Der Kolumbianer schlug – ohne es ehrlich zu meinen – vor, daß sie gemeinsam beim Abendessen über die Beziehungen der beiden Staaten sprechen könnten. „Aber es ist nicht notwendig", sagte er. „Nur wenn Sie Zeit haben." Die beiden trafen einander nie wieder. Ihr zwanzigminütiges Treffen hatte die unmittelbar anstehende Krise gelöst.

Castro war hocherfreut, als er Blandón an diesem Abend einen Besuch abstattete. Er wollte sichergehen, daß für die Ankunft des Generals am nächsten Tag alles vorbereitet war. Er hatte auf dem Wohnzimmertisch Früchte und Käse in Hülle und Fülle für seine Gäste anrichten lassen. Er belehrte Blandón in allen Einzelheiten darüber, wie er Techniken und Techniker aus Europa importiert hatte, um Käse von höchster Qualität – „genau wie die Schweiz" herstellen zu können.

Castro war deutlich erleichtert darüber, daß die Krise wegen der Darién-Razzia jetzt anscheinend vorüber war.

Noriega, der über Blandóns Leistung noch nicht informiert war, kam am 25. Juni um die Mittagszeit aus New York in Havanna an. Eine 95-sitzige Elektra, ein Flugzeug der panamaischen Regierung, war zum La Guardia-Flughafen in New York geflogen worden, um ihn von dort abzuholen. Wie üblich war Noriega mit einer Concorde der British Airways von Europa nach New York geflogen und hatte in seiner gewohnten Suite in einem oberen Stockwerk des Helmsley Palace-Hotels auf der Madison Avenue gewohnt. Die Bankiers der BBCI stellten ihm wie üblich ihre Limousinen mit spanischsprechenden Fahrern zur Verfügung. Noriega lud seine Reisegäste ein, mit ihm auf seinem Umweg über Kuba nach Hause zu fliegen, und hoffte, dadurch jeden Alarm zu vermeiden, der wegen seiner plötzlich geänderten Pläne nach Panama dringen könnte. Sie waren mit ihm nach Israel, Frankreich und London geflogen. Aber die zusätzliche Etappe nach Kuba kam überraschend für seine Gäste, die sich ohnehin schon wegen Melos Verschwinden, der Drogendebatte daheim und Noriegas ungewöhnlicher Nervosität Sorgen machten; trotzdem stimmen sie alle zu, ihn auf seinem improvisierten Abenteuer zu begleiten. Sie waren anpassungsfähige Parasiten.

Noriegas Frau Felicidad bestieg die Maschine mit Dayra Carrizo, der üblichen Begleiterin bei ihren Einkäufen. Deren Mann Celso, Präsident der Nationalversammlung und Noriegas Finanzberater, war ebenfalls dabei. Noriega nahm auch Enrique Pretelt mit – einen Mann, von dem man zu dieser Zeit in weiten Kreisen behauptete, daß er sowohl Noriegas homosexueller Freund als auch sein Geschäftspartner sei. Pretelt, der Besitzer eines teuren Juwelierladens, trug Goldketten um seinen bleichen Hals und an den

Handgelenken. Er war der einzige Mitreisende, der einen – in Frankreich geschneiderten – Anzug trug, und er war auch der nervöseste. Oberst Alberto Purcell, der Befehlshaber der panamaischen Luftwaffe, und Oberst Elias Castillo, der für die Infanterie zuständig war, waren auch dabei. Indem er mit den Männern reiste, die Truppenteile befehligten, wich Noriega drohenden Staatsstreichen aus.

Als Noriega im vom Protokoll vorgesehenen Haus ankam, war er nervöser, als Blandón ihn je zuvor gesehen hatte. Nichts machte Noriega mehr aus, als wenn er eine Lage nicht unter Kontrolle hatte. Er schüttete sieben oder acht kalte Daiquiris in sich hinein, die vom Personal des Hauses mit süßem, starkem Rum zubereitet wurden. Felicidad war besorgt. „Hör' auf zu trinken", sagte sie. „Fidel kommt." Aber Noriega bestellte noch einen Drink.

Blandón nahm Noriega beiseite und informierte ihn über die Vereinbarung. Er erzählte dem General, daß er Castro und Piñeiro auch gefragt hätte, was passieren würde, sollte sich Noriega aus dem Drogengeschäft zurückziehen. Piñeiro hatte lachend zu ihm gemeint, daß Noriega in einem solchen Fall umgebracht werden würde.

„Ist das wahr?" fragte Blandón Noriega.

Noriega antwortete lieber nicht darauf.

Haben Sie dem Kolumbianer diese Frage auch gestellt? wollte er wissen. Er war erleichtert, daß Blandón das nicht getan hatte. Noriega – der wie immer wie ein Geheimagent dachte – war genauso daran interessiert, wer über die Verhandlungen Blandóns Bescheid wußte, wie an ihrem Inhalt. Noriega war besonders beunruhigt darüber, daß Blandón den Namen des Kolumbianers nicht kannte.

Castro holte Noriega um 18 Uhr ab. Der große, vor Selbstvertrauen strotzende Kubaner schien den kleinen, introvertierten Panamaer immer völlig in den Schatten zu stellen. Castros Körpersprache ließ keinen Zweifel daran, wer der Überlegene war. Blandón und Camargo erhielten den Befehl, in ihren Häusern zu bleiben, für den Fall, daß ihr Rat gebraucht würde. Noriegas Gefolge besuchte an diesem Abend die Show im Tropicana, einer der letzten grellen Bastionen der Kasinozeit in Kuba.

Bei seiner Rückkehr – nach Mitternacht – ins Protokollhaus, wo sie wohnten, war Noriega betrunken und torkelte. Castro war immer noch frisch und überschwenglich. „Der Handel wird so laufen wie besprochen", erzählte Castro Camargo und Blandón, als sie ihn zur Tür begleiteten.

Blandón und Camargo waren jetzt mit Noriega allein. Wie so oft, wenn er einen Fehler gemacht hatte, spielte Noriega den reuevollen Schuljungen. Er war nur sehr selten der sture Diktator, der sich weigerte, einen Irrtum zuzugeben. Schau, José, sagte er, wir haben einen Fehler gemacht. Wir werden es nicht mehr tun.

Er sagte nie, ob der Fehler darin bestanden hatte, mit dem Kartell zu verhandeln, sich von den Amerikanern erwischen zu lassen oder die Kolumbianer zu hintergehen.

Aber bevor Noriega nach Hause zurückkehren konnte, hatte er noch eine weitere Krise durchzustehen – mit seiner Frau. Seine Geliebte Vicky Amado, die Felicidad in Noriegas Leben nach und nach ersetzte, hatte im Protokollhaus angerufen, als er gerade mit Castro unterwegs gewesen war. Während seiner Reisen hielt sie ihn mit neuestem Tratsch aus der High Society auf dem laufenden. Das kubanische Personal hatte eine

Nachricht an Noriegas Tür geheftet: Señora Vicky anrufen. Der betrunkene General sah den Zettel nicht. Seine nüchterne Gemahlin schon.

„Hast du überhaupt keinen Respekt vor mir?“ schrie sie ihn am folgenden Morgen vor einigen seiner Gäste an. Sie wedelte mit dem Zettel vor ihm herum, als wäre er ein Beweis für den Ehebruch. „Wir kommt die an deine Nummer? Warum hat sie angerufen?“

Noriega versuchte sie mit geflüsterten Worten zu beruhigen, während seine Gäste so taten, als ginge sie das alles nichts an. Blandón lächelte in sich hinein, als ihm klar wurde, daß Noriega nichts – nicht einmal das Medellín-Kartell – so sehr fürchtete wie den Zorn seiner Frau.

Und das aus gutem Grund. Im Lauf der Jahre war Felicidad immer plumper und bösartiger geworden, und sie genoß nicht nur wegen ihrer extravaganten Einkaufstouren in Europa und ihres Herumkommandierens von Diplomatengattinnen einen legendären Ruf, sondern auch wegen ihrer Gewalttätigkeit gegen Tonys diverse Geliebte. Einer von ihnen – einer attraktiven, in der Kanalzone geborenen Frau namens Carol, die mit einem bekannten panamaischen Maler verheiratet war – hatte sie die Fingernägel durchs Gesicht gezogen. Felicidad hatte ihr so tiefe Wunden im Gesicht beigebracht, daß Noriega Carol auf Regierungskosten zu einer Schönheitsoperation bei seinem Schweizer Arzt geschickt hatte. In Panama kursierten sogar nie bestätigte Gerüchte, daß Felicidad eine der Geliebten Noriegas aus dem Fenster gestoßen und damit umgebracht hätte. Der Tod der Frau war damals als Selbstmord eingestuft worden, aber man sagte, daß Felicidad der letzte Mensch gewesen wäre, der sie allein gesehen hatte.

Felicidad mußte mitansehen, daß ihre Sieiro-Familie gegenüber den Amados, die zum neuen Herrscherclan wurden, immer mehr an Boden verlor. Da er selbst ohne Familie war, hatte Noriega die Familien anderer adoptiert. Er hatte Felicidad nicht nur reich, sondern auch zwei ihrer Brüder zu Offizieren gemacht und einem dritten, Ramón, eine politische Partei gegeben, die Noriega einem seiner Rivalen gestohlen hatte. Aber jetzt befanden sich die Amados im Aufstieg. Vickys Stiefvater David Amado war Anfang der Achtziger der Verwicklung in einen großen Sozialversicherungs-Skandal verdächtigt worden, bei dem Millionen Dollar verschwunden waren (obwohl er nie deswegen angeklagt wurde), und ihre Mutter Norma führte das Unternehmen Ersa, das Regierungszeitungen veröffentlichte. Sogar Vickys jüngere Schwester war einflußreich, da sie im Alter von 29 bereits die politisch mächtige Nationale Hypothekenbank leitete. Aber Noriegas familiäre Probleme waren nur eine von vielen Ablenkungen für einen Militärführer, der sich jetzt in den ineinander verstrickten Netzen verfing, die er während langer Jahre durch seine Manipulation so vieler anderer Menschen gesponnen hatte.

Für viele Einwohner Panamas waren die Nachwirkungen der Darién-Razzia ein unumstößlicher Beweis dafür, daß Noriega Mittäter bei Drogenvergehen war. Die panamaischen Behörden ließen die Gefangenen frei und erstatteten Ausrüstung und Geld zurück. Da die Anlage noch nicht in Betrieb gewesen war, war ja kein echtes Verbrechen außer dem Betreten Panamas ohne die erforderlichen Dokumente begangen worden.

Auf Geheiß Washingtons ließen PDF-Funktionäre das Lagerhaus in der Freihandelszone Colón niederreißen, in dem der Äther gefunden worden war, aber der Äther selbst – eine Menge, mit der man 100 Tonnen Kokain herstellen konnte – verschwand. Noriega behauptete, man habe ihn ins Meer geschüttet, aber ein anderer PDF-Offizier sagte, man habe ihn an die Kartellbosse zurückerstattet.

Noriegas Freund, der amerikanische Marihuana-Dealer Steven Michael Kalish, war bei der Entlassung der Kolumbianer, der Rückgabe der Bestechungsgelder und dem Aushandeln neuer Regeln mit dem Kartell behilflich, die zukünftige Mißverständnisse vermeiden sollten und festsetzten, daß für das Waschen von 50 bis 100 Millionen Dollar im Monat Prozente bezahlt werden würden. Kalish, der zwei Monate danach verhaftet wurde, erzählte Untersuchungsbeamten, daß das Kartell ihm als Belohnung eine Aero Commander 1000 im Wert von einer Million Dollar sowie den Hubschrauber aus Darién und eine „beträchtliche Menge Geld" zukommen ließ.

Oberst Melo stand nie vor Gericht und wurde nicht einmal unehrenhaft entlassen. Er ging still und leise mit einer Militärpension in den Ruhestand und betrieb schon bald danach ein lukratives Kredit-Maklergeschäft in Panama City.

Das Kartell faßte jedoch nach der Darién-Razzia nie wieder volles Vertrauen zu Noriega. Den Bossen war – wie schon den USA – klar geworden, daß man Noriega nur mieten und nicht kaufen konnte. Für Noriega stellte sein knappes Entkommen jedoch eine andere Lektion dar: Wenn er seine Interessen schützen wollte, dann würde er seinen Drogenhändler-Freunden auf immer und ewig verpflichtet sein.

Noriega konnte jedoch seine Kontake zur Drogenszene nur dann aufrechterhalten, wenn er es weiterhin schaffte, die amerikanischen Behörden davon zu überzeugen, daß er sich in ihrem Lager befand. Das war ein schwieriges Unterfangen, aber die amerikanischen Agenten in Panama waren besonders leicht hereinzulegen, und wenn er sie auf seiner Seite halten konnte, würde er für das Medellín-Kartell – als der einzige Mann in ihrem Kreis, der immer die neuesten Informationen von DEA und CIA bekam – noch wertvoller sein. Ein Drogenanwalt in Panama bezeichnete Noriega als „Frühwarnsystem" des Kartells.

DEA-Agenten, der CIA und der militärische Geheimdienst in Panama wußten nicht, daß die Kartellbosse im Mai 1984 nach Panama übersiedelt waren – zumindestens berichteten sie es nicht nach Washington.

Die USA erfuhren erst von Barry Seal, einem legendären DEA-Informanten, daß sich die Kartellbosse in Panama aufhielten. Seal wurde ermordet, nachdem er amerikanischen Gerichten die wertvollste Aussage, die sie je über den kolumbianischen Drogenhandel erhielten, geliefert hatte. Seine Aussage führte in drei Prozessen zu 17 Schuldsprüchen. Seal brachte die Sandinisten in Zusammenhang mit dem Kartell. Seine Aussage führte zur ersten Anklageerhebung gegen einen ausländischen Regierungschef, nämlich den Premierminister der Turks- und Caicos-Inseln, Norman Saunders. Er steckte hinter der Rekordzahl von Kokain-Beschlagnahmungen der DEA in Las Vegas. Aber sogar nachdem Seal der DEA über die Panamakontakte des Kartells berichtet hatte, lehnten es die Agenten ab, sich von ihm überzeugen zu lassen.

Tatsächlich stieg die Wertschätzung der DEA mit jedem größeren Drogenfang, bei der ihr Noriega behilflich war, und mit jedem Flüchtling, der mit seiner Unterstützung ausgeliefert wurde. Zur selben Zeit dehnte er seine Geschäftsbeziehungen zum Kartell aus. Es war ein bemerkenswerter Balanceakt, der nur durch eines erklärt werden kann: Noriega benutzte die DEA als seinen Vollstrecker.

Nachdem sich US-Zeitungen das erste Mal 1985 und 1986 auf Noriegas Drogenkontakte konzentrierten und bevor Washington offiziell seine Rolle dabei anerkannte, gab Präsident Eric Arturo Delvalle eine 300 Seiten starke Dokumentensammlung zur Verteidigung seines Generals heraus. Sie trug den Titel. „Panama: Sechzehn Jahre des Kampfes gegen den Drogenhandel" und liest sich wie eine Liebesbrief-Korrespondenz zwischen DEA und Noriega. DEA-Funktionäre nennen diese Briefe „Guterjunge" – ein joviales Tätscheln für ausländische Freunde.

In einem Brief vom 16. März 1984 ist das vom DEA-Verwalter Francis Mullen ausgesprochene Lob geradezu kriecherisch. Der Brief wurde einige Monate nach Noriegas Zustimmung, die Kokainherstellung in Darién zu gestatten, verfaßt – und etwas mehr als einen Monat, bevor die Medellín-Bosse mit ihren Familien nach Panama übersiedelten.

Der Brief beginnt mit der Erwähnung des DEA-Manns in Panama. „Landesattaché (James) Bramble hat mich über eine bemerkenswerte Anzahl von Zwischenfällen informiert, bei denen Sie uns Ihre persönliche Unterstützung gewährten. Das ist für uns von sehr großer Bedeutung", steht in dem Brief. Aber es kommt noch besser. „Vielen Dank für Ihr Autogrammphoto. Ich habe es rahmen lassen und bin stolz, es in meinem Büro aufhängen zu dürfen."

Damit hatte der Respekt aber noch kein Ende. Nachdem das Kartell nach Panama gezogen und wieder abgereist war, nach der Ermordung Spadaforas, ja sogar nachdem die Ankläger in Miami damit begonnen hatten, Noriega unter Anklage zu stellen, schrieb DEA-Verwalter John C. Lawn weiterhin freundliche Briefchen. Ein Brief vom 8. Mai 1986 folgte einem privaten Zusammentreffen von Lawn und Noriega in Buenos Aires bei einer internationalen Konferenz zur Ausrottung der Drogen. „Hochgeschätzter General", hieß es darin. „Ich möchte diese Gelegenheit gern dazu benutzen, Ihnen zum wiederholten Male meine tiefempfunde Anerkennung für Ihre energische Politik gegen den Drogenhandel auszusprechen. Diese Politik hat zu zahlreichen Auslieferungen des Drogenhandels Beschuldigter, zu großen Beschlagnahmungen von Kokain und chemischen Substanzen in Panama und zur Auslöschung von Marihuana-Plantagen im panamaischen Hoheitsgebiet geführt...

Obwohl unsere jeweiligen Regierungen im Prinzip verschiedene Standpunkte zum Thema der Untersuchung von Geldern, die mit Drogen in Zusammenhang stehen, einnehmen, bin ich zuversichtlich, daß eine Fortsetzung der Studien zu diesem Thema uns helfen wird, eine Vorgehensweise zu finden, die für beide Regierungen von Vorteil sein wird."

Sogar noch im Juli 1986, als Senator Helms schon seinen Zusatzantrag durchbrachte, der vom CIA forderte, die Drogenkontakte Noriegas zu untersuchen, lobte der

Landesattaché der DEA Noriega für seine Hilfe bei der Auflösung der Drogenorganisation des Roberto Suarez in Bolivien – eines weiteren Konkurrenten des Medellín-Kartells. Der Brief führte Noriegas Teilnahme an der Geheimstrategie an, obwohl er auch die Tatsache enthielt, daß Noriegas Büro eine „kleinere Menge Kokain" für sich behalten hatte, um diese bei „gemeinsamen Undercover-Operationen" von DEA/PDF einsetzen zu können. Niemand weiß, was aus diesem Kokain wurde.

„Die DEA hält diesen Fall für einen der erfolgreichsten Fälle, die in den letzten Jahren irgendwo auf der Welt gelöst wurden und freut sich über die weitere Zusammenarbeit mit Ihrem Büro", stand im Brief.

Am 27. Mai 1987, fast genau eine Woche, bevor die Enthüllungen von Noriegas Stabschef die ganze Welt Noriegas Korruption erkennen ließen, sprach DEA-Verwalter John C. Lawn nach wie vor Lob aus: „Drogenhändler in aller Welt nehmen nun zur Kenntnis, daß die Einnahmen und Profite ihrer illegalen Unternehmen in Panama nicht willkommen sind."

Aber diese Briefe waren nichts als eine dicke Schicht Make-up, das einen zunehmend häßlicheren Gesichtsausdruck nur unzureichend verdecken konnte. Trotz all seiner Anstrengungen um Geheimhaltung begann Noriegas wahres Gesicht durchzuscheinen.

Der erste Rückschlag war die Darién-Razzia im Mai 1984, als die Verwicklung der PDF in die Drogenwelt das erste Mal an die Öffentlichkeit gelangte. Zwei Monate später verhafteten amerikanische Drogenagenten Steven Michael Kalish. Kalish besaß jede Menge dokumentarische Beweise dafür, daß Noriega seine Geldwäsche-Operation erleichtert hatte. Seine Aussage drei Jahre später würde den Kern einer der Anklagen gegen Noriega in Tampa, Florida, darstellen.

Noriegas Freund und Pilot César Rodriguez war der nächste, der abtreten mußte. Er stellte seinen Reichtum ganz offen zur Schau, tauchte in Bars mit Aktentaschen voller 100 Dollar-Scheine auf und gab zuviele verschwenderische Parties in dem exklusiven Nachtclub, den er mit Noriegas Unterstützung im obersten Stockwerk des Bank of Boston-Gebäudes aufgemacht hatte. Sooft ihm in Panama irgendetwas verweigert wurde, nannte er Noriegas Namen und die Barrieren fielen. Rodriguez wurde im März 1986, zusammen mit Rubén Paredes, dem Sohn von Noriegas Vorgänger als Militärchef, in Medellín ermordet.

Nachdem ihm DEA-Agenten im Januar 1986 in Panama ihren Schutz verweigert hatten, wurde Floyd Carlton sechs Monate später in einer von den USA geplanten, gezielten Aktion in Costa Rica festgenommen. Nach seiner vier Monate später stattfindenden Auslieferung würde seine Aussage der Schlüssel zur zweiten Anklage gegen Noriega sein. Mehr als alles andere machte es Carltons Aussage den USA unmöglich, Noriegas Drogenkontakte weiterhin zu ignorieren.

Noriega fügte sich auch selbst Schaden zu. Seine Vorliebe dafür, Leute, die er nicht in Panama haben wollte, an die DEA zu verraten, schuf mindestens einen Zeugen gegen ihn. Nach einem Hinweis von Noriega verhafteten US-Beamte den Geldwäscher Milan Rodriguez Ramón am 4. Mai 1983 auf einem Flughafen in Fort Lauderdale, Florida.

Rodriguez, ein Buchhalter, den man in Panama in Gesellschaft Noriegas gesehen hatte, sagte aus, daß er ein bis zehn Prozent pro geschäftlicher Transaktion an Noriega abgeliefert habe, was sich auf einen „ungefähren Betrag" von 320 bis 350 Millionen Dollar belaufen habe. Er sagte, daß Noriega ihm erlaubt habe, panamaische Flughäfen, das Bankensystem und Sicherheitsbeamte zu benutzen, um so seine Geldwäschen zu erleichtern. Aber Rodriguez, ein Kuba-Amerikaner Anfang dreißig, schaffte es irgendwie, Noriega zu verstimmen. Noriega hatte kurz zuvor die im Besitz von Pakistanis befindliche und in Luxemburg ansässige Bank for Credit and Commerce International, kurz: BBCI, als seine Privatbank für Transaktionen engagiert, die von der Einzahlung seiner CIA-Schecks (die er von unverdächtig scheinenden Tarnfirmen ausgestellt bekam) bis zu Überweisungen von den Drogenbossen aus Medellín gingen. Und daher verrieten Noriegas panamaische Agenten Rodriguez an die DEA.

„Das zahle ich ihm jetzt heim", meinte Rodriguez zu den Untersuchungsbeamten. „Sie können's ruhig eine persönliche Vendetta nennen, wenn Sie wollen."

Noriegas Ausflug in die Welt der Drogen machte ihn und andere in den Panamaischen Verteidigungsstreitkräften reicher, als sie es je für möglich gehalten hätten. Aber jetzt hatte Noriega sich selbst eine Falle gestellt. Die gleichen Drogen, die seine Macht so vergrößert hatten, drohten ihn jetzt von seinem Thron zu stürzen.

Kapitel dreizehn

Die amerikanische Trumpfkarte

Eine Lüge hält 24 Stunden und nicht ewig. Wie hat Lincoln so treffend gesagt: „Man kann alle Leute eine Zeitlang zum Narren halten."
– NORIEGA REAGIERT AUF ANSCHULDIGUNGEN, MAI 1987

General Noriega mußte der Wendung der Ereignisse gegen ihn ein Ende bereiten. Es war Ende 1986, und seine typische Paranoia, eine Narbe aus seiner Kindheit, brachte ihn dazu, sich andauernd nach Feinden umzusehen. Aber jetzt besaß er tatsächlich schon eine Menge echter Feinde – nach dem Wahlschwindel, dem Hintergehen des Medellín-Kartells, seiner Sanktionierung des Mordes an Hugo Spadafora und dem Sturz Präsident Barlettas.

Am meisten machte ihm jedoch die dauernde Bedrohung durch einen möglichen Putsch innerhalb der PDF aus, deren Kontrolle über Panama mit jedem Jahr einträglicher und absoluter wurde. Folglich ging Noriega also gegen Oberst Roberto Díaz Herrera, seinen letzten Konkurrenten um die Macht, vor. Díaz Herrera, Noriegas Stabschef, stammte ebenso wie Noriega aus bescheidenen Verhältnissen und besaß ebenso großen Ehrgeiz. Mit 1,65 m Größe war er fünf Zentimeter kleiner als Noriega, und beide waren ihr ganzes Leben dazu gezwungen gewesen, schlauer und mehr Macho zu sein als ihre körperlich größeren Gegner.

Aber Díaz Herrera sah besser aus, besaß mehr charismatische Begabung und war politischer als Noriega. Er verkehrte freundschaftlich mit der besseren Gesellschaft Panamas und suchte sich seine Geliebten in Ballett- und Schauspielerkreisen. Díaz Herrera besaß den zusätzlichen Vorteil, der Cousin Omar Torrijos' zu sein und betrachtete sich selbst als den natürlichen Erben von dessen Aura.

1981 hatte Noriega einen Vertrag mit drei anderen Obersten ausgehandelt, demzufolge Díaz Herrera am 1. Juni 1987 die militärische Macht übernehmen würde. Er mußte sich seines ehrgeizigen Stabschefs also vor diesem Datum entledigen, aber Díaz Herrera hatte so viele linksstehende Freunde in der Regierungspartei und den Gewerkschaften, daß diese Aufgabe nicht leicht war. Also ersann Noriega eine Strategie, die den emotionell äußerst unbeständigen Díaz Herrera langsam in den Wahnsinn treiben sollte.

Noriegas Verbündete in den US-Geheimdiensten, denen Díaz Herrera ohnehin zu weit links stand, konnten dieser guten Idee nur applaudieren.

Er verbot Offizieren des Generalstabs, sich alleine mit Díaz Herrera zu treffen und schnitt Díaz Herrera von jedem Zugang zu Geheimdienstberichten ab. Er warnte seine Geliebten vor ihm und teilte ihm einen Schreibtischposten ohne wichtige Arbeiten zu. Er untersagte ihm, Reisen in Provinzgarnisonen zu unternehmen, bei denen er Unterstützung hätte finden können, und er besprach die wichtigsten Themen bei Mittagessen, zu denen er Díaz Herrera nicht eingeladen hatte. Und wenn Díaz Herrera seinen Rat anbot, dann tat er diesen als blödsinnig ab.

Ein typisches Beispiel für Noriegas Methode ereignete sich im September 1986. Bei einer Party für die Militärattachés ausländischer Botschaften in Panama rief Noriega Díaz Herrera zu sich und einer Gruppe von Offizieren, die er gerade mit seinen Geschichten unterhielt. Noriega war betrunken und aggressiv, aber seine Konversation war kühl und berechnend. Er erwähnte, daß er gerade über den soeben beendeten Besuch John Poindexters, des nationalen Sicherheitsberaters von Präsident Reagan, gesprochen habe.

„He, Roberto, hab' ich dir schon erzählt, daß Poindexter mich gebeten hat, dich in den Ruhestand zu versetzen?“ fragte er. Die Militärattachés spitzten die Ohren.

„Kommen sie dir schon wieder mit dieser Kommunistenscheiße?“ antwortete Díaz Herrera und versuchte so, die unangenehme Situation mit einem Lacher zu entschärfen. „Werden sie erst aufhören, mich einen Kommunisten zu nennen, wenn ich eine Milliarde Dollar habe? Ich liebe schöne Frauen und Fünf-Sterne-Hotels? Was wollen sie denn noch?“

Aber Noriega hatte bereits die Zähne in sein Opfer geschlagen. „Ich habe mich geweigert“, sagte er. „Ich habe einfach nicht reagiert, und damit habe ich dich gerettet. Aber wußtest du, daß sie dich im Fall Spadafora ziemlich stark verdächtigen?“ Díaz Herrera begann zu zittern. Noriega versuchte, ihn mit Gerüchten und Sticheleien, seinen liebsten Waffen, zu zerstören. Die Militärattachés hingen an seinen Lippen, und der Tratsch würde sich am nächsten Tag in Windeseile durch die diplomatische Gemeinde Panamas verbreiten: Die Gringos hielten Díaz Herrera für den Mörder Spadaforas.

Am nächsten Tag marschierte Díaz Herrera wütend in Noriegas privates Schlafzimmer, das hinter seinem Büro in der Comandancia lag. „Was war das für ein Mist, den du gestern vor sämtlichen Attachés über Spadafora verbreitet hast?“ knurrte Díaz Herrera. Noriega saß auf seinem Bett, trank seine allmorgendliche Tasse orientalischen Tee und war über diese Störung aufgebracht. Er hatte einen Kater und sein Gesicht war mit einer ekelhaft grünen dermatologischen Salbe bedeckt, die ihm sein Schweizer Doktor verschrieben hatte.

Noriega stieß ein geringschätziges Lachen aus. „Was gibt's sonst noch?“ fragte er.

Díaz Herrera sagte zu Noriega, daß er nicht mit ihm in Konkurrenz treten wollte. Er sagte, er würde auch einen Posten im Ausland annehmen – kurz, er würde alles tun, damit wieder Frieden herrsche. „Haß bringt uns auseinander“, sagte er. „Ich betrüge dich nicht, und außerdem könnte ich es sowieso nicht, weil du mehr Spione hast als ich.“

Noriega antwortete ihm mit Schweigen.

Als Noriegas Macht immer größer wurde, gelangte Díaz Herrera zur Ansicht, daß General Noriegas Stärke teilweise von Ivan Trilha, seinem brasilianischen Hellseher und Mentalisten stammte, und zum anderen Teil von Noriegas breiter Mischung aus Glaubensrichtungen, die vom Buddhismus bis zur afrokaribischen schwarzen Magie reichten, an die auch viele andere panamaische Offiziere glaubten. Wie sonst hätte es ein so kleiner und unbedeutender Mann so weit bringen können?

Folglich fuhr er Anfang Oktober 1986 nach Buenos Aires, um seinen eigenen Zauberer zu finden. Freunde stellten ihm eine 88jährige Yogi namens Indra Devi vor, deren Kräfte Díaz Herrera davon überzeugten, daß es einen anderen Weg des Vorgehens gegen Noriega geben müßte: Prana, den Atem des Lebens, der das Leben in Gang hält und als Energie von reinen Substanzen wie Früchten abgestrahlt wird. Sie ließ ihn in einer geöffneten Faust und mit ausgestrecktem Arm einen Apfel und in der anderen Hand eine Zigarette halten. Die gebrechliche Frau konnte den Arm mit dem Apfel nicht hinunterziehen, aber die Faust mit der Zigarette fiel leicht. Díaz Herrera war bekehrt.

Durch diese alte Yogi lernte Díaz Herrera eine kalifornische Hellseherin kennen, die seine dauernde Begleiterin und Geheimwaffe gegen Noriega wurde. Sie hieß Shama Calhoum und war eine exotische, braunhäutige Schönheit mit weißem Sari und weißen Fingernägeln, die den Oberst faszinierte. Sowohl sie als auch die alte Frau waren Schülerinnen Satya Sai Babas, von dem sie behaupteten, daß er eine menschliche Inkarnation Gottes wäre und in der indischen Wüste bei Bangalore lebte. Eine Kobra wäre, als er ein Kind war, in seine Wiege gekrochen, aber sie hätte ihn nicht verletzt. Seit dieser Zeit hätte der Knabe Wunder gewirkt: Instrumente machten von selbst Musik und Nahrungsmittel erschienen aus dem Nichts.

Díaz Herrera dachte, daß Noriega gegen eine solche Macht sicher nichts Gleichwertiges aufbringen könnte. Shama Calhoum blickte in Díaz Herreras Zukunft. Sie bat ihn, auf ihr drittes Auge zu schauen, das sich in der Mitte ihrer Stirn befände, damit sie seine Aura deuten könne. „Sie haben in Ihrem Leben einen historischen Auftrag zu erfüllen", sagte sie. „Nichts kann Sie von einer unvermeidlichen Schlacht abhalten. Erwarten Sie aber nicht, daß Sie sofort gewinnen werden – doch am Ende werden Sie siegreich sein." Die Kalifornierin, die er mit dem Kosenamen „La Gringa" bezeichnete, kannte Noriega nicht einmal, aber wen sonst hätte sie denn meinen sollen?

„Und so begann ich mit der Hilfe meiner Hellseherin aus Kalifornien einen metaphysischen Krieg gegen Noriega", lachte Díaz Herrera später. Er errichtete in seinem Haus einen Sai Baba-Tempel, komplett mit brennenden Kerzen; er meditierte und las. Shama Calhoum brachte Díaz Herrera auch in Kontakt mit einer spiritistischen Masseuse aus Miami und einem Ernährungsexperten aus Los Angeles, den der Stabschef auf Regierungskosten nach Panama einfliegen ließ.

Díaz Herrera hoffte, daß Noriega begreifen würde, daß sein Feind für spirituelle Kriegsführung ausgerüstet war. Anfang 1987 vergaß Díaz Herrera schon fast, daß er Stabschef war. Seine einzige Leidenschaft war Sai Baba, von dem er sogar ein Farbphoto – mit übereinandergeschlagenen Beinen, langem schwarzem Haar, Perlen und nackter Brust – an einer Wand seines Schlafzimmers aufhängte.

José de Jesús Martínez („Chuchu"), der Weltberühmtheit erlangte, weil er die Hauptfigur in Graham Greenes Buch *Getting to Know the General* war, dachte, daß Díaz Herrera so sehr an das alles glauben wollte, daß er Shama Calhoums Fehler ganz übersah. Bei einem Ferngespräch bat Díaz Herrera die Kalifornierin, Chuchu mitzuteilen, was seine Krankheiten wären. „Sie haben Probleme mit den Augen", sagte sie.

„Sie ist großartig, nicht?" fragte Díaz Herrera. Chuchu, der völlig gesunde Augen hatte, schwieg. Er verstand die Anziehungskraft besser, als Calhoum zur Leistung persönlicher Dienste in Panama eintraf.

„Sie war die schönste Frau, die ich je gesehen habe, mit einer so sanften Haut, daß sie eigentlich nur ein Blinder hätte berühren dürfen", erzählte Chuchu später.

Je verrückter Díaz Herrera sich jedoch benahm, desto weniger sorgte sich Noriega wegen seiner möglichen Gefährlichkeit. Noriega wußte, daß sein Plan funktionierte, als Chuchu, ein langjähriger Freund Díaz Herreras, behauptete, daß er wie ein Hund in Díaz Herreras Keller angekettet worden sei und dabei hätte bellen müssen. Noriegas eigener Hellseher, Ivan Trilha, erzählte ihm auch, daß Díaz Herreras astrologische Tabelle beweisen würde, daß er Schwierigkeiten mit seiner Balance habe. Trilha zeigte Noriega auf einer astrologischen Karte, daß er als Wassermann ein starkes Feld des Schutzes und der geistigen Klarheit besitze, das Díaz Herrera fehlte.

Einige von Díaz Herreras Verbündeten, die den geistigen Verfall ihres Freundes fürchteten, wollten ihm helfen. Martin Torrijos, der Sohn des ehemaligen Diktators, und Peña Gomez, ein Politiker aus der Dominikanischen Republik, der in der internationalen sozialistischen Bewegung eine Schlüsselrolle spielte, versuchten einen Handel mit Noriega einzugehen.

Peña Gomez riet Noriega, die Probleme, die Díaz Herrera ihm verursachen könnte, nicht zu unterschätzen, und Mitte Mai 1987 erreichte Gomez wirklich eine mit Noriega ausgehandelte Lösung, die Díaz Herrera zum Botschafter in Japan und Leiter der Konsulate in Yokohama und Kobe machen würde – das war der einträglichste Posten im panamaischen Auslandsdienst. Díaz Herrera würde seinen Rang weiterhin behalten, was im protokollbewußten Japan sein Prestige steigern würde, aber er würde im Generalstab abdanken und auf sämtliche Ansprüche auf Noriegas Thron verzichten.

Anfänglich gefiel Noriega diese Idee, und er umarmte Gomez überschwenglich und dankte ihm, als er ihn zu seinem Auto begleitete. Auch Díaz Herrera akzeptierte die Vereinbarung, obwohl er sich darüber Sorgen machte, daß seine Unkenntnis des Englischen in der Welt der Diplomatie ein Hindernis für ihn sein könnte.

Peña händigte am Freitag, dem 29. Mai, Noriega die letzten Papiere aus, aber am Montag, dem 1. Juni, hatte der General bereits seine Meinung geändert. Er lehnte die Vereinbarung ab, weil er fürchtete, daß der Posten in Tokio Díaz Herrera zu viel Geld und Macht einbringen würde, und versetzte Díaz Herrera am darauffolgenden Tag ohne jeden Ersatzjob in den Ruhestand.

Die nächsten drei Tage hindurch versuchte Díaz Herrera vergeblich, Noriega zu erreichen. Am 4. Juni kritzelte er endlich in seiner Kinderschrift einen Brief an Noriega. Díaz Herrera schrieb nicht einmal „General" auf den Brief, sondern adressierte ihn stattdessen an „Señor Manuel Antonio Noriega".

„Du möchtest einen totalen Krieg mit mir anfangen, und ich versuche dem auszuweichen, Lorena, Sandra und Thais zuliebe", stand in dem Brief, der die Namen von Noriegas Töchtern, die mit Díaz Herreras Tochter zusammen in die Schule gingen, aufzählte. „Aber ich habe keine Angst vor dir. Wenn du nicht mit mir sprechen willst, dann wirst du dich einem totalen Krieg von meiner Seite her stellen müssen. Renn' nicht vor mir davon. Ruf' mich an. Ich kann dich nicht finden."

Aber Noriega befaßte sich nie direkt mit seinen schmutzigsten Problemen. Oberst Marcos Justine, sein neuer Stabschef, wies Díaz Herrera an, sich ruhig zu verhalten, bis man für ihn eine Botschaft in Europa und etwas „Finanzhilfe" finden würde. Er sprach von einer Million Dollar in einem Köfferchen.

Ein hoher Offizier erzählte Díaz Herrera aber, daß bei seiner Konfrontation mit Noriega nichts Gutes herauskommen würde. Der Freund hatte erfahren, daß der General daran dachte, Díaz Herrera verhaften zu lassen und ihn des Hochverrats anzuklagen – eine Anklage, die zur Hinrichtung führen konnte.

„Haben Sie Geduld, und alles wird in Ordnung kommen", sagte Justine.

Aber Díaz Herrera hatte Angst um sein Leben. Er mußte handeln.

„Schieben Sie sich das in den Arsch", erwiderte er.

Am Freitag, dem 5. Juni 1987, begann Díaz Herrera seinen verzweifelten Krieg gegen seinen ältesten Feind, indem er öffentliche Enthüllungen – von denen einige wahr und andere erfunden waren – über Noriegas Verbrechen gegen das Land machte. Seine Worte lösten einen Sturm öffentlicher Empörung aus – die größten Demonstrationen, die es je im ganzen Land gegeben hatte –, der den Anfang eines politischen Erdrutsches gegen Noriega darstellte. Díaz Herreras Motive dafür, Noriega anzugreifen, waren jedoch keinesfalls so edle wie Demokratie oder Gerechtigkeit, zwei Begriffe, die er als Stabschef der PDF überwunden hatte. Seine Motive waren Überlebenswille und Rache. Die Ironie lag darin, daß es ein Mann war, den der CIA für einen Feind hielt, nämlich Díaz Herrera, der den Geheimdienst schließlich dazu veranlassen würde, seine vertraglichen Bindungen zu Noriega abzubrechen.

Es ist Tatsache, daß die Probleme, die Noriega in den darauffolgenden Wochen mit Washington hatte, nicht von Leuten verursacht wurden, die als langjährige Kämpfer für die Demokratie bekannt waren. Drei der Männer, die dafür verantwortlich waren, daß sich die Politik Washingtons in der zweiten Hälfte des Jahres 1987 veränderte, kamen eher aus dem innersten Kreis des Militärs. Díaz Herrera war der Auslöser, aber die Anti-Noriega-Strategie in Washington wurde von Botschafter Gabriel Lewis entwickelt, dem Unternehmer, der jahrelang eng mit der panamaischen Militärdiktatur zusammengearbeitet hatte; weiterhin von José Blandón, dem politischen Strategen des Militärs; und von Joel McCleary, dem schillernden Berater aus North Carolina, der früher politischer Berater des Regimes Noriega gewesen war.

Noriega hätte es vermeiden können, sie sich zu Feinden zu machen. Er hatte diese Männer durch seine schlimmsten Fehler gegen sich aufgebracht: Gier und Paranoia. Er war auf die Positionen eifersüchtig, die sie erlangt hatten und wollte ihren fortgesetzten Einfluß aufhalten. Und er fürchtete auch, anfangs ungerechtfertigt, daß sie sich gegen ihn verschwörten.

„Diese Krise haben wir selbst verschuldet", sagte McCleary Monate danach. Die Gegner des Generals hatten zu einem Konzept gegriffen, dem sich Kongreßabgeordnete nur schwer widersetzen konnten – der Entfernung eines mit Drogen handelnden Diktators und der Förderung der Demokratie –, und gemeinsam mit den Kongreßabgeordneten wurden auch die Leute, die für die amerikanische Politik verantwortlich waren, in eine Konfrontation gedrängt, die sie lange zu vermeiden versucht hatten. Die Gegner des Generals bewiesen auch, mit welcher Leichtigkeit erfinderische Einzelpersonen, wenn sie im richtigen Moment die richtigen politischen Themen aufbrachten, die Diskussion in Washington auf andere Gesichtspunkte lenken konnten und die Regierung in einen Konflikt drängen konnten, auf den sie nicht vorbereitet war. „Es war ein Krieg der Verschwörer und Panama verlor ihn", sagte Ex-Präsident Nicholás Ardito Barletta.

Im Juni 1987 begann dieser Kreis aus Kollaborateuren des Regimes ernsthaft, sich gegen Noriega zu wenden, als der heißblütige Díaz Herrera, der keine Truppen befehligen konnte, seine Medienoffensive startete.

Am Anfang standen Geständnisse. Díaz Herrera sagte, daß er sein Haus in der feudalen Wohngegend Altos del Golf mit Gewinnen aus dem illegalen Verkauf von Visa an Kubaner finanziert hätte. Und: Ja, Díaz Herrera habe Noriegas Befehle ausgeführt, die Wahl von 1984 zu manipulieren. Die letzten Retuschen seien in seinem Haus gemacht worden.

Dann wandte er sich Noriega zu. Er berichtete, daß der General für den Mord an Spadafora und den Flugzeugabsturz, der Torrijos das Leben gekostet hatte – und in den auch der CIA verwickelt war –, verantwortlich gewesen sei. Er behauptete, daß Wallace Nutting, das Oberhaupt des Southern Command, zusammen mit Noriega und Oberst Alberto Purcell, dem Leiter der Luftwaffe, den Mord an Torrijos geplant habe. Díaz Herrera behauptete weiterhin, daß Noriega 12 Millionen Dollar gestohlen habe, die der Schah von Persien an Torrijos bezahlt hatte, damit dieser ihm Unterkunft gewährte.

Díaz Herrera gab die Beschuldigungen in solcher Geschwindigkeit von sich, daß die Journalisten es gar nicht schafften, mit ihm Schritt zu halten. Die rechte Hand des Paten plauderte alles über die Mafia aus. „Ich griff Noriega mit Informationen, Fehlinformationen und halbwahren Informationen an", sagte er. „Wenn Sie in einer Sackgasse von einer Bande Rowdys überfallen werden, dann zählen Sie auch nicht, wieviele Schläge Sie landen oder ob alle dieser Schläge fair sind."

Díaz Herreras ehemalige Feinde besuchten ihn zu Hause, um ihm ihre Aufwartung zu machen und zu versuchen, eine Opposition gegen Noriega aufzubauen. Der erste der Besucher war Winston Spadafora, der Bruder des enthaupteten Hugo.

Im klatschverrückten Panama versammelte sich die Menge anfangs jedoch nicht wegen einer Revolution, sondern aus Neugier. Díaz Herrera lebte mitten unter den Wohlhabenden des Landes, und die meisten von ihnen hatten nur kurze Entfernungen zu gehen oder zu fahren, um herauszufinden, was passierte. Díaz Herrera freute sich über die Aufmerksamkeit, die ihm zuteil wurde, und nannte sein Haus „das Hauptquartier der Würde". Er stand vor dem Haus und teilte photokopierte Handzettel mit seinen neuesten Anschuldigungen gegen Noriega aus. Einige waren im Stil biblischer Briefe verfaßt, die seinen Krieg gegen Noriega mit der Geschichte von Kain und Abel verglichen. Andere waren in Reimform gehalten. Wieder andere waren völlig unverständlich.

Die versammelten Panamaer zeigten sich jedoch überrascht, als eine Streitmacht am Schauplatz auftauchte, die die meisten von ihnen nie zuvor gesehen hatten. Es handelte sich um eine Anti-Aufruhrtruppe, die sich selbst den dämonischen Namen „die Dobermänner" verliehen hatten. Sie sahen aus wie Filmfiguren, die nach den Dreharbeiten zu einem schlechten B-Film normalerweise am Boden des Schneideraums landen. Sie hatten den Kopf eines Dobermannpinschers als Zeichen auf ihre schwarzen Lastwagen gemalt und ihre Vollvisierhelme ließen sie aussehen wie lauter Darth Vaders. Sie trugen Plastikschilder, Tränengasgranaten, Schrotflinten und Gummischläuche bei sich.

Als die Dobermänner die Menge vor Díaz Herreras Haus angriffen, zerstreuten sich die überraschten Protestierer und kamen dann wieder zurück, woraufhin die Dobermänner mit Vogelschrot und Tränengas auf sie feuerten. Die Menschen traten erneut den Rückzug an. Sie waren im gemütlichen Panama, wo Noriegas Missetaten so lange Zeit vor der Öffentlichkeit verborgen gehalten worden waren, nicht an eine so offene Gewalttätigkeit gewöhnt. Dies war ihre politische Taufe. Die Dobermänner stolperten vorwärts und einige von ihnen sahen kaum mehr durch ihre von der Mittagshitze und ihrem Schweiß beschlagenen Gasmasken. Auch für sie war diese Situation etwas Neues.

Díaz Herreras Enthüllungen waren auch mit dafür verantwortlich, daß der Bürger-Kreuzzug gegründet wurde, eine überparteiliche Gruppe, die in den folgenden Wochen die Proteste gegen Noriega anführte. Handelskammerpräsident Aurelio Barria organisierte ihr erstes Treffen, wozu ihn eine früher in diesem Jahr unternommene Reise auf die Philippinen inspiriert hatte, die vom National Democratic Institute, dem internationalen Arm der Demokratischen Partei der USA, arrangiert worden war.

Als er im April zurückkam, begann er, eine Stimmenüberwachungs-Organisation für die Wahl vom Mai 1989 auf die Beine zu stellen. Aber die Ereignisse zwangen ihn dazu, schneller zu handeln, als er es vorgehabt hatte. Er brachte 200 akademische, geschäftliche und Bürger-Organisationen zu einer Koalition zusammen, die mehr protestierende Panamaer als je zuvor auf die Straßen bringen würde.

Der Bürger-Kreuzzug ging aus einer Bewegung hervor, die sich zusammengetan hatte, um den allgemeinen Verfall der öffentlichen Moral unter der Herrschaft Noriegas aufzuhalten. Eines der ursprünglichen Mitglieder der Bewegung, der Präsident des Rotary Club, war tot aufgefunden worden – seine *beiden* Handgelenke waren bis auf die Knochen durchgeschnitten. Irgendwie hatte er es, den Polizeiberichten zufolge, geschafft, auf diese Weise Selbstmord zu begehen. Bei einer Pressekonferenz, die später wegen seines Todes abgehalten wurde, trug der Untersuchungsleiter Nivaldo Madriñan den Ring des Opfers, der eine charakteristische Form hatte. Madriñan sollte nach Noriegas Sturz offiziell dieses Mordes angeklagt werden.

Díaz Herrera hatte diesen Geschäftsleuten jedoch neuen Mut verliehen. Barria wollte Straßendemonstrationen wie in Manila organisieren, die den Diktator zum Rücktritt zwingen oder – wie in Manila – zu einem Putsch führen könnten, der seinen Sturz beschleunigte. Aber Panama war eben nicht die Philippinen.

Die Proteste kamen Journalisten, die Kriegsgebiete und Volksaufstände in anderen Gegenden gewöhnt waren, tatsächlich ein bißchen sehr zivilisiert vor. Die panamaische Mittelklasse versuchte mit enthusiastischem Hupen und dem Winken mit weißen Taschentüchern gegen einen durch Drogen finanzierten Gangster vorzugehen, aber die Demonstrationen fanden normalerweise zur Mittagszeit oder kurz vor der Cocktailstunde statt. Die Menschen stiegen aus ihren Autos oder verließen ihre Büros, um sich dem anzuschließen, was die Journalisten bald als eine „Revolution, bei der jeder auf die Uhr sieht", bezeichneten.

„Panama hat die verwünschtesten Anti-Regierungs-Protestierer", schrieb *Rolling Stone*-Korrespondent P. J. O'Rourke, der das richtige Forum und den besten Stil hatte, um die bizarren Szenen zu beschreiben. „Sie tragen alle nette Krawatten oder Dirndlkleider aus Leinen und fahren in BMW's und Jeep Wagoneers spazieren... Das Hauptquartier der Opposition ist dieses auf der ganzen Welt berüchtigte Zentrum des Verrats und der Volksverhetzung – die Handelskammer."

Trotz allem konnte die Welt zum ersten Mal sehen, daß die Bevölkerung Panamas genug hatte. Noriega schickte regelmäßig seine Dobermänner aus, die die Demonstranten mit Wasserwerfern und in Amerika hergestelltem Tränengas bombardierten. Die von den USA zur Verfügung gestellte Anti-Aufruhr-Ausrüstung, die ursprünglich zum Kampf gegen Kommunisten an die PDF verkauft worden war, kämpfte jetzt gegen die Demokratie. Auf den Kanistern stand: TRIPLE CHASER GRENADE / FEDERAL LABORATORIES / SALTSBURG, PENN.

Gabriel Lewis konnte sein Glück gar nicht fassen. Er hatte erst wenige Monate zuvor begonnen, sich gegen Noriega zu verschwören, aber was ihm noch gefehlt hatte, waren Straßendemonstrationen, die seine amerikanischen Freunde davon überzeugen würden, daß sie Panama nicht weiterhin ignorieren durften.

Ende 1986 hatte Lewis einen heimlichen Krieg gegen Noriega angefangen, nachdem der General begonnen hatte, ihm Verträge und Geschäftsmöglichkeiten wegzunehmen. Lewis hatte andere Geschäftsleute davor gewarnt, daß Noriega darauf aus sei, die traditionelle Oligarchie zu zerstören und einen neuen Business-Clan zu errichten, der ausschließlich ihm verpflichtet sein würde.

Lewis stand für alles, was Noriega haßte. Er war der Abkömmling einer der ältesten Oligarchenfamilien Panamas, sein Urgroßvater war Teil der Junta gewesen, die das Land zum Zeitpunkt seiner Unabhängigkeitserklärung regiert hatte, und nach seinem Großvater Samuel Lewis waren Straßen benannt worden. Lewis war als Privilegierter zur Welt gekommen, mit allen Vorteilen, die das Leben zu bieten hatte. Dieser Mann mit seiner hellen Haut und seiner edlen spanischen Abstammung betrachtete Noriega als Angehörigen der Unterschicht, dessen Herrschaft über Panama eine Peinlichkeit internationalen Ausmaßes darstellte.

Lewis wirkte in Erscheinung und Verhalten wie eine Bulldogge. Seine kurzen Beine trugen einen stämmigen Körper und einen großen, runden Kopf. Außerdem konnte er sich mit unnachgiebigen Zähnen in neue Ideen und Projekte verbeißen. Seine Sturheit und sein liebenswürdiger Charme machten ihn als Panamas Botschafter in

Washington während der Verhandlungen um die Panamakanal-Verträge so erfolgreich, daß Senator Edward Kennedy noch heute der Ansicht ist, daß die Verträge ohne ihn nicht zustande gekommen wären.

Obwohl er in wohlhabende Verhältnisse hineingeboren worden war, bewies er einen unternehmerischen Sinn, der ihn noch reicher machte. Er bemerkte, daß zuviele panamaische Bananen beschädigt wurden, wenn sie in Stauden auf den amerikanischen Markt transportiert wurden, also wandelte er die Seifenschachtelfabrik seines Vaters in ein Werk um, das etwas herstellte, das er als „Verpackungsrevolution für Bananen" bezeichnete – Bananenschachteln aus Wellpappe. Die erste Lieferung versank im Hafen von Balboa und breitete über mehrere Quadratkilometer einen Kartonteppich aus, aber Lewis blieb seiner Idee treu. Sie machte ihn zum Multimillionär, der Bananenschachtel-Fabriken in Panama, Guatemala, Nicaragua, Costa Rica, Ecuador und Surinam betrieb.

Noriega, der wegen dessen wirtschaftlicher Macht und politischem Einfluß auf Lewis eifersüchtig war, fing an, ihn in seine Schranken zu verweisen. Das erste Ziel des Generals war Contadora Island. Lewis liebte diese tropische Insel, auf der er Senatoren und Millionäre empfing, als wäre sie sein eigenes Kind. Er hatte sie in den Sechzigern für 60 000 Dollar von zwei kleinen alten Damen erworben. Bald kaufte Lewis zehn weitere nahegelegene Inseln zu ähnlich günstigen Preisen.

Diktator Omar Torrijos hatte die Soldaten und das Dynamit zur Sprengung eines riesigen Felsblocks zur Verfügung gestellt, der beim Bau einer Landebahn im Weg stand. Contadora war der Beginn ihrer berühmten Freundschaft – ein seltsames Paar, das aus dem Millionär aus gutem Haus und dem populistischen Diktator bestand. Torrijos träumte von Contadora als einem Ort, „an dem französische Frauen oben ohne herumliefen", lachte Lewis Jahre danach.

Aber Lewis' Vorhaben, die Insel für den Tourismus zu erschließen, das auch von Torrijos gefördert wurde, war ein Fehlschlag. Die Regierung schluckte seine Schulden und auch den Großteil des Besitzes, und Lewis behielt nur etwas Land und zwei kleine Inseln, eine für sich und eine für seine Frau.

Noriega hätte Contadora, das er „den Luxusdampfer der Oligarchie" nannte, gern versenkt, aber er beschloß, stattdessen lieber die Kontrolle zu übernehmen. 1984 ernannte Noriega Carlos Wittgreen zu seinem Verwalter der Insel, einen Mann, der in den USA schon einmal des Waffenschmuggels angeklagt worden und reich geworden war, indem er den Kubanern dabei geholfen hatte, das amerikanische Handelsembargo zu umgehen. Noriega ernannte den Drogenhändler César Rodriguez zum Manager der Fluglinie der Insel. Die Bewohner der Insel fürchteten, eine Übernahme durch die Mafia mitansehen zu müssen. Kellner in Smokings servierten bei Rodriguez' Einführungsfeier Champagner. Ein Riesenphoto von Noriega in weißer Uniform mit goldenen Tressen schmückte die Wand, und Teppiche mit rosa Schockfarbe waren ausgelegt. Rodriguez, der später von Mördern aus der Drogenszene in Kolumbien ermordet werden würde, ließ ganze Flugzeuge mit Models zu Parties nach Contadora Island bringen. Er spendierte den Schmarotzern an der Hotelbar eine Runde Drinks nach der anderen und bezahlte mit Geld aus einem mit 100 Dollar-Scheinen gefüllten Koffer. Es geschah das erste Mal, daß mitten in der Nacht Flugzeuge auf der Landebahn von Contadora zu landen begannen, auftankten und manchmal große Schachteln abluden, von denen einige voller Geld und andere voller Drogen waren, um dann vor Anbruch der Dämmerung wieder weiterzufliegen.

1986 versuchte Lewis, den Verkauf der Insel an den japanischen Geschäftsmann John Aoki zu arrangieren. Geplant war, daß Aoki bei der touristischen Entwicklung der Insel helfen würde, aber daß die Einwohner Contadoras bis zu 20 Prozent der Anteile an der neuzugründenden Firma erwerben könnten. Noriega untergrub diesen Verkaufsplan jedoch und kündigte an, daß ein arabischer Käufer aufgetaucht sei, der mehr bezahlen könne. Als dieses Geschäft fehlging, wandten sich Noriegas Leute selbst an Aoki, schlossen aber Lewis und andere Bewohner Contadoras aus ihren Gesprächen aus.

Diese Aktion Noriegas war nur ein Teil einer breitangelegten Kampagne, die Lewis von den Japanern abschneiden sollte, die er als Panamas neue Goldmine betrachtete. Etwa um dieselbe Zeit wies er Alberto Calvo, seinen Botschafter in Japan an, japanischen Geschäftsmännern zu erzählen, daß sie aufhören sollten, mit der traditionellen Oligarchie Geschäfte zu machen. „Diese Leute sind tot", sagte Noriega eines Abends. „Erzählt den Japanern, daß ich will, daß sie mit der neuen Business-Klasse Geschäfte machen. Mit den Leuten an diesem Tisch."An seinem Tisch saßen seine Geschäftspartner Carlos Duque, Carlos Wittgreen, Enrique Pretelt und seine Geliebte Vicky Amado.

Je mehr er trank, desto wütender wurde Noriega darüber, daß er keine Kontrolle über den Handel mit dem Fernen Osten hatte. Irgendwann warf er sogar eine Schüssel Fischsuppe vom Tisch, die Vicky vor ihn hingestellt hatte. Seine Geliebte kauerte sich daraufhin ängstlich in einer Ecke des Zimmers zusammen. Dann befahl er einem seiner Untergebenen, seinen Botschafter in Taiwan anzurufen, damit er diesem Instruktionen erteilen könnte. Als man ihm sagte, daß es bereits drei Uhr morgens sei, rülpste er nur: „Dann weckt den Hurensohn auf." Nachdem der Anruf durchgestellt war, sagte Noriega, er wolle nicht mehr mit dem Gesandten sprechen. Je bedrohter seine Stellung war, desto mehr wollte er alle demütigen, von denen er glaubte, daß sie Einfluß auf seine Situation hatten.

Anfang 1987 führte Noriega seinen zweiten Schlag gegen Lewis. Lewis hatte ein Angebot für ein Stück Land gemacht, auf dem er ein militärisches Wohnbauprojekt für die Amerikaner errichten wollte – wieder mit Aoki als einem seiner Partner. Ein weiterer der Partner war Roberto Eisenmann, der Herausgeber des Anti-Noriega-Blattes *La Prensa*. Das Land würde im Jahr 2000, wenn die Häuser auf dem freien Markt verkauft werden durften, eine wahre Goldmine sein. Noriega stoppte das Projekt noch im März, bevor die Kaufangebote für das Stück Land gemacht werden konnten.

Lewis schickte seinen Sohn Sammy zu Präsident Delvalle – der Sammys Schwiegervater war –, um bei ihm Protest einzulegen. Die Beziehungen zwischen Lewis und Delvalle waren ohnehin bereits gespannt. Diese Spannung sollte in den folgenden Wochen noch schlimmer werden, als Sammy sich von Delvalles Tochter scheiden ließ, während Lewis von Washington aus versuchte, seine Regierung zu stürzen.

Nur über Noriegas Leiche würde er gestatten, daß diese Häuser für seine Feinde errichtet werden durften, sagte Delvalle.

Lewis schickte durch Delvalle eine Antwort an Noriega: „Das ist der Beginn eines Kampfes. Sie nehmen sich zuviel Kontrolle über alles."

Lewis' ursprüngliches Ziel war es, Noriegas Macht durch die Wahl im Mai 1989 zu untergraben. Er war wie Barria auf die Philippinen geflogen, um sich dort anzusehen, wie man einen Diktator stürzt, und organisierte nachher verschiedene Treffen mit führenden Mitgliedern der Opposition, die schon seit einiger Zeit seine Komplizenschaft bei den Machenschaften des Militärs kritisierten. Ein amerikanischer Funktionär schloß sich ihnen an: John Maisto, der stellvertretende Missionschef der US-Botschaft in Panama und ein Veteran des Außenministeriums, der den Umsturz auf den Philippinen miterlebt hatte und einer der ersten amerikanischen Funktionäre gewesen war, der sich gegen Marcos gewandt hatte. Maisto belehrte Lewis und die anderen, warum die Proteste der Filipinos Erfolg gehabt hatten, und betonte immer wieder, daß ohne einen größeren Ausbruch öffentlicher Opposition gegen Noriega überhaupt nichts erreicht werden konnte.

Lewis betrachtete es als seinen ersten großen Erfolg, daß er General Frederick F. Woerner auf ihre Seite gebracht hatte – einen sanften Vierstern-General, den er seit Jahren kannte und der kurz davor stand, das Southern Command in Panama zu übernehmen. Sie waren oft gemeinsam zum Angeln gegangen, und Woerner nahm Lewis' Einladung zum Essen im Maison Blanche, einer Spesenburg für die Lobbyisten im Weißen Haus, freudig an. Lewis erinnerte sich daran, daß Woerner, der sich für einen Soldaten-Diplomaten hielt, versprochen hatte, Noriega in seine Schranken weisen zu wollen. Woerner behauptete später, daß er so etwas nie gesagt habe, gab aber zu, daß Lewis seine Ansprache zur Kommandoübernahme in der Howard Air Force Base am 5. Juni „beeinflußt" habe.

Es war das erste Mal, daß sich das amerikanische Militär von Noriega distanziert hatte, und die panamaische Gesellschaft begriff diese Nachricht sofort: Die Gringos nahmen Noriega nicht länger in Schutz.

Woerner konstruierte seine kurze Ansprache, die er sowohl in Spanisch als auch in Englisch hielt, sehr sorgfältig und legte das Schwergewicht auf „die angemessene Rolle eines Berufsheeres in einer demokratischen Gesellschaft". Er mißachtete das Protokoll, indem er Noriega nicht erwähnte und ihm keine Komplimente machte, und nach der Ansprache ging Noriega sehr verstimmt ab, ohne den Empfang abzuwarten. 1000 prominente geladene Gäste verbreiteten die Neuigkeit am nächsten Tag in ganz Panama: Die Gringos ließen ihr Schoßtier Noriega endlich im Stich. Einige Leute, zu denen auch Noriega gehörte, sahen in der Tatsache, daß Oberst Díaz Herrera genau am nächsten Tag seine Enthüllungen machte, eine Verschwörung der USA. General Woerner behauptete jedoch, daß Díaz Herreras Handlungsweise „für mich genauso eine Überraschung war wie – glaube ich – für Díaz selbst."

Jetzt hatte Lewis also die Demonstrationen, die er brauchte.

Am Samstag, dem 13. Juni, rief Lewis aus Panama US-Senatoren und -Lobbyisten an, um das Spiel gegen Noriega ins Rollen zu bringen. Der General, der die Anrufe abhörte, telefonierte mit Lewis und fragte ihn, ob sie nicht über die Krise diskutieren könnten. Lewis stimmte zu, aber er warnte Noriega, daß er darauf vorbereitet sein müsse, „einige persönliche Opfer zu bringen“, wenn er Panama retten wolle. Er sagte, Noriega solle jemanden schicken, dessen Position wichtig genug sei, daß er über wichtige Angelegenheiten verhandeln könne.

Vor dem Treffen fuhr Lewis zur Banco del Istmo, um mit seinem Bruder Samuel, dem Präsidenten der Bank, die sich im gemeinsamen Besitz der Familien Lewis, Delvalle und anderer Partner befand, die Situation zu besprechen. Kurz nachdem Lewis die Bank wieder verlassen hatte, fuhren drei Lastwagen voller Dobermänner vor, die auf einen Angriff vorbereitet waren – und Lewis nur knapp verpaßten.

Sie brachen durch die einen Stock hohen Panoramafenster und warfen ein paar Tränengaskanister in die Bank, um Chaos zu erzeugen. Sie zerbrachen die Bilderrahmen alter Drucke von Panamakanal-Ansichten, Schalterfenster und alles andere, was man zerbrechen konnte. Die Dobermänner richteten ihre Aufmerksamkeit sofort auf die attraktivste Kassiererin, Katya Poshol, die im Alter von 29 all das war, was ihre Klasse gerne entjungfert hätte: hübsch, gut geformt, elegant gekleidet und frisiert. Sie schlugen sie und warfen sie dann in einen Gefangenenwagen, in dem sie mit dreißig Dobermännern und einigen anderen Bankangestellten fahren mußte.

Ein Dobermann zwang sie dazu, auf seinem Schoß zu sitzen, während er ihr erzählte, daß man sie in eine Zelle mit 200 Kriminellen stecken würde, die seit Monaten keinen Sex mehr gehabt hätten. Ein anderer ließ das Blut aus einer Schnittwunde in seinem Bein auf seine Hände rinnen und rieb es dann über ihre Brüste. Wieder ein anderer nahm ihre Hand, legte sie zwischen seine Beine und lachte. Der Geschäftsführer der Bank, der sich ebenfalls im Wagen befand, versuchte die Soldaten mit Gewalt davon abzuhalten. Sie schlugen ihn. „Sie sind der Bankmanager, und wir sind nur die Bullen“, spottete einer, „aber wer schlägt jetzt wen?“

Die Dobermänner hielten vor einem Krankenhaus an, um ihre eigenen Wunden versorgen zu lassen, und einer von ihnen bekam Mitleid mit ihr. Er ließ sie frei. Er wollte, daß dieses hübsche Mädchen ihn mochte. Katya Poshol brauchte einen Gips für ihren gebrochenen Arm, aber das war nur die geringste ihrer Narben. Ein Psychiater arbeitete monatelang daran, ihre psychologischen Wunden zu heilen, und sie fängt immer noch zu zittern an, wenn sie eine Dobermann-Uniform auch nur sieht.

Das war eine für Noriega typische Aktion – dem Verhandlungspartner einen Schlag zufügen, bevor die Gespräche überhaupt begannen. Lewis rief wütend Noriega an. „Sie wollen ein Gespräch, und dann dringen Sie in meine Bank ein“, sagte Lewis. „Aber ich werde meine Gefühle Ihnen gegenüber solange zurückhalten, wenn Sie Ihre Abgesandten zu mir schicken.“ Noriegas Geschäftspartner Carlos Duque kam 20 Minuten danach mit einer kleinen Delegation an, die von Oberst Alberto Purcell geführt wurde. Lewis wartete mit drei Persönlichkeiten der Opposition auf sie. Purcell erinnerte sie an Idi Amin: fett, 1, 80 Meter groß, schwarz, mit einer Tarnfarben-Uniform bekleidet und einer Pistole Kaliber .45 bewaffnet. Lewis meinte zu Purcell, daß die einzige Lösung in einem Rücktritt Noriegas bestünde. Idi Amin grinste höhnisch. „Es gibt nichts, was wir zu diskutieren haben. Noriega ist nicht zu Verhandlungen bereit“, sagte er.

Nach dem Treffen befahl Noriega einem Geheimdienst-Offizier, Lewis anzurufen: „Sie sind für die Verteidigungsstreitkräfte soeben zum Staatsfeind Nummer Eins geworden", sagte er.

Lewis wußte, daß es jetzt höchste Zeit war, das Land zu verlassen. Er hatte Noriegas Stärke unterschätzt, und die Offiziere sammelten sich um ihren General. Aber Noriega hatte auch Lewis unterschätzt. Der ehemalige Botschafter telefonierte mit dem Tempo einer Maschinenpistole und feuerte Hilfeansuchen an seine mächtigen internationalen Freunde ab.

Einer der Anrufe ging an Lewis' Bankier Jackson T. Stephens in Little Rock, Arkansas, der verzweifelt bemüht war, seinen Freund und Klienten in Sicherheit zu bringen. Jack Stephens hatte in seinem Investmentbank-Unternehmen Stephens, Inc. eines der größten Vermögen der Welt angehäuft, indem er still und leise die Wall Street mißachtete. Er stellte seinen Kunden spezielle Dienste zur Verfügung, aber diese waren nur selten von der Art, wie er sie an diesem Tag für Lewis leistete. Stephens rief seinen ehemaligen Schulkollegen von der Naval Academy an – Admiral William Crowe, den Vorsitzenden der Stabschefs der Streitkräfte. Stephens bat Crowe, ihm zu helfen, Lewis aus dem Schlamassel zu holen. Crowe telefonierte mit dem Southern Command, und binnen weniger Minuten schickte General Woerner einen schwarzverkleideten Lastwagen mit ein paar Leibwächtern in Zivil zu Lewis, um ihn zu beschützen und ihm bei der Flucht aus Panama behilflich zu sein.

Sie brachten ein abhörsicheres tragbares Telefon mit, über das Lewis mit Woerner die Logistik seiner Flucht ausarbeitete. Als zwei Hubschrauber der PDF über Lewis' Haus schwebten, traten zwei der amerikanischen Soldaten heraus, damit Noriega sehen konnte, mit wem er es zu tun hatte. Und der Botschafter von Costa Rica hielt eine riesige Flagge seines Landes in der Hand, wie ein Kreuz, das die Vampire dort oben abwehren sollte. Lewis eilte im Wagen des Botschafters zum Paitilla-Flughafen der Stadt, wo ein amerikanischer Geschäftsmann ihm sein Flugzeug für die Reise nach Costa Rica zur Verfügung gestellt hatte. Seymour Millstein, ein weiterer Freund und der ehemalige Leiter von United Brands, schickte seine Gulfstream II nach Costa Rica, um Lewis von dort abzuholen und in die USA zu fliegen.

Lewis hatte seinen Krieg nach Washington verlagert – mit der Hilfe einer Militäreskorte aus dem Pentagon und den Privatmaschinen amerikanischer Geschäftsleute.

Als Lewis in Washington landete, machte er sofort weiter. Er rief den Lobbyisten John „Riverboat" Campbell an, mit dem er befreundet war, um sofort mit ihm eine Strategie zur Absetzung Noriegas zu entwerfen. Campbell, ein Armee-Oberst im Ruhestand, besaß aus der Zeit, als er Verbindungsmann des Pentagon zum Kongreß gewesen war, noch gute Kontakte, und er kannte auch das Militär gut – nach drei Dienstzeiten in Vietnam und seinem Dienst als Ausbilder für psychologische Kriegsführung in West Point. Lewis sah diesen Mann als Kombination aus John Wayne und James Stewart. „Er half mir wie ein Bruder", sagte Lewis.

Die Regierung Reagan war jedoch noch immer nicht zum Krieg gegen Noriega bereit. Der Nationale Sicherheitsberater Frank Carlucci wollte sich nicht einmal mit Lewis treffen. Und die Zusammenkunft, die Lewis und der oppositionelle Aktivist Roberto

Eisenmann mit José Sorzano, dem Lateinamerika-Spezialisten des Nationalen Sicherheitsrats, hatten, war eine Katastrophe.

Sorzano schlug vor, daß es die Opposition zuerst mit Noriega aufnehmen solle, bevor man Washington in die Angelegenheit verwickle. „Warum lösen Sie Ihre Probleme nicht erst einmal selbst?“ fragte er und spiegelte damit die Ansicht einiger anderer wider, die glaubten, daß Lewis nur einer persönlichen Vendetta nachging.

Lewis explodierte und sagte, daß die Panamaer allein Noriega nicht absetzen könnten, solange er auf der Gehaltsliste des CIA stünde. „Sie sind die Quelle seiner Macht“, argumentierte Lewis. „Sie müssen Ihren Draht zu Noriega abschneiden.“

Danach konzentrierten Lewis und Campbell sich auf den Senat. Lewis unterhielt schon die längste Zeit Kontakte zu den Demokraten, die die Panamakanal-Verträge unterstützt hatten; der Prominenteste unter ihnen war Edward Kennedy. Außerdem hatte er über einen gemeinsamen Geschäftsfreund enge Kontakte zu Senator Alfonse D'Amato geknüpft. D'Amato versammelte die Republikaner hinter sich und hielt das Thema am Leben. Mit Lewis' Hilfe erstellte der Kennedy-Berater Gregory Craig eine Resolution, die den politischen Erdrutsch gegen Noriega auslösen würde.

Campbell stellte eine Reihe konservativer Republikaner auf die Beine, die bei den Verträgen Lewis' Gegner gewesen waren, die er aber jetzt als Verbündete brauchte. Später würde Lewis erzählen, daß Campbell persönlich mindestens 40 Stimmen organisiert hatte.

Kennedy beantragte die Resolution, aber er fand auch Förderer – von Jesse Helms aus North Carolina und Senator D'Amato auf der Seite der Rechten bis zu John Kerry aus Massachusetts auf der linken Seite. Kerry wurde bald zum aktivsten Kämpfer der Demokraten gegen Noriega, als sein Narkotika-Unterkomitee immer mehr Spuren fand, die auf Noriegas Drogengeschäfte hindeuteten.

In der Resolution stand, daß die Demonstrationen wegen Anschuldigungen ausgelöst worden waren, daß die Panamaischen Verteidigungsstreitkräfte und ihr Kommandant in den Mord an Spadafora, den Präsidentschaftswahl-Schwindel von 1984, Drogenhandel und Geldwäscherei verwickelt waren. Sie forderte „öffentliche Rechenschaft“ über diese Beschuldigungen. Sie schlug der US-Regierung sogar vor, den „gegenwärtigen Kommandanten der Panamaischen Verteidigungsstreitkräfte und andere betroffene Offiziere anzuweisen, ihre Pflichten solange abzutreten, bis das Ergebnis der unabhängigen Untersuchung bekannt würde“.

Christopher Dodd, ein Demokrat aus Connecticut, der einer der führenden Lateinamerika-Experten des Senats war, dachte, daß Lewis und seine Verbündeten auf dem Capitol Hill zu weit gegangen seien und daß die Resolution, indem sie das Problem auf die Person Noriegas reduzierte, tiefergehende Probleme in Panama übersehen habe. Er glaubte auch, daß durch das Hervorheben Noriegas sowohl die USA als auch Panama jetzt viel weniger Spielraum für taktische Manöver und Verhandlungen mit dem General hätten.

Dodd, ein spanischsprechender Senator, kannte Noriega besser als jeder andere auf dem Hügel. Er hatte schon mehrere langandauernde Zusammenkünfte mit Noriega hinter sich, wobei er seine Berater während dieser Treffen untypischerweise weggeschickt hatte, und jetzt flog er nach Panama, um den Schaden möglichst einzudämmen, mit einer Fassung des Zusatzartikels in der Hand. Während eines Aufenthalts, der dreieinhalb Tage dauerte, sprach er mit mehr als 150 Menschen. Noriega mochte diesen Senator und vertraute ihm, da er die umstrittene Position eingenommen hatte, ihn zu verteidigen, als die anderen Senatoren Panama das Vertrauen entziehen wollten, da es sich im amerikanischen Krieg gegen die Drogen im März 1987 als unkooperativ erwiesen hatte. Eine solche Maßnahme hätte dem Land einige Hilfen entzogen. Dodd hatte damals Erfolg dabei gehabt, den Senat dazu zu bringen, den Antrag mit 49:48 Stimmen zurückzustellen. Aber Dodd hatte trotzdem das Gefühl, daß Noriega diese pragmatische Position, die darauf abzielte, nationale Interessen zu bewahren, als politische Sympathie mißverstanden hatte.

Noriega war seltsam heiter, als Dodd mit dem Botschafter Washingtons in Panama, Arthur H. Davis, in seinem Hauptquartier ankam. Der General beschwerte sich darüber, daß die Amerikaner Panama mißverstehen würden, weil sie sich zu lange mit der Opposition befaßt hätten. Dodd protestierte und sagte, daß sein Terminkalender auch voller Treffen mit der Regierung sei. „Tatsächlich, General", sagte Davis, „hat er hier schon jeden außer Miß Panama getroffen."

Noriega schnippte mit den Fingern. Innerhalb weniger Minuten kam eine betäubend schöne Frau, die ehemalige Miß-Panama, ins Zimmer. Sie arbeitete in seinem Büro. „Er war wirklich allen anderen immer um eine Nasenlänge voraus", sagte Botschafter Davis später. Alle lachten.

Dodd erzählte Noriega, daß die Resolution des Senats eine ernste Angelegenheit sei. Er erzählte ihm auch, daß er etwas brauche, was er nach Washington zurückbringen könne, um die Resolution umzudrehen. Diese Taktik hatte der Kongreß mit einigem Erfolg benutzt, um Marcos zu Reformen und Wahlen zu veranlassen. Gibt es denn gar nichts, was Sie mir geben können? fragte Dodd.

Aber Delvalle und Noriega waren nicht davon überzeugt, daß der Senat handeln würde. Sie unterschätzten die Tiefe der Gefühle, die da gegen Noriega an die Oberfläche kamen. Sie verrechneten sich auch im Hinblick auf die Fähigkeiten Gabriel Lewis' als Lobbyist. Dodd sagte zu Noriega, daß es ein schwerer Fehler gewesen sei, Lewis gegen sich aufzubringen. „Er kennt mehr Senatoren als ich", sagte er, nur halb scherzhaft.

Als Dodd mit leeren Händen nach Washington zurückkehrte, kämpfte er nichtsdestotrotz um eine Streichung von Noriegas Namen aus der Resolution. „Wenn wir den General zum einzigen und absoluten Ziel dieser Resolution machen, riskieren wir es, den anderen Elementen – sowohl zivilen als auch militärischen – in Panama den Spielraum zu nehmen", sagte er. Die Mitglieder seines Stabs hatten den Eindruck, daß Lewis den Senat als privates Schlachtfeld benutzte.

Aber Lewis hatte seine Freunde gut organisiert. „Ich glaube, daß es wichtig ist, daß wir nicht zulassen, daß General Noriega die Verfahrensordnung für alle Debatten und Diskussionen aufgrund dieser Resolution bestimmt", konterte Senator Kennedy mit einem Seitenhieb gegen Dodd. „Herr Präsident, meiner Ansicht nach wäre eine Auslassung General Noriegas so ähnlich, als würde man zum Nordpol fahren und nicht über Eis und Schnee sprechen."

Die Resolution wurde mit 75:13 Stimmen angenommen, und eine der Gegenstimmen kam von Dodd.

Vier Tage nach der Resolution des Senats schlug Noriega zurück.

Seine Marionetten-Legislatur hob den Ausnahmezustand auf, der darauf abgezielt hatte, die Demonstrationen der Opposition zu beenden, da sie den Weg für antiamerikanische Proteste freimachen wollte.

Als Botschafter Davis am 30. Juni um 7.15 Uhr bei der Botschaft ankam, umringten Anti-Aufstands-Polizisten im Abstand von etwa eineinhalb Metern zueinander den gesamten Botschaftskomplex. Als die Demonstranten ankamen – mit einer Ladung Steinbrocken, die man bequemerweise von einer Baustelle bei einem nahegelegenen Krankenhaus hergeschafft hatte –, verschwanden jedoch alle bis auf eine Handvoll Polizisten.

Um 10.45 Uhr begannen ein paar Dutzend Demonstranten die Botschaft mit Steinen zu bewerfen und die Autos der Angestellten zu beschädigen und umzukippen. Die Polizisten schauten einfach zu. An seinem Aussichtspunkt im zweiten Stock kochte David vor Wut. Er wollte den Marines den Feuerbefehl geben.

Davis war ein exzentrischer Botschafter, der sich erst im Alter von 64 Jahren in der Diplomatie betätigt hatte, nach der Wahl von Präsident Reagan 1980. Er war ein Selfmademan, der mit der Errichtung von Supermärkten in Colorado Millionen verdient hatte und seinen ersten Botschafterposten in Paraguay seiner Ansicht nach deshalb erhalten hatte, weil er mit Joe und Holly Coors aus der konservativen Bierbrauerfamilie Coors befreundet war. Seine einzige Erfahrung mit Lateinamerika hatte jedoch darin bestanden, daß er in Chile nach dem 2. Weltkrieg als Meteorologe der Streitkräfte gedient hatte. Er hatte sich also gewiß nie auf seinen Posten vorbereitet.

Der Botschafter wandte sich an John Maisto, seinen stellvertretenden Missionschef. „Wenn diese Hurensöhne das Grundstück betreten, dann will ich, daß die Marines die Schweine killen", sagte David. Und ein anderes Mal schrie er Maisto an: „Geben Sie mir den gottverdammten Revolver. Ich will diese Trottel erschießen."

Maisto setzte den Botschafter ruhig von den Gefechtsregeln der Botschaft in Kenntnis. Die Marines durften erst feuern, wenn Demonstranten das Gebäude betraten. Maistos Erfahrungen auf den Philippinen hatten ihn auf solche Gewaltakte vorbereitet.

„Aber John, die zerstören doch öffentliches Eigentum", protestierte der Botschafter.

„Das ist kein ausreichender Grund, Herr Botschafter", entgegnete Maisto und wiederholte die Regeln.

Davis lächelte. „John, ich bin froh, daß Sie hier sind." Davis gestand später ein, daß er den Marines den Schießbefehl gegeben hätte, wenn Maisto nicht interveniert hätte.

Der Militärattaché der Botschaft versuchte vergeblich, telefonisch jemanden von den PDF zu erreichen, der den Angriff abblasen oder die Botschaft beschützen könnte. Davis rief Präsident Delvalle und Außenminister Jorge Abadía an.

„Schicken Sie die Rechnung an den US-Senat", sagte Delvalle. „Deren Resolution ist an allem schuld."

Außenminister Jorge Abadía war gemäßigter und bot an, die Rechnung zu bezahlen, wenn das Problem erst einmal beseitigt wäre.

„Die Rechnung wird höher sein, als Sie glauben“, schäumte Davis. Ohne jede Anordnung vom Außenministerium hob er im Namen des Präsidenten jede Wirtschafts- und Militärhilfe auf. Das war ein ziemlich unübliches Verhalten für einen Botschafter – tatsächlich hatte es so etwas nie zuvor gegeben. Viele hielten es für ungesetzlich.

Als Außenminister Shultz ihn anrief, wurde Botschafter Davis in seiner Handlungsweise jedoch nur noch mehr ermutigt. „Sagen Sie Delvalle, daß so etwas bisher erst in einem anderen Land passiert ist“, sagte Shultz. „Nämlich im Iran. Wenn das die Art Beziehung ist, die sie wollen, dann werden sie sie auch kriegen.“

Davis verlangte ein Treffen mit Noriega für den folgenden Tag.

Der General gab die Schuld an diesem Angriff einer Linksfraktion der Regierungspartei. „Sie waren sehr wütend über die Resolution des Senats und die Schwierigkeiten, die dadurch für unser Land verursacht werden“, sagte er.

Aber Davis wußte von seinem Geheimdienststab, daß der G-2 auf Befehl Noriegas den Angriff organisiert hatte. „Meine Botschaft ist zertrümmert worden, die Menschen standen unter großem Druck, unter Attacke, und Sie haben uns nicht den geringsten Schutz gewährt“, beschwerte er sich.

Noriega beharrte darauf, daß die Polizei nicht absichtlich abgezogen worden sei. „Es hat Ärger bei der Demonstration in der Stadt gegeben und sie mußten dorthin“, sagte er.

Davis sah, daß er so nicht weiterkommen würde, also versuchte er es anders. Er meinte zu Noriega, daß seine Probleme mit den USA aufhören würden, sollte er ernsthaft auf eine Demokratie hinarbeiten.

„Wir arbeiten auf eine etablierte Demokratie hin, eine festverankerte Demokratie, die bestehen bleiben wird“, erwiderte Noriega. „Die Regierung Reagan und Elliott Abrams wissen nicht, welche Art Demokratie das sein muß. Das wissen nur wir.“ Noriega erzählte Davis, daß alle lateinamerikanischen Demokratien, die jetzt existierten, bald verschwinden würden. „Es sind schwache Demokratien“, sagte er. „Sie werden vom Militär abgelöst werden.“

Im Gegensatz zum iranischen Ayatollah stand Noriega auf der Gehaltsliste des CIA, als er den Angriff auf die amerikanische Botschaft befahl. Hohe Regierungsfunktionäre, die darüber diskutiert hatten, ob man die Beziehung zwischen dem CIA und Noriega abbrechen sollte, waren sich jetzt darüber im klaren, daß die Zahlungen aufhören mußten, bevor peinliche Informationen darüber an die Presse gelangten. Aber der CIA war über die Idee nicht glücklich, eine „Liaison“-Beziehung mit einem Geheimdienst beenden zu müssen, der ihm wertvolle Daten über Nicaragua, Kuba und andere Länder sowie Pässe für Undercover-Aufträge beschafft hatte.

Die Umgebung, in der die Scheidungsverhandlungen des CIA durchgeführt wurden, war eine „PRG“-Sitzung – eine Policy Review Group (Politik-Revisionsgruppe), die aus Beamten bestand, die eine Stufe unterhalb der Kabinettsmitgliedschaft standen, und die im Lagebesprechungszimmer im Keller des Weißen Hauses tagte. Der stellvertretende Nationale Sicherheitsberater Colin Powell saß genau unter dem Siegel des Präsidenten. Er befragte den Vertreter des CIA über Noriegas vertragliche Beziehung mit den USA.

Der CIA-Vertreter berichtete, daß der General seit Jahren auf der Gehaltsliste der USA stünde. Sein G-2 wurde von zwei amerikanischen Geheimdiensten finanziert, dem DIA und dem CIA, um bei gemeinschaftlichen Operationen „die Kosten zu tragen". Der CIA-Mann sagte, daß der G-2 ein „nichtaktives Konto" sei und daß etwa seit einem Jahr keine Zahlungen mehr an ihn ergangen wären. Er sagte, daß Noriega ohnehin nicht persönlich bezahlt würde. Was er jedoch verschwieg, war die Tatsache, daß die Gelder auf ein Privatkonto auf der Bank for Credit and Commerce International (BCCI) eingezahlt wurden, über das ausschließlich der General verfügen konnte. Der CIA-Beamte sprach nicht über Noriegas Preis, aber andere im Zimmer wußten, daß er sich in einer ungefähren Größenordnung von 200 000 Dollar im Jahr bewegte – soviel wie das Gehalt des Präsidenten.

Dieses Arrangement sei nicht ungewöhnlich, sagte der CIA-Mann. Der CIA-finanzierte militärische Geheimdienste in aller Welt. Panama sei einer der wertvollsten, da er eine Basis für CIA- und DIA-Operationen in dieser Gegend biete – einschließlich eines wichtigen elektronischen Horchpostens.

Anschließend bat man den CIA-Beamten, die Konsequenzen aufzuzeigen, die ein Abbrechen der Verbindungen haben würde. Erstens würde Noriega möglicherweise die Benutzung militärischer und geheimdienstlicher Einrichtungen verbieten. Zweitens würden die USA den Zugang zu Informationen verlieren, die Noriega bisher geliefert hatte. Und andere militärische Führer, mit denen man ähnliche Arrangements wie mit Noriega getroffen hatte, könnten sich jetzt auch weigern, dem CIA zu helfen.

„Der CIA hat seine Ansicht des Falles ehrlich dargelegt", sagte einer der Teilnehmer der Sitzung. „Man kann nicht mit jemandem viele, viele Jahre lang eine Beziehung unterhalten und sie dann auflösen, ohne daß das Auswirkungen hat. Die USA saßen wie eine Spinne im Netz, und jede kleine Bewegung des Netzes hatte Auswirkungen."

Trotz allem waren sich aber alle Anwesenden darüber einig, daß diese Beziehung politisch nicht mehr zu rechtfertigen wäre. Powell ordnete dem CIA an, den Vertrag mit Noriega aufzulösen. Niemand hatte einen Einwand. Aber der CIA-Beamte warnte sie: „Das wird sehr viel schwieriger sein, als irgendjemand in diesem Zimmer es sich jetzt vorstellt. Unterschätzen Sie diesen Kerl nicht. Dieser Mann ist ein ganz schön zäher Hurensohn."

Ein paar Tage später stellte Noriega seine ganz persönliche Wut in einer „Aktion scharf" zur Schau, die unter dem Namen „Schwarzer Freitag" bekannt wurde und der schlimmste Tag der Repression war, den das Land je gesehen hatte.

Noriega fühlte sich durch nichts mehr eingeschränkt. Die Amerikaner hatten sich von ihm getrennt und der Bürger-Kreuzzug wurde zu frech. Er hatte seine für den 10. Juli geplante Demonstration einen Tag vor der Hochzeit von Noriegas Tochter angesetzt, und der General war davon überzeugt, daß man den Termin absichtlich so gewählt hatte.

Felicidad hatte das große Ereignis im elegantesten Hotel des Landes, dem Caesar Park Marriott, angesetzt. Ein Charterflugzeug würde den Bräutigam und seine Familie aus Santo Domingo holen, wo sein Vater General gewesen war. Die Firma Moët & Chandon hatte die Hochzeitseinladungen für die 3 000 Gäste als Flaschenetikett auf ihrem besten französischen Champagner vorbereitet, der den geladenen Gästen ins Haus geliefert wurde, komplett mit einem Baccarat Champagner-Kristallglas, in das die Initialen des Paares eingraviert waren.

Aber jetzt steckte das Marriott voller Journalisten, die über die Anti-Noriega-Versammlungen schrieben. Es war weder der richtige Ort noch die richtige Zeit für eine Hochzeit. Noriega verlegte die Hochzeit seiner Tochter auf den 8. Juli vor; sie wurde mit nur ein paar Dutzend Gästen in der Kapelle von Fort Amador gefeiert, wo die Sicherheitsbedingungen besser waren. Beim darauffolgenden Empfang war Noriega verdrießlich und betrunken, als er sich darüber beschwerte, daß Díaz Herrera „und sein indischer Guru" sein Leben zerstört hätten. Man sehe sich nur diese Hochzeit an. Ist das die Art Hochzeit, die der Tochter eines Comandante würdig ist?

Aber das war nicht die einzige Demütigung. Zur selben Zeit war die Opposition dazu übergegangen, Ananas an Telefonmasten zu hängen – fruchtige Abbilder von „Ananasgesicht" Noriega. Als sich die Restaurantbesitzerin Sarah Simpson ein paar Tage später bei ihrem Lieferanten beschwerte, daß es immer noch keine Ananas gäbe, trotz der Tatsache, daß sie alle von den Straßen Panamas entfernt worden seien, erhielt sie zur Antwort die Erklärung, daß Noriegas Soldaten den gesamten Markt aufgekauft und damit seine Gegner entwaffnet hätten. Zwei Tage nach der Demütigung, die die Hochzeit seiner Tochter für ihn darstellte, schlug Noriega mit seinem ganzen Zorn zurück.

Es folgte die drastischste und längste Aufhebung verfassungsmäßig garantierter Rechte in der Geschichte Panamas, einschließlich der Schließung der opposionellen Presseorgane und Radiosender. Mehr als 1500 Demonstranten wurden festgenommen, dutzende gefoltert, und zwischen 500 und 1000 fügte man Kugel- oder Schrotverletzungen zu.

Am 27. Juli, nach sechs Wochen der Unentschiedenheit, stürmten Noriegas von den Israelis ausgebildete Stoßtrupps mit Handgranaten, Tränengasbomben und Uzi-Maschinenpistolen in Díaz Herreras Villa. Militärhubschrauber schwebten über dem Haus. Díaz Herrera lag mit seiner Frau Maigualida auf dem Boden des Schlafzimmers, unter einem Farbphoto, von dem sein indischer Guru Sai Baba, in sein safrangelbes Gewand gehüllt, herunterlächelte. Noriegas Benedict Arnold stand unter Arrest.

Die Angst breitete sich wie tropische Hitze in Panama aus. Noriega hatte wieder die Kontrolle übernommen, und der Krieg verlagerte sich zurück nach Washington.

Während des Sommers 1987 schaute Gabriel Lewis frustriert zu, wie Noriega wieder Selbstvertrauen gewann und Washington immer mehr das Interesse verlor.

Lewis hatte nie erwartet, daß Noriega so lang durchhalten würde, und fürchtete jetzt, daß sein eigenes Exil von Dauer sein könnte. Er mußte also den Druck auf die Regierung in Washington und auf Noriega in Panama wieder steigern. Daher rief er im

September 1987 einen Mann an, den er später als seine Geheimwaffe bezeichnen würde: den amerikanischen Politberater Joel McCleary.

Lewis hatte gesehen, wie McCleary es geschafft hatte, einen farblosen Weltbankfunktionär – Nicholás Ardito Barletta – 1984 in einen glaubwürdigen Präsidentschaftskandidaten zu verwandeln. Barletta hatte mit einer Mehrheit von 1713 Stimmen gesiegt, trotz des Vorwurfs des Wahlschwindels, aber die meisten Panamaer hatten es schon für ein Wunder gehalten, daß er einem ehrlichen Sieg über Arnulfo Arias, den legendären panamaischen Politiker, überhaupt so nahe gekommen war. Barletta warf McCleary vor, eher ein Selbstpromoter als ein Genie zu sein, aber Lewis' Lob für ihn war überschwenglich.

„Joel ist einer der größten Verschwörer, die die Welt nie gekannt hat", lächelte Lewis. „Er ist wie eine Figur aus einem le Carré-Roman. Er plant all diese Dinge, die eigentlich eher in Filme gehören würden, und sie gelingen ihm auch im wirklichen Leben."

McCleary und Noriega hatten ihr Zerwürfnis im Sommer 1986 gehabt, als der General bei einer geheimen Stabssitzung verkündete – laut McCleary zu Unrecht – daß der amerikanische Berater begonnen hätte, bei einer Verschwörung zu seinem Sturz mitzuarbeiten. McClearys Version lautete, daß Major Daniel Delgado ihm erzählt hätte, Oliver North hätte Noriega auf diese Idee gebracht, um den früheren Berater Carters so aus Panama entfernen zu können. North hatte gefürchtet, daß Informationen über seine Contra-Geschäfte mit Noriega an die Außenwelt dringen und das gesamte Geheimprojekt untergraben könnten. McClearys Freunde innerhalb des panamaischen Militärs rieten ihm, Panama zu verlassen. Sie sagten, daß er sich in Gefahr befände.

Also reiste McCleary in den Jahren 1986 und 1987 so weit wie nur menschenmöglich von Panama weg – nach Dharmsala in Indien, einem auf einem Hügel gelegenen Stützpunkt auf dem Weg zum Mount Everest. Der Dalai Lama lebte dort, als Exilant aus Tibet, und McCleary schloß sich ihm als Exilant auf der Flucht vor Noriega an.

McCleary war zum Buddhismus konvertiert, nachdem er 1971 am Harvard College graduiert hatte, aber seine Vorstellung vom Leben eines Mönchs war nur kurzlebig und hatte sich während langwieriger Schachspiele auf der Veranda von Geshe Wangyal in New Jersey, dem wichtigsten Schüler des buddhistischen Beraters des letzten russischen Zaren, in Luft aufgelöst. Wangyal hatte ihm erzählt, daß sich die Mönche selbst täuschten, indem sie glaubten, etwas Gutes zu tun, aber das Leben im 20. Jahrhundert erforderte aktive Teilnahme. Er hatte gesagt, das Problem der Tibetaner wäre, daß sie nicht politisch genug denken könnten – aus diesem Grund hätten sie auch ihr Königreich verloren.

Also hatte sich McCleary auf Anraten eines buddhistischen Weisen für die Politik entschieden. „Auf dem Weg nach Damaskus bin ich in einem Bordell hängengeblieben", umschrieb McCleary es später.

Aber auch McClearys Rückzug aus der Politik war noch Buddhismus. Er flog nach Indien, um tibetische Texte zu studieren – eine Leidenschaft, die er lange Zeit vernachlässigt hatte –, aber binnen weniger Wochen half er dem Dalai Lama schon, dessen Rückkehr nach Tibet zu planen. McCleary entwarf einen Plan von 170 Seiten Umfang, der aus drei Teilen bestand: Wie man die intellektuelle Tradition Tibets retten könnte; ein

Überblick über das tibetische Flüchtlings-Komitee und seine Probleme; und ein Aktionsprogramm, das skizzierte, wie der Dalai Lama das Thema Tibet wieder ins Licht der internationalen Aufmerksamkeit rücken könnte. McCleary verschwörte sich schon wieder für einen neuen Klienten.

Im September 1987 wollte Lewis McCleary jedoch wieder mit panamaischen Angelegenheiten befassen – dieses Mal sollte sein Auftrag darin bestehen, seinen früheren Arbeitgeber zu vernichten. McCleary war bereits aus Indien zurück, aber Lewis hatte anfangs gezögert, einen Berater zu beschäftigen, der Männern wie José Blandón, die nach wie vor Noriegas Verbündete waren, so nahegestanden hatte. Aber im Herbst hatte Lewis beschlossen, daß er sich Noriegas nur mit Hilfe des Militärs entledigen würde können. McCleary besaß die Verbindungen und das Wissen, die er zu diesem Zweck brauchte. Und wieder war es Lewis' amerikanischer Bankier Jack Stephens, für den McCleary schon früher gearbeitet hatte, der dabei behilflich war, die beiden zusammenzubringen und bei einem Treffen im Westin Hotel in Washington jedes anfängliche Mißtrauen zu überwinden.

McCleary sagte seine Hilfe zu, warnte aber Lewis zuerst: „Meiner Ansicht nach könnten wir hier gegen die Regierung stehen. Diese Angelegenheit ist verwickelter, als Sie alle sich klarmachen. Noriega hat jahrelang für den CIA gearbeitet und hat überall seine Freunde sitzen."

Angespornt durch McCleary, berief Lewis eine Sitzung seines harten Kerns ein, um die Verschwörung gegen Noriega wieder ins Leben zu rufen. Am 26. September versammelten sie sich alle in seinem Haus: Hamilton Jordan, ehemaliger Berater im Weißen Haus unter Carter; William Jorden, ehemaliger Botschafter in Panama; William Rogers, Anwalt aus Washington und ehemaliger Mitverhandler bei den Kanal-Verträgen; und John Campbell, Lobbyist aus Washington und ehemaliger Armee-Offizier. Lewis war erfreut. Sein Kriegskabinett war handlungsbereit.

McCleary hatte Lewis davon überzeugt, daß der Schlüssel zum Sturz Noriegas darin bestünde, eine Allianz mit Blandón einzugehen, den Noriega in diesem Jahr als Konsulatsoffizier nach New York abgeschoben hatte, weil andere Offiziere sich über seine Loyalität besorgt gezeigt hatten.

Lewis hatte Einfluß in Washington und Blandón wußte über Noriegas Lager Bescheid. Lewis war der Lobbyist und Blandón der Verschwörer, der gescheit wie ein Computer war. Aber Lewis war auch ein stolzer Kapitalist und Gesellschaftslöwe und Blandón ein pläneschmiedender Linksintellektueller, der sich immer noch nicht zum Bruch mit Noriega entschlossen hatte. Sie verspürten wenig Zuneigung und Vertrauen zueinander. Lewis sagte, er würde sich mit Blandón treffen, aber nur, wenn McCleary „bei jeder Sitzung, die ich mit diesem Bastard habe, dabei ist". Blandón hatte weniger Befürchtungen. Ohne Lewis würden ihm die Amerikaner schließlich nicht trauen.

Die drei Männer trafen sich am 3. Oktober in Lewis' Haus in Washington. Blandón sagte, daß Noriega ihn soeben gebeten habe, einen Weg aus seiner derzeitigen politischen Krise mit Washington zu finden, und zwar einen, der zukünftige Strafanklagen verhindern würde. Noriega hatte über seine Geheimdienstkanäle erfahren, daß eine

Anklagekammer in Miami Fortschritte beim Sammeln von Drogen-Anklagepunkten gegen ihn machte und daß eine Anklagekammer in Tampa auch schon fast soweit wäre.

Noriega erzählte Blandón, daß er einen Plan wolle, der ihm gestatte, die Politik hinter sich zu lassen, ihm das Recht gewähre, in Panama zu bleiben und ihm Immunität vor Strafverfolgung zusichern würde.

Später würde er ihm genaue schriftliche Instruktionen zukommen lassen: „Ich empfehle Ihnen, bei der Verfolgung dieser Ziele vorsichtig, behutsam und konzeptionell vorzugehen“, telegraphierte Noriega an Blandón. Noriega wies Blandón an, daß jedes diesen Plan betreffende Handeln „unter Ihrer strengen Kontrolle bleiben muß, damit es nicht als Einverständnisformel von seiten der Regierung mißverstanden werden kann“. Noriega wollte vor seinen politischen Feinden nicht den Eindruck machen, daß Panama wie „das japanische Reich im 2. Weltkrieg sei, das seine Kapitulation auf dem Deck der *Missouri* unterschrieben hat“.

Lewis arrangierte sein erstes Treffen mit einem hohen Funktionär der Regierung, dem stellvertretenden Vize-Außenminister William Walker. Sie trafen sich heimlich in der Mission der Vereinten Nationen in New York. Walker war von Blandóns Wissen und seinem reichen Vorrat an Informationen über Noriega beeindruckt.

Am 26. Oktober trafen sich Blandón, Lewis und McCleary wieder, diesmal in den Büros von Sawyer-Miller in der Fifth Avenue, um den „Blandón-Plan“ zu skizzieren. Blandón und Lewis hatten eine Idee nach der anderen, und McCleary notierte sie alle auf großformatigen Notizblöcken.

Wie üblich konnte sich Lewis mit einem Glas Diet Coke besser konzentrieren. Die Flüssigkeit war nur wenig mehr als Umgebung für die Eiswürfel. Lewis befaßte sich anscheinend nur mit ihnen, holte jeden davon aus seinem halbvollen Glas hervor, drehte ihn zwischen seinen dicken, rundlichen Fingern und warf ihn dann geistesabwesend in den Mund. Dann zermalmten seine Zähne die Würfel in sich auflösende, winzige Stückchen. Die Verschwörer verstreuten ihre gelben Notizzettel im ganzen Zimmer.

Sie wußten, daß sie dabei waren, etwas Historisches zu produzieren. Die zwei Panamaer ließen McCleary dann mit seinem Macintosh-Computer allein, vor dem er die Nacht damit zubrachte, das zu tippen, was er für einen ersten, zur Durchsicht für seine Partner bestimmten Entwurf hielt. Stattdessen wurde das, was er verfaßte, zu einem Plan, von dem US-Funktionäre und panamaische Oppositionelle monatelang zehren sollten.

Lewis war von diesem Entwurf so begeistert, daß er sofort ins Außenministerium lief, um die Beamten darüber zu informieren, ohne McCleary oder Blandón davon zu verständigen. Es dauerte nicht lange, da zirkulierte der „Blandón-Plan“ in ganz Washington und wurde zur Grundlage für alle zukünftigen Strategien zur Entfernung Noriegas. McCleary war wütend darüber, daß ihr Team die Kontrolle über die Verbreitung des Plans verloren hatte, und Blandón war doppelt nervös. Und in kurzer Zeit trat der schlimmstmögliche Fall ein: Noriega erhielt eine Kopie des Plans, die über einen amerikanischen Freund mit Kontakten zum Pentagon zu ihm durchgesickert war.

Man hatte zwei Versionen des Dokuments vorbereitet: eine für Noriega und die andere für die Leute, die ihn absetzen wollten. Blandóns Version für Noriega hatte einen Zuckerguß: „Dieser Plan ist gut, weil er erstens eine panamaische Lösung bietet und unser

Plan ist, nicht der der Opposition. Zweitens können Sie damit Zeit gewinnen und von der Opposition [eine Abmachung] kriegen, daß Sie im April 1988 zurücktreten werden. Und wir können mit den USA darüber verhandeln, daß es keine Anklagen geben wird. Es ist die beste Möglichkeit für Sie, und wir können den Plan auch noch in die Vorstellung verwandeln, daß Sie dem panamaischen Volk ein Geschenk machen."

Der Blandón-Plan verlangte den Rücktritt sämtlicher Mitglieder des Generalstabs mit einer Dienstzeit von mindestens 25 Jahren, zusammen mit der „Sechserbande", Noriegas vertrautesten Kumpanen. Der Plan hätte den PDF die Kontrolle über die Einwanderungsbehörden, den Zoll, die Gefängnisse und zivile sowie kriminalistische Untersuchungen genommen – d.h. sie im Prinzip einer ungeheuren Macht und Möglichkeit zum Geldverdienen beraubt. Das für Noriega Verführerische daran war, daß Präsident Reagan Noriega Immunität vor Strafverfolgung zusichern würde.

Aber McCleary hatte die Version für die Regierung zu einem verschwörerischen Rezept für die Absetzung des Generals gemacht. Ihre Hauptpunkte versetzten Noriega, als er sie sah, in größte Wut:

– Unter der Überschrift „Wie man Noriega den Plan schmackhaft machen kann" stand, daß man alle Erklärungen an Noriega zeitlich so einrichten sollte, daß sie mit einer Reihe Ereignisse zusammenfallen (Streiks, Demonstrationen) würden, die ihn darin „erinnern sollen, daß seine Macht über Panama nur vorläufig ist. ..."

– Vor dem 4. November sollte Pentagon-Funktionär Nestor Sanchez dazu rekrutiert werden, die Nachricht zu überbringen. Der logische Gedanke dahinter war, daß nur ein guter Freund eine solche unerfreuliche Nachricht überbringen könnte. „Noriega vertraut Nestor", stand im Plan. „Er wird sofort einverstanden sein, ihn zu treffen."

– Innerhalb von zwei Tagen sollte der Leiter des US-Southern Command, Fred Woerner, dieselbe Nachricht an Noriega und drei weitere hochrangige Offiziere überbringen. „Wichtig, daß alle vier die Nachricht erhalten, damit Noriega nicht die Möglichkeit hat, die Nachricht vor anderen frei zu interpretieren." Die Nachricht würde besagen, daß es innerhalb des CIA und des Pentagons keine Unterstützung für Noriega gäbe.

Wenn Noriega aber wütend war, dann waren andere Offiziere sogar noch wütender. Sie hegten den Verdacht, daß man Noriega ein wohlhabendes Exil zugestehen und sie dort zurücklassen würde, wo Gefängnis oder Hinrichtung auf sie warteten. Als er sich mit Mitgliedern der „Sechserbande" im selben Zimmer befand, rief Noriega Blandón an und machte ihm schreiend Vorwürfe, daß er in Washington einen nichtautorisierten Kurs verfolge.

„Sie können mit mir nicht reden wie ein Feldwebel", fuhr ihn Blandón an, da er wußte, daß Noriega sich nur so verhielt, damit die anderen Offiziere in seiner Gesellschaft es auch bestimmt hörten und er, was den Plan zur Beendigung ihrer Karrieren betraf, seine Hände in Unschuld waschen könnte. Um seine Loyalität zu seinen Offizierskollegen noch deutlicher zu machen, sperrte er sogar einen von Blandóns beiden Söhnen ein, einen Teenager, der seinen Vater wegen dessen Beziehungen zum Militär und Noriega ohnehin schon haßte. Eine Zeitlang nahm Noriega nicht einmal Blandóns Anrufe entgegen. Zwei Wochen nach Noriegas Verhaftung flog Blandón endlich nach Panama und erwirkte die Freilassung seines Sohnes.

Der Blandón-Plan tat seinen letzten Atemzug, als ein alter Freund von Vizepräsident Bush auftauchte, der Geschäfte machen wollte. Im November rief Daniel Murphy, Admiral im Ruhestand, Noriega an, offensichtlich weil er versuchte, Klienten für eine neue Beratungsfirma zu finden, die er eröffnen wollte.

Noriega betrachtete diese Kontaktaufnahme als Zeichen, daß die Regierung Reagan nicht so fest entschlossen wäre, ihn zu entfernen, wie Blandón behauptete. Er betrachtete Murphy auch als seine Verbindung zu Bush. Murphy war 1976 der Stellvertreter Bushs als CIA-Direktor und während der ersten Amtszeit von Präsident Reagan sein Stabschef gewesen. Dies war Murphys dritte Reise nach Panama, und er hatte bei seinen häufigen Tennispartien Freunden erzählt, daß Noriega eventuell sein neuester Klient werden könnte.

Die bizarrste Einzelheit dieser Reise war jedoch die Tatsache, daß sie von Tongsun Park arrangiert wurde, dem südkoreanischen Lobbyisten, der 1977 im Rahmen des Koreagate-Skandals angeklagt wurde, bei dem es um den Handel mit politischem Einfluß ging. Um der Reise einen noch anrüchigeren Anstrich zu geben, flogen die beiden in einer Maschine nach Panama, die sie sich von einem internationalen Waffenhändler namens Sarkis Soghenalian ausgeliehen hatten, der für US-Geheimdienste oft Missionen in den Mittleren Osten unternommen hatte. In Soghenalians Passagierverzeichnis für die Mission vom 7. November finden sich Murphy, Park, Parks Freundin oder Sekretärin Miß Oh und ein geheimnisvoller G. Lebarge. Soghenalian glaubte, daß es sich bei Lebarge um einen Geheimagenten gehandelt hätte, was er aus seinem Benehmen und der Tatsache schloß, daß Park und Murphy ihre Abreise um fast zwei Stunden verzögerten, weil sie noch warten wollten, bis er mit irgendwelchen Dokumenten daherkam.

Murphy hatte Park schon seit Jahren auf gesellschaftlicher Ebene gekannt. Park war ein Mann, der sich mit der Bush-Clique bestens verstand und Washingtons Schöne und Mächtige im exklusiven Georgetown Club empfing, den der Südkoreaner aufgemacht hatte, und in dem er immer noch Hof hielt. Murphy behauptete später, Park nicht einmal gefragt zu haben, wer diese Reise finanziere. „Tongsun Park ist ein angesehener internationaler Geschäftsmann, der mit den besten Leuten zu tun hat", erklärte Murphy. „Wenn man sich näher damit beschäftigt, wie er in der ganzen Welt herummanövriert, dann wird einem schnell klar, daß er anscheinend überall akzeptiert wird, nur in den USA nicht."

Park hatte versucht, seine geschäftlichen Kontakte mit Panama auszudehnen, und daß der Südkoreaner Murphy dort ablieferte, würde mit Sicherheit seine Nützlichkeit für Noriega beweisen. Der Südkoreaner und Noriega waren bereits miteinander befreundet und verstanden sich so gut, daß sie oft bei Hahnenkämpfen zusammen gesehen wurden.

Der Südkoreaner, mit Murphy im Schlepptau, erzählte Soghenalian stolz, daß sie eine Nachricht vom Vizepräsidenten an Noriega übermitteln würden. Park berichtete diesem Waffenhändler, der sich ihnen angeschlossen hatte, gern von seinen Abenteuern. Je wichtiger Park schien, desto wahrscheinlicher wäre es, daß Soghenalian ihm einen Gefallen tun würde. Murphy stand neben Park und widersprach dessen Erzählung nicht, bis er sich später vor Senator Kerrys Narkotika-Unterkomitee verantworten mußte.

Als Park und Murphy ohne vorherige Ankündigung bei ihm auftauchten – was bei

Soghenalians geheimen Geschäften keine Seltenheit war –, klagte er, daß er nur seine persönliche Boeing 707 zur Verfügung habe. Er würde ihnen die Mannschaft und die Flugzeit nicht berechnen, aber sie würden auftanken müssen, und das Flugzeug verbrauchte pro Flugstunde Treibstoff im Wert von 2 600 Dollar. Park erklärte sich damit einverstanden. Noriega würde von einem so großen Flugzeug noch beeindruckter sein. Und schließlich ließ Noriega die Maschine später sowieso kostenlos auftanken.

Der Waffenhändler verlor bei diesem Unternehmen Geld, gewann aber zwei wichtige Persönlichkeiten, die ihm jetzt Gefallen schuldeten. „...So ist das eben, eine Hand wäscht die andere und beide waschen das Gesicht", sagte Soghenalian später.

Für eine Reise, die er als private Mission darstellte, war Murphy vor der Abreise erstaunlich gut vorbereitet. Er sprach mit hohen Funktionären im Außenministerium, Pentagon, CIA, Nationalen Sicherheitsrat und mit Bushs nationalem Sicherheitsberater Donald Gregg.

Murphy, so behaupteten hohe panamaische Funktionäre, lieferte Noriega eine überraschend positive Einschätzung seiner Aussichten. Er sprach über eine Reihe von Reformen, die Noriega durchsetzen sollte, aber er bestand nicht auf der Ansicht, daß Noriega zurücktreten sollte. Er erwähnte ein mögliches Rücktrittsdatum, aber das lag Monate nach dem Ziel vom April 1988, das der Blandón-Plan anstrebte. Murphy sagte Noriega, er solle sich keine Sorgen wegen Abrams machen, der in Washington ohnehin keinen besonderen politischen Einfluß besitze – so berichteten die panamaischen Regierungsfunktionäre.

Die Leute, die Murphy in Panama trafen, waren wegen der relativ milden Haltung, die er Noriega gegenüber einnahm, überrascht und zornig. Bei einer Party war der ehemalige panamaische Außenminister Fernando Eleta entsetzt über Murphys „naive und unreflektierte" Ansichten über Noriega. Er verließ die Party früh und angewidert. „Für diesen Mann war das alles zu hoch", sagte Eleta.

Murphy zog seine Vermittlung in Sachen Panama erst zurück, nachdem Lewis Einzelheiten darüber Anfang 1988 an Zeitungsleute in Washington durchsickern ließ. Aber Mitte 1988 besuchte Murphy eine Party, die Tongsun Park im Georgetown Club anläßlich des Besuchs des panamaischen Botschafters in Japan, Alberto Calvo, gab. Er erhob sein Glas auf Panama und entschuldigte sich für jedes Unrecht, das die fehlgeleitete amerikanische Politik dem Land zugefügt hatte. Murphys Worte wurden gehorsam an Noriega weitergeleitet.

Das Treffen mit Murphy verlieh Noriega neues Selbstvertrauen, daß er den stürmischen Konflikt mit Washington überstehen könnte. Er war bester Laune, als er Ende November zur jährlichen Konferenz der lateinamerikanischen Militärchefs in Mar del Plata in Argentinien flog. Um den USA vor seiner Abkunft noch schnell einen Schlag zu versetzen, hatte er der sowjetischen Fluglinie Aeroflot zum ersten Mal die Landeerlaubnis in Panama gewährt und Muammar al-Ghaddafi grünes Licht für die Eröffnung eines Libyschen Volksbüros gegeben.

Er rief Blandón aus Argentinien an. Elliott Abrams soll zum Teufel gehen, sagte er. Er behauptete, daß Murphy auf seiner Seite stünde, und daß der Admiral a.D. ihm versichert habe, daß Abrams und Botschafter Davis nicht wichtig seien. Murphy sagte, so

Noriega, daß er genug Kontakte besitze, um Botschafter Davis feuern zu lassen. Murphy und Park hatten ihm einen Handel angeboten, bei dem die Japaner Panama wirtschaftlich helfen würden. Die Strategie dabei war, daß Premierminister Takeshita, der ein Freund Tongsun Parks war, Präsident Reagan davon überzeugen sollte, den Druck auf Noriega zu senken, weil dieser ohnehin demokratische Reformen durchführen würde. Murphy leugnete Noriegas Behauptungen. Ob sie nun der Wahrheit entsprachen oder nicht, General Noriega nutzte ihr Treffen zu seinem Vorteil.

Wie üblich kam Noriega zu spät zur Konferenz und brachte eine viel größere Delegation mit, als die Regeln es gestatteten. Der General ignorierte das Protokoll und quartierte sein Gefolge in einem Fünf-Sterne-Hotel ein. Sie begannen sofort bei ihrer Ankunft zu saufen und herumzuhuren. Andere lateinamerikanische Offiziere betrachteten Noriega innerhalb ihrer europäisch beeinflußten Ränge als nicht gesellschaftsfähig. Er zechte die ganze Nacht und schlief dann während der meisten wichtigen Diskussionen.

Noriega verwandelte Mar del Plata in eine Bühne für seine Publicity. Eines Tages, zu Mittag, waren die anderen Offiziere überrascht, Noriega in einem französischen Designer-Jogginganzug, einem himmelblauen Le Coq Sportif, vor seinem Hotel zu sehen. Ein Kamerateam folgte in seinem Schlepptau. Aber Noriega schloß sich seinen Generalskollegen nicht beim Joggen die Küste entlang an. Stattdessen rannte er vor dem Hotel drei Minuten lang im Stand, während die Kameras liefen. Dann ging er für ein Nachmittagsschläfchen in seine Suite zurück.

Beamte des Außenministeriums sagen, daß Woerner instruiert worden war, Noriega in Argentinien eine harte Nachricht zu überbringen, aber er telegraphierte nach Hause, daß die Atmosphäre für solche Gespräche nicht die richtige sei. Woerner behauptet, daß er nie den Befehl erhalten habe, Noriega eine Lektion zu erteilen, und es daher auch nie getan habe. Außerdem hatte er es ohnehin nie für eine gute Idee gehalten, diese schlechte Nachricht persönlich zu übermitteln. Ob Noriega nun aus dem Amt gezwungen würde oder nicht – seine Beziehung zum panamaischen Militär wäre geschützter, wenn er im Schatten bliebe. „Ich konnte am nützlichsten sein, wenn die Nachricht nichts mit mir zu tun hatte“, sagte er.

Lewis versuchte mit ganzer Kraft, eine offizielle Mission nach Panama durchzusetzen, die die Komödie verwirrender Signale, die Noriega zum Weiterkämpfen ermutigt hatten, wieder rückgängig machen würde. Irgendjemand mußte dem General endlich erzählen, daß er am Ende war.

Die Regierung mußte nun noch entscheiden, wer dieser Bannerträger sein sollte. Ein Beamter des Außenministeriums war nicht überzeugend genug; das Pentagon wollte keinen Uniformierten schicken, und der häßliche Nachgeschmack der Iran-Contra-Affäre veranlaßte CIA und Nationalen Sicherheitsrat, jede Verwicklung in diese Angelegenheit abzulehnen. Ein Funktionär schlug Vernon Walters vor, der jahrelang als stellvertretender CIA-Direktor über Noriega Bescheid gewußt hatte und mit der ursprünglichen Geheimdienst-Beziehung zu Noriegas G-2 vertraut war. Er lehnte diese Ehre ab und sagte, er wolle nicht Noriegas „Totengräber“ sein.

Die Opposition wollte Nestor Sanchez schicken, den ehemaligen CIA-Beamten, der Noriega besser kannte als jeder andere, aber das Außenministerium schenkte ihm kein Vertrauen und Sanchez wollte den Job ohnehin nicht.

Schließlich wählte die Regierung Richard Armitage, den stellvertretenden Pentagon-Sekretär für internationale Sicherheitsangelegenheiten, aus. Jede der Dienststellen hatte ein Vetorecht, und nur Armitage überlebte die Boykotte. Er war als Vietnamveteran und Gewichtheber Macho genug, aber man hatte soviel Zeit damit verschwendet, den richtigen Mann auszusuchen, daß sich jetzt niemand mehr auf eine wirklich harte Nachricht einigen konnte. Und Armitage sprach kein Spanisch. Also überbrachte er mit einem Dolmetscher eine ziemlich zahnlose Nachricht, die Noriega als Bluff betrachten konnte – was er auch tat.

Noriega eröffnete das Treffen am späten Vormittag, indem er Armitage und sich selbst je ein Glas Old Parr-Scotch einschenkte. Davis lehnte den Drink ab. Armitage beging den taktischen Fehler, zuzugeben, daß er nicht viel über Panama wüßte. Noriega belehrte ihn daraufhin bis zum Überdruß und rekapitulierte seine vergangene Beziehung zu den USA. Er sprach über die US-Offiziere, die ihn ausgebildet und sich mit ihm befreundet hatten. Er sprach darüber, wie er und General John Galvin, der frühere Leiter des Southern Command, mehr und größere gemeinsame Manöver auf die Beine gestellt hatten, als es sie je zuvor gegeben hatte. „Torrijos versuchte, unsere beiden Streitkräfte getrennt zu halten, aber ich habe sie näher zusammengeführt", sagte er. Und jetzt, nach all seiner Arbeit, wandten sich die USA gegen Noriega, sagte er, wobei er in der dritten Person von sich sprach.

„Wir wünschen keine Konfrontation mit Ihnen", sagte Armitage. „Wir wollen dieses Problem lösen, und wir wollen, daß Sie Teil der Lösung sind." Dann skizzierte er einen Plan, demzufolge Noriega in den Ruhestand treten und die Demokratie gefördert werden sollte, aber diese Nachricht war wesentlich sanfter, als der General befürchtet hatte. Und sie enthielt kein Ultimatum.

Noriega hatte das Ergebnis ohnehin schon im voraus inszeniert. Nach drei Stunden größtenteils unstrukturierten, beiläufigen Geplauders verabschiedeten sie sich voneinander. Noriega gab Armitage ein paar kubanische Zigarren mit seinem Namen drauf, die er an seinen „Freund Nestor" (Sanchez) weiterleiten sollte.

Dann erschien der General vor seinen Offizieren im Hof seines Hauptquartier-Komplexes und hielt die Flasche Old Parr wie eine Trophäe in der Hand. Er erklärte, daß das Pentagon in der Schlacht gegen Elliott Abrams und das Außenministerium auf seiner Seite stünde. Die Amerikaner, so dachten die Offiziere, würden doch sicher keine Flasche Scotch mit einem Diktator leeren, den sie loswerden wollten.

Noriega meinte lachend, daß Armitage nur gekommen wäre, um ihn vor Blandón zu warnen.

Dieser Warnung hätte Noriega lieber Beachtung schenken sollen. Stattdessen feuerte Noriega, der voller falschem Selbstvertrauen war, seinen New Yorker Konsul am Jahresende. Dann befahl er Blandón, nach Panama zurückzukehren, wo er ihn besser überwachen könnte.

Blandón weigerte sich und sagte zwei Abgesandten, die Noriega ihm am Neujahrstag nach Miami geschickt hatte, daß er – jetzt, da seine diplomatische Immunität nicht mehr gültig sei – gezwungen sein würde, gegen Noriega auszusagen. Er sandte die Nachricht, daß Noriega entweder Pläne für seinen Ruhestand bekanntgeben oder sich Blandóns Aussage gegen ihn stellen sollte.

Noriega glaubte nicht, daß Blandón es wagen würde, gegen ihn zu handeln, aber nur um sicherzugehen, befahl er einem von Blandóns besten Freunden, den Möchtegern-Rebellen wieder nach Panama zu locken. „José, mach' keinen furchtbaren Fehler", sagte Didio Sosa, der früher mit Blandón bei der Unterstützung von Linksorganisationen in der gesamten Region zusammengearbeitet hatte. „Es ist noch nicht zu spät, den Schaden zu reparieren." Sosa, der mit angespannter Stimme sprach, wußte, daß er Blandón entweder ins Gefängnis oder in den Tod rief. Sosa sagte, daß er Blandón an einem neutralen Ort, in Costa Rica, treffen wolle. „Ohne jede Verpflichtung", sagte er.

Blandón log, daß er kommen würde. Das würde ihm genug Zeit verschaffen, seine Aussage zu machen und in den Genuß eines Zeugenschutz-Programms zu gelangen. Dann würde er eine Woche später vor dem Senats-Unterkomitee für Narkotika aussagen.

Lewis' Waffe gegen Noriega war der Senat, und die von Blandón würde jetzt das Rechtssystem sein. Und beide gewannen in Senatoren und amerikanischen Staatsanwälten echte Verbündete, die politisch viel zu gewinnen hatten, wenn sie es mit Noriega aufnahmen.

Die nächste Stimme, die Blandón aus Panama vernahm, war die seines zurückgebliebenen zwanzigjährigen Sohnes. Er weinte haltlos.

Das geschah nicht einmal eine Woche, nachdem Noriegas ehemals treuer Ratgeber vor einer Anklagejury in Miami gegen Panamas Diktator ausgesagt hatte. Blandón hatte Schwierigkeiten erwartet, aber er hatte geglaubt, daß der behinderte Junge in seinem Farmhaus in der Nähe des Atlantikhafens Colón außer Gefahr wäre.

Das bescheidene Haus war für den Jungen, dessen angeborene Defekte ihn für häufige Anfälle veranlagt machten, speziell ausgestattet worden. Die Ecken der Tische und Regale waren abgerundet oder gepolstert, und es befanden sich keine Steckdosen in den Wänden. Blandóns Sohn lebte dort in Ruhe und brachte seine Tage damit zu, die Tiere der Farm – er hatte jedem von ihnen einen Namen gegeben – zu füttern und mit ihnen zu spielen. Aber jetzt lag eine Verzweiflung in der Stimme des Jungen, wie sie Blandón noch nie zuvor gehört hatte.

Ein Dutzend Soldaten war in die Farm eingedrungen, hatte sein Lieblingskalb abgeschlachtet und die anderen Tiere weggebracht – ein Pferd, eine Kuh und eine Ziege. Dann begannen sie, das Haus mit all den Spezialmöbeln niederzubrennen. Die Soldaten hörten erst dann verschreckt damit auf, als der Junge einen Anfall bekam.

„Hilf mir, Papa", schluchzte er. „Bitte, hilf mir."

Blandón, der eiskalte Verschwörer, weinte.

Der Angriff auf die Farm entsprang eher der Frustration als der Stärke. General Noriegas schlimmster Alptraum war jetzt Wirklichkeit geworden. Jahrelang hatte er dafür gesorgt, daß Gauner in Flugzeuge nach Miami gesetzt wurden, wo sie ihr Prozeß erwartete. Und jetzt war er der Flüchtling vor den amerikanischen Gesetzen. Das alles hatte zwei Jahre zuvor ganz undramatisch angefangen, als ein einfallsreicher Drogenagent in Miami seinen Undercover-Auftrag begonnen hatte.

Kapitel vierzehn

Außenpolitik per Gerichtsklage

Ein lateinamerikanischer Dichter hat einmal gesagt: „Das Gute gehört allen" – und es gibt doch nichts Universelleres als die Bedrohung durch Drogen und die Notwendigkeit, diese drohende Gefahr zu bekämpfen und zu zerstören.
– NORIEGA IM SOMMER 1984

Danny Martelli manövrierte seinen malvenfarbenen Jaguar – einen glänzenden, neuen Zwölfzylinder-SJX mit allen Extras – zuversichtlich vor die Hintertür der Cessna-Verkaufsstelle. Er schaute auf seine goldene Rolex und sah, daß er gerade soviel zu spät dran war, daß das cool wirkte. Von seinem Handgelenk baumelte ein Goldarmband, und um den Hals hing eine goldene Kette. Martellis schwarzer Bart war ordentlich gestutzt, und er war in ein schickes Banana Republic-Outfit gekleidet. Es war im Januar des Jahres 1985, aber die sommerliche Sonne Miamis knallte mit aller Kraft herunter. Er warf einen Blick durch seine Porsche Carrera-Sonnenbrille, um zu sehen, ob die Schmarotzer der Drogenwelt, die alle mehr oder weniger so angezogen waren wie er, die Ankunft seines ungewohnten Gesichts auch registrierten.

Alfred Caballero, Eigentümer der Firma DIASCA, Inc., verkaufte neue und gebrauchte Cessna-Flugzeuge und -Ersatzteile. Außerdem betrieb er eine der erfolgreichsten Tarnfirmen des blühenden Drogenhandels in Miami. Caballero brachte Martelli in sein Büro, und sie unterhielten sich miteinander, wobei sie versuchten, den Lärm startender Flugzeuge zu übertönen, der von der lauten südlichen Startbahn des Miami International Airport herüberdrang. Caballero wollte sich vergewissern, daß der Italoamerikaner das war, was er zu sein vorgab: ein Mann, der ohne Risiko Drogengelder waschen konnte. Martellis Preis war günstig genug: drei Prozent für telegraphische Wertpapierbuchungen und fünf Prozent für Bankschecks. Außerdem lehnte er Summen unter 100 000 Dollar ab. Das zeigte, daß er seriös war. Und als unerwartet zwei Kubaner mit dem Geld für das erste Geschäft auftauchten, explodierte Martelli, wie man es von ihm erwarten konnte. „He, paß' auf, Freundchen, ich lasse mich nicht gern überraschen", beschwerte er sich. „Ich mag keine Visagen, mit denen ich nicht gerechnet habe." Caballero beruhigte den Geldwäscher, und sie schlossen ihren ersten Handel ab: die Wäsche von 250 000 Dollar.

Auf seinem Weg nach draußen begann der freudig erregte Martelli automatisch mit Patty, der aus Nicaragua stammenden Sekretärin, zu flirten. Sie schien interessiert zu sein, und er grinste in sich hinein. Dies war der Abschluß eines perfekten Tagesauftritts.

Martelli – alias Daniel E. Moritz, Undercover-Agent für die Drug Enforcement Administration DEA – hatte sich Zugang zu einer Drogenhandels-Organisation verschafft, die US-Ankläger drei Jahre später zu einer Anklage gegen General Manuel Antonio Noriega führen würde. Obwohl Moritz das damals noch nicht wußte, sollte er bald die Schlüsselrolle in einer Untersuchung spielen, welche die amerikanische Außenpolitik einem Alliierten gegenüber ändern würde, der seit zwei Jahrzehnten auf den Gehaltslisten amerikanischer Geheimdienste stand. „Moritz hat das alles in Gang gesetzt", sagte der damalige stellvertretende US-Staatsanwalt Richard Gregorie. „Er gehört zu den besten Männern, die mir je begegnet sind."

Anfang 1985 unternahm Moritz vorsichtig einen Schritt nach dem anderen. Er wußte, daß seine endgültigen Ziele Noriega und Kartellboß Pablo Escobar Gavria waren, aber er konnte nur über Floyd Carlton Caceres an sie herankommen, dessen USA-Organisation von Caballeros Büro aus geleitet wurde. Edgar Espinosa, ein Informant, hatte Moritz den Hinweis auf die Noriega-Connection gegeben. Espinosa verlangte etwas Geld und ein US-Visum, und Moritz hatte ihm beides versprochen, wenn Espinosa ihn dafür ins Geschäft bringen würde.

Als einer der überzeugendsten Schauspieler der DEA ließ Moritz den Drogenhandel leicht aussehen. Im Laufe des folgenden Jahres spielte er den Mittelsmann bei zwölf Geldwasch-Geschäften, die sich insgesamt auf 3,8 Millionen Dollar beliefen. Er kaufte und verkaufte einige Flugzeuge für die Carlton-Organisation und gründete sogar einen Gebrauchtwagenhandel als Tarnfirma für Kuriere, die Kokain von Texas nach Florida fuhren. Moritz gewann das Vertrauen seiner Partner so sehr, daß sie ihm – aus Angst vor einer Blitzaktion der Bundesbehörden zum Rückzug entschlossen – anboten, ihm das Geschäft zu übergeben. Einer der Dealer wurde sogar festgenommen, als er Zehntausende von Dollars in einer 200 Dollar teuren Aktentasche bei sich trug, die Moritz ihm überreicht hatte. Moritz hatte die Initialen des Händlers auf der Außenseite der Tasche eingravieren lassen.

Moritz wußte, daß der größte Fehler eines Undercover-Polizisten ist, wenn er sich überbegierig zeigt, etwas zu tun. Als er Floyd Carlton, das Ziel seiner Bemühungen, im März 1985 kennenlernte, bot er ihm ganz lässig seine Dienste zum üblichen Preis an. Carlton konnte annehmen oder ablehnen, ganz wie er wollte. Noriegas Pilot überprüfte Moritz argwöhnisch. Er wollte wissen, welcher Banken er sich bediente und wie er seine Klienten heraushielt. „Das ist meine Sache", sagte Moritz. „Wenn Sie diese Informationen besäßen, dann gäbe es keinen Grund, warum Sie sich an mich wenden sollten. Ich frage Sie auch nicht, wie Sie Ihre Geschäfte erledigen." Carlton fand sofort Gefallen an Moritz.

Gefahr war für Moritz nichts Neues – seine Freunde meinten sogar, daß sie *seine* Droge war. Er hatte Anfang der Siebziger als Green Beret bei den Special Forces in Süd- und Zentralamerika gedient und dort etwas Spanisch gelernt, bevor er 1981 zur DEA ging. Er war auch im Mittleren Osten im Einsatz gewesen, „aber bei nichts, was offiziell bekannt ist". Er war ein Veteran der Kommandotruppen-Ausbildung in der Türkei, der Unterwassersabotage in Griechenland, des Unterrichts für Kriegsführung auf Schiern in den Bergen in Spanien, und der Schule für Überleben im Dschungel von Panama. Er liebte Herausforderungen, und davon gab es nur wenige, die die Jagd auf Noriega übertreffen konnten.

Moritz' Untersuchung gegen Carlton stieß jedoch Mitte 1985 auf ernsthafte Schwierigkeiten, als Carlton unerwartet verschwand. Die Drogenbosse beschuldigten ihn fälschlich, sich mit einer 18 Millionen Dollar-Lieferung Kokain aus dem Staub gemacht zu haben, da der Pilot des Flugzeugs, Teofilo Watson, der auch ein naher Freund Carltons war, in Costa Rica verschwunden war, nachdem er auf einem Flugfeld gelandet war, das für Waffenlieferungen an die Contras benutzt wurde. Sie gruben auf der Suche nach den Drogen Löcher in ein Feld seiner panamaischen Ranch, und ein Gangster entführte und folterte seinen Cousin – schlug ihn mit dem Gewehrkolben und versetzte ihm mit Kabeln elektrische Schläge –, um so Carltons Aufenthaltsort herauszufinden. „Ich gab ihm ein paar Schocks, damit er sich besser entspannen konnte", erzählte der Folterer später, als er von Beamten der Anklage befragt wurde.

Aber Carlton befand sich in einem sicheren Versteck in Panama und wurde von General Noriega höchstpersönlich beschützt. Also beschloß Moritz, sich an den Rest der Gruppe heranzuarbeiten. Er hatte erfahren, daß eine große Lieferung in einer zweimotorigen Cessna mit dem Kennzeichen N703US erwartet wurde, also wies er die Geheimdienst-Computer an, danach Ausschau zu halten. Am 22. September 1985 hörte er von der Zollbehörde, daß das Flugzeug in Brownsville, Texas, wäre, und sich auf den Weiterflug nach Florida vorbereitete. Ein Sicherheitsmann des Flughafens, der von den Drogenhändlern gekauft war, öffnete nach Mitternacht die Startbahn, so daß Pilot Tony Azpruia abheben konnte. Moritz bat den Zoll, der Maschine Flugzeuge und Hubschrauber nachzuschicken, womit eine Jagd über das ganze Land begann, in deren Verlauf Azpruia von Texas nach Florida hüpfte, bis ihm der Treibstoff ausging und er die Maschine mit einer Ladung von mehr als 500 Kilo Kokain auf einem unfertigen Ausbaustück der I-75 landen mußte.

Azpruia entkam und flüchtete in einen Sumpf, wo er mehr als fünf Stunden untertauchte und durch Strohhalme atmete. Metro-Dade-Tauchteams, DEA-Agenten und ausgewählte andere Gesetzeshüter gaben nach einigen Stunden die Jagd auf, da sie sich von Krokodilen und Mokassin-Wasserschlangen davon abbringen ließen. Azpruia rief seinen Kontaktmann in Miami an, den auch Moritz als Kontaktperson benutzte, und wollte bei ihm unterschlüpfen. Moritz verfolgte jede seiner Bewegungen. Er war noch nicht bereit, Azpruia sofort einzukassieren, aber jetzt hatte er eine Kokainlieferung und eine Spur zu ausreichenden sonstigen Beweisen, die für Beschuldigungen gegen Carlton, Caballero, Azpruia und andere in rechtskräftigen Anklageschriften genügten.

Moritz kam lang genug aus seiner Undercover-Rolle heraus, um den stellvertretenden US-Staatsanwalt Richard Gregorie zu treffen. „Ich kann Ihnen General Noriega geben“, sagte er schlicht und einfach zu ihm. Gregorie stand Agenten, die so groß daherredeten, immer mit Skepsis gegenüber, aber Moritz' Geschichte war zu gut, um sie nicht zu glauben.

„Da haben wir also mein nächstes Ziel“, lächelte Gregorie, dessen Bart und kahlwerdendes Haupt ihn auf seltsame Art wie einen Mönch aussehen ließen. „Gehen wir an die Arbeit.“

Als Anklagevertreter hatte Gregorie immer nach Wegen gesucht, sich die Befehlskette hinaufzuarbeiten – über Dealer, Piloten und Mittelsmänner zur Quelle des Ärgers vorzudringen. Er verfolgte Noriega mit anklägerischer Hingabe. Das erste Mal hatte er von Noriega und seinen Kontakten zur Drogenszene vom Super-Informanten Barry Seal erfahren, der 1984 diverse geschäftliche Treffen mit Mitgliedern des Medellín-Kartells in Panama abgehalten hatte.

Aus seiner Beobachtung Panamas wußte Gregorie, daß das Kartell dort ungestraft arbeiten konnte. Seit Mai 1984 versuchte Gregorie jedoch vergeblich, es mit Noriega in Zusammenhang zu bringen. Er war etwas müde geworden, weil er immer nur Zweige abschneiden konnte, ohne jemals an die Wurzel des Drogenhandels zu kommen.

Sein anstrengendster Kampf hatte darin bestanden, den Drogenboß Jorge Ochoa zu verfolgen und dabei feststellen zu müssen, daß amerikanische Funktionäre ihm dabei entweder nicht helfen wollten oder ihre Unterstützung geradeheraus ablehnten. Er erzählte Freunden, daß er sich so fühlte, „wie sich die Soldaten in Vietnam gefühlt haben müssen. Man erlaubt uns nicht, diesen Krieg zu gewinnen. Je höher ich gehe, auf desto mehr Widerstand stoße ich. Je näher ich meinem Ziel komme, desto weniger wollen wir es treffen.“

Aber das brachte ihn nur dazu, Noriegas Kopf noch mehr zu wollen.

Gregorie und Moritz waren sich darüber einig, daß sie Carlton herschaffen müßten, egal wo er sich gerade befand, und Gregorie stellte eine Anklagejury zusammen, die Carltons Verbündete aufgrund der Undercover-Arbeit Moritz' anklagen sollte. Sie lieferte ihnen rechtskräftige Anklageschriften gegen alle wichtigen Beteiligten.

Im Januar 1986 fanden Moritz' Geschäftspartner, daß es an der Zeit war, sich zurückzuziehen. Der Fang der Agenten im September hatte ihnen Angst eingejagt, und ihr Freund Danny Martelli hatte sie so beeindruckt, daß sie ihn einluden, das Geschäft zu übernehmen. Er stimmte zu, im Rahmen einer fröhlichen Feier, die sie anläßlich ihres Ruhestands im Haus des Drogenhändlers Cecilio Saenz-Barria in Coral Gables veranstalteten, mit dem Moritz sich immer besser befreundet hatte. Bei Hummer und Champagner erzählte man Martelli, daß die letzte Lieferung nächste Woche eintreffen sollte. Wenn er dann ihre Gewinne gewaschen hätte, würde das Geschäft ihm gehören.

Am 23. Januar 1986 wurde das Flugzeug in der Nähe der mexikanischen Grenze beschlagnahmt, bevor es noch nach Texas abfliegen konnte, und ein ganzer Sturm von Verhaftungen brachte Carltons Verbündete ins Gefängnis. Als sie nacheinander in die DEA-Zentrale gebracht wurden und dort das bekannte Gesicht Moritz' sahen, der sie begrüßte, wußten sie, daß sie tief in der Tinte steckten. Moritz flog drei Tage später nach Texas, um dort Cecilio Saenz-Barria zu identifizieren. Saenz-Barria lächelte, als sein Freund in den Gerichtssaal in Houston kam, da er glaubte, daß Moritz gekommen wäre, um die Kaution für ihn zu bezahlen. Aber als der Richter Moritz als „DEA-Agenten aus Miami" bezeichnete, wurde Saenz-Barrias Gesicht plötzlich aschgrau. „Er ließ seinen Kopf in die Hände sinken", sagte Moritz.

Moritz' Wissen jagte ihnen genug Angst ein, daß sie zustimmten, sich beim Fang Carltons kooperativ zu zeigen. Aber das große Ziel war immer noch Noriega – das war etwas, was weder die Sträflinge noch Washington wußten.

Da er Gerüchte gehört hatte, daß eine Anklage gegen ihn vorbereitet wurde, kam Floyd Carlton Anfang Januar kurz aus seinem Versteck. Er hatte Angst um sein Leben und suchte Schutz. Sein Freund General Noriega wollte ihn nicht empfangen, da er sich wahrscheinlich ausrechnete, daß er sich nicht die Hände schmutzig machen würde, wenn er nicht in Berührung mit ihm käme. Als Carlton Noriega über einen Vermittler mitteilte, daß er eventuell Probleme haben könnte, sandte Noriega nur die Botschaft zurück, daß er den Mund halten solle, egal was passiere.

Also sah sich Carlton anderswo nach Hilfe um. Über Freunde organisierte er ein Geheimtreffen mit dem örtlichen Stationsleiter der DEA, Tom Telles, und zwei weiteren Agenten im Holiday Inn von Panamas exklusivem Paitilla Point. Sie plauderten miteinander, während sie gemeinsam im Wagen des DEA-Agenten fuhren.

Telles fragte, worüber er sprechen wollte.

„Haben Sie denn meinen Namen noch nie gehört?" fragte Carlton.

Die Agenten räumten ein, daß sie ihn gehört hatten.

Carlton beschwerte sich darüber, daß Telles einige seiner Ansuchen um ein Treffen durch seine Mittelsmänner ignoriert hätte. „Sie haben ihnen immer nur gesagt, sie hätten nichts mit mir zu besprechen. Tatsache ist aber, daß ich glaube, daß ich vor das amerikanische Rechtssystem treten und über eine Menge Dinge sprechen kann, die in diesem Land passieren – und ich kann sie sogar beweisen." Er bot ihnen Dokumente und Cassetten-Aufnahmen an, die Noriegas Verwicklung in den Drogenkrieg beweisen würden.

Einer der Agenten fragte ihn, was er beweisen könnte.

„Geldwäscherei, Drogen, Waffen, Korruption, Mord", sagte er. Aber als er General Noriegas Namen erwähnte, sah Carlton, daß sie aufgeregt waren. Dann wurde er selbst nervös, weil er fürchtete, daß Noriega dieser Gruppe Amerikaner zu nahe stehen könnte. Die Agenten nahmen nur noch einmal Kontakt zu Carlton auf, und als er sie zurückrief, gelang es ihm nicht, zu ihnen durchzukommen.

„Sie versuchten nicht noch einmal, mich zu kontaktieren, und dabei hatte ich nur um Schutz für mich selbst und meine Familie gebeten", sagte er. „Und zu dieser Zeit hatte ich keine Probleme mit dem amerikanischen Rechtssystem."

Zumindest keine, von denen Carlton wußte. Tatsächlich arbeitete Telles bereits insgeheim mit Moritz daran, Anklagen gegen Carltons Freunde zusammenzustellen, und noch konnte er Carlton nicht informieren – der ihr nächstes Ziel war.

Kurz nach Carltons Zurückweisung durch die DEA-Agenten in Panama City erfuhr er von den Verhaftungen seiner Freunde am 23. Januar und hörte auch, daß sein Name am Beginn der Anklageschrift gegen sie stand. Im März wurde dann sein Freund und Drogenhändler-Kollege César Rodriguez in Medellín ermordet. Er war sicher, daß

Noriega diesen Mord organisiert hatte. Rodriguez und Noriega waren miteinander in Konflikt geraten. Rodriguez hatte seinen Reichtum zu offen zur Schau gestellt, da er einen Nachtclub im obersten Geschoß des Bank of Boston-Gebäudes betrieb, dessen Mitglieder eine Jahresgebühr von 1000 Dollar pro Kopf bezahlen mußten. Noriega hatte diese Idee zwar angeregt, aber jetzt wollte er sich sowohl von ihr als auch von Rodriguez distanzieren. Er wies Rodriguez sogar an, sein Haus zu verkaufen, das neben dem Noriegas im Elitebezirk von Panama City, Altos del Golf, stand. Noriega versuchte mit Verspätung, sein Image wiederherzustellen.

Rodriguez, dem diese Nachricht von Nivaldo Madriñan, Noriegas leitendem Untersuchungsbeamten, überbracht worden war, hatte ein Gespräch mit dem General auf Band aufgenommen, bei dem er zu Noriega sagte: „Schick' mir nicht diesen kleinen Schwulen. Ich habe genug Mut, dir direkt gegenüberzutreten, also schick' mir keine Botschaften wie einem Kind."

„Der einzige Mensch, der mit Noriega brüllte und ihm ordinäre Antworten gab, war César", meinte Carlton.

Rodriguez hatte zuviel über Noriega gewußt. Carlton war sogar bei einem Treffen dabeigewesen, bei dem Rodriguez mit Paraguayern über die Möglichkeit eines Attentats auf Somoza für fünf Millionen Dollar diskutiert hatte, die anscheinend Noriega bezahlen wollte. Es war schließlich eine andere Gruppierung, die den Mord durchführte, aber solcher Art waren die Angelegenheiten, die Rodriguez über Noriega gewußt hatte.

Er bewahrte die Tonbandaufnahmen ihrer Gespräche auf, da er sich dachte, daß er irgendwann einmal jeden Schutz brauchen würde. Sowohl Carlton als auch Rodriguez hatten gewußt, daß Noriega impulsiv reagierte, und jetzt wollte er ihre Existenz eben einfach vergessen. „Seit er General geworden war, versuchte er nach und nach, sich von bestimmten Freunden zu befreien."

Carlton begann, Angst um sein Leben zu haben. „Wir alle stellten eine Gefahr für General Noriega dar", sagte er. „Er versuchte, sein Image zu säubern und wir – die von uns, die irgendwann etwas Illegales für ihn getan hatten – waren ihm gefährlich."

Während DEA-Agenten in Panama Carlton im Ungewissen ließen, zogen DEA-Agenten in Miami die Falle zusammen. Nach zwei unbequemen Wochen im Gefängnis hatte Alfred Caballero sich zur Kooperation mit Moritz entschlossen – mit dem Mann, der ihn hinter Gitter gebracht hatte. Im Juni 1986 rief Caballero seinen Freund Carlton an und versprach ihm wertvolle Informationen über die Untersuchung wegen seiner Beteiligung am Drogenhandel. Er bat ihn um ein Treffen in San José in Costa Rica, im exklusiven Cariari Hotel.

Caballero rief den Zimmerservice an, um einen Cocktail für sich und Bier für Carlton und drei Freunde zu bestellen, aber der Anruf wurde automatisch in ein Zimmer in der Nähe umgeschaltet, wo Moritz, drei DEA-Agenten, die in San José stationiert waren, und costaricanische Agenten warteten. Moritz, der sich in seiner Kellneruniform gar nicht wohl fühlte, trug das Tablett mit den Drinks nervös zur Tür und achtete darauf, nichts zu verschütten. Aber als einer von Carltons Freunden öffnete, stürmten die costaricanischen Agenten an ihm vorbei und nahmen Carlton fest. Moritz ließ das Tablett fallen und stand seinem früheren Geschäftspartner von Angesicht zu Angesicht gegenüber.

Sogar zu diesem fortgeschrittenen Zeitpunkt wußte das Außenministerium nichts über einen Fall, der dazu führen würde, daß die USA ihre Politik gegenüber Noriega und Panama dauerhaft ändern würden. Gregories Vorgesetzter, US-Staatsanwalt Leon Kellner, berichtete dem Außenministerium nichts über die Verbindung zu Noriega, nicht einmal, nachdem er Carltons Auslieferung aus Costa Rica zu erreichen versucht hatte. „Alles, was sie wissen mußten, war, daß dieser Kerl ein Angeklagter war und daher haben wir ihnen auch nur das erzählt", sagte Kellner. „Ich habe mir immer schon Sorgen über die innere Teilnahme des Außenministeriums am Kampf gegen die Drogen gemacht. Zu dieser Zeit habe ich ihnen also nichts darüber gesagt, daß es hier um Noriega ging, und ich glaube auch nicht, daß das sonst irgendjemand getan hat."

Noriega würde seine Anklage wegen Drogendelikten später als Politikum bezeichnen, aber die Ankläger betrachteten Regierungsfunktionäre von Anfang an als ihre Feinde. Sie arbeiteten in aller Stille, um keine Beamten zu alarmieren, die versuchen könnten, ihre Arbeit zu untergraben.

Dennoch mußte Carlton erst ausgeliefert werden, und US-Agenten hatten Informationen erhalten, daß Noriega Carlton aus dem Gefängnis holen wollte. Sie wurden noch besorgter, als ein Informant aus dem Gefängnis den Behörden berichtete, daß Carlton einem Wärter eine Bestechungssumme von einer Million Dollar angeboten hatte. Carlton wurde in ein Gefängnis mit besseren Sicherheitsvorkehrungen verlegt. Aber es bestand gar kein Grund zur Sorge. Noriega hatte sich von Carlton distanziert. Er rechnete sich aus, daß er gut genug gegen eine Strafverfolgung gefeit wäre und daß es nur auf seine Verwicklung in den Fall Carlton hindeuten würde, wenn er sich in diesen Schlamassel einmischte.

Carlton schickte mehrere Briefe an Noriega, in denen er ihn um Hilfe ersuchte, aber der General ließ ihm durch Mittelsmänner nur Botschaften zukommen, daß er Carlton durch eine Gefangenenaustausch-Vereinbarung aus den Vereinigten Staaten herausbringen würde. „Zu diesem Zeitpunkt würde er seiner Berechnung nach bereits Präsident von Panama sein, und es würde keine Probleme geben", sagte Carlton.

Aber hier hatte sich Noriega ziemlich verrechnet. Mehr als sechs Monate danach, nach Bergen von Schreibarbeiten und unzähligen Anrufen, erhielt Moritz endlich den Auftrag, Carlton im Januar 1987 aus San José abzuholen.

Es war sechs lange Monate her, daß Moritz dabei behilflich gewesen war, Carlton im vorangegangenen Juni im Cariari Hotel zu verhaften. Gregorie hatte Zweifel daran, daß Carlton bereit sein würde, zu sprechen, aber Moritz – teilweise auch, um seinen eigenen Fall zu fördern – bestand weiterhin darauf, daß der Gefangene keine andere Wahl haben würde, sobald er sich einmal in amerikanischer Obhut befände. Als Carlton durch die Hintertür des costaricanischen Polizeigefangenenwagens trat, der eher wie ein Eiswagen in Tarnfarben aussah, lächelten er und Moritz einander an. Sie waren wieder zusammen. „Also, Danny, was passiert jetzt?" fragte Carlton auf Spanisch.

Als das DEA-Flugzeug – eine Cheyenne-Turboprop – abhob, las Moritz Carlton seine Rechte vor, wobei er das Brüllen der Zwillingsmotoren übertönen mußte. Ihre

Gesichter waren in den kleinen Sitzen der Maschine nur 60 Zentimeter voneinander entfernt und Carlton sah Moritz in die Augen. „Was willst du?“ fragte Carlton.

„El General“, sagte Moritz.

Carlton lächelte. „Darüber reden wir später.“

Zuerst wollte Carlton einmal eine Zigarette. Aber Kenneth Kennedy, Moritz' Vorgesetzter, der zur Abholung Carltons mitgekommen war, hörte gerade mit dem Rauchen auf, hatte also nur einen Nicorette. Carlton probierte auch einen, spuckte den bitteren Kaugummi jedoch angeekelt aus.

Also zog er ein tragbares Computerspiel namens Donkey Kong aus der Tasche. Kennedy spielte mit, aber Carlton gewann jedes Mal, da er in den Monaten, die er hinter Gittern verbracht hatte, kaum andere Beschäftigungen gehabt hatte. Kennedy wollte das Vertrauen dieses Mannes gewinnen, und wenn es dazu nötig war, bis Miami bei Donkey Kong zu verlieren, dann war dieser Preis nicht einmal so hoch.

Gregorie und Moritz begannen fast sofort damit, ihren neuen Zeugen in einem großen Anklagejury-Saal des Gerichts in Miami zu befragen. Keiner von ihnen war auf das reichhaltige Wissensreservoir vorbereitet, das sie hier gefangengenommen hatten. Sie fürchteten, daß dies für sie möglicherweise der einzige Versuch sein würde, etwas aus Carlton herauszubekommen, wenn er sich später dazu entschließen sollte, nicht auszusagen oder sogar irgendwie von Noriega befreit oder ermordet werden sollte. Also holten sie den ganzen Tag, eine Woche lang, Informationen aus ihm heraus.

Was Noriega betraf, war er so etwas wie eine Enzyklopädie. Carlton lieferte ihnen Einzelheiten darüber, wie Noriega seit 1977 Waffenlieferungen an die Sandinista-Guerillas inszeniert hatte, und wie Carlton während des Jahres 1979 viele dieser Lieferungen geflogen hatte. Carlton flog später auf mindestens siebzehn Missionen für Noriega, durch die Guerillas in El Salvador unterstützt wurden. „Ohne sein Einverständnis taten wir gar nichts“, sagte Carlton.

Er sagte, daß Noriegas Gehalt 2200 bis 2500 Dollar pro Monat betragen, aber daß er dieses Einkommen durch illegale Einnahmen aufgebessert hätte. Er besaß mindestens fünf Häuser, ein paar Apartmenthäuser, zwei BMW's (beide vom Typ 735), eine Corvette, die ein Sammlerstück im Wert von 50 000 Dollar war, einen Grand Wagoneer-Kombi und einen Lieferwagen, der „mit allen Luxusdingen ausgestattet war“. Außerdem besaß er mehrere Flugzeuge, Wohnungen in der ganzen Welt und viele Unternehmen, sowohl legale als auch illegale.

Carlton sprach davon, wie er dabei behilflich gewesen war, Noriega mit dem Medellín-Kartell zusammenzubringen und umriß Noriegas Rolle bei der Hilfe für Drogenhändler beim Geldwaschen, dem Drogentransport und der Errichtung eines Kokainverarbeitungs-Labors. Carlton lieferte ihnen Daten, genaue Beschreibungen von Zusammenkünften und die Namen derer, die dabeigewesen waren, und er gab ihnen diese Informationen in so trockenem Tonfall und ohne zu übertreiben, daß keiner der Vernehmungsbeamten je an seiner Glaubwürdigkeit zweifelte.

Während der Pausen bei seinem Verhör zogen sich Gregorie und Moritz auf den Gang zurück und schüttelten die Köpfe. Sie hatten jemanden geschnappt, der für einen

Ankläger eine wahre Goldmine darstellte. „Wir schauten einander nur an und sagten: ‚Du liebe Zeit' ", erzählte Moritz. „Wir wußten, daß das, was er uns hier sagte, die Beziehungen zwischen den Vereinigten Staaten und Panama für immer verändern würde. Dies würde einer der besten vertraulichen Informanten der Geschichte sein. Er besaß ein photographisches Gedächtnis, das zuviele Einzelheiten enthielt, um erfunden sein zu können." Carlton wußte auch genug über Noriegas Privatleben, daß sich seinen Zuhörern die Mägen umdrehten.

Senatsberater erhielten einige Monate danach eine kleine Kostprobe der schmutzigen Geschichten, in die Carlton eingeweiht war, als Stabsmitglieder von Senator Kerrys Drogen-Unterkomitee ihn drängten, zu erläutern, warum er seine Zeit nicht gern mit Noriega verbracht hatte. „Abgesehen von der Tatsache, daß er ein widerlicher Mensch ist –", antwortete Carlton zögernd, „wenn man in seiner Nähe ist, dann spürt man den Tod neben sich. Dieser Mensch erweckt den Schrecken in einem. César [Rodriguez] erzählte mir einmal – ich will's gar nicht wiedergeben - daß Noriega ihn packte, sich seinen Penis griff und ihn lutschte." Diese sexuelle Attacke passierte bei einem Flug in Rodriguez' Piper Navajo Turbinen-Propellermaschine, und als sie gelandet waren, kam Rodriguez zu Carlton, weil er ihm – mit blassem und kränklich wirkendem Gesicht – davon erzählen wollte. Rodriguez hatte es nicht gewagt, Noriega aufzuhalten, der ein Mann war, der immer bekam, was er wollte.

Nachdem die Dolmetscherin ihre Gemütsruhe wiedergefunden hatte und die Stabsmitglieder fragte, ob sie wollten, daß sie weitermache, berichtete Carlton mehr. „Er ist ein gefährlicher Mensch, weil er völlig unerwartet reagiert, wie man an diesem Beispiel sieht. Jetzt verstehen Sie vielleicht, warum ich nicht gern in seiner Nähe bin."

Senator Helms' Beraterin für Außenpolitik, Deborah De Moss, mußte über den peinlich berührten Carlton lächeln. „Wir wollen auch nicht gern in seiner Nähe sein."

Nicht weit davon entfernt – in Tampa, Florida – baute ein anderer amerikanischer Staatsanwalt einen davon unabhängigen Fall gegen General Noriega auf. Robert Merkle, der wegen seiner aggressiven Verfolgung von Drogenhändlern und politischer Korruption den Spitznamen „Mad Dog" („Verrückter Hund") trug, arbeitete bereits auf die erste je stattfindende US-Verhandlung gegen einen wichtigen Führer des Medellín-Kartells hin – Carlos Lehder. Angesichts der Chance, auch Panamas Noriega anklagen zu können, rann ihm das Wasser im Mund zusammen.

Sein enger gefaßter Fall konzentrierte sich auf Noriegas Rolle beim Erleichtern des Waschens von Drogengeldern des großen amerikanischen Marihuana-Dealers Steven Michael Kalish. Der Fall in Miami zielte auf wesentlich breitere Anklagepunkte wegen Gangstertums ab, die auch mit dem Medellín-Kartell zu tun hatten.

Kalish äußerte reichlich viele Behauptungen – und was noch erfreulicher war, vieles davon konnte mit Dokumenten bewiesen werden. Er war im Juli 1984, sechs Monate bevor Moritz mit seiner Undercover-Tätigkeit begonnen hatte, in Tampa festgenommen worden. Aber er fing erst drei Jahre später an, vor einer Anklagejury gegen Noriega auszusagen, nachdem er mit Merkle eine Vereinbarung zur Reduzierung des Strafausmasses getroffen hatte, und nachdem Ankläger aus Miami sich bereits auf Panamas General einzuschießen begannen.

Kalish hatte sich erst nach Panama gewandt, als er 1983 von seinen Profiten geradezu überwältigt worden war und weitere 300 Millionen Dollar aus neuen bevorstehenden Geschäften erwartete, wozu auch Marihuanalieferungen in einem Schleppkahn auf dem Mississippi gehörten, der zum Meer fuhr.

Die Bleidämpfe von den Millionen in Bargeld, die er noch nicht gewaschen hatte, machten seine Geldzähler bereits krank; es handelte sich in den meisten Fällen um Freunde aus seiner High School-Zeit, denen er Vertrauen schenkte. Nicht einmal Geldzählmaschinen wurden mit diesen Mengen fertig. Schließlich gab Kalish das Zählen auf und schickte das Bargeld direkt an Banken auf den Cayman-Inseln, wo das Geld gewogen wurde und dann die Menge Dollars eingezahlt wurde, die man aus dem Gewicht errechnet hatte.

Aber auch seine Banken auf den Cayman-Inseln konnten die Menge nicht bewältigen. Eine von ihnen hatte erst kürzlich eine 12 Millionen Dollar-Ladung 20 Dollar-Scheine zurückgewiesen. Kalish hatte bereits ganze Zimmer voller Geld in Tampa. Einmal belief sich der Betrag auf etwa 35 Millionen Dollar, und er wollte nicht das Risiko eingehen, dieses Geld in amerikanischen Banken einzuzahlen.

„Ich begann ernsthaft, sichere Bank-Häfen zu suchen", sagte er. „Ich war mir der Tatsache bewußt, daß sich die Beziehungen zwischen den Vereinigten Staaten und den Cayman-Inseln veränderten und fürchtete den Verlust des Bankgeheimnisses. Die Cayman-Banken waren einfach nicht fähig, mit einer solchen Menge Geld zu hantieren."

Kalish arrangierte über zwei Mittelsmänner einen „Versuchsdurchgang" in Panama. Sie wiesen Kalish an, mit zwei Millionen Dollar nach Panama zu fliegen, um zu beweisen, daß es ihm ernst wäre. Am 22. September 1983 hatte er in Panama sein erstes Treffen mit César Rodriguez, der als Noriegas Geschäftspartner bekannt war. Rodriguez machte ihn mit Anwälten, Bankiers und Regierungsbeamten bekannt, die ihm ein Paket aus Unternehmens-, Bank- und Investitionsdiensten anboten, komplett mit dem Transport des Geldes, das gewaschen werden sollte, in Panzerwagen vom Flughafen weg.

Kalish erfuhr auch recht schnell von einem weiteren Vorteil der Zusammenarbeit mit Noriega. Der G-2 leitete eine Information, die er von US-Geheimdienstkontakten erhalten hatte, an Rodriguez weiter: Kalishs Learjet stand unter Beobachtung der DEA. Also schickte ihn Kalish in die USA zurück.

Mit Rodriguez hatte Kalish eine der Entdeckungen gemacht, von denen Drogenhändler sonst nur träumen können: den Mittelsmann, der mit Geld um sich warf und direkte Kontakte zur Regierung eines Landes hatte. Rodriguez und Noriega besaßen einige Firmen miteinander, einschließlich des Nachtclubs im Penthouse der Bank of Boston für ihre gemeinsamen Freunde. Es kostete 1000 Dollar, wenn man Mitglied werden wollte, und es gab nicht mehr als 100 Mitglieder. Noriega autorisierte den Generaldirektor der Bank dazu, Rodriguez einen Kredit für den Club zu geben, den dieser nie zurückzahlte.

Rodriguez erhielt regelmäßig PDF-Schecks in einer Höhe von 20 000 Dollar oder mehr, und er teilte sich diese Beträge mit Noriega. Das Geld wurde oft dazu verwendet, den Transport für eine große Anzahl von Models zu Noriegas Privatparties zu bezahlen

– schöne, weiße, amerikanische Mädchen – die für die Wochenenden mit Chartermaschinen eingeflogen wurden.

Kalish besuchte Noriega am Tag nach seiner Ankunft in dessen Haus. Rodriguez hatte ihm geraten, dem General ein Geschenk mitzubringen, „groß genug, um ihm zu zeigen, wie ernst es mir damit war, Geschäfte in Panama machen zu wollen". Kalish brachte also 300 000 Dollar in einer Aktentasche mit. Kalish erzählte dem General, daß er in Panama leben und investieren wolle, und machte ihm klar, daß er „vorhatte, extrem hohe Summen Bargeld" nach Panama zu bringen. Nach einem beschaulichen Gespräch von 30 Minuten Dauer ließ Kalish seine Aktentasche dort und machte sich auf den Weg aus dem Zimmer.

„Sie haben Ihre Aktentasche vergessen" – so erinnert sich Kalish an Noriegas Worte. Kalish sagte dem General, daß sie für ihn sei, und Noriega lächelte.

Kalish wurde noch am selben Abend zu einer Party im Büro der Panamakanal-Kommission eingeladen. Noriega war freundlich und wies Kalish an, er solle mit Rodriguez und dessen Partner Enrique Pretelt weiterverhandeln. Er sagte, er würde tun, was er könne, um zu helfen. Und er dankte Kalish für sein Geschenk.

Kalish zog in ein luxuriöses Haus gleich um die Ecke von Noriega. Er bezahlte 400 000 Dollar, um 25 Prozent von Servicios Turisticos zu erwerben, einer Firma, die er zusammen mit Rodriguez, Pretelt und Noriega gründete. Die Hälfte der Bezahlung seines Anteils ging an Noriega. Da er dem General einen Gefallen tun wollte, arrangierte er den Ankauf eines Kommdananten-Hubschraubers und eines Boeing 727/100-Flugzeugs. Das Budget der PDF besaß keine Mittel für den Hubschrauber, also kaufte ihn Kalish. Der Helikopter war 1 650 000 Dollar wert, aber die panamaische Nationalbank gewährte – auf Noriegas Anweisung – Kalish ein Akkreditiv über 1 950 000 Dollar. Die überzähligen 300 000 Dollar wurden in illegalen Provisionen bezahlt, von denen ein Drittel an Noriega ging. Die PDF leisteten weiterhin monatliche Zahlungen in der Höhe von je 50 000 Dollar auf Kalishs Konto, die automatisch auf Treuhandkonten der Regierung überwiesen wurden, sogar nachdem er im Sommer 1984 verhaftet wurde.

Kalish leistete auch eine Anzahlung in der Höhe von einer halben Million Dollar auf die Boeing 727/100, die mit Noriegas Erlaubnis später zum Geldwaschen verwendet wurde. Noriega sagte, daß Kalish ganze Flugzeugladungen Geld aus Washington, D.C., unter diplomatischem Schutz nach Panama transportieren könne. Kalish erlaubte Noriega auch, seinen Learjet für häufige Flüge nach Washington, New York und Las Vegas zu benutzen. Geschenke waren der Weg ins Herz eines lateinamerikanischen Diktators, und Kalish überreichte dem General und seiner Frau einmal zu Weihnachten Schmuck, dessen Wert auf 25 000 Dollar geschätzt wurde. Bei Noriegas Geburtstagsfeier im Jahre 1983 schenkte Kalish dem General ein Gewehr und zwei Pistolen im Wert von mehr als 20 000 Dollar.

Aber für Kalish waren dies annehmbare Kosten zum Kauf eines Landes. Zu einem bestimmten Zeitpunkt besaß er sogar drei Pässse, zu denen auch ein Diplomatenpaß gehörte, der es ihm gestattete, ungehindert durch Flughäfen auf der ganzen Welt zu kommen. Die Kosten für den Diplomatenpaß betrugen 60 000 Dollar – bescheiden im

Vergleich zu dem, was er einbringen konnte. Seine mit Geld gefüllten Flugzeuge landeten zwar auf Panamas wichtigstem Flughafen, rollten dann jedoch zu einer entlegenen Ecke weiter, die von der Luftwaffe kontrolliert wurde. Ein Offizier überwachte das Entladen des Geldes in gepanzerte Autos, die dann von PDF-Eskorten zu den Banken begleitet wurden.

Noriega und Kalish entwickelten ein enges Verhältnis zueinander. Am 18. Februar 1984 lud Noriega Kalish und seine Verlobte Denise für ein Wochenende auf seine Ranch in der Provinz Chiriquí ein. Noriega erschien mit einer Geliebten und einem Feldwebel, der alle Mahlzeiten für die Anwesenden kochte. Er bestellte ein großzügiges Blumenbukett für Denise, an dem er eine Nachricht für sie hinterließ: „Miss Denis [*sic*]: Willkommen in Panama. Ihr Freund, General Noriega." Der Zettel wurde in Kalishs Brieftasche entdeckt, als man ihn verhaftete.

Noriegas Grund für diesen Wochenendausflug war aber nicht rein gesellschaftlicher Natur; Noriega hatte sich erst kurz zuvor mit der Bezahlung von einer Million Dollar im voraus einverstanden erklärt, die er dafür erhalten sollte, daß er den Marihuanahandel erleichterte. 250 000 Dollar hatte Kalish bereits bezahlt, aber Noriega forderte zusätzliche Garantien, daß die Rolle Panamas gut genug getarnt sein würde, daß die USA nicht dahinterkämen. Er wurde langsam nervös. Er fürchtete, daß seine Rolle zu offensichtlich wurde.

In trockener, juristischer Sprache stellten die Anklagejurys in Miami und Tampa „Fälle, die auf ersten Erkenntnissen basieren" zusammen. Es würde sich um das erste Mal handeln, daß ein US-Bundesgericht den Herrscher über ein befreundetes, selbständiges Land anklagte.

Trotzdem waren diese Fälle von allem Anfang an eher von politischer Bedeutung als ein Schlag gegen die Drogenwelt. Noriega war tatsächlich eine wichtige Kraft, die Drogenhändlern ihre Geschäfte erleichterte, aber in Wirklichkeit handelte es sich bei ihm nie um einen so großen Fisch, wie die Publicity um die Anklagen gegen ihn das andeutete. Er machte zwar Drogenhändlern gegen Bezahlung das Leben leichter, aber es gibt keinen Hinweis darauf, daß er selbst aktiv in Drogengeschäfte verwickelt war. Außerdem war seine Rolle seit 1983 scheinbar kleiner geworden. „Noriega war nie ein wichtiger Mitspieler im Drogenkrieg", gab US-Staatsanwalt Leon Kellner, Gregories Boß in Miami, zu. „Er wurde bezahlt, wie alle anderen."

Dennoch waren die Funktionäre, die aus außenpolitischen Gründen die Anklage hätten aufhalten können, machtlos, weil die Prioritäten in Washington sich verlagert hatten und der Schatten der Iran-Contra-Affäre über allem lag. Die Funkionäre wußten auch, daß zwei ehrgeizige US-Staatsanwälte und ein stellvertretender Staatsanwalt in den Medien gegen alles ankämpfen würden, was von ihnen unternommen werden konnte, um die Anklagen aufzuhalten. Jeder dieser Ankläger hatte die Untersuchung aus privaten Gründen geführt, aber jetzt hatten die Staatsanwälte sich ins Zentrum einer eskalierenden außenpolitischen Krise über Panama begeben. Sie würden ihre Anklagen nicht ohne Kampf aufgeben, und den war kein US-Funktionär bereit zu wagen.

Was Noriega nie begriff – bis es zu spät war –, war die Tatsache, daß er gegen die Art Feind stand, die Washington nur um einen hohen politischen Preis aufhalten konnte: ehrgeizige US-Staatsanwälte, die jeden Hinweis auf eine politische Einmischung in ihre juristischen Angelegenheiten an die Presse weitergeleitet hätten. Die Hauptankläger in Miami und Tampa waren beide Republikaner mit politischen Ambitionen. Leon Kellner in Miami, Gregories Boß, war darauf aus, sich vor den Wahlen im Jahre 1988 einen guten Ruf zu schaffen, der die Anschuldigungen beseitigen sollte, daß er sich dabei Zeit gelassen hatte, Fälle zu verfolgen, die Oliver Norths Iran-Contra-Skandal früher ans Tageslicht hätten bringen können. Robert Merkle in Tampa hatte sich bereits einen Namen geschaffen, indem er Carlos Lehder strafrechtlich verfolgt hatte – den wichtigsten Drogenboß bis jetzt, der vor einer amerikanischen Jury stehen würde. Da er Pläne bezüglich einer republikanischen Nominierung für den Senat im Jahre 1988 in seinem Bezirk hatte, konnte ein Prozeß gegen Noriega ihm da nur behilflich sein. Sowohl Kellner als auch Merkle konnten von diesen Anklagen in einer juristischen Szene nur profitieren, in der US-Staatsanwälte wie Prinzen sind, die völlig unabhängig Provinzen regieren, und das häufig in einer Art, die ihnen am ehesten eine gute Publicity einbringen und ihre politischen Karrieren fördern konnte.

Für Leon Kellner war der Fall Noriega anscheinend die perfekte Art, das zu reparieren, was er als sein unfairerweise angeknackstes Image betrachtete.

Kellner hatte in Miami als leitender Ankläger des Südbezirks einen eher langsamen Start gehabt. Er war internationaler Bankenanwalt auf der Wall Street gewesen, und nichts in seinem Leben hatte ihn auf Floridas Unterwelt aus Drogenhändlern und internationalen Kriminellen vorbereitet.

Er hätte nie die relativ sichere und lukrative Welt des Unternehmensrechts verlassen, hätte ihm nicht Harvey Marcus, sein Studienkollege aus Harvard, einen Job angeboten, nachdem Marcus zum US-Staatsanwalt für Südflorida ernannt worden war. Kellner war ein konservativer Republikaner mit politischen Ambitionen, und eine Zeit im Büro des US-Staatsanwalts unter der Regierung Reagan konnte ihm bestimmt nicht schaden. Als Marcus 1985 zum Bundesrichter ernannt wurde, nahm Kellner den Job an. Und da begannen auch seine Schwierigkeiten.

Nachdem er die erste Anklage überhaupt durchgebracht hatte, in der das Medellín-Kartell erwähnt worden war, spürte das FBI Kellner und seine neue Frau auf, als sie gerade auf Reisen waren, um sie zu warnen: Das Kartell hatte sie zu Zielen eines Attentats gemacht. Kellners Frau Ellen rief die Person an, die ihr Haus in Coral Gables hütete, und befahl ihr: „Nimm den Hund, nimm mein persönliches Telefonbuch, entferne sämtliche Familienphotos. Verlaß' das Haus. Und sag niemandem etwas." Als alle Beweise, die einem Mörderteam irgendwie weiterhelfen konnten, sicher aus dem Haus entfernt waren, siedelte Kellner seine Familie in der Eglin-Luftwaffenbasis an.

Der Umzug nach Eglin erschien Kellner sinnvoll, aber seine Mannschaft war darüber wütend. Viele seiner Leute hatten jahrelang an gefährlichen Fällen gearbeitet, und manche hatten mehr als ein Jahrzehnt lang die Mafia vor Gericht gebracht. Sie fanden, daß jeder von ihnen gefährdet wäre, und daß Kellner sich nur um sich selbst sorgte. Kellners erster Assistent, Richard Gregorie, warnte ihn, daß sich wegen ihm Panik im Büro verbreitete.

Aber sogar danach konnte seine Frau aus lauter Angst nachts nicht schlafen, und sie litten beide unter der Arbeitsbelastung, zunehmenden Problemen mit der Moral im Büro, und neuen Anschuldigungen aus Washington, daß Kellner eine Anklage hinausgezögert hätte, die die illegale Bewaffnung der Contras hätte beenden können, bevor sie zu einem landesweiten Skandal geworden war.

Kellners Probleme wurden noch größer, als das Drogen-Unterkomittee von Senator John Kerry aus Massachusetts eine Untersuchung der Anschuldigungen begann, daß er die Verfolgung des geheimen Waffenlieferungs-Netzwerks von Oliver North durch einen jungen Beamten der Anklage blockiert hätte, der acht Monate, bevor der Iran-Contra-Skandal an die Öffentlichkeit gelangte, nach Costa Rica gereist war. Dieser Ankläger, Jeffrey Feldman, hatte in Costa Rica die Alarmglocken zum Läuten gebracht, als er versucht hatte, den Rancher John Hull befragen zu dürfen – eine der Schlüsselfiguren im Waffen-Netzwerk. Joe Fernandez, der Leiter des CIA-Postens in Costa Rica, hatte Feldman um eine Zusammenkunft gebeten, bei der er herausfinden wollte, wieviel dieser wußte, und Hull war voller Panik wegen dieser Sondierung und kontaktierte North, der seinerseits John Poindexter, den Nationalen Sicherheitsberater, verständigte.

Feldman hatte 1986 ein Memorandum an Kellner gerichtet. „Wir haben genügend Beweise, um eine Untersuchung durch eine Anklagejury zu beginnen... [die] schließlich kriminelle Aktivitäten einschließlich Waffenhandels und Verletzungen der Neutralitätsbestimmungen enthüllen würde.“ Kellner hatte ihm das Memo mit einer handschriftlichen Notiz zurückgeschickt: „Ich pflichte Ihnen bei, daß wir ausreichende Beweise haben, um eine Anklagejury zu berufen.“

Später widersprach er sich aber und ordnete an, daß Feldmans Memorandum umgeschrieben werden müßte, so daß jetzt darin stand: „Eine Anklagejury wäre zu diesem Zeitpunkt wohl so etwas wie ein Angelausflug.“ Feldman zitiert Kellner, der angeblich zu ihm gesagt hat, daß „hier die Politik hineinspielt“. Aber andere Ankläger in diesem Büro, unter ihnen auch Gregorie, stimmten mit Kellners Entscheidung überein, die Anklagejury noch hinauszuschieben. Was Feldman jedoch besonders verdachterregend schien, war die Tatsache, daß er anschließend für eine eidliche Aussage nach Thailand geschickt wurde. „Die meisten jungen Anklagebeamten betrachten solche Reisen eher als Belohnung“, konterte Kellner.

Der leitende Untersuchungsbeamte des Unterkomitees, Jack Blum, brachte noch die Anschuldigung vor, daß Kellner eine Untersuchung des Flugunternehmens Southern Air Transport kaltgestellt hätte, die eventuell viel früher zu Norths illegalem Waffen-Netzwerk hätte führen können. Aber die Anklagen wurden schließlich nicht vor 1988 eingereicht, nachdem Kellner bereits seinen Rücktritt angekündigt hatte. „Kellner betrachtete es als seinen Job in Miami, den Deckel draufzuhalten“, sagte Blum. „Wir waren von allen Seiten hinter ihm her. Er war ganz und gar Teil der Verschleierung dessen, was die Regierung in Lateinamerika machte. Kellner spürte unseren Druck.“

Die Anschuldigungen gegen Kellner konnten nie bewiesen werden, aber die Behauptungen schadeten nichtsdestotrotz seinem Ruf und stellten eine Bedrohung für seine Karriere dar. Kellner fiel es nicht im Traum ein, sich in der Untersuchung gegen Noriega aufhalten zu lassen. Hohe Beamte des Justizministeriums wußten genau, daß Kellner vor dem gesamten Pressekorps losgehen würde wie eine Rakete, wenn sie versuchten, seinen Noriega-Fall aufzuhalten. Er wies seinen ersten Assistenten Richard Gregorie an, mit voller Wucht weiterzumachen.

Wäre es schon schwierig gewesen, Kellner in Miami aufzuhalten, dann war es unmöglich, Merkle in Tampa zu stoppen. Merkle war genau der Typ Mann, dem sein Spitzname „Mad Dog", den man ihm wegen seines tollwütigen Prozeßstils verliehen hatte, ein perverses Vergnügen bereitete. „Wenn er Beweise gegen Gott den Allmächtigen hätte, dann würde er auch ihn vor eine Anklagejury schleppen", sagte Blum.

Die meisten Amerikaner haben keine Ahnung, wer die US-Staatsanwälte für ihren Bezirk sind, aber Mittelflorida kannte Merkle. Der stämmige, 43jährige Läufer bei der Football-Mannschaft von Notre Dame mit dem Gesichtsausdruck und dem Kiefer einer Bulldogge senkte den Kopf und durchbrach die Linien der politischen Opposition mit einer unbeherrschten Hingabe, die mindestens eine Lokalzeitung dazu gebracht hatte, seine geistige Gesundheit anzuzweifeln.

Merkle schaffte es in fünf Jahren, die Anzahl der verhandelten Kriminalfälle in seinem Bezirk mehr als zu verdoppeln. Er steigerte die allgemeine Verurteilungsrate seines Büros um 67 Prozent auf mehr als 80 Prozent. Er hatte zwei Richter, sechs County-Bevollmächtigte, drei Anklagebeamte, einen Sheriff, vier Hilfssheriffs, zwei Bundesagenten und Dutzende Anwälte, Bankiers und Geschäftsmänner angeklagt.

Dennoch brachte ihm sein mit fast schon biblischer Überzeugung geführter Kampf gegen Drogen, politische Korruption, Kinderpornographie und Abtreibung mächtige Feinde ein und machte ihn zu einem der umstrittensten US-Staatsanwälte im ganzen Land. Zu der Zeit, als der Noriega-Fall 1987 ins Rollen kam, hatte der Gouverneur von Florida, Bob Martinez, bereits versucht, ihn abzusetzen. Bei einem Prozeß wegen politischer Korruption hatte Merkle Martinez nämlich vom Zeugen zum Angeklagten gemacht, als die Beschuldigung erhoben wurde, er hätte Schmiergelder kassiert. Zwei Drittel aller Sheriffs von Florida hatten sich einer Resolution angeschlossen, die seinen Rücktritt forderte, und ein altgedienter staatlicher Anklagevertreter in Jacksonville hatte ihn als „Reinkarnation von Joe McCarthy" bezeichnet.

Aber Merkle überlebte seine drohende politische Opferung und machte die meisten seiner Gegner unschädlich, indem er dem größten Drogenboß, der je vor ein amerikanisches Gericht gekommen war, den Prozeß machte: Carlos Lehder.

„Das ist jetzt einfach nicht die rechte Zeit für politische Schachzüge, wenn ein so großer Drogenfall gerade von Bob Merkle behandelt wird", sagte der republikanische Kongreßabgeordnete C. W. „Bill" Young. Und Gouverneur Martinez ließ sich auf einen Waffenstillstand bis nach dem Prozeß ein.

Die Anklagejury gegen Noriega machte die politische Rüstung Merkles ein bißchen stärker und gestattete es ihm, zu versuchen, die republikanische Nominierung für den Senat zu erlangen – was ihm übrigens mißlang. 1988 war es vorhersehbar, daß er gegen den Repräsentanten Connie Mack verlieren würde; er hatte einen Großteil des republikanischen Establishments gegen sich aufgebracht.

Obwohl Merkles Angriff auf die Drogenzaren ihn von seinen Feinden im eigenen Land befreite, brachte er ihm einen Haufen neuer und viel gefährlicherer Gegenspieler ein. Er verlegte sich darauf, nur mehr Mietwagen zu fahren, die er alle paar Tage austauschte, um politischen Attentaten auszuweichen, und fuhr auf Umwegen zur Arbeit. Robert Merkle mochte „verrückt" sein, aber er war nicht blöd.

Dick Gregorie, Kellners erster Assistent in Miami, war die treibende Kraft hinter der Noriega-Untersuchung. Kellner war ein politisch scharfsinniger Beamter, der vor seinem Umzug nach Miami nie etwas mit einem Kriminalfall zu tun gehabt hatte. Gregorie war die Antithese dazu: ein unpolitischer Veteran mit Straßenerfahrung in den fast zwei Jahrzehnten, in denen er nun schon hinter Drogenhändlern her war. Er hatte eine Einsatztruppen-Mentalität, und nichts war ihm wichtiger als einer seiner Fälle. Während sich viele Anklagevertreter als etwas Besseres als die Drogenpolizisten betrachteten, spielte Gregorie sogar bei ihrer Softball-Mannschaft in Miami mit.

Er betrachtete sich selbst als den Mann mit dem Weißen Hut, der es mit allen Übeln Miamis, des Casablancas der achtziger Jahre, aufnahm. „Genauso wie diese nordafrikanische Stadt im Zweiten Weltkrieg zum Treffpunkt für Flüchtlinge, Spione und Kriminelle wurde", schrieb Gregorie in seiner Aussage vor dem Senat, „ist Miami in den Achtzigern der wichtigste Ort für Drogenschmuggler, Geldwäscher, Söldner, Revolutionäre und Flüchtlinge vor politischen und wirtschaftlichen Katastrophen in anderen Teilen der Welt geworden."

Im Oktober 1987 wußte Gregorie, daß es an der Zeit war, höhere Beamte darüber zu informieren, daß man im Fall Noriega kurz vor einer Anklage stand. Der stellvertretende Justizminister Stephen Trott sah hier einen starken Fall in seinem Frühstadium und unterstützte ihn. DEA-Direktor John Lawn, der Elemente darin entdeckte, die für die DEA und ihn persönlich peinlich sein könnten, zeigte sich weniger enthusiastisch. Die DEA blockierte die Untersuchung in Miami zwar nie, aber sie schien auch nie besonders begeistert von dem Gedanken zu sein, ihr nachzugehen.

Natürlich war es keine besonders große Hilfe, daß die DEA Moritz in den Mittleren Westen versetzte – genau zu der Zeit, als er am meisten benötigt wurde, um die Zeugen zu finden und die Fallen aufzustellen, die Carltons Aussagen erhärten würden. Die DEA behauptete, daß es sich dabei um normale Routine – und keinen Akt gegen den Noriega-Fall – handeln würde, aber Gregorie meinte zornig, daß man an einem Ort wie Miami diese Politik vielleicht ändern sollte, wo es nur Erfolg bringen kann, wenn man ein vertrautes Gesicht hat. „Sie versetzen all diese Leute durchs ganze Land, aber zu welchem Zweck?" sagte Gregorie. „Sicher nicht, um den Drogenhandel zu beenden."

Gregorie mußte feststellen, daß es seinem DEA-Team an Fähigkeiten und Erfahrungen für eine so wichtige Untersuchung fehlte. Einer der leitenden Beamten, Kenneth Kennedy, war zwar außerordentlich talentiert, aber er kannte das Terrain nicht und verstand kein Spanisch. Einen der Agenten hatte man nach Miami versetzt, nachdem er 16 Jahre lang auf Flughäfen gearbeitet hatte. Ein anderer leistete jetzt das erste Mal Straßendienst, nachdem er früher nur mit Dokumenten und Berichten befaßt war. Der beste aus dieser Gruppe war ein spanischsprechender Agent, der bei den Befragungen Floyd Carltons hilfreich sein würde, aber der hatte Probleme mit seiner Ausdauer, die auf

Verletzungen zurückzuführen waren, als einmal ein Ballen Marihuana auf ihn gefallen war. „Das war die Gelegenheit, Noriega zu erwischen", sagte Gregorie, „und ich habe hier einen Jungen, der nie in seinem Leben mit einem Fall zu tun hatte, einen zweiten, der einmal so schwer verletzt wurde, daß ihm die Arbeit schwerfällt, ich habe gerade den wichtigsten, drei Jahre mit diesem Fall befaßten Agenten wegen einer Versetzung verloren, und ich habe einen Typen von der Flughafenabteilung, der gerade aus Chicago hier heruntergekommen ist."

Ziemlich bald wurde Gregorie klar, daß weder FBI noch CIA besonders an der Unmenge anderer Informationen, die durch seine Anklage ans Tageslicht kamen und bei denen es von Daten über illegalen Technologietransfer durch Panama nach Kuba bis zu Geheimdienstinformationen über Noriegas Waffenhandels-Geschäfte in der Region ging, interessiert waren. „Unsere Regierung mißbilligte jede andere Untersuchung, die daraus hätte entstehen können", sagte Gregorie.

Gregorie hatte auch Schwierigkeiten, in der Zusammenarbeit mit den DEA-Agenten in Panama Beweise gegen Noriega zu sammeln, der diesen ja immer noch dabei half, Drogenrazzien zu machen. „Wir fragten und fragten, und sie kamen mit leeren Händen zurück", sagte Gregorie. „Es war sehr unbefriedigend, wegen dieser Dinge zu fragen und nicht die Macht der US-Regierung hinter sich zu wissen, um die Antworten zu bekommen." Ein DEA-Kontrolleur behauptete, daß die rassischen Spannungen zwischen den nicht-lateinamerikanischen DEA-Agenten in Miami, die den Fall verfolgten, und den spanischsprechenden Agenten in Panama wuchsen.

Alfredo Duncan, einer der Agenten aus Panama, widersetzte sich der Zusammenarbeit mit Agenten aus Miami so sehr, daß er ein Telegramm nach dem anderen nach Washington jagte, in denen er darauf bestand, daß die Kollegen aus Miami auf der falschen Spur wären. Seine Telegramme verbürgten sich für die Hilfe Noriegas bei einer großen Bandbreite von Drogenverfolgungs-Angelegenheiten. Duncan hielt den Drogenfall gegen Noriega für ein Politikum. In einem seiner Telegramme meinte er, daß die Vorgänge in Miami Noriega dazu veranlassen könnten, das DEA-Büro in Panama zu schließen, das – soweit es Verhaftungen und Beschlagnahmungen betraf – eines der produktivsten in der ganzen Region war. Die Wahrheit dahinter war jedoch, daß Noriega die DEA in Panama schon so manipuliert hatte, daß der Geheimdienst nichts unternahm, über das Noriega durch seinen dortigen Verbindungsmann Luis Quiel nicht gewußt hätte, der während einer von der DEA gesponserten Reise durch das Land – die Frank Gomez, Noriegas Pro-Contra-Lobbyist in Washington und früher ein hochrangiger Funktionär im Außenministerium, organisiert hatte – freigebigst bewirtet wurde.

Einmal war Gregorie so weit, daß er damit drohte, die DEA-Agenten in Panama vor die Anklagejury zu bringen, nachdem ihm ein Informant Beweise dafür geliefert hatte, daß sie sich unbefugt an einer Schachtel Dokumente zu schaffen gemacht hatten, die der Informant ihnen zum Transport nach Miami übergeben hatte. Die Angelegenheit war ernst genug, daß die DEA eine interne Untersuchung startete, die aber kein Fehlverhalten feststellen konnte. Aber der Informant, der in dieser Sache einen Test mit dem Lügendetektor bestand, behauptete, daß Noriegas Bankauszüge aus der Schachtel entfernt worden waren, und die Agenten gaben zu, die Schachtel geöffnet zu haben, obwohl sie sich nicht besonders präzise dazu äußerten, was sie darin finden wollten.

Trotz all dieser Probleme hatte Gregorie im Oktober 1987 einen Fall, der eine Menge zu versprechen schien. Trotts einzige Warnung bestand darin, daß er eine noch stärkere Erhärtung der Fakten brauchen würde und vor allem herausfinden müßte, welche Verbindungen Noriega zu amerikanischen Geheimdiensten besaß und ob seine Arbeit für den CIA den Fall untergraben könnte.

Trotz wiederholter Anfragen ließ der CIA Gregorie erst Monate später, im Mai 1988, seine Akten einsehen, als die Anklagejury in Miami Noriega bereits angeklagt hatte. Und sogar dann war Gregorie noch enttäuscht. Er hatte sich einen ganzen Tag freigenommen, um in Ruhe die zwei Schachteln voller Dokumente, die er erwartete, durcharbeiten zu können. Stattdessen gab man ihm zwei dünne Akten, zu deren „geheimen" Dokumenten Kopien von Artikeln aus der *Washington Post* gehörten. Gregorie hörte nie auf, sich darüber Sorgen zu machen, daß Noriega die gesamte gerichtliche Verfolgung gegen ihn mit der „Brady-Verteidigung", die jetzt besser unter dem Namen „Oliver North-Verteidigung" bekannt war, aufhalten könnte, die es erfordern würde, daß die Ankläger der Regierung jedes für den Angeklagten günstige Material der Verteidigung übergeben müßten – besonders Informationen über Drogenhändler, die Noriega eventuell im Rahmen seiner vertraglichen Geheimdienstbeziehung dem CIA übergeben hatte.

„Die größte Schwäche des Falls Noriega ist die Tatsache, daß er jahrelang ein Agent der US-Regierung war", sagte Gregorie. „Wir haben unzählige Geheimdienste; von einigen weiß ich, von anderen nicht. Ich habe das Recht zur Einsicht in bestimmte Dinge verlangt. Und ich kann Ihnen ehrlich sagen, daß ich davon überzeugt bin, daß wir nicht einmal einen winzigen Prozentsatz von dem zu sehen gekriegt haben, was wir hätten sehen sollen."

Aber Gregorie wußte, daß sein Fall vor der Anklagekammer eine Spitzenposition erreicht hatte, als José Blandón und zwei andere bedeutende Zeugen Ende Dezember und Anfang Januar aussagten. Sie brachten erhärtende Beweise für jeden der wichtigen Anklagepunkte.

José Blandóns Aussage verlieh der Untersuchung jedoch auch ihren ersten politischen Anstrich. Blandóns Entschluß zur Aussage war eine sorgfältig berechnete politische Entscheidung, durch die er erstens Druck auf Noriega ausüben und sich zweitens vor dem General schützen wollte, nachdem er von seinem Posten als Konsul in New York entlassen worden war. Kellner wurde ungeduldig, als Blandón bei verschiedenen Gelegenheiten sein erstes Auftreten vor der Anklagejury verschob, während er Noriega, die Opposition, das Kerry-Komitee in Washington und dessen eigene Anklagejury manipulierte.

Seltsam genug ist die Tatsache, daß Gregorie das erste Mal von einem Produzenten der CBS-Sendung *60 Minutes* von Blandóns Existenz erfuhr. Der Produzent hatte Gregorie mitgeteilt, daß er ihm einen verärgerten panamaischen Diplomaten, der möglicherweise einer der wichigsten Zeugen sein konnte, anbieten würde, wenn er im Austausch dafür ein Interview mit Floyd Carlton, dem stärksten Zeugen der Regierung, bekommen würde. Gregorie gefiel dieser Handel, und er gab ihm Carlton. Aber Blandón spielte immer noch seine Spielchen mit Noriega. Der Produzent konnte ihm Blandón daher nicht liefern.

Joel McCleary hatte Blandón davon abgeraten, irgendetwas zu unternehmen, bevor er nicht einen Anwalt engagiert hätte. Blandón wollte wissen, wie er das Verfahren von der Anklagejury und die bevorstehenden Sitzungen des Kongreß-Komitees am besten dazu benutzen könnte, seine Zukunft zu sichern und Noriegas Sturz zu fördern. McCleary wollte, daß das Treffen an einem Ort stattfand, wo ein Anschlag unwahrscheinlich war.

Der Rechtsanwalt, ein ehemaliger Staatsanwalt aus Detroit namens Atlee Wompler, der Jimmy Hoffa unter Anklage gestellt hatte, suchte das Restaurant im zweiten Stock des Kaufhauses Burdine's in Miami aus. Blandón hatte sich zuvor mit panamaischen Oppositionsführern getroffen, um ihnen anzukündigen, daß er sich ihrer Sache anschließen würde. Jetzt saßen der Strafrechtsanwalt und der lateinamerikanische Verschwörer vor einer Kalten Platte, unterhielten sich mitten im Geschnatter übergewichtiger Einkäufer, die sich auf Sonderangebote stürzten, und legten den Grundstein für Blandóns Aussage. Was Blandón betraf, so überschritt er bei diesem Treffen einen Punkt, nach dem es kein Zurück mehr gab.

Blandón fühlte sich alleingelassen und verwirrt. Der Kongreß wollte das politische Dynamit seiner Aussage bei öffentlichen Hearings; die US-Staatsanwälte in Florida brauchten ihn, damit er ihren Fall gegen Noriega vor der Anklagejury förderte; und Wompler wollte sichergehen, daß er erst in den Genuß eines vollständigen Schutzes durch Bundesvollzugsbeamte käme, bevor er irgendetwas unternehmen sollte.

Wompler arrangierte ein Geheimtreffen mit Blandón, DEA-Agenten und den Anklagevertretern Kellner und Gregorie – in einem kleinen Konferenzraum im Sofitel Hotel am Flughafen von Miami. Blandóns Erzählungen schlugen seine Zuhörer so in ihrem Bann, daß die DEA-Agenten sich auf den Boden fallen ließen und ihre Revolver zogen, als ein lautes Klopfen an der Tür ihre Sitzung unterbrach. Es war nur ein Kellner, der Kaffee brachte.

Gregorie entwarf ein Memorandum für eine Anklage wegen organisierten Verbrechens, in dem die Panamaischen Verteidigungsstreitkräfte als kriminelle Organisation bezeichnet wurden. Aber der Fall Noriega lag nun im politischen Bereich, und das Außenministerium befürchtete, daß eine solche Anklage die Offizierskollegen davon abbringen würde, sich gegen Noriega zu wenden. Also schrieben Funktionäre des Justizministeriums das Dokument um. Mit diesem „Organisiertes-Verbrechen-Ding" kommen Sie nicht durch, sagte Paul Coffee, ein Beamter des Justizministeriums, zu Gregorie. Formulieren Sie es anders. Gregorie schrieb in der Anklage gegen fünfzehn Einzelpersonen und Noriega nun von einer „faktischen Verbindung" mit dem Medellín-Kartell, und das schien auszureichen.

Kellner und Gregorie hatten es eilig, da sie vor den Anhörungen vor dem Senats-Unterkomitee in der folgenden Woche dran sein wollten, und verliehen ihrer Anklage am Super Bowl-Sonntag, dem 31. Januar 1988, in Kellners Haus den letzten Schliff. Kellner hatte Blum hassen gelernt, und er wollte ihm nicht die Befriedigung gönnen, mit seinen Panama-Hearings zuerst in die Nachrichten zu kommen. Außerdem wollte er nicht beschuldigt werden, die Anklage nur als Teil einer allgemeinen politischen Kampagne gegen Noriega ausgestellt zu haben: Er würde der erste sein, und wenn er dafür rund um die Uhr arbeiten mußte.

Die Washington Redskins schlugen die Denver Broncos mit 42:10; aber die Staatsanwälte fanden ihr eigenes Spiel viel anregender. Sie schlangen eine Domino's-Pizza hinunter und mußten einmal Tomatensauce von einem Dokument entfernen, das dazu führte, daß Amerikas Krieg gegen Noriega nicht mehr rückgängig gemacht werden konnte. Sie begannen um sieben Uhr früh, und gegen Mitternacht gingen Kellner und Gregorie noch einmal die endgültige Version von *Vereinigte Staaten von Amerika gegen Manuel Antonio Noriega* und fünfzehn weitere Personen durch.

„Zu jener diese Anklageschrift betreffenden Zeit existierte eine Organisation ... eine Gruppe von Individuen, die faktisch miteinander verbunden waren und die offiziellen Stellungen des Angeklagten MANUEL ANTONIO NORIEGA in der Republik Panama dazu benutzten, die Herstellung und den Transport großer Mengen Kokain mit dem Bestimmungsort USA zu erleichtern sowie die Gewinne aus dem Verkauf von Narkotika zu waschen."

Die Anklageschrift besagt, daß sich die Drogenhändler Noriegas Ausnutzung seiner offiziellen Stellung erkauft hatten, um „ihre Drogenhandel- und Geldwasch-Operationen zu beeinflussen, unterstützen und zu beschützen". Sie beschuldigt ihn, „bedeutende persönliche Profite" gemacht zu haben, indem er angeboten hatte, daß es sicher wäre, Panama für Kokain, Äther- und Acetonlieferungen zu benutzen – wobei es sich bei den beiden letzteren um Chemikalien handelt, die für die Herstellung von Drogen benötigt werden. Sie besagte weiterhin, daß er den Bau von Kokainlaboratorien gestattete und diese dann beschützte, daß er einen Zufluchtsort für Drogenhändler zur Verfügung stellte, und daß er es ihnen erlaubte, Millionen Dollar aus ihren Drogenhandelsgewinnen auf panamaische Banken einzuzahlen."

„Manuel Antonion Noriega verhandelte, direkt und über Mittelsmänner, mit Drogenhändlern", hieß es in der Anklage. „Wenn jemand nicht ausreichend bezahlte oder sich nicht die vorherige Zustimmung Manuel Antonio Noriegas zu Drogengeschäften beschaffte, resultierte dieses Versäumnis in der Beschlagnahme der Drogen oder anderen Vergeltungsmaßnahmen des Manuel Antonio Noriega." Dann wurden auch seine Verhandlungen mit Castro in Kuba erwähnt.

Da er in Tampa nicht alleine übrigbleiben wollte, beschleunigte Merkle seine Anklagepläne. Funktionäre des Justizministeriums wußten, daß es sinnvoller wäre, beide Fälle miteinander zu kombinieren und so eine einzige, stärkere Anklage gegen Noriega daraus zu machen. Aber die US-Staatsanwälte Kellner und Merkle verlangten jeder für sich gierig ihre eigenen Bühnen. Die Anklagen, sollten sie in Washington bewilligt werden, würden beide zugleich eröffnet werden, damit man die Egos der beiden Ankläger nicht anknacksen würde.

Die Anklagejury in Miami würde Noriega und fünfzehn andere in zwölf Punkten der Teilnahme an einer kriminellen Organisation, was einen Verstoß gegen amerikanische Gangster- und Drogengesetze bedeutete, anklagen. Kellner beschuldigte den General, 4,5 Millionen Dollar an Bestechungsgeldern dafür angenommen zu haben, daß er dem kolumbianischen Medellín-Kartell gestattete, mehr als zwei Tonnen Kokain durch Panama in die USA zu befördern. Noriega wurde auch beschuldigt, den Kartell-Leuten erlaubt zu haben, eine Kokainverarbeitungs-Einrichtung in Panama zu errichten und ihr Hauptquartier in dieses Land zu verlegen, nachdem der kolumbianische Justizminister eine Strafe von 145 Jahren Gefängnis und 1,1 Millionen Dollars gegen sie verhängt hatte.

Die weniger ehrgeizige Anklage der Jury in Tampa beschuldigte Noriega in drei Punkten, angeblich einer in den USA stationierten Marihuana-Schmuggelorganisation geholfen und dafür etwa eine Million Dollar erhalten zu haben.

Die Dokumente sahen gut aus. Kellner und Gregorie waren zum Abflug nach Washington bereit, und sie hatten sich auch auf einen Kampf vorbereitet. Sie informierten einige Journalisten von ihrer bevorstehenden Ankunft. Wenn höhere Beamte ihre Arbeit aus politischen Gründen niederschlagen wollten, dann würden die Medien das erfahren. „Die Journalisten brachten ein gewisses Ausmaß an Verantwortlichkeit mit sich", lächelte Gregorie.

Aber die höheren Beamten waren überraschenderweise ziemlich gehorsam. Nur C. Nicholas Rostow, der Rechtsberater des Präsidenten, äußerte offene Kritik. Bei einer Stabssitzung im Weißen Haus fragte er Kellner wütend: „Seit wann fängt irgendein stellvertretender US-Staatsanwalt damit an, Außenpolitik zu machen?"

Als Kellner nach der Sitzung Gregorie über dieses Gespräch berichtete, schäumte Gregorie vor Wut. „Haben Sie ihn nicht gefragt: ‚Seit wann behauptet die amerikanische Außenpolitik, daß der Diktator einer Bananenrepublik beim Drogenhandel behilflich sein darf, der Hunderttausende amerikanische Jugendliche umbringt?' Haben Sie ihm gesagt, daß ich angefangen habe, Außenpolitik zu machen, als die Außenpolitiker angefangen haben, das Gesetz zu brechen?" Kellner gab zu, daß er es nicht ganz genau so formuliert hatte. Er mochte Gregories hitzige Art zwar, aber er war froh, daß er sich selbst um die politische Seite kümmerte.

Kellner hatte eigene Rechnungen zu begleichen. Nach all den Gerüchten darüber, daß er von Washington manipuliert worden wäre, was die Contra-Anklage betroffen hatte, wollte er nicht, daß irgendjemand behauptete, er würde sich in diesem Fall der Regierung Reagan beugen. Er überzeugte Trott davon, daß er ihn beim Treffen der Policy Review Group am 2. Februar, bei dem Beamte unterhalb der Kabinettsebene über seine Anklage diskutieren würden, die Funktionäre informieren lassen sollte. „Wenn Sie mich zum Buckeln zwingen wollen, dann sollen sie es wenigstens direkt tun", sagte er.

So wichtig das Thema der Anklagen auch geworden war – Präsident Reagan wurde nie über eine Entscheidung informiert, die seine Regierung in eine außenpolitische Ecke abdrängen würde. Als man Marlin Fitzwater, den Sprecher des Weißen Hauses, einige Monate danach über die Rolle befragte, die Reagan gespielt hatte, antwortete er, daß dieser sich aus juristischen Dingen heraushalten wollte.

„Mit Sicherheit wußten die Funktionäre des Nationalen Sicherheitsrats und andere darüber Bescheid, daß diese Anklagen bevorstanden und welche juristischen Verfahren seit vielen Monaten in Arbeit waren", sagte Fitzwater. Aber er fügte hinzu: „Bis zum Präsidenten gelangte das nicht."

Tatsächlich wurde die endgültige Entscheidung bei einer Sitzung unterhalb der Kabinettsebene festgesetzt, die vom stellvertretenden Nationalen Sicherheitsberater John Negroponte geleitet wurde. Der frühere Botschafter in Honduras rief Kellner aus dem hinteren Teil des Zimmers nach vorne. „Sie sitzen am Tisch", sagte er ungeduldig. „Schließlich sind Sie der Grund für diese Sitzung."

Kellner informierte die Anwesenden im allgemeinen darüber, was die Anklagen beinhalten würden und sagte, daß sie in zwei Tagen – am 4. Februar 1988 – abgeliefert und dann bei einer Pressekonferenz zu Mittag des folgenden Tages verlesen werden würden. Die Anklageschrift aus Tampa würde zur selben Zeit bekanntgemacht werden. Kellner sagte nichts davon, daß die zwei ehrgeizigen US-Staatsanwälte sich geweigert hatten, ihre Fälle miteinander zu kombinieren und daß man sich auf dieses Timing geeinigt hatte, um Rivalitäten zu vermeiden. Kellner konnte den hohen Funktionären weder Kopien der 30 Seiten umfassenden Anklageschrift zur Verfügung stellen noch konnte er sie verlesen, weil Entscheidungen der Anklagejury der Geheimhaltung unterstanden.

„Hat irgendjemand ein Problem mit dem, was dieser Mann vorhat?" fragte Negroponte.

Kellner hatte befürchtet, daß die Regierung zu Maßnahmen greifen würde, und er hatte sich auf eine Verteidigung seiner Handlungsweise vorbereitet. „Aber es wollte keiner auch nur darüber sprechen", sagte er. „In der Regierung lernt man bald, daß niemand die harten Befehle geben will. Man erlaubte uns, weiterzumachen, und nicht etwa, weil alle Funktionäre es für eine gute Idee hielten, sondern weil jene, die dagegen waren, es nicht wagten, dagegen aufzutreten. Es gab gute Argumente, die man gegen die Anklage hätte machen können, aber ich habe keines davon gehört."

Nach der Sitzung beschwerte sich ein Funktionär beim anderen, daß diese Anklageschrift den Höhepunkt der bisherigen außenpolitischen Verücktheiten darstelle, und einer schätzte sogar, daß sie damit sich selbst und Noriega in eine Ecke abdrängen würden. Die Drohung einer Anklage war immer schon nützlicher als die tatsächliche Anklage, sagte er. Aber keiner hatte sich vor dem Schriftführer der Sitzung zu sprechen getraut, weil jeder Angst hatte, zitiert zu werden, entweder am nächsten Tag in einer Zeitung oder bei einem Kongreß-Hearing irgendwann in der Zukunft, wo es dann heißen würde, er hätte einen mit Drogen handelnden Diktator unterstützt. In der durch die Iran-Contra-Affäre erzeugten Atmosphäre war Schweigen die beste Politik. Es wurden nur Fragen zum Verfahrensablauf gestellt.

Ein Funktionär wollte wissen, ob die Anklage wegen der Gefahr eines Informationslecks einen Tag vorverlegt werden könnte. Kellner sagte, daß dies nicht möglich sei, weil 24 in der Anklagejury sitzende Bürger abstimmen und sich dafür alle von der Arbeit freinehmen müßten.

Der Repräsentant des Außenministeriums, der stellvertretende Außenminister John Whitehead, fragte, ob er den US-Botschafter in Panama informieren könne, dessen

Botschaft zum Ziel von Vergeltungsmaßnahmen werden könnte. Man einigte sich darauf, daß die Botschaft alarmiert werden dürfte.

Kellner sagte aber, daß Präsident Delvalle nicht informiert werden sollte. Beamte des Außenministeriums hatten ihm von der Anklage berichten wollen, weil sie hofften, daß diese Neuigkeiten ihn endlich dazu bringen würden, sich gegen Noriega zu wenden. Delvalles häufig geäußerte Handlungszusagen und seine anschließenden feigen Rückzieher fingen einigen Beamten des Außenministeriums schon langsam auf die Nerven zu gehen an.

Ein anderer Funktionär fragte, wie US-Diplomaten und Militäroffiziere sich Noriega gegenüber verhalten sollten, wenn sie mit ihm redeten. „Lesen Sie ihm seine Rechte vor", lachte Kellner. „Alles was er sagt, kann gegen ihn verwendet werden."

Niemand konnte sich auch nur ein Lächeln abringen.

Die Regierung Reagan hatte jetzt eine Anklage gegen Noriega. Aber ihr fehlte nach wie vor eine Politik, mit der man den General aus seiner Position entfernen konnte.

Kapitel fünfzehn

Der falsche Held

Ich bin der Frosch, und er ist der Skorpion. Vielleicht sollte ich untertauchen und ihn ertrinken lassen.
– PRÄSIDENT ERIC ARTURO DELVALLE

General Noriegas Informant in den USA rief Mario Rognoni am 25. Februar 1988 kurz nach 10 Uhr aus einer Telefonzelle in der Innenstadt von Washington an. Rognoni, der vertraute Freund und Berater des Generals, hatte seiner Sekretärin Anweisung gegeben, alle Anrufe von diesem Amerikaner sofort zu ihm durchzustellen, der seine Kontakte in der Regierung Reagan dazu benutzt hatte, die Leute um Noriega über die unzähligen Inkonsequenzen der amerikanischen Politik zu informieren. Rognoni konnte den Lärm des morgendlichen Verkehrs in Washington im Hintergrund hören.

Die Stimme behauptete, daß Präsident Eric Arturo Delvalle heute Nachmittag versuchen würde, Noriega in einer 20 Minuten langen Fernsehansprache, die er am Tag zuvor aufgenommen hatte, zu entlassen. Diese Ansprache würde um 13 Uhr auf Channel 5, Delvalles eigenem Fernsehsender, ausgestrahlt werden.

Rognoni mußte lächeln, als er diesen wertvollen Hinweis bekam. Noriega hatte schon seit langem damit gerechnet, daß Delvalle einen Treubruch begehen würde, aber es war ein taktischer Vorteil, daß er die Mittel und den Zeitpunkt dieses Vorhabens erfahren hatte. Noriega war über gute Geheiminformationen immer glücklich.

Rognoni machte jetzt zwei Anrufe. Der erste ging an Noriegas Büro. Der zweite wurde zu einer kaum bekannten Schattenregierung durchgestellt, die Noriega im fünfzehnten Stock des Bank of Boston-Gebäudes in Panama City etabliert hatte und die sich aus etwa 40 zivilen Verbündeten zusammensetzte, denen er am meisten vertraute. Noriega hatte diese Gruppe im Oktober 1987 gegründet, nachdem er von Delvalles geheimen Treffen mit US-Funktionären bei seinen „aus medizinischen Gründen" unternommenen Reisen nach Miami erfahren hatte. Präsident von Noriegas Schattenkabinett war sein Erziehungsminister Manuel Solis Palma. Solis Palma hatte zwei Vorteile: Er war ein gewiefter Kerl, was Geheimaktionen betraf, und er besaß keine heimische politische Basis, von der aus er Noriega herausfordern könnte. Rognoni hatte Noriega von der Notwendigkeit einer solchen Gruppe überzeugt, da er fürchtete, daß der General ansonsten jede zivile Unterstützung verlieren würde.

Rognoni war eines der vielseitigen halbamerikanischen Produkte Panamas. Er war ein rundlicher, jovialer Typ, der einem gern auf die Schulter klopfte und mehr wie ein guter alter Junge aus den Südstaaten als der Lakai eines lateinamerikanischen Diktators wirkte. Seine erste Frau war Amerikanerin gewesen, und ein Photo seines blonden Sohnes in einer amerikanischen Football-Uniform zierte neben einer Konföderiertenfahne die Wand seines Büros. Rognoni hatte seinen Hochschulabschluß an der Georgia Tech gemacht und trug immer noch seinen Schulring.

In seinem Konferenzzimmer war eine Wand völlig mit Photos bedeckt, auf denen er mit Noriega zu sehen war – auf ihnen hielt er in einer Hand immer ein Glas Scotch, während er den anderen Arm um den General legte. Die Wand daneben trug General Douglas MacArthurs Kredo und kitschige Stoßstangenaufkleber aus den USA: „Ist das wirklich dein Gesicht oder mußte dein Hals kotzen?", „Armut stinkt" und – vielleicht das passendste – „Ich lüge, betrüge und stehle nur, wenn es notwendig ist".

Nachdem die provisorische Regierung die Neuigkeiten von Rognoni gehört hatte, teilte sie sich in zwei Gruppen auf, um ihren Notfallplan ins Rollen zu bringen. Noriegas zwei größte Ängste bestanden darin, daß die Zivilbevölkerung zur Unterstützung Delvalles auf die Straße gehen könnte und daß Delvalle selbst den Präsidentenpalast beschlagnahmen und ihn damit zwingen würde, ihn von Soldaten stürmen zu lassen. Also beeilte sich eine Gruppe, zu der auch Rognoni gehörte, mit der Besetzung des Palasts. Die andere, angeführt von Solis Palma, fuhr zu Noriegas Hauptquartier, um ihm bei der Planung der Kontrolle der Straßen und der Organisation einer gesetzgebenden Sitzung behilflich zu sein, die einen neuen Präsidenten ernennen würde.

Aber ihr Sieg an diesem Tag würde viel leichter sein, als einer von ihnen auch nur hoffen konnte.

Delvalles aufgezeichnete Botschaft wurde nicht vor 17 Uhr ausgestrahlt, also vier Stunden später, als der Informant erwartet hatte. Eine Zeitlang glaubte Noriega, daß Delvalle vielleicht wieder den Schwanz eingezogen hatte. Er war in den vergangenen Wochen schon mehrmals nahe daran gewesen, sich gegen Noriega zu wenden, und hatte jedes Mal kalte Füße bekommen. Noriega machte sich am Spätnachmittag sogar auf den Weg aus der Stadt, drehte aber sofort um und fuhr zurück, als er im Radio hörte, daß die Aufzeichnung ausgestrahlt worden war. Delvalle, der verkrampft und alles andere als kampflustig wirkte, hatte gesagt, daß er Noriega gebeten hätte, freiwillig zurückzutreten, und daß Noriega sich geweigert hätte. Was er verschwieg, war die Tatsache, daß er in der vergangenen Woche über den päpstlichen Nuntius zweimal versucht hatte, sich mit Noriega zu treffen, aber Noriega gewährte nicht einmal seinem Präsidenten eine Audienz.

„Es gibt keine Alternative, als die Macht zu benützen, die mir von der Verfassung verliehen wurde, um General Noriega aus seiner hohen Kommandoposition zu entfernen und die Führung dieser Institution dem derzeitigen Stabschef, Oberst Marco Justine, anzuvertrauen... Niemand kann sich über die Nation stellen", sagte er. Dann zog sich Delvalle mit seiner Frau und seiner Familie in sein Haus zurück, anstatt es in der Presidencia mit einer AK-47 in der Hand auszukämpfen, wie Chiles getöteter Salvador Allende es getan hatte. Das einzige Überbleibsel der Präsidentschaft, das er noch mitführte, war die Schärpe, weswegen Beamte der US-Botschaft ihren Helden wider Willen auch als „Mit-der-Schärpe-in-der-Hand…“ bezeichneten.

Delvalle hatte erwartet, daß die Panamaer auf die Straße gehen würden, so wie sie es nach den Enthüllungen Oberst Díaz Herreras getan hatten, aber der Bürger-Kreuzzug, der das Herz der Volksopposition gegen Noriega war, haßte Delvalle so sehr, daß er ihm die Befriedigung eines Aufstands nicht gönnen wollte. Zu dieser Zeit hegten viele Leute den Verdacht, daß es sich bei dieser Ansprache um einen weiteren Trick Noriegas gehandelt haben könnte. Delvalles Ansprache klang stumpf und gekünstelt und wurde nur einmal gezeigt – und das war kaum der Stoff, aus dem Revolutionen gemacht werden. „Wir kümmerten uns nicht um ihn“, sagte Aurelio Barra, ein führender Mann in der Handelskammer und Leiter des Bürger-Kreuzzugs. „Er sprang auf unseren Zug auf, und er tat es nur, weil die Amerikaner ihm Unterstützung versprachen.“

Für Barria war dies der Mann, der am Tag nach dem Sturz Präsident Barlettas im September 1985 eine Pro-Noriega-Versammlung abgehalten hatte. Delvalle hatte seine Anhänger auf einen Marsch zur Comandancia geführt, um sich beim General zu bedanken, der gerade beschuldigt wurde, die Enthauptung seines ausdrücklichsten politischen Feindes angeordnet zu haben. „Kein Marionettenpräsident ist tiefer gesunken als er“, sagte Barria.

Und es war Delvalle, der Noriega zur schlimmsten Unterdrückungsphase, die das Land je erlebt hatte, seinen Segen gegeben hatte. Er hatte Noriega nach seinem brutalen Durchgreifen am „Schwarzen Freitag“ (dem 10. Juli 1987) sogar gratuliert. „Ja, ich schrieb einen Brief, in dem ich den Streitkräften dazu gratuliert habe, daß sie niemanden getötet haben“, würde Delvalle später behaupten. „Das war eine ziemliche Leistung. Und warum sollte Noriega nicht gegen die Demonstranten vorgehen? Der Bürger-Kreuzzug wollte Recht und Ordnung, aber dann hat er gegen das Demonstrationsgesetz verstoßen.“

Er verhöhnte die Anführer des Bürger-Kreuzzugs, Geschäftsmänner, die das Herz der Straßendemonstrationen gegen Noriega waren, als „*cabezas calientes*“. Er hielt die Opposition gegen Noriega für einen Haufen schwachbrüstiger „Leute auf der Straße, die mit Taschentüchern winken und Mülltonnen umwerfen. Das war nichts Ernstes, und wenn ich Noriega gewesen wäre, dann wäre ich deswegen auch nicht abgetreten.“

Und als Barria verhaftet, ausgezogen und während des Verhörs gedemütigt wurde, da hatte Delvalle zu Botschafter Davis gesagt, daß Noriega diesen Mann einsperren und die Schlüssel wegwerfen sollte. „Es wäre großartig gewesen, wenn Noriega das auch wirklich getan hätte“, sagte Delvalle später. „Davis schickte Barria auf die Philippinen, wo er sich den Kopf mit einer Menge Demokratie-Quatsch vollstopfen konnte. Aber Panama war eben nicht die Philippinen.“ Vielleicht noch beunruhigender war die Tatsache, daß Delvalle Noriega nach einem halben Jahr Repression mit der „Harpyie“, einem neuen Orden, den Noriega selbst erfunden hatte, auszeichnete. Delvalle behauptete, daß er diesen Orden gegen Noriegas Zustimmung zur Wiedereröffnung der Presse eingetauscht hätte, aber während die Pressefreiheit schnell auch wieder verboten wurde, lag der Orden noch lange nachher in Noriegas Trophäen-Schatulle.

Delvalles Wunsch nach der Präsidentschaft war angeboren. Sein Vater hatte die panamaische Republikanische Partei gegründet und vorgehabt, Präsident zu werden –

der erste jüdische Präsident außerhalb Israels. Der Vater hatte nie Erfolg, aber sein Sohn erbte sowohl den Ehrgeiz als auch die Partei und verkaufte im weiteren Verlauf seines Lebens einen Teil seiner Seele – zuerst, als er an der Verschwörung zum Sturz eines Präsidenten teilnahm und dann, als er bei Noriegas Unterdrückungsmaßnahmen als Komplice agierte.

Sogar Delvalles eigene Eliteklasse hatte schon begonnen, ihn aus ihren Reihen auszustoßen. Bei einem Essen im Union Club, dem traditionellen Treffpunkt von Panamas Oberklasse, hatten die Gäste ihr Besteck protestierend gegen die Kristallgläser geschlagen, bis das Klirren Delvalle so weit brachte, daß er das Mikrophon ergriff, um sich zu rechtfertigen. Aber die Essensgäste hatten ihn niedergeschrien und er mußte mit angeknackster Ehre abgehen. Seine Frau, die Tochter einer der besten Familien Panamas, hatte geweint und ihn gebeten, sich doch von Noriega zu distanzieren. Es gab aber auch noch ein weiteres Motiv: Noriega würde Delvalle aus dem Amt entfernen, wenn er nicht zuerst handelte. Delvalles Ängste wurden im Dezember, als er mit Rognoni redete, offensichtlich.

„Kennen Sie die Geschichte vom Frosch und dem Skorpion?" fragte er Rognoni. „Der Skorpion bat den Frosch, ihn zum anderen Flußufer zu tragen. Der Frosch glaubte, daß der Skorpion, der ja nicht schwimmen konnte, es nicht wagen würde, den einzigen, der sein Überleben sicherte, zu stechen. Der Frosch beginnt zu schwimmen, aber in der Mitte des Flusses sticht der Skorpion den Frosch. Bevor er stirbt, wendet er sich dem Skorpion zu und sagt: ‚Jetzt werden wir beide sterben. Warum hast du mich gestochen?'

‚Weil's mir Spaß macht!' antwortete der Skorpion."

Delvalle zog ein finsteres Gesicht. „Ich bin der Frosch und er ist der Skorpion. Vielleicht sollte ich untertauchen und ihn ertrinken lassen."

Einen Monat nach seinem Gespräch mit Rognoni im Dezember zögerte der Frosch aber immer noch mit dem Untertauchen. Er flog im Januar nach New York und traf sich dort mit Elliott Abrams und seinem Stellvertreter William Walker. Delvalle beschwerte sich über einen neuen Erlaß des Senats, der Panama seines Zuckerkontingents beraubte und damit Delvalles Privatgeschäfte direkt ins Herz traf. Er wußte, daß sein ehemaliger Freund Gabriel Lewis, dessen Sohn sich gerade von Delvalles Tochter scheiden ließ, diesen Angriff arrangiert hatte. „Sie sollten mir stattdessen ihre Reserven öffnen und mich stärker machen", sagte er.

Aber Abrams und Walker wollten, daß Delvalle Noriega feuerte – etwas, das Delvalle als Aufgabe für einen Idioten betrachtete. Er wußte, daß er nicht genug Macht besaß, um das durchzusetzen, und daß Gabriel Lewis nur darauf aus war, Noriega seines Marionettenpräsidenten zu berauben. Er hatte das Gefühl, daß Noriega belastet genug wäre, um bald von selbst unterzugehen, und daß die Zustände bald so schlimm sein würden, daß er zurücktreten oder von Offizierskollegen gestürzt werden würde.

Nach der Anklage vom 4. Februar gelangte Delvalle jedoch zur Überzeugung, jetzt handeln zu müssen. Seine Familie und seine Freunde aus der panamaischen Oberklasse waren ihm bereits unerträglich geworden, da sie sich andauernd über seinen fortgesetzten Schutz Noriegas beschwerten. Er flog eine Woche nach den Anklagen nach Miami, um sich dort heimlich mit Joel McCleary, dem Mittelsmann der Opposition, und Elliott

Abrams zu treffen – im Haus seines Zahnarztes in der Nähe des Biscayne Boulevard. McCleary wartete in Miami drei Tage auf den heimlichtuerischen Anruf des Zahnarztes. „Der Arzt benahm sich, als spielte er in einem le Carré-Roman mit", lachte McCleary später. „Aber ich wußte, daß wir uns in einem Beckett-Stück befanden" - *Warten auf Delvalle.*

McCleary erzählte Delvalle, daß er zwei Privatflugzeuge zur Verfügung habe, die ihm von Gabriel Lewis geschickt worden waren und in der Nähe darauf warteten, ihn schnell nach Washington zu bringen, um dort vor der Organisation Amerikanischer Staaten die Ankündigung zu machen, daß er Noriega entlassen wollte. Lewis hatte sogar arrangiert, daß Senator Kennedy anrief, als Delvalle gerade mit McCleary redete, und Kennedy sprach seine Unterstützung für eine solche Handlungsweise aus. Aber Delvalle wollte zu dieser Zeit nichts mit Lewis' Choreographie zu tun haben. Er war der Bemühungen des aggressiven Unternehmers, ihn herumzuschubsen, müde geworden. „Gabriel möchte gern alles kontrollieren", sagte Delvalle. „Er denkt 24 Stunden am Tag nur ans Geld, und ich glaube, daß sein ganzer Konflikt mit Noriega auf wirtschaftlichen Erwägungen beruhte."

Nachher traf sich Abrams mit ihm. Delvalle beschwerte sich über die Anklage. „Sie haben mir keinen Ausweg gelassen", sagte Delvalle. „Ich kann nicht weiter auf seiner Seite stehen, aber ich habe auch nicht die Macht, ihn aus dem Amt zu entfernen. Können Sie die Anklagen im Austausch für seinen Rücktritt wieder aufheben?"

Ihr Antrag ist abgewiesen, sagte Abrams und fügte hinzu, daß die schlechte Publicity, unter der Präsident Reagan in einem solchen Fall zu leiden haben würde, eine solche Handlungsweise verbiete.

„Ich muß ihn also rausschmeißen und dann werde ich rausgeschmissen", sagte Delvalle. „Die Demokratie wird einen großen Rückschlag erleiden." Aber schließlich setzte sich Lewis durch, und Delvalle würde zurücktreten müssen.

Dennoch wollte Delvalle noch einen Versuch unternehmen, Noriega zu überreden, die Macht aufzugeben. Er lud den kleinen General auf seine Terrasse am Dach des maurischen Präsidentenpalastes ein, und sie blickten gemeinsam über den Pazifik, während Delvalle vorschlug, daß Noriega zurücktreten und seinen Namen von allen Anschuldigungen reinigen sollte.

Aber dann würde er den USA in die Hände spielen, sagte Noriega. Hier geht es nur darum, daß die Amerikaner ihre Militärbasen behalten wollen; es hat gar nichts mit mir zu tun. Noriega war nicht zu bewegen, also beschloß Delvalle zu handeln, wobei er wohl wußte, daß das einzige Ergebnis seine Entlassung sein würde. Er nahm seine Ansprache heimlich in der Residenz des päpstlichen Nuntius auf, nachdem er seine Präsidentenschärpe in einer Schuhschachtel aus dem Palast geschmuggelt hatte; dann flüchtete er durch die Hintertür aus seinem Haus, um der Aufmerksamkeit seines Chauffeurs zu entgehen. Er hatte nicht vor, das Risiko auf sich zu nehmen, live im Fernsehen aufzutreten. „Halten Sie mich für einen Selbstmörder?" fragte er später.

Für Noriega war es ein leichtes, Delvalle zu stürzen. Danach war sein größtes Dilemma, ob er die Präsidentschaft selbst übernehmen oder eine neue Marionette ernennen sollte. Er versammelte seine Berater im Privatschlafzimmer hinter seinem

Hauptbüro in der Zentrale, wohin er sich in schwierigen Zeiten immer zurückzog. Rognoni meinte, daß er der Scharade ein Ende machen und endlich selbst die Macht übernehmen sollte.

Aber Michael Harari, der israelische Berater, dem Noriega größtes Vertrauen schenkte, hatte ihm immer wieder geraten, hinter den Kulissen zu bleiben, wo er sicherer wäre und keine direkte politische Verantwortung tragen müßte. Das entsprach ganz dem persönlichen Instinkt des schüchternen und introvertierten Führers. Noriega teilte seinen Beratern auch mit, daß er dem peruanischen Führer Alan Garcia und „amerikanischen politischen Führern“ versprochen habe, die Verfassungsregeln einzuhalten.

Noriega entschloß sich also, dort zu bleiben, wo er sich am wohlsten fühlte: hinter der Bühne. Er trommelte 38 der 67 Mitglieder der gesetzgebenden Körperschaft seiner Marionetten-Nationalversammlung zusammen, und sie unterschrieben am 26. Februar um zwei Uhr früh einstimmig eine Resolution, nach der Delvalle und sein Vizepräsident Roderick Esquivel ihrer Ämter enthoben wurden. Die Resolution besagte, daß Delvalles Entlassung Noriegas „unter Mißachtung der gesetzlichen Vorschriften durchgeführt worden ist, die von der Verfassung und dem Grundgesetz, das die Verteidigungsstreitkräfte gesetzlich regelt, vorgesehen sind“.

Dann ernannte das Kabinett Manuel Solis Palma zum „für die Präsidentschaft zuständigen Minister“, nach Artikel 184 der Verfassung. Die Verfassung erlaubte nämlich nicht, daß der ungewählte Erziehungsminister einfach den Titel „Präsident“ erbte, und Noriega wollte ja, daß alles verfassungsmäßig ablaufen sollte. Solis Palma legte um 2.30 Uhr, im Rahmen einer 15 Minuten dauernden Kabinettssitzung, seinen Amtseid ab. In seiner Gier danach, Präsident zu sein, hatte Delvalle es Noriega gestattet, den Großteil seines Kabinetts zu kontrollieren. Daher unterschrieben auch 12 der 14 Kabinettsminister seine Absetzung und Solis' Ernennung.

Der Bürger-Kreuzzug erkannte Delvalle zehn Tage später nur zögernd und nach einer Reihe von Sitzungen beim päpstlichen Nuntius mit Funktionären der amerikanischen Botschaft als Untergrundpräsidenten an. Im Tagebuch des Nuntius‘ steht: „Für einige von ihnen war das sehr schwer, weil sie Delvalle genauso haßten wie Noriega. Aber das US-Außenministerium versicherte ihnen, daß es eine klare und endgültige Intervention geben würde und daß sie Noriega jetzt loswerden könnten. Man konnte sehen, daß jeder von ihnen die Wichtigkeit dieser Entscheidung begriff. Aber man konnte ihren Gesichtern auch ansehen, wie schmerzhaft es für sie war, Delvalle akzeptieren zu müssen. Er hatte sie ins Gefängnis gebracht und Gesetze unterstützt, die zu ihrer Unterdrückung dienten, während er davon profitierte, Unternehmen zu besitzen, an die er in der Zeit seiner Präsidentschaft gekommen war.“

Der ruheloseste politische Kämpfer gegen eine militärische Herrschaft, Ricardo Arias Calderón, fand Delvalle so verwerflich, daß er anfangs nicht einmal dessen Namen öffentlich aussprechen wollte. Der Interviewer Ted Koppel von der ABC-Sendung *Nightline* versuchte vergeblich, Calderón dazu zu bringen, seine Billigung des Untergrundpräsidenten zu äußern. „So sehr ich es auch versuche, ich kann Sie nicht dazu bringen, zu sagen, daß Sie Delvalle unterstützen, also muß ich daraus schließen, daß Sie ihn nicht unterstützen“, sagte Koppel.

Präsident Reagan zögerte nicht so lange wie Noriegas panamaische Opposition, Delvalle anzuerkennen. Unmittelbar nach Delvalles Ankündigung im Fernsehen drückte der Sprecher des Weißen Hauses, Marlin Fitzwater, die „uneingeschränkte" Unterstützung einer zivilen Herrschaft aus. Diese Rückendeckung wurde mit jedem Tag deutlicher. Am 26. Februar hieß es in einer Stellungnahme des Weißen Hauses: „Wir verurteilen alle Bemühungen, die militärische Herrschaft in Panama aufrecht zu erhalten, einschließlich der Bemühungen, Präsident Delvalle aus seinem Amt zu entfernen." Am 2. März erkannte dann das Außenministerium – veranlaßt durch Delvalles Rechtsstreit vor US-Gerichten, mit dem er Gelder der panamaischen Regierung einfrieren wollte – das erste Mal seit dem Zweiten Weltkrieg die legitime Regierungsgewalt eines Regimes an, das von einem Präsidenten geführt wurde, der sich verborgen hielt. Als sich der aufgewirbelte Staub schließlich gelegt hatte, mußten die USA feststellen, daß sie das einzige Land der Welt waren, das Delvalle immer noch anerkannte.

Vom Februar 1988 an würde die amerikanische Politik gegenüber Panama von zwei historisch unüblichen Schritten bestimmt sein: der noch nie dagewesenen Anklage gegen einen bisher befreundeten Diktator und die fortgesetzte offizielle Anerkennung des Präsidenten, den Noriega gestürzt hatte, als verfassungsmäßigen Führer des Landes.

So außergewöhnlich diese beiden Schritte waren, so wenig wurden sie innerhalb der Regierung Reagan diskutiert. Trotzdem verwandelten diese beiden Entscheidungen den bisher großenteils panamaischen Konflikt in einen Kampf zwischen den USA und Noriega. Nicht nur, daß Washington jetzt Teil des panamaischen Konflikts war, es war auch viel weniger wahrscheinlich, daß man ohne die Teilnahme einer US-Regierung zu einer Lösung kommen würde.

Die Anklagen brachten Noriega dazu, jeden Kompromiß mit seiner innenpolitischen Opposition abzulehnen, der nicht beinhaltete, daß die USA die juristischen Anschuldigungen gegen ihn wieder aufheben würden. Die Bestätigung des Regimes Delvalle bürdete den politischen Machern einen besudelten Helden auf, um den herum sie keinen echten panamaischen Enthusiasmus erzeugen konnte. Der Millionär und Gesellschaftsmensch lebte nicht gern im Untergrund und es mangelte ihm an Erfahrung dabei, für eine Sache zu kämpfen. Die US-Geheimdienste installierten sogar Abhörgeräte in seinem Haus, als sie erfuhren, daß er private Verhandlungen mit Repräsentanten Noriegas führte. Während einer Sitzung mit Botschafter Davis und dem päpstlichen Nuntius, Monsignore José Sebastian Laboa, war Delvalles mangelnder Mut ein Thema des Tratsches. Der Repräsentant des Vatikans bot Davis zwei Marmoreier aus einer Schüssel in seiner Eingangshalle an. „Geben Sie die Delvalle", sagte er und hielt sie verspielt unterhalb seiner Taille. „Er hat keine eigenen."

Der Preis dieses politischen Kurses der USA war jedoch, daß die wichtigen Diskussionen zwischen den einzelnen Behörden nicht ernsthaft anfingen, bevor die Zeit für entscheidende Aktionen wirklich gekommen war. Das Außenministerium und das Pentagon starteten einen Guerillakrieg aus gezielten Informationen an die Presse und Beschuldigungen, während Präsident Reagan daneben stand und es verabsäumte, sich einzumischen. Sechs Wochen lang, von Delvalles Aktion am 25. Februar bis zur

Verhängung beschränkter wirtschaftlicher Sanktionen am 8. April, gab es keine koordinierte und sinnvolle US-Politik und keine Anweisungen vom Präsidenten. Es gab ein Ziel – Noriega loszuwerden –, aber man hatte sich nie auf eine Reihe politischer Instrumente zur Erreichung dieses Ziels geeinigt. Das Ergebnis bestand in großartiger Rhetorik, hinter der nur kraftlose Mittel standen. Diese Methode erregte den Zorn Lateinamerikas, aber sie bewegte Noriega keinen Millimeter von der Stelle.

Tatsächlich kam die größte Bedrohung für Noriega Anfang März nicht von der Regierung Reagan. Stattdessen wurde er im Rahmen eines Plans, der von Gabriel Lewis und seinen Freunden ausgeheckt worden war, fast durch eine Reihe von Klagen gestürzt, die von Anwälten der Rechtsanwaltsfirma Arnold & Porter eingereicht wurden. Ironischerweise machten diese Klagen Präsident Delvalle im Exil viel mächtiger, als er es während der Zeit, als er noch an der Macht war, je gewesen war.

Joel McCleary erkannte ein außenpolitisches Vakuum, wenn er eines sah. Nach dem Wochenende, an dem Delvalle versucht hatte, Noriega zu feuern, sah er, daß die Regierung nicht handlungsbereit war. Jetzt mußte die Opposition handeln, bevor der richtige Augenblick verpaßt war. Aber wie? McCleary kam auf den Gedanken, daß Delvalle, sollte die Regierung sein Regime weiterhin als verfassungsmäßig anerkennen, auch weiterhin die Kontrolle über Guthaben der panamaischen Regierung in den Vereinigten Staaten haben würde.

McCleary rief Lewis an. Als Lewis von dieser erregenden Idee hörte, reagierte er genauso. „Ja, ja, ja", sagte er, und dann legte er auf, da er zu aufgeregt war, um noch weiter über den Plan zu sprechen oder sich wenigstens zu verabschieden. Weniger als 24 Stunden nach McClearys Vorschlag brachte Lewis einen harten Kern Verbündeter in seinem Haus in Washingtons Exklusivbezirk Foxhall Crescent zusammen: McCleary, Blandón, den ehemaligen Botschafter in Panama William Jorden und den ehemaligen US-Militäroffizier und Lobbyisten John Campbell. Die wichtigste Rolle in diesem Tagesprogramm spielte jedoch Lewis' alter Freund William D. Rogers, der ehemalige stellvertretende Staatssekretär für interamerikanische Angelegenheiten.

Delvalles Botschafter in Washington, Juan B. Sosa, war bei dieser ersten Sitzung nicht dabei, obwohl er und die Opposition später den Kurs billigten, den Lewis eingeschlagen hatte. Lewis, der sich wieder ins politische Vakuum bewegte, hatte die Kontrolle übernommen und beschlossen, daß Delvalle und Sosa Rogers engagieren sollten, um eine legale Basis für das Einfrieren panamaischer Regierungsgelder in den USA zu finden und damit General Noriega so lange unter Druck zu setzen, bis er abdankte oder - was eher wahrscheinlich war – bis seine militärischen Verbündeten ihn aus Angst um das Wohlergehen ihres Landes und Militärs absetzten.

Rogers und seine sehr orthodoxe Firma würden die Speerträger eines ausgesprochen unorthodoxen juristischen Kampfes sein. Arnold & Porter hatten ihr Büro in einem modernen Gebäude im Geschäftsviertel Washingtons und waren reichlich mit in Flanellanzüge gekleideten Graduenten der Eliteuniversitäten des Landes versehen. Rogers hatte Klienten von Henry Kissinger bis zur brasilianischen Regierung vertreten, aber der Fall Panama erfüllte ihm die Wunschvorstellung jedes liberalen Rechtsanwalts: die Chance, in einem amerikanischen Gerichtssaal einen Tyrannen zu stürzen und die Demokratie zu fördern. „Noriega ist unter allen Führern des 20. Jahrhunderts der, den man am ehesten als Inkarnation des Bösen bezeichnen kann", sagte Rogers. „Gott sei Dank herrscht er nur über ein kleines Land."

Rogers war so enthusiastisch, daß er seine Bemühungen als „Revolution durch Rechtsstreit" bezeichnete. In einem Interview damals prahlte er: „Wie König Lear schon sagte – ich werde die wunderbarsten Dinge tun." Arnold & Porter würden die Sache übernehmen, nicht nur als Delvalles Anwälte, sondern auch als sein Auslandsbüro, Klagen bei amerikanischen Gerichten einreichen und diplomatische Botschaften um die ganze Welt schicken. „Ich bin ein Werkzeug in ihren Händen", sagte er.

Rogers erster Schritt bestand darin, eine Erklärung für Präsident Delvalle zu entwerfen, die das Regime Noriega der panamaischen Verfassung nach für ungesetzlich erklärte. Die Bekanntmachung verständigte alle Parteien, die mit dem Regime Noriega zu tun hatten, davon, daß alle ihre Transaktion von der Regierung Delvalle nicht anerkannt und auch nicht als bindend empfunden würden. Die Bekanntmachung wurde am 29. Februar verfaßt, an die Presse weitergegeben und als ganzseitige Anzeige in *The Wall Street Journal* vom 1. März abgedruckt. Zu dieser Zeit bildete Rogers gerade bei Arnold & Porter ein Panama-Team, das mit jedem Tag größer wurde. Anwälte, die bei dieser großen Firma arbeiteten, riefen beim Leiter des Teams, Kenneth I. Juster, an und fragten, ob sie helfen könnten. „Rechtsanwälte melden sich normalerweise nicht freiwillig zu mehr Arbeit, aber viele von ihnen sahen, daß dies der aufregendste Fall in der Firma und vielleicht im ganzen Land war", sagte Juster, der sich im Alter von 33 Jahren über einen vielseitigen Weg der Annäherung auf dem laufenden hielt, zu dem es gehörte, Geheiminformationen über panamaische Regierungsgelder zu sammeln, Prozesse gegen Banken anzustrengen, Gelder der nationalen Fluglinie (Air Panama) zu beschlagnahmen, diplomatische Noten zu verfassen und ein wirtschaftliches Hilfspaket zu entwerfen, das darauf abzielen sollte, den Schaden wiedergutzumachen, der teilweise durch die Versuche, Noriega zu stürzen, entstanden war. „Wir dachten von Anfang an, daß sich die beste Chance für einen Erfolg in den ersten paar Wochen ergeben würde, also bemühten wir uns, soviel Druck anzuwenden, wie wir konnten", sagte Juster.

Die wichtigste Aufgabe war es, panamaische Regierungsgelder in den USA zu finden und unter Kontrolle zu bringen. Anti-Noriega-Maulwürfe in der Nationalbank von Panama und andere Bankiers, die der Opposition angehörten, stellten Delvalles Leuten eine Liste amerikanischer Banken zur Verfügung, von denen bekannt war, daß es dort panamaische Konten gab. Im Auftrag von Botschafter Sosa schickte das Rogers-Team Telefaxe an die Aufsichtsratsvorsitzenden von vier dieser Banken und zwanzig der US-Unternehmen, die am meisten mit Panama zu tun hatten, um sie darüber zu informieren, daß Schulden und Steuern, die ans Regime Noriega bezahlt wurden, keine Verpflichtungen an die Republik Panama erfüllen würden.

Aber diese Briefe allein reichten nicht aus. Ein Informant in der amerikanischen Regierung informierte Rogers darüber, daß die New Yorker Republic National Bank an dem Tag, als die Faxe gesendet wurden, 10 Millionen Dollar nach Panama überwiesen hatte, und daß sie vorhatte, am darauffolgenden Tag weitere 10 Millionen zu schicken.

20 Millionen Dollar waren eine Menge Geld für ein Land, in dem nur zwei Millionen Menschen lebten. Dem Team von Arnold & Porter wurde dadurch klar, daß sie dringende Prozesse gegen die Banken beginnen müßten, um den Geldfluß zum Regime Noriega aufzuhalten. Daher arbeitete das Team die Nacht durch, um die Papiere für eine Klage vorzubereiten, die am nächsten Tag in New York eingereicht werden sollte und mit der man ein zeitweiliges Unterlassungsurteil gegen die Republic National Bank erlassen wollte. Richter Lloyd F. MacMahon vom Südlichen Bezirk in New York stellte ein solches Urteil umgehend aus und stoppte die Überweisung der zweiten zehn Millionen.

Arnold & Porter mußten diese Unterlassungsurteile jetzt zu endgültigen machen. Der Bankenanwalt Robert Mannion grub den Präzedenzfall aus, den Rogers brauchte. Der Edge Act von 1941 hatte es den USA erlaubt, Regierungen anzuerkennen, die von Adolf Hitler ins Exil gezwungen worden waren, so daß sie Gold und andere Werte in alliierten Banken behalten konnten. Dieses Gesetz war zum letzten Mal 1953 verwendet worden, um einen Disput zwischen Taiwan und dem chinesischen Festland wegen Konten bei der Wells Fargo Bank zu schlichten: Taiwan hatte gesiegt, da das Außenministerium das kommunistisch regierte China nicht anerkannte. Das Gesetz war jedoch nie zuvor effektiv dazu benutzt worden, bedeutenden wirtschaftlichen Druck auf eine De facto-Regierung auszuüben, so wie es jetzt mit Panama geschehen würde.

Das Rogers-Team verfaßte eine diplomatische Note an das Außenministerium, in der stand, daß Botschafter Sosa der einzige Mensch sei, der „die Autorität besitzt, jeden Besitz, der sich in einer Bundesbank oder einer anderen Bank auf einem Konto der Republik Panama befindet, zu erhalten, verwalten oder darüber zu verfügen". Der amtierende Außenminister John Whitehead (Shultz war Anfang März auf Reisen, und blieb auch wegen anderer Angelegenheiten während der ersten Wochen der Panamakrise weiterhin außer Landes) stellte die notwendige Beglaubigung aus, die „jede Bundesbank oder jeder beim Bund versicherten Bank" davon verständigte, daß die USA die Autorität Botschafter Sosas „in Bezug auf diesen Besitz" anerkannten. Diese Beglaubigung würde sich für Noriega als schädlicher erweisen als jede andere offizielle US-Sanktion gegen ihn, die noch kommen würde. Sie schnitt Noriegas Regime mit einem Schlag von 40 Millionen Dollar in amerikanischen Banken ab und hinderte Panama auch daran, die Banken in New York dazu zu benutzen, wichtige Funktionen als Verrechnungsstellen für Panamas internationale Transaktionen auszuüben – eine Notwendigkeit, weil die Währung des Landes der amerikanische Dollar ist. Die Beglaubigung machte es Noriegas Anwälten zudem unmöglich, vor Gericht zu erscheinen. Nur Anwälte, die die Regierung Delvalle vertraten, hatten den legalen Anspruch, für die Republik Panama aufzutreten.

Die Gerichtsszenen selbst ähnelten denen in der alten US-Fernsehserie *To Tell the Truth*. Eine Anzahl verschiedener Rechtsanwälte erhob sich, um – einer nach dem anderen – zu sagen, daß sie die Republik Panama repräsentierten. Der Richter mußte dann entscheiden, wer von ihnen die Hochstapler waren. Die Anwälte von Arnold & Porter erhoben in dem Augenblick Einspruch, wenn einer von Noriegas Anwälten auch nur den Mund öffnete, und wandten ein, daß der Mann keine legale Autorität besäße, um als Repräsentant der Regierung Panamas sprechen zu können. „Das war das erste Mal, das ich Rechtsanwälte gesehen habe, die bei Gericht Einspruch erhoben, wenn ein gegnerischer Anwalt aufstand, um sich vorzustellen", lachte Melvin Garbow, ein Anwalt von Arnold & Porter, der dabei behilflich war, für die Delvalle-Gruppe die Kontrolle über die Geschäfte der Air Panama in den USA zu erlangen.

Im Fall der Air Panama kam es schließlich soweit, daß Garbow sowohl den Kläger (die Republik Panama) als auch den Angeklagten (Air Panama) vertrat, sobald der Richter entschieden hatte, daß Noriegas Anwälte keine Autorität besäßen. Diese Angelegenheit warf einige neue Fragen auf. Wenn die Republik Panama gegen eine ihrer eigenen Rechtspersönlichkeiten klagte, wie konnte sie das dann vor einem amerikanischen Gericht tun? „In 26 Jahren Rechtspraxis habe ich so etwas noch nie erlebt", sagte Garbow. „Es gab keinerlei Präzedenzfälle für vieles von dem, was da passierte."

Als De facto-Auslandsbüro von Delvalles Regime handelte Arnold & Porter oft nach Hinweisen aus der US-Regierung. Das Konferenzzimmer im vierten Stock der Firma war in ein „Kriegszimmer" verwandelt worden, und panamaische Oppositionskämpfer gingen dort den ganzen Tag ein und aus, verglichen ihre Notizen miteinander und planten mit dem juristischen Team neue Strategien.

Zwischen zwei Firmen, die sich ebenso unähnlich waren wie ihre Klienten, entwickelte sich auch eine kleine Nebenhandlung. Arnold & Porter gehört zum Establishment von Washington. Noriegas Bankinteressen wurden unter anderem von der New Yorker Außenseiter-Anwaltsfirma Rabinowitz, Boudin, Standard, Krinsky & Lieberman vertreten. Die Firma erlangte das erste Mal eine gewisse Berühmtheit, als sie Opfer der antikommunistischen Kampagne von Senator Joseph McCarthy in den Fünfzigern verteidigte. Seitdem vertrat sie Alger Hiss, die Scientology-Kirche, Fidel Castro, Muammar Ghaddafi, den Ayatollah Khomeini und Amy Carter.

Die Anwälte von Rabinowitz und Boudin bereiteten außerhalb der Gerichte Argumente vor, in denen Passagen aus dem US-Außenpolitikgesetz und dem Abkommen der Organisation Amerikanischer Staaten zitiert wurden, um ihre Behauptung zu unterstützen, daß die Regierung Reagan gegen die Verfassung verstoßen hätte, als sie Delvalle anerkannte. Sie waren auch darauf vorbereitet, die Neuformulierung des Gesetzes für Auslandsbeziehungen vom 6. April 1985 durch das American Law Institute zu zitieren: „Wenn ein Staat ein Rebellenregime als legitime Regierung anerkennt oder behandelt, während die zuvor anerkannte Regierung immer noch in Kontrolle ist, dann stellt das eine ungesetzliche Einmischung in die internationalen Angelegenheiten des anderen Staates dar." Sie schätzten, daß diese legale Grundlage solid genug wäre, um mit dem Fall vor das Oberste Bundesgericht zu gehen.

Aber ein Richter nach dem anderen entschied, daß die Anwälte von Rabinowitz und Boudin nicht angehört werden durften. Bei einer Anhörung am 7. März in New York, bei der jede Menge Stars anwesend waren, stand Richter Lloyd F. MacMahon drei Gruppen von Anwälten gegenüber. Arnold & Porter vertrat das, was vom Außenministerium als die Regierung von Panama anerkannt wurde. Rabinowitz und Boudin erschienen, um das zu vetrtreten, was sie als Panama bezeichneten, und der spitzbärtige

Verteidiger des U-Bahn-Schützen Bernhard Goetz, Barry Slotnick, hatte einen Überraschungsauftritt im Auftrag der Nationalbank von Panama.

Anthony Baratta von Rabinowitz und Boudin wurde zum Schweigen aufgefordert, als er vorzubringen versuchte, daß die Anerkennung Delvalles durch die USA illegal wäre. „Ich kann Ihnen nicht zuhören", sagte der Richter. „Hier sind mir die Hände durch das Außenministerium gebunden. ... Also verschwenden Sie nur Ihre und meine Zeit, wenn sie das erzählen."

Baratta versuchte es noch einmal. „Würden Euer Ehren mir mit allem Respekt gestatten..."

„Nein, ich werde nicht", sagte der Richter. „Ich werde mir Ihr Interventionsgesuch nicht anhören und dabei bleibt es."

Baratta blieb hartnäckig und argumentierte: „Die Frage ist, wer Panama ist und wer legitim..."

„Ich höre Ihnen nicht länger zu. Dieses Thema, das habe ich Ihnen bereits gesagt, steht vor diesem Gericht eindeutig nicht zur Debatte. Sie sind fertig. Der Nächste?"

Barry Slotnick versuchte es auf andere Art. Nachdem er 1988 mit Noriega das chinesische Neujahrsfest zusammen gefeiert hatte, war er erst an diesem Morgen dazu ernannt worden, die Bank zu vertreten. Er entschuldigte sich dafür, nicht genug Zeit gehabt zu haben, juristische Dokumente vorzubereiten, aber er überreichte dem Richter einen herzzerreißenden Brief: „Man hat mich darüber informiert, daß es viele Haushalte gibt, die sich kein Essen, keine Milch und andere Lebensnotwendigkeiten für ihre Familien und Kinder leisten können." Er versuchte, damit zu argumentieren, daß einige der Geldmittel, die man eingefroren hatte, privaten Einzahlern gehörten. „Wie Euer Ehren aus meinem Brief wissen, gibt es Menschen in Panama, die nicht genug Geld haben, um ihre Kinder zu ernähren", sagte er.

Ein erboster Richter MacMahon dehnte schließlich das Unterlassungsurteil um weitere zehn Tage aus und bat all jene, die intervenieren wollten, ihn innerhalb der nächsten drei Tage über ihre Argumentation zu informieren. Slotnick erhob Einspruch: „Euer Ehren, wir bitten Sie mit allem nötigen Respekt darum, daß alle diese Informationen bereits morgen Vormittag eingereicht werden müssen, wegen der katastrophalen Folgen, die sich ereignen..."

„Nein, das ist keine besondere Hilfe für das Gericht", sagte der Richter. „Ich habe genug Improvisation gehört. Drei Tage. Drei Tage."

Mit der Beglaubigung des Außenministeriums in der Tasche begann das Rogers-Team seine Bemühungen, die Beschwerde gegen Republic National abzuändern, so daß sie auch drei weitere New Yorker Banken einschloß. Ein direktes Ergebnis davon war, daß die Banken in Panama am 3. März 1988 zusperrten. „Wir haben das panamaische Bankensystem in die Knie gezwungen", sagte Rogers.

Weitere Prozesse gegen eine andere Bank in Boston und vier in Miami waren ebenfalls von Erfolg gekrönt. In der zweiten Märzwoche hatte die Regierung Delvalle es geschafft, zeitweilige Unterlassungsurteile gegen neun amerikanische Banken und eine Fluglinie durchzubringen.

Die politischen Macher konnten da nur mehr voller Bewunderung und Ermutigung zusehen, als diese Gruppe Washingtoner Anwälte sich im Kampf gegen Noriega an die Spitze stellten. „Botschafter Sosa und seine Anwälte hätten mit Sicherheit nur dann aufgehalten werden können, wenn die Vereinigten Staaten sich öffentlich dazu entschlossen hätten, Noriega anzuerkennen“, sagte Juster von Arnold & Porter.

Ironischerweise haben Delvalles erfolgreiche Rechtsstreitigkeiten möglicherweise aber etwas Druck von Reagan genommen und so eine entscheidende und effektive Handlungsweise der USA hinausgezögert. Erst am 11. März, fast drei Wochen nach dem Sturz Delvalles, traf Präsident Reagan die ersten beschränkten Maßnahmen, die jene von Arnold & Porter ergänzten. Reagan sagte, daß die Vereinigten Staaten die monatlichen Zahlungen, die von der Panamakanal-Kommission an Noriega fällig waren und sich auf etwa 80 Millionen Dollar pro Jahr beliefen, in treuhänderische Verwaltung übergeben würden. Reagan hob außerdem Handelsvergünstigungen gegenüber Panama auf, die im Laufe des Jahres 96 Millionen Dollar an Exporten aus dem Land betreffen würden. Noch bedeutendere Sanktionen der USA aber, die Noriega treffen hätten können, als er am schwächsten war, würden einen weiteren Monat auf sich warten lassen.

Die Bundesgerichte hatten Noriega in die Seile gedrängt, aber die Regierung Reagan schaffte es nicht, ihm den K.O.-Schlag zu versetzen. Während die Panamaer sich Generalstreiks anschlossen, waren die amerikanischen Funktionäre in eine scheinbar endlose Reihe von zwischenbehördlichen Streitereien verwickelt. Juster war enttäuscht darüber, sehen zu müssen, wie die Wirkung der intensiven Arbeit seiner Firma verzettelt worden war, was Panamas Wirtschaft geschwächt und Noriega immer noch auf seinem Posten gelassen hatte. „Verschiedene Gruppen in der Regierung Reagan zankten offen und lautstark darüber, was zu tun wäre, und trugen damit in der Öffentlichkeit das aus, was privat miteinander hätte besprochen werden sollen“, sagte Juster später. „Das lenkte von den Bemühungen ab, Noriega von seiner Machtposition zu entfernen, und ermutigte ihn stattdessen nur.“

Als Antwort an Arnold & Porter organisierte das Regime Noriega eine totale Gegenoffensive, um Geld nach Panama zu bringen. Das Drama hatte internationale Ausmaße.

Noriegas Familie schoß eine Reihe von Briefen ab, um ihre eigenen Konten und Besitztümer zu schützen, die sich auf einen Wert von mindestens 300 Millionen Dollar weltweit beliefen, und sie an sicherere Orte zu verlegen. Die Familie verlagerte einen Großteil ihres Geldes in ausländische Banken, die nur unter der Nationalbank von Panama amtlich notiert waren, welche langsam zu Noriegas persönlicher Institution wurde.

Was aber für Noriegas Überleben noch wichtiger war – er befahl seinen Untergebenen, schnell Geld zu beschaffen, damit er die öffentlichen Angestellten bezahlen konnte; und er schickte Gesandte nach Übersee, die Notkredite für ihn finden sollten.

Am 3. März 1988 hatten die panamaischen Banken ihre Pforten geschlossen, um panische Abhebungen zu vermeiden. Noriegas verzweifelte Suche nach Bargeld war so offensichtlich geworden, daß einige amerikanische Banken, die befürchteten, daß er den Inhalt ihrer Tresore beschlagnahmen würde, ein geheimes Treffen mit amerikanischen

Militäroffizieren auf einem Baseballplatz bei Fort Clayton organsisiert hatten. Sie wollten Hilfe, um das Geld aus ihren Stahlkammern heraus und in die USA bringen zu können. Das Ergebnis war, daß am darauffolgenden Samstag hinter jeder ihrer Banken ein Müllwagen vorfuhr und große Müllsäcke, die mit 20-, 50- und 100-Dollarscheinen gefüllt waren, von Arbeitern, die keine Ahnung hatten, was sich darin befand, in diese Wagen geworfen wurden. Dann wurden die Säcke eiligst zu einer amerikanischen Militärbasis befördert, von wo aus sie in Frachtmaschinen in die Vereinigten Staaten geflogen wurden. Ein Bankier behauptet, daß bei dieser Lieferung etwa 100 Millionen Dollar außer Landes gebracht worden wären.

Aber sogar als Geld das Land verließ, entdeckte Noriega kluge Methoden, auch welches hereinzubringen. Am 13. März hielt er mit vor Kälte zitternden internationalen Finanzberatern eine Strategiesitzung in seinem übertrieben klimatisierten Büro ab: Alberto Calvo, der Botschafter in Japan, Guillermo Vega, der Botschafter in London, Hugo Torrijos, der Leiter der Handelsmarine, Gaspar Wittgreen, der Botschafter in Paris (der Cousin von Noriegas Frau und Bruder von Carlos Wittgreen, Noriegas Partner beim Waffenhandel und bei Verstößen gegen das Kuba-Embargo) und etwa sechs andere, einschließlich des Finanzministers, waren anwesend. Sie waren durch ihre Allianz mit Noriega sämtlich zu Millionären geworden; und sie alle besaßen einen scharfen finanziellen Verstand, der sich damit befassen würde, Geldmittel für Noriegas Regime zu finden.

Sie machten Pläne, wie sie die Einkommensquellen anzapfen könnten, an die die USA nicht herankommen konnten: Pferderennen, die Lotterie, unbezahlte Steuern sowie Gebühren aus der Freihandelszone in Colón. Jeder von ihnen berichtete, wieviel drinnen war und schlug dann Mittel und Wege vor, schnell an Geld zu kommen. Eine solche Einkommensquelle waren Lizenzen und die damit zusammenhängenden Gebühren für Handelsschiffe, die unter panamaischer Flagge segelten. Noriega wandte sich Calvo zu, der die japanische Botschaft in den vergangenen zehn Jahren in ein Multimillionen-Dollar-Geschäft verwandelt hatte. Wie konnte er die hereinkommenden Zahlungen – und Vorauszahlungen kooperativer japanischer Freunde – auf dem schnellsten Weg nach Panama kriegen?

Calvo erklärte, daß die normalen Bankkanäle von den Amerikanern gesperrt worden waren. Das stellte ein Problem dar, da alle Dollarüberweisungen nach Panama über kommerzielle Banken in den USA gehen mußten, die als Verechnungsstellen fungierten, weil Panama keine eigene Zentralbank hatte.

Aber Noriega war nicht an Einzelheiten interessiert. Er vertraute darauf, daß die wohlerworbenen Rechte seines Teams es schon motivieren würden. Er wollte nur Ergebnisse sehen. „Ihr seid die Experten“, sagte er. „Ihr kümmert euch darum.“

Alberto Calvo, ein kleiner, fleischiger und ungepflegter Rechtsanwalt, setzte seinen brillanten Verstand ein. Calvo war ein Meisterverschwörer, ein Bridgespieler der internationalen Klasse, der sich am Spieltisch mit Larry Tisch in New York, Omar Sharif in Südfrankreich und Deng Xiaoping in Peking duelliert hatte. Er benutzte seine wertvollen Verbindungen als Vorstandsmitglied der World Bridge Association dazu, als Noriegas Botschafter in Tokio Zugang zu mächtigen politischen Kreisen zu finden.

Calvo konnte in Japan etwas Geld für Noriega beschaffen, aber dann mußte er es erst außer Landes schaffen, also kontaktierte er zwei Freunde in der diplomatischen Gemeinde Tokios: die Botschafter der Sowjetunion und Kubas. Er wollte Hunderttausende amerikanische Dollar von Tokio über Havanna nach Panama schaffen. Sie antworteten beide, daß ihre Länder panamaische Diplomatenpakete nicht überprüfen würden. Und sie würden das noch weniger tun, wenn es um eine Operation ging, deren eigentliches Ziel es war, die Politik der USA zu untergraben. Das Geld wurde von einem Kurier in einer Aeroflot-Maschine nach Moskau und dann über Havanna nach Panama geschafft. Einige Monate danach zeichnete Präsident Solis Palma Calvo für seine Gegenmaßnahmen in diesem Wirtschaftskrieg aus.

Ein hoher panamaischer Beamter bestätigte, daß mindestens zwei Millionen Dollar – und wahrscheinlich viel mehr – im März und April durch diesen Kanal gereist wären. Für solch ein kleines Land handelte es sich dabei um eine bedeutende Summe. Im Mai schuf Calvo einen weniger beschwerlichen Kanal. Geld aus panamaischen Konsulaten auf der ganzen Welt wurde hauptsächlich über Konten der Nationalbank in Paris nach Hongkong geschickt. Gaspar Wittgreen, der Botschafter in Paris, war dabei behilflich, die nötigen Arrangements zu treffen. Diese Konsulate kassierten ordentliche Gebühren, nicht nur durch die Schiffahrt, sondern auch durch den Verkauf von Pässen, Letztverbraucher-Zertifikaten für sensible Gegenstände und andere heimliche Dienste. Wenn das Geld in Hongkong anlangte, dann bezahlte die Banco Nacional de Paris es bar aus. Ein Kurierdienst aus Hongkong, der an solche Geheimgeschäfte gewöhnt war, transportierte es dann, in einfache Kartons verpackt, in KLM-Maschinen nach Panama. KLM ist die einzige europäische Fluglinie, die direkt – ohne Zwischenstop in den USA – Panama anfliegt. Dadurch wurde das Risiko von Beschlagnahmungen reduziert.

Das Geld kam also unter allen möglichen Umständen an – aber es kam zu spät. Generalstreiks wurden ausgerufen, die allgemeine Unruhe nahm zu, und bald sah sich Noriega mit seinem ersten ausgewachsenen Putschversuch konfrontiert.

Kapitel sechzehn

Ein dummer Staats-Streich

Es gibt keine unlösbaren Probleme, nur unfähige Menschen.

– GENERAL NORIEGA, MÄRZ 1987

General Manuel Antonio Noriega mußte seine Kabinettsminister und politischen Verbündeten beruhigen und ihnen versichern, daß er alles unter Kontrolle hätte. Es war der 15. März 1988, und an diesem Tag hatte er es das erste Mal versäumt, die Gehälter der öffentlichen Angestellten zu bezahlen. Noriega und sein Stab suchten nach Möglichkeiten, Geldmittel zu finden und die Unruhe zu ersticken. Am nächsten Morgen sollte ein Generalstreik beginnen.

Noriega wählte Major Fernando Quezada, einen seiner intelligentesten Offiziere, der sich zudem noch gut ausdrücken konnte, dazu aus, das Kabinett über die bevorstehenden Gefahren zu informieren. Quezada, der erst kurz zuvor von einem Studienjahr am Inter-American Defense College in Washington zurückgekehrt war, entwarf ein alarmierendes Bild. Er betrieb ein Zentrum, das die Unruhe im Volk und die militärische Bedrohung durch die Amerikaner im Auge behielt, und beides eskalierte auf gefährliche Art und Weise. Er beschrieb in allen Einzelheiten jedes neue Stück militärischer Ausrüstung, das die Amerikaner ins Spiel brachten. Er sprach von fünf neuen Hubschraubern, die genug Feuerkraft besaßen, um ganz Panama City in die Luft zu jagen. Er skizzierte amerikanische Pläne zur Errichtung von Flüchtlingslagern, die 100 000 Menschen beherbergen und in zwei Stunden errichtet werden konnten. Die ankommenden Truppen wären äußerst fähig und beweglich. Er sagte, daß die panamaische Luftwaffe und Armee „nichts dagegen unternehmen" könnten, sollten die USA einen Angriff beschließen. „Nichts", wiederholte er, während seine Blicke durchs Zimmer wanderten, um die Reaktion darauf festzustellen. Noriegas Generalstab war komplett anwesend, und niemand widersprach ihm.

Diese Vorstellung war so beunruhigend, daß viele der Anwesenden dachten, daß Noriega die Bedrohung übertreiben wollte. Sein Motiv war klar: Je größer die angebliche Gefahr war, desto mehr konnte er sich in Bezug auf Repressionen und die Anforderungen, die er an seine Regierungsbeamten stellte, erlauben. Aber Quezada spielte ein anderes Spiel. Er bereitete alles für seinen Putsch gegen Noriega vor, der am nächsten Morgen stattfinden sollte. Er wollte, daß die Kabinettsmitglieder und anderen Beamten sahen, daß Noriega das Land in eine solche Gefahr gestürzt hatte, daß seine Entfernung die einzige Alternative darstellte.

Um dieselbe Zeit warteten Joel McCleary und der costaricanische Politiker Enrique Carreras nervös in ihren Hotelzimmern in Panama City auf ein geheimes Treffen mit einem panamaischen Beamten. Noriega hatte eine Nachricht an Gabriel Lewis gesandt, daß er verhandlungsbereit wäre, aber Lewis hatte McCleary als sein Kanonenfutter vorgeschickt.

Seit seiner Ankunft am vorigen Abend war McCleary jedoch klar, daß etwas im Gange war. Ein alter Freund, der über den G-2 erfahren hatte, daß er sich in Panama befand, besuchte ihn in den Stunden vor der Dämmerung. Er hielt seinen Zeigefinger vor die Lippen, um sicherzugehen, daß McCleary schwieg. Er wußte, daß das Zimmer des amerikanischen Beraters im Caesar Park Marriott angezapft war. Sie gingen den Gang zu den Aufzügen hinunter. „Ich habe eine Nachricht von einem Freund", sagte der Mann. „Sehen Sie zu, daß Sie verdammt schnell wieder von hier abhauen, noch vor morgen. Sie befinden sich in größter Gefahr. Es wird etwas passieren."

„Etwas?" McCleary war freudig erregt. Er wußte sofort, daß sein Freund über einen Staatsstreich sprach. Jetzt mußte er entscheiden, was zu tun war. Würde er dableiben und sein verabredetes Treffen mit Noriega am nächsten Tag abwarten? Oder sollte er besser mit dem ersten Flugzeug abfliegen, das am nächsten Morgen ging? Mit der Arroganz, die anscheinend alle politischen Berater befällt, entschied er sich zum Dableiben, um die Rebellen nach dem Putsch zu beraten. Sie waren potentielle Kunden.

An diesem Abend, als sich Noriega gerade mit seinem Kabinett traf, standen McCleary und Carreras im Riedgras am Ende einer Landebahn des Paitilla-Flughafens. McCleary trug einen schwarzen Anzug mit breitem Nadelstreif, der eher nach Washington als in die Tropen gepaßt hätte. Carreras war ganz in Weiß. Sie ließen ihr Taxi warten und standen alleine im Freien, wo sie sich Sorgen darüber machten, daß sie gute Zielscheiben für Scharfschützen wären und sich fragten, ob sie einander trauen konnten.

Ein Major, den sie beiden kannten, kam mit einem bewaffneten Leibwächter dazu. „Der General kann sich jetzt nicht mit Ihnen treffen", sagte er. „Er will, aber er kann nicht." Sie betrieben in dieser seltsamen Umgebung ein bißchen Konversation. Der Major beschwerte sich über die Gerichtskosten, die Noriega in den USA hatte. „Er ist böse, weil er glaubt, daß sie ihm zuviel berechnen", sagte der Offizier. „Sie sind Blutegel."

„Noriega war immer schon schäbig", sagte McCleary. Sie alle lachten zustimmend.

McCleary überbrachte dann die Botschaft, wegen der er gekommen war. Wäre Noriega eventuell darin interessiert, mit Mitgliedern des amerikanischen Außenministeriums zu verhandeln? Er erwähnte den Namen der Außenministeriums-Funktionäre William Walker und Michael Kozak. Noriegas Anwälte machten in Washington gerade dasselbe Angebot.

„Noriega wird mit Leuten der US-Regierung verhandeln", sagte der Major. „Aber nicht sofort."

McCleary hatte seine Aufgabe erfüllt. Jetzt wollte er weg. Wenn der Staatsstreich fehlschlug, dann – dessen war er sich sicher – würde Noriega ihn als Mitverschwörer betrachten. Die zwei Vermittler erwischten das letzte Flugzeug nach San José.

Noriega beendete seine Marathon-Kabinettssitzung um ein Uhr früh, aber seine anschließende Vorgangsweise deutete darauf hin, daß er von der Verschwörung wußte. Tatsächlich sollte der Auftrag an Quezada, das Kabinett zu informieren – anstatt es selbst zu tun – sein letzter Versuch sein, den ehrgeizigen Quezada bloßzustellen und ihn dazu zu bringen, aus Angst seinen Verrat abzublasen. Noriega log Quezada gegenüber, daß er in dieser Nacht in seinem Schlafzimmer in der gutbewachten Comandancia schlafen würde, und daß sie sich um 8 Uhr dort zu einer Strategiesitzung mit dem Generalstab treffen sollten, bei der beraten werden sollte, wie man mit dem Generalstreik dieses Tages fertigwerden könnte. Noriega und Quezada setzten dann jeder für sich ihre entgegengesetzten Pläne in Gang.

Noriega blieb bis 3 Uhr in den Quartieren der Wachen der PDF, gegenüber vom Präsidentenpalast, aber er ließ seine Autos aus dieser Gegend wegbringen, damit die Staatsstreich-Verschwörer glauben würden, daß er weggefahren sei. Er trank mit der Nachtwache ein paar Gläser Old Parr-Whisky und benahm sich so unbekümmert, daß niemand auf die Idee kommen konnte, daß er einen Gegenplan hatte. Er schickte sogar seinen persönlichen Fahrer zur Comandancia zurück, damit die Männer, die Quezada dort postiert hatte, annehmen würden, er wäre dorthin zurückgekehrt.

Noriega braucht wenig Schlaf. Während seiner Krise schlief er immer nur ein oder zwei Stunden zwischendurch, wo und wann das möglich war, und er wechselte oft die Orte, an denen er schlief. Sein Ersatzfahrer hielt es daher auch nicht für ungewöhnlich, daß der General bis vier Uhr morgens ausblieb oder sein Fahrtziel im letzten Moment von der Comandancia in sein sichereres Büro in Fort Amador verlegte.

Um fünf Uhr erhielt Guillermo „Willy“ Cochez, ein christdemokratischer Politiker, den Anruf eines Freundes, der als sein Mittelsmann für Geheimtreffen mit Offizieren der PDF gedient hatte. „Mein Freund aus dem Restaurant möchte mit ihnen reden“, sagte er in einem Code, den sie beide verstanden.

Der Politiker eilte zu seinem Auto und fuhr zum Haus eines Restaurantbesitzers, der ihn in die Einzelheiten eines Treffens einweihte, das er nur einige Minuten später bei der Bridge of the Americas haben würde. Als der Politiker ankam, joggte Major Quezada unbekümmert über die Brücke, die Nord- mit Südamerika verbindet. Er lief gern zu dieser frühen Stunde dort, wo er fast 200 Meter auf das Wasser unter ihm hinunterblicken und den Pazifik zu seiner Linken sowie den Panamakanal zu seiner Rechten sehen konnte. An diesem Morgen war es aber auch wichtig, daß er meilenweit alle Himmelsrichtungen überblicken konnte, damit ihm jedes verdächtige Fahrzeug auffallen würde. Als der Politiker sein Auto anhielt und Quezada einstieg, war noch wenig Verkehr und der Major war sicher, daß niemand sie gesehen hatte. Er sprach, während sie fuhren.

„Wir starten um 7.15 Uhr unseren Putsch und brauchen ihre Hilfe dazu“, sagte er. Quezada wollte sichergehen, daß die Opposition ihre Unterstützung für die Putschisten äußern würde, und im Austausch dafür würden sie für demokratische Wahlen eintreten. Er wollte auch, daß der Bürger-Kreuzzug Demonstranten auf die Straße schicken sollte, nachdem der Staatsstreich bekanntgegeben wurde, um Noriegas Truppen davon abzuhalten, zu seiner Rettung zu eilen. Quezadas einzige Forderung bestand darin, daß Delvalle nicht Teil der Übergangsregierung sein würde. „Wir sind gegen Delvalle und seine Leute", sagte Quezada. „Sie sind Gauner."

Quezada sagte, daß die Rebellen sich gegen Noriega gewandt hätten, weil er sowohl ihre Institution als auch das Land ruinieren würde. Als Cochez fragte, ob die Amerikaner helfen würden, sagte Quezada, daß er General Woerner, den Leiter des Southern Command, kontaktiert hätte, um ihn um Waffen und andere Hilfeleistungen zu ersuchen. „Ich bin mir nicht sicher, ob wir diese Waffen oder sonst etwas bekommen werden", sagte Quezada mit enttäuschtem Tonfall. Die Amerikaner hatten sich seiner Ansicht nach enttäuschend unkooperativ gezeigt.

Der Politiker kannte alle Offiziere, die in diesen Putsch verwickelt waren. Ironischerweise hatte Noriega dieses Frankenstein-Monster, das ihn zu zerstören versuchte, selbst geschaffen. Viele waren mit seiner G-2, die zur politischen Schule für Offiziere geworden war, in Verbindung gebracht worden. Sie überwachten Studentenführer, politische Beamte sowie Gruppen von Geschäftsleuten und mischten sich unter sie.

Torrijos hatte seine Offiziere immer von der politischen Opposition ferngehalten, aber Noriega hatte es nicht gefallen, daß Militäroffiziere als Bürger zweiten Ranges betrachtet wurden; er wollte sie politisieren und ihnen zu mehr Macht verhelfen. Bei dem Versuch, die Gesellschaft unter seine Kontrolle zu bringen, hatte er seine intelligentesten Offiziere damit beauftragt, auf Mitglieder der Nationalversammlung einzuwirken, daß sie Gesetze durchbringen halfen, die er wollte, und diplomatische Parties zu besuchen, bei denen ihr Auftrag darin bestand, die neuesten Gerüchte und Tratschereien aufzuschnappen. Das Problem dabei war, daß Quezada und andere durch ihre Kontakte langsam dahintergekommen waren, daß die Männer der Opposition nicht die gefährlichen Ungeheuer oder Feinde waren, als die die PDF-Propaganda sie hinstellte.

Major Aristides Valdonedo, ein anderes wichtiges Mitglied der Rebellion, hatte die ersten Kontakte der PDF zu den Christdemokraten hergestellt, der einzigen Oppositionspartei, die eine feste Struktur besaß und auch zwischen den Wahlen politische Akzente setzte. Major Moisés del Rio, ein anderer Rebell, war Vorsitzender des Ministeriums für Bodenschätze gewesen. Andere – und auch ein paar, deren Verwicklung in die Verschwörung Noriega bis jetzt nicht entdeckt hatte, stammten aus ähnlichen Hintergründen.

Auch sonst hatten die Rebellen einiges miteinander gemein. Einige von ihnen, darunter auch Quezada und Valdonedo, hatten erst kürzlich militärische Fortbildungskurse in den USA absolviert und fürchteten Noriegas Linksrutsch. Die meisten hatten fast 25 Dienstjahre – manche auch mehr – hinter sich, und damit nahte der Zeitpunkt, an dem Noriega sie in den Ruhestand versetzen konnte. Alle verwickelten Offiziere waren bei Beförderungen übergangen worden. Die meisten hatten auch eine bessere Erziehung genossen als viele, die für Noriega eintraten. Eine Handvoll der Majore hatte die La Salle Catholic School und nicht das populärere Instituto Nacional besucht.

Sie waren Noriegas klügste und fähigste Offiziere, und es war die Entscheidung ihres General, sie mit panamaischen Politikern zusammenzubringen, die sie zu den freidenkerischen Rebellen gemacht hatte, die sie jetzt waren.

Der einzige Offizier, der nicht in dieses Muster paßte, war Oberst Leonidas Macias, der Führer der panamaischen Polizei. Die Putschisten brauchten Macias, den den Ruf eines brutalen Hornochsen genoß, denn keiner von ihnen hatte irgendwelche Truppenteile unter seiner Kontrolle. Er kontrollierte die Polizei, die die Straßen überwachen und Noriegas Hauptquartier-Komplex abriegeln konnte. Marcias Männer waren außerdem dafür verantwortlich, in dieser Nacht jede Bewegung Noriegas im Auge zu behalten. Marcias lieferte den falschen Bericht, daß Noriega ihnen in die Falle gegangen wäre, indem er sich entschlossen hätte, in der Comandancia zu übernachten.

Die Planung des Staatsstreichs hatte erst einige Wochen zuvor begonnen. Einige gleichgesinnte Majore wußten um das Risiko, allzu hastig nach einem unausgegorenen Plan vorzugehen, aber sie wollten die Gelegenheit des Generalstreiks vom 16. März nutzen – eine Gelegenheit, die sich vielleicht nicht wieder ergeben würde. Die Straßen würden blockiert sein; unbezahlte Demonstranten würden die Straßen verstopfen; die öffentliche Meinung stand hinter ihnen. Die Hafenarbeiter- und Eisenbahner-Gewerkschaften würden den öffentlichen Verkehr lahmlegen und die Energiegewerkschaft plante, der Stadt den Strom abzusperren. Die USA vergrößerten ihre Truppenstärke und viele panamaische Offiziere fürchteten eine Invasion, die ihre Institution und ihre Karrieren zerstören würde. Und außerdem handelten die Majore auch nach dem sehr realistischen Motiv, daß höherrangige Offiziere als sie ihrer Aktion mit einem eigenen Staatsstreich zuvorkommen könnten.

Viele der Offiziere, die eher antikommunistisch eingestellt waren, machten sich wegen Noriegas stärker werdenden Verbindungen zu Kuba Sorgen. Major Augusto Villalaz, ein Pilot der Luftwaffe, hatte in der ersten Märzhälfte drei Waffenlieferungen von Kuba nach Panama geflogen. Jede dieser Reisen hatte 16 Tonnen Waffen nach Panama hineingebracht – die Höchstladung seiner Boeing 727-Frachtmaschine. Das Flugzeug beförderte AK-47's, RPG-7's, Munition für Granatwerfer und andere Munition. Villalaz brachte jede dieser Lieferungen an einen anderen Ort, wo sie für den bewaffneten Konflikt mit den Amerikanern oder inneren Feinden aufbewahrt wurden. Noriega war darauf vorbereitet, mit Hilfe der Kubaner bis zum Ende zu kämpfen, dachte Villalaz. Villalaz schloß sich also den Putschisten an, und seine Geheiminformationen über die kubanischen Waffenlieferungen entsprachen ganz ihrem Sinn für höchste Dringlichkeit.

Die Planung des Staatsstreichs war eine nervöse Angelegenheit. Die meisten der Männer glaubten, daß Noriegas Augen überall waren. Bei allgemeinen Sitzungen gab er oft ein kleines Stück Information preis – manchmal etwas so Harmloses wie eine Gratulation zum Neugeborenen eines Offiziers oder Fragen nach einem kranken Verwandten –, das bestätigte, daß er entweder Informanten besaß oder Telefone anzapfte. Die Offiziere konnten einander nicht vertrauen und getrauten sich nicht, frei zu sprechen.

Villalaz erinnerte sich an einen Abend im November 1987, als Noriega die Offiziere, die ihn begleiteten, zu einer typischen, die ganze Nacht dauernden Party in seinem Hotelzimmer in Taiwan einlud, wo ihm gerade ein Orden verliehen wurde (die „Gnädige Dreifuß-Auszeichnung"). Noriega tadelte jeden Offizier, der zu langsam trank oder ablehnen wollte, wenn ihm wieder eingeschenkt wurde. „Ein guter Offizier muß saufen können", gluckste er. Aber sein eigener Scotch wies einen leichteren Braunton auf und wurde nur von seinen persönlichen Assistenten und nicht von anderen Offizieren nachgeschenkt. Er sagte wenig, stellte nur gelegentliche Fragen und strahlte Unzufriedenheit aus, während er den Finger in sein Glas steckte und systematisch die Eiswürfel durcheinanderrührte. Vor jeder dieser Veranstaltungen vereinbarten die Offiziere in einem privaten Pakt miteinander, daß jeder dem anderen, wenn er anfing, zuviel zu reden, einen Tritt versetzen würde. Villalaz war besonders verdächtig, vielleicht wegen seiner engen Kontakte zum ehemaligen General Paredes.

Villalaz schloß sich den Verschwörern begierig an. Sein Posten als Nummer Zwei in der Luftwaffe bestand darin, Flugzeuge und Hubschrauber während des Staatsstreichs am Boden zu halten. Sein Kontaktmann in der Gruppe, Major Fundora, war der Mittelsmann für einen Großteil der Planung. Fundora war der stellvertretende Schatzmeister der PDF, also war es nicht ungewöhnlich, daß viele Offiziere ihn aufsuchten oder anriefen, um bei ihm Geld für Verpflegung, Stiefel oder andere außergewöhnliche Ausgaben für die Soldaten zu beschaffen.

Nach jedem Flug nach Kuba erstattete Villalaz Bericht an Fundora, wie viele Waffen er ins Land geschafft und wo er sie hingeliefert hatte. Fundoras Schwager war ein gebürtiger Kubaner, also sagte Villalaz bei jedem Anruf, daß er ein Geschenk von seinem Onkel mitgebracht hätte. Wenn die Lieferung 16 Tonnen schwer war, dann sagte er, daß das Paket 16 Kilo wog. Die letzte Lieferung kam am Tag vor dem Putschversuch an.

Fundora rief Villalaz mit Hilfe seines Piepsers an, wobei er ihn aus tiefem Schlaf weckte. „Die Party wird morgen steigen", sagte er. „Ich hoffe, Sie können kommen."

Villalaz' Sorgen begannen um 5 Uhr, als 200 von Noriegas loyalsten Soldaten, eine Kompanie des Bataillons 2000, zum Fallschirmtraining auf seinem Flugplatz auftauchten. Villalaz geriet in Panik. Sie könnten die gesamte Operation untergraben. Er weckte schnell zwei Piloten auf, die die Fallschirmspringer viel früher, als sie es erwartet hatten, zu ihrem Sprunggebiet bringen sollten. Die erste Krise war vermieden worden, aber die Sorgen der Putschisten hatten erst angefangen.

Um 6 Uhr nahm Oberst Macias ohne Schwierigkeiten die Waffenkammer des Hauptquartiers ein. Noriegas Getreue würden nun ohne Waffen sein. Nachdem sie ihr erstes Ziel ohne große Schwierigkeiten erreicht hatten, benutzte Macias das Telefon in der Waffenkammer, um den zweiten Schritt zu vervollständigen. Er rief die Radiosender an, die den Putsch bekanntgeben und seine Unterstützer dazu aufrufen sollten, auf die Straße zu gehen. Aber noch während er wählte, spazierte Oberstleutnant Euclides Corro, der für die Waffenkammer zuständig war, aus dem Raum und sperrte Macias ein. Es war erst 6.30 Uhr und der älteste Offizier des Staatsstreichs war bereits außer Gefecht gesetzt worden.

Die Putschisten verhafteten Hauptmann Jesús George Balma und steckten ihn in den Strategieraum, während sie über ihre nächsten Schritte zu diskutieren begannen.

Balma bekam sämtliche Einzelheiten mit und verließ dann schnurstracks das Gebäude, rief ein Taxi und fuhr ab, um Noriega in Fort Amador zu alarmieren. Aber zu dieser Zeit machten sich die Putschisten nur wenig Sorgen wegen seiner Flucht. Sie glaubten nach wie vor, daß Noriega im Gebäude nebenan, im Schlafzimmer neben seinem Büro, schlafen würde.

Major Jaime Benitez hatte die wichtige Aufgabe, Hauptmann Moisés Giroldi festzunehmen, den loyalsten und gefährlichsten von Noriegas Verbündeten, der die Aufsicht über die 200 Männer hatte, die das Hauptquartier bewachten. Benitez richtete eine AK-47 auf Giroldis Kopf und weckte ihn damit auf. Er befahl ihm, seine Männer zur Aufgabe zu veranlassen. Giroldi sagte, daß seine Truppe ihm nur dann gehorchen würden, wenn er ihnen direkt gegenüberstünde. Aber sobald Giroldi sich im Hof befand, rief er seinen Männern zu, daß sie Benitez ergreifen sollten. Ziemlich schnell richteten 50 Männer ihre Waffen auf ihn. Giroldi ergriff das 7-Millimeter-Maschinengewehr, das im Hof angebracht war, um Noriegas Hauptquartier zu schützen, und feuerte in die Luft, um alle aufzuwecken. Dies waren die einzigen Schüsse, die während des Staatsstreichs fielen. Später würde die Presse darüber berichten, daß es Gewehrschüsse und einen Schußwechsel gegeben hätte, aber davon stimmte überhaupt nichts.

Die Putschisten kamen nie weit genug, um ihren größten Fehler zu entdecken: daß Noriegas Bett unberührt und ihr Ziel gar nicht da war.

Um 9 Uhr war der Putsch vorbei und Noriega kehrte aus El Ocho zurück. Er verließ voller Zuversicht seinen fensterlosen Bunker und fuhr die paar Meilen zu seinem Hauptquartier, am Grab und der Statue Omar Torrijos' vorbei, und dann am Golfplatz von Fort Amador, wo die amerikanischen Offiziere den Dschungel anscheinend mit einem ganzen Heer von Rasenmähern zurückgedrängt hatten. Ein paar Offiziere übten gerade Aufschläge für ihre ersten Runden am Vormittag und achteten nicht darauf, wer da an ihnen vorbeifuhr und was geschehen war. Noriegas blauer Mercedes, der von einem Wagen, in dem seine Leibwächter saßen, gefolgt wurde, fuhr an Mangobäumen und Königspalmen und am CVJM in der ehemaligen Kanalzone vorbei und dann in die Gegend, die amerikanische Offiziere als „indianisches Gebiet" bezeichneten – die Slums von Panama City. Die letzten beiden Häuserblocks seiner fünf Minuten dauernden Fahrt führten ihn an der verfallenen Siedlung der französischen Kanalarbeiter vorbei, in der das Holz verfaulte und die rostigen Dächer aus Wellblech über den Köpfen der mittellosen Bewohner große Risse hatten. Noriega fuhr erst dann an den Wachposten vorbei, die die Comandancia bewachten, als die Gefahr vorbei war. Als alle Sicherheitsfragen geklärt waren, trat er auf einen Balkon der weißgekalkten Comandancia hinaus, um zu demonstrieren, daß er nach wie vor alles unter Kontrolle hatte. Unten warteten Journalisten, die Hinweise auf einen möglichen Putsch in den frühen Morgenstunden erhalten hatten. Noriega trug Zivilkleidung und sah entspannt aus, als er mit mehreren Mitgliedern seines Generalstabs erschien.

Die Schüsse? „Das waren Küsse", antwortete er auf die laut ausgerufene Frage eines Journalisten. Noriega lachte.

Der fehlgeschlagene Putsch bewies, daß ein Riß durch die PDF ging, aber er half Noriega auch. Er enttarnte die Gegner des Generals und gab ihm eine Entschuldigung dafür, Offiziere zu entlassen, deren Loyalität unklar war, und jene zu befördern, denen er vertraute.

„Dieser fehlgeschlagene Putsch hat ihn wieder mit Sauerstoff versorgt", würde Paredes später sagen. „Zu einer Zeit, als er am Boden lag, war das wie ein Gottesgeschenk. Die Zivilregierung, die immer mehr vor ihm auf der Hut gewesen war, war jetzt demoralisiert und stellte sich wieder hinter ihn. Die unentschlossenen Offiziere standen jetzt ebenfalls auf seiner Seite." Sowohl die Diktatoren Ferdinand Marcos und „Baby Doc" Duvalier waren gestürzt, nachdem Militärputsche das Gleichgewicht zu ihren Ungunsten verschoben hatten. Noriega hatte diese anfängliche Bedrohung neutralisiert.

Noriega benutzte den Augenblick dazu, einen neuen Führungsrat zu schaffen, dessen Zusammensetzung mehr von persönlicher Loyalität als vom Rang abhing. Noriega hatte sich immer davor gehütet, zu vielen höheren Offizieren zu viel Macht in die Hände zu legen. Die PDF hatten nur einen General, fünf Obersten, 12 Oberstleutnants und 55 Majore, als der Putschversuch stattfand. Aber die finanziellen Vorteile und die Macht fielen immer den Offizieren zu, die ihm am nächsten standen. Noriega legte vielleicht weniger Wert auf militärischen Rang als alle anderen lateinamerikanischen Offiziere.

Der Putsch vom 16. März gestattete es ihm, dieses inoffizielle Arrangement unter einem neuen Rat, der als Strategischer Militärrat oder CEM bezeichnet wurde, zu institutionalisieren. Obwohl Noriega seinen Generalstab nicht auflöste, wurde dessen Verantwortlichkeit nun auf strategische Militärangelegenheiten beschränkt, die für die PDF nie besonders wichtig gewesen waren. Der CEM wurde Noriegas eigentliches Parlament. Bei seiner Einführung setzte er sich aus einem Oberst, drei Oberstleutnants, zehn Majoren und sechs Hauptleuten zusammen. Die Gruppe traf sich offiziell mindestens einmal in der Woche und inoffiziell öfter.

Von diesem Zeitpunkt an überprüfte der CEM die Ansprachen, die Noriega plante, brachte seine Kritikpunkte an und gab sie dann dem General zurück. Er lud Experten ein, die Vorträge über verschiedene Themen hielten – wie etwa die Möglichkeit, daß Panama seine eigene Währung drucken sollte (eine Idee, die aus wirtschaftlichen Gründen aufgegeben wurde); oder wie hart man während des amerikanischen Wahlkampfs Bush angreifen sollte (man entschied sich dafür, nicht zu fest zuzuschlagen). Oft wurden auch Gewerkschaftsführer zu den Sitzungen bestellt, um Streiks zu entschärfen, indem man Unruhen im Frühstadium abfing.

Noriega ließ mehr als ein Dutzend Offiziere zu mehr als 20 Jahren Gefängnis verurteilen und sie anschließend foltern und in Untergrundzellen einquartieren, in denen weder Licht noch Toiletten waren. So wollte er alle anderen Möchtegern-Rebellen abschrecken. Er versicherte sich, daß die Nachrichten über ihre schlechte Behandlung eine große Verbreitung erfuhren.

Paredes zweifelte daran, daß das Militär so bald wieder imstande sein würde, eine solche Aktion zu wiederholen. „Wenn eine Frau schwanger ist", meinte der ehemalige Kommandant, „dann muß man neun Monate warten, bis sie wieder schwanger werden kann. Der Putsch war eine Frühgeburt, oder eigentlich eine Abtreibung, wenn man ehrlich sein will. Es wird länger dauern, bis eine neue Schwangerschaft beginnt, weil die Frau jetzt vorsichtig ist."

Da er nun sein eigenes Militär wieder unter Kontrolle hatte, suchte Noriega wieder hektisch nach internationaler Hilfe. Einer der größten Fehler, die Washington 1988 beging, bestand darin, die Stärke von Noriegas Freunden und ihren Willen, weiterhin mit ihm Geschäfte zu machen, zu unterschätzen. Noriegas internationale Verbündete waren eine sehr verschiedenartige Gruppe, die nur durch ihr Mißtrauen – oder ihre Gegnerschaft – zur amerikanischen Politik und ihre opportunistischen Hoffnungen auf wirtschaftliche Gewinne zusammengehalten wurde. Zu ihnen gehörten die Japaner, Taiwaner, Franzosen, Israelis, Kubaner, Nicaraguaner und kolumbianischen Drogenhändler. Alle hatten sie von ihrer Beziehung zu Noriega profitiert; manche schuldeten ihm etwas und andere wollten, daß er ihnen einen oder mehrere Gefallen täte.

Die Franzosen hatten Noriega für seine heimliche Unterstützung ihre Ehrenmedaille verliehen; die Taiwaner verliehen ihm die „Gnädige Dreifuß-Auszeichnung"; und auch die Israelis gaben ihm Orden. Die Kubaner, Nicaraguaner und Libyer, die alle langjährige Feinde der USA waren, hatten Noriega eigentlich schon lange vor seiner Krise auf ihren Gehaltslisten und strichen seinen Namen darauf – anders als die USA – nie durch.

Bei den Bemühungen zur Isolierung Noriegas hatte Washington ihn tiefer in die Arme der traditionellen Feinde Amerikas getrieben. Jetzt streckte Noriega seine Arme nach diesen Gruppen aus, die seinen angeblichen Kampf gegen den amerikanischen Imperialismus unterstützen sollten. Damit wollte er Washington die Botschaft zukommen lassen, daß die Konfrontation mit ihm politisch äußerst kostspielig werden könnte.

Noriegas erste Finanzhilfe in den schlimmsten Wochen des Winters von 1988 kam aus Libyen. Muammar Ghaddafi gab Noriega einen Notkredit in der Höhe von 20 Millionen Dollar, der eine Gnadenfrist von einem Jahr vor Beginn der Rückzahlung beinhaltete. Angehörige amerikanischer Geheimdienste machten sich Sorgen darüber, daß das libysche Geld Ghaddafi auch die Freiheit geben würde, die panamaischen Banken und das Territorium noch stärker für terroristische Akte zu benutzen.

Der Jahresüberblick des US-Außenministeriums für 1987, der im August 1988 erschienen war, hatte Panama bereits als Banken- und Transitland für viele Terror- und Aufständischengruppen bezeichnet, was durch die Botschaften Kubas und Nicaraguas sowie das Libysche Volksbüro erleichtert wurde. Noriega hatte immer sehr darauf geachtet, diese Aktivitäten nicht gutzuheißen, da ein Großteil der jüdischen Gemeinde in Panama ihn unterstützte; und bevor sich die USA gegen Noriega wandten, waren diese Aktivitäten immer sorgfältig begrenzt worden. Aber jetzt begann Noriega – zwar immer noch vorsichtig –, die Möglichkeiten für die Libyer und ihre Freunde auszudehnen.

Mitte Oktober 1988 lieferten amerikanische CIA-Spezialisten einen beunruhigenden Bericht ab. In ihm stand, daß die Hawari-Gruppe für Spezialoperationen, ein Geheimdienst der relativ gemäßigten al-Fatah-Fraktion der PLO, terroristische Akte gegen Interessen der USA rund um Panama plante. Die Gruppe wurde von einem ehemaligen Leibwächter Yassir Arafats namens Abdallah Abd al-Hamid Labib geleitet.

Der Report beinhaltete folgendes: „Drei Palästinenser aus dem Libanon, die mit Originalpässen unter ihren echten Namen reisten, sind mit dem Reiseziel Panama aus dem Libanon abgereist, wo sie vorhaben, in der Kanalzone terroristische Akte gegen Schiffe, die unter der Flagge der USA registriert sind, durchzuführen. Danach haben sie vor, in die USA einzureisen. Ein zweites Team dreier palästinensischer Agenten reiste Anfang September aus Beirut nach Panama ab. In Panama werden diese insgesamt sechs Agenten auch versuchen, andere Agenten in die USA einzuschleusen, indem sie sie auf Schiffen verstecken, die amerikanische Häfen anlaufen sollen."

Ein Memorandum der DIA stellte zwei Tage danach die Glaubwürdigkeit des CIA-Berichts in Frage und behauptete, daß weder Arafat noch Noriega solche Schläge gegen die amerikanische Schiffahrt unterstützen würden. Die zwei Geheimdienste waren sich jedoch einig, daß Ghaddafi Noriega als wertvollen Verbündeten betrachtete.

„Den strategischen Interessen Libyens ist derzeit sehr damit gedient, wenn seine Anwesenheit und seine Kontakte in Panama beibehalten werden können", stand im Bericht. „Tripoli benutzt Panama dazu, finanzielle Transaktionen, das Sammeln geheimer Informationen und den Transport Auszubildender aus Lateinamerika nach Libyen und zurück zu erleichtern. Ein Terroranschlag würde eine dramatische Umkehrung der Beziehungen zwischen Tripoli und dem panamaischen Führer Noriega darstellen."

Der Anschlag passierte nie, aber die Libyer und die Hawari-Gruppe benutzten Panama weiterhin als Planungsgebiet, und US-Geheimagenten fürchteten, daß im Falle einer Eskalation des Kampfes, den Washington gegen Noriega führte, diese terroristischen Reserven gegen amerikanische Ziele eingesetzt werden könnten. Diese Gruppen waren Noriega etwas schuldig. Tatsächlich kam es amerikanischen Geheimagenten in Panama so vor, als stünden dunkle Gestalten jeglicher Herkunft in Noriegas Schuld. Bei einem schmutzigen Krieg, so berichteten sie nach Washington, würde Noriega die Oberhand haben.

Noriega und Castro verbesserten in aller Stille auch ihre ohnehin schon engen Kontakte, obwohl es im Interesse beider Seiten lang, ihre Verbindung herunterzuspielen. Das Pentagon machte bei den Bemühungen, diese sich verbessernden Kontakte geheimzuhalten, brav mit. Sprecher des Pentagons berichteten andächtig, daß sie nicht imstande gewesen wären, zahlreiche Berichte zu bestätigen, nach denen mehr kubanische Berater und Waffen nach Panama gelangten. Sie versagten auch dabei, Informationen zu enthüllen, die zweifelsfrei bewiesen, daß kubanische Truppen, im Rahmen eines Kriegsspiels mit echter Munition, bei Nacht ein amerikanisches Tanklager infiltriert hatten, um den amerikanischen Soldaten Angst einzujagen und ihr Gefühl der Verwundbarkeit noch zu steigern.

Aber das Pentagon bestätigte bei geheimen Sitzungen Senatoren das, was es in der Öffentlichkeit verleugnete. „Ich zweifle nicht daran, daß die Kubaner damit zu tun hatten", sagt Senator Alfonse D'Amato, ein Republikaner aus New York, der Panama zu seinem Lieblingsthema auserkoren hatte. „Ich glaube, daß diese Informationen aus dem einfachen Grund unterdrückt wurden, weil sie die Spannung erhöht und [die Panamakrise] mehr ans Licht der Öffentlichkeit gebracht hätten. Die Bevölkerung würde verlangen, daß etwas passierte, wenn sie erfahren sollte, daß die Kubaner versucht hatten, unsere Stützpunkte zu infiltrieren. ... Aber die Vereinigten Stabschefs wollen den Status quo auf alle Fälle beibehalten."

Für Castro war Panama sein vielleicht wichtigster wirtschaftlicher Absatzmarkt zum Rest der Welt, da er hier die Möglichkeit hatte, seine Produkte über die Freihandelszone von Colón zu verkaufen – Produkte, die oft mit Etiketten anderer lateinamerikanischer Staaten zu amerikanischen Konsumenten gelangten. Panama stellte für Fidel Castro auch die einfachste Gelegenheit dar, amerikanische Ersatzteile und High-Tech-Produkte zu erwerben, die er wegen des US-Handelsembargos gegen Kuba sonst nicht erhalten hätte.

Im Angesicht von Noriegas Krise erweiterte er diese altbewährten geschäftlichen und wirtschaftlichen Verbindungen jedoch zu einer engeren politischen und militärischen Beziehung. Das fing damit an, daß die Kubaner 39 Berater schickten, die Noriega in Angelegenheiten von Propaganda und psychologischer Kriegsführung bis zu technischen Fragen beim Führen einer Regierung und der Möglichkeit, eigenes Geld zu drucken, behilflich sein sollten. Panamas stetige Verwendung des amerikanischen Dollars als einziges Papiergeld hatte auf dem Banksektor Erfolg gebracht, Noriega aber für wirtschaftlichen Druck aus Amerika verwundbarer gemacht.

Das erste dramatische Zeichen zunehmender kubanischer Aktivität kam am 14. April 1988, als die Kubaner Noriega dabei halfen, eine Antwort auf die amerikanischen „Total Warrior"-Manöver zu geben, die man geplant hatte, um den psychologischen Druck auf Noriega zu steigern. Eine kaum bekannte Geheimdienstgruppe des US-Verteidigungsministeriums, das Anti-Terrorist Alert Center (ATAC – Anti-Terroristen-Alarm-Zentrum), berichtete:

> Am 13. April, um etwa 0120 Uhr, wurden US-Marines im Arraijan-Tanklager, in der Nähe der Howard-Luftwaffenbasis, von 50 bis 70 unidentifizierten Personen angegriffen, die schwarze Tarnuniformen trugen und kleine Waffen und Granatwerfer benutzten. Die Kampfhandlungen dauerten etwa zweieinhalb Stunden. Es wurden keine US-Todesfälle gemeldet.

Ein amerikanischer Geheimagent behauptete, daß die Uniformen, die Taktik und die benutzten Waffen bei panamaischen Soldaten nie zuvor gesehen worden wären. Eine „Informationssitzung Codewort Panama" für amerikanische Senatoren und deren Mannschaft, soweit diese Geheimnisse erfahren durfte, war noch deutlicher. Eine Informationsquelle, die Zugang zu militärischen Geheimdienstberichten der USA hatte, lieferte folgende Darlegung:

> Der erste Angriff im April ging vom Grundstück aus, das ans Arraijan-Tanklager grenzt und sich im Eigentum eines linksstehenden Mitglieds des Panamaischen Kongresses [Rigoberto Paredes, ein Mitglied der Nationalversammlung] befindet. Es handelte sich hauptsächliche um Angehörige kubanischer Kommando-Einheiten, kubanische Spetznaz-Spezialtruppen. Die Operation wurde von diesem Grundstück aus geführt, und die Soldaten zogen sich auch wieder durch dieses Grundstück

zurück. Drei der Kubaner wurden bei diesem Angriff verwundet. Sie wurden in ein Militärkrankenhaus der PDF gebracht und dort unter [falschen Namen] aufgenommen. Einer von ihnen starb, und da einige der Spitalsangestellten Verdacht schöpften, wurden die beiden anderen auf ein kubanisches Schiff verlegt, das gerade durch den Kanal fuhr.

Den [US-] Marines im Tanklager wurde vom kommandierenden Armeegeneral befohlen, nicht auszuschwärmen und die Leichen der anderen Kubaner, die während des Angriffs getötet wurden, einzusammeln. Sie warteten neun Stunden, bevor sie hinausgingen und fanden nur mehr Blutspuren.

Ein Bericht, der in Key West, Florida, von der Geheimdienstabteilung der amerikanischen Streitkräfte in der Karibik vorbereitet wurde, präsentierte unter dem Titel „Kubaner in Panama“ ein bedrohliches Bild. Darin hieß es:

Kuba hat starke wirtschaftliche und politische Gründe dafür, sich direkt in Panama einzumischen und sicherzustellen, daß sich die Ereignisse zum Vorteil Noriegas wenden. Politisch gesehen, betrachtet Castro Noriega als einen Allierten bei Kubas Kampf gegen die Vereinigten Staaten. Obwohl Noriega einen extrem schlechten Ruf genießt und er die Art politischer Führer ist, die Castro bisher immer verurteilte, kann sich Castro in Lateinamerika kaum noch einen Rückschlag leisten. Die Amerika-Abteilung [des kubanischen Geheimdienstes] inszeniert die kubanische Unterstützung für Noriega wahrscheinlich auf mehrere Arten. Berichte von Geheimagenten deuten darauf hin, daß sich kubanische Polit- und Militärberater für Noriega sowie kubanische Soldaten in Panama aufhalten. Die Anzahl des in der kubanischen Botschaft beschäftigten Personals hat sich langsam vergrößert...

Zwei der wichtigsten kubanischen Medien-Fachleute sind in Panama angekommen, um die von der Regierung kontrollierten Medien in ihrem Spezialgebiet, der Manipulation von Nachrichten, zu beraten. Es hat verschiedene Berichte gegeben, die behaupten, daß die Kubaner panamaischen Soldaten eine Ausbildung in Guerilla-Kriegsführung geben.

Alle diese Trends deuten darauf hin, daß Kuba ein begründetes Interesse daran hat, sicherzustellen, daß die panamaische Regierung gegenüber Kuba freundschaftlich eingestellt bleibt. Auffallend ist die Qualität der Leute, die von Kuba nach Panama entsandt werden. Kuba folgt damit ziemlich genau dem historischen Muster, das es bereits angewandt hat, als es Geheimoperationen in Angola, Äthiopien und Nicaragua durchführte. Während es unwahrscheinlich ist, daß Kuba eine größere Anzahl von Soldaten nach Panama schicken wird, scheint Kuba sich andererseits darauf verlegt zu haben, soviel Know-how wie möglich zur Verfügung zu stellen, um das Noriega-Regime zu stützen.

Der Geheimdienstbericht stellte die Bedeutung dieses engen Verhältnisses klar: „Wenn Noriega es schafft, an der Macht zu bleiben, dann wird Kubas Hilfe nicht vergessen werden.“

Am alarmierendsten für amerikanische Politiker war jedoch die kaum auffallende Fähigkeit der Japaner und Taiwaner – zweier Länder, die eine Unmenge Geld besaßen, das nur ein Zuhause suchte – einen Feind Amerikas über Wasser zu halten, indem sie sich einfach weigerten, sich amerikanischen Sanktionen anzuschließen.

Japan hatte unter dem Druck des Außenministers George Shultz zwar aufgehört, Panama offiziell garantierte Kredite für größere Neuinvestitionen zu gewähren, ließ Noriega aber dennoch wissen, daß es ihn nicht im Stich lassen würde. Im Frühling des Jahres 1988 spendete Japan dem panamaischen Roten Kreuz 50 000 Dollar für Lebensmittel, um „bei der Versorgung der Hungernden behilflich zu sein", nachdem die amerikanischen Sanktionen bereits ihre ersten Tribute gefordert hatten. Etwa um dieselbe Zeit schickten die Japaner weitere 100 000 Dollar für Hurrikan-Katastrophenhilfe. Die US-Botschaft protestierte in beiden Fällen. Propaganda war für Noriega ebenso wertvoll wie Geld, da sie seinen Offizierskollegen und der panamaischen Geschäftswelt zeigen konnte, daß Japan auf seiner Seite stand.

Beamte des japanischen Außenministerium erzählten ihren panamaischen Kollegen immer wieder, daß sie Washingtons Krieg gegen Noriega für ein weiteres Beispiel schrulliger US-Politik hielten, bei dem sie bis zu einem gewissen Grad mitspielen mußten, um weitere Spannungen mit ihrem wichtigsten Handelspartner zu vermeiden. Nobua Matsunaga, der japanische Botschafter in den USA, setzte seine Position anfänglich dazu ein, gegen den Wunsch seines Außenministeriums anzukämpfen, alle Bemühungen zu einer Absetzung Noriegas zu ignorieren, aber als offensichtlich wurde, daß Washington es nicht schaffen würde, den General von seinem Posten zu vertreiben, wurden die Japaner bei ihren Beziehungen mit ihm immer weniger vorsichtig.

Das japanische Unternehmen Pioneer verlegte seine regionale Zentrale nach Panama, und das zu einer Zeit, als die amerikanischen Gesetze es US-Firmen nicht einmal gestatteten, Steuern an Noriegas Regime zu bezahlen, und auch andere japanische Unternehmen behielten ihre Bindungen bei oder erweiterten sie sogar. Japan ließ sich nur durch seinen Geschäftssinn zurückhalten: Panama war zum finanziellen Risiko geworden. Aber strategisch gesehen war Panama weiterhin die finanzielle und Transaktions-Basis, von der aus Tokio seine Kontakte innerhalb der Region fördern wollte. Die Unternehmen hatten viele Millionen Dollar in die panamaische Freihandelszone Colón investiert.

Dazu kam, daß viele japanische Geschäftsleute von der Idee besessen waren, eine Wasserstraße in Höhe des Meeresspiegels durch Panama zu errichten, welche die japanischen Transportkosten senken und die Waren des Landes noch konkurrenzfähiger machen würde. Außerdem würden natürlich die meisten Bauverträge an japanische Unternehmen vergeben werden. Wenn eine neue Wasserstraße nicht möglich sein sollte, dann wollten sie wenigstens den Kanal für die Panamaer managen, wenn er zur Jahrtausendwende an sie zurückerstattet werden sollte.

Und über all dies hinaus hatte sich Noriega bei den Japanern natürlich seine eigene Hintertür offengelassen. Er hatte diese Verbindung, die aus Noriegas seltsamer Faszination für orientalische Philosophien und obskure Sekten entsprungen war, in den siebziger Jahren aufgebaut. Noriegas Judolehrer Anfang der Siebziger war ein chinesisch-panamaischer Mann namens Chuh Yih. Er hatte den jungen Geheimdienstchef in Buddhismus unterrichtet. Und er hatte Noriega mit einer hochdisziplinierten, quasifaschistischen Laiensekte namens Soka Gakkai – der „Gesellschaft zur Schaffung von Werten" – bekanntgemacht.

Soka Gakkai, eine disziplinierte, geordnete und private Gruppe, war in den dreißiger Jahren gegründet worden, „um die Unglücklichen der ganzen Welt zu retten und den Frieden zu erreichen", und zwar durch die Verbreitung der Lehren des fanatischen japanischen Mönchs Nichiren, der im 13. Jahrhundert starb. 1963 bezeichnete die Zeitschrift *Look* die Sekte als eine „alarmierende neue Religion, die die Welt erobern möchte". Das Blatt behauptete, daß die Sekte in ihrer Organisation und Taktik starke Anklänge an die Hitlerjugend und den Nazismus aufweisen würde. 1964 schrieb die Zeitschrift *Time*: „Diese Bewegung vereint den Evangelismus der Moralischen Wiederbewaffnungsbewegung mit der ‚Her-mit-euren-Stimmen'-Disziplin der kommunistischen Partei und einer Menge Showgeschäft." Erst vor kurzer Zeit wurde Soka Gakkai durch den Aufstieg von Komeito, ihrer Partei für eine Saubere Regierung, sehr gestärkt, bei der es sich heute um die drittgrößte politische Partei Japans handelt.

Von Mitte der Siebziger an besuchte Noriega oft den Taiseki-Tempel der Sekte am Fuße des Mount Fuji, wo Gläubige in weißen Hemden, Armbinden und Turnschuhen beteten. Als Noriegas Macht stieg, entwickelte er ein immer engeres Verhältnis zu Daisaku Ikeda, dem Führer der Sekte, und zu Ehren seiner großzügigen Spenden wurde im Garten eines japanischen Tempels eine lebensgroße Statue Noriegas errichtet. Noriega leierte dort wieder und wieder in Japanisch mit panamaischem Akzent dieses Gebet vor sich hin: *Namu myoho renge kyo* („Verehrung für die Heilige Lotos-Schrift des Wahren Gesetzes"). Dieses Gebet hat eine hypnotische Wirkung, und jenen, die es oft genug wiederholen, wird von Soka Gakkai versichert, daß sie „Lebenskraft und Weisheit sowie gutes Geschick bei der Führung eines glücklichen Lebens erlangen" könnten.

Noriega lud Ikeda bei diversen Besuchen in Panama ein und behandelte ihn wie einen Staatsmann, trotz der Tatsache, daß er nicht mehr als ein Sektenführer war. Die beiden Männer fühlten sich zueinander hingezogen – einer wie der andere hatten sie großartige intellektuelle Ansprüche, aber nur eine bescheidene Ausbildung. Wie Noriega, so stammte auch Ikeda aus den Reihen der Mittellosen seines Landes. Noriegas Freunde sagen, daß Ikeda ihm während der schlimmsten Zeit seiner Krise im Jahr 1987 und 1988 mehrere Millionen Dollar Hilfe zur Verfügung gestellt hätte. Soka Gakkai-Sprecher leugnen, daß Ikeda Noriega geholfen hätte. Sie behaupten, daß er nie offiziell zu ihrem Glauben übergetreten wäre, obwohl er den Tempel besucht hätte. Ob offiziell oder nicht – Noriega betrachtete sich als Mitglied der Sekte. Und was noch besser war, Ikeda gab Noriegas Ego einen ordentlichen Aufschwung, indem er ihn „Shogun" nannte. Japan war ein Ort, wo sich Noriega nie für Verstöße gegen die Menschenrechte oder die Unterdrückung der Demokratie entschuldigen mußte.

In seinen finstersten Tagen zapfte Noriega auch alte Freundschaften anderswo im Fernen Osten an. Einer der ältesten Freunde des panamaischen Generals, der taiwanische Admiral Sung Ch'ang-chih, übernahm 1986 den Posten als Botschafter Taiwans in Panama. Admiral Sung war einer von Noriegas Ausbildern bei Spezialkursen für Offiziere in Taiwan gewesen, obwohl Noriega Freunden berichtete, daß sie sich bei einem Trainingskursus in den Vereinigten Staaten kennengelernt hätten. Jahrelang hatte Noriega die Taiwaner mit panamaischen Pässen für geheime Missionen in der Volksrepublik China ausgestattet. Panama blieb auch eines der wenigen Länder der Welt, die nur

… Der panamaische Diktator entkommt den Invasionstruppen und ist tagelang auf der Flucht …

… Fazit des US-Angriffs: 25 amerikanische und mindestens 1000 panamaische Tote, 1,5 Milliarden Dollar Sachschaden.

Monsignore Laboa, der Gesandte des Vatikan, in dessen Nuntiatur Noriega sich nach der Invasion der Amerikaner flüchtete.

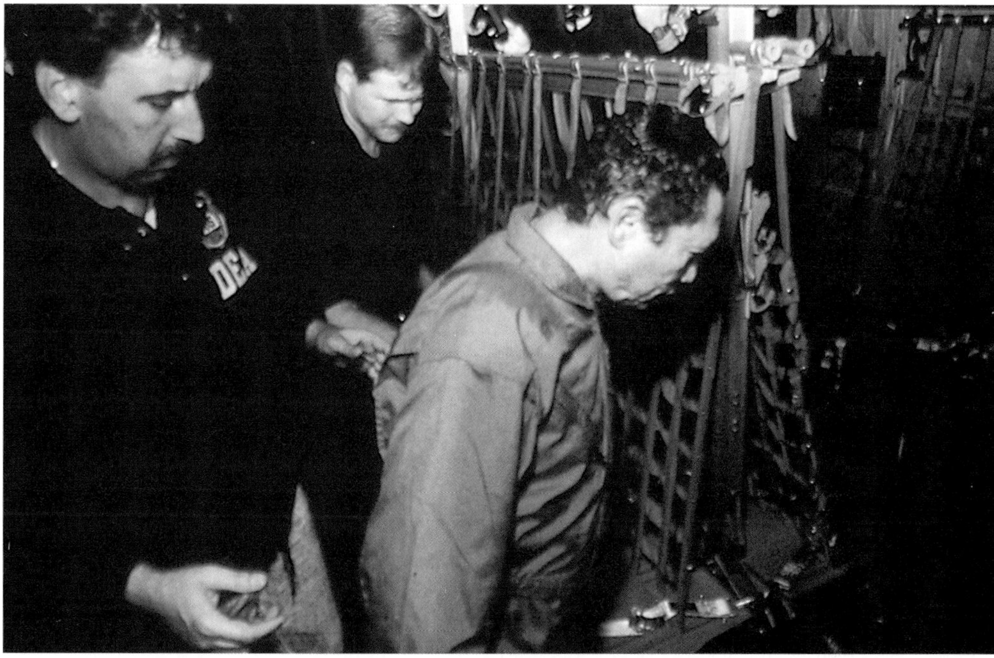

3. Januar 1990: Noriega stellt sich Agenten der US-Drug Enforcement Administration …

… Der Diktator wird verhaftet und sofort in die Vereinigten Staaten abtransportiert.

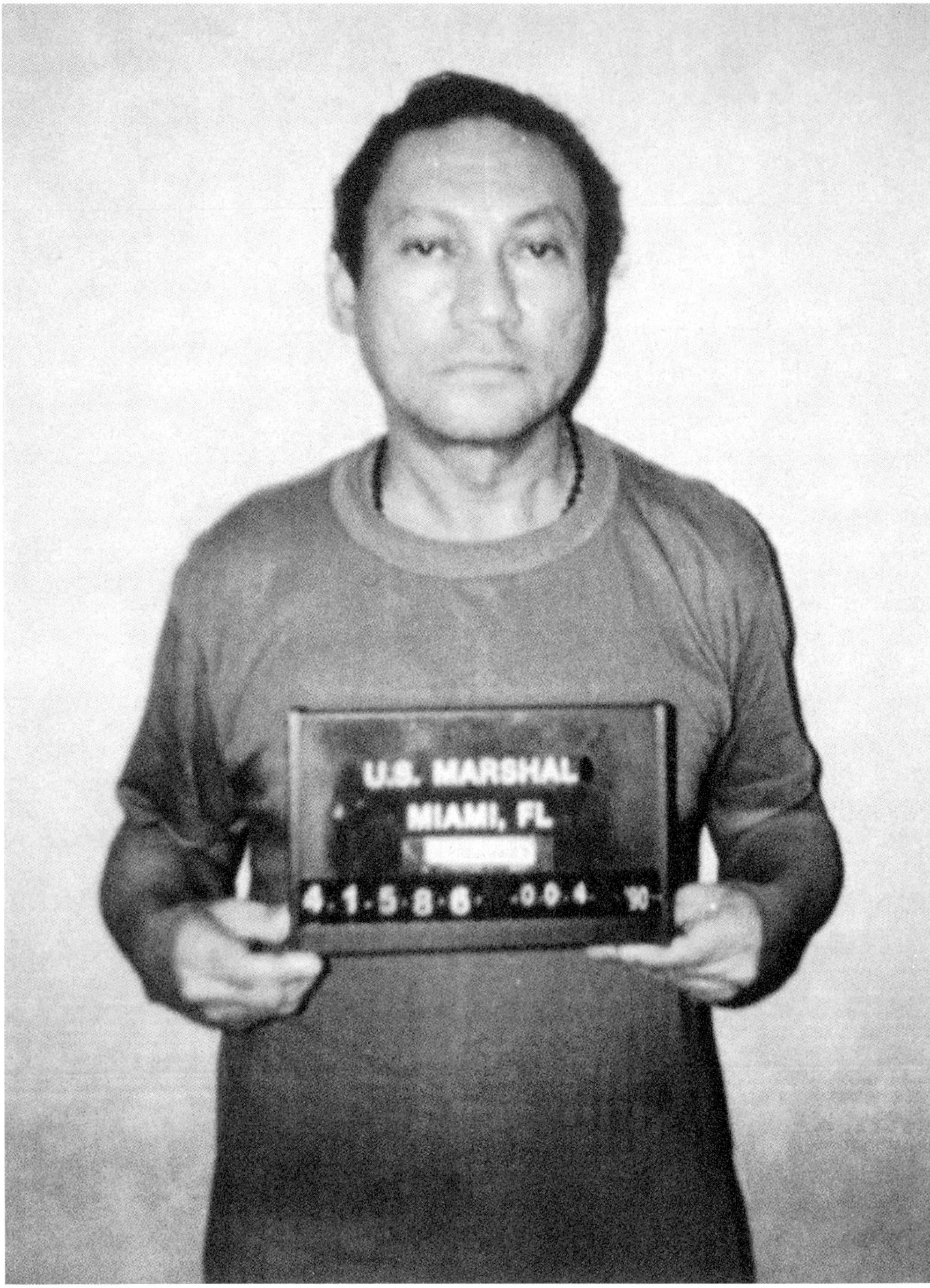

General Manuel Antonio Noriega als US-Häftling in Miami, Florida.

Taiwan und nicht die VR. China anerkannten. Die Freihandelszone Colón – als für Taiwaner offener Hafen – wurde zu einem der größten Transithäfen für taiwanische Waren, zu denen auch eine immer größer werdende Waffenindustrie gehörte, die nach süd- und zentralamerikanischen Kunden Ausschau hielt.

Taiwan wurde für Noriega und andere in Zentralamerika, die von amerikanischen Waffenlieferungen abgeschnitten waren, besonders wichtig, weil die taiwanische Militärausrüstung von amerikanischen Originalen kopiert war; und Taiwan suchte eifrigst nach neuen Märkten für Flugabwehrraketen, die Noriega und die anderen sonst nirgends bekommen konnten. Admiral Sung, der ehemalige Verteidigungsminister, förderte dieses Geschäft mit vollem persönlichem Einsatz und war 1987 bei der Entscheidung seiner Regierung, Noriega mit der „Gnädigen Dreifuß"-Auszeichnung auszuzeichnen, verantwortlich – vor allem wegen des bedeutenden Beitrags des Generals zu diesen geschäftlichen Bemühungen.

Nichtsdestotrotz führte der amerikanische Druck auf Taiwan, sich zurückzuziehen, zu einem heftigen Streit zwischen taiwanischen Ministern darüber, ob man die wirtschaftlichen Beziehungen zu Panama ausbauen sollte oder nicht. Diejenigen, die sich für Noriega einsetzten, gewannen – teilweise auch deshalb, weil sie von seiten Washingtons nicht mit Gegenmaßnahmen rechneten.

Ein geheimes Telegramm des US-Außenministeriums aus Taipeh, das an verschiedene Geheimdienste geschickt wurde, bestätigte, daß Wirtschaftsminister Chen Li-an, der Noriega häufig besuchte, den Sieg davongetragen hatte, indem er die Tugenden der Beziehungen zwischen Taiwan und Panama rühmte. Er überstimmte den Vorsitzenden des Rates für Planung und wirtschaftliche Entwicklung, Frederick Chien, der behauptete, daß ein solcher Kurs die Beziehungen zwischen den USA und Taiwan gefährden würde. Tatsächlich trafen die USA nie besonders starke Maßnahmen gegen Taiwan, obwohl seine Kredite – die manchmal über Drittländer liefen, um sie vor den Amerikanern verborgen zu halten – und die Ausdehnung seiner Export-Verarbeitungszentren die amerikanischen Sanktionen untergraben halfen.

Taiwans stillschweigende Hilfe für Panama erreichte ihren Höhepunkt im Mai 1989 mit einer Ankündigung der Regierung, daß Taiwan Panama den Zugang zu einem enormen Fonds in Höhe von einer Milliarde Dollar für eine Reihe von Projekten gewährt hatte, was mit einem 300 Millionen Dollar teuren Export-Verarbeitungszentrum in Coco Solo an der Atlantikküste beginnen sollte. Das folgte auf eine Vereinbarung über 40 Millionen Dollar an Krediten vom Jahr vorher, wie Rognoni behauptete.

„Die Taiwaner waren die Rädelsführer der Leute, die uns behilflich waren", sagte Mario Rognoni. „Die anderen folgten ihnen auf dem Fuße." Und wirklich – einige der besten Freunde Amerikas verhielten sich in Panama wie die schlimmsten Feinde, aber Washington unternahm nichts dagegen, ihre Aktionen zu bekämpfen.

Als Noriegas Handelsminister war Mario Rognoni dafür verantwortlich, einen Großteil der internationalen Hilfe für Panama zu besorgen. Aber sogar er gibt zu, daß nichts davon etwas bedeutet hätte, wären die USA fest entschlossen gewesen, mit dem panamaischen Diktator Schluß zu machen. „Wir waren während dieser Zeit wirklich viel besorgter, als es notwendig gewesen wäre", sagte er Monate später. „Die USA waren in ihrem Krieg gegen uns nie besonders fest entschlossen oder konsequent."

Was aber nicht bedeutete, daß die USA, in ihrer ganz speziellen stümperhaften Art, es nicht noch einmal versuchen würden...

Kapitel siebzehn

Die Torheiten der US-Politik

Man zieht sie rein, indem man ihnen die Vorstellung eingibt, daß die unbesiegbaren Gringos Noriega mit Leichtigkeit loswerden können, aber dann müssen sie feststellen, daß es sich so nicht abspielen wird.

– ELLIOTT ABRAMS, 1989

William Walkers Leben als Assistent eines Staatssekretärs hatte nicht viel von einem Mantel und Degen-Film an sich. Die meisten seiner Kriege waren bürokratische, und Überleben hieß für ihn, die mühsamen Sitzungen und Memoranden durchzustehen, aus denen Diplomatie besteht.

Also war die Mission nach Israel Ende März 1988 etwas Ungewöhnliches für ihn. Michael Kozaks erste Gespräche, die Noriega mittels Verhandlungen hätten entmachten sollen, waren am 19. März gescheitert; und jetzt wollten Elliott Abrams und seine Verbündeten, nur wenige Tage danach, den Druck steigern und vielleicht sogar eine militärische Einmischung riskieren. Das Außenministerium beschäftigte sich mit heimlichen Aktionen, die anfangs sogar vor dem CIA geheimgehalten wurden. Walkers Aufgabe war es jetzt, den panamaischen Botschafter in Israel, Oberst Eduardo Herrera Hassan, zu Geheimtreffen nach Washington zu bringen, bei denen ein militärischer Sturz Noriegas geplant werden sollte. Oberst Herrera Hassan würde dann unauffällig nach Israel zurückfahren und seine Pflichten als Botschafter wiederaufnehmen, bis man bereit war, den Plan auszuführen.

Walkers Mission wurde durch einen von Noriegas engsten Verbündeten, den ehemaligen Mossad-Agenten Michael Harari, der jetzt Panamas Honorarkonsul in Jerusalem war, noch gefährlicher gemacht. Im Juli 1985, als sich die politischen Ereignisse gegen Noriega zu wenden begannen, versetzte der General Herrera Hassan als Botschafter nach Tel Aviv, und das ausdrücklich deswegen, um ihn unter Hararis Obhut zu stellen. „Ich war zwar der Botschafter, aber Harari schaffte an", erzählte Oberst Herrera Hassan später. „Ich stellte mich dumm."

Aber Herrera Hassan hoffte die ganze Zeit, daß er eine Gelegenheit bekommen würde, sich an Noriega zu rächen. Er war Torrijos' Sicherheitschef gewesen und war davon überzeugt, daß Noriega den Flugzeugabsturz geplant hatte, bei dem der Diktator getötet wurde. Er hatte schon lange auf eine Gelegenheit zur Rache gewartet, und jetzt boten ihm die USA endlich eine Gelegenheit. „Er war ehrlich und direkt", sagte ein amerikanischer Geheimagent. „Wir hatten das Gefühl, daß er eine Opposition in den Verteidigungsstreitkräften würde initiieren können, und daß er uns dazu dienen könnte, das Militär zu interessieren und zu unserer Ansicht zu bekehren."

Thomas Pickering, der US-Botschafter in Israel, hatte am 20. März auf Anweisung des Außenministers Shultz die ersten Annäherungen gemacht. Pickering hatte sich bei Diplomatenparties und durch einen persönlichen guten Draht mit Herrera Hassan befreundet. Pickering wußte von Eduardo Herrera Hassans gespannter Beziehung zu dem ehemaligen Mossad-Agenten, aber er hatte dem Panamaer geraten, geduldig zu bleiben. US-Geheimdienstfunktionäre wußten auch, daß der Mossad Herrera Hassan eine geheime Ausbildung gewährte, da ihm klar war, daß sie einen Freund mit guten Kontakten zum Militär brauchen würde, sollte Noriega gestürzt werden.

Hör' zu, Eduardo, sagte Pickering, wärst du bereit, einen Besucher aus dem Außenministerium zu empfangen?

Oberst Herrera Hassan bekam sofort den Grund mit, der hinter dieser Frage steckte, obwohl Pickering ihm keine weiteren Einzelheiten preisgab. „Warum nicht?" sagte er. „Wir – das US-Außenministerium und ich – sind keine Feinde."

Bei Herrera Hassan hatte es sich nie um einen Offizier mit politischen Motivationen gehandelt; ihm war nur wichtig, sich an Noriega zu rächen und seine gehemmte Karriere beim Militär wiederzubeleben. Herrera rief aber einen CIA-Agenten in Israel an, um sich versichern zu lassen, daß diese Operation echt war. Er fand es ungewöhnlich, daß sein Kontaktmann für eine heimliche Mission ein Botschafter gewesen war. Dennoch, glaubte er, mußten die Amerikaner es ernst meinen. Warum sonst würde eine Supermacht die Mühe auf sich nehmen, ihn zu rekrutieren und in aller Heimlichkeit nach Washington zu eskortieren? Der CIA-Mann in Israel, der von diesem Plan nichts wußte, schöpfte Verdacht. Als Abrams vom CIA in Washington befragt wurde, bestätigte er die Echtheit dieses Plans. Er erzählte dem CIA aber nicht, daß er ihn geheimgehalten hatte, um sicherzugehen, daß Harari nicht durch Freunde im amerikanischen Geheimdienst, die ihm möglicherweise Gefallen schuldeten, hinter seine Strategie kommen würde.

Drei Tage nach dem Erstkontakt durch Pickering saß Walker mit Herrera Hassan in dessen konfortablem Haus in der am Meer liegenden Gemeinde Herzliya, in der Nähe Tel Avivs. Seine Aufgabe bestand darin, Herrera Hassan dazu zu bringen, in die USA zu fliegen, und ihm dabei nur ein Minimum an Erklärung für die Gründe zu liefern. „Viele Leute wollen uns helfen", sagte Walker. „Wir haben ein Problem mit Noriega, und wir wollen, daß Sie in die Vereinigten Staaten fliegen, um zu sehen, was unternommen werden kann." Nicht einmal Walker kannte die endgültigen Einzelheiten dessen, was man unternehmen konnte.

Aber Abrams' Plan hatte in Washington bereits Form angenommen: Herrera Hassan und Delvalle würden sich in einem Gebiet, das den Bestimmungen der Panamakanal-Verträge zufolge gemeinsam verwaltet wurde, zu einer alternativen militärischen und politischen Führung aufstellen lassen. US-Soldaten würden dieses Gebiet einkreisen, wie die Verträge es erlaubten, unter dem offiziellen Vorwand, amerikanische Bürger, die dort lebten, zu beschützen. Delvalle würde dann die Mitglieder der Nationalversammlung um ihre Unterstützung anrufen, von denen viele durch ihren alten Freund José Blandón auf die Seite der Opposition gelockt werden würden. Herrera Hassan würde ein Überlaufen des Militärs fordern. Und der Bürger-Kreuzzug würde die ganze Zeit zu Zehntausenden vor dem Gebäude der Nationalversammlung demonstrieren, ganz in der Nähe des Ortes, wo diese alternative Führung ihr Lager errichten würde, um zu zeigen, daß Panama hinter Delvalles Regierung und Herrera Hassans Militär stünde. Das Datum, an dem dieser Plan in Kraft treten sollte, war Ostersonntag, der 3. April, wenn Noriegas Militär nicht so sehr zum Zuschlagen bereit sein würde und die Opposition ihre Arbeiter, Lehrer, Geschäftsleute und Anwälte auf die Straße rufen konnte.

Dieser Plan hatte aber eine Menge Schwachpunkte. Delvalle war bei den meisten Panamaern nicht gut angeschrieben; Herrera war bereits lange genug aus Panama weg, um enge Kontakte zu seinen Offizierskollegen verloren zu haben; und José Blandóns Einfluß auf die Regierungspartei war zweifelhaft. Auf der anderen Seite, dachten die Strategen der Opposition, könnte ihnen auch ein Fehlschlag sehr zugute kommen. Sie würden unter dem Schutz der USA eine Exilregierung innerhalb Panamas etablieren. Washington würde noch tiefer in ihren Kampf hineingezogen werden. Und ein durchgedrehter Noriega könnte etwas unternehmen, das militärische Maßnahmen gegen ihn provizieren würde.

„Ich weiß, daß das weit hergeholt klingt", gab Gabriel Lewis nachher zu, „aber wir mußten einfach etwas versuchen, und das hatte ebensoviel Sinn wie jeder andere Plan. Es hätte funktionieren können."

Sogar ohne die Einzelheiten dieses mangelhaften Plans zu kennen, war Herrera Hassan äußerst zurückhaltend. „Ich muß erst mit meiner Frau und meiner Familie sprechen", sagte er. Oberst Herrera Hassan hatte 23 Jahre im panamaischen Militär verbracht und stand nur zwei Jahre vor seiner Pensionierung. Wenn die USA es jedoch ernst meinten, dann würde Herrera Hassan dem Risiko nicht widerstehen können. Er war kein Diplomat, der für die Cocktailparty-Kreise in Tel Aviv geschaffen war, sondern ein 45 Jahre alter Offizier, ein Fallschirmspringer mit Kommandotruppen-Training, der begierig auf die endgültige Schlacht mit seinem größten Feind wartete.

Nachdem er mit seiner Frau und seinem 17jährigen Sohn gesprochen hatte, entschied er sich dafür, sich zu verpflichten. Er erzählte seinen Hausangestellten, daß er in der Passah-Ferienwoche in den Urlaubsort Eilat an der Küste fahren wolle, aber stattdessen flogen Walker und Herrera Hassan mit einer TWA-Maschine nach Paris und dann weiter nach Washington. Sie saßen einander in der Business Class gegenüber, hatten aber nach außenhin nichts miteinander zu tun, und Herrera Hassan reiste unter dem falschen Namen Emilio Hassan. Herrera Hassans Herz schlug aufgeregt, als die TWA-Maschine vom Flughafen Charles de Gaulle abhob. Er war sich nur sicher, daß er richtig handelte – und auch gegen den richtigen Gegner.

Was Herrera Hassan aber nicht wußte, war, daß er nur eine weitere Schachfigur in einer Schlacht zwischen den Behörden war, die das Außenministerium verlor. Als Herrera Hassan in Washington landete und von Walker schnell durch den Zoll geschleust wurde, hatte das Pentagon Abrams' Plan nach einem brutalen Kampf zwischen den

Behörden bereits erfolgreich abgeschossen. Das Außenministerium arbeitete bereits hektisch an anderen Plänen, aber niemand brauchte den Panamaer mehr. Man hatte nicht einmal ein Hotelzimmer für ihn gebucht.

Herrera Hassan, der unter dem Eindruck abgefahren war, daß er das Instrument einer koordinierten US-Politik sein würde, wurde ein weiteres Opfer der verpfuschten amerikanischen Politik gegenüber Panama. Das Pentagon schimpfte, daß das Außenministerium Herrera Hassan unfairerweise als sein Bauernopfer benutzt hätte. Abrams meinte, daß er nicht glauben könne, daß die Regierung jetzt einen Rückzieher machen wollte, nachdem Präsident Reagan das amerikanische Ansehen so eng mit einer Entfernung Noriegas in Zusammenhang gebracht hatte. Da Herreras Gastgeber kein Hotelzimmer für ihn hatten, trug ihn Gabriel Lewis unter dem Namen John Campbell – Lewis' Lobbyisten-Freund, der für die Bezahlung garantierte – ins Key Bridge Marriott in Rosslyn, Virginia, ein.

„Wir haben's verpatzt“, sagte ein höherer Funktionär des Außenministeriums, der für solche Geheimmissionen verantwortlich war. „Es war schlecht organisiert. Wir haben uns ihm gegenüber nicht anständig verhalten. Wir haben überstürzt gehandelt, teilweise auch aus Frustration darüber, daß nichts geschah.“

Ohne einen Verschwörungsplan, dessen Teil er sein konnte, wurde Herrera Hassan also nun von Beamten des Außenministeriums durch ganz Washington getrieben, als sie versuchten, ihn irgendjemandem als ihren Kandidaten für die Führung des panamaischen Militärs gegen Noriega anzudrehen. Nach einer Woche, in der er von einem offensichtlich sinnlosen Treffen zum nächsten pilgerte, wandte sich Herrera Hassan seiner Eskorte, Oberst Gerry Clark, zu und sagte: „Passen Sie auf: Ich fahre wieder zurück. Wenn Noriega dahinterkommt, daß ich hier gewesen bin, wird er meinen Kopf fordern. Wenn es etwas Konkretes gibt, rufen Sie mich an.“

In Herrera Hassans Innerem kochte die Wut, da ihm klar war, daß er diese riskante Reise nie unternommen hätte, wenn er gewußt hätte, daß die Behörden in Washington sich auf keine Vorgehensweise geeinigt hatten. Am 2. April flog er zurück, und zwei Wochen später feuerte Noriega ihn. Herrera Hassan hatte Freunden erzählt, daß er den Verdacht hegte, daß Funktionäre des Pentagons, zu denen vielleicht auch Nestor Sanchez gehörte, dem General von seiner Mission berichtet hatten.

Aber Abrams schrieb die Verantwortung für das Im-Stich-lassen Herrera Hassans den Vereinigten Stabschefs zu. „Seine Preisgabe war einfach der Nebeneffekt eines größeren Problems“, sagte Abrams. „Unsere Politik war abgenutzt. Es war unser Zustand politischer Verwirrung, der seine Zukunft gefährdete. Alle Behörden hatten sich einer Politik der Entfernung Noriegas verschrieben, aber dann dachten sie sich Methoden aus, die eigentlich dagegen arbeiteten – dieses nolens volens hat uns in ein solches Chaos gestürzt und uns dann von einem Sieg abgehalten. Walker und ich haben einen Fehler gemacht, indem wir Herrera ins Spiel gebracht haben. Es war uns zu diesem Zeitpunkt buchstäblich nicht in den Sinn gekommen, daß man diese Politik wieder abstellen würde.

„Das gehört zu den Dingen, wegen denen ich ein schlechtes Gewissen habe“, sagte Abrams. „Man zieht sie rein, indem man ihnen die Vorstellung eingibt, daß die unbesiegbaren Yankees Noriega mit Leichtigkeit loswerden können, aber dann müssen sie feststellen, daß es sich so nicht abspielen wird. Herrera wurde im Stich und dann einfach im Regen stehen gelassen."

Das Herrera Hassan-Fiasko stellte den Höhepunkt von sechs Wochen Torheiten der US-Politik dar, die auf die Anklage gegen Noriega und Delvalles Sturz folgten. Diese Ereignisse starteten einen bürokratischen Krieg zwischen einem pazifistischen Pentagon und einem militaristischen Außenministerium, die einige Wochen lang Washington in seinem Krieg gegen Noriega lahmlegten. Tatsächlich waren Noriegas gefährlichste Gegner Anfang 1988 nicht amerikanische Funktionäre, sondern vielmehr die beiden US-Staatsanwälte in Florida, die ihn anklagten, und die privaten Anwälte von Arnold & Porter, die seine US-Gelder zugunsten Delvalles einfroren. Im Frühjahr 1988 waren sich alle amerikanischen Außenpolitik-Macher einig, daß Noriega weg mußte, aber sie konnten zu keinem Entschluß darüber gelangen, wie man das bewirken sollte. Individuelle Ambitionen und bürokratische Rivalitäten warfen ihren Schatten über Interessen der nationalen Sicherheit, und Amerikas Verbündete waren wie immer die Opfer. Präsident Reagan versäumte es, zu intervenieren, bevor Noriega seinen schwächsten Moment überwunden hatte.

Andere Behörden hielten sich im Hintergrund. William Webster, der neue CIA-Direktor, der im Mai 1987 nach dem Tod William Caseys ernannt worden war, wies seine Männer an, eine vor allem analytische und beratende Rolle zu spielen. Da der Nationale Sicherheitsrat als Ergebnis von Oliver North' Ränkeschmieden ernüchtert war, agierte er nur als Vermittler, der allem, was auch nur entfernt nach Handeln aussah, so weit wie möglich auswich.

Der Konflikt zwischen Außenministerium und Pentagon wurde durch seine Hauptdarsteller noch heftiger: Abrams und der Vorsitzende der Vereinigten Stabschefs, Admiral William Crowe. Obwohl er rangmäßig weit unter Crowe stand, spielte Abrams im Fall der Panamapolitik den starken Mann – sowohl wegen seiner überzeugenden Art als auch wegen Außenminister Shultz' relativem Mangel an Interesse für zentralamerikanische Angelegenheiten.

Die Politik des Außenministeriums, wie sie von Abrams formuliert wurde, war der Ansicht, daß Noriega um jeden Preis entfernt werden mußte, weil das eine Angelegenheit des internationalen Prestiges war. Aber die Funktionäre im Pentagon betrachteten die Krise als eine, die Washington selbst erzeugt hatte; sie hielten Noriega nie für eine solche Bedrohung, daß er die Risiken zu seinem Sturz rechtfertigte. Noriega, so widerlich er auch war, gefährdete weder amerikanische Leben noch amerikanisches Eigentum oder regionale Sicherheitsinteressen. Dazu kam, daß das Pentagon nach Vietnam wußte, daß die Kosten im Falle des Nichthandelns weitaus geringer sind als die des Handelns, und die Offiziere wollten nicht von Politikern in eine Schlacht hineingezogen werden, wenn diese Männer eventuell nicht bereit sein würden, bis zum Schluß durchzuhalten.

Abrams war damals Staatssekretär für interamerikanische Angelegenheiten, und er führte seinen Verstand wie einen Degen. Während der schlimmsten Zeit der Panama-Krise mußte Shultz an den Präsidenten appellieren, einige höhere Funktionäre im Weißen Haus davon abzubringen, mit den Besprechungen aufzuhören, die darauf abzielten, Noriega zu zerstören. Nach der Sitzung wandte sich Shultz mit einem merkwürdigen Blick an Abrams. „Gibt es diese Woche irgendein Kabinettsmitglied, das nicht möchte, daß ich Sie rausschmeiße?" fragte er. Ein Funktionär des Außenministeriums ist der Ansicht, daß die wichtigste Nebenhandlung des politischen Kampfes um einen Sturz Noriegas in Panama in einem bürokratischen Kampf bestanden hatte, der bereits viel früher begonnen hatte, von anderen Beamten geführt wurde und in dem es darum ging, Abrams aus dem Außenministerium zu entfernen.

Vom Beginn der Anti-Noriega-Demonstrationen im Juni 1987 an betrachtete José Sorzano Abrams als den „Motor" hinter der gegen Noriega gerichteten Politik des US-Außenministeriums. „Elliott war wie ein Kampfhahn", sagte Sorzano und schnappte mit den Zähnen, damit man auch wußte, wie er es meinte. „Er ist immer in Angriffshaltung. Ich habe von Shultz nie etwas zum Thema Panama vernommen, das ich Elliott nicht wesentlich besser ausgedrückt und klüger sagen gehört hätte."

Seit Anfang 1986 wußte auch Noriega, daß Abrams sein gefährlichster Gegner war. Merkwürdigerweise war es sein Berater Joel McCleary, der ihn das erste Mal auf die Gefahr durch Abrams' hinwies – in einem 75 Seiten starken Informationspapier, das er für Panamas Regierung verfaßt hatte. „Die US-Politik in Hinsicht auf Panama wird stark von Abrams bestimmt", schrieb er, „der ein Günstling von Minister Shultz und bei den amerikanischen Medien ungewöhnlich stark vertreten ist. Abrams ist Nicaragua besessen. Er sieht ganz Zentralamerika nur in Begriffen dieses Einzelthemas. ... Abrams wurde auch durch seine Zeit als stellvertretender Sekretär für Menschenrechte stark beeinflußt. Er kennt die Menschenrechts-Szene und ist für diese Themen sehr sensibel, vor allem in Fällen, in denen linke oder linksstehende Regierungen scheinbar gegen die Menschenrechte verstoßen. ... Er hat, mehr als jede andere Person innerhalb der US-Regierung, eine Weltsicht, die es ihm unmöglich machen wird, jemals eine verständnisvolle und sympathische Sicht der Republik Panama zu erreichen."

Admiral Crowe, der damals 63 war und sich seine vier Sterne hart verdient hatte, hielt Abrams für einen gefährlichen Mann, der eine riskante Politik verfolgte. Freunden gegenüber meinte er, daß Abrams das furchterregendste Problem der Regierung Reagan darstelle: einen außer Kontrolle geratenen Ideologen. Crowe hätte in jedem Fall große Energien darauf verwendet, sich gegen ein militärisches Engagement in Panama zu stellen. Abrams großer Erfolg und Bekanntheitsgrad führten jedoch dazu, daß Crowe diese Politik noch mehr haßte. Er konnte nicht begreifen, daß ein relativ ausgeglichener Mensch wie George Shultz Abrams so viel Macht verliehen hatte.

Crowes Benehmen war dem von Abrams völlig entgegengesetzt. Er verbarg seinen scharfen Intellekt hinter einer zerknitterten Professoren-Fassade. Je tiefer er in der Klemme steckte, desto mehr übertrieb er seinen schleppenden Oklahoma-Akzent, um dann seine Gegner mit einem brillanten und selbstironischen Argument zu entwaffnen. Er siegte über seine Feinde, indem er sich über sich selbst lustig machte – einmal kommentierte er seinen eigenen Mangel an militärischer Haltung, indem er sein Aussehen mit dem „eines ungemachten Betts" verglich.

Crowe hatte sich auch sehr sorgfältig einen scharfsinnigen Vizeadmiral ausgesucht, der auf niedrigeren bürokratischen Ebenen seine Blockadetaktik führen sollte.

Sein persönlicher Repräsentant bei Treffen unterhalb der Kabinettsebene war Vizeadmiral Jonathan Howe, ein humorloser, äußerst intelligenter, berechnender und arroganter Mann. Er stellte die sicherste Niederlage für Abrams dar. Er kannte die Bürokratie des Außenministeriums, da er dort einmal das Politisch-Militärische Büro geleitet hatte. Er hatte seinen Doktor an der Fletcher-Diplomatieschule der Tufts University gemacht und war während der Regierung Ford der Militärassistent des Vizepräsidenten Nelson Rockefeller gewesen.

Howe und Crowe besaßen zudem den Vorteil, der allen Militärs zueigen ist: Präsidenten wissen normalerweise nicht genug über ihre Arbeit, um ihre Analysen zu hinterfragen. Wenn der Vorsitzende der Vereinigten Stabschefs behauptet, daß die Risiken für eine bestimmte Operation zu groß wären, dann muß der Präsident, der ihn in Frage zu stellen wagt, schon ziemlich mutig sein.

Abrams war von allem Anfang an der Verlierer, und er wußte, daß seine Bemühungen, Noriega abzusetzen, von politischen Wendungen in Panama und den USA abhingen, die das Gleichgewicht eventuell zu seinen Gunsten verschieben konnten. Für Abrams stellten die Anklagen vom Februar und der Sturz Delvalles taktische Siege dar, von denen er hoffte, daß sie einen Umschwung im Krieg der Bürokratie bringen würden. Er glaubte, daß es nun für seine Gegner im Pentagon unmöglich sein würde, eine Politik, die zu Noriegas Sturz führen sollte, zu verhindern. Aber Abrams hatte seine Fähigkeiten überschätzt, sich gegen das Pentagon durchzusetzen.

Da der Iran-Contra-Skandal seine Hoffnungen auf einen Erfolg in Nicaragua zerstört hatte, verlegte Abrams seine Leidenschaft auf Panama. Seine Kritiker warfen ihm vor, daß das Vorgehen gegen Noriega natürlich auch eine gute Methode wäre, die Gunst des Capitol Hill wiederzuerringen, wo Kongreß-Komitees ihm verboten hatten, noch einmal als Zeuge auszusagen, nachdem er sie zum Thema Iran-Contra belogen hatte. Abrams meinte aber, daß sein Kampf gegen Noriega nur die andere Seite der Medaille wäre: die Notwendigkeit, antidemokratische Kräfte in Lateinamerika zurückzuschlagen. Er verstand nicht, warum die USA sich die Doppelagenten-Tätigkeit Noriegas für die Kubaner gefallen ließen. Außerdem war er davon überzeugt, daß Noriega linke Guerillas in der Region unterstützte und den Contras viel mehr Hilfe versprach, als er ihnen jemals gab.

Abrams stärkstes Argument bei zwischenbehördlichen Sitzungen im Februar und März war zugleich auch das offensichtlichste: Präsident Reagan hatte gesagt, daß Noriega gehen mußte, und daher mußte die Regierung auch mit einer Politik aufwarten, die das erreichen konnte. Aber während Reagans anfängliche Rhetorik klar und stark gewesen war, waren die begrenzten Sanktionen, die er am 11. März verfügte, viel milder, als Abrams sich das erhofft hatte und richteten weit weniger Schaden an als die Klagen von Arnold & Porter. Bei diesem Sprich-laut-aber-schlag'-nicht-fest-zu-Präsidenten war eben nur die Rhetorik hartgesotten. „Bis in Panama nicht wieder eine demokratische Regierung hergestellt ist, können die Vereinigten Staaten nicht so weitermachen, als wäre alles normal", sagte Reagan. „Daher habe ich heute eine Anzahl von Maßnahmen gegen das unrechtmäßige Regime Noriega gesetzt..." Er zog Handelsvergünstigungen für Panama zurück, die unter zwei von der Regierung bewilligten Programmen gewährt worden waren, und beschlagnahmte die 80 Millionen Dollar, die jedes Jahr für die Benutzung des Panamakanals ans Regime Noriega bezahlt wurden.

Bei einer Pressekonferenz nach der Erklärung Reagans richtete Außenminister Shultz die Aufmerksamkeit der Journalisten darauf, daß Präsident Reagan das Wort „unrechtmäßig" verwendet hatte, um Noriegas Regime zu beschreiben. „Das ist ein sehr starkes Wort", sagte er. „Was unserer Ansicht nach geschehen sollte, ist, daß er Panama verläßt, und wir wollen eine Rückkehr zu einer Zivilregierung sehen." Später bei derselben Pressekonferenz wiederholte er den wichtigsten Refrain noch einmal: „Wir sind begierig, General Noriega von dort verschwinden zu sehen."

Aber Abrams schaffte es nicht, aus diesen starken Erklärungen einen Gewinn für sich herauszuholen, teilweise deshalb, weil Shultz, ihr wichtigster Befürworter, sich nur selten in Washington aufhielt, um ihm helfen zu können. Shultz' Abwesenheit während dieser entscheidenden sechs Wochen im Jahre 1988 zwang Abrams dazu, einen Großteil seines Kampfes gegen Crowe allein zu führen. Im Kielwasser des Iran-Contra-Skandals verbrachte Shultz den Großteil seiner Zeit außer Landes und verlegte das Schwergewicht seiner Tätigkeit auf die Sowjetunion und bis zu einem gewissen Grad auch auf den Mittleren Osten. Panama überließ er im großen und ganzen Abrams, was diesem als Staatssekretär ungewöhnlich große Macht verlieh. Während dieser Zeit saßen bei Treffen der Planungsgruppe für Nationale Sicherheit, dem Forum auf Kabinettsebene, bei dem die wichtigsten politischen Entscheidungen getroffen werden, abwechselnd der stellvertretende Außenminister John Whitehead, Staatssekretär Michael Armacost, der Außenministeriums-Berater Max Kampelman und einmal sogar Abrams selbst auf dem Sessel des Außenministers – etwas, das bisher praktisch noch nie dagewesen war. Dem Außenministerium mangelte es an einer konsequenten und ausreichend heftigen Stimme zur Unterstützung Abrams'.

Crowe übertraf ihn von allem Anfang an. Er wandte sich in giftiger Art und Weise dagegen, daß seine Truppen dazu eingesetzt werden sollten, bei der Absetzung Noriegas behilflich zu sein; und er war fast ebenso unnachgiebig, was Abrams' Plan betraf, die Opposition seine Militärbasen als Stützpunkte für heimliche Aktionen gegen Noriega oder als Heimat einer Exilregierung benutzen zu lassen.

Seine Argumente waren einfach genug, um Präsident Reagan zufriedenzustellen: Jede solche Aktion würde die Rechte militärischer Stützpunkte der USA in Staaten auf der ganzen Welt gefährden. Sein zweites Argument war genau nach Reagans Geschmack: In Panama lebten 50 000 Amerikaner, unter ihnen 10 000 Soldaten, und Noriega würde diese bedrohen und vielleicht sogar Geiseln nehmen, wenn die USA ihm keine andere Alternative ließen. Sein drittes Argument – es schien mehr wie ein nachträglicher, auf seine Kritiker im Außenministerium gemünzter Einfall – war das, daß andere lateinamerikanische Offiziere sich gegen Amerika auflehnen würden, sollte amerikanische Gewalt dazu eingesetzt werden, einen anderen Militärdiktator zu entfernen.

„Wir haben nicht nur in Panama Militärstützpunkte, sondern auch in Portugal, Spanien, der Türkei und Griechenland", gab Crowe bei einer wichtigen Sitzung im März zu bedenken. „In allen diesen Ländern stehen wir sensiblen politischen Themen gegenüber. Was erwarten Sie, wie diese Regierungen auf das Schreckgespenst einer USA, die ihre Militärbasen dazu benutzt, die Führung eines Landes zu stürzen, reagieren werden?“ Verteidigungsminister Frank Carlucci und seine Assistenten unterstützten im allgemeinen die Argumente der Vereinigten Stabschefs, aber es waren Crowe und Vizeadmiral Jonathan Howe, die die Offensive gegen Abrams und das Außenministerium anführten.

Bei einer Sitzung der Planungsgruppe für Nationale Sicherheit brachte Crowe dem Präsidenten gegenüber das Argument vor, daß die Opposition gegen Noriega, die sich vor allem aus wohlhabenden Panamaern zusammensetzte, nicht viel Sinn darin sah, zu sterben, um Noriega aus dem Amt zu drängen – und ebensowenig sollten die USA das tun. „Warum sollten gute Jungs aus Peoria, Illinois, da runterziehen und in Panama für Leute sterben, die im Mercedes herumfahren?“ fragte er. „Das hat doch keinen Sinn.“

Crowe kannte Reagans Sprache perfekt. Und der Präsident, der nur 120 Meilen südwestlich von Peoria – in Tampico, Illinois – geboren wurde, war davon offensichtlich tief bewegt.

Abrams stand auch gegen den CIA, obwohl diese Gegnerschaft eher eine indirekte war. Richter Webster bezog in der politischen Diskussion keine Position, aber sein mangelndes Interesse am Thema Panama und die charakteristische Vorsicht des CIA nach Casey arbeiteten gegen Abrams.

Der CIA spielte in Sachen Panama relativ ehrlich. Das Bekanntwerden des Iran-Contra-Skandals im Dezember 1986 und William Caseys Tod am 7. Mai 1987 waren dafür verantwortlich, daß der Geheimdienst sich auf eine begrenztere und weniger politische Rolle beschränkte. Aber die neue Vorsicht des Geheimdienstes und sein streng legaler Zugang zu allen Anforderungen, die das Außenministerium wegen geheimer Aktionen an ihn stellte, resultierten in einer so langsamen Durchführung des Plans, daß der CIA de facto zu einem Hindernis für das Außenministerium wurde.

William Webster war Panama – über das er nicht viel wußte – dazu noch ziemlich egal. Sein Auftreten bei zwischenbehördlichen Sitzungen enthüllte die Tatsache, daß er seine Informationen nicht besonders genau studiert hatte. Seine Rolle beschränkte sich meistens darauf, Berichte vorzutragen, die seine Assistenten für ihn vorbereitet hatten und dann anderen zuzuhören.

Bei der ersten Sitzung der Planungsgruppe für Nationale Sicherheit, kurz nachdem Delvalle in den Untergrund gegangen war, verlas Webster einen Bericht über Manuel Solis Palma. Er sagte, daß Solis, Noriegas Marionetten-Präsident, ein guter Mann wäre, den man als pro-amerikanisch und pro-westlich eingestellt betrachten konnte. „Mit einem solchen Mann können wir zusammenarbeiten“, sagte er.

Max Kampelman vom Außenministerium traute seinen Ohren nicht. „Wovon sprechen Sie überhaupt?“ fragte Kampelman. „Panama hat keinen neuen Präsidenten.“ Kampelman erinnerte Webster daran, daß die USA nur Delvalle als Präsidenten anerkannten.

Auch der Mangel an CIA-Informationen über das panamaische Militär verhinderte jede Aktion. Bis zum Putschversuch gegen Noriega im März berichtete der Geheimdienst von Rissen, die angeblich durch die Panamaischen Verteidigungsstreitkräfte gingen. Als man den CIA bat, eine Liste jener Offiziere zusammenzustellen, die einen Staatsstreich gegen Noriega anheizen könnten, mußte der Geheimdienst sich geschlagen geben. Im Lauf der Jahre hatte Noriega langsam die amerikanische Infiltration seines Offizierskorps reduziert – teilweise durch Vereinbarungen mit dem CIA – und er hielt alle Offiziere, die private Kontakte mit US-Geheimdienstagenten unterhielten, unter strenger Beobachtung. Der CIA wußte nur wenig mehr als das, was Noriega seinen Agenten an Informationen zukommen ließ.

Dasselbe galt auch für andere Nachrichtendienste. Die amerikanische Geheimdiensttätigkeit in Panama setzte sich aus vier Teilen zusammen: dem J-2 des Southern Command, der 470th Military Intelligence Brigade der Defense Intelligence Agency, des Postenchefs in der US-Botschaft und der DEA. Als das Außenministerium eine Politik vorschlug, die darauf abzielte, die Stimmung für einen Militärputsch gegen Noriega aufzuheizen, waren die anderen drei Behörden ebenso unfähig wie der CIA, was die Identifikation potentieller Verbündeter im panamaischen Militär betraf.

Ein höherer Geheimdienstoffizier in Panama sagte, daß das Problem im Mangel an persönlicher Informationsbeschaffung bestanden habe. Sie besaßen nach wie vor jede Menge Abhörgeräte und sonstige Methoden zum Abfangen von Nachrichten. Aber die dort stationierten Agenten des militärischen Geheimdiensts waren hauptsächlich Puertorikaner, und die Panamaer mochten weder diese Leute noch respektierten sie sie. „Das ist so ähnlich, als würde man einen Schwarzen aus New York dazu benutzen, die Weißen in den Südstaaten zu infiltrieren", sagte der Informant aus Geheimdienstkreisen. „Eine Zusammenarbeits-Beziehung zu einem ausländischen Geheimdienst ist nur so gut wie die tiefste Durchsetzung dieses Dienstes mit eigenen Leuten. Und wir hatten Mitte der Achtziger Noriegas G-2 eben einfach nicht durchsetzt. Er hat uns ausgesperrt, und wir haben dabei mitgespielt."

Worüber die Geheimdienste des Verteidigungsministeriums eine Menge wußten, das war Noriega. Sie besaßen ganze Schachteln voller Informationen über ihn. Der CIA warnte davor, daß Noriega nicht leicht nachgeben würde, und daß er – seinem psychologischen Profil nach zu schließen – noch härter kämpfen würde, wenn man ihn in die Ecke treiben sollte. Diese Analyse des CIA unterstützte im großen und ganzen die Argumente der Vereinigten Stabschefs. „Es handelte sich hier nicht um eine Frage des Versagens von Geheimdiensten", sagte John Negroponte, der damals stellvertretender Nationaler Sicherheitsberater war. „Es war vielmehr das Problem, das niemand auf die Geheimdienste hören wollte."

Das beste Beispiel dafür, wie die Bürokratie des CIA die Opposition unterminierte, waren die Bemühungen des Außenministeriums im März, ein Funkgerät für Präsident Delvalle zu bekommen, damit er direkt mit Panama Verbindung aufnehmen konnte.

Bei einer Sitzung der Planungsgruppe für Nationale Sicherheit stimmte der Präsident dieser Idee zu. Anschließend wies er den CIA an, der Opposition ein solches Funkgerät zur Verfügung zu stellen und die Panamaer über dessen Handhabung zu instruieren. Aber der CIA antwortete, daß es nicht im Bereich der von der Politik des Präsidenten umrissenen Vollmacht läge, ein solches Funkgerät herzugeben. Eine neue

Erkenntnis des Präsidenten, die die Ziele in Panama neu definiere, sei nötig, um einen solchen Ausrüstungsgegenstand zur Verfügung stellen zu können. Das Außenministerium verfaßte diese Erkenntnis. Dieser Vorgang nahm weitere drei Tage in Anspruch – zum Zeitpunkt, als Noriega in seinen schlimmsten Schwierigkeiten steckte, war dies eine lange Zeit.

Aber trotzdem behauptete das Büro des Rechtsberaters des Präsidenten, daß die Ausgabe dieses Funkgeräts illegal sei. 1987 hatte der Kongreß jede Hilfe für Panamas Regierung verboten. Obwohl das geschehen war, bevor Delvalle zum von Washington anerkannten Präsidenten wurde, galt diese gesetzliche Sperre auch für ihn, da er der offiziell anerkannte panamaische Führer war.

Der Nationale Sicherheitsrat fand einen Weg, mit dem man dieses Problem umgehen konnte. Er konnte die Beschränkungen nach dem Gesetz für Auslandshilfe aus Gründen der nationalen Sicherheit umgehen. Dazu brauchte er sich nur mit dem Kongreß zu besprechen. Aber mit wem dort? Der Nationale Sicherheitsrat wollte die Vorsitzenden der Auslandshilfe-Komitees des Senats und des Kongresses kontaktieren. „Nur über unsere Leichen", sagte ein CIA-Funktionär. „Hier handelt es sich um eine Geheimsache. Sie können nur mit den zuständigen Geheimdienst-Komitees verhandeln."

Nach einigen Diskussionen lud der nationale Sicherheitsberater die verschiedenen Vorsitzenden der Auslandshilfe- und Geheimdienst-Komitees ins Old Executive-Bürogebäude zum Tee ein. Die Vorsitzenden sagten, sie wollten erst wissen, um welches Funkgerät es sich handeln sollte. Der CIA meinte, das könnte er ihnen nicht sagen. Nach einigem Hin und Her gab der CIA eine ungefähre Beschreibung. Das Funkgerät lieferte der CIA erst eineinhalb Monate später aus – nachdem Noriegas größte Probleme vorüber waren, und lange nach der Zeit, als es für Delvalle am nützlichsten gewesen wäre.

„Und das alles nur wegen eines Funkgeräts, das Sie oder ich im nächsten Elektrogeschäft hätten kaufen können", sagte damals ein Beamter des Nationalen Sicherheitsrats.

Während dieser ganzen Zeit waren es jedoch die Differenzen zwischen Abrams und Crowe, die den Mittelpunkt der politischen Bühne einnahmen. Abrams versuchte erst gar nicht, seine Verachtung für Crowes Konservativismus zu verbergen und interpretierte die Haltung seines Gegners als irregeleitete, militärische Vorsicht, typisch für die Zeit nach Vietnam. Crowe äußerte Freunden gegenüber die Ansicht, daß Abrams, wie viele junge Konservative in Washington, nicht in Vietnam gekämpft und daher auch keine Ahnung von militärischen Risiken hätte. Abrams war aus Gründen der Ausbildung in Harvard damals zurückgestellt worden.

Später würde Abrams rundheraus den Vereinigten Stabschefs die Schuld für das Versagen der Politik in Panama geben – nicht wegen irgendeiner heimlichen Verschwörung, sondern vielmehr aus Willensschwäche. „Das Problem war ein nervliches Versagen der Vereinigten Stabschefs, nicht der Schutz für Noriega. Die PDF sind wie eine korrupte Polizeitruppe, sie sind keine Armee", sagte er später. „Die Vereinigten Stabschefs wollten wissen, wie wir unsere Stützpunkte gegen die PDF verteidigen könnten. Also, wirklich! Die PDF sind wie eine Polizeimannschaft im Mississippi der sechziger Jahre: bösartig, korrupt und inkompetent. Diese Einheit hat nie irgendeine militärische Operation durchgeführt."

Crowe mochte es nicht, daß Abrams ihn darüber belehrte, wie er seine Truppen einzusetzen hatte und wie groß die Gefahr durch das panamaische Militär wäre, dessen Ausbildung und Ausrüstung den amerikanischen Steuerzahler immerhin etliche Millionen Dollar gekostet hatte. Einem Freund gegenüber sagte er, daß Abrams ein „arroganter junger Mann, der noch nicht trocken hinter den Ohren ist", sei, dem Shultz eine Macht verliehen habe, die „seine Fähigkeiten überstieg".

Auch Abrams Jus-Abschluß in Harvard machte keinen besonderen Eindruck auf ihn. Crowe hatte in Stanford seinen Magister in Pädagogik und in Princeton seinen Dr. phil. in Politikwissenschaft gemacht. Und er hatte keine Lektionen von Abrams darüber nötig, wie Streitigkeiten gelöst werden könnten. Abrams hatte schon bei den Contras versagt. Und Crowe, als Oberbefehlshaber der NATO-Truppen in Südeuropa, war dabei behilflich gewesen, die südliche Flanke des Militärbundes zu stärken, indem er im Konflikt zwischen Griechenland und der Türkei als Vermittler tätig war. Erst in diesem Jahr war er die Schlüsselfigur hinter der US-Politik gewesen, die den Persischen Golf offenhielt, teilweise dadurch, daß Tanker aus Kuwait unter amerikanischer Flagge fuhren.

Ein weiterer Zufall der Geschichte hatte Crowe in der Planungsgruppe für Nationale Sicherheit eine viel stärkere Stimme verliehen, als sie die Vorsitzenden der Vereinigten Stabschefs vor ihm hatten. Ein äußerst bedeutendes Gesetz zur Reorganisation des Pentagon im Jahre 1986 hatte die Rolle und Unabhängigkeit des Vorsitzenden gestärkt. Vor diesem Gesetz konnte der Vorsitzende nur die kollektiven Ansichten der Vereinigten Stabschefs vorbringen, was seine individuelle Macht einschränkte. Mit dem Gültigkeitsdatum 1. Oktober 1986 wurde der Vorsitzende jedoch zum wichtigsten Militärberater des Präsidenten, des Staatssekretärs für Verteidigung und des Nationalen Sicherheitsrats. Jetzt besaß er die Autorität, seine eigenen Ansichten auszudrücken und Konflikte zwischen den Chefs der einzelnen Truppenteile einseitig zu lösen. Crowe war der mächtigste Militäroffizier in Friedenszeiten der Geschichte Amerikas geworden.

Crowe wurde in seinem Streit mit Abrams außerdem durch einen überzeugenden Verbündeten und Informanten in Panama gestärkt. Seine Informationen kamen in einer klaren und gut ausformulierten Form von dem langgedienten Offizier und Diplomaten, der das Southern Command leitete – General Frederick Woerner. Unter Woerner diente eine Schar von Geheimdienst-Beamten und -Analytikern.

Woerner, der fließend Spanisch sprach und mit einer bolivianischen Frau verheiratet war, hatte an der Universität von Arizona seinen Abschluß in lateinamerikanischer Geschichte gemacht und lange Zeit angehende Offiziere am Army War College in lateinamerikanischer Politik unterrichtet. Er war ein Soldat und Diplomat, der sich gut ausdrücken und voller Selbstvertrauen improvisierte Ansprachen halten konnte.

Abrams' Verbindungsmann in Panama war Botschafter Davis, ein 70jähriger Mann, der von Reagan auf diesen Posten berufen worden war und den die anderen Beamten der Botschaft vor der Presse abschirmten, weil sie fürchteten, daß er sich und das Außenministerium blamieren würde. Es mangelte ihm an der geheimen Macht vieler

Botschafter: einem Zugang zum Präsidenten. Er sprach sogar selten mit Shultz und besaß in Washington nur wenige Verbündete auf höchster Ebene, wohingegen Woerner mit Crowe sprechen konnte, sooft die Situation es erforderlich machte.

Davis war ein Botschafter, der sich das erste Mal nach Präsident Reagans Wahl von 1980 als Diplomat in Paraguay versuchte. 1986 kam er nach Panama, kurz nachdem seine Frau bei einem Flugzeugabsturz gestorben war. Die Krise in Panama kürzte seine Trauerzeit ab und warf ihn auf eine Bühne, auf der kein Fehler übersehen wurde. Die Pressestelle der Botschaft unternahm alles mögliche, um ihren Botschafter vom Scheinwerferlicht der Öffentlichkeit fernzuhalten, weil er zu sensiblen diplomatischen Fragen meist die schlecht formulierten Ideen äußerte, die ihm gerade in den Sinn kamen. Noch verärgerter waren sie darüber, daß er Susan, seine Tochter und die neue First Lady in seinem Leben, nicht unter Kontrolle halten konnte – sie war zu einer der lautstärksten Unterstützerinnen der Opposition geworden. Susan ging auf den Rasen vor dem Botschaftsgebäude hinaus, um dort öffentlich ihre Meinung zu äußern, und das Botschaftspersonal beschwerte sich darüber, daß sie oft Geheiminformationen an Reporter weitergab, um so den Kampf gegen Noriega zu dessen Ungunsten zu beeinflussen.

Woerner sah auf Botschafter Davis herunter und bemühte sich nach Kräften, bei ihren wöchentlichen Sitzungen am Freitag seine Ungeduld zu verbergen. Davis war ein Mann, der von Einzelfällen der Unterdrückung und des menschlichen Elends tief bewegt sein konnte und es als seine Aufgabe betrachtete, Noriega loszuwerden. Woerner machte sich Sorgen darüber, daß diese Krise seine breiter angelegte Verantwortung, was die Verteidigung in dieser Region betraf, behindern könnte. Er war der Ansicht, daß man Panama nicht notwendigerweise eine Demokratie bringen würde, wenn man Noriega beseitigte. Er glaubte, daß man die Krise zu sehr auf eine Person konzentriert hätte.

Zwischen Crowe und Woerner lief folgendes Spiel: Die Vereinigten Stabschefs wandten sich gegen jeden Vorschlag, den Abrams machte, indem sie genaue Angaben über die jeweiligen Kosten, Risiken und Hindernisse machten. Als das Außenministerium eine Blitzevakuierung forderte, bei der alle Angehörigen des Militärs auf die Stützpunkte ziehen sollten, damit man dann zuschlagen könnte, präsentierte Vizeadmiral Howe astronomisch hohe Schätzungen der Übersiedlungskosten und die Schwierigkeiten dabei, die Möbeltransporte zu planen. Er sagte, daß die Kosten sich auf einen Betrag von 100 Millionen Dollar belaufen könnten, einschließlich der Überstunden-Löhne für die Umzugsarbeiter, der Zahlungen für vorzeitig beendete Mietverträge und der Kosten für Gegenstände, die bei diesen schnellen Umzügen beschädigt werden würden. Und außerdem, behauptete er, seien die Umzugsfirmen so ausgebucht, daß der ganze Umzug sieben Monate in Anspruch nehmen könnte.

Michael Armacost, der Staatssekretär des Außenministeriums für politische Angelegenheiten, verlor bei einer der Umzugsschätzungen von Vizeadmiral Howe die Geduld. „Das ist doch nicht ernstzunehmen", sagte Armacost, der normalerweise eine eher ruhige Art hat. Er warf den Vereinigten Stabschefs vor, so zu tun, als könnte Washington den ersten Schritt nicht tun, bevor alle möglichen Probleme, die den hundertsten Schritt betrafen, gelöst wären. Armacost verdächtigte das Pentagon, eine „Scheiß' drauf"-Politik zu betreiben.

„Das passiert dann, wenn man dem Präsidenten die Gründe dafür aufzählt, warum er etwas nicht tun kann, bis er sagt: ‚Scheiß' drauf!' ", erklärte ein Beamter des Außenministeriums.

Die Studie der Vereinigten Stabschefs war dabei behilflich, auch diese Idee zu Fall zu bringen.

Das Pentagon hatte gute Gründe, vor einem Angriff gegen Noriega zurückzuscheuen, da dieser Mann schließlich jahrelang den Interessen des Verteidigungsministeriums gedient hatte. Noriega hatte so getan, als merkte er nichts, als die Amerikaner ihre Stützpunkte in einer Art und Weise benutzt hatten, die weit über das hinausging, was die Verträge als ihren einzigen Zweck erlaubt hatten – nämlich eine Verteidigung des Kanals. Amerikas größter Horchposten in der gesamten Region befand sich in Panama, und die regionale Verteidigungstätigkeit der USA – einschließlich CIA-Geheimoperationen, Anti-Terrorismus-Tätigkeit und sogar der Unterstützung für den Krieg der Contras – wurde von Panama aus geführt.

Und Noriega sandte eindeutige Botschaften, daß das alles vorbei sein könnte, sollten die USA ihm zu nahetreten. Ein geheimer Bericht der Defense Intelligence Agency an Admiral Crowe zeigte sich besorgt darüber, daß Noriega die „Total Warrior"-Militärmanöver gefährdete, die für den Zeitraum vom 12. März bis zum 12. April geplant waren. Noriega hatte gesagt, daß dem Vertrag zufolge Puerto Rico und die Nationalgarde von Florida nicht die Erlaubnis besäßen, daran teilzunehmen, weil ihre Verwicklung in diese Angelegenheit „nichts mit der Verteidigung des Kanals zu tun hat". Noriega äußerte gegenüber amerikanischen Offizieren auch, daß US-Militärkonvois nur in der Zeit zwischen Mitternacht und sechs Uhr früh fahren dürften, „um wütende Panamaer davon abzuhalten, sie zu attackieren".

Die Botschaft war eindeutig: Gegen Noriega stellt man sich nur auf eigene Gefahr. Die DIA leitete diese Botschaft in einem Memorandum an Crowe und andere weiter: „... Versuche, den Operationen des US Southern Command gesetzliche Beschränkungen aufzuerlegen, stellen keine ernsthafte Gefährdung der Sicherheit der amerikanischen Mannschaften dar. Trotzdem aber weisen sie uns auf die Möglichkeiten der PDF hin, die Krise eskalieren zu lassen, die von General Noriega als amerikanischer Angriff auf die Souveränität Panamas betrachtet wird. Die Spannung wird in nächster Zeit noch zunehmen. Eine Lösung ist nicht in Sicht."

Einige der Geheimdienstberichte waren ausgesprochen alarmierend. Ein Bericht von der 470th Military Intelligence Brigade, die dafür bekannt war, von Noriega ausgestreute Informationen weiterzuleiten, behauptete, daß eine linksstehende politische Organisation und eine Gewerkschaft angeblich planten, eine Konfrontation zwischen US-Truppen und Arbeitern herbeizuführen. Darin wurde gesagt, daß die Gewerkschaft militärische Mannschaften dazu benutzen wollte, auf amerikanische Soldaten zu schießen, „in der Hoffnung, daß die Amerikaner zurückschießen und dabei mehrere unschuldige Demonstranten töten würden. Das würde Panama Märtyrer geben und das panamaische Volk hoffentlich gegen die USA vereinen."

Was bei diesen persönlichen und bürokratischen Differenzen unter dem Strich herauskam, war Untätigkeit. Die USA reagierten nicht, als Noriega am 18. März, nach dem fehlgeschlagenen Putschversuch gegen ihn, einen „Ausnahmezustand" ausrief, der die verfassungsmäßigen Rechte aufhob. Die Oppositionsführer reagierten darauf mit einem zeitlich unbegrenzten Generalstreik, der am 21. März begann. Dieser legte eine Wirtschaft lahm, die durch die Schließung der Banken am 3. März ohnehin schon schwer angeschlagen war. Aber wieder zögerte das Weiße Haus, während die Panamaer kämpften.

Am 29. März 1988 erreichte der Streit zwischen Außenministerium und Pentagon seinen Höhepunkt. Als Walker Oberst Herrera Hassan aus Israel herbrachte, damit dieser ein Exilmilitär gegen Noriega anführen sollte, fand eine entscheidende Sitzung der Planungsgruppe für Nationale Sicherheit im Lagebesprechungsraum des Weißen Hauses statt. Abrams hatte zur Zeit des Treffens bereits eine Spannung aufgebaut, indem er sagte, es sei damit zu rechnen, daß Noriega „in ein paar Tagen" weg vom Fenster sein würde.

Marlin Fitzwater reagierte darauf, daß amerikanische Bürger in Panama verprügelt worden waren, und sagte, daß die Geduld Washingtons „nicht unbegrenzt ist". Juan Sosa, der panamaische Botschafter in den USA, verlangte eine Kommandoaktion, die Noriega aus seinem Land entfernen sollte. Aber diese Krisenatmosphäre, das sollte sich bald herausstellen, war nicht mehr als der übliche Sturm im Wasserglas, der in Washington vor einer Phase der Untätigkeit herrschte.

Reagan hörte schweigend zu, als Shultz die Details des Plans erläuterte, den er gemeinsam mit Abrams und der panamaischen Opposition ausgearbeitet hatte. Crowe und Verteidigungsminister Carlucci sprachen wieder einmal über die Gefahren von Vergeltungsmaßnahmen durch Noriega gegen die 50 000 Amerikaner in Panama. Crowe sprach von einem Plan zur Geiselnahme, den Noriega ersonnen hätte (es gibt nichts, was einem Präsidenten mehr Angst einjagt als Geiseln), und schätzte die Anzahl von Soldaten, die man dazu brauchen würde, um die Amerikaner gegen die Bedrohung durch Panama zu schützen. Dazu gehörten Kommandotruppen, eventuell eine Flugzeugträger-Sondertruppe und aus Froschmännern bestehende Sturmtruppen, meinten Carlucci und Crowe. Sie würden „mindestens zwei Brigaden" zusätzlicher US-Soldaten benötigen, um die US-Stützpunkte, die amerikanischen Bürger und den Kanal zu bewachen, was die Mannschaftsstärke in Panama von derzeit 10 000 um weitere 6000 vergrößern würde.

Shultz' Gesicht wurde mit jeder zunehmenden Schätzung der voraussichtlich benötigten Soldaten ein bißchen röter. Er sagte, daß er selbst Marinesoldat gewesen sei, und daß er wisse, daß man bestimmt nicht soviel Energie dazu aufwenden müßte, um einen kleinen Diktator loszuwerden. „Das stimmt einfach nicht", sagte er. Shultz meinte, daß nichts als ein gut ausgebildeter und vorbereiteter Kommandotrupp dazu notwendig sei, Noriega zu schnappen und in den USA vor Gericht zu stellen. Bei der Sitzung anwesende Funktionäre können sich nicht daran erinnern, ob er bei dieser Ansprache das Wort „kidnappen" benutzte, aber das was er sagte, lief darauf hinaus.

Abrams' komplizierter Plan, eine exilierte militärische und politische Führung auf gemeinsam verwaltetem panamaischem Gebiet einzusetzen, wurde wegen seiner logistischen Unmöglichkeit abgelehnt. Shultz setzte sich stattdessen jetzt für eine Entführungsaktion ein. Delvalle würde auf die normalen Auslieferungsprozeduren verzichten, was Washington die gesetzliche Grundlage gab, die es brauchte.

Reagan beauftragte daraufhin seine Regierung damit, Pläne für eine solche Entführungsaktion zu entwerfen. Das Pentagon stellte sich auch gegen diese Idee und behauptete, daß Noriega und seine Leute sich an amerikanischen Zivilisten dafür rächen würden. Trotzdem beteiligten sich in den nächsten Tagen Planungsexperten der Special Forces und Geheimagenten daran, mehrere Szenarios zu entwerfen. Eines davon funktionierte nach dem Muster des erfolgreichen amerikanischen Kidnappings von Juan Ramón Matta Ballesteros, einem honduranischen Drogenboß, das zwar erst im April 1988 über die Bühne gehen würde, aber damals bereits geplant wurde. Ein Informant aus dem CIA sagte, daß das vorgeschlagene Szenario sich vom Matta Ballesteros-Plan unterschied, bei dem honduranische Regierungsbeamte behilflich sein würden, weil man vorhatte, diese Operation in der Dominikanischen Republik durchzuführen. Noriegas Tochter war mit dem Sohn eines mächtigen Generals der Dominikanischen Republik verheiratet, und Noriega fühlte sich auf dieser Karibikinsel sicher. Ein paramilitärischer Offizier der Spezialeinheiten, der mit der Planung zu tun hatte, bezeichnete den „Dominikanische Republik-Plan" als nichts anderes als eine „Entführungsaktion".

Eine weitere Idee war ein *Achille Lauro*-Plan, der es erforderlich machen würde, daß amerikanische Flugzeuge, die auf panamaischen Stützpunkten stationiert waren, Noriegas Maschine auf einem Gebiet zur Landung zwingen sollte, das ihn dann ausliefern würde – so wie Düsenjäger der amerikanischen Flotte einen palästinensischen Flugzeugentführer in Sizilien zur Landung gezwungen hatten. Nach Noriegas Verhaftung würde man ihn dann nach Miami transportieren, wo er „in aller Öffentlichkeit mit Handschellen gefesselt" ankommen würde, meinte ein Funktionär des Außenministeriums.

Alles in allem führte die Sitzung vom 29. Mai zu fünf Alternativplänen, wie Informanten aus der Geheimdienstszene behaupteten, aber am Ende wurde keiner davon durchgeführt. Bei einer Sitzung, die zwei Tage später stattfand, beschloß der Präsident, keinem dieser dramatischen Handlungsvorschläge zu folgen. Stattdessen arbeitete er langsam auf die Verhängung wirtschaftlicher Sanktionen hin – die anscheinend zur ausgewählten Methode geworden waren, amerikanische Machtlosigkeit zu demonstrieren. Zusätzlich dazu kündigte das Pentagon an, in der Woche nach Ostern 1300 weitere Soldaten nach Panama schicken zu wollen, zu denen auch 500 Angehörige der Militärpolizei und eine große Anzahl Wachhunde mit ihren Trainern gehören würden. „Das soll aber keineswegs eine Botschaft an General Noriega sein", sagte der Sprecher des Southern Command, Ronald Sconyers.

Aber die Botschaft war klar und deutlich: Amerika war noch immer nicht bereit, gegen ihn vorzugehen.

Abgesehen davon versorgte das Pentagon Journalisten mit Informationen, um sicherzustellen, daß solche Pläne, die von hohen Pentagon-Funktionären als „verrückt" bezeichnet wurden, nicht mehr entstehen würden. Abrams, der eine Meisterschaft darin besaß, die Presse dazu zu benutzen, seine Politik zu fördern, äußerte den zutreffenden Vorwurf, daß Crowe und Howe ihn mit seiner eigenen Waffe der Presse-Enthüllungen schlagen würden, indem sie Offizieren niedrigeren Ranges befahlen, den Journalisten von Abrams' „leichtsinnigen" Ideen über Panama zu erzählen.

„Alle diese Informationslecks tauchten in Artikeln in der *New York Times* und der *Washington Post* auf und wurden dort von den jeweiligen Verteidigungskorrespondenten verfaßt, die oft ungenannte uniformierte Militärs zitierten", sagte Abrams. Einige der detailliertesten und für das Außenministerium beunruhigendsten Stories wurde vom Pentagon-Korrespondenten der *Washington Post*, George Wilson, geschrieben, der seit langer Zeit einer der Lieblingsjournalisten der Militärs war.

Shultz, der sich wieder einmal von den bürokratischen Schlachten, die er zu hassen gelernt hatte, zurückgezogen hatte – diesmal zu einer Osterfeier nach Rom, von der er dann in den Mittleren Osten weiterfliegen wollte – sah sich nichtsdestotrotz gezwungen, auf die Enthüllungsgeschichten über seinen Entführungsvorschlag zu reagieren. „Wir diskutieren über mehrere Möglichkeiten", sagte er. „Ich gebe nie einen Kommentar zu spekulativen Zeitungsartikeln ab … insbesondere nicht zu Vorschlägen der hirnrissigen Art."

Die Tatsache, daß die Opposition Ende März fest daran glaubte, die USA stünden kurz vor einer einschneidenden Aktion gegen Noriega, führte in Panama City zu einer ziemlichen Tragikomödie. In deren Zentrum stand Botschafter Davis, der die panamaischen Erwartungen noch aufheizte.

Um die ruhelosen Noriega-Gegner etwas zu beruhigen, übertrieben die USA der Opposition gegenüber oft ihre Bereitschaft, harte – und sogar militärische – Maßnahmen zur Absetzung Noriegas zu ergreifen. „Wir versicherten der Opposition immer wieder, daß wir etwas tun würden, um so ihre Moral zu verbessern", sagte ein damaliges Stabsmitglied des Nationalen Sicherheitsrats. „Einige Leute erzählten ihnen ein bißchen mehr als die Wahrheit. Sie glaubten, daß wir an der Schwelle einer bedeutenden Entscheidung stünden."

Und die Panamaer, die Tratsch liebten, verbreiteten auch dieses Gerücht, so daß in der Woche vor Ostern viele damit rechneten, daß US-Truppen jeden Augenblick gegen Noriega vorgehen würden.

Delvalle war ein Hauptziel dieser Versicherungen. Ein internes Memorandum des Außenministeriums, das „vertraulich" für Minister Shultz bestimmt war, trug die Überschrift: „Delvalle depressiv und verzweifelt." Botschafter Davis leitete einen Brief weiter, den Delvalle an seine Frau geschickt und sie angewiesen hatte, ihn auch Davis lesen zu lassen. In diesem Brief schrieb er, daß er mehr amerikanischen Druck auf Noriega benötigen würde. Er sagte, daß die USA bis zum Ostersonntag, dem 3. April, handeln müßten, um „einen Anti-Amerika-Rückschlag zu vermeiden".

„Er schreibt, daß er ‚seine Pflicht getan' hätte, und wenn die USA nicht bald ihren ‚Plan durchführen', dann wird er sich überlegen, in den USA um Asyl anzusuchen, und nicht länger die ‚Rolle des Idioten' zu spielen' ", hieß es in Davis' Memo.

Am 25. März ließ sich auch der päpstliche Nuntius davon überzeugen, daß Pläne für harte Maßnahmen getroffen worden waren, als er mit dem Aktivisten der Opposition Roberto Eisenmann in Miami zu Abend aß. Gabriel Lewis rief ganz aufgeregt aus

Washington an, um ihnen mitzuteilen, daß Herrera Hassan jetzt die Unterstützung des gesamten Außenministeriums besäße, um eine Invasion in Panama vorzubereiten.

Aus dem Tagebuch des päpstlichen Nuntius', José Sebastián Laboa, geht hervor, daß er sicher war, daß diese Pläne existierten, als er nach seiner Rückkehr aus Miami Gespräche mit Botschafter Davis führte. Im Tagebuch steht, Botschafter Davis hätte dem Nuntius erzählt, daß die USA Noriega am Ostersonntag, kurz nach Mitternacht, kidnappen würden.

Der Nuntius kehrte nach seiner Ostermesse zu Mittag zurück nach Hause. Nichts war passiert. Davis wirkte an diesem Nachmittag kleinlaut, steht im Tagebuch. Der Plan, Noriega aus seinem Haus an der Küste von Rio Ható zu entführen, war in die Hose gegangen. Noriega hatte sich nämlich nicht dort befunden. Die Amerikaner konnten ihn nicht finden. Der Nuntius lachte. „Wenn Sie mich gefragt hätten, dann hätte ich Ihnen sagen können, wo er war."

Wirklich? fragte Davis.

„Er war bei seiner Geliebten", verkündete der Nuntius voller Stolz.

Er hatte gesehen, wie der General seine Geliebte, Vicky Amado, in der luxuriösen Eigentumswohnung ihrer Mutter Norma Amado besucht hatte. Sie lebte in einem Gebäude in der Nähe der Residenz des Nuntius'. Er hatte das Auto des Generals und seinen Leibwächter draußen stehen gesehen.

Das Tagebuch führt weiter aus, daß Davis dem Nuntius anschließend erzählte, daß „die Aktion" am folgenden Tag stattfinden würde. Es gab keinen Zweifel an Reagans Entscheidung, das durchzuziehen, sagte er. Das Problem sei nur, daß der General so oft seinen Aufenthaltsort ändere.

Später entdeckte der Nuntius, daß ein solcher Plan nie so nahe vor seiner Ausführung gestanden hatte. Er fragte sich, warum Botschafter Davis mit solcher Deutlichkeit über etwas sprach, was gar nicht stimmte. Davis leugnet, jemals eines dieser Dinge gesagt zu haben, die im Tagebuch des Nuntius' für die Nachwelt festgehalten sind.

„Wir haben nie über eine Entführung oder eine militärische Invasion gesprochen", sagte Davis. „Mein Büro hat aus Washington nie auch nur ein Wort über eine Entführung gehört. Ich habe ihm nur gesagt, daß in der Osterwoche viel los sein würde. Das ist alles. Wenn er gelaubt hat, daß ein Kidnapping geplant war, dann hat er das nicht von uns."

Davis sagte, daß die USA gewartet hätten, bis sich auf den Straßen mehr abspielte. Der Streik wurde als endgültiger Anstoß zur Entfernung Noriegas angesehen. „Die USA warteten darauf, das passieren zu sehen", sagte er. „Aber es passierte nie. Es wurde nie Wirklichkeit."

Schließlich entschied sich Präsident Reagan wieder einmal für ein vorsichtiges Vorgehen. Am Freitag nach Ostern, als Noriegas schlimmste Schwierigkeiten bereits vorüber waren, unternahm Reagan den einzigen Schritt, gegen den weder das Außen- noch das Verteidigungsministerium etwas einzuwenden hatten: wirtschaftliche Sanktionen. Präsident Reagan erklärte nach dem International Emergency Economy Powers Act (IEEPA) einen nationalen Notstand und ordnete an, daß bestimmte Transaktionen mit Panama verboten seien.

Diese Maßnahmen froren sämtliche Vermögenswerte der panamaischen Regierung in den Vereinigten Staaten ein, abgesehen von Transaktionen, die von Botschafter Sosa und Präsident Delvalle autorisiert würden. Sie verboten, daß Individuen und Organisationen in den USA Zahlungen an das Regime Noriega leisteten und sperrten Zahlungen von in Panama befindlichen amerikanischen Bürgern und Organisationen – einschließlich amerikanischer Niederlassungen und Tochtergesellschaften.

Aber die Wirkung war beschränkt, weil das Timing schlecht war. Die Maßnahmen wurden sechs Wochen gesetzt, nachdem Noriega Delvalle gestürzt hatte, vier Wochen, nachdem Delvalle seine Klagen eingebracht hatte, drei Wochen nach dem gescheiterten Putschversuch und mehr als eine Woche, nachdem der 20 Tage dauernde Generalstreik zusammengebrochen war.

Diese Maßnahmen machten das dauerhaft, was Anwälte von Arnold & Porter, die hunderte Stunden damit zubrachten und dafür Hunderttausende Dollars erhielten, etwas mehr als einen Monat zuvor erreicht hatten. „Die Ironie dabei war, daß die Anordnung, da sie zu spät kam, die Situation in Panama viel weniger beeinflußte als die Delvalle-Klagen", meinte Kenneth Juster, Anwalt bei Arnold & Porter. Bis zur ersten Aprilwoche hatte Noriega einen Putschversuch überwunden, einen Generalstreik niedergeschlagen und genug Dollars gefunden, um seine Wirtschaft über Wasser zu halten.

Es gab niemanden, dem diese Maßnahmen besonders gefielen oder der an ihre Wirkung geglaubt hätte.

Außenminister Shultz war prinzipiell gegen Sanktionen. Er meinte, daß sie nur schwer durchzusetzen seien und selten ihr Ziel erreichten. Finanzminister James Baker gefiel die Idee noch weniger. „Sie benutzen eine Atombombe dazu, eine Fliege zu töten", sagte ein Funktionär des Finanzministeriums bei einer Sitzung im April. „Das sind Sanktionen, die wir im Krieg verhängen. Sie sollten bei einer begrenzten Offensive nicht eingesetzt werden."

Nicht einmal das Pentagon befürwortete Sanktionen enthusiastisch.

„Aber es herrschte ein irrsinniger Druck aus dem Kongreß, etwas zu unternehmen, und diese Sanktionen waren alles, was wir tun konnten", sagte Abrams.

José Sorzano vom Nationalen Sicherheitsrat war vom Ergebnis der Sanktionen nicht überrascht, obwohl es sich bei ihnen um die einzig logische Entscheidung handelte, die aus dem Patt im Lagebesprechungsraum des Weißen Hauses entstehen konnte. „Es ist die Entscheidung, für die niemand, der in diesem Zimmer rund um den Tisch sitzt, einstehen muß", sagte er. „Wirtschaftliche Sanktionen sind zur bevorzugten Waffe geworden, weil davon niemand in der Gruppe derer, die die Entscheidung treffen, direkt betroffen ist. Das Pentagon braucht weder Soldatenleben aufs Spiel zu setzen noch seine Einrichtungen zu benutzen. Das Außenministerium kann behaupten, etwas unternommen zu haben, und das Weiße Haus kann der Öffentlichkeit im eigenen Land erzählen, daß es harte Maßnahmen gegen einen Drogenhändler getroffen habe. Es sind die Leute außerhalb dieses Raums – Panamaer, amerikanische Geschäftsleute und Bankiers –, die darunter leiden. Wirtschaftliche Sanktionen sind im allgemeinen das Ergebnis einer Situation, in der keiner weiß, was er sonst tun soll oder nicht fähig ist, etwas anderes zu tun. Aber sie sind keine wirksame Methode, eine Regierung zu stürzen. Fidel Castro hatte uns 30 Jahre lang an der Kehle, und was hat es gebracht?"

Die panamaische Opposition mochte Sanktionen noch weniger. Roberto Brenes, ein Börsenmakler und Eigentümer eines Finanzblattes, das von Noriega eingestellt worden war, sagte, daß dadurch der private Sektor, der das Herz der Opposition gegen Noriega war, Schaden nehmen würde. Er wies Funktionäre des Außenministeriums darauf hin, daß das Wohlergehen von Noriegas Clique nicht von der örtlichen Wirtschaft abhinge. „Wenn man sein Geld mit Geldwaschen, Drogenhandel und Waffenhandel für den Iran-Irak-Krieg verdient, ist man persönlich von Sanktionen nicht so betroffen. Der Sold, den er seinen Soldaten bezahlt, ist nicht besonders von der wirtschaftlichen Aktivität abhängig."

Schließlich unterstützte der Bürger-Kreuzzug die Sanktionen, nachdem ihm versichert worden war, daß es sich dabei nur um einen weiteren Schritt in einer eskalierenden Reihe von Maßnahmen gegen Noriega handeln würde. „Nur als solcher hätten sie einen Sinn ergeben", sagte Brenes.

Was daraus folgte, war das schlimmstmögliche Ergebnis. Panama wurde von den Sanktionen getroffen, denen jedoch nie die erwarteten weiteren Maßnahmen folgten. Die USA hatten Noriega eine Entschuldigung in die Hand gegeben, eine Kriegswirtschaft in seinem Land einzuführen und sich selbst als modernen Simón Bolívar darzustellen, der für die Sache Lateinamerikas und gegen die Gringo-Imperialisten kämpfte – aber seine eigene Brieftasche und die seiner engsten Verbündeten waren davon nie direkt betroffen.

Und die amerikanische Bürokratie würde nun monatelang in das Chaos und die vielen Ansuchen um Ausnahmegenehmigungen verstrickt sein, welche die Entscheidung des Präsidenten erzeugt hatte. Was würde mit den Raffinerien an der Golfküste der USA geschehen, wenn die US-Pipeline-Firma der panamaischen Regierung keine Steuern mehr bezahlen würde? Man machte eine Ausnahme. Was würde passieren, wenn die amerikanische Botschaft ihre Stromrechnung nicht bezahlte und Noriega ihr daraufhin das Licht abdrehte? Diese Rechnung mußte bezahlt werden. „Es gab ein spezielles Ansuchen nach dem anderen", sagt Sorzano. „Eine Bürokratie, die sich damit hätte befassen sollen, Noriega den Rest zu geben, hatte stattdessen damit zu tun, überall die Feuer, die sich wegen der Sanktionen entzündet hatten, zu löschen und damit die Wirkung des Drucks auf Noriega immer mehr zu reduzieren."

Dadurch wurde ein gewisses Maß an Kontrolle über die Panama-Politik vom Außen- ans Finanzministerium übergeben. Das Office of Foreign Assets Control (OFAC – Büro für die Kontrolle von Vermögenswerten im Ausland) des Finanzministeriums brachte die Dinge sehr langsam ins Rollen. Es brauchte fast zwei Monate dazu, Durchführungsbestimmungen bekanntzugeben, die die Anordnung des Präsidenten ergänzten. Amerikanische Unternehmen beschwerten sich darüber, daß es ihnen an einer Richtschnur durch solche Bestimmungen fehle und die Sanktionen sich kraftlos dahinschleppten.

Die erste tatsächliche Aktion, die das OFAC durchführte, war die Ankündigung einer Reihe von Ausnahmen am 30. April. Dazu gehörte, daß Unternehmen Zahlungen an Panama leisten dürften, wenn es um touristische Dienste, Postgebühren und Dinge wie Stromrechnungen ging (um die Lichter in der Botschaft am Brennen zu halten). Die Geldmenge, die von diesen Ausnahmen betroffen war, war zwar nur klein, aber dennoch erzeugte diese Ankündigung in Panama den Eindruck, daß die USA ihren Druck auf Noriega unter dem Druck amerikanischer Firmen etwas erleichterten.

Die Regierung stand ihren eigenen Sanktionen von Anfang an mit Skepsis gegenüber. Die Maßnahmen wirkten immer eher wie ein Mittel zur Beschönigung im eigenen Land als ein Element ernsthafter Politik. Der Stabschef des Weißen Hauses, Howard Baker, rümpfte sogar genau zu dem Zeitpunkt die Nase darüber, als Präsident Reagan seine Anordnung verkündete. Diese Aktionen „schaden dem Volk von Panama ohne Zweifel mehr, als sie ihm [Noriega] schaden", sagte der ehemalige Senator Baker. „General Noriega hat mit Sicherheit irgendwelche Geldreserven wer weiß wo versteckt, und ich zweifle sehr daran, daß wir viel dazu getan haben, seinen Lebensstil zu ändern oder seine Vermögenswerte zu vermindern."

Es schien so, als gäbe die Regierung Reagan zur selben Zeit zu, der Besiegte zu sein, als sie gerade den Krieg erklärte. Da die amerikanische Regierung Noriega nicht mit Gewalt von seinem Posten wegbringen wollte, beschloß sie, ihn durch Verhandlungen aus seiner Machtposition zu entfernen.

Kapitel achtzehn

Die verpaßte Gelegenheit

So lange es diese Anklagen gibt, müßt ihr mich holen. Und ihr werdet schon einen Kerl wie mich finden, der mich holen kommen wird.

– GENERAL NORIEGA, MAI 1988

Präsident Reagan unterbrach ungeduldig seinen Berater für nationale Sicherheit, Colin Powell, als dieser ihm die verschiedenen Alternativen der US-Politik in Sachen Panama vortrug. Es war 19 Uhr am Sonntag, dem 22. Mai 1988, und der Präsident wollte sein Noriega-Problem so schnell wie möglich loswerden, um sich auf das Gipfeltreffen in Moskau, das krönende Ereignis seiner Präsidentschaft, das in der folgenden Woche stattfinden würde, konzentrieren zu können.

„Ich kenne meine Alternativen", sagte er zu Powell und anderen Beamten auf Kabinettsebene, die sich im Wohnzimmer im privaten Teil des Weißen Hauses versammelt hatten. „Ich wünschte, Sie würden alle nach Hause gehen und selbst darüber nachdenken, damit Sie verstehen können, warum ich zu der Entscheidung gekommen bin, die ich getroffen habe. Ich glaube nicht, daß sie den meisten von ihnen gefallen wird", sagte der Präsident mit einem anschuldigenden Seitenblick auf seinen Vizepräsidenten George Bush.

Spannung erfüllte das Zimmer, als es zu dieser ungewöhnlichen Meinungsverschiedenheit zwischen Reagan und Bush wegen eines der heikelsten politischen Themen kam. Zwei Tage zuvor war George Bush öffentlich gegen die Pläne des Präsidenten aufgetreten, die zwei Drogenanklagen gegen Noriega in Florida für den Rücktritt des starken Mannes von Panama einzutauschen. Reagan schien der Handel günstig – irgendwelche juristischen Beschuldigungen, wegen denen ohnehin nie etwas unternommen werden konnte, im Austausch für die Verabschiedung eines unbequemen Diktators –, aber die Assistenten des Vizepräsidenten hatten beschlossen, daß es für Bushs Chancen auf die Erringung des Präsidentenamtes politischen Selbstmord darstellen würde, sich einem „Drogendiktator" gegenüber mild zu erweisen. Das Ergebnis war, daß sich Bush das erste Mal in acht Jahren öffentlich gegen seinen Präsidenten geäußert hatte.

Besonders besorgt war Bush über einen Handel, demzufolge die USA eine kolumbianische Bank, die vor Drogendollars nur so überlief, dazu ermutigt hatte, etwa

20 Millionen Dollar auf die Nationalbank von Panama einzuzahlen – als Teil des Köders für Noriegas Rücktritt. Das sah verdächtig nach einer Bestechung Noriegas aus. Also hatte Bush beim Mittagessen am Freitag Reagan darum gebeten, seinen Unterhändler, Michael Kozak aus dem Außenministerium, aus Panama zurück zu beordern, wo er soeben die letzten Einzelheiten dieses Vertrags festgelegt hatte. Und nun, zwei Tage danach, wollten Bush und seine Verbündeten Kozak von einer Rückkehr nach Panama abhalten.

An einem sommerlichen Abend im Mai kamen die Kabinettsmitglieder mit ihren Stäben im Wohnzimmer der Privaträume des Präsidenten an, dessen hohe Glastüren sich zum Rosengarten hin öffneten. Reagan saß bequem in einem alten Lehnsessel vor dem großen, nicht angezündeten Kamin in dem ovalen, pastellblauen Zimmer. George Bush saß sichtlich nervös zur Linken des Präsidenten, da er wußte, daß der Präsident wegen der Unannehmlichkeiten, die er verursacht hatte, verstimmt war. Neben ihm saß Kozak, der – weil er die meisten Informationen liefern würde – in die Nähe des Präsidenten plaziert worden war, der ja bekanntlich schlecht hörte. Stabschef Howard Baker, Finanzminister James Baker, stellvertretender Stabschef Kenneth Duberstein und Verteidigungsminister Frank Carlucci saßen in den Sesseln und dem Sofa links vom Präsidenten. George Shultz, der in dieser Angelegenheit Reagans einziger Freund im Kabinett war, saß als einsamer Verteidiger zur Rechten des Präsidenten, neben CIA-Direktor William Webster, Justizminister Ed Meese III. und Powell vom Nationalen Sicherheitsrat. Elliott Abrams vom Außenministerium und Powells Stellvertreter John Negroponte saßen weiter hinten und machten sich Notizen.

Der Präsident hatte seine Alternativen seit seiner stürmischen Sitzung mit derselben Gruppe 24 Stunden zuvor noch einmal überdacht. Die Mitglieder der Gruppe, die von Finanzminister James Baker, dem zukünftigen Direktor von George Bushs Wahlkampagne, angeführt wurde, hatten die unzähligen politischen Schwierigkeiten aufgezählt, die Reagan mit dem Kongreß und dem amerikanischen Volk in einem Wahljahr haben würde, sollte er die Anklagen aufheben. Die unausgesprochene Botschaft war klar gewesen: Die Wahlkampf-Leiter, die Bush zum Präsidenten machen wollten, gingen gegen Präsident Reagans Außenpolitik vor.

Aber an diesem Sonntag blieb Reagan fest. Er sagte, daß er bereit wäre, dafür politisch den Kopf hinzuhalten. Er sagte, daß das amerikanische Volk seine Meinung ändern würde, sobald er seine Logik erklären würde. Er ließe keinen Drogenhändler laufen, sondern beseitige einen Diktator. Reagan war von seiner Überredungskunst immer überzeugt gewesen. Er sagte, daß er an die demokratischen Prinzipien von Jefferson glaube – daß politische Führer umstrittene Entscheidungen treffen könnten, wenn man sie den Bürgern nur richtig erklären würde. „Vielleicht bin ich ein bißchen naiv“, sagte er, „aber daran habe ich immer geglaubt.“

Elliott Abrams, ein neokonservativer Bewunderer des Präsidenten, war von der Eloquenz und den Gefühlsäußerungen Reagans überrascht und hielt es für eine Schande, daß der Biograph des Präsidenten, Edmund Morris, nicht anwesend war, um sie niederzuschreiben. „Ich habe ihn einfach noch nie so tief in eine Diskussion über Außenpolitik verwickelt erlebt“, sagte Abrams. „Man kennt ja die vielen Geschichten über Reagans allgemeine Passivität, seine Unfähigkeit, Fakten verstehen zu können, aber wenn man vom Mars auf die Erde gekommen wäre und Ronald Reagan an diesem Tag erlebt hätte, dann hätte man annehmen müssen, daß all diese Behauptungen von Idioten aufgestellt worden wären."

Bei früheren Sitzungen zum Thema Panama hatte sich Reagan passiv und manchmal fast desinteressiert gezeigt. Seine Untätigkeit hatte es dem Konflikt zwischen Außenministerium und Pentagon gestattet, die Politik gegenüber Panama wochenlang lahmzulegen. Panama hatte erst seine Aufmerksamkeit gefunden, als es sich zum Zentrum einer innenpolitischen Krise zu entwickeln drohte. Und die Aussicht auf die Reise nach Moskau schien ihn um Jahre verjüngt und seinen Verstand geschärft zu haben, so daß eine Lösung des Panama-Problems – je schneller und einfacher, desto besser – zum Greifen klar schien.

Der Präsident leitete das Gespräch. „Also, so wie ich das sehe, haben wir drei prinzipielle Alternativen", sagte er. „Erstens können wir uns weiterhin an diese wertvollen Papiere klammern, diese Anklagen, die so lange wertlos sind, wie Noriega in Panama bleibt, weil man nach den Auslieferungsabkommen ohnehin keinen Panamaer aus Panama ausliefern kann. Das ist sowohl nach ihrer Verfassung als auch nach ihren Gesetzen untersagt. Noch viel weniger kann man es erwarten, wenn der Mann, den man versucht, ausgeliefert zu bekommen, der Leiter der dortigen Polizei ist. Wer soll ihn denn festnehmen? Also geht es in dieser Alternative darum, daß ich mich an diesen wertvollen Papieren festhalte und einen Mann an seinem Platz lasse, von dem Sie mir erzählen, daß er ein Mörder und Drogenhändler ist – damit er weiter morden und mit Drogen handeln kann.

Die zweite Alternative besteht darin, daß wir zu einer Vereinbarung gelangen können, bei der wir diese Papiere aufgeben und ihn dafür dort herauskriegen, damit er mit seinen Geschäften nicht fortfahren kann. Dann hätten wir etwas erreicht, auf Kosten einer Aufgabe dieser Papiere.

Und die dritte ist, daß ich anfangen kann, die Leichen zu zählen [indem ich einen militärischen Angriff auf Noriega befehle].

Das sind also die drei Alternativen. Und für mich ist es offensichtlich, welche davon die richtige ist, wenn wir sie machen können. Und aus diesem Grund habe ich meine Entscheidung getroffen. Ich weiß, daß viele von ihnen mit mir hier nicht einer Meinung sind. Aber ich bin zu diesem Entschluß gelangt."

Michael Kozak war freudig erregt. In den letzten Monaten hatte seine Aufgabe darin bestanden, Noriega mittels Verhandlungen dazu zu bringen, seine Macht aufzugeben, aber er hatte sich dabei wie ein Jäger ohne Gewehr gefühlt. Er hatte keine überzeugende Antwort auf Noriegas unausgesprochene Frage gewußt: „Und was passiert, wenn ich nicht gehe?" Kein geringerer Beamter als der Sprecher des Weißen Hauses hatte in die Öffentlichkeit hinausposaunt, daß das amerikanische Militär ihn nicht angreifen würde. Das Militär würde nicht einmal gestatten, daß seine Stützpunkte von der Opposition dazu benutzt würden, heimliche Aktionen gegen Noriega zu inszenieren. Alles was Kozak als Köder besaß, um Noriega von seinem Posten wegzulocken, waren die Anklagen. Und jetzt hatte er endlich die Erlaubnis, diese im Austausch für Noriegas Rücktritt zu versprechen.

Dennoch mißtrauten die Funktionäre in Washington weiterhin den Absichten des gerissenen Diktators. Als sie Kozak fragten, ob Noriega es ernst meine, vermied es Kozak, eine direkte Antwort darauf zu geben. Er wußte nur, daß Noriega die Verhandlungen weiterverfolgt hatte, obwohl es undichte Stellen in der Presse gegeben hatte, die ihn unter schweren Druck von seiten seiner Verbündeten gesetzt hatten, und obwohl er über die häufig wechselnden Verhandlungspositionen Washingtons wütend war, die sich mit jedem politischen Wind änderten. Alle Amerikaner wußten, daß Noriega der Böse war, aber die Unterhändler der USA erkannten, daß sie bei den Gesprächen die weniger Konsequenten gewesen waren. Noriega, der der amerikanischen Justiz viele Kriminelle ausgeliefert hatte, war von der Gefahr einer Verhaftung und eines Verfahrens in Amerika zunehmend besessen. Er wollte die gefürchteten Anklagen loswerden. Und im Mai 1988 war der innenpolitische Druck auf ihn groß und die amerikanischen Sanktionen hatten ihn viel gekostet. Noriega hatte sogar seiner Geliebten Vicky Amado erzählt, daß sie sich auf einen Umzug nach Paris vorbereiten sollte, wo er einige luxuriöse Wohnungen besaß. Außerdem hatte Noriega dem verschwörerischen und schelmischen päpstlichen Nuntius in Panama, Monsignore José Sebastián Laboa, Teile einer Rücktrittsansprache gezeigt, an der er gerade arbeitete. Noriegas Familie und seine Freunde hatten ihn davon überzeugt, daß es für den Augenblick mit ihm vorbei wäre und daß er jetzt den Rückzug antreten und vielleicht später wiederkommen sollte, sobald sich die Zivilisten als unfähig erweisen würden, Panama zu regieren. Seine besten Freunde und das amerikanische Unterhändler-Team, das aus Kozak und Armeeoberst Gerald Clark bestand, waren davon überzeugt, daß er – das erste und zugleich das letzte Mal – zum Rückzug bereit war.

Aber obwohl der offensichtliche Erfolg nur ein paar Kommas weit weg schien, war Kozak aus Panama zurückgerufen worden, ohne daß er Noriega eine Erklärung für seine Abreise hatte geben können, um Kabinettsmitglieder und ihre Stäbe zu informieren. Kozak konnte spüren, wie sich der politische Freiraum um ihn herum zusammenzog. Die innenpolitische Haltung, in einem Wahljahr ein hartes Vorgehen gegen Drogen an den Tag zu legen, erdrückte die außenpolitische Logik, nach der das Problem Noriega friedlich bereinigt werden sollte.

Die Einzelheiten von Kozaks sorgfältig ausgehandeltem Pakt mit Noriega sahen so aus: Präsident Reagan würde die Abmachung auslösen, indem er die wirtschaftlichen Sanktionen gegen Panama rückgängig machte, und daraufhin würde Noriega innerhalb einer Stunde eine Ansprache halten, in der er für den Erlaß eines Gesetzes plädierte, das fünf Jahre als maximale Dienstzeit für einen Kommandanten der PDF festsetzen würde. Es würde rückwirkend sein; und Noriega würde spätestens am 12. August 1988, dem fünften Jahrestag seines Amtsantritts, zurücktreten. Alle bürgerlichen Freiheiten würden wiederhergestellt werden, politische Gefangene und Exilanten würden unter eine Amnestie fallen, und Noriega würde das Land spätestens bis zu den Wahlen am 7. Mai 1989 verlassen. Er würde die Freiheit besitzen, dieses zeitweilige Exil als ausgedehnten Urlaub darzustellen, und er konnte zu Weihnachten in sein Land zurückkehren, um zu beweisen, daß er sich von den Gringos nicht herumstoßen ließe.

Die politischen Parteien Panamas würden sich auf eine nationale Ausgleichsregierung einigen, die neue Wahlen vorbereiten und ein Programm zur Genesung der

Wirtschaft starten würde. Der Einfluß der Opposition würde durch ihre fortgesetzte Anerkennung durch die USA gefördert und durch die Tatsache, daß Amerika die Kontrolle über viele Millionen Dollar panamaischer Regierungsgelder auf Treuhandkonten hatte. Die Kozak-Abmachung legte nicht fest, wer das Militär übernehmen würde, aber bei den Gesprächen wurde angenommen, daß Noriegas Nachfolger der jetzige Stabschef der PDF, Oberst Marco Justine, sein würde.

Aber die gesamte Abmachung hing von Reagans Aufhebung der Anklagen ab, deren Einzelheiten Beamte des Justizministeriums gemeinsam mit Noriegas amerikanischen Anwälten in der Woche zuvor ausgearbeitet hatten. Der politische Druck gegen den Plan nahm zu, nachdem in der vorhergehenden Woche etwas darüber an die Presse durchgesickert war, und fast alle der versammelten Ratgeber Reagans wandten sich aus politischen, juristischen und moralischen Gründen gegen diesen Handel.

„Die gesamte Exekutive ist der Meinung, daß ein solches Geschäft mit jemandem, der des Drogenhandels angeklagt ist, so ähnlich wäre wie das Geschäftemachen mit Terroristen", sagte Justizminister Ed Meese, der darauf achtete, dieses Thema nicht zu einer persönlichen Meinungsverschiedenheit mit Reagan zu machen, sondern eher die Ansichten seiner Männer an der Front vorzubringen. Reagan hatte seinen bedrängten Justizminister während eines Skandals wegen des Schacherns mit politischen Einflüssen im Justizministerium loyal verteidigt, und Ed Meese wollte nicht undankbar scheinen. „Die Exekutive glaubt, daß ein solcher Handel, sollte er weiter betrieben werden, jene Menschen, die im Kampf gegen die Drogen an der Front stehen, demoralisieren würde." Er sagte, daß die Staatsanwälte in Miami schon jetzt bei der Presse Himmel und Hölle in Bewegung setzten, weil sie erfahren hatten, daß die Anklagen fallengelassen werden sollten.

Finanzminister James Baker sprach sich am deutlichsten gegen die Entscheidung des Präsidenten aus und bezeichnete sie in einem Wahljahr als politischen Selbstmord. „Die Demokraten werden uns deswegen mit Haut und Haaren verschlingen", sagte er. Bakers wohlverdienter Spitzname war „Mr. Vorsichtig", und er hielt es für ein zu großes Risiko, so knapp vor dem Wahltermin im November mit Noriega zu verhandeln.

George Bush unterstützte ihn und versuchte, an Präsident Reagans Gefühle zu appellieren, indem er ihn an den Besuch erinnerte, den er diese Woche einem Drogen-Rehabilitationszentrum abgestattet hatte. „Ich könnte diesen Kindern nie sagen, daß ich einen mit Drogen handelnden Diktator von der Angel gelassen habe", sagte er. Gegen Ende der vorangangenen Woche hatten Bush und seine Berater beschlossen, daß sie die Verhandlungen mit Noriega dazu benutzen würden, zwei Notwendigkeiten seiner Wahlkampagne zu erfüllen: gegen die Anschuldigungen anzukämpfen, daß er nichts als Reagans Laufbursche wäre, und politisch giftige, wenn auch unbewiesene Vorwürfe abzufangen, daß er Noriega wegen irgendwelcher dunklen Geheimnisse in Schutz nehmen würde, die sie seit 1976, aus seiner Zeit als CIA-Direktor, miteinander hatten – und auch aus den achtziger Jahren, wegen der Contras. Schon jetzt liefen Aufkleber aus den Druckerpressen seiner Gegner: „Bush-Noriega '88 – Man weiß, wie gut sie zusammenarbeiten".

Ein paar Tage zuvor hatte Bushs Berater für nationale Sicherheit, Donald Gregg, ihn davor gewarnt, daß Panama wie ein Mühlstein um seinen Hals hängen könnte. Greggs Stellvertreter Sam Watson hatte es noch schärfer ausgedrückt. „Wir müssen das wirklich schnellstens abstellen", sagte er. „George Bush wird wegen Panama in die Falle geraten." Watson war Bushs Mann gewesen, der für ihn die Sitzungen der Panama Working Group überwachte: Er hatte den Auftrag, die Wahlkampfleitung zu alarmieren, sobald etwas im Anzug war, das Bush schaden könnte. Und jetzt gab er Alarm.

Stabschef Howard Baker warnte den Präsidenten davor, daß der Kongreß sich fast einstimmig gegen eine Aufhebung der Anklagen stellen würde. Robert Dole, der Senator aus Kansas, Bushs wichtigster Gegner bei der republikanischen Nominierung des Wahlkandidaten, hatte am 17. Mai einen nicht bindenden Zusatzartikel zum Verteidigungs-Ermächtigungsgesetz von 1989 durchgebracht, der wie folgt lautete: „Die Regierung der Vereinigten Staaten soll mit Noriega keine Verhandlungen führen oder Vereinbarungen treffen, bei denen es darum geht, die Drogenanklagen gegen ihn fallen zu lassen."

Dole hatte die verwundbare Stelle seines Gegners aufgespürt. „Die Beweise sind anscheinend überwältigend: Noriega handelt mit Drogen, beschützt Drogenhändler, wäscht Drogengelder", sagte er. „Suchen Sie sich eine Bezeichnung aus, sie paßt auf alle Fälle auf Noriega: Drogenkönig, Drogenherrscher, Drogenpate." Dole sagte, daß Noriega gehen sollte, aber er meinte auch, daß die USA ihn nicht „mit einem legalen, goldenen Fallschirm verabschieden" sollten. Der Zusatzartikel war mit 86:10 Stimmen angenommen worden.

Kenneth Duberstein, Reagans stellvertretender Stabschef, versuchte den Präsidenten davon zu überzeugen, daß er den Kongreß mit seiner Entscheidung, die Anklagen aufzuheben, so in Wut versetzen würde, daß die Senatoren als Vergeltungsmaßnahme gegen seinen historischen Kurzstreckenwaffen-Vertrag mit den Sowjets stimmen würden, die der zentrale außenpolitische Erfolg seiner Regierung werden sollten. Alle Anwesenden wanden sich, weil sie wußten, daß Duberstein in seinem Eifer, sich der Pro-Bush-Mehrheit anzuschließen, einen Schritt zu weit gegangen war.

Aber Präsident Reagan blieb bei seinem Vorhaben, und nur George Shultz und seine beiden Assistenten unterstützten ihn dabei. („Ich hoffe, ich bin nicht zu weit gegangen", sagte Shultz später zu seinen Assistenten, „aber ich konnte den Präsidenten doch nicht ganz allein lassen.") Shultz' Team schien fehl am Platz, und das nicht nur wegen ihrer Minderheitsposition bei der Unterstützung des Präsidenten. Abrams, der zuvor Gartenarbeit verrichtet hatte, trug ein schmutziges T-Shirt, Jeans und Turnschuhe. Kozak sah nicht viel besser aus – er war mit einer Freizeithose und einer am Hals offenen lateinamerikanischen Guayabera bekleidet. Der diensthabende Offizier des Außenministeriums hatte ihnen gesagt, daß Shultz sie beide dringend sehen wolle, aber vergessen zu erzählen, daß es sich um eine Sitzung mit Präsident Reagan handle. Also kamen sie in ihrer einfachsten Sonntagskleidung in Shultz' Haus an, und Shultz scherzte mit Reagan, daß es sich bei ihnen wahrscheinlich um die schlechtgekleidetsten Regierungsfunktionäre handelte, die jemals den Präsidenten informiert hatten.

Kozak war von seinem kriegerischen Haarschnitt, den er sich vor seiner Heimfahrt auf einem US-Stützpunkt in Panama hatte verpassen lassen, noch peinlicher berührt. Der Militärfriseur hatte Kozak versehentlich für einen Offizier gehalten, und sein Mit-Unterhändler Oberst Clark hatte den Irrtum zu spät bemerkt. „Naja, mir gefällt der Haarschnitt irgendwie“, sagte Reagan. „Ich finde, daß er der einzige im ganzen Zimmer ist, der anständig aussieht.“

Als Reagans Gegner bemerkten, daß sie ihn in der Frage der Anklagen nicht vom Fleck bewegen konnten, griffen sie an einer anderen Front an. Sie vertraten die Ansicht, daß ein Teil des Vertrags – nach dem die Banco Cafetero, die Bank der kolumbianischen Kaffeepflanzer, 20 bis 25 Millionen Dollar in neuen Einlagen an die Nationalbank von Panama überweisen sollte – nichts anderes wäre als die Bestechung eines Diktators mit Drogengeld, und daß General Noriega das Geld mit Leichtigkeit in seine eigene Tasche stecken und damit flüchten könnte.

Der finanzielle Teil des Rücktrittsvertrags mit Noriega, der anfangs nur wenig Aufmerksamkeit erregt hatte, war plötzlich zu seinem unangenehmsten und umstrittensten geworden. Zuerst hatte Noriega verlangt, daß die USA die etwa 70 Millionen Dollar, die wegen der wirtschaftlichen Sanktionen der Amerikaner in Treuhandkonten auf der Zentralbank eingefroren waren, vollständig an ihn übergeben sollten. Kozak hatte erklärt, daß das unmöglich sei. Also hatten die panamaischen Unterhändler die USA ersucht, ihren Einfluß in Japan und Taiwan geltend zu machen, von denen Noriega behauptete, daß sie ihm Geld geben würden, sobald die USA klarstellen würden, daß sie dagegen nichts einzuwenden hätten. Shultz hatte die Nachricht verbreiten lassen, daß die USA solche Zahlungen als „voll kompatibel mit der vorgeschlagenen Lösung für die Panamakrise“ betrachten würden, aber die Taiwaner und Japaner hatten mehr gewollt: eine Garantie der amerikanischen Regierung für ihre Einlagen, die Shultz ihnen nicht geben konnte.

Die Panamaer hatten anschließend die Banco Cafetero als alternative Kapitalquelle vorgeschlagen. Shultz hatte mit dem kolumbianischen Außenminister Julio Londonio telefoniert, um klarzustellen, daß er keine Einwände dagegen hätte, wenn die Bank Einzahlungen auf die von Noriega kontrollierte Staatsbank machen würde. Als gerade Reagans sonntägliche Sitzung stattfand, befand sich Guillermo St. Malo, Noriegas Unterhändler in Washington, gerade in Bogotá, um die endgültigen Vertragsbedingungen auszuarbeiten. Shultz waren die politischen Gefahren eines solchen Vertrags bekannt, aber seine Einwilligung war nur ein weiteres Zeichen für die verzweifelte Entschlossenheit im Außenmininsterium, das Problem Noriega endlich beizulegen.

Shultz hatte auch die Bank überprüft. Er hatte seinen „Keine Hindernisse“-Anruf in Bogotá erst gemacht, nachdem der CIA-Posten und die Funktionäre der US-Botschaft in Panama und Kolumbien ihm berichtet hatten, daß sie keine nachteiligen Informationen über die vom Staat geleitete Banco Cafetero besäßen. Aber bei der Sitzung am Sonntag widersprach der CIA-Direktor seiner zuvor geäußerten Meinung. Websters Leute beschuldigten die Bank jetzt, tatsächlich in bedeutendem Ausmaß in das Waschen von Drogengeldern verwickelt zu sein. Die Bush-Clique war zu Tode erschrocken. Sie sahen schon die Schlagzeilen der Morgenzeitungen vor sich: „Regierung Reagan besticht Noriega mit kolumbianischem Drogengeld."

Aber Präsident Reagan hatte immer noch vor, so weiterzumachen wie geplant. Er riß einen lahmen Witz darüber, daß wahrscheinlich jede Bank in Miami Drogendollars waschen würde, ob sie es wüßte oder nicht. Er betrachtete das nicht als großes Hindernis. Aber Shultz war beunruhigt. Er beschwerte sich, daß er, hätte er diese Information von Webster früher erhalten, diesem Teil des Handels überhaupt nie zugestimmt hätte. Shultz zog noch am selben Abend seine Zustimmung an die Kolumbianer zurück und untergrub damit den finanziellen Transfer.

Als dieses Hindernis beseitigt war, wandte sich Reagan an Kozak. Er wollte, daß der gesamte Handel besiegelt wäre, bevor er am Mittwoch nach Moskau abfuhr, also fragte er am Sonntag um 21.30 Uhr: „Können sie die Sache bis dahin erledigen?"

Kozak runzelte die Stirn. Das ließ ihm nur mehr zwei Tage. „Realistisch gesprochen, Herr Präsident: Nein."

Kozak sagte, daß Noriega von Anfang an gesagt habe, daß er nach einem solchen Vertrag vier oder fünf Tage Zeit brauche, um ihn seinem Militär und anderen Unterstützern schmackhaft zu machen. Kozak sagte auch, daß die Rücknahme der Banco Cafetero-Vereinbarung in letzter Minute einige Probleme bei den Verhandlungen verursachen würde. Washington brach in zwei wesentlichen Punkten des Vertrags mit Noriega, die von beiden Seiten schon als endgültig betrachtet worden waren, sein Wort. „Wir müssen noch ein paar Dinge regeln, die jetzt zur Sprache gekommen sind, und die wir klären oder weiter besprechen müssen. Und es wird mich einige Tage kosten, das zu schaffen." Er entschuldigte sich, weil er etwa eine Woche brauchen würde und wußte, daß der Präsident sich zu dieser Zeit schon mitten im Gipfeltreffen befinden würde.

Reagan zeigte sich wohlwollend. „Aber warum fahren Sie nicht einfach hinüber und beeilen sich und sehen zu, ob Sie es nicht schon früher schaffen", sagte er. Reagan wollte in Washington verfügbar sein, um vor Ort seine umstrittene Entscheidung verteidigen zu können. „Mir ist klar, daß das niemand anderer für mich tun wird", sagte er und warf Bush und anderen im Zimmer, von denen viele bereits auf Jobs bei der Bush-Wahlkampagne oder einer zukünftigen Regierung aus waren, wieder einen eindeutigen Blick zu.

Kozak eilte zum nächsten Telefon und rief Oberst Gerry Clark, seinen Mit-Unterhändler, an. Clark war etwa so groß wie Kozak – 1,75 m –, aber er sah besser aus und war untersetzt. Er war ein sympathischer Militäroffizier und Veteran von Geheimoperationen, der nur wenig mehr als einen Monat zuvor die dramatische Verhaftung und Auslieferung des Drogenkönigs Juan Matta Ballesteros in Honduras inszeniert hatte. Clark war in Abwesenheit für Kozaks Mission nach Panama ausgesucht worden: das Pentagon und General Frederick Woerner vom Southern Command wollten bei den Verhandlungen nicht dabei sein, aber Clark konnte zu Kozaks Team stoßen, da er einige Monate zuvor dem Außenministerium zugeteilt worden war.

Clark war eine wertvolle Ergänzung, ein Mann, der fließend Spanisch sprach und die Region kannte. Dennoch hatte Clark, der bereits hatte erleben müssen, wie die Politiker seinen Bemühungen, den Contras zu helfen, den Boden unter den Füßen weggezogen hatten, eine Bitte an Kozak. „Versprechen Sie mir nur, daß wir dem Volk von Panama nicht das antun werden, was wir den Nicaraguanern angetan haben“, sagte er mit plötzlich sehr trauriger Stimme.

Kozak sagte, daß er nicht versprechen könne, daß politische Gründe die USA nicht dazu veranlassen würden, die Panamaer im Stich zu lassen, aber daß er sein Bestes tun würde, es zu verhindern. „Okay, ich schätze, das ist das Beste, was sie tun können.“

Clark hatte keine Ahnung, daß die amerikanische Innenpolitik seine Arbeit wieder untergraben würde, und zwar genau dann, als er überzeugt davon war, daß Noriegas Abschied kurz bevorstünde.

Die Geschichte von Kozaks Verhandlungen mit Noriega hatte zwei Monate vor seiner schicksalshaften Wochenend-Sitzung in Washington begonnen. Am 19. März, drei Tage nach dem mißlungenen Putschversuch gegen den General, war Kozak mit dem stellvertretenden Außenminister William Walker und Steve Pieczenik, einem Psychiater, der beim Krisenmanagement-Team des Außenministeriums unter Vertrag stand, nach Panama gereist. Der Psychiater war dabei, um Noriegas Stimmung analysieren zu können und sich psychologische Vorgangsweisen gegen ihn auszudenken.

In letzter Minute hatte man Kozak und Walter mitgeteilt, daß Noriega sich nur mit ihnen treffen wolle, wenn seine amerikanischen Anwälte anwesend seien. Das Flugzeug der Regierung war also in Miami zwischengelandet, um sie einsteigen zu lassen. Die beiden waren ein ungewöhnliches Paar: Neil Sonnet, ein respektabel aussehender ehemaliger US-Staatsanwalt in einem europäisch geschnittenen Anzug, und Ray Takiff, der Walker wie das Klischeebild eines typischen Rechtsanwalts aus Miami vorkam. Um Takiffs Hals hing ein Goldkettchen und unter seinem offenen Hemd zeigte sich eine behaarte Brust. „Und er schwitzte ganz schön“, sagte Walker.

Die erste Sitzung fand in der Küche eines sicheren Hauses des G-2 neben einer Chaussee am Panamakanal statt. Der Raum sah nach unschuldiger Vorstadt aus, aber Noriegas Offiziere benutzten ihn für ihre sensibelsten Verhöre und geheimsten sexuellen Affären. Die US-Funktionäre erkannten Noriega kaum wieder. Er schien schwach, zurückhaltend und schüchtern. Sein Körper schwamm in einer Guayabera herum, die ihm ein paar Nummern zu groß war, und sein Händedruck war kraftlos. Er war sichtlich deprimiert und wartete darauf, eine Botschaft zu vernehmen, vor der er sich fürchtete. Entgegen der lateinamerikanischen Etikette bot er seinen Gästen weder Kaffee noch etwas zu essen an – obwohl sie sich in einer Küche befanden. Stundenlang saßen sie neben dem Abwasch und dem Eisschrank, ohne auch nur einen Schluck Wasser angeboten zu bekommen.

Aber Kozak war erfreut, als er sah, daß sein Verhandlungspartner Rómulo Escobar Bethancourt war, mit dem er mehr als ein Jahrzehnt zuvor die schwierigen Einzelheiten der Panamakanal-Verträge ausgearbeitet hatte. Trotz ihrer gegensätzlichen politischen Ansichten und Hintergründe waren die beiden einander nähergekommen und glaubten daran, daß ihr gegenseitiges Vertrauen dabei behilflich gewesen war, kleinere Probleme bei den Verträgen zu überwinden, die sich ansonsten zu öffentlichen Diskussionen ausgeweitet hätten.

Escobar, damals 61 Jahre alt, war Rektor der Universität von Panama gewesen. Er war ein brillanter Intellektueller, ein ehemaliges Mitglied der kommunistischen Partei und ein enger Freund Fidel Castros. Er hatte sein Leben der Suche nach einem Weg gewidmet, das amerikanische Militär aus Panama hinauszubekommen und die Oligarchie des Landes zu entmachten. Torrijos hatte ihn klugerweise als Verhandlungspartner für die Verträge ausgewählt, um sich damit vor politischen Angriffen der Linken zu schützen.

Kozak war noch nicht lange aus der University of California, und zwar der juristischen Fakultät in Berkeley, als er mit 28 Jahren Escobar kennenlernte. Kozak besaß soviel Energie und Optimismus, daß er im Außenministerium eine Ausnahme darstellte. Er behielt auch angesichts der Bürokratie in Washington seinen Sinn für Humor, obwohl das eine Welt war, die ihn zu überwältigen drohte und ihn oft frustrierte. Er hatte seine Vorgesetzten mit seinem Sinn für juristische Probleme und Details unauffällig beeindruckt. Und als die Verhandlungen schlecht liefen, zog er sich fröhlich in seine Garage in Virginia zurück, wo er – als amateurhafter Automechaniker – gern herumbastelte.

„Sie sind zu jung, um ein Lakai der Faschisten zu sein“, hatte Escobar zu Kozak gesagt, als er ihn kennenlernte.

„Und Sie zu alt, den rotznasigen Hochschul-Radikalen zu spielen“, gab Kozak zurück. „Wir können entweder miteinander Geschäfte machen oder uns weiterhin beschimpfen.“

Beide lachten, und so wurde eine Freundschaft geboren.

Noriega, der Chef des panamaischen Geheimdienstes, betrachtete Kozak als den Vertreter des CIA in der amerikanischen Delegation. Noriega glaubte fälschlicherweise, daß Kozak sich verraten hätte, als dieser – ein Amateurfunker – während der Verhandlungen ein Kommunikationsgerät zusammenflickte. Also machte sich Noriega daran, Kozak besser kennenzulernen. Noriegas Bruder Luis Carlos, der damals Funktionär im Außenministerium war, hatte Kozak eingeladen, sich privat mit Noriega zu treffen, und danach hatte Noriega Kozak aufmerksam im Auge behalten und nach einer Gelegenheit gesucht, ihn mit süßem Honig in die Falle zu locken. Auf einem Flug zurück nach Washington hatte eine attraktive Frau die Plätze gewechselt, um sich neben Kozak setzen zu können. Sie hatten sich gerade über Kuba befunden, und die Frau hatte auf die Einrichtungen gezeigt, die sie gerade überflogen hatten, und ihm verführerisch vorgeschlagen, mehr Informationen preiszugeben. Aber Kozak hatte nicht auf ihr Angebot reagiert.

An diesem Märztag hatte Noriega sich bei Kozak, als „einem alten Freund Panamas“, bedankt, daß er gekommen war, um nach einer Lösung zu suchen, aber Kozaks Botschaft an den General war nicht sehr willkommen. Er hatte die Gespräche rund um den Küchentisch mit einer 45 Minuten dauernden Erläuterung der sich verschlechternden Situation Panamas und des amerikanischen Angebots begonnen: politisches Asyl für Noriega in Spanien und das Versprechen, daß man ihn aus diesem Land nicht ausliefern würde. Aber Präsident Reagan war nicht bereit, die Anklagen fallenzulassen, sagte Kozak.

Aber er bemerkte sofort, daß Noriega nicht verhandlungsbereit war, bevor die Anklagen auf dem Tisch liegen würden. Escobar ließ eine politische Tirade los – über die Bemühungen der USA, den Panamakanal wieder unter ihre Kontrolle zu bringen und ihre alte Allianz mit der Oligarchie neu aufzubauen. Bei diesem Spiel des Gebens und Nehmens war Noriega auf mehr eiserne Versicherungen aus, daß man ihn nicht ausliefern würde. „Ich bin ein Geheimdienstmann", sagte er, „und ich weiß, daß Ihr CIA schon früher Kidnapping-Pläne vorbereitet hat und daß Sie sich jetzt wieder vorbereitet haben, und zwar gegen mich. Ihre Regierung kennt keine Skrupel. Wir wissen, was Ihr Oliver North getan hat."

Nach einer Mittagspause kehrte Noriega mit mehr Selbstvertrauen und Wachheit an den Verhandlungstisch zurück. Die Unterhändler der USA hielten es für möglich, daß er Drogen genommen oder wenigstens Kaffee getrunken hatte, um nach der Sitzung am Vormittag wieder etwas mehr in Stimmung zu kommen. Seine eigenen Freunde sagen, daß er nur dadurch angespornt worden war, daß die Botschaft von den USA nicht bedrohlicher gewesen war. Er ging in die Offensive und prangerte die Anklagen und den amerikanischen Imperialismus an. Sein Abgang stünde nicht auf der Tagesordnung, sagte Noriega. Einige Minuten später schlief der zuvor so lebhafte Noriega während Kozaks Gegenargument fast ein. Seine Augen fielen langsam zu, als er sich über seinen gekreuzten Armen nach vorne beugte, und Walker dachte, daß er in diesem Moment den Froschfiguren, die er sammelte – den *sapos*, ein Wort, das „Kröten" heißt, aber im Slang auch „Informanten" bedeutet –, sehr ähnlich sah. Der General öffnete und schloß seine reptilhaften Augen immer wieder, und das sah so aus, als warte er nur darauf, daß ein Insekt vorüberflöge, damit er es mit seiner klebrigen Zunge schnappen könne.

Es war offensichtlich, daß Noriega mit seinen amerikanischen Verhandlungspartnern herumspielte. Nachdem er soeben einen gegen seine Person gerichteten Militärputsch abgewehrt hatte, war er noch nicht zu Gesprächen bereit. Er war zuversichtlich, daß die Amerikaner nicht zu militärischen Maßnahmen greifen würden, um ihn mit Gewalt zu entfernen. „Ich will nie mehr mit diesem Bastard reden", hatte Kozak zu Walter gesagt, als sie Panama verließen.

Nichtsdestotrotz war Kozak Mitte April zurückgekommen. Zu dieser Zeit hatten die amerikanischen Sanktionen und die Straßendemonstrationen in Panama Noriega schon verhandlungsbereiter gemacht; und die USA, die unfähig waren, Noriega mit Gewalt zu verdrängen, hatten ihm jetzt ein besseres Angebot zu machen. Diesmal bestand Kozak auch schon im voraus auf einer Tagesordnung, um ein Scheitern der Verhandlungen, wie es im März passiert war, zu vermeiden. Erstmals enthielt sie das Thema von Noriegas Abgang, oder – wie es von panamaischer Seite ausgedrückt wurde – „Noriegas Ablösung und wann er wieder übernehmen wird".

Diesmal fanden die Gespräche in Noriegas teuer eingerichteten Büroräumen im „El Ocho" – Gebäude Nummer 8 – von Fort Amador statt. Dabei handelte es sich um einen fensterlosen Zementbau, der früher von amerikanischen Geheimdiensten benutzt worden war, bevor er aufgrund der Kanal-Verträge an Panama zurückerstattet wurde. Noriega benutzte ihn als seinen Bunker, in den er sich hinter einer Mauer aus Sicherheitsmaßnahmen zurückzog, um seine sensibelsten Gespräche zu führen.

Noriega war beunruhigt. „Ich befinde mich in einer Lage, wo ich morgens aufwache und mir denke, daß ich einfach ins Büro gehen und zu Justine sagen werde: ‚Marco, dieser ganze Haufen Scheiße ist von nun an dein Haufen Scheiße. Ich gehe, tranquilo.' Aber nein – meine Leute sagen, das wäre unverantwortlich und würde mein Land destabilisieren, und sie haben natürlich recht. Aber genauso fühle ich mich eben."

Zwei Tage lang mühte sich Kozak mit dem Thema von Noriegas Abgang ab. Aber die Panamaer wollten einfach nicht darüber sprechen. „Wenn wir bei diesem Thema nicht zu einer Einigung gelangen können, dann sehe ich keinen Sinn darin, irgendetwas anderes zu besprechen", sagte Kozak.

Noriega erstickte zwar fast an seinen Worten, aber schließlich und endlich sagte er doch noch, daß er darauf vorbereitet wäre, am 12. August zurückzutreten, sollten die USA ihre Sanktionen aufheben und die Anklagen fallenlassen. Der General zog eine Grimasse und verließ den Raum. Seine Freunde sagen, daß es sich dabei um den schwierigsten Satz handelte, den er je hervorgebracht hatte. Und unter welchen Bedingungen auch immer – damals ergab er sich den Amerikanern.

Kozak wandte sich den beiden anderen Panamaern zu, die sich weiterhin im Zimmer aufhielten – Escobar und sein Mit-Unterhändler Marco Justine, der Finanzfachmann der Panamaian Defense Forces und somit auch Noriegas Kassier war. Er sagte, daß der Zeitpunkt zu weit in der Zukunft läge. Er sagte, daß eine Aufhebung der Sanktionen machbar sei, daß es jedoch unmöglich wäre, die Anklagen fallenzulassen.

Als sie sich das nächste Mal trafen, bot Kozak Noriega eine Chance an, sich gegen die Drogenanklagen zu verteidigen, ohne die Gefahr einer Gefängnisstrafe auf sich zu nehmen, sollte er die Macht niederlegen. „Sie erzählen mir immer wieder, daß Sie alle Beweise besitzen, die Ihre Unschuld beweisen", sagte Kozak. „Vielleicht können wir Ihnen das Versprechen machen, Sie nicht auszuliefern, während ein unabhängiger Anwalt die Vorwürfe gegen sie überprüft. Wir werden dazu jemanden auswählen, der Ihrer Ansicht nach ein objektiver und unparteiischer amerikanischer Rechtsanwalt ist. Es wird immer noch jemand sein, den wir auswählen, aber wir würden niemanden nehmen, der gegen Sie eingestellt ist. Wenn dieser Anwalt dann empfehlen sollte, daß die Vorwürfe fallengelassen werden sollen, dann wäre damit Ihrem Wunsch entsprochen. Sollte er aber anders entscheiden, dann könnten Sie immer noch woanders ins Asyl gehen."

Noriega starrte ihn mit glasigen Augen an. „Wenn für mich der Tag zum Zurücktreten kommt und diese Anklagen immer noch existieren, dann trete ich nicht zurück", sagte er mit gepreßter Stimme. „So gibt's für einen Handel keine Chance. *Keine Chance. Keine Chance!*"

„Warum?" fragte Kozak.

„Weil ich genau weiß, was Anklagen in Ihrem Land bedeuten. Ich habe schließlich den größten Teil meiner Karriere damit zugebracht, Männer heranzuschaffen, die Sie angeklagt haben. Wenn ich zurücktrete, dann verlieren Sie zwar Ihre politische Motivation, mich zu jagen, aber nicht die juristische. Und die ganze Sache mit unabhängigen Anwälten und Versprechen, mich nicht auszuliefern und all das – so läuft es einfach nicht. Sie können einen Panamaer nicht aus Panama ausliefern lassen, aber ich mache das die ganze Zeit für Sie. Sie können sich einfach jemanden schnappen und ihn ins Flugzeug nach Miami setzen. So läuft das.

So lange es diese Anklagen gibt, müßt ihr mich holen. Und ihr werdet schon einen Kerl wie mich finden, der mich holen kommen wird. Also werde ich nicht darauf eingehen. *Keine Chance.*"

Kozak protestierte gegen die Ansicht, daß Anklagen in den USA etwas Heiliges wären und daß es politisch nicht möglich wäre, sie fallenzulassen.

„Ich höre, was Sie sagen", sagte Noriega. „Aber würden Sie bitte so freundlich sein, Ihrem Präsidenten meine Botschaft zu überbringen? Sie sollten der beste Werfer in diesem Team sein. Sie werden Ihnen sagen, daß das der beste Handel ist, den sie kriegen können."

„Ich werde die Botschaft überbringen", sagte Kozak. „Das ist meine Aufgabe. Aber Sie gestalten sie lieber verdammt attraktiv, wenn Sie wollen, daß ich eine Botschaft wie diese überbringe."

Kozak sagte, daß Noriega beispielsweise das exakte Datum seines Rücktritts angeben und sagen sollte, wann er vorhätte, das Land zu verlassen.

„Panamaer sind nicht besonders gut, was langfristige Planung betrifft", antwortete Noriega darauf.

„Ich glaube, daß Sie sich in einer Position befinden, in der Sie sich anstrengen sollten, es trotzdem zu schaffen", sagte Kozak.

Schließlich und endlich kündigte Noriega an, daß er am 12. August, dem fünften Jahrestag seiner Machtübernahme, zurücktreten würde; aber er scheute davor zurück, sich auf ein Datum festzulegen, an dem er das Land verlassen würde. Das Problem lag zum Teil auch darin, daß er sein Gesicht wahren wollte: Noriega wollte nicht als jemand betrachtet werden, der sich von den USA ins Exil zwingen ließ.

Kozak versuchte Noriega davon zu überzeugen, daß es zum Besten seiner eigenen Regierungspartei wäre, wenn er das Land verlassen würde. Kozak stimmte Noriega in der Hinsicht zu, daß die Regierungspartei eine faire Wahl gewinnen könnte, aber er gab zu bedenken, daß die Opposition diese Wahl als manipuliert betrachten würde, sollte Noriega sich nach wie vor im Lande befinden. „Wie auch immer, Sie haben die Menschen in Ihrem Land davon überzeugt, daß Sie Superman sind – daß Sie alles manipulieren, was in diesem Land vorgeht", sagte Kozak. „Und wenn sie 108 Jahre alt würden und 24 Stunden am Tag arbeiteten, könnten Sie doch nie all das tun, was man Ihnen vorwirft, getan zu haben."

Kozak verglich Noriegas Situation mit der von Präsident Nixon zur Zeit des Watergate-Skandals. Die Panamaer schoben alle ihre Probleme auf Noriega – so wie damals die Amerikaner auf Nixon. „Nixon besaß genug Verstand, aus Washington und der Politik zu verschwinden und sich ein paar Jahre lang im Hintergrund zu halten", sagte Kozak. „Die Menschen erkannten dann, daß nicht alle Probleme in ihrem Land seine Schuld gewesen waren, und sie begannen über das Gute zu reden, das er getan hatte. Und jetzt wird er von einigen mit echtem Respekt betrachtet."

Kozak sagte, daß sein Sohn sogar ein T-Shirt trüge, das Nixon als Präsidentschaftskandidaten vorschlug. „Da steht drauf: ‚Nixon für '88: Er ist braungebrannt, ausgeruht und bereit' “, lachte Kozak.

Noriega mußte über diese Geschichte lächeln, und sein Unterhändler Escobar griff sie begierig auf. „Ja, General, Sie könnten gehen und die Zivilisten die Regierung übernehmen und alles ruinieren lassen. Spätestens 1995 werden die Menschen im Lande liebevoll auf die Zeit ihrer Führung zurückblicken. Und dann werden Sie die natürliche Wahl für den Präsidentschaftskandidaten sein.“ Dann könnte Noriega auch seinen wirklichen Traum erfüllen: Er würde Panama ins Jahr 2000 führen, wenn die Gringos ihm nach den Bestimmungen der Verträge von 1977 den Kanal übergeben müßten. Das war ein Preis, der seinen Namen in die Geschichtsbücher bringen würde – neben denen von Militärführern wie Simón Bolívar und San Martín, sagte er zu Escobar.

Kozak war Anfang Mai mit Noriegas erstem konkretem Rücktrittsangebot bisher in der Tasche nach Washington zurückgekehrt. Noriega hatte gesagt, daß er nach seiner Abdankung am 12. August einen Monat brauchen würde, um seine persönlichen Angelegenheiten zu ordnen, und dann würde er Panama bis nach den Wahlen im Mai verlassen, außer für einen Weihnachtsbesuch zu Hause. Außenminister Shultz befahl Kozak, einen Plan auszuarbeiten, der eine Aufhebung der Anklagen einschließen würde, ohne daß Reagan bisher diese Politik offiziell bewilligt hatte.

Während der folgenden Gespräche war Noriega mehr der charmante Gastgeber als der feindselige Diktator. Er bedrohte seine Gegner genauso gern, wie er sie für sich einzunehmen versuchte. Eines Morgens kam Noriega mit kleinen Meringues und Cashewnüssen, die er angeblich selbst über einem offenen Feuer geröstet hatte, zu den Gesprächen. Er sprach darüber, wie gut diese Speisen für die Gesundheit wären – keine künstlichen Konservierungsstoffe oder sonstige Zusätze, „wie man das in Amerika so oft findet“. Bei einer anderen Gelegenheit, als der amerikanische Stab verkündete, daß er hungrig wäre, schickte er seine Leute nach draußen, um Empanadas zu holen. Aber er zeigte sich enttäuscht, als er sah, daß die Süßigkeiten aus dem von Amerikanern betriebenen CVJM stammten. „Sehen Sie jetzt, was für eine Mentalität in diesem Land herrscht?“ fragte er lachend. „Ich kann Ihnen leider nur Gringo-Empanadas anbieten.“

Noriega war sich während der Verhandlungen über seine mißliche Lage völlig im klaren. „Ich kann entweder meine Uniform anbehalten und an der Macht bleiben“, sagte er zu Kozak, „mit allen Risiken und dem Druck, die es jetzt gibt. Oder ich wandere mit Sicherheit in Miami ins Gefängnis.“ Er wurde auch von zwei weiteren Informationsquellen beeinflußt. Ein hoher panamaischer Beamter sagte, daß Noriega von Gesandten des Medellín-Kartells die Nachricht erhalten hätte, er könnte nicht zurücktreten, bevor die Anklagen gegen ihn nicht fallengelassen würden, weil sie seine möglichen Zeugenaussagen gegen sie fürchteten. Sie wußten, daß es Noriegas einziger Schutz vor dem Gericht in Miami sein würde, wenn er alles über die Drogenbosse erzählte, was er wußte. Und zur selben Zeit erzählten ihm die Kubaner und Nicaraguaner, daß er, sollte er durchhalten, einen festen Platz in der lateinamerikanischen Geschichte einnehmen würde – als der Mann, der sich gegen die Yankees durchsetzte.

Ohne militärische Drohung konnte Kozak auch wenig Einfluß auf Noriega ausüben. Einmal erhielt Kozak einen Anruf von seinem Chef Elliott Abrams, dem stellvertretenden Staatssekretär im Außenministerium, in dem ihm mitgeteilt wurde, daß Noriega dem Handel sofort zustimmen müßte. Dabei handelte es sich um eines der vielen Ultimaten, die Kozak aus Washington überbrachte und die sich später alle als Bluffs herausstellen sollten. Noriega hatte aufgehört, an sie zu glauben.

„Er muß jetzt oder…", sagte Abrams.

„Oder was?" entgegnete Kozak sarkastisch. „Sollen wir ihn foltern, indem wir darauf bestehen, daß er bei unseren zwischenbehördlichen Treffen dabei sein muß?"

„Sie machen schon zu lange Sitzungen mit ihm", antwortete Abrams. „Sie sind zum Sadisten geworden."

Am 11. Mai stimmte Noriega jedoch einem provisorischen Plan zu, der seine Macht gegen die Anklagen eintauschen würde. Noriegas Verhandlungsteam war überrascht gewesen, wieviele Konzessionen die Regierung Reagan zu machen bereit war, weil sie es so eilig hatte, das Problem zu lösen. Die Unfähigkeit, Noriega wegzubringen, hatte sich zu einer ordentlichen Peinlichkeit ausgewachsen. Präsident Reagan bewilligte den Plan zwei Tage danach, und die Anwälte beider Seiten machten sich an die Arbeit, die letzten Details am 15. Mai auszuarbeiten.

Beide Seiten waren natürlich auf Geheimhaltung eingeschworen, aber in Washington sickerte die Neuigkeit am 14. Mai an die Medien durch, und bald ging ein Aufschrei durch die Öffentlichkeit. Noriega bat eiligst um ein dringendes Treffen mit Kozak, ohne daß dabei Anwälte anwesend wären. Der Diktator von Panama schwindelte sich durch, damit seine amerikanischen Anwälte ihn nicht tadeln würden, weil er sich allein mit Kozak traf. Für diese Privatsitzung legte er seine Uniform ab, und er sah in seiner beigen Hose und den gelben Schuhen ziemlich verloren aus.

„Um Himmelswillen, Mike, ihre Presseindiskretionen bringen mich noch um", sagte er. „Sie werden mich teeren und federn." Er sagte, daß die Sekretärinnen weinend in den Gängen auf und ab laufen und die rangjüngeren Offiziere ihn beschuldigen würden, sie im Stich zu lassen, um seine Haut zu retten. „Draußen wartet die Presse", sagte er, „und ich bin ein Gefangener in meinem eigenen Haus."

Kozak merkte, daß Noriega mit seiner Einschätzung der Lage recht hatte. Noriega bat Kozak, ihm zu helfen, indem er eine fingierte Stellungnahme an die Presse ausgeben sollte, daß die Gespräche abgebrochen werden mußten. Kozak sagte, daß das Außenministerium nicht lügen dürfe, aber daß er Washington bitten würde, eine Stellungnahme herauszugeben, in der behauptet werden sollte, daß man zu keiner Vereinbarung gelangt sei. Das war ja auch nicht gelogen, da Kozak und Noriega den Vertrag, der fast komplett ausgehandelt war, noch nicht mit Handschlag besiegelt hatten. Noriega, der sich von Fragen der Wahrheit nicht beengt fühlte, erzählte die Lüge, daß der ganze Handel gescheitert sei.

Aber die Informationen, die an die Presse durchgesickert waren, ließen den „politischen Freiraum" für ein Abkommen langsam immer mehr schrumpfen. Die US-Staatsanwälte in Florida, die die Anklagen eingereicht hatten, waren nun vorgewarnt und begannen mit einer Kampagne gegen Kozaks Handel, und Senatoren, die lange Druck auf die Regierung ausgeübt hatten, Noriega zu entmachten, stellten sich jetzt ebenso enthusiastisch gegen das Vorhaben, die Anklagen als Werkzeug zu diesem Ziel zu benutzen.

„Wir stehen hier vor einer Regierung, die ihre Haare angezündet hat und jetzt versucht, das Feuer mit einem Hammer zu löschen", sagte Senator D'Amato aus New York, der unverblümteste Anti-Noriega-Kämpfer am Capitol Hill, der militärische Gewalt einer juristischen Kapitulation vorzog.

Die US-Staatsanwälte waren fuchsteufelswild darüber, daß Howard Baker, der Stabschef des Weißen Hauses, die Verhandlungen Kozaks als perfekten Straferlaß nach einem Schuldbekenntnis bezeichnete, weil das etwas war, das eigentlich in ihrem Machtbereich lag.

„Wenn diese Anklagen dazu führen sollten, daß er Panama verläßt und in diesem unruhigen Land der Weg zur Demokratie geebnet wird", sagte Baker, „dann wäre das der fruchtbarste und produktivste Straferlaß nach einem Schuldbekenntnis, den ich seit langer Zeit, wenn nicht überhaupt je, gesehen habe."

Das Justizministerium vertrat die Ansicht, daß es zwar in Ordnung wäre, Anklagen im Austausch für eine Hilfe beim Gesetzesvollzug einzutauschen, aber nicht um außenpolitische Ziele zu erreichen. Trotzdem arbeiteten jedoch zwei Funktionäre des Justizministeriums in einem heruntergekommenen Zimmer im Continental Hotel in Panama City, das man ausgesucht hatte, um die Journalisten in sicherem Abstand zu halten, wie die Wilden daran, eine endgültige Abmachung mit Noriega auszuarbeiten.

Am Freitag, dem 20. März, erhielt Kozak über sein Zerhacker-Funkgerät, mit dem er immer Nachrichten über die Fortschritte bei den Verhandlungen in die USA schickte, einen Anruf aus Washington. Mit diesem Funkgerät konnte Kozak die modernen Abhörgeräte Noriegas umgehen: Es arbeitete über taktische Satelliten, die ihre Signale in kleine, kompakte Antennen abstrahlten – klein genug, um als Gepäck durchgehen zu können. Das US-Team in Panama hatte die Satellitenantenne hinter einem Busch bei ihrem Versteck innerhalb der Albrook Air Force Base verborgen, in sicherer Distanz von Journalisten und Noriegas herumschnüffelnden G-2-Männern.

Charlie Hill, Shultz' persönlicher Sekretär, war am anderen Ende der Leitung. Er gehörte zu den wenigen Menschen, die in den vergangenen Wochen einen kühlen Kopf bewahrt hatten, und er übersetzte die oft widersprüchlichen Botschaften und sich verändernden Standpunkte für Kozak.

Als Shultz wegen des politischen Preises, den die Verhandlungen fordern könnten, immer nervöser wurde und daher mehr Kontrolle darüber wollte, verließ er sich immer mehr auf Hill, der sein Kontaktmann zu Kozak war. Shultz steckte in der Zwickmühle zwischen seiner Loyalität zu Präsident Reagan, der Noriega mittels Verhandlungen entmachten wollte, und seiner beständigen Loyalität zur republikanischen Partei, deren Chefstrategen der Ansicht waren, daß die Verhandlungen Kozaks ihre Chancen bei der Wahl 1988 schmälern könnten. Der große, dünne und schweigsame Hill besaß genau das ausgeglichene Gemüt und die Erfahrung, denen Schultz Vertrauen schenkte. Er war während der kritischsten Wochen des Vietnamkriegs Ellsworth Bunkers spezieller

Assistent in Saigon gewesen und nachher von Kissinger als Redenschreiber beschäftigt worden.

„Ich habe hier eine sehr seltsame Anweisung für Sie", sagte Hill. „Stellen Sie sich nicht in Frage; tun Sie es einfach. Der Präsident möchte, daß Sie hierher zurückkommen und ihm all das erklären. Und Sie sollen Noriega nicht erzählen, daß Sie die Verhandlungen abbrechen; aber Sie sollen ihm auch nicht sagen, daß sie wiederkommen werden. Sie sollen einfach sagen, daß Sie abfliegen und sich mit dem Präsidenten beraten müssen."

Die schicksalshaften Sitzungen am Wochenende in Reagans privatem Wohnzimmer, die diesem Anruf folgten, machten Kozaks Job in Panama zugleich leichter und schwerer. Er konnte Noriega jetzt versichern, daß der Präsident die Anklagen im Austausch für seinen Rücktritt und eine zeitweilige Abwesenheit aus Panama fallen lassen würde. Aber die Zeit war knapp.

Aufgrund dessen, worum ihn der Präsident gebeten hatte, erzählte er Escobar, daß der Handel, „wenn möglich", vor Mittwoch abgemacht werden müßte und daß sich der politische Freiraum für einen solchen Vertrag mit großer Geschwindigkeit schließen würde. Der Präsident hatte Schwierigkeiten dabei, diesen Vertrag politisch zu rechtfertigen, sagte Kozak.

„Ist das ein Ultimatum?" fragte Escobar.

„Nein", sagte Kozak, der wußte, daß Noriega, wenn irgendwelche Drohungen nicht durch eine besondere Wahrscheinlichkeit für Strafaktionen unterstützt wurden, seine Verhandlungspartner einfach nicht mehr ernstnahm. Nichtsdestotrotz arbeiteten Escobar und Justine die Nacht auf Dienstag und den ganzen folgenden Tag durch, um dem Vertrag den letzten Schliff zu geben.

Aber Noriega war erleichtert, nicht unter dem Druck eines Ultimatums zu stehen. Er verbrachte den Montagabend mit dem päpstlichen Nuntius, der die Dokumente, in denen der Vertrag festgehalten werden sollte, später aufbewahren sollte. Er bat den Vertreter des Vatikan, ihm den Safe zu zeigen, in den er die Papiere hineintun wollte. Ein Assistent des Nuntius' fragte sich, ob Noriega den Standort nur deswegen wissen wollte, damit er die Papiere später stehlen könnte. Noriega sagte dem Nuntius, daß er die Dokumente nicht aus den Augen verlieren sollte, daß er jedoch nichts unterschreiben würde, bevor er nicht völlig zufrieden damit wäre. „Reagan hat mir mitteilen lassen, daß wegen der Unterzeichnung der Dokumente keine Eile besteht und daß ich sie auch nach dem Gipfeltreffen in Moskau unterschreiben kann", sagte er. Er zeigte sich über die zwei Hauptpunkte des Vertrags erfreut: das Fallenlassen der Anklagen und das Recht, nach Panama zurückzukehren, zuerst gelegentlich und dann für immer.

Die panamaischen Unterhändler erzählten Noriega nichts davon, daß die USA den Handel mit dem Geld abgelehnt hatten, da er nicht wissen sollte, daß irgendetwas nicht stimmte. Sogar seine Unterhändler wollten eine Situation vermeiden, in der der General eine Entschuldigung dafür finden würde, wieder aus diesem Vertrag zurückzutreten, den sie als etwas betrachteten, das im besten Interesse ihres Landes läge. Aber Kozak glaubte immer mehr, daß es ein Fehler gewesen wäre, überhaupt anzufangen, über das Geld zu sprechen. Ein Aspekt, den er für relativ geringfügig gehalten hatte, war jetzt das größte

Hindernis. Funktionäre des Außenministeriums zeigten sich überrascht, daß ihre Vorgesetzten eine solch explosive Idee nicht abgewürgt hatten, bevor sie so weit kommen konnte.

Bei Noriegas Geldforderung hatte es sich von allem Anfang an um eine unglückliche Geschichte gehandelt. Sie hatte angefangen, als Oberst Justine Anfang Mai gesagt hatte, daß Noriega die panamaischen Regierungseinnahmen wolle, die wegen der amerikanischen Sanktionen auf Treuhandkonten in den Vereinigten Staaten eingefroren waren und erst freigegeben werden sollten, wenn der General seine Abdankung bekanntgeben würde. Er meinte, daß Unruhen unter den Zivilisten Panama durcheinanderbringen könnten, wenn die bürgerlichen Freiheiten wiederhergestellt und die Menschen ihre Schecks nicht würden einlösen können. Kozak sagte, daß Präsident Eric Arturo Delvalle, der sich versteckt hielt, seit Noriega ihn gestürzt hatte, die Kontrolle über diese Geldmittel hätte, da er der einzige panamaische Führer war, den Washington anerkannte. Und es war unwahrscheinlich, daß Delvalle die Gelder freigeben würde, bevor Noriega das Land verlassen hätte und eine annehmbare Übergangsregierung aufgestellt worden wäre. „Ich kann Ihnen dieses Geld nicht geben", sagte Kozak.

Justine schlug eine Alternative vor. Er sagte, daß Taiwan und Japan bereit wären, Gelder in dieser Höhe einzuzahlen, wenn Onkel Sam ihnen dazu grünes Licht geben würde. Staatssekretär Michael Armacost verständigte sich mit Nobua Matsunaga, dem japanischen Botschafter in Washington, um ihm mitzuteilen, daß die USA nichts gegen solche Zahlungen im Zusammenhang mit einer Einigung, die mit einer Aufhebung der amerikanischen Sanktionen zu tun haben würde, einzuwenden hätten, und dieselbe Botschaft wurde auch nach Taiwan übermittelt.

Noriega genoß die wunderbare Ironie dieser Jagd nach Geld. Er scherzte einem seiner Botschafter gegenüber, daß „Abrams für ihn unterwegs war und versuchte, an Geld zu kommen, genauso wie er es für die Contras getan hat". Noriega wußte, daß Abrams, sein größter Feind innerhalb der US-Regierung, im August 1986 beim Sultan von Brunei um 10 Millionen Dollar gebeten hatte. „Vielleicht kann Abrams in Brunei Geld für uns auftreiben", gluckste Noriega fröhlich. Er wußte auch, daß die Geld-Infusion eine gute Propaganda darstellen würde: Die USA bezahlten für den Schaden, den sie in Panamas Wirtschaft angerichtet hatten.

Nachdem die Bemühungen zur Überzeugung der Japaner und Taiwaner bereits am Laufen waren, begann auch Shultz zu fürchten, daß Noriega nur mit den USA spielen wollte und die Gelder eventuell in die eigene Tasche stecken könnte. Das Außenministerium schickte ein von Shultz unterschriebenes Telegramm an den stellvertretenden Außenminister John Whitehead nach Paris, um ihn zurückzupfeifen, da er dort bei einem Treffen mit japanischen Funktionären das Thema zur Sprache bringen wollte. „Mike Kozak bleibt in Panama, um dort auf Noriegas Entscheidung zu warten", sagte er. „Es ist möglich, daß die ganze Sache platzen wird. Bitte nehmen Sie zur Kenntnis, daß der Außenminister, trotz des Ansuchens an die Japaner und andere, Geld in panamaische Institutionen einzuzahlen, beschlossen hat, daß es sich dabei nicht um den richtigen Weg handelt und daher die Idee ad acta gelegt hat. Sie sollten daher auch nicht von dieser Idee sprechen, wenn sie sich mit dem japanischen Gesandten Murata treffen. Offensichtlich sorgt man sich darum, daß diese Gelder wahrscheinlich eher in irgendwelche Taschen fließen als der Zahlungsfähigkeit des Landes zugute kommen würden. Andere Alternativen werden überprüft."

Die andere Alternative hieß Banco Cafetero. Der Chef der Bank-Niederlassung in Panama war Leiter der Bankiersvereinigung des Landes und ein enger Freund von Guillermo St. Malo de Arias, dem Mann, der die Gespräche erleichtert hatte. Der Bankdirektor sagte, daß ein Brief des Außenministeriums an seinen Vorstand in Bogotá den Weg für eine bedeutende Einzahlung in der Nationalbank von Panama freimachen würde. Shultz' Brief kam an; und St. Malo war bereit, das Geld entgegenzunehmen, als Shultz sich im letzten Moment auch aus diesem Handel wieder zurückzog.

Schließlich deichselten St. Malo und die anderen Unterhändler das Problem mit etwas schneller Beinarbeit am Montag und Dienstag. Handelsminister Mario Rognoni sammelte Informationen darüber, wie hoch der Betrag an Steuergeldern wäre, den amerikanische Firmen bisher Noriegas Regierung vorenthalten hatten und der folglich Panamas Regierung zugute kommen würde, sobald die Sanktionen aufgehoben werden würden. Botschafter Arthur Davis rief die Präsidenten der größten dieser Unternehmen zusammen und stellte sicher, daß sie diese Steuern an das panamaische Regime bezahlen würden, sobald die politischen Streitigkeiten gelöst sein würden, um gute Beziehungen zur Regierung beizubehalten. Damit wurde der Vertragstext, der die Einzahlungen betraf, ungültig; das amerikanische Versprechen, die Sanktionen aufzuheben, würde das Beste sein, was Panama tun konnte, um mit seinem Liquiditätsproblem fertig zu werden.

Am späten Nachmittag des Dienstag gab Staatssekretär Michael Armacost aus dem Außenministerium eine neue Änderung der amerikanischen Instruktionen für Kozak durch. Was ursprünglich als starke Hoffnung begonnen hatte, daß Kozak am Mittwoch mit allem fertig sein würde, hatte sich jetzt in ein Ultimatum verwandelt. Reagan hatte es sich nicht anders überlegt, sondern hohe Funktionäre hatten das, was Reagan am Sonntag zu Kozak gesagt hatte, uminterpretiert. Der politische Freiraum hatte sich geschlossen. Als Kozak Noriegas Unterhändlern miteilte, daß er am Abend des Dienstag unterzeichnen müßte, wiesen sie das zurück. „Aber Sie haben uns doch versichert, daß es sich nicht um ein Ultimatum handelt", sagte Escobar.

Kozak war erleichtert, als Billy St. Malo am Dienstag um 20 Uhr verkündete, daß der Handel perfekt sei. Noriega hatte an diesem Abend sogar den Nuntius angerufen, um ihm zu erzählen, daß er seine Ansprache für den kommenden Vormittag verfaßt habe und daß er wünsche, daß der Assistent des Nuntius' sich zur Entgegennahme der Dokumente bereithalten würde. Er besuchte seine Geliebte, Vicky Amado, und deren Mutter Norma Amado, die für ihn zu einer wichtigen Beraterin geworden war, und sagte ihnen, daß sie ihre Sachen für die Reise nach Paris packen sollten. Vicky rief eine Freundin an, um ihr davon zu erzählen.

Kurz danach erhielt Kozak den schicksalhaften Anruf aus Washington, der die Forderungen der USA in ein Ultimatum verwandelte. Charlie Hill, überlegt und ruhig wie immer, erzählte Kozak, daß Shultz am Vormittag des Mittwoch noch anwesend sein würde, bis der Handel abgeschlossen werden konnte. „Es muß jetzt geschehen. Ansonsten haben Sie die Anordnung, alles wieder vom Tisch zu nehmen und abzureisen", sagte Hill. Kozak war von diesem Ultimatum nicht überrascht, aber er empfahl, daß Shultz nicht warten sollte. Er kannte Noriegas Ruf, was Verzögerungen betraf, und glaubte nicht, daß es eine gute Idee wäre, daß Shultz ungeduldig dasitzen und warten würde. Aber Shultz wollte die umstrittene Entscheidung, die Anklagen einzuhandeln, persönlich verteidigen und diese Aufgabe nicht Armacost überlassen, der dadurch in seinen Hoffnungen, in der Regierung Bush einen wichtigen Posten zu erhalten, politischen Schaden nehmen könnte.

Kozak hielt die Nachricht über das Ultimatum an diesem Abend vor Noriegas Leuten geheim. Er hatte ohnehin das Gefühl, den Vertrag schon unter Dach und Fach zu haben, und wußte, daß jedes weitere harte Vorgehen die zerbrechliche Übereinstimmung nur gefährden würde.

Aber Noriega traf nicht gern Entscheidungen und schob sie oft hinaus. Hier handelte es sich um die größte Entscheidung seines Lebens, und dementsprechend groß war auch sein Instinkt, zu zögern. Er versuchte Zeit zu gewinnen, indem er seinen Unterhändlern erzählte, daß er fürchte, an den Dokumenten wäre manipuliert worden, als sich Kozak in Washington aufgehalten hatte. Folglich wurden Noriegas Anwälte mitten in der Nacht aus Miami eingeflogen, um die Dokumente noch einmal zu überprüfen, aber sie waren so übernächtigt, daß sie dabei kaum Fortschritte machten. Kozak schlug ihnen eine Methode vor, die ihnen viel Arbeit ersparen würde: Sie sollten die Originale und ihre Kopien übereinanderlegen und gegen das Licht halten, um so zu sehen, ob alle Buchstaben übereinstimmten. Das taten sie, und damit war die Krise gelöst. Aber Noriega war verschwunden.

Als Kozak und Oberst Clark um 7 Uhr früh in Escobars Büro kamen, hatten sie noch immer nichts vom General gehört und – was noch schlimmer war – sie sahen eine beunruhigende Schlagzeile auf der Morgenausgabe der Regierungszeitung: „Strategischer Militärrat CEM veröffentlicht Erklärung, die fordert, daß sein Kommandant nicht unter dem Druck aus den USA zurücktritt."

Kurz nach 9 Uhr hob Escobar das Telefon ab. „Der General möchte Sie sehen", sagte Rómulo. „Aber er ist noch nicht fertig." Man konnte in Rómulos Gesicht ablesen, daß etwas falsch lief. Noriega empfing Kozak und Clark nicht vor 11 Uhr. Reagan befand sich bereits auf dem Weg nach Moskau; und Shultz, der seine Abreise verschoben hatte, wartete zornig und ungeduldig auf Nachricht aus Panama. Reagans Bemerkungen bei seiner Abreise verwirrten die Verhandlungen mit Noriega nur noch mehr, da der Diktator jetzt glaubte, daß es sich beim Ultimatum nur um einen weiteren Trick handelte. Während Kozak gemeint hatte, daß Noriega „jetzt oder nie" zustimmen müßte, hatte Reagan den Journalisten von seinem Hubschrauber aus zugerufen: „Das Problem liegt nicht im Timing des Vertrags, sondern in seiner Qualität." Kozak sah sich erschrocken den Bericht in *Good Morning, America* an, das im Sender des Southern Command ausgestrahlt wurde.

Die widersprüchlichen Instruktionen, die Kozak in der vergangenen Woche erhalten hatte und die sich nach jeder größeren zwischenbehördlichen Sitzung geändert hatten, hatten dazu geführt, daß Noriega an den Ultimaten der Amerikaner zweifelte. Das

Verhandlungsteam war immer frustrierter geworden, da es wie ein kleines Boot im stürmischen politischen Meer hin- und hergeschleudert wurde. Die Bemerkung Reagans hatte Noriega noch mehr Verdacht schöpfen lassen. Nur eine Stunde, bevor seine Gespräche mit den USA endgültig abgebrochen werden würden, glaubte er noch immer nicht daran, daß er hier vor seiner letzten Chance stünde.

Für die letzte Sitzung suchte sich Noriega eine dramatische Umgebung aus. Er empfing Kozak und Clark im Haus des früheren Diktators Omar Torrijos auf der Calle Cincuenta, das in ein Museum umgewandelt worden war, und lud sie dort in Torrijos' Schlafzimmer ein. Der Bademantel des legendären panamaischen Diktators lag immer noch auf dem Bett, seine Pantoffel standen am Boden, und im Schrank hingen seine Uniformen. Nichts hatte sich seit dem Tag geändert, als er am 31. Juli 1981 bei einem mysteriösen Flugzeugabsturz ums Leben gekommen war. Kozak hatte Torrijos persönlich gekannt und fand diese Umgebung seltsam, wenn nicht sogar gespenstisch. Er und Clark saßen so, daß sie Noriega direkt ins Gesicht sehen konnten – auf Couches, die sich am Fuß des Bettes gegenüberstanden.

„Ich war schon zum Mitspielen bereit", sagte Noriega mürrisch. „Ich hatte mich und meine Familie psychologisch darauf vorbereitet. Andererseits habe ich Ihnen aber von Anfang an gesagt, daß ich ein paar Tage brauchen würde, um meine Leute darauf vorzubereiten. Und diese Zeit haben Sie mir nicht gelassen. Sie können nicht behaupten, daß wir es nicht versucht hätten. Rómulo hat bei den Führern der populären Gruppen [Gewerkschaften und andere Linksorganisationen] gute Arbeit geleistet. Einige von ihnen gefällt es nicht, aber sie können damit leben. Ich habe mit dem Generalstab geredet. Auch ihm gefällt es nicht. Aber sie werden sich fügen. Aber mit den rangjüngeren Offizieren habe ich echte Probleme. Sie reagieren sehr emotionell, nicht logisch. Sie sind unreif. Sie besitzen keinen guten politischen Verstand."

Kozak unterbrach ihn. „Herr General, nach unseren Instruktionen haben wir keine Zeit mehr. Meine Instruktionen lauten, daß wir die Sache entweder jetzt hinter uns bringen sollen oder ich alles vom Tisch nehmen und abreisen muß." Noriega protestierte – er hatte nicht gedacht, daß er einem Ultimatum gegenüberstehen würde. Er hatte das Gefühl, daß ihm und ihrem Vertrag der Boden unter den Füßen weggezogen würde, und seine amerikanischen Verhandlungspartner fürchteten, daß er damit recht hatte. Sie würden das der amerikanischen Öffentlichkeit zwar nie sagen können, aber man hatte Noriega herumgestoßen und irregeführt.

„Ich verstehe Sie", sagte Kozak. „Aber so lauten meine Befehle. Entweder Sie unterschreiben oder die ganze Sache ist abgeblasen." Viele Funktionäre in Washington waren der Ansicht, daß Noriega sie nur hinhielte, aber wenn das stimmte, dachte Clark, dann hatte er seinen Bluff lang durchgehalten.

Noriega beschwerte sich bei Kozak, daß es schließlich die Presseindiskretionen in Washington gewesen wären, die seine rangjüngeren Offiziere gegen den Plan aufgebracht hätten, bevor er überhaupt eine Chance gehabt hatte, sie darüber zu informieren. „Ich wollte abwarten und die Offiziere erst informieren, wenn wir unseren Handel abgeschlossen hätten. Sie reagieren nur auf die Medienberichte, nicht auf meine Darstellung. … Nach dem, was sie Ihrer Propaganda entnommen haben, halten Sie das Ganze für einen Handel, bei dem ich das Kommando, die Sicherheit des Landes und die Verteidigungsstreitkräfte im Stich lasse, um meine Haut zu retten."

Kozak versuchte noch einmal, Noriega zum Handeln zu bewegen. Er wußte nicht, ob der General die Wahrheit sagte – ob es wirklich die rangjüngeren Offiziere waren, die ihn davon abhielten oder er selbst –, aber er glaubte nicht, daß Noriega wirklich schon begriffen hatte, daß es sich hier um seine letzte Chance handelte.

Kozak sagte, daß das, was an die Presse durchgesickert war, nicht darauf abzielte, ihm zu schaden. „Diese Dinge sind für uns genauso problematisch", sagte er. Kozak berichtete, daß man dem Präsidenten vorwarf, die Anklagen allzu bereitwillig aufgeben zu wollen, aber daß er alles tun würde, um „diesen Vertrag wie verrückt zu verteidigen". Er schlug vor, daß Noriega dasselbe tun sollte. „Der Präsident ist recht zuversichtlich, daß das amerikanische Volk, wenn es erst einmal begreift, worum es bei diesem Vertrag geht, ihn auch unterstützen wird. Er ist dazu bereit, dieses Risiko auf sich zu nehmen, und ich denke, daß auch Sie damit gut beraten wären."

„Ja, damit ist man im allgemeinen sicher gut beraten, aber ich habe ein Problem, das Ihr Präsident nicht hat", sagte Noriega finster. „Ich glaube nicht, daß Ihr Militär putschen würde. Diese Offiziere sagen aber, wenn wir mit diesem Handel weitermachen, dann würden sie sich von den Regeln der militärischen Disziplin nicht mehr eingeschränkt fühlen."

Etwa um diese Zeit betrat Oberst Marco Justine das Zimmer. Er war aufgeregt. „Ich mußte dort raus", erzählte er über ein Treffen mit rangjüngeren Offizieren. „Ich erkannte, daß sie glaubten, ich förderte diesen Vertrag nur, damit ich sie außer Landes schaffen und ihr Kommando selbst übernehmen könnte", berichtete er dem General. Bei Justines Ankunft hatte es sich entweder um eine ausgeklügelte Inszenierung oder einen überzeugenden letzten Beweis für die Amerikaner gehandelt.

Irgendwann mischte sich Clark ein. „Schauen Sie, General, Mike hat Instruktionen erhalten, daß es jetzt oder nie sein muß. Also kann er Ihnen nicht einmal eine hypothetische Frage stellen. Aber ich möchte Sie ganz persönlich etwas Hypothetisches fragen. Wenn wir Ihnen mehr Zeit geben könnten, wieviel würden Sie dann benötigen?" Noriega blieb unbestimmt. Ein paar Tage, sagte er.

Nach zweieinhalb Stunden brach Kozak das Gespräch ab. „Hören Sie zu: Der Außenminister wartet. Der Präsident hat bereits das Land verlassen. Der Minister reist bald ab. Ich muß ihm sagen, daß es vorbei ist."

Noriega und Justine schüttelten Kozak und Clark die Hände. Niemand war glücklich.

Kozak hielt vor Escobars Büro an, um sein Auto abzuholen und in Washington anzurufen. Staatssekretär Michael Armacost und Abrams waren am Apparat. Shultz befand sich im Presseraum, wo er darauf wartete, seine Ankündigung machen zu können. Also, angenommen oder abgelehnt? Shultz war ungeduldig und wütend, hatte genug von dem, was er als Noriegas Machenschaften betrachtete.

„Es ist vorbei", sagte Kozak.

„Was meinen Sie damit?" fragte Armacost. „Haben Sie Erfolg gehabt oder nicht?"

„Nein. Aus. Negativ", antwortete Kozak.

Genau zur selben Zeit telefonierte Noriega auf einer anderen Leitung, während Kozak gerade sprach. Dem Diktator war endlich klar geworden, daß seine Zeit abgelaufen war. Vielleicht meinten es die Amerikaner mit diesem letzten Ultimatum doch ernst.

„Sagen Sie Mike, daß ich bei der Beantwortung Ihrer Frage nicht so genau gewesen bin, wie ich es hätte sein sollen“, sagte er zu Clark. „Um genau zu sein: Ich werde den Vertrag mit Ihnen noch heute unterzeichnen. Wir werden die Papiere unterzeichnen und sie beim Nuntius hinterlegen.“

Clark flüsterte Kozak das neue Angebot zu. Es schien, als hätte Noriega erkannt, daß es sich hier wirklich um seine letzte Chance handelte. Kozaks Stimme konnte seine Aufregung nicht verbergen.

„Zu denselben Bedingungen?“ ließ Kozak Noriega durch Clark fragen, während er Armacost und Abrams am Telefon warten ließ.

„Ja, zu denselben Bedingungen“, antwortete Noriega Clark.

Noriega sagte, daß sie nur noch eine Bedingung hinzufügen müßten. Die Ansprachen würden erst an dem Tag gehalten werden, wenn der Präsident aus Moskau zurückkehrte. Reagan würde in 10 Tagen zurück sein. „Ich brauche nicht soviel Zeit“, sagte Noriega. „Ich schaffe es in wenigen Tagen. Aber ich habe Ihren Worten entnommen, daß es für Ihren Präsidenten wichtig ist, anwesend zu sein, um diese Abmachung zu verteidigen. Also lassen Sie uns jetzt den Handel abschließen, und dann deponieren wir ihn und reden nicht darüber. Und am Tag, an dem der Präsident aus Moskau zurückkommt, werde ich meine Rede halten. Und ich bin dazu bereit, diesen Vertrag noch heute zu unterzeichnen und zu hinterlegen.“

Kozak sprach wieder mit Armacost: „Er bietet uns an, heute zu unterzeichnen, aber erst in zwei Wochen nach den Vertragsbedingungen zu handeln.“

Aber die Angelegenheit war politisch bereits zu heiß geworden. Reagan wollte sich auf den Erfolg in Moskau konzentrieren und in Washington gab es nur wenige, die darauf vertrauten, daß Noriega es ernst meinte. Niemandem wurde klar, daß es sich dabei wahrscheinlich um die letzte Chance für Washington handeln würde, Noriega friedlich zu entfernen.

„Reisen Sie ab“, befahl Armacost Kozak.

Kozak hörte das Klicken und legte ebenfalls auf. Clark leitete die Ablehnung an Noriega weiter und entschuldigte sich. Wieder ein Klicken.

Sie wußten jedoch nicht, daß diese Ablehnung ohne eine vorherige Rücksprache Shultz’ mit Ronald Reagan gekommen war, der sich gerade auf dem Weg nach Helsinki, seiner letzten Zwischenstation vor Moskau, befand.

Kozak und Clark waren der Ansicht, daß die USA damit eine ihrer wichtigsten Gelegenheiten verpaßt hatten. Sie verließen Escobars Büro und stiegen in ihren halbkaputten Subaru, ein Mietauto ohne diplomatische Nummernschilder, das sie in Panama City benutzt hatten, um inkognito bleiben zu können. Als sie zu ihrem geheimen Quartier in der Albrook Air Force Base fuhren, raste Clark dahin und beklagte sich, daß die „Schwächlingshupe“ des Subaru für den lateinamerikanischen Straßenverkehr nicht laut genug wäre.

„Wir waren schon so nahe dran“, sagte Clark, wobei er zwei Finger einen Zentimeter auseinanderhielt. „Wäre es nicht besser gewesen, wir hätten unsere Instruktionen einfach ignoriert, das Ding unterzeichnet und Noriega soviel Zeit gegeben, wie er wollte?“

Kozak lachte und rief Clark einen historischen Präzedenzfall für eine solche Insubordination in Erinnerung. 1848 hatte ein amerikanischer Gesandter in Mexiko die Anordnungen des Präsidenten mißachtet, den Vertrag von Guadalupe Hidalgo nicht zu unterzeichnen, der den mexikanisch-amerikanischen Krieg beendet hatte. Als er mit dem unterschriebenen Vertrag nach Hause zurückkehrte, hatte der Präsident ihm den Rücken gedeckt und der Senat hatte das Dokument ratifiziert.

Kozak und Clark waren versucht, ebenso zu agieren, aber dann entschieden sie sich doch dafür, nach den Spielregeln zu handeln. Clark schätzte, daß sie ohnehin in zwei Wochen wieder hier sein würden, um zu retten, was noch zu retten sein würde. „Darauf würde ich nicht wetten“, sagte Kozak.

Kapitel neunzehn

Bushs Fliegenfänger

> ***Bei Noriega handelte es sich um eines jener Themen, die unter folgende Kategorie fielen: Je weniger man darüber redete, desto besser.***
> **– CRAIG FULLER, VIZEPRÄSIDENT BUSHS EHEMALIGER STABSCHEF, 1989**

Sechs Monate, bevor Präsident Reagans Amtszeit ablief, im Juni 1988, formte der Antrieb, Vizepräsident Bush zum Wahlsieger zu machen, jede Entscheidung bezüglich Panama. Die einzigen Möglichkeiten, Noriega loszuwerden, waren Verhandlungen oder militärische Gewalt; aber die Bush-Wahlkämpfer stellten sich gegen beide dieser Lösungen.

Sollte man wieder mit Noriega verhandeln, dann würde man Washington beschuldigen, Konzessionen an einen Drogenhändler zu machen. Mit einer militärischen Aktion würde man einen Fehlschlag riskieren – oder die Möglichkeit, Noriega so zu verärgern, daß er geheime Informationen veröffentlichte, die er angeblich über Bush besitzen sollte. Ob das stimmte oder nicht, eine Noriega-Offensive gegen den Vizepräsidenten könnte den gesamten Wahlkampf hoffnungslos in Widerlegungen und Rechtfertigungen verstricken.

Sämtliche Strategen des Bush-Wahlkampfs erinnerten sich daran, was mit Jimmy Carter passiert war, als sein Versuch zur Rettung der Geiseln in der iranischen Wüste 1980 schiefgegangen war. Die Welt hatte sich bereits daran gewöhnt, ihre politische Uhr nach den alles andere aufhebenden Prioritäten einer amerikanischen Präsidentschaftswahl zu stellen, und die Panama-Krise konnte schließlich warten.

In dieser geänderten Atmosphäre beantwortete die Regierung Reagan eine Menge neuer Anträge Noriegas mit einer einfachen Antwort: Stellen Sie uns eine detaillierte Liste der Bedingungen zur Verfügung, die Sie im Hinblick auf Ihren Rücktritt akzeptieren würden, und wir werden sie uns ansehen und uns entscheiden, ob diesbezügliche Gespräche gerechtfertigt sind. Noriega schickte ein solches Dokument nie ab. Im Spätsommer und Herbst versuchten spanische und uruguayische Funktionäre – beide Male mit Unterstützung von Außenminister Shultz, der versuchte, die Sache ins Rollen zu bringen – Noriega in Diskussionen zu verwickeln, die auf seinen Rücktritt abzielten, aber bei beiden Gelegenheiten schnitt Noriega ihnen das Wort ab. Noriega wollte direkt mit den Amerikanern verhandeln, aber die Gringos sagten nichts.

Für die Bush-Wahlkämpfer war Noriega so etwas wie ein Fliegenfänger. Egal von welcher Seite man ihn angriff, man blieb kleben. Die Strategen der Wahlkampagne des Vizepräsidenten sahen drei potentielle Bomben, die mitten in ihren Hoffnungen auf die Präsidentschaft hochgehen konnten. Die erste war der Iran-Contra-Skandal. Bei der zweiten handelte es sich um seit langer Zeit existierende, aber nie veröffentlichte Gerüchte, die ein außereheliches Verhältnis betrafen. Und die dritte war Noriega.

„Bei Noriega handelte es sich um eines jener Themen, die unter folgende Kategorie fielen: Je weniger man darüber redete, desto besser", sagte Craig Fuller, Bushs damaliger Stabschef, später. „Es gab fast nichts, was man sagen konnte, das geholfen hätte. Wenn man vorschlug, daß man einen anderen Weg finden solle, ihn loszuwerden, dann weckte das in den Köpfen der Menschen das Bild amerikanischer Soldaten in Panama, und das machte ihnen mehr Angst als Noriega. Es gab keinen Vorschlag, den man in dieser politischen Umwelt äußern konnte, der populär gewesen wäre. Folglich waren wir nur froh darüber, daß nicht darüber gesprochen wurde.

„Wir hatten die ganze Zeit das Gefühl, daß George Bush in Bezug auf dieses Thema sehr verwundbar wäre, nämlich dann, wenn die andere Seite es aufbringen würde", fügte Fuller hinzu. „Es ist nicht so, daß George Bush irgendetwas falsch gemacht hätte; er mußte sich nur mit diesem Thema befassen. Jeder warf uns die Routinephrase an den Kopf: Ihr verhandelt mit Drogenhändlern."

Die Botschaft der Bush-Wahlkämpfer, Noriega zurückzustellen, erreichte alle Teile der Regierung.

Botschaftsfunktionäre in Panama, unter ihnen auch Botschafter Arthur H. Davis und der stellvertretende Missionschef John Maisto, erhielten die Anweisung, ihre Aktivitäten und Äußerungen etwas zurückzuschrauben, um Noriega nicht zu verärgern.

Bei einer Sitzung im Weißen Haus, die im Spätsommer stattfand, hörte der Nationale Sicherheitsberater Colin Powell ungeduldig zu, als der Leiter des Southern Command, General Frederick F. Woerner, in einer Art über die Region sprach, die er als typisch langweilig betrachtete. Nachdem Woerner endlich damit aufgehört hatte, Handlungsalternativen aufzuzählen, ließ Powell kurze Zeit verstreichen, bevor er seinem Militärchef für Lateinamerika mitteilte, daß das Thema Panama bis nach der Wahl zurückgestellt werden solle. Woerners Assistenten berichten, daß die Botschaft telefonisch von Admiral Crowe, dem Vorsitzenden der Vereinigten Stabschefs und Verteidigungsminister Frank Carlucci noch einmal wiederholt wurde. „Niemand hat das je schriftlich niedergelegt", sagte ein Offizier des Southern Command. „Aber General Woerner zweifelte nicht an seinen Instruktionen."

Woerner erzählte seinerseits seinen Assistenten, daß Bushs Position eindeutig sei: Seine 12 000 Soldaten sollten nichts unternehmen, was einen Konflikt mit Noriega herbeiführen könne. Und auch wenn Noriega den US-Soldaten Sand ins Gesicht schleudern und sie schikanieren würde, so instruierte er seine Männer, sollten sie die andere Wange hinhalten, was natürlich die Moral in der Truppe senkte und Noriega dazu ermutigte, die Amerikaner noch fester zu zwicken.

Die Panamaer führten illegale Festnahmen von Soldaten durch, verprügelten einige der Männer, stoppten die Postzustellung und beschlagnahmten bei wenigstens einer Gelegenheit militärische Ausrüstung, die gerade in ihrem Land ankam. Einmal stahlen sie sogar den Sack mit der Diplomatenpost für Botschafter David, als er gerade durch die Stadt fuhr. Er wurde nie zurückerstattet. In einem Zeitraum von nur neun Monaten im Jahre 1988 mußte das Southern Command mehr als 1000 verschiedene Zwischenfälle verzeichnen, bei denen Leute schikaniert wurden. Aber die USA unternahmen nichts.

Die Anweisung zum Leisetreten erging auch an Mitglieder der Anti-Noriega-Opposition. Im August sagte Oberst James V. Coniglio, der zuständige Beamte der Defense Intelligence Agency für Lateinamerika, zu Oppositionsführern, daß sie „nichts erwarten sollten, nicht vom Militär der USA. Die USA werden keine militärische Gewalt einsetzen."

Die Mannschaft der Bush-Wahlkämpfer erhielt unerwartete Hilfe von Panamas Botschafter in Washington, Juan Sosa, zu dessen besten Freunden in Washington führende Republikaner zählten. Da er ein Mitglied der kleinen republikanischen Partei Panamas war, stellten gute Verbindungen zur Clique um George Bush seine Versicherung gegen eine unsichere Zukunft dar. Er wies die Angestellten seiner Botschaft an, alles zu unternehmen, was nur möglich wäre, um das Thema Panama aus den Schlagzeilen herauszuhalten. Sogar Präsident Delvalle, für den Sosa wenigstens dem Papier nach arbeitete, kritisierte privat den übersteigerten Enthusiasmus seines Botschafters bei dessen Unterstützung des Bush-Wahlkampfs. Und Sosa, als hoffte er, diese Verbindungen noch festigen zu können, zählte führende Republikaner zu seinen ersten Klienten, als er ein Jahr später die Botschaft zusperrte und seine eigene Beratungsfirma aufmachte.

Aber im Dienste Bushs blickte Sosa schweigend in die andere Richtung, als Bundesbehörden José Blandón umsiedelten, der ganz offen über angebliche Verbindungen zwischen Bushs Berater für nationale Sicherheit, Donald Gregg, und Noriegas Berater Michael Harari redete. Damit wurde Blandón außer Reichweite des Pressekorps geschafft.

Und wieder mußte Oberst Eduardo Herrera Hassan, der sich mit den Israelis und den Nicaraguanern verschworen hatte, Noriega zu stürzen, darunter leiden. Sosa, der Herrera Hassans Rechnungen bezahlte, wies ihn an, von der Sache mit dem Stürzen einmal Urlaub zu nehmen, bis die Wahl vorüber sei. „Während Bush seinen Wahlkampf führte, fuhr ich mit meinen Kindern nach Orlando, damit sie sich dort Micky Maus anschauen konnten, und sah mir dumme Fernsehserien an", lachte Herrera Hassan. „Ich machte mir während dieser Monate große Sorgen – darüber, was als nächstes in der Serie geschehen würde."

Als Herrera Hassan trotz allem mit seinen Plänen weitermachte, stattete ihm einer seiner CIA-Aufpasser einen Besuch ab. Man wies ihn an, jeden Plan sofort einzustellen, der auch nur ungefähr mit einer Ermordung Noriegas zu tun hatte, weil der FBI ihn sonst hinter Gitter bringen würde. Eduardo, passen Sie auf, sagte der CIA-Mann. Die Senatoren machen sich wegen Ihnen große Sorgen.

Herrera Hassan war immer mehr davon überzeugt, daß Noriega Bush wirklich an den Eiern hatte, wie er einmal gesagt hatte, und daß er die Regierung davon abhielt, auf eine Art gegen ihn vorzugehen, bei der etwas schieflaufen könnte, was ihn wiederum dazu veranlassen würde, zu enthüllen, was er wußte. „Ich kenne Noriega gut“, sagte Herrera Hassan. „Wenn Noriega sagt, daß er Material über jemanden besitzt, dann stimmt das auch. Ich weiß nicht, wie wichtig es ist, aber Noriega hat über jeden eine Akte.“

Panamas Untergrund-Präsident Eric Arturo Delvalle gab dem Bush-Wahlkampf später die Schuld daran, daß die Opposition gegen Noriega so weit zurückgeworfen wurde. „Der Bush-Wahlkampf hat die Luft aus der ganzen Sache gelassen“, sagte er. „Das war ein echtes Problem – in diesem Land wurde über nichts anderes als Wahl und Wiederwahl geredet.“

Die Art, wie die Bush-Wahlkämpfer mit dem Thema Noriega umgingen, ist eine Fallstudie darin, wie die Präsidentschaftspolitik in Washington über praktisch alle anderen Themen die Überhand gewinnt. Und so verfuhr der Bush-Wahlkampf mit der Angelegenheit Noriega: Erst arbeitete man daran, die Verhandlungen zu untergraben, die einer friedlichen Lösung der Krise am nächsten kamen, dann unternahm man alles, um eine militärische Konfrontation mit Noriega zu vermeiden, die schiefgehen könnte, und anschließend bemühte man sich, das Thema nicht in die Schlagzeilen gelangen zu lassen, bis Bush gewählt würde. Die ganze Zeit standen Interessen der nationalen Sicherheit weit hinter den innenpolitischen Angelegenheiten der Präsidentschaftswahl.

Senator Robert Dole aus Kansas, der Republikaner, der Bushs Herausforderer für die Nominierung zum Präsidentschaftskandidaten war, stürzte sich Ende Februar sofort auf das Thema, als er vom Vizepräsidenten verlangte, daß dieser enthüllen sollte, ob Noriega auf der Gehaltsliste des CIA gestanden hätte, als Bush 1976 diesem Geheimdienst vorstand. „Zu den Dingen, die ich nicht tue“, entgegnete Bush, „gehört, daß ich nicht an die Öffentlichkeit gehe, um [solche Angelegenheiten] zu diskutieren, wenn ich beim CIA einen Diensteid geleistet habe, meine Informationsquellen und Arbeitsmethoden geheimzuhalten.“

Anschließend stellte Norman Bailey, Stabsmitglied im Nationalen Sicherheitsrat, bei einem Hearing des Senats-Unterkomitees indirekt Bushs Behauptung in Frage, daß er vor Jahren nichts von Noriegas Verwicklung in Drogengeschäfte gewußt hätte. „Der einzig mögliche Grund oder die einzige Entschuldigung dafür, davon [von Noriegas Drogenkontakten] nichts gewußt zu haben, wäre der, daß die betreffende Person nichts wissen oder herausfinden wollte, oder gar die überwältigende Beweislast bewußt ignorierte“, sagte Bailey.

Bailey fügte hinzu, daß abgefangene Telegramme und andere Geheimdienstinformationen aus den Jahren 1983 und 1985 in den täglichen Zusammenfassungen streng geheimer amerikanischer Informationen, die unter dem Namen National Intelligence Daily (NID) bekannt waren, dazu geführt hätten, daß auf Treffen zwischen Noriega und Drogenhändlern Bezug genommen wurde. „Mir als einem Beamten des Nationalen Sicherheitsrats und jedem dazu autorisierten Beamten der Regierung der Vereinigten Staaten steht diese Überfülle an von Agenten recherchierten Geheimdienstberichten, elektronischen Abhörberichten sowie Satelliten- und Luftaufnahmen zur Verfügung, die insgesamt nicht nur ein rauchendes Gewehr, sondern eher so etwas wie einen Salut aus 20 Kanonen zugleich darstellen", sagte Bailey. „Deutliche und unanfechtbare Beweise wurden also im besten Fall nicht zur Kenntnis genommen und im schlimmsten Fall von vielen verschiedenen Behörden und Abteilungen verborgen gehalten und geleugnet."

Der politische Druck gegen Noriega baute sich weiter auf.

Im April verlegte sich dann auch der demokratische Kandidat Michael Dukakis – der Herausforderer mit den besten Chancen gegen Bush – auf das Thema Noriega. „Wie wär's damit, wenn man uns erzählen würde, wer in dieser Regierung mit Noriega zu tun hatte", fragte er bei einer Diskussion der Demokraten. „Wer bezahlte Noriega? Wer ignorierte die Tatsache, daß wir wußten, daß er mit Drogen handelte und dabei Millionen verdiente, während wir noch immer mit ihm Geschäfte machten?"

Bushs Unterstützer verfingen sich in einem Labyrinth aus Widersprüchen. Zuerst behaupteten sie, daß der Vizepräsident nie mit Noriega zusammengetroffen sei, und dann, nachdem ein Photo erschienen war, das Bush und Noriega zusammen zeigte, waren sie gezwungen, mindestens zwei Treffen zuzugeben – eines 1976 und ein anderes 1983.

Sie behaupteten, daß Bush von Noriegas Drogenkontakten keine Ahnung gehabt habe, bevor die Anklagen gegen ihn erhoben wurden, aber dann kam ein Memorandum ans Tageslicht, das darauf hindeutete, daß Bush im Dezember 1985 bei einer Sitzung mit Everett Ellis Briggs, dem damaligen US-Botschafter in Panama, über eben diese Kontakte gesprochen hätte. Assistenten Bushs brachten Briggs dazu, der Presse zu erzählen, daß sie damals nicht über Drogen gesprochen hätten – eine Behauptung, der Bush bereitwilligst zustimmte; aber Donald Gregg, Bushs außenpolitischer Berater, widersprach seinem Chef. In einer eidlichen Aussage, die er auf eine Klage des Christic Institute hin machte, bestätigte Gregg, daß Bush und Briggs über Drogen gesprochen hätten, aber nur sehr allgemein.

„Ich glaube mich erinnern zu können, daß wir diese Sitzung mit Botschafter Briggs mit der Erkenntnis verlassen haben, daß es sich bei Noriega um ein wachsendes Problem handelte – sowohl politisch als auch militärisch und möglicherweise auch im Bereich Drogen", sagte er.

Die Assistenten Bushs fühlten sich veranlaßt, die verwirrenden und einander widersprechenden Stellungnahmen des Vizepräsidenten über Noriega und Drogen neu zu interpretieren, aber ihre eigenen Stellungnahmen führten oft nur dazu, daß die Unsicherheit noch größer wurde. „Ich glaube nicht, daß der Vizepräsident versucht zu sagen, daß er nicht wußte, daß es in Panama ein Problem mit Narkotika gab und daß Noriega, als eine der Schlüsselpersonen in Panama, eventuell darin verwickelt sein könnte", sagte Fuller damals. „In Wirklichkeit meint er, daß *bestimmte* Erkenntnisse erst nach der Anklage gegen Noriega kamen."

In dieser Atmosphäre beschloß Bush, in Sachen Panama einen Zusammenstoß mit dem Präsidenten zu wagen. Mit jeder Nachricht, die über die Kozak-Verhandlungen an die Presse durchsickerte, war der Druck auf Bush von seiten seiner Wahlkampfbetreuer

Lee Atwater und Robert Teeter größer geworden. Er solle sich doch wegen Noriega öffentlich gegen den Präsidenten stellen. Obwohl Bush die republikanische Nominierung ohne Probleme gewonnen hatte, zeigten Meinungsumfragen, daß die Öffentlichkeit ihn als Reagans Laufburschen – einen Mann ohne eigene Ansichten oder politische Fähigkeiten – betrachtete, und Meinungsumfragen aus dem Monat Mai bewiesen, daß Dukakis Bush als Amerikas Wunschpräsident um bedrohliche zehn Prozentpunkte überholt hatte. Die Umfragen zeigten, daß Drogen die Hauptsorge der Amerikaner waren.

Atwater und Teeter betrachteten die Noriega-Verhandlungen als Gelegenheit, sich gleich zwei der verwundbarsten Stellen des Vizepräsidenten annehmen zu können. Erstens konnte Bush sich auf diese Weise deutlich von Reagan unterscheiden – ohne damit der republikanischen Sache einen Schaden zuzufügen – und zweitens konnte er damit das Thema seiner angeblichen Geheimdienstkontakte zu Noriega entschärfen.

Am 13. Mai, einen Tag, nachdem Informationen über den ersten Vertragsentwurf mit Noriega an die Medien durchgesickert waren, rief Bush Fuller an und drückte seine Besorgnis über den Fortgang von Kozaks Verhandlungen aus. Als sich das Wahlkampf-Team gerade in Escondido, Kalifornien, aufhielt, rief Fuller aus einem Depot im Weißen Haus an, um die Befürchtungen des Vizepräsidenten weiterzuleiten.

Das Bush-Team fürchtete, daß Kozak mit Shultz' Erlaubnis seine ursprünglichen Instruktionen, die die Verhandlungen betrafen, überschritt, indem er versprach, daß man Noriega erlauben würde, nach seinem Rücktritt in Panama zu bleiben. Das erweckte die schlimmste Befürchtung des Vizepräsidenten: daß die USA die Anklagen aufheben und Noriega nicht entmachten würden. Durch den Druck aus dem Bush-Lager und verschiedenen anderen Quellen waren bereits oft wechselnde Instruktionen an Kozak ergangen, aber jetzt kamen die Männer des Vizepräsidenten zur Ansicht, daß die Verhandlungen ganz und gar abgestellt werden sollten. „Wenn dies das Ziel ist, auf das die Verhandlungen hinarbeiten, dann meint der Vizepräsident, daß man sie beenden sollte“, sagte Fuller.

Aber Teeter und Atwater wollten noch mehr. Sie drängten Bush zu einem öffentlichen Auftreten gegen Reagan. Er muß sich in der Öffentlichkeit äußern, sagte Teeter zu Fuller. Und er muß es bald tun.

Aber es war nicht Bushs Stil, öffentlich dem Präsidenten die Stirn zu bieten. Jedesmal, wenn Fuller Bush auf dieses Thema ansprach, sagte der Vizepräsident, daß er Präsident Reagans Bemühungen, Noriega zu entmachten, nicht untergraben wolle.

Eine Flut von Zeitungsberichten über die Verhandlungen führte dazu, daß Bushs fortgesetztes Schweigen noch kostspieliger wurde. Journalisten fragten ihn und seinen Stab bei jeder Gelegenheit über Noriega aus. Am Vormittag des 18. Mai überprüfte Fuller schlecht gelaunt den Text, den der Vizepräsident diesen Abend zum Thema Drogen vor der Polizeiakademie von Los Angeles vortragen würde. Er enthielt keine Bezugnahme auf Noriega.

„Diese ganze Noriega-Geschichte hatte jetzt wirklich einen Höhepunkt erreicht“, erinnerte sich Fuller Monate danach. „Und hier saß ich vor einer ganzen Ansprache über Drogen, in der Noriega nicht einmal erwähnt wurde. Ich sagte zum Vizepräsidenten: ‚Sie können diese Ansprache meiner Ansicht nach nicht halten, ohne auf das Thema Noriega einzugehen.' "

Bush zögerte zwar, schrieb aber dann in äußerst vorsichtigem Stil hinein, daß er nicht „mit Drogenhändlern verhandeln würde, weder auf amerikanischem noch auf ausländischem Boden". Aber sogar als Bush Fuller über das Hoteltelefon seine Worte vorlas, zögerte der Vizepräsident immer noch, sich darauf festzulegen, daß er sie diesen Abend auch vortragen würde.

Erzählen Sie niemandem etwas davon, daß ich vorhabe, das mit reinzunehmen, sagte Bush, weil ich es mir noch überlegen könnte.

Fuller zufolge war das, was Bush schließlich überzeugte, die neue Ausdrucksweise in seiner Ansprache beizubehalten, ein Besuch, den er an diesem Vormittag zusammen mit dem unbeugsamen Polizeichef von Los Angeles, Daryl Gates, einem Crack-Haus abstattete. Auf dem Rücksitz ihrer Limousine, die sich durch den Verkehr von Los Angeles kämpfte, ließ sich Bush von Gates bekehren. Der Vizepräsident war über das Elend, das er in dem Crack-Haus sah, angeekelt. Der Teil über Noriega würde in der Rede bleiben.

Wenige Stunden vor der Ansprache am Abend teilte Fuller dem Weißen Haus mit, daß der Vizepräsident zum Thema Noriega „loslegen" würde, und zwar in Opposition zu Präsident Reagan. „Der Vizepräsident hat nicht vor, den Andeutungen jener Leute zu widersprechen, die glauben, daß er über die Noriega-Geschichte anders denkt", sagte Fuller zum Nationalen Sicherheitsberater Colin Powell, Stabschef Howard Baker und zu Bakers Stellvertreter Kenneth Duberstein.

Es war ein dramatischer Augenblick. Dies war das erste Mal in acht Jahren, daß Bush deutlich und öffentlich von der Haltung seines Chefs abwich. Aber der Vizepräsident hatte es nicht einmal für notwendig gehalten, Reagan das persönlich mitzuteilen. Der Präsident war beunruhigt; er deutete öffentlich an, daß der Vizepräsident möglicherweise nicht sämtliche Details der Gespräche verstanden hätte. Er verstand zwar Bushs politisches Bedürfnis, sich als unabhängig darzustellen, aber trotzdem war der Präsident darüber aufgeregt, daß Bush eine Haltung eingenommen hatte, die in einem so sensiblen Augenblick seinen eigenen politischen Kurs zu untergraben drohte.

Bush war sich jedoch noch immer nicht darüber im klaren, ob er die Verhandlungen in Panama endgültig stoppen wollte – ein Schritt, den er nach Meinung seiner Assistenten schnellstens tun sollte, besonders deshalb, weil sich die beiden Parteien offensichtlich fast einig waren. Erst an dem Tag, der seiner Ansprache in Los Angeles folgte, lag Bushs Konfrontationskurs fest. US-Staatsanwalt Leon Kellner, der politische ehrgeizige Anklagevertreter, der Noriega in Miami unter Anklage gestellt hatte, war so fest entschlossen, seine Anklage aufrecht zu erhalten, daß er sogar einen der wichtigsten Geldmittelbeschaffer Bushs in Florida, einen gewissen Alex Courtelis, angerufen und diesen gebeten hatte, ihm einen Termin beim Vizepräsidenten zu verschaffen. Bushs Betreuer stürzten sich auf diese Gelegenheit.

An diesem Vormittag nahm Kellner dem Vizepräsidenten gegenüber eine überraschend harte Position ein. Er sagte zu Bush, daß die Pläne Präsident Reagans, die Drogenanklagen gegen General Manuel Antonio Noriega im Austausch für den Rücktritt des Diktators fallenzulassen, für Bushs Präsidentschaftswahlkampf politischen Selbstmord bedeuten würden.

„Soll ich es Ihnen sagen, wie es ist?“ fragte er.

Bush nickte.

„Die Wähler würden Sie für einen Gauner halten – jemanden, der sich von Noriega erpressen ließ“, sagte er. „Ich glaube das nicht. Wenn ich es täte, dann wäre ich jetzt nicht hier. Aber die Demokraten werden es sicherlich auf diese Art benutzen.“

Bush schäumte vor Wut. „Das ist doch nichts als ein Kübel Scheiße“, sagte er. „Das ist eine Lüge.“ Kellner war über Bushs Ausdrucksweise schockiert, weil sie unnatürlich wirkte, als sie so aus dem intellektuellen Mund des Präsidenten strömte.

Bush gab vor Kellner zu, daß er erst kürzlich begonnen hätte, sich auf Panama zu konzentrieren. Bush verschwieg jedoch, daß er diese Anklage gegen einen ausländischen Verbündeten von allem Anfang an für eine idiotische Idee gehalten hatte. Man hatte die außenpolitischen Konsequenzen nicht durchdacht.

Dennoch erklärte Bush Kellner, daß Präsident Reagan der Ansicht war, die Anklagen seien ein günstiger Preis, wenn man damit Noriegas Entmachtung bezahlen könne. Bush sei noch nicht zu einem eigenen Entschluß gekommen, erzählte er Kellner, aber er fand, daß die Argumente des Präsidenten auch Vorzüge hätten, die für sie sprachen. Vielleicht ergab es einen Sinn, die Anklagen im Interesse breiterer nationaler Sicherheitsinteressen des Landes fallenzulassen.

Kellner blieb aber bei der Verteidigung seiner Anklagen ziemlich scharf. Er sagte Bush, daß der Einsatz dieser Anklagen als Werkzeug bei einer Verhandlung in Ordnung gewesen wäre, bevor sie verlesen worden waren, aber daß diese Anklagen jetzt so etwas wie der Heilige Gral seien. Die Regierung Reagan „politisierte“ das amerikanische Recht.

Die Sitzung zwischen Bush und Kellner hätte jedoch selbst kaum politischer sein können. Kellner versuchte mit allen Mitteln, sein gutes Image wiederherzustellen und eine politische Karriere aufzubauen. Bush war darauf aus, seinen Wahlkampf zu schützen und die Wähler zur Ansicht zu bringen, daß er für sich selbst denken und handeln konnte. Die Außenpolitik befand sich hier auf einem Nebengleis.

Als Kellner Bushs Büro verließ, glaubte er, daß er den Vizepräsidenten auf seiner Seite hätte – und tatsächlich begann Bush umgehend damit, darauf zu drängen, daß die Verhandlungen ganz und gar beendet würden. Er wollte, daß Reagan Kozak aus Panama zurückriefe. Sein eifriger Komplice dabei war James Baker, der Finanzminister, der bald sein Wahlkampfmanager sein sollte.

Nach seinem Treffen mit Kellner teilte Bush Präsident Reagan beim Mittagessen mit, daß er bei diesem „Noriega-Ding“ einfach die Sache in die Hand hätte nehmen müssen. Reagan appellierte an Bush, seine Meinung doch noch einmal zu ändern, aber ehemalige Assistenten Reagans berichteten später, daß der Meisterpolitiker die politischen Hintergründe von Bushs Handlungsweise sehr wohl begriff. An diesem Nachmittag traf sich Bush mit seinem Image-Experten Roger Ailes, um zu planen, wie sie das meiste aus dieser Angelegenheit herausholen könnten.

Fuller, Bushs Stabschef, gab ein Statement heraus, das Zeitungsberichte bestätigte, nach denen „der Vizepräsident für eine Beendigung der Verhandlungen und eine

Rückkehr des Abgesandten nach Washington eintritt". Wenn Bushs Einfluß die Gespräche in Panama zu einem Ende bringen würde, dann würde das der Bush-Wahlkampagne einen Vorteil bringen, dachte er. Sollten die Gespräche jedoch weitergehen, dann konnte Bush seine Hände wenigstens in Unschuld waschen, soweit es die politischen Folgen dieser Verhandlungen betraf.

Am 20. Mai veranlaßten die von Bush geäußerte Besorgnis und der steigende politische Druck im Kongreß das Weiße Haus dazu, Kozak für Beratungen am Wochenende aus Panama zurückzurufen. Obwohl der Präsident Kozak am Montag wieder zurückschickte, um den Handel mit Noriega perfekt zu machen, hatte der Druck des Bush-Wahlkampf-Teams einen Erfolg gezeitigt. Am darauffolgenden Mittwoch hatte sich der politische Freiraum, der die Verhandlungen möglich gemacht hatte, so schnell geschlossen, daß man Noriega mit einem unerwarteten 24-Stunden-Ultimatum konfrontierte, demzufolge er den Handel entweder sofort unterzeichnen müßte oder alle Angebote zurückgenommen werden würden. Noriega stutzte und jene, die Gegner von Präsident Reagans Verhandlungskurs waren, sahen darin ihre Chance, die Gespräche abzustellen, bevor sie dem Vizepräsidenten politisch noch mehr Schaden zufügen könnten.

Die Entscheidung des Wahlkampf-Teams war klar: Für Bush wäre es politisch riskanter, Noriega loszuwerden, indem er die Anklagen aufhob, als eine Beibehaltung der Anklagen und damit Noriegas zu riskieren. „Das war eindeutig die Ansicht der Wahlkämpfer", stimmte Fuller später zu. „Und George Bush, der die Details [der Gespräche] sehr wohl verstanden hatte, machte sich am meisten Sorgen über eine mögliche Situation, in der wir die Anklagen aufheben und Noriega trotzdem nicht loswerden würden."

Trotz aller Wahrscheinlichkeiten, die dagegen sprachen, versuchte das Außenministerium ein letztes Mal, mit Noriega fertig zu werden, bevor die Wahl im November stattfand – diesmal durch eine militärische Aktion exilierter panamaischer Offiziere und einiger Rebellen innerhalb Panamas, die von Eduardo Herrera Hassan angeführt wurde. Aber das Wahlkampf-Fieber erledigte auch diesen Plan: Mitglieder des Senats-Geheimdienst-Sonderkomitees hatten den Eindruck, daß der Plan so schlecht überlegt wäre, daß sie keine andere Wahl hatten, als ihn abzulehnen. Manche vermuteten sogar, daß sie vom Weißen Haus und den Bush-Wahlkämpfern dazu manipuliert wurden, Anti-Noriega-Maßnahmen zu verhindern und damit einen Teil der Schuld an der fehlgeschlagenen Politik, die Bushs Wahlkampf schaden könnte, auf sich zu nehmen.

Die 15 Mitglieder des Komitees tauschten zornig geflüsterte Bemerkungen untereinander aus, als sie an der bewaffneten Wache vorbei und durch die gewölbte, mikrowellensichere Stahltür in ihre nüchterne Sitzungs-Räumlichkeit gingen – Zimmer 219 im Hart-Bürogebäude des Senats. Während Noriega in Panama seine Position wieder festigte, versteiften sie sich auf bürokratische Kriegsführung.

Es war der 26. Juli 1988, nur sechs Wochen nach dem Scheitern der Kozak-Verhandlungen und etwas mehr als drei Monate vor der Wahl. Das letzte, was die Komitee-Mitglieder zu diesem Zeitpunkt in einem Wahljahr auf ihren Tischen sehen wollten, war die neueste „Erkenntnis" des Präsidenten, die vom CIA und anderen forderte, einen Entwurf für heimliche Aktionen gegen Noriega zu erstellen. Dazu würden psychologische Operationen, Propaganda und – der umstrittenste Teil – die Unterstützung eines Putschs gegen Noriega gehören, der vom panamaischen Exil-Offizier Eduardo Herrera Hassan angeführt werden sollte, den man drei Monate zuvor so unsanft im Stich gelassen hatte, als das Pentagon jede militärische Alternative endgültig abgelehnt hatte.

Bei einer „Erkenntnis" handelt es sich um eine Direktive des Präsidenten, die zur Erreichung eines bestimmten außenpolitischen Zieles Geheimaktionen fordert. In diesem Fall betrachteten einige Mitglieder des Geheimdienst-Komitees die vorgeschlagene Handlungsweise jedoch als schlecht geplant, und andere meinten, daß das verborgene Ziel dahinter – die Ermordung Noriegas – illegal wäre.

Ungeduldig bereiteten sich die Senatoren darauf vor, die drei Zeugen, die von der Regierung Reagan geschickt worden waren, um sie zu informieren, anzugreifen: Michael Armacost, der Staatssekretär des Außenministeriums für politische Angelegenheiten, der CIA-Funktionär Dick Stolz und Richard Armitage, der stellvertretende Sekretär des Pentagons für Angelegenheiten der internationalen Sicherheit. Die Senatoren saßen in ihren flachen Lehnsesseln, die rund um einen hufeisenförmigen Tisch angeordnet waren. Die drei Regierungsbeamten saßen an der offenen Seite des Tisches, wie Gladiatoren, die resigniert darauf warten, daß ihr Publikum mit den Daumen nach unten weist.

Es handelte sich bei ihnen um eine Gruppe altgedienter Geheimplaner. Armacost, der älteste unter ihnen, saß in der Mitte und trug den Standpunkt der Regierung in seiner methodischen, monotonen Sprechweise vor. Der nach außen hin sanfte ehemalige Botschafter auf den Philippinen, der einen äußerst harten Kern hatte, wußte, was dazu nötig war, einen Diktator zu entfernen. Dick Stolz, der Leiter des Direktoriums für Geheimoperationen im CIA, war vom neuen CIA-Direktor William Webster aus dem Ruhestand zurückgeholt worden. Seine Spezialität waren geheime Missionen aller Art, obwohl sich seine Erfahrungen hauptsächlich auf Osteuropa konzentrierten. Armitage war ebenfalls ein Veteran, was Geheimoperationen betraf, und die Rolle, die er in der Iran-Contra-Affäre gespielt hatte, hatte einige Verwunderung ausgelöst; der Gewichtheber und Absolvent der Marineakademie leitete die Pentagon-Abteilung für militärische Geheimoperationen.

Hier hatte sich also jede Menge Erfahrung versammelt, obwohl die Erfolgschancen dieser drei Männer so gering waren, daß Armacost Außenminister Shultz vorgeschlagen hatte, er solle nicht sein Prestige darauf verwetten, daß das Ergebnis günstig ausfallen werde. Ein geheimes Memorandum, das vor der Sitzung an Shultz erging, lautete teilweise so: „Die ersten Reaktionen, die wir nach den [CIA-] Beratungen mit den Geheimdienstkomitees bekommen haben, deuten darauf hin, daß wir in diesem Fall mit dem Rücken an der Wand stehen. ... Im weißen Haus ist der Eindruck verbreitet, daß unsere Chancen, dafür eine Unterstützung des Kongresses – und diese Unterstützung ist erforderlich, da Gelder neu vergeben werden müssen – zu erhalten, sich verbessern könnten, wenn Sie und Bill Webster die Aussagen in die Hand nehmen würden. ... Aber ich würde Ihnen raten, sich nicht darauf einzulassen. ... Rich, Dick und ich sind bereit, unser Bestes zu tun."

Ihr Bestes war jedoch bei weitem zu wenig. Ohne Shultz oder Webster, die einen solch umstrittenen Plan verteidigen konnten, war dies so etwas wie ein unzustellbarer Brief.

Bill Bradley, ein demokratischer Senator aus New Jersey, und William Cohen, ein Republikaner aus Maine, führten den Zwei-Fronten-Angriff gegen die „Erkenntnis", und ihre Argumente wurden durch die ausdrückliche Opposition, die von mehr als der Hälfte der anwesenden Komiteemitglieder geäußert wurde, noch verstärkt.

Bradley fragte: Welche Sicherheiten konnten die mit dem Sachverhalt betrauten Beamten dafür geben, daß Noriega im Zuge des Entführungsversuches nicht getötet werden würde? Welche Sicherheiten gab es, daß keine in Panama befindlichen Amerikaner als Geiseln genommen werden würden? Was würden die Panamaer unternehmen, wenn Noriega eine Waffe gegen sie richtete, während sie versuchen würden, ihn festzunehmen? Wäre es bei dieser Geheimaktion nicht ebenso wahrscheinlich, daß sie mit einer Ermordung Noriegas enden würde, wie mit seiner Festnahme?

Und tatsächlich sagte der Mann, der den Putsch anführen sollte, Oberst Herrera Hassan, CIA-Funktionären gegenüber ganz ehrlich, daß es ihm egal wäre, ob er Noriega tot oder lebendig erwische. Als ehemaliger Sicherheitschef Torrijos' war er fest davon überzeugt, daß Noriega den Flugzeugabsturz geplant hatte, der seinem Idol das Leben gekostet hatte, und er strebte nach Rache. Er hatte bereits begonnen, sich diesbezüglich mit einem anderen Staat zu verschwören, und auch einige Mitglieder des israelischen Geheimdiensts waren ihm dabei behiflich. „Es gab keinen Mordplan", sagte Herrera Monate später. „Was wir tun wollten, war mit Gewalt in Panama eindringen und einen Putsch inszenieren. Vielleicht hätten wir ihn gefaßt, festgenommen oder umgelegt. Wir wußten einfach nicht, was geschehen würde."

Aber das reichte dem Geheimdienst-Komitee natürlich nicht. Sowohl Bradley als auch Cohen wußten, daß es Geheimaktionen gab, bei denen Leben aufs Spiel gesetzt wurden und daß dies auch gestattet wäre, wenn die Umstände es erforderlich machten, aber laut Exekutivbefehl Nr. 12333 war die Verwicklung der USA in einen politischen Mord verboten, sei sie nun direkt oder indirekt – und die „Erkenntnis" widersprach deutlich diesem Befehl.

Hinzu kam, daß Cohen schon oft gedacht hatte, daß die verschiedenen Geheimdienste ihre schwierigsten Angelegenheiten immer kurz vor den Ferien dem Komitee vorlegten, weil sie hofften, daß die Senatoren nur mehr an ihren Urlaub denken und daher ohne genaue Überprüfung unterschreiben würden. Dabei handelte es sich um einen Ärger, den er seit langem hegte, und er hielt die Panama-Erkenntnis für das schlimmste Beispiel dieser üblen Praxis. Die „Erkenntnis" war am 15. Juli schon fertig; aber trotzdem war sie dem Senat erst 10 Tage später vorgelegt worden. Cohen schloß daraus, daß dies ein vorsätzlicher Akt gewesen wäre, damit die Senatoren nicht mehr Zeit genug haben würden, mit der Regierung und dem Geheimdienst-Komitee über eine eventuell annehmbarere Alternative zu diskutieren.

Sein Mißtrauen wurde durch diverse Umstände noch gesteigert – unter anderem durch die Tatsache, daß die Regierung nach einer „Neuvergabe" von Geldern verlangte, anstatt den nötigen Betrag einfach dem CIA-Konto für unvorhergesehene Ausgaben zu entnehmen, das normalerweise bei dringenden Aktionen benutzt wird. Eine Neuvergabe erfordert die Zustimmung etlicher Komitees, zu denen vor allem die Geheimdienst-Komitees gehören. Und sie erfordert mehr Zeit.

Armitage seinerseits leugnete, daß es sich um eine abgekartete Sache handle. Er, Stolz und Armacost protestierten und behaupteten, daß die Regierung das Komitee nur deshalb erst so kurz vor den Ferien informierte, weil der Plan für eine Geheimaktion in den nur sechs Wochen seit dem Abbruch der Kozak-Verhandlungen erstellt worden war – was für Washingtoner Verhältnisse ziemlich schnelle Arbeit ist.

Er gab sich angesichts der konsternierten Haltung der Senatoren verblüfft. Die Schönheit des Plans, dachte er, läge darin, daß er von Panamaern inszeniert und ausgeführt werden sollte, die von den Amerikanern nicht mehr als etwas Ausrüstung, Training und logistische Hilfestellung erhalten würden. Sie würden ihre Aktivitäten nicht einmal von amerikanischen Stützpunkten aus führen und damit die Besorgnis des Pentagons umgehen, daß solche Aktionen ihre Stützpunktrechte auf der ganzen Welt gefährden könnten.

Die Regierungsfunktionäre leugneten, daß das Ziel der Operation die Ermordung Noriegas sei – aber sie konnten den Senatoren andererseits auch nicht garantieren, daß es keine Todesfälle geben würde. Die Funktionäre wollten eine neue Kontroverse vermeiden, wie sie 1985 der Verminung nicaraguanischer Häfen gefolgt war. Einige CIA-Beamten waren zwar der Ansicht, daß man das Geheimdienst-Komitee damals ausreichend über diesen Plan informiert hatte, aber die Senatoren beharrten auf ihrer Version, daß der einzige Hinweis darauf ein einziger Satz, der in einer langen Eröffnungsansprache William Caseys verborgen war, gewesen wäre. Diesmal wollte die Regierung also deutlicher sein, aber ihre Ehrlichkeit steigerte das Mißtrauen der Senatoren nur noch mehr.

Armacost, Stolz und Armitage verließen die überraschend kurze Sitzung voller Enttäuschung, waren aber nicht überrascht darüber, wie schnell die Mitglieder des Geheimdienst-Komitees die „Erkenntnis" des Präsidenten verworfen hatten. „Es gab überhaupt keine ernstzunehmenden Überlegungen oder Diskussionen", sagte einer der Funktionäre, die an der Vorbereitung der drei Informanten beteiligt gewesen waren. „Die Senatoren fegten die Sache einfach vom Tisch. Sicher, wir hatten ihnen alle möglichen Schwierigkeiten, die wir uns ausdenken konnten, mitgeteilt. Wir mußten sagen, daß es eine Wahrscheinlichkeit für Gewalt und in diesem Fall auch die Möglichkeit gab, daß jemand zu Schaden kommen würde. Sie wollten sich Panama gegenüber zwar hart zeigen, das Problem jedoch schmerz- und risikolos lösen."

Innerhalb von zwei Stunden hatte ein hoher Funktionär Neuigkeiten über die Sitzung des Geheimdienst-Komitees an Journalisten weitergegeben, in der Hoffnung, daß sein Timing die Schuld an dieser Indiskretion dem Kongreß geben würde – wegen dessen typischer Gesprächigkeit, was sensible Angelegenheiten betraf. Die Stories, die am folgenden Tag in den Ausgaben der *Washington Post* und der *Los Angeles Times* erschienen, enthielten auch Berichte, daß Präsident Reagan den panamaischen Präsidenten Eric Arturo Delvalle am 15. Juli angerufen hätte, um ihn von der neuen Geheimaktion zu verständigen. Das einzige Problem dabei war, daß der Bericht über das Gespräch mit Delvalle und einige andere in den Artikeln erwähnte Fakten den Senatoren während der Informationssitzung nicht mitgeteilt worden waren.

„Das war nicht einmal mehr subtil", sagte Senator Boren aus Oklahoma. „Es war so plump, daß jedem klar war, daß die durchgesickerten Tatsachen direkt von der Regierung stammten." Sogar der republikanische Senator Alfonse M. D'Amato aus New York meinte damals, daß die Details der Erkenntnis offensichtlich von Funktionären des Weißen Hauses an die Presse weitergegeben worden waren, die bemüht waren, den „politischen Schaden zu minimieren", der Vizepräsident Bush dadurch zugefügt hätte werden können.

Aber Noriega, dem die Feinheiten der amerikanischen Innenpolitik nie ganz klar waren, glaubte nach wie vor, daß der ehemalige CIA-Direktor George Bush seine beste Chance auf eine Verbesserung seiner Position in Washington darstellte, und er nahm daher außergewöhnliche Mühen auf sich, um eine Verbindung zum Vizepräsidenten herzustellen. Reagan war ihm zu ideologisch, und Michael Dukakis und die Demokraten fand er zu naiv. Bush war schon mehr nach seinem Geschmack - der pragmatische ehemalige Geheimdienstchef.

Noriega beauftragte ein paar panamaische Beamte damit, an dieser Verbindung zu arbeiten. Zu ihnen gehörte auch Alberto Calvo, Noriegas Botschafter in Tokio, dessen zerzaustes Haar und Spitzbauch seine Brillanz und sein Charisma verbargen, die ihn zu einem effektiven Mann im Orient machten. Calvos findig ausgesuchtes Ziel war George Bushs Bruder, der Geschäftsmann Prescott Bush, der in Calvos Falle ging, weil er auf geschäftliche Kontakte in Japan aus war.

Calvo wurde Prescott Bush durch Robert Trent Jones, jun., vorgestellt, einen Golfplatz-Architekten, der politisch im Fernen Osten tätig war und Cory Aquino sehr dabei geholfen hatte, Freunde in den Vereinigten Staaten zu finden. Jones war seit langer Zeit ein Freund der Familie Bush, und als Prescott geschäftsgierig bei ihm auftauchte, stellte er ihm Calvo vor. Der Panamaer, einer der wohlhabendsten und ranghöchsten Diplomaten in Japan, hatte eine Menge Verbindungen.

Und Calvo erkannte eine Gelegenheit, wenn er vor ihr stand. Wenn er Prescott Bush die Türen zur japanischen Geschäftswelt öffnen könnte, dann würde ihm der Mann, dessen Bruder der nächste Präsident sein konnte, einen Gefallen schulden. Calvo, so berichtet Jones, gehört zu den Leuten, die Prescott Bush mit John Aoki, dem liebsten japanischen Geschäftsmann Noriegas, bekanntmachten. Aoki, der gut Spanisch sprach und mit einer Brasilianerin verheiratet war, übernahm einige der Projekte, die Panama nirgends sonst verkaufen konnte – wie zum Beispiel den Ausbau von Contadora Island für den Tourismus. Als Gegenleistung dafür, daß er sich Noriegas weniger attraktiver Projekte annahm, erhielt er große Bauverträge wie einen Staudamm für ein Wasserkraftwerk in der Freihandelszone Colón, und er hegte auch die Hoffnung, bei jedem neuen

Panamakanal-Projekt dabei zu sein. Aoki hatte Calvo gegenüber geäußert, daß er vor Prescott Bush keinen besonderen Respekt habe, aber einen Zugang zu dessen Bruder gewinnen wolle. Trent Jones sagte, daß es nicht lange dauerte, bis Calvos Kupplerei Ergebnisse brachte. Am 12. Mai 1988 unterschrieben Prescott Bush und Aoki einen Vertrag mit einer regierungseigenen chinesischen Baufirma zur Errichtung eines 18 Millionen Dollar teuren Golfplatzes inklusive der dazugehörigen Freizeiteinrichtungen in Shanghai. Als Designer war Trent Jones, jun., vorgesehen.

Und da Calvo jetzt Prescott Bush einen Gefallen getan hatte, wollte er im Austausch dafür auch einen Gefallen. Er wollte einen Draht zu George Bush. Als man Prescott Bushs Sekretärin das erste Mal über die Kontakte ihres Chefs zu Calvo befragte, leugnete sie, daß er ihn überhaupt kenne. Später sagte Prescott Bush, daß er Calvo zwar kenne, daß dieser ihn aber nicht mit Aoki bekanntgemacht hätte (Trent Jones beharrte darauf, daß es Calvo gewesen war, der die beiden einander vorgestellt hätte). Schließlich und endlich gab Bushs Bruder sogar zu, daß sie über die panamaische Politik gesprochen hätten. Calvo „zeigte ein Interesse daran, daß ich den Vizepräsidenten dafür interessieren sollte, in Panama eine bestimmte Situation herzustellen", sagte Prescott Bush. „Aber mit solchen Dingen will ich nichts zu tun haben." Calvo erzählte Freunden, daß er die Verbindung nicht hergestellt habe, weil Prescott Bush nicht schlau oder nicht einflußreich genug sei. Noriegas Assistenten wiederum sagten, daß sie eine wichtige Tatsache von Präsident Bush erfahren hätten: daß Amerika nicht vorhatte, in Panama militärisch zu intervenieren. Aber das konnte Noriega auch aus der Zeitung erfahren. Was auch immer bei der Verbindung Calvo-Bush herausgekommen war, interessierte Noriega weniger als die Tatsache, daß es eine solche Verbindung überhaupt gab. Es erfreute Noriegas pervers verschwörerischen Verstand, daß einer seiner wichtigsten Partner dabei behilflich gewesen war, dem Bruder des Vizepräsidenten zu einem guten Geschäft zu verhelfen.

Das panamaische Tänzchen mit Prescott Bush – und zuvor mit dem ehemaligen Stabschef des Vizepräsidenten, Daniel Murphy – zeigte, wie weit Noriega zu gehen bereit war, um einen Zugang zum Vizepräsidenten zu finden. Es demonstrierte aber auch, wie phantasievoll Noriega bei dieser Suche vorgehen konnte. Jedoch, keiner der Versuche führte zum Erfolg – George Bush hielt Distanz.

Nachdem er Noriegas Hintenherum-Versuchen ausgewichen war und politisch in Hinsicht auf das Thema „Drogen-Diktator" vorne lag, muß sich Bush in Bezug auf die Situation in Panama ziemlich gut gefühlt haben, als sein Wahlkampf dem Ende zuging – zumindest sollte man das annehmen. Aber im September 1988 zeigten sich die Leute, die für Bush die Situation in Panama im Auge behielten, schon wieder besorgt. Sie fürchteten, daß man den Wahlkämpfern den Vorwurf machen könnte, sie hätten die Bemühungen der Regierung aufgehalten, Noriega zu entmachten – ein wahrer und potentiell sehr schädlicher Vorwurf – ,und sie fürchteten noch mehr, daß die Untätigkeit der Regierung Präsident Eric Arturo Delvalle zu einem Rücktritt veranlassen könnte. Delvalle, der Millionär aus bestem Hause, der das Gesellschaftsleben liebte, war es müde geworden, sich im Untergrund zu verstecken. Die Drohung eines Rücktritts war das einzige Machtmittel, das er besaß, und er benutzte es häufig; aber eine Sache wie sein Rücktritt konnte so knapp vor den Wahlen alle Anstrengungen der Wahlkämpfer zunichte machen, Panama aus den Schlagzeilen der Zeitungen zu halten.

Während des gesamten Wahlkampfs im Jahr 1988 hatten Bushs Strategen die Panama-Politik genau überwacht, um sicherzugehen, daß sich nichts ereignete, was ihnen schaden könnte. Der wichtigste Mann dabei war Oberst Samuel J. Watson III., der im Auftrag des Vizepräsidenten an den meisten zwischenbehördlichen Sitzungen teilnahm. „Wenn Sie bemerken, daß irgendetwas passiert, dann wollen wir umgehend davon erfahren", wies Craig Fuller Watson an. Watsons neue Bedeutung wurde so offen eingestanden, daß die Funktionäre vor einer der Sitzungen sich scherzhaft vor ihm verbeugten, um seinen Ring zu küssen.

Die Geheimprotokolle einer der wöchentlichen Sitzungen der Panama-Arbeitsgruppe, die Mitte September im Außenministerium stattfand, gewähren Einsicht in die Anstrengungen der Wahlkämpfer, fast jeden möglichen Entscheidungsprozeß in dieser Angelegenheit mitzuformen. „Wieder wurde die Ansicht vertreten, man solle alle Entscheidungen bis nach der Wahl verschieben", verzeichnen die Protokolle. „Sam Watson aus dem Büro des Vizepräsidenten versuchte klarzustellen, daß seine Seite es nicht zu vermeiden wünscht, Noriega vor der Wahl unter Druck zu setzen. Ganz im Gegenteil, die Art Druck, die vermieden werden soll, sind Berichte über Streitigkeiten zwischen den einzelnen amerikanischen Behörden. Sie stören sich aber keineswegs an Berichten, die offenbaren, daß größerer Druck auf Noriega ausgeübt werden soll."

Bei der Sitzung wurde eine Entscheidung überprüft, die vom Southern Command, der amerikanischen Botschaft und dem Chef des lokalen CIA-Postens getroffen worden war: der Fernsehsender des Militärs, den die meisten Panamaer empfangen können, sollte als Werkzeug zur Präsentation zutreffender Nachrichten über Panama eingesetzt werden. „Zu schade, daß wir diese Unterstützung nicht schon vor sechs Monaten hatten", stand im Bericht des Außenministeriums. „Wir werden die Sache [zusammen mit dem Pentagon] weiter verfolgen und versuchen, ein nützliches Programm zu erstellen."

Aber wie bei vielen Sitzungen zu dieser Zeit drehte sich auch hier die hauptsächliche Besorgnis um Delvalle. Er war die Achillesferse der Regierung – ein eitler Mann, der immer auf sämtlichen Seiten des politischen Spektrums zugleich gespielt hatte, bevor er sich entschloß, was seinen Interessen am ehesten dienen würde. Die von Washington abgehörten Telefongespräche Delvalles deuteten darauf hin, daß er eventuell versuchen würde, wieder die Noriega-Karte auszuspielen und sein Spiel in Washington aufzugeben. Die Funktionäre sprachen über ihn wie über ein eigenwilliges Kind, das man zu einem besseren Betragen ermahnen mußte.

Robert Pastorino aus dem Pentagon schlug bei der Sitzung vor, daß die Arbeitsgruppe einen Notfallplan für den sehr wahrscheinlichen Fall von Delvalles Rücktritt erstellen sollte. „Wir erkennen auch das Problem, das darin liegt, einen solchen Plan zu erstellen, bei dem man fürchten muß, eine sich selbst erfüllende Prophezeiung zu schaffen", vermerkte das Memorandum, in dem über die Sitzung berichtet wurde.

Die bei der Sitzung anwesenden Funktionäre entwarfen eine doppelte Strategie für das Vorgehen im Fall Delvalle. Erst würde man ihn nach Washington einfliegen und wie einen Präsidenten behandeln, um so seinem Ego zu schmeicheln. Und daneben befaßte es sich mit Maßnahmen zur Schadenskontrolle, für den Fall, daß er das sinkende Schiff doch verlassen würde.

Viele der amerikanischen Funktionäre hatten jeden Respekt verloren, den sie vielleicht einmal für Delvalle empfunden hatten. Er hatte während der Krise mehrere Reisen mit Militärflugzeugen in die USA unternommen, schien aber oft mehr daran interessiert zu sein, Pferde zu kaufen und Pferderennen zu besuchen, als Noriega zu stürzen. In der panamaischen Presse waren Geschichten erschienen, die darüber berichteten und sich über den Untergrund-Präsidenten und seine von den USA bezahlten Ausflüge lustig machten. Nur die Vereinigten Staaten betrachteten ihn immer noch als rechtmäßigen panamaischen Führer.

„Delvalle soll laut Plan am 7. Oktober in die USA kommen, um hier unsere versprochenen Geheimdienst-Informationen zu erhalten", stand im Memorandum der Arbeitsgruppen-Sitzung. „Das Verteidigungsministerium hat angefragt, ob man ihm von närrischen Aktivitäten wie dem Kauf von Rennpferden abraten wird. Ich habe mit Ja geantwortet – er hat seine Lektion gelernt." Das Pentagon meinte, daß der Besuch auf einen Zeitpunkt nach der Wahl verschoben werden sollte. Warum sollte man etwas riskieren, wenn der Bush-Wahlkampf doch gerade so gut lief? Aber andere, die bei der Sitzung anwesend waren, sprachen sich gegen jede Verschiebung aus. Ihr Argument: Warum sollte man Delvalles Rücktritt riskieren?

Trotzdem wollten die Amerikaner Delvalle an der kurzen Leine halten. Sie wollten sicher sein, daß Noriegas ehemaliger Marionettenpräsident sich jetzt danach richten würde, daß sie die Fäden in der Hand hielten. „Der Besuch wird aller Voraussicht nach ganz nach Plan verlaufen", vermerkte das Memo. „Der Vertreter des CIA sagte, daß mehrere europäische Journalisten ihr Interesse an Interviews mit Delvalle bekundet hätten. Ich habe ihm zugestimmt, daß es sich dabei um eine gute Idee handelte, vorausgesetzt, Delvalle würde dazu bereit sein und wir könnten ihn zuvor sorgfältig darauf vorbereiten."

Für Delvalle und die panamaische Opposition stellte die Zeit nach der US-Wahl die größte Enttäuschung überhaupt dar. Hochrangige Funktionäre hatten Delvalle versprochen, daß die Regierung Reagan, wenn er geduldig genug wäre, die Übergangszeit dazu benutzen würde, entweder mit Noriega zu verhandeln oder ihn durch Zwang zu entmachten, aber Delvalle sollte bald feststellen, daß die Versprechen hauptsächlich aus dem Grund gemacht worden waren, ihn ruhig zu halten.

Solange sich Reagan im Amt befand, würde nichts passieren. Der US-Präsident wollte keinerlei Tat riskieren, die dazu führen würde, daß er sein Amt mit einem Mißton verließ. Zusätzlich waren einige seiner Berater aufgebracht darüber, daß Bush und James Baker, der neue Außenminister, die Politik des Präsidenten unterminiert hatten, als es schien, daß er nur noch wenige Tage dazu brauchen würde, Noriega zu entfernen.

Die Argumentation war folgende: Warum sollen wir Bush helfen, nachdem er uns geschadet hat? „Sie ließen uns diesen Scheißhaufen nicht loswerden", sagte ein Funktionär der Regierung Reagan damals, „also geben wir ihn an sie weiter, noch ganz warm und dampfend. Wir hätten uns vielleicht anders verhalten, wenn Bush bei dieser Sache auf unserer Seite gestanden hätte."

Außenminister George Shultz drängte zum Handeln und wollte Sitzungen auf Kabinettsebene in dieser Angelegenheit, aber Sicherheitsberater Colin Powell wollte nicht einmal eine Sitzung mit dem Präsidenten wegen Noriega planen.

Delvalle fühlte sich Ende November gedemütigt und deprimiert. Der Pentagon-Funktionär Robert Pastorino flog mit Michael Kozak nach Miami, um zu versuchen, ihn aufzuheitern. „Legen wir doch die Karten ganz offen auf den Tisch", sagte Delvalle. „Sie werden zwischen jetzt und der Amtsübernahme nichts unternehmen."

Kozak runzelte die Stirn. „Damit haben Sie wahrscheinlich recht."

Also beschloß Delvalle, die Angelegenheit ein bißchen aufzurütteln, indem er ein paar private Verhandlungen führte. Er schrieb einen Brief an Noriega, in dem er Gespräche forderte, rief aber zuerst den päpstlichen Nuntius an, der dem Papst in Rom einen Besuch abstattete, um ihn wegen des Wortlauts dieses Briefs um Rat zu fragen.

„Was wollen Sie Noriega denn mitteilen?" fragte der Nuntius.

„Ich möchte sein Herz ansprechen", erwiderte Delvalle.

Der Nuntius verkniff sich ein bösartiges Kichern. Beim Militär, so meinte er, müsse Delvalle sich wohl an irgendein anderes Organ wenden.

Aber der Nuntius nahm den Brief entgegen, als er nach Panama zurückkehrte, und leitete ihn an Noriega weiter. Noriega schickte dem Nuntius einen Brief zurück, den er nicht einmal an Delvalle adressierte. Er ernannte darin zwei Unterhändler, von denen einer der Vater seiner Geliebten, David Amado, war.

Dem Nuntius war klar, daß die Gespräche nicht ernstzunehmen sein würden. „Ich will nicht bei einer Farce mitspielen", sagte er zu Noriega. „Weder mit ihnen noch mit Delvalle."

Delvalle machte einen Rückzieher, als er bemerkte, daß Noriega ihn nur demütigen wollte. Noriega sagte zum Nuntius, daß er keinen Respekt für einen Mann empfinden könne, dessen Platz in der Geschichte immer nur der einer Marionette sein würde, erst seiner und dann einer der Amerikaner. „Delvalle ist ein Niemand", sagte er.

Washington machte sich wegen Delvalle dennoch Sorgen. Was würden die Vereinigten Staaten mit den Geldern tun, die auf Treuhandkonten eingefroren waren und Delvalles Exilregierung zustanden, wenn Delvalle selbst zurücktreten sollte? Das Ergebnis wäre ein finanzieller Glücksfall für Noriega, der es noch schwieriger machen würde, ihn abzusetzen. Ein Geheimdienstbericht von Anfang Dezember, der in Panama verfaßt wurde, enthielt folgende Zeilen:

> Noriega hat zwei Gesandte nach Miami beordert, um dort mit Präsident Delvalle zu verhandeln, der verkündet hat, daß er wegen einer medizinischen Untersuchung in die USA reisen würde. Streng geheimen Spezialberichten zufolge hat Noriega seine Gesandten angewiesen, unter allen Umständen an seinen Plänen festzuhalten und Delvalle wegen Konzessionen zu bedrängen.
>
> Kommentar: Noriega betrachtet Delvalle wahrscheinlich als schwächstes Glied der amerikanischen Panama-Politik und wird ihn zu überreden versuchen, seinen Anspruch auf die Präsidentschaft aufzugeben, womit die panamaischen Vermögenswerte in den USA nicht mehr eingefroren

wären. Delvalles anscheinende Zustimmung zu einem geheimen Treffen mit den Gesandten wirft einige Fragen über seine Entschlossenheit auf, sich weiterhin gegen Noriega zu stellen.

Um Delvalles Ego zu schmeicheln und seinen befürchteten Treubruch zu verhindern, entschloß sich das Weiße Haus endlich dazu, für den 22. Dezember ein Treffen zwischen Präsident Reagan und Delvalle anzuberaumen. Delvalle wollte, daß die Amerikaner handelten, aber er bekam nichts als einen Phototermin.

„Wir bewundern Ihren Mut und das, was Sie für die Demokratie in Panama tun", sagte Präsident Reagan. Er behauptete, daß er und die Regierung Bush Delvalles Bemühungen weiterhin unterstützen würden. „Es ist unannehmbar, daß Panama sich in der Hand eines Diktators befindet. Was können wir tun, um dieser Situation ein Ende zu machen?"

Delvalle, der von der Verspätung und Naivität dieser Frage verblüfft war, sagte, daß Noriega nur mit Gewalt oder durch Verhandlungen entfernt werden könnte. Er schlug vor, die Verhandlungen über ein drittes Land wieder aufzunehmen, am besten über Julio Maria Sanguinetti, den Präsidenten von Uruguay oder – als Alternative – den spanischen Präsidenten Felipe Gonzalez.

Als der zukünftige Präsident Bush ihn nach Noriegas Macht über das Militär fragte, erwiderte Delvalle traurig: „Die ist lückenlos." Delvalle warnte auch davor, daß die Opposition, indem sie an den Wahlen im Mai teilnehmen wollte, im Prinzip das Regime Noriega anerkannte. „Noriega wird mit Sicherheit keine Wahlen veranstalten, damit er sie verliert", sagte Delvalle. Schließlich war er bei der geschobenen Wahl im Jahre 1984 zum Vizepräsidenten gewählt worden.

Bush zog aus diesem Treffen den politischen Nutzen, den Berichten widersprechen zu können, daß er unbekannte Verbindungen zu Noriega hätte, die der Diktator gegen ihn benutzen könnte. Der General würde auch unter der Regierung Bush persona non grata bleiben, versprach der zukünftige Präsident.

„Während des Wahlkampfs hat es Gerüchte gegeben, die ohne Zweifel von ihm verbreitet worden sind, daß er seit meiner Zeit als CIA-Direktor etwas gegen mich in der Hand hätte", sagte Bush. „Aber daraus wurde nie etwas Konkretes, weil er eben nichts gegen mich in der Hand hat."

Delvalle bat darum, daß Bushs Bemerkungen an die Öffentlichkeit gelangen sollten. Der Nationale Sicherheitsberater Colin Powell merkte an, daß auch andere Gerüchte in der Presse aufgeklärt werden sollten; alle Vermutungen, daß Leute, die dem Vizepräsidenten nahestanden, mit Noriegas Gesandten verhandelten, sollten klipp und klar abgeleugnet werden. „Es gibt keine Verhandlungen, und wir haben auch keine Verhandlungen geplant", sagte Powell.

Trotz alledem überzeugte die oberflächliche Art, in der diese Sitzung geführt wurde, Delvalle davon, daß Panama für Regierungen, die vor dem Abschied standen und solche, die erst ihr Amt antreten sollten, ein Thema zweiter Klasse wäre – eine Sache, mit der man sich erst befassen würde, wenn man sie nicht mehr länger ignorieren konnte.

Delvalles Assistent José B. Cardenas beendete dieses Treffen in genau dem oberflächlichen Geiste, in dem es geführt worden war. „Herr Präsident, es ist von höchster Wichtigkeit, daß dieses Problem jetzt gelöst wird", sagte er. „Ich habe die University of Notre Dame besucht und ich erinnere mich an den Film über Knute Rockne. Lassen wir also den Gipper wieder gewinnen." (Das ist eine Anspielung auf die Filmkarriere Reagans und einen Ausspruch aus einem seiner Filme, den er während seiner Amtszeit öfters zitierte, *Anm. des Übers.*)

Die Sitzung endete mit nervösem Gelächter. Der Gipper begleitete seine Gäste zur Tür am rechten Bühnenrand. Das Schauspiel kehrte wieder nach Panama zurück, wo sich Noriega wieder einmal auf eine Wahlmanipulation vorbereitete.

Kapitel zwanzig

Psychologische Kriegsführung

Die Massen haben eine große Schwäche: ihre nichtexistente oder schwache Fähigkeit zum Denken. ... Auf diese Macht haben sie zugunsten der Eliten verzichtet. ... Wir können erreichen, daß sie so denken, wie wir wollen und sich in die Richtung bewegen, die uns paßt.

– OBERSTLEUTNANT NORIEGA IN SEINEM BUCH *PSYCHOLOGISCHE KRIEGSFÜHRUNG*, 1975

Präsident Manuel Solis Palma wanderte nervös im weitläufigen Wohnzimmer des panamaischen Präsidentenpalastes hin und her. Er öffnete heftig die beiden hohen Glastüren, die sich auf den Steinbalkon des zweiten Stockwerks öffneten und beobachtete die beunruhigende Szenerie unter ihm.

Das Panorama vor dem weißgekalkten Palast im maurischen Stil war ungewöhnlich ruhig: Wellen schlugen sanft gegen moosbedeckte Mauern, kleine Fischerboote schleppten ihre Netze hinter sich her, und Verliebte schlenderten am Pier entlang. Unter ihm befanden sich an diesem 10. Mai 1989 jedoch drei gepanzerte Truppentransporter, aus denen bewaffnete Soldaten mit gezückten und geladenen Gewehren sprangen. Einige von ihnen bauten Maschinengewehrstellungen auf, andere suchten mit Ferngläsern nach bisher unsichtbaren Feinden. Solis Palmas Essensgäste folgten ihrem besorgten Präsidenten langsam auf den Balkon hinaus. Unter ihnen waren hohe Funktionäre und ein paar panamaische Botschafter auf Heimaturlaub. Sie und Solis Palma fürchteten, hier den Beginn eines Staatsstreichs mitzuerleben. Sie wußten nicht, wer dahintersteckte – nur, daß sie mit größter Wahrscheinlichkeit zu den ausersehenen Opfern dieser Aktion gehören würden.

Solis Palma hatte allen Grund, sich schuldig zu fühlen. Zwei Tage zuvor hatten Noriegas Kandidaten bei der Präsidentschaftswahl miserabel abgeschnitten, und er hatte heimlich begonnen, sich gegen den General zu verschwören. Er hatte Anfang der Siebziger einige Jahre im Exil verbracht, nachdem er sich gegen die Militärregierung gestellt hatte; aber mit der Zeit war seine Kampfeslust etwas eingeschlafen, und Opportunismus sowie finanzielle Schwierigkeiten hatten ihn dazu gebracht, Noriegas Angebot anzunehmen, den gestürzten Präsidenten Eric Arturo Delvalle im Februar 1988 zu ersetzen. Solis Palma hatte sein ganzes Leben lang davon geträumt, einmal Präsident zu werden, und dieser faustische Pakt mit Noriega war ein annehmbarer Preis für die Erreichung dieses Ziels gewesen. Aber nach dem politischen Erdrutsch gegen Noriegas Kandidaten, bei dem es mehr als zwei zu eins gestanden hatte, schätzten Solis Palma und seine Freunde, daß die Glückssträhne des Generals wohl endlich vorüber sein müßte.

General Noriega war nun schwächer und isolierter als je zuvor. Die Wahlregeln hatten es ihm gestattet, Soldaten mehrere Male in verschiedenen Wahllokalen wählen zu schicken, aber bei der Stimmenauszählung stellte sich heraus, daß sogar sie sich gegen den Comandante gewandt hatten. Verzweifelt hatte Noriega seinen Truppen befohlen, nach Einbruch der Dunkelheit die Auszählungsstellen zu stürmen, in die Luft zu feuern und die Stimmenlisten an sich zu nehmen. Die Frauen waren so eilig geflüchtet, daß überall auf den Böden der Auszählungsstellen ihre Stöckelschuhe verstreut waren. Dennoch hatte sich das Wahltribunal mehr als zwei Tage nach der Wahl noch immer nicht getraut, die Ergebnisse bekanntzugeben, und der Marionettenpräsident hatte von seinem verschwundenen Puppenspieler kein Wort gehört. Beim Mittagessen hatte Solis Palma mit seinen engsten Vertrauten Alternativen besprochen, die ihm und der Regierungspartei die Macht erhalten würden. Fast alle diese Ideen erforderten einen Rücktritt Noriegas.

Solis Palmas schlechtes Gewissen ließ ihn das Schlimmste befürchten, und daher atmete er auch erleichtert auf, als die Soldaten die Maschinengewehre weg vom Palast richteten und nicht die Treppe hochstürmten, um ihn zu ergreifen. Diese Männer waren hier, um ihn zu beschützen. Aber wovor? Und warum hatte Noriega dem Präsidenten nichts davon gesagt, daß er Soldaten hierher schicken würde? Jetzt war Solis Palma wütend. Sein Hauptquartier war umzingelt worden, und – wie üblich – Noriegas Präsident hatte nicht die geringste Ahnung, was vorging.

Noriega war nicht am Boden zerstört, wie Solis Palma und seine Freunde annahmen. Er hatte einfach nach einer katastrophalen Schlacht einen taktischen Rückzug angetreten. Jetzt war er fest entschlossen, zurückzukommen und den Krieg zu gewinnen. Die Truppen waren vor dem Palast, weil die Kandidaten der Opposition sich in einem Auto-Konvoi in diese Richtung aufgemacht hatten. Noriega befand sich im Krieg, und die Gefühle seines Präsidenten waren dabei seine geringste Sorge.

Solis Palmas Essensgäste, die vor diesem Zwischenspiel auf dem Balkon gesprächig und verschwörerisch gewesen waren, kehrten unsicher und still zu ihren Nachspeisen zurück. Sie waren vor Sorge wie gelähmt, daß der General von ihrer Beteiligung am Hochverrat wissen könnte. Sie fürchteten, daß Noriega seine Augen und Ohren überall hätte. Für seine Hände schien das wenigstens mit Sicherheit zuzutreffen.

> *„...Sun Tzu erwähnte schon in dieser weit zurückliegenden Epoche (in seinem Buch ‚Die Kunst des Krieges', 500 v. Chr.), daß der wahre Krieg sich im Verstand der Menschen abspielt, und daß der Mensch diesen Krieg schon gewonnen hätte, wenn er es nur schaffte, zu einem solchen Verstand zu kommen. Daher erfordert der beste Krieg in seinen Augen keine Gewalt. Wenn es einem zum Beispiel gelingt, ein bestimmtes Land in Angst und Schrecken zu*

versetzen, dann kann man den Sieg erlangen, ohne Männer, Geld oder Waffen dazu einsetzen zu müssen, und hat daher sein Ziel erreicht, ohne auf Gewalt zurückgreifen zu müssen.“ – Noriega

Der General hielt sich mit zwei oder drei seiner wichtigsten Berater und Offiziere versteckt. Von seinem Bunker in Fort Amador aus mühte er sich ab, seinen bisher schlimmsten Fehler wiedergutzumachen: die Wahl vorangehen zu lassen und dann den Wahlschwindel zu verpfuschen. Seine Berater hatten sich Noriega nicht zu berichten getraut, wie unbeliebt er im Volke war und stattdessen gesagt, daß die Wahl zu gewinnen oder ein Sieg wenigstens durch Betrug zu erreichen wäre. Noriega hatte sich selbst eingeredet, daß die Amerikaner übertrieben hatten, was die Opposition gegen seine Herrschaft betraf. Er hatte den Meinungsforschern aber nicht erlaubt, seinen Namen in irgendeine Umfrage einzubeziehen, und daher hatten die Vorwahl-Schätzungen der Regierung nur teilweise das Ausmaß der öffentlichen Stimmung gegen ihn vorausgesagt.

Noriega hatte sich bei den Vorbereitungen auf die Wahl am 7. Mai – eine demokratische Unbequemlichkeit, auf die sich die Panamaer als Teil des Handels, der den Panamakanal wieder unter ihre Kontrolle bringen würde, eingelassen hatten – mehrere Male ordentlich verrechnet. Einfach gesagt: Er hatte seine Fähigkeit, die Wahllisten zu manipulieren und Stimmen zu kaufen, angesichts der landesweiten Opposition gegen seine Herrschaft überschätzt.

Da er die absolute Kontrolle behalten wollte, hatte seine Kandidatenliste seinen Geschäftspartner Carlos Duque als Präsidenten, seinen Schwager Ramón Sieiro als Vizepräsidenten und als seinen zweiten Vize Aquilino Boyd enthalten, den Mann, der ihm zum Anfang seiner Karriere verholfen hatte, indem er ihn für einen freien Platz an der peruanischen Militärakademie empfahl. Die Tatsache, daß diese drei Männer Noriega so nahe standen, betonte nur, daß diese Wahl ein Volksentscheid über seine Herrschaft war.

Zwei Tage vor der Wahl, bei einer Sitzung mit seinen wichtigsten Beratern, empfahl Rodrigo Espino, ein Berater Noriegas, daß Noriega die Wahl absagen sollte. Er legte eine katastrophale Meinungsumfrage der Universität von Panama vor, die das Ausmaß der Stimmung gegen ihn vorhersagte. Aber die Kandidaten für die Nationalversammlung wandten sich gegen diese Idee, weil man ihnen als Belohnung für ihre Treue und Dienste wie das Streikbrechen Sitze versprochen hatte.

Die Militäroffiziere, die den Wahlschwindel vorbereiteten, versicherten Noriega auch, daß sie genug betrogen hätten, um den Sieg erreichen zu können.

„Wir haben nur noch drei Tage bis zur Wahl“, sagte Noriega. Aber mehr sagte er schon nicht. Der chronisch unschlüssige Diktator faßte nie den Beschluß, ob die Wahl weitergehen oder abgesagt werden sollte – also ging sie weiter.

Und seine Verbündeten hatten ohnehin Hunderte Namen bekannter Oppositionswähler auf Wählerlisten fern ihrer Heimat eingetragen; er hatte die Regeln geändert, so daß Angehörige des Militärs in jedem Wahllokal ihrer staatsbürgerlichen Pflicht nachgehen konnten (und sie wählten früh und oft); und er hatte genug Parteien geschaffen, um sich dadurch einen Vorteil bei der Stimmenauszählung zu verschaffen. Nach dem Gesetz hatte jede der Parteien eine Stimme abzugeben, wenn es darum ging, eine Streitfrage zu klären, und Noriega besaß einen Vorteil von 8:3. Außerdem hatte er den amerikanischen Bemühungen, der Opposition zu helfen, einen schweren Schlag versetzt, indem er die Nachricht verbreitete, daß die Amerikaner 10 Millionen Dollar zu seine Gegnern geschleust hatten, und indem er den amerikanischen Koordinator einer insgesamt recht wirkungslosen, geheimen Radio-Operation einen Monat vor den Wahlen verhaften ließ.

Trotz alledem begannen Noriegas Wahlbeobachter, geleitet von Major Daniel Delgado, in Panik zu geraten, als die ersten Auszählungen zeigten, daß das Volk sich in einem Stimmenverhältnis von fast 2:1 gegen seine Kandidaten entschieden hatte. Nach der Schließung der Wahllokale um 18 Uhr plante Noriega einen untypisch plumpen Anschlag auf die Auszählungsstellen. Gruppen bewaffneter Männer, von denen sich ein Großteil in Zivilkleidung befand, überfielen Schulen, Turnhallen und Boxringe, um dort die Stimmenlisten zu konfiszieren. In einem Boxring in der Atlantik-Hafenstadt Colón, wo Roberto Durans Karriere begonnen hatte, feuerten sie ihre Waffen in die Luft ab und verscheuchten so die ortsansässigen Männer und Frauen, die ruhig die Stimmen auszählten. Das einzige, was sie zurückließen, waren neue Stimmenlisten mit unleserlichen Unterschriften. Das Militär stahl die meisten der Stimmzettel, aber auch die Opposition konnte eine Menge auf die Flucht mitnehmen.

Die Repräsentanten der Opposition in Washington hatten jedoch keine Ahnung von der Tragödie, die sich in ihrem Heimatland abspielte, und ihre Handlunsgweise zeigte, warum sie so ungeschickt dabei gewesen waren, Noriega aus dem Amt zu entfernen. Präsident Delvalle, Botschafter Sosa, und ihre Freunde und Familien feierten eine Party im Konferenzraum der Botschaft. Sie hatten während des Wochenendes im Washingtoner Elitelokal Jockey Club bereits mehrere tausend Dollar ausgegeben. Und jetzt lachten viele von ihnen über die *Miami Vice*-Episode des vorangegangenen Abends, in der FBI und CIA versucht hatten, einen tropischen Diktator zu retten, zu dem der Vizepräsident die besten Kontakte besaß. Betrunken und in seltsamer Feierstimmung öffneten sie Dom Perignon-Flaschen, die sie aus einem Treuhandkonto, das Gelder des panamaischen Staates verwaltete, bezahlten. Das Knallen der Korken fand etwa um dieselbe Zeit statt, als die paramilitärischen Truppen Schüsse in Stimmenauszählungs-Lokalen in Panama abfeuerten.

Aber nicht einmal die Dummheit der Opposition konnte Noriegas schweren Fehler verbergen. Einer der ersten internationalen Beobachter, der Alarm gab, war der ehemalige amerikanische Präsident Jimmy Carter, der in Panama wegen seiner Unterzeichnung der Kanal-Verträge so etwas wie ein Nationalheld war.

Noriega hatte sich ausgerechnet, daß Carter nichts gegen die Wahl einwenden würde, aus Angst, damit in Washington neue Opposition gegen die Durchführung der Vertragsbestimmungen hervorzurufen. Carter hatte sich mit Noriega einen Tag vor der Wahl mehr als eine Stunde lang getroffen und war darüber schockiert, daß Noriega nicht im entferntesten mit der Möglichkeit einer Niederlage rechnete. Als Carter nach Ende der Stimmabgabe noch einmal versuchte, Noriega zu erreichen, um über irgendeine Lösung zu verhandeln, nahm der General nicht einmal seine Anrufe entgegen. Carter hatte sogar die römisch-katholische Kirche davon überzeugt, daß sie ihre eigene Auszählung solange zurückhalten sollte, bis man eine Lösung ausgehandelt hätte.

Carter sah, daß die Stimmauszählung betrügerisch war und erfuhr von den Gewaltakten. Er wollte sich dagegen aussprechen, aber Noriegas Männer sperrten ihn aus dem Atlapa Convention Center aus. Das machte ihn noch wütender. Also überquerte der Ex-Präsident die Straße, um Noriega im Rahmen einer Pressekonferenz anzugreifen, die in die Eingangshalle des Marriott-Hotels verlegt worden war, wo sich eine Menge Journalisten herumtrieb. Carter bestätigte die private Zählung der Katholiken, die besagte, daß die Opposition 3:1 gesiegt hätte, und berichtete, daß Noriegas „Militärdiktatur" die originalen Stimmenlisten gegen falsche austauschte und „die Wahlen durch Betrug für sich entscheidet".

In Fort Amador hatten sich die Pockennarben in Noriegas Gesicht noch vertieft – das einzige Zeichen für einen Außenstehenden, daß der General unter Stress stand. Noriegas Kollegen von der Regierungspartei fühlten sich demoralisiert und stritten miteinander, wobei jeder versuchte, die Schuld an der Wahlkatastrophe auf den anderen zu schieben. Noriegas Schwager und Kandidat für die Vizepräsidentschaft, Ramón Sieiro, gab der Regierungspartei die Schuld, und Carlos Duque, der Führer der Regierungspartei, beschuldigte Sieiro. Sogar die Offiziere waren verunsichert und murmelten einander zu, daß *El Viejo* – der alte Mann – es diesmal nicht schaffen würde.

Aber Noriega war am besten, wenn er ganz unten war. Er fühlte sich zu Krisen hingezogen wie die Motte zum Licht. Er hatte den Großteil seines Lebens als Verfolgter verbracht und schien sich bei den seltenen Gelegenheiten nicht wohlzufühlen, wenn es keine Bedrohung für ihn gab – dann gab er sich Anfällen von Depression und Trunksucht hin.

Nach 48 Stunden, in denen er sich nicht einmal seinen wichtigsten Beratern zeigte, tauchte Noriega in typischer Art und Weise wieder auf. Am Morgen des Tages, an dem Solis Palma sein Mittagessen gab, rief er drei oder vier Offiziere an, um ihnen zum Geburtstag und, wenigstens in einem Fall, zu ihrem neuangekommenen Nachwuchs zu gratulieren. Seine Sekretärin Marcella Tason lud Noriegas beste Freunde zu einer Wochenendparty in seinem Haus an der Küste ein. Diese zwei Handlungen zeigten seinen von Zweifeln geplagten Unterstützern, daß er ganz ruhig und voller Selbstvertrauen war. Innerhalb weniger Stunden verbreitete Panamas Gerüchteküche, die liebevoll auch als „Lippenradio" bezeichnet wird, im ganzen Land die Nachricht von Noriegas Comeback. Alle Gerüchte, daß es mit Noriega vorbei wäre, verschwanden über Nacht und jeder, der den Gedanken an Rebellion gehegt hatte, trat schnell wieder an seinen Platz zurück.

> *„Es ist die Pflicht aller Mitglieder der Nationalgarde, die Direktoriumsebene sofort von jedem gefährlichen Gerücht zu informieren und in allen Einzelheiten zu erläutern,was sie gehört haben. … Die Nationalgarde muß die Menschen systematisch gegen diese Gerüchte ausrichten, weil sie gefährliche Aktivitäten und Spaltungen innerhalb des Volkes hervorrufen können. Man muß sich vor diesem Feind* [den Gerüchten] *in acht nehmen."*
> – Noriega

Später an diesem Morgen traf sich Noriega mit seinen wichtigsten Verbündeten – seinen Strategischen Militärrat, der unter der spanischen Abkürzung CEM bekannt ist –, um seine Möglichkeiten zu besprechen. Er wußte, daß es oberste Priorität hatte, das Militär hinter sich zu versammeln, also teilte er seinen Offizierskollegen mit, daß die Zivilisten bei ihrer Wahl versagt hätten. Das Militär würde eingreifen und die Ordnung im Land wiederherstellen müssen. Diese Botschaft gefiel den Offizieren. Die meisten waren mit der Idee einer Wahl ohnehin nie einverstanden gewesen. Noriega, der oberste Manipulator, war wieder an der Arbeit.

Noriega nahm nicht an ihrer Diskussion teil, sondern hörte nur zu. Er wollte die Loyalität seiner Untergebenen feststellen. Major Daniel Delgado war der Ansicht, daß der General alle Mittel einsetzen sollte, um den Wahlsieg seiner Kandidaten durchzusetzen. Delgado, ein Offizier, der damit beauftragt worden war, den Wahlsieg sicherzustellen, betrachtete den Erfolg der Regierungskandidaten als persönliche Prüfung. Ein Repräsentant einer Gruppe rangjüngerer Offiziere, Hauptmann Joseph Balma, brachte eine raffiniertere und verschwörerischere Alternative vor. Er sagte, daß Noriega dem Präsidentschaftskandidaten der Opposition, Guillermo Endara, gestatten sollte, zum Präsidenten ernannt zu werden, weil er meinte, daß sich Washington dadurch veranlaßt sehen würde, die Sanktionen aufzuheben und damit Panamas internationale Isolation zu durchbrechen. Balma vertrat die Meinung, daß Noriega, sobald die Sanktionen erst aufgehoben wären, schon einen Vorwand finden würde, Endaras Thronfolge zu verhindern.

Aber Noriega wollte eine Alternative, die seine Macht, alles aus den Kulissen zu manipulieren, wiederherstellen würde. Die Möglichkeit, die Wahlen einfach zu annullieren, gefiel ihm am besten; aber trotzdem – wie üblich in wichtigen Augenblicken – war er unfähig, sich zu entscheiden. Er beendete die Sitzung und verschob seinen Urteilsspruch. Er erzählte einem seiner Assistenten, daß er bis zum 1. September für eine endgültige Entscheidung Zeit hätte, weil Solis Palmas Amtszeit erst dann endete.

Aber die Ereignisse zwangen ihn zum Handeln.

Entgegen all seiner Erwartungen bewiesen die normalerweise feigen Kandidaten der Opposition untypischen physischen Mut. Die drei Oppositionskandidaten standen auf der Ladefläche eines roten Toyota-Lieferwagens und führten so einen Autozug durch die ganze Stadt. G-2-Agenten, die entlang der Avenida Central stationiert waren, gaben über Funk durch, daß die Kandidaten sich in Richtung auf Noriegas geheiligtes Territorium – die barrios der Armen im Bezirk Chorillo – zubewegten. Panamas Arme jubelten den Kandidaten zu, als sie sich auf ihren Weg in die Gegend um Noriegas Hauptquartier und den Präsidentenpalast machten.

General Noriega hatte in seiner Opposition nie zuvor solchen Mut gesehen, und er mußte sie natürlich aufhalten. Er fürchtete, daß sie seinen Präsidentenpalast in Beschlag nehmen würden. Es war höchste Zeit, der Opposition ins Gedächtnis zu rufen, wer das Sagen hatte. Seine Gegner aus dem Zivilbereich waren normalerweise recht ängstlich gewesen, aber jetzt rochen sie das Blut des Generals. Wie Solis Palma, spürten auch sie, daß Noriega am Rande des Abgrunds stand und daß ein paar mutige Aktionen die entscheidenden Schläge sein könnten, die ihn hinunterstürzen würden.

Die amerikanische Botschaft, die die Handlungsweise der Oppositionskandidaten genau verfolgt und die Männer heimlich beraten hatte, überwachte auch jetzt jede Bewegung. In gewisser Hinsicht hatten US-Funktionäre diesen Autozug veranlaßt. Die Diplomaten gaben den Kandidaten klar zu verstehen, daß die Regierung Bush es schwer haben würde, fester hinter ihnen zu stehen, wenn die Kandidaten es nicht schaffen würden, das panamaische Volk um sich zu scharen. Die Kandidaten protestierten, wie die private Stimmenauszählung der römisch-katholischen Kirche bewies, daß sie mit etwa 70 Prozent der Stimmen die Wahl gewonnen hätten – war das nicht genug? Aber was das Außenministerium brauchte, war eine Demonstration der Volksmacht, wie auf den Philippinen. Die Kandidaten wollten jedoch nicht das Leben auch nur eines einzigen Panamaers aufs Spiel setzen und glaubten offengestanden nicht daran, daß Tausende Panamer auf die Straße gehen würden, um für sie zu marschieren. Also machten sie sich in ihrem Autozug, mit einer kleinen Anzahl Anhänger, auf den Weg.

Washington hatte in den Wahlsieg der Opposition eine Menge investiert. Bush hatte in einem seiner ersten Geheimoperations-Programme eine Summe von 10 Millionen Dollar bewilligt, die bei der Entmachtung behilflich sein sollte – ein größtenteils erfolgsloses Bemühen, das auf sporadischen geheim ausgestrahlten Radiosendungen und Kampagnengeldern, die über dritte Länder nach Panama geschleust wurden, aufbaute. Aber man hatte den amerikanischen Organisator der Sendungen gefaßt und ein gezieltes Presseleck über die Geheimaktion führte dazu, daß Noriega mehr davon profitierte, eine amerikanische Einmischung verhindert zu haben, als die Opposition von den erhaltenen Geldern.

Die Botschaft stand in dauerndem Kontakt mit dem Autozug der Kandidaten, der sich durch die Stadt bewegte. Billy Quijano, ein Aktivist der Opposition, der gute Kontakte zu den Amerikanern besaß, sprach über ein sicheres Funktelefon mit dem Beamten Michael Polt. Der Beamte übersäte den Panamaer mit Fragen über den momentanen Standort des Zugs, die Anzahl der beteiligten Autos und die Stärke des PDF-Widerstands.

„Die Menschen sind auf der Straße und jubeln uns zu“, antwortete er auf Englisch. „Einige kommen auf ihre Balkone heraus. Der Autozug besteht aus etwa 50 Fahrzeugen, ein paar mehr oder weniger. Es ist nur sehr wenig Militär zu sehen. Nur ein paar Männer am Straßenrand. Und einige davon winken uns sogar zu.“

Der Botschaftsbeamte stellte eine Frage.

„Nein“, antwortete Quijano. „Bisher keine Probleme. Einen Augenblick. Sie halten uns an. Wir befinden uns beim Santa Ana Square. Wir steigen aus. Die Kandidaten steigen von ihrem Lastwagen. Wir werden von Soldaten angehalten.“

Die Kandidaten kletterten hinunter, um den befehlshabenden Offizier der etwa zwei Dutzend Soldaten mit der Frage zu konfrontieren, wer ihren Weg zum Santa Ana Square blockiere. Die Situation war äußerst symbolträchtig. Panamas erster Präsident hatte hier seinen Amtseid geleistet und ein Großteil der panamaischen Geschichte hatte sich keinen Steinwurf weit von der Santa Ana-Kathedrale abgespielt. Die armen Bewohner dieses Bezirks riefen den Soldaten Schmähungen zu und ermutigten die Kandidaten, nicht nachzugeben.

Präsidentschaftskandidat Guillermo Endara ließ seinen bemerkenswerten Bauch gegen den Schild eines von 12 Anti-Aufruhr-Polizisten stoßen. Er war ein liebenswürdiger Anwalt, der seit mehr als zwei Jahren gegen die Militärherrschaft kämpfte, aber nie so eine direkte Konfrontation erlebt hatte. Sein größerer, schlanker Kandidat für die Vizepräsidentschaft, Ricardo Arias Calderón, begann mit dem Offizier zu verhandeln. Er hatte an der Sorbonne in Frankreich ein Philosophiestudium abgeschlossen und sein Leben damit verbracht, Sprachen und Ideen zu erlernen, und wog jetzt jedes seiner Worte sorgfältig ab, bevor er vorsichtig seine Forderungen verkündete. Es war eine fast humoristische Szene: „Laurel und Hardy treffen das panamaische Militär."

Neben Endara und Arias Calderón stand Billy Ford, der dritte Mann auf der Kandidatenliste der Opposition, aber bei weitem der beliebteste im panamaischen Volk. Er war der lebhafteste und charismatischste der Kandidaten, ein Playboy und Unternehmer, der Fragen nach seinem Ruf als Liebhaber für Komplimente hielt. „Nun, ich mag keine kleinen Jungs", sagte er und spielte damit auf die gerüchteweise bekannten Neigungen des panamaischen Diktators an. Fords Spitzname war „Pica Gallo" – der Kampfhahn.

„Wir wollen nichts als eine friedliche Demonstration", sagte Arias Calderón zu dem Leutnant, der seine Befehle offensichtlich von einem höheren Offizier erhalten hatte. „Bekommen wir die Erlaubnis, auf dem Platz zu wenden und zurückzufahren?" Calderón lachte in sich hinein, als ihm der Symbolismus dieser Sackgasse klar wurde: die unbewaffnete Gesprächsbereitschaft der Opposition gegen die Waffen und die Unbeugsamkeit des Militärs.

Etwa eine Stunde lang standen die Kandidaten in der Mitte der Straße, die auf den Platz führte und die Anti-Aufruhr-Polizisten standen ihnen nervös gegenüber und zuckten unter den Schmähungen aus der Menge zusammen. Calderón wiederholte mehrmals seine Forderung nach einem Unterhändler, mit dem sie über eine friedliche Beendigung ihres Marsches sprechen konnten. Aber während die Kandidaten geduldig warteten, bereitete sich Noriega darauf vor, eine sorgfältig aufgestellte Falle zuschnappen zu lassen. Er entschied sich dafür, seiner Opposition eine Botschaft der Gewalt zukommen zu lassen, die sie nicht vergessen würde. Er befahl seinem „Würde-Bataillon" zuzuschlagen. Bei diesen Würde-Bataillonen („Dignity Bataillons"), die unter der Abkürzung „die Digbats" bekannt waren, handelte es sich um eine irreguläre paramilitärische Truppe, die 1988 geschaffen worden war.

> *„Eine Strategie läßt sich am besten irreführend verwirklichen, wenn man Intelligenz und Sachkenntnis gegen einen Feind kombiniert und damit leichter gewinnt, als wenn sich die Schlacht in einen direkten Zusammenstoß kämpfender Massen verwandelt. Der Überraschungsfaktor kann auf militärische Weise, zusammen mit psychologischen Operationen, ausgeführt werden, die gemeinsam die Kampfkraft des Feindes vermindern."* – Noriega

Die Digbats waren seit Wochen von panamaischen Offizieren, die für diesen Spezialauftrag von ihren PDF-Pflichten befreit worden waren, für ein solches Ereignis ausgebildet worden. Noriegas neue kubanische Berater, die seit Februar 1988 in immer größerer Anzahl nach Panama kamen, hatten wiederum die Offiziere ausgebildet. Vorbild waren die kubanischen national-revolutionären Milizen, die in Nicaragua als Turbas Divinas kopiert wurden.

Noriega fehlte es jedoch an den ideologisch leidenschaftlichen Kadern Kubas und Nicaraguas, also füllte er die Reihen der Digbats mit einer bunten Sammlung aus Psychopathen, Kriminellen und arbeitslosen Schlägern aus den Barrios. Auch Soldaten aus Noriegas Spezialtruppe kamen dazu, die den äußeren Schein von Chaos dazu benutzen konnten, spezielle Aufträge durchzuführen. Die Digbats betraten die Szenerie wie gewaltsüchtige Schläger aus irgendeinem B-Film. Einige trugen mit rostigen Nägeln gespickte Holzprügel und Gummischläuche, die schon so oft mißbraucht worden waren, daß sie ganz krumm aussahen. Andere schwangen Stahlrohre, die sie bedrohlich auf ihre Handflächen klatschen ließen, als sie auf den Befehl zum Losschlagen warteten. Sie trugen lilablaue Polyester-T-Shirts, deren Falten zeigten, daß man sie eben erst ausgepackt hatte. Auf den T-Shirts stand in weißen Buchstaben: BATALLÓN DIGNIDAD. Diese T-Shirts, die man noch nie zuvor gesehen hatte, stellten eine pragmatische Notwendigkeit dar, da sie es den Soldaten möglich machten, die Digbats beim darauffolgenden Durcheinander von ihren panamaischen Opfern zu unterscheiden. Ihre Ränge waren mit Frauen durchsetzt – offensichtlich in dem Bemühen, zu zeigen, daß diese Pro-Noriega-„Freiwilligen" die Gesellschaft gleichmäßig repräsentierten –, aber die Frauen machten sich auf die Socken, als der Kampf anfing.

Die Ausbilder der Digbats hatten sie darauf vorbereitet, Amerikaner anzugreifen, also brüllten sie mit wütenden Stimmen: *Yanquí*, no, *Yanquí*, no." Aber die einzigen Feinde vor ihnen war diese kleine Versammlung, die sich größtenteils aus panamaischen Geschäftsleuten zusammensetzte, welche die Kandidaten umringten. Einige von ihnen schlüpften in Seitenstraßen, als die Konfrontation kurz bevorstand.

Ein Mann in den mittleren Jahren, der inmitten der Digbats stand, aber nicht ihr T-Shirt trug, senkte fast unmerklich die Hand. Das war das Zeichen. Noriegas Schläger drängten sich zwischen den Anti-Aufruhr-Polizisten hindurch und liefen auf die Kandidaten zu. Das war die Art Angriff, die Panamas Elite-Geschäftswelt noch nie gesehen und schon gar nicht erwartet hatte. Und dieser Angriff fand noch dazu in der Nähe des Hauses statt, in dem Noriega seine Kindheit verbracht hatte, bei der Einmündung der schmalen Slumstraße „Sal Si Puedes" – „Verschwinde, solange du kannst". Sie hatten diesen Rat nicht beherzigt.

„Überraschung ist eine Methode, die Überhand zu erringen. ... Wenn die Überraschung am größten ist, dann sind Verwirrung und der Verfall des feindlichen Kampfgeistes die Konsequenz, und das beste daraus erzielbare Ergebnis ist, daß der Feind praktisch keinen Widerstand mehr leistet."

– Noriega

Als die Horde Digbats angriff, bückte sich Endara nach seiner Brille, die zu Boden geschlagen worden war. Der freundliche Anwalt, der seit mehr als zwei Jahrzehnten gegen die militärische Herrschaft eintrat, konnte um sich herum nur gewalttätige Schatten huschen sehen. Einer der Digbats zertrampelte seine Gläser, bevor er sie ergreifen konnte. Als er aufzustehen versuchte, hieb ihm derselbe Schläger ein Stahlrohr über den Kopf. Endara, rundliche 120 Kilo schwer, sah aus wie der Klassen-Schwächling, der vom Schläger der Schule im Hof verprügelt wird. Endaras Leibwächter schaffte es bemerkenswerterweise, den gewichtigen Präsidentschaftskandidaten über die Ängstlichen und Verletzten, die flach am Boden lagen, hinwegzuheben und mit ihm in eine Seitenstraße zu flüchten.

Der gelehrte Arias Calderón wurde vom Ansturm der Körper zu Boden geworfen, bevor ihn noch jemand schlagen konnte. Er erinnert sich, zu diesem Zeitpunkt die Angst gehabt zu haben, „für Panama ersticken zu müssen", bevor ihn seine Leibwächter in ein nahegelegenes Geschäft bugsierten. Später wurde er, auf dem Boden vor dem Rücksitz eines Taxis versteckt, aus der Gegend herausgeschmuggelt.

Aber am meisten fürchtete sich Noriega vor Billy Ford, und deswegen bekam Ford auch das Schlimmste ab. Er war für Noriega der gefährlichste der drei Kandidaten – der einzige, der genug Charisma und Charakter besaß, Panamaer aller sozialen Klassen zu motivieren. Außerdem hatte Noriegas Ablehnung gegenüber Ford bereits vor den Wahlen begonnen. Als Noriega 14 war, war er oft bei Demetrio Porras, dem Führer der Sozialistischen Partei des Landes, eingeladen gewesen. Porras hatte Noriega als Jungen mit großem Potential betrachtet, aber Porras drei Töchter waren viel mehr an dem jungen, feschen und wohlhabenden Billy Ford als an dem häßlichen und armen Noriega interessiert gewesen.

Vor den Wahlen im Jahre 1984 hatte Noriega Ford das erste Mal seit vielen Jahren wiedergetroffen und gesagt, er wolle die Zukunft Panamas mit ihm diskutieren. Ford, der von Noriegas G-2 Mitte der Siebziger ins Exil getrieben worden war, meinte, daß er nur unter einer Bedingung mit ihm reden würde: daß der Geist von Norita – Porras schönster Tochter, die bei einem Autounfall gestorben war – stummer Zeuge ihres Gesprächs sein würde. Dabei handelte es sich um eine psychologische List Fords, um sich gegen die Falschheit Noriegas zu schützen. Noriega sagte mit verächtlichem Lächeln, daß keine Zeugen nötig wären, und danach sprachen die beiden Männer nie wieder ein Wort miteinander.

Als das uniformierte Militär Noriegas Paramilitär durch seine Reihen ließ, sprang Billy Ford auf den Rücksitz seines Autos. Ein Leibwächter, Alexis Guerra, saß mit dem Rücken zum Fenster Ford gegenüber. Einige Wochen zuvor hatte er erst den amerikanischen Botschaftsfunktionär Terence Kneebone, den Leiter des United States Information Service in Panama, bewacht. Die Firma, bei der Guerra angestellt war, stellte allen Botschaftsangestellten in Panama Leibwächter zur Verfügung. Auf Fords Bitte hin hatte Kneebone Guerra jedoch freigestellt, damit er Billy Ford bewachen konnte. Ford wollte jemanden, dem er vertrauen konnte.

Schüsse knallten, Fenster zersplitterten und Stimmen schrien.

„*Viejo* [alter Mann], ich bin angeschossen", sagte Alexis mit gurgelnder Stimme zu Billy Ford.

Ford widersprach ihm. „Alexis, beruhig' dich, beruhig' dich, du bist nicht getroffen."

Alexis warf ihm einen starren Blick zu. „Ich sterbe", sagte er. Alexis erbrach Blut auf Fords weißes Hemd und den Autositz.

Als Ford bemerkte, daß auch sein anderer Leibwächter erschossen worden war, kletterte er auf die Vordersitze und stieg durch die Fahrertür aus. Einer der Digbats schlug ihn mit der Faust und warf ihn auf den Sitz zurück. Ford prallte zurück wie ein Punchingball und taumelte. Ein weiterer Schlag warf ihn wieder auf den Sitz. Schwankend, blutüberströmt und ohne Orientierung – die Hälfte seines weißen Hemds im Blut seines Leibwächters getränkt – stolperte Ford über den Gehsteig, an einem Videoladen und dessen Plakaten, die Sean Connerys Thriller *Presidio* bewarben, vorbei. Als er von einem uniformierten Soldaten vorwärtsgestoßen wurde, der anscheinend versuchte, ihn in Sicherheit zu bringen, schlug ein weiterer Angreifer mit einem Metallrohr nach ihm. Der wütende, blutüberströmte Ford versuchte mit ausgestreckten Armen den Schlag abzuwehren. Er schlug noch einmal nach dem unbekannten Angreifer, den er durch den blutigen Schleier vor seinen Augen nicht erkennen konnte. Ironischerweise war es ein Militäroffizier, der Ford schließlich rettete, indem er ihn in einen Gefangenenwagen hineinstieß, der ihn ins Gefängnis brachte, wo er, in einer Mitternachtssitzung vor einem müden, aber gehorsamen Richter wegen Störung der öffentlichen Ordnung angezeigt und eingesperrt wurde.

Arthur H. Davis, der US-Botschafter in Panama, behauptete später, daß der Angriff auf Ford ein fehlgegangener Mordanschlag gewesen war. Dabei handelte es sich zwar um gute Anti-Noriega-Propaganda, aber US-Geheimdienstbeamten meinten, daß die Digbats den Mann, auf den sie es abgesehen hatten, auch wirklich umgebracht hatten. Sie wollten Alexis Guerras Kopf, um damit allen Panamaern eine Botschaft zukommen zu lassen, die sich dafür entschieden hatten, die Amerikaner zu verteidigen und – panamaischer Propaganda nach – auch deren Verbündete aus der Oligarchie. US-Geheimdienstbeamte stellten fest, daß der Attentäter seine Waffe gegen Guerras Rücken gepreßt und dann abgedrückt hatte. „Das war ein Mord aus Mißgunst", sagte ein Informant aus dem Geheimdienst damals. „Der Mann, der Alexis erschoß, wußte genau, was er tat. Ford entkam nur, weil sein Entkommen geplant war."

„Der deutsche Dichter Schiller sagte, daß der Krieg ruhmreich sei, weil er der Antrieb des menschlichen Schicksals sei. Bei jedem Krieg, egal wer gewinnt, sind die Besiegten immer die Philister, die ‚Bourgeosie', die Männer, in deren Händen das gesellschaftliche Leben einfriert und erstarrt. Sie glauben, daß ihr Geburtsrecht oder das, was ihre lebenslangen Privilegien sonst bestärkt – Ideen, Institutionen, Werte, Sitten – von unveränderlicher Dauer sein müßte. Dies sind die hemmenden Elemente im historischen Prozeß. Jeder Krieg erzeugt also eine Revolution, sowohl für die Sieger als auch für die Besiegten."

– Noriega

Noriegas Angriff auf die Kandidaten war ein Meisterstück in einem psychologischen Krieg, bei dem er die Kontrolle über Panama zurückgewinnen wollte. Noriega, der die Macht des Fernsehens vielleicht besser begriff als jeder andere Diktator vor ihm, hatte seinen ranghöheren Offizieren, die diese Operation leiteten, Anweisung gegeben, den TV-Kameraleuten zu gestatten, die Szene zu filmen und den Photographen Gelegenheit zu geben, die ganze Gewalt aufzunehmen. „Haben Sie sich nie gefragt, warum Journalisten hier weiter arbeiten durften, und warum man ihnen erlaubte, ihre Filme aus Panama problemlos hinauszuschaffen?“ würde sein Pressesprecher Mario Rognoni später fragen. „Das war kein Zufall.“

Noriega rechnete sich aus, daß er durch die Publicity über seine Skrupellosigkeit mehr zu gewinnen als zu verlieren hätte. Die Photos des blutüberströmten Billy Ford, die in Zeitschriften auf der ganzen Welt abgedruckt wurden, wurden zum Symbol für Noriegas repressives Panama. In einem anderen Land hätte diese Aktion wahrscheinlich die angewiderten Massen auf die Straße getrieben, um gegen Noriega zu rebellieren, aber in Panama, wo sich die Opposition großenteils aus wohlhabenden Panamaern zusammensetzte, die lieber Gewinne als eine Revolution machten, hatte Noriega einen wirksamen und sparsamen Schlag ausgeteilt. Was in der ganzen Welt wie ein Diktator aussah, der völlig durchgedreht war, war in Wirklichkeit ein Diktator, der jeden seiner Schläge genau berechnete.

Indem er die mutigsten seiner Gegner innerhalb Panamas so brutal angriff, hatte er Zehntausende so geängstigt, daß sie jetzt wieder unterwürfig waren. Er hatte den Kopf der Opposition getroffen und der ganze Körper zitterte. Oppositionskandidaten für die Legislative verschwanden in irgendwelche Verstecke; Regierungsfunktionäre, die einen Rücktritt in Erwägung gezogen hatten, waren nun so verschreckt, daß sie sich weiterhin unterwürfig gaben; und Washington war wieder nicht bereit, militärische Maßnahmen zu Noriegas Absetzung zu ergreifen.

> *„Nicht ohne Grund sind Hollywood und der Broadway die mächtigsten Werkzeuge der ‚Amerikanisierung‘ der modernen Sitten. ... Wissen wir denn nicht, daß es fast ein Laster des modernen Menschen geworden ist, daß er ohne Kino und Fernsehen nicht mehr existieren kann? ... Es gibt nicht den geringsten Zweifel daran, daß wir mit diesem mächtigen Werkzeug den Massen unsere Ideen einflößen können.“* – Noriega

Noriega konnte eine Entscheidung über die Wahl jetzt nicht mehr länger aufschieben. Er konnte Endara nicht gestatten, sein Amt anzutreten, aber er konnte einem Land, das sie so total abgelehnt hatte, auch nicht seine eigenen Kandidaten aufzwingen. Mit seinem seltsamen Verstand kam er zu dem Entschluß, daß er keine andere Möglichkeit besäße, als sie zu annullieren. Das würde ihm Zeit verschaffen und der Opposition ein wichtiges Argument nehmen – das des Wahlbetrugs.

Die Annullierung würde auch einen Teil der internationalen Empörung entschärfen, die er nach seinem Angriff auf die Kandidaten erwartete. „Man hat nur sehr wenig Zeit, wenn sich die Gewalt einmal auf einer solchen Ebene abspielt“, sagte sein Sprecher

Mario Rognoni später. „Er stand schon vorher kurz davor, die Wahl zu annullieren, aber dieses Ereignis beschleunigte seinen Entschluß."

Noriega hatte geschickt den Schock physischer Gewalt mit der durch die Annullierung erzeugten Verwirrung kombiniert, um seine Feinde zu paralysieren und selbst Zeit zu gewinnen.

> *„Indem man eine Kriegslist benutzt, versucht man mit listiger Gewandtheit, den Feind zu hintergehen und zu unterwerfen, und vermeidet damit die direkte physische Auseinandersetzung zwischen den kämpfenden Massen. Militärisch gesehen, kann der sogenannte ‚Überraschungs'-Faktor die psychologische Kriegsführung nur vervollständigen, da beide darauf abzielen, die Kampfkraft des Feindes zu schwächen."* – Noriega

Noriegas Feinde hatten ihren erfinderischen Gegner, der Mitte 1989 mit der Kunst des Überlebens bestens vertraut war, wieder einmal unterschätzt. Sein Land ging unter, der Kreis seiner Unterstützer wurde immer kleiner und die internationale Opposition gegen ihn wuchs. Allen war klar, daß Noriega irgendwie weg mußte. Aber der General klammerte sich an seine Position und schien manchmal nur durch die Stärke seiner Intelligenz dort ausharren zu können. Und es gab andere Gelegenheiten, da wartete er einfach solange ab, bis seine Feinde ermüdeten oder das Interesse verloren.

Durch Noriegas vermeintliche Kenntnis der Vereinigten Staaten, seine ergiebigen illegalen Einkommensquellen, die zahlreichen internationalen Verbindungen, die er in zwei Jahrzehnten Geheimdienstarbeit geknüpft hatte und seine eigene ruhige Geduld im Angesicht schwieriger Situationen, schaffte er es, das erste und ausdauerndste außenpolitische Problem der Regierung Bush zu werden. Als alle gegen ihn standen, setzte er seine Geheimwaffe der psychologischen Kriegsführung ein.

Da die Amerikaner nicht bereit waren, ihre Militärmacht gegen Noriega einzusetzen, wurde sie zum wichtigsten Schlachtfeld; und Noriegas Arsenal der psychologischen Kriegsführung war weit größer als das ihre. Noriega war von der Bedeutung der uralten Kunst der psychologischen Kriegsführung so besessen, daß er 1971 in Panamas G-2, dem Militär-Geheimdienst, eine Spezialabteilung schuf, die ausschließlich dieser Wissenschaft gewidmet war. 1975 hatte er das Buch über psychologische Kriegsführung verfaßt, das kursiv durch dieses ganze Kapitel hindurch zitiert wird: *Psychologische Kriegsführung.*

Das Buch schweift oft ab und läßt prominente Namen fallen, so wie in seinen Ansprachen, und zitiert als positive Beispiele Persönlichkeiten wie Dschingis Khan, Hitler und Lenin, die er als Experten dafür anführt, psychologische Kriegsführung zur Herrschaft von Staaten und Eroberung von Feinden eingesetzt zu haben. Im Jahre 1988 betrachtete sich Noriega bereits selbst als eine der führenden Autoritäten der Welt, was diese alte Kunst anging. Amerikanische Funktionäre lernten dem zuzustimmen. Obwohl er am Ende schwanken und man sich seiner entledigen würde, demütigte Noriega die Vereinigten Staaten, wie es kein Diktator vor ihm je geschafft hatte, und seine pockennarbige Nase tauchte in allen möglichen Arten der Bedrohung und des Druck-Ausübens auf.

In seinem psychologischen Krieg erwarb er sich auch neue Waffen: Indem er die Steuergesetze manipulierte, konnte er den letzten finanziell relativ neutralen Fernsehsender, Channel 4, schließen, der sich im Besitz des ehemaligen Außenministers Fernando Eleta befand. Er behauptete, daß Eleta dem Staat soviele Steuern schuldete, wie er sie nie bezahlen konnte. Ohne also auf den plumpen Akt zurückgreifen zu müssen, den Sender zu beschlagnahmen, hatte er ihn unter seine Kontrolle gebracht.

In der Hoffnung, Noriega etwas entgegensetzen zu können, unternahm die Regierung Bush ein paar eigene „Psy-Ops" (Psychologische Operationen). Als Reaktion auf Noriegas Angriff auf die Kandidaten versetzte Bush 1882 Armee- und Marinesoldaten nach Panama, wo sie die dort bereits anwesenden 10 000 Männer verstärkten. Da er bereits beschlossen hatte, bei der Entmachtung Noriegas keine amerikanischen Leben aufs Spiel zu setzen, zielte diese Handlungsweise vor allem darauf ab, die innenpolitische Kritik an seiner Untätigkeit zu entschärfen und den psychologischen Druck auf Noriega zu steigern.

Es handelte sich dabei um Präsident Bushs erste große Entscheidung zum Einsatz der Streitkräfte, obwohl sie genauso aussah wie die altmodische Kanonenboot-Diplomatie. Armeeschützen, Überfallkommandos der Marines, Panzerfahrzeuge und Kriegsschiffe der Navy waren als Ergebnis der Entscheidung des Weißen Hauses, seine Präsenz etwas deutlicher zu machen, nach Panama unterwegs. Der vorgebliche Grund für diesen Großeinsatz war der Schutz der Leben der über 40 000 Amerikaner, die in Panama lebten. Die Ironie dabei war, das Bushs Aktion Noriega eher half als schadete – ein wichtiger Fehler bei einer psychologischen Konfrontation.

Nicht einmal zwei Tage, nachdem die Digbats die Kandidaten der Opposition angegriffen hatten, wurden die im Fernsehen übertragenen Bilder des schlimm verprügelten Billy Ford, dessen Hemd mit dem Blut seines ermordeten Leibwächters getränkt war, von den kampfbereiten und mit Tarnfarben bemalten Gesichtern amerikanischer Soldaten abgelöst. Die Medienberichte der ganzen Welt sprachen nicht mehr über die panamaische Opposition, sondern über die amerikanische Kanonenboot-Diplomatie. Und die panamaische Opposition, die durch den Angriff auf ihre Kandidaten ohnehin schon eingeschüchtert war, gab sich damit zufrieden, auf die amerikanische Kavallerie zu warten, die sie retten sollte.

Viel ernster als die militärische Verstärkung waren Bushs neue Instruktionen ans Southern Command, die darauf abzuzielen schienen, alles für eine Aktion vorzubereiten und einen bewaffneten Konflikt mit Noriega auszulösen.

General Frederick Woerner hatte den Befehl von oben befolgt und seine Offiziere angewiesen, jeder Konfrontation mit Noriega auszuweichen. Als seine Soldaten schikaniert wurden, hatte er nicht reagiert. Als seine Vertragsrechte verletzt wurden, hatte er unbeantwortete Protestschreiben verfaßt. Soldaten des Southern Command nannten Woerner bereits den Kommandanten des „Schwächlingskommandos" und scherzten untereinander, daß der Wahlspruch ihres kommandierenden Offiziers „Küsse fremde

Hintern und frag' erst später nach den Namen" wäre. Woerner erklärte, daß er nur seinen Befehlen folge.

Aber jetzt versuchte Bush, Woerner loszuwerden und die Southern Command-Instruktionen zu ändern. Woerner hatte Bush im März verärgert, als er eine Rede gehalten hatte, in der er andeutete, daß ein politisches Vakuum in Washington es unmöglich machte, eine Politik gegenüber Panama zu formulieren – eine wahre, aber unerwünschte Bemerkung.

Bush, der sich gerade auf einer Reise im Fernen Osten befand, schoß ein wütendes Telegramm an William J. Crowe, jun., den Vorsitzenden der Vereinigten Stabschefs, ab, in dem er dem treulosen General eine Rüge erteilte. Woerner besiegelte sein Schicksal, als er ein Flugzeug voller Senatoren und Kongreßabgeordneter bestieg, die als Beobachter zur panamaischen Wahl gekommen waren und sie auf die Gefahren hinwies, denen sie in Panama gegenüberstehen würden. Da sie nicht die richtigen Papiere besäßen, meinte er, sei es wahrscheinlich, daß man sie festnehmen würde. Als Woerner ihnen mitteilte, daß man „diplomatische" Maßnahmen werde ergreifen müssen, um sie wieder frei zu bekommen, interpretierten die Senatoren das als Warnung, daß er nichts zu ihrer Hilfe unternehmen würde.

Als Woerner seines Kommandos enthoben wurde, nutzte Noriega diesen Augenblick, um in der panamaischen Presse Gerüchte zu plazieren. Eine Zeitung behauptete, daß man Woerner abgesetzt hätte, weil er mit Drogen handelte; und in einem anderen Artikel stand, daß die Regierung Bush Woerner als Teil eines Vertrages mit Noriega entfernt hätte. Noriega hatte sich schon lange um einen Ersatz für Woerner bemüht. Was durch Woerners Abzug aus Panama auch immer an Vorteilen hätte gewonnen werden können, wurde durch eine geschickte Kampagne falscher Informationen entschärft.

> *„Das Gerücht ist wie eine taktische Waffe, die beim ,Teilen und Herrschen' hilfreich ist. Je größer die Lüge, desto eher wird sie geglaubt. Das war Teil von Hitlers Strategie des Terrors. Die Nazis infizierten ihr Land mit defätistischen Gerüchten, um Verwirrung und Demoralisierung zu erzeugen; nur um dann ihre vernichtenden Siege zu erreichen. Auf diese Art erzeugten sie Optimismus und Hoffnung, was ihre Politik betraf, so blind und unvernünftig sie eigentlich war."* – Noriega

Die härtere Politik Bushs begann mit dem Befehl, daß das Southern Command seine 2 160 Männer und ihre Verwandten, die nicht in den Stützpunkten wohnten, bis Mitte Juli in militärische Installationen verlegen sollte. Diese Soldaten und ihre Verwandten waren de facto Geiseln gewesen; Noriega hatte sogar Pläne, die dem Southcom bekannt waren, daß er einige von ihnen entführen wollte, sollte der Druck der USA auf ihn zunehmen. Monatelang hatte sich das Militär gesträubt, die Forderungen des Außenministeriums zu erfüllen, diese Verwundbarkeit zu beschränken. Man hatte damit argumentiert, daß die Kosten und Unannehmlichkeiten, die dadurch entstehen würden, zu hoch wären.

Diese Handlungsweise machte theoretisch alles für militärische Maßnahmen gegen Noriega bereit, also fing das Southern Command Mitte Juli mit einer Reihe von Manövern an, die sich über sechs Wochen hinzogen und deutlich darauf abzielten, Noriega seine Verwundbarkeit vor Augen zu führen. Die Operationen wurden entlang des 51 Meilen langen Kanals inszeniert, und in der Nähe einer von den USA und Panama gemeinsam benutzten Basis an der Pazifikküste (nicht weit entfernt von Noriegas Bunker) wurde ein Damm gestürmt. Die Soldaten übten sogar einen Angriff per Hubschrauber, um zu demonstrieren, daß sie die Amerikaner im US-Botschaftskomplex in der Innenstadt von Panama City beschützen und evakuieren konnten. Die Operationen hatten verschiedene Ziele. Bei den Manövern stellte man Mängel fest, durch die bei einer Aktion gegen Noriega eventuell Probleme entstehen könnten, und Noriegas Offizierskollegen konnte man damit zeigen, wie verwundbar er war. Manche hofften, daß sie den General damit zum Handeln zwingen würden, worauf die amerikanischen Truppen dann natürlich reagieren müßten.

Aber Noriega schaffte es sogar, die amerikanischen Manöver meisterhaft zu seinen Gunsten auszuspielen. Er hörte nach den vielen Wochen, in denen er das amerikanische Militär schikaniert hatte, endlich auf, da ihm klar wurde, daß die Armee jetzt nur darauf wartete, provoziert zu werden. „Er war klug genug, sich nicht von uns dazu verleiten lassen, den ersten Schlag zu führen", sagte ein hoher Regierungsfunktionär Monate danach. „Es könnte schon alles vorbei sein, wenn er auf unseren Köder hereingefallen wäre."

Statt den Amerikanern die Rechtfertigung zum Handeln in die Hand zu geben, die einige Offiziere wollten, ließ sich Noriega im panamaischen Fernsehen zeigen, als er den amerikanischen Soldaten bei einem Wachposten gerade Mangos anbot. „Trauen Sie sich, diese panamaischen Früchte zu essen, die ich Ihnen im Geist des Friedens überreiche?" fragte er.

Noriega setzte die amerikanischen Manöver sogar dazu ein, gegen Washingtons Bemühungen, eine „lateinamerikanische Lösung" für das Problem Noriega zu finden, vorzugehen. Da er den Druck auf Noriega internationalisieren wollte, hatte Bush die Verhandlungen mit dem Diktator und seiner Opposition an die Organisation Amerikanischer Staaten übergeben. Sooft aber Delegierte der OAS nach Panama kamen, beraumte Noriega bei mindestens drei Gelegenheiten die Treffen mit ihnen an Orten an, von denen er schon im voraus wußte, daß sie wegen der Manöver geschlossen sein würden. Bei einer dieser Gelegenheiten kamen die Delegierten gerade in seinen Büroräumen in Fort Amador an, als amerikanische Hubschrauber herunterstießen und gepanzerte Truppentransporter vorbeirumpelten. Der Mangel an Koordination zwischen Botschaft und dem Southern Command hatte dazu geführt, daß Washington nicht rechtzeitig vor dieser schädlichen PR gewarnt worden war.

Bei anderen Anlässen sagte Noriega Treffen mit der OAS einfach ab und entschuldigte sich damit, daß man einen neuen Termin finden müßte, weil die Amerikaner sich in die inneren Angelegenheiten Panamas einmischten – ein anderer Ausdruck für „Manöver". Als der General die OAS-Delegierten dann schließlich traf, nahm er ihren Bemühungen, ihn zum Rücktritt zu bewegen, von vornherein die Spitze, indem er ihnen

Videos von den Manövern vorführte. Dabei handelte es sich um etwas, was keiner von ihnen öffentlich gutheißen konnte, egal wie sehr sie Noriega haßten: die plumpe amerikanische Hand in Aktion.

Washington, das wegen Beschränkungen durch den Kongreß und die amerikanischen Gesetze nahezu handlungsunfähig war, hatte mit der psychologischen Kriegsführung wesentlich mehr Schwierigkeiten als Noriega. Man brachte es im besten Fall zur Verbreitung von Lügen und Falschinformationen und der Verwendung der Regierungsmaschinerie zur Verbreitung falscher Nachrichten. Dem CIA fehlte es auch an unabhängigen „Aktivposten" innerhalb der PDF, die gegen Noriega manipuliert werden konnten. Amerikas Bemühungen, PDF-Offiziere davon zu überzeugen, daß Noriega die größte Bedrohung für sie darstellte, waren daher oft recht plump. Man mußte sich also auf die weniger subtile Maßnahme einer Pressekonferenz des amerikanischen Präsidenten beschränken.

Nach dem Angriff auf die Präsidentschaftskandidaten lud Bush Journalisten in sein Abteil in der Air Force One (das Flugzeug des Präsidenten) ein, als er sich gerade auf dem Weg zu einer Ansprache anläßlich der Verleihung akademischer Grade in der Mississippi State University befand. Bei der Pressekonferenz rief er das panamaische Militär auf, gegen Noriega zu rebellieren. „Sie sollten alles unternehmen, um Noriega zu entmachten", sagte er. „Er ist nur ein Mann und sie besitzen eine gut ausgebildete Streitmacht."

Noriegas psychologische Kriegsführung war komplizierter und subtiler. Noriegas Botschaft an seine Truppen bestand darin, daß die USA und ihre panamaischen Verbündeten darauf aus wären, das Militär zu zerstören, und daß nur Noriegas fortgesetzte Herrschaft ihren Schutz garantieren könnte. Noriega verbreitete auch Geschichten über das brutale Zusammenschlagen und die Folter von Offizieren, die ihn verraten hatten. Vor der Wahl im Mai 1989 hatte er die etwa zwölf Offiziere, die am gescheiterten Putsch im März 1988 gegen ihn beteiligt gewesen waren, in Provinzgarnisonen verlegen lassen, damit Soldaten im ganzen Land ihren verzweifelten und ausgemergelten Zustand sehen konnten. Er ließ sie in den Höfen der Garnisonen aufmarschieren, in nichts als amerikanische Flaggen gehüllt, woraufhin PDF-Offiziere sie verhöhnten und schlugen. Und Noriegas vielen Verbündeten war völlig klar, daß ein neuer panamaischer Führer sie für ihre langjährige Korruption bezahlen lassen würde.

> *„Zu den ältesten Beispielen* [für psychologische Kriegsführung]*, die wir hier anführen können, gehören Phillip von Mazedonien und sein Sohn Alexander der Große, die allen wohlbekannt sind. … Dem Rat seines Vaters folgend, perfektionierte Alexander eine Methode der psychologischen Folter, die die verborgene Ursache vieler seiner unerwarteten Siege war. Sie ähnelt sehr psychologischen Operationen der heutigen Zeit, wie sie von bestimmten totalitären Regimes eingesetzt werden."* – Noriega

Mit jeder Woche, die Noriega länger an der Macht blieb, wurde seine psychologische Kriegsführung mehr, und die amerikanischen Bemühungen weniger überzeugend. Die Soldaten hatten schon so viele Drohungen von den Amerikanern gehört, aber

Noriega war trotzdem noch an der Macht, und das führte dazu, daß sich unter seinen Truppen ein mystisches Geheimnis um ihn verbreitete. In der Welt des karibischen Aberglaubens und Noriegas eigener sorgfältig kultivierter Welt eines orientalischen Mystizismus fingen seine Soldaten an Noriegas Unverwundbarkeit zu glauben an. Das steigerte ihre Angst vor ihm nur noch mehr. Warum sollte man sich gegen einen Mann auflehnen, mit dem nicht einmal die Amerikaner fertig wurden?

„Was die psychologische Kriegsführung betraf, waren wir hoffnungslos unterlegen", sagte Korvettenkapitän Stephen Bloch, ein Geheimdienstoffizier der Flotte im US-Southern Command. Bloch merkte an, daß Noriega innerhalb seines G-2 eine ganze Division hatte, die sich nur mit psychologischer Kriegsführung befaßte, während sich im Southern Command nur zwei Offiziere damit beschäftigten.

Bloch hatte feststellen müssen, daß viele seiner Pläne für eine psychologische Konfrontation mit Noriega in Washington abgeblockt wurden, wo man sich mit der Idee der psychologischen Kriegsführung immer noch nicht recht anfreunden konnte. General Frederick Woerner hatte im März 1988 Washington beispielsweise vorgeschlagen, daß das Southern Command eine Psy-Ops-Operation gegen Noriega starten sollte, aber diese Idee war zurückgewiesen worden, so wie ein Vorschlag Woerners, alle Angehörigen amerikanischer Soldaten aus Panama City zurückzuziehen – eine List, die dazu ausersehen war, Noriega unter Druck zu setzen, indem man ihm demonstrierte, daß die USA alles für einen großen Schlag vorbereiteten. Washington lehnte einige dieser Pläne ab und handelte bei anderen ganz einfach nicht. Ranghohe Offiziere wollten die damals gerade laufenden Verhandlungen mit Noriega über seinen Rücktritt nicht stören.

Das Southern Command hatte auch feststellen müssen, daß es so gut wie paralysiert war, wenn es eigentlich auf die psychologischen Maßnahmen Noriegas hätte reagieren sollen. Verstöße gegen die Verkehrsregeln, die Panamaern Strafen von 25 Dollar einbrachten, kosteten amerikanische Soldaten 250 Dollar. Ein Soldat wurde von Offizieren der PDF angehalten und seine amerikanische Freundin wurde vergewaltigt. Noriegas Soldaten hielten amerikanische Schulbusse voller Kinder mit vorgehaltener Waffe an, weil es Unregelmäßigkeiten mit ihren Konzessionen gab, die durch die amerikanischen Sanktionen entstanden waren – schließlich war es Amerikanern verboten, Steuern an Noriegas Regime zu bezahlen. Die grausamste Aktion bestand darin, daß Noriegas Regime einen kopflosen Rumpf in der Hauseinfahrt des panamaischen Rechtsanwalts Marcus Ostrander abgeladen hatte, da der Anwalt großen Druck auf das Regime Noriega ausgeübt hatte, indem er es beschuldigte, die Kanal-Verträge gebrochen zu haben. Der sauber verpackte Leichnam lag nur wenige Meter vom dunklen Kopf entfernt. Die Botschaft war nicht subtil, aber sie war wirksam.

In jedem dieser Fälle reagierten die USA entweder überhaupt nicht oder nur langsam und wirkungslos. „Weil wir nicht handeln wollten, verloren wir an Boden", sagte Bloch. „Noriega nagte unsere Vertragsrechte immer mehr an."

„Die Wirkungslosigkeit der amerikanischen psychologischen Kriegsführung wurde bereits ausreichend demonstriert. Ihre Radiosendungen führten dazu, daß Städte, die von den Sowjets beherrscht wurden, zu rebellieren anfingen.

Als sich diese Rebellion dann in Ungarn und der Tschechoslowakei ereignete, ließen die Nordamerikaner sie im Stich. Dasselbe ereignete sich bei der Schweinebucht-Invasion und am 31. März 1975 in Südvietnam. Jetzt vertraut den Nordamerikanern bei solchen Operationen niemand mehr." – Noriega

Noriegas Selbstvertrauen wuchs, während die Moral der Soldaten sank. Sogar nach der Wahl im Mai 1989 hatten die USA wieder einmal keine Idee, was sie jetzt unternehmen könnten, als die Manöver es nicht geschafft hatten, Noriega zu verschrekken. Aber die Manöver mußten abgebrochen werden, weil sie sich als kontraproduktiv erwiesen hatten: Noriega hatte gemerkt, daß die Bedrohung nicht echt war, und andere lateinamerikanische Staaten verurteilten den militärischen Druck der USA.

Die Amerikaner erweckten den Eindruck muskelbepackter Riesen, die versuchten, die lästige Mücke Noriega zu zerquetschen, aber jedesmal, wenn einer der Riesen zuschlug, schien er sich selbst mehr wehzutun als dem General. Noriega reagierte schnell auf jede sich bietende Gelegenheit, während die Führer des Southern Command, die eine Riesenangst hatten, etwas falsch zu machen, sich wegen jeder Entscheidung nach Washington wandten; und von dort kamen die Antworten spät, wenn sie überhaupt kamen.

Trotz der falschen Schritte, die die Amerikaner unternahmen, und trotz Noriegas psychologischer Kriegsführung verschlimmerten sich die Schwierigkeiten, in denen der General steckte, immer weiter. Die wirtschaftlichen Probleme nahmen zu, und die Moral in Noriegas Militär sank. Die Regierung Bush, die dabei versagt hatte, Noriega militärisch einzuschüchtern, beschloß ihre Sanktionen zu verschärfen, um auch seine wichtigsten Unterstützer und Verbündeten zu isolieren. Anfang September gab das amerikanische Finanzministerium eine Liste heraus, auf der alle Mitglieder des Strategischen Militärkommandos und viele andere Funktionäre angeführt waren – sie alle sollten in die Sanktionen, die bisher nur gegen Noriega gerichtet waren, einbezogen werden.

Das dahinterstehende Ziel war dasselbe wie bei den Militärmanövern: man wollte seine Offizierskollegen dazu ermutigen, sich gegen Noriega aufzulehnen und ihn entweder zu töten oder bei einem Putsch zu entmachten. Die US-Geheimdienste waren nicht sicher, ob und wann diese Strategie funktionieren würde, aber sie hatten eben keine andere Strategie - ihre eigenen Geheimdienstkontakte waren so verschwindend gering und ihre Kenntnis der PDF so beschränkt, daß sie nur hoffen konnten, daß ihre Demonstration militärischer Macht, die zunehmende internationale Kritik an Noriega und die neuen Sanktionen die Offiziere davon überzeugen würden, daß Noriega für sie eher von Schaden als von Nutzen wäre.

Als aber amerikanische Maßnahmen und panamaisches Leid im Oktober eine so kritische Lage erreichten, das sie zu einem weiteren Putschversuch führten, mußte Washington feststellen, daß es zu schwerfällig, zu schlecht vorbereitet und zu ungeschickt war, um eine Situation auszunutzen, zu deren Herbeiführung es so viel getan hatte.

„Von Clausewitz schreibt in seinem klassischen Werk ‚Über den Krieg': ‚Je

weniger stark die Streitkräfte sind, desto leichter können sie sich Schlauheit und Intelligenz zunutze machen. ... Die fraglos Schwachen und Kleinen, die sich durch ihre Besonnenheit, Schliche und Gaunerei nicht retten können, erscheinen als letzte Zuflucht.“ – Noriega

Kapitel einundzwanzig

Eine offene Rechnung

Ich mache die Nordamerikaner für den Tod meines Mannes verantwortlich. Sie hätten nur mit ihrer Macht und Ausrüstung protzen müssen, dann hätte sein Putsch funktioniert.

– ADELA BONILLA DE GIROLDI, DEZEMBER 1989

General Manuel Antonio Noriega hatte etwa hundert seiner besten Freunde zur Taufe seiner neuen Enkelin eingeladen. Es war Sonntag, der 1. Oktober 1989. Der Schauplatz war die San Jorge-Kirche, eine geschmacklose, moderne und gnädigerweise recht kleine Kapelle, die er etwa zwei Jahre zuvor innerhalb der sicheren Mauern seines Hauptquartier-Komplexes hatte errichten lassen. Sie stellte seine Antwort an die römisch-katholische Hierarchie dar, die angefangen hatte, sich gegen ihn zu stellen, und war ohne Erlaubnis des Vatikan errichtet worden.

Kurz vor acht Uhr fiel das erste Licht durch die blauen Buntglasfenster auf den Schmuck, der die Hälse und Arme der Frauen panamaischer Millionäre und Politiker zierte, deren Schicksale so eng mit Noriega verbunden waren, daß er sie zu jedem Anlaß bestellen konnte. Ihre Ehemänner umschwärmten den frohlockenden und bereits betrunkenen Großvater und General wie Fliegen, die ihre Nahrungsquelle umkreisen.

Major Moisés Giroldi Vega, der bei diesem Ereignis für die Sicherheit zuständig war, drückte einem Offizierskollegen gegenüber seinen Ekel aus, als er mitansehen mußte, wie nicht weniger als fünf Offiziere die übertriebene Taufzeremonie ausführten. Wenn Noriega schon nicht fähig gewesen war, sich an der gesamten katholischen Kirche zu beteiligen, hatte er doch genug Priester eingekauft, um demonstrieren zu können, daß wenigstens ein gewisser Prozentsatz der Diener Gottes an seiner Seite stand. In Panama schien jeder seinen Preis zu haben. Giroldi glaubte auch den Gerüchten, daß Noriega den Erzbischof von Panama, Monsignore Gregorio Marcus McGrath, erpreßt hätte, den Noriega in Schutz genommen hatte, nachdem der Geistliche einen Mann überfahren und getötet hatte, als er ein paar Jahre zuvor aus einem außerhalb liegenden Dorf betrunken nach Hause gefahren war.

Aber in Wirklichkeit war an dieser Zeremonie nicht besonders viel katholisch. Giroldi schien sie mehr wie die Feier eines Monarchen, der einen großen Schwarm Parasiten um sich versammelt hatte, die ihm huldigen sollten. Das Kind war in ein Taufkleidchen aus Spitze und Satin gehüllt, das viel länger war als das Baby selbst. Noriega benahm sich mehr wie ein König als ein General, dem das Wohlergehen seiner Soldaten und seines Volkes etwas bedeutete.

Dieser selbsternannte König stolzierte zu Giroldi, der sich im hinteren Teil der Kapelle befand und bellte ihm mit einer Stimme, von der er wußte, daß die anderen Anwesenden sie hören mußten, einige Befehle zu. „Wenn Sie amerikanische Hubschrauber in unsere Nähe kommen sehen, dann schießen Sie sie ab", sagte er, und seine Augen waren weit aufgerissen und hatten einen irren Blick. Früher hatte man Giroldis Sicherheitsoffiziere immer angewiesen, Konfrontationen mit den Gringos auszuweichen. Als Noriega Giroldis ungläubigen Gesichtsausdruck bemerkte, bellte er seinen Befehl ein zweites Mal. Dann lachte er, trunken vor Macht und vielleicht auch vom üblichen Old Parr-Whisky.

Major Giroldi lachte mit den anderen, als Noriega seinen Wachen befahl, auf amerikanische Hubschrauber zu feuern, aber innerlich fröstelte es ihn. Er begann zu glauben, daß Noriega, der in letzter Zeit andauernd betrunken war oder sich unter dem Einfluß stimmungsverändernder Spritzen, die ihm sein allgegenwärtiger Arzt verabreichte, zu befinden schien, durch seine Macht so wahnsinnig geworden war, daß er seinen Soldaten befehlen würde, auf Panamaer und – was viel gefährlicher war – auf Amerikaner zu schießen. Giroldi würde später CIA-Agenten berichten, daß er während dieser Tauffeier bei seinem Putsch-Komplott, an dem er nun schon seit einigen Monaten gearbeitet hatte, den Punkt ohne Wiederkehr überschritt.

Noriega hatte sein Offizierskorps genau im Auge behalten, wie ein Elternteil, der Grund genug besitzt, bei seinen Kindern etliche Vergehen zu vermuten. Israelische Geheimdienstkreise hatten ihm drei Wochen zuvor über Michael Harari den Hinweis gegeben, daß ein von den Amerikanern unterstützter Putsch stattfinden sollte.

Aber nicht einmal der Meisterspion Noriega hatte daran gedacht, daß er den sanftmütigen Giroldi verdächtigen müßte, der im März 1988 bei der Abwehr des Putschversuches gegen Noriega als Held hervorgetreten war. Dafür hatte man ihn damals in aller Eile vom Hauptmann zum Major befördert. Er war ein gutaussehender Offizier, dunkelhäutig und mit ausgeprägten Gesichtszügen, der während der Blütezeit des Antikommunismus unter Diktator Anastasio Somoza an einer Militärakademie in Nicaragua ausgebildet worden war. Er war jetzt 38 Jahre alt, und es hatte nie einen Hinweis darauf gegeben, daß er Noriega gegenüber nicht mehr loyal sein könnte. Noriega war bei seiner Hochzeit vor nur einem Jahr in derselben San Jorge-Kirche sein Trauzeuge und Bürge gewesen, als Giroldi – auf Noriegas Verlangen – es anderen Offizieren nachgetan hatte, die ihre Ehen in katholischen Zeremonien, die von Noriegas Marionetten-Priestern geleitet wurden, neu besiegeln ließen. Am tiefsten stand Giroldi jedoch in Noriegas Schuld, da dieser ihn nach einem ernsthaften Streit mit Major Manuel Sieiro, dem Schwager des Generals, in Schutz genommen hatte. Damals war es darum gegangen, wer von ihnen eine Ausbildungsakademie der Verteidigungsstreitkräfte leiten sollte. Anstatt ihn hinauszuwerfen, hatte Noriega Giroldi zum Sicherheitschef für sein Hauptquartier befördert. Giroldi war einer der sechs mit einer Maschinenpistole bewaffneten Männer, denen es Noriega gestattete, sich in seiner Nähe aufzuhalten.

Aber Giroldi, ein ruhiger Typ, dem sich seine Offizierskollegen gern anvertrauten, gewann im Laufe einiger Wochen Verbündete für seinen Plan. Einer von ihnen war Hauptmann Jesús George Balma, der Chef der Spezialeinheiten, der viel für die Planung dieses gewagten Unternehmens tat. Er war ein ehrgeiziger und intelligenter, linksstehender Offizier, der die Amerikaner mit seiner Arroganz verärgert hatte, als er einem gemeinsamen Militär-Komitee angehörte, das mit Panamakanal-Affären befaßt war. Giroldis wichtigster Verbündeter bei seinem Vorhaben war jedoch Major Federico Olechea, ein Freund Giroldis, der die mächtigste Pro-Noriega-Streitmacht befehligte: das Bataillon 2000. Giroldi brauchte Olecheas Unterstützung oder zumindest sein Stillhalten, wenn der Putsch Erfolg haben sollte. Er glaubte sie zu haben, was ihn – unter anderem – zum Handeln veranlaßte. Olechea plante sogar, einen großen Teil seiner Mannschaften weit weg vom Schauplatz des geplanten Putsches nach San José zu verlegen, etwa drei Stunden von Panama City entfernt, von wo aus Noriega sie nicht zu Hilfe würde rufen können.

Die übrigen Risiken, die es bei seinem Putsch gab, konnten nur gemeistert werden, wenn sich die Amerikaner bereit erklären würden, wichtige Straßen zu sperren und Hubschrauber und Flugzeuge daran zu hindern, bestimmte Flugplätze zu verlassen. Zu diesen Risiken gehörten die von den Israelis ausgebildeten Spezialtruppen (UESAT) und die 5. Schützenkompanie in Fort Amador, die von einem der loyalsten Männer Noriegas geführt wurde. Noch beunruhigender war die von Kubanern ausgebildete 7. Schützenkompanie, die ihren Stützpunkt bei Río Ható hatte und in Panama allgemein unter dem Namen Machos del Monte – die „Macho-Männer aus den Bergen" – bekannt war.

Die Hilfe durch die Amerikaner würde nicht besonders kompliziert sein: Giroldi würde die Gringos nur darum bitten, eine ihrer häufigen und viel Lärm um Nichts erzeugenden Militärübungen zu wiederholen. Und Giroldi rechnete mit dieser Hilfe – schließlich hatte ein nicht ganz unauffälliges Geheimprogramm der USA darauf abgezielt, einen Putsch herbeizuführen, und die öffentlichen Stellungnahmen, die besagten, daß Amerika panamaische Putschisten unterstützen würde, überzeugten Giroldi davon, daß Washington auf seiner Seite stehen würde.

Dabei handelte es sich um einen falsche Kalkulation, der einen Kurs der gemeinsamen Handlungsweise mit den Amerikanern in Gang setzen und mit einer Katastrophe enden würde – nach einer Reihe mißverstandener Nachrichten, Pfuschereien bei der Kommunikation, Fehler in der Geheimdienstarbeit, der Entscheidungsunfähigkeit des Präsidenten und einer Verschleierungstaktik nach dem Putsch, bei der die Regierung Bush zuerst versuchte, jede Verwicklung zu leugnen und danach versuchte, einen Mann in Mißkredit zu bringen, der das Wagnis übernommen hatte, eines der schwierigsten außenpolitischen Ziele der Regierung Bush herbeizuführen – den Sturz Noriegas.

Das Trauerspiel zwischen den USA und Giroldi begann, als der aufständische Major sich an seine attraktive Frau wandte, um mit ihrer Hilfe die ersten heimlichen Kontakte zu den Gringos aufzunehmen.

Adela Bonilla de Giroldi war anders als es Ehefrauen lateinamerikanischer Militärs normalerweise sind. Diese schlaue und intelligente Frau verbarg ihre innere Härte unter einer äußeren Schale der Weiblichkeit. Sie arbeitete als Unternehmensmanagerin in der Nationalbank von Panama, wo sie aber eigentlich als Geheimagentin für ihren Ehemann tätig war. Er schickte Soldaten in Zivil auf die Straße, die die Stimmung in Panama City im Auge behalten sollten, indem sie dem Tratsch der Menschen lauschten und sich ihre Nörgeleien einprägten. Seine Frau war dann so etwas wie ein Resonanzboden für ihn, bei dem er das, was er im Hauptquartier erfahren hatte, mit dem verglich, was sie in der Bank zu Ohren bekommen hatte. Gemeinsam sahen sie, wieviele Panamaer Noriega haßten und wie sehr sie gelernt hatten, jeden uniformierten Offizier abzulehnen.

Major Giroldi hielt seine Putschpläne gegen Noriega aber lange Zeit vor seiner Frau geheim. Tatsächlich machte sie sich wegen seiner Geheimtreffen aus ganz anderen Gründen Sorgen. Señora Giroldi hatte ihren Mann im März des vergangenen Jahres bei einem Verhältnis erwischt, und jetzt vermutete sie wegen seiner häufigen Abwesenheit und seinen lahmen Entschuldigungen, daß er diese Affäre wiederaufgenommen hätte.

Sie hatte ihren Mann mit 16 Jahren geheiratet und kannte seine Launen besser als ihre eigenen. Er war angespannt und distanziert geworden. Adela Giroldi drängte ihren Mann dazu, über seine Probleme zu sprechen, aber er antwortete nur mit Schweigen. Das konnte nur heißen, daß eine andere Frau im Spiel war. Er hätte sich eigentlich im ganzen Land umsehen sollen, um eine Farm für die Familie zu erwerben, damit sie ihre eigene Landwirtschaft anfangen könnten. Aber sooft Major Giroldi sagte, daß er auf dem Lande gewesen wäre, um eine Farm zu kaufen, kam er nach Hause zurück, stank nach Rauch und konnte von keiner Farm berichten. In Wahrheit war es zum Codewort für das Einberufen der anderen Putschisten zu Geheimtreffen geworden, wenn er darüber sprach, eine Farm zu kaufen. Adela Giroldi gelangte jedoch zur Überzeugung, daß die andere Frau wieder im Spiel war und fing einen Kampf an, um ihren Gemahl für sich zu behalten.

Sie bestand darauf, ihren anscheinend ehebrecherischen Mann zur Arbeit zu fahren, ihn abzuholen, ihm sein Mittagessen zu bringen und Pläne fürs Wochenende zu machen – und all das, um ihn von einer Verbindung mit der anderen Frau abzuhalten. Schließlich und endlich sah sich Major Giroldi zur Erklärung gezwungen, daß er nicht fremdging, sondern einen Putsch plane. Adela war erleichtert und verängstigt zugleich, besonders dann, als ihr Mann sie bat, die ersten Kontakte zu den Amerikanern herzustellen.

Adela besaß das, was ihrem Mann fehlte: Verbindungen zum U.S. Southern Command. Das Haus der Giroldis befand sich in Diablo Heights, unweit von der Albrook Air Force Base; und eine von Adelas besten Freundinnen arbeitete als Sekretärin eines militärischen Geheimdienstoffiziers. In der Tat hatte die amerikanische Geheimdienstarbeit in Panama wegen der Kontakt-Beschränkungen zum panamaischen Militär einen solchen Niedergang erlebt, daß die besten Berichte, die man kriegen konnte, der Tratsch solcher Frauen waren. „Wir mußten uns darauf beschränken, unsere Informationssammlungs-Tätigkeit über unsere Frauen zu führen“, beschwerte sich damals ein Geheimdienstbeamter. „Einige von ihnen spionierten zwar auch für Noriega, aber das war eben Panama.“ Der Geheimdienstbeamte sagte, daß elf solcher Frauen 1988 von ihren Posten entfernt wurden, weil es Beweise dafür gab, daß sie für Noriega tätig waren.

Aber Señora Giroldis Freundin stand fest auf amerikanischer Seite. Wochenlang hatte sie Adela dazu gedrängt, ihren Mann gegen Noriega aufzubringen, also würde sie auch bereit sein, ihr jetzt zu helfen. Señora Giroldi nahm Anfang September die ersten diesbezüglichen Kontakte mit der Frau auf, als sie andeutete, daß ihr Mann und eine Gruppe anderer panamaischer Offiziere mit einem Mann aus dem Southern Command, der „Entscheidungen treffen könne“, sprechen wollten.

Das Treffen wurde für das folgende Wochenende Mitte September anberaumt – zwischen zwei CIA-Beamten und zwei oder drei panamaischen Offizieren. Nach den Aussagen amerikanischer Funktionäre zu schließen, bekam Major Giroldi jedoch anscheinend kalte Füße. Das Treffen kam nie zustande. Die Kontakte zwischen den beiden Frauen bestanden jedoch weiter, aber die Amerikaner stießen in dieser Hinsicht nicht aggressiv nach. Sie vermuteten eine Verschwörung Noriegas, mit der sie aus der Reserve gelockt werden sollten. Auch Adela de Giroldi nahm an, daß die Abenteuerlust ihres Mannes vergangen sei.

Das änderte sich erst am Freitag, dem 29. September, als Adela de Giroldi ungeduldig in ihrem Schlafzimmer wartete – schon angekleidet für den Besuch eines Akkordeonkonzerts im Atlapa Convention Center. Ihr Mann kam zu spät nach Hause, als daß sie den Beginn des Konzerts noch würde hören können, und sie explodierte vor Wut, als er zur Tür hereinkam. Sie verdächtigte ihn immer noch, sich eine Geliebte zu halten. Major Giroldi ging zum Kühlschrank, holte eine kalte Dose Bier heraus und legte sie sich als Eisbeutel auf Hals und Gesicht, als er seiner Frau erzählte, daß er und andere Offiziere, die sich in einem Veteranenklub in Corundu getroffen hatten, die endgültigen Pläne für ihren Putsch gemacht hatten. Noriega gab bereits Befehle aus, auf Zivilisten zu schießen, wenn sie das nächste Mal protestieren sollten. „Es wird der Tag kommen, an dem wir unsere Leute erschießen müssen“, sagte er. „Wir müssen dem ein Ende machen.“

Die Giroldis kamen zu spät zum Konzert, da sie ihre Freunde nicht durch ihre Abwesenheit beunruhigen wollten. Adela wollte tanzen, aber ihr Mann weigerte sich. Also sprach sie mit einem anderen Mann. Nervös und wütend beschuldigte Major Giroldi seine Frau der Herumflirterei und stürmte aus dem Tagungszentrum. Bei dieser Taktik handelte es sich in Panama um einen glaubwürdigen Akt, der ihm mehr Zeit gab, sich mit den Aufständischen zu treffen und seinen Plan weiter auszuarbeiten.

Major Giroldi kam erst nach Mitternacht nach Hause. Er wälzte sich unruhig im Bett herum und Adela versuchte ihn zu beruhigen. Sie fragte ihn, ob Noriega getötet werden solle. Würde Giroldi selbst in Gefahr gebracht werden? „Es wird keinen einzigen Toten geben“, versicherte Major Giroldi seiner Frau. Er sagte, daß er Noriega, sollte dieser nicht still und leise zurücktreten, den Gringos für eine Gerichtsverhandlung übergeben würde.

„Es ist alles unter Kontrolle. Ich brauche nur eines. Ich brauche deinen Kontakt zu den Amerikanern."

Sie liebten sich leidenschaftlicher, als sie es seit Monaten getan hatten. Jetzt war die Gefahr Giroldis einzige Geliebte, dachte Señora Giroldi.

Samstag Mittag fuhr Adela de Giroldi in den schicken Bezirk La Boca, unter der Bridge of the Americas, wo ihre Freundin wohnte. Adela bewegte diese Freundin, eine Amerikanerin, die beim US-Geheimdienst tätig war, dazu, sich Informationen über die Absichten der Amerikaner zu verschaffen. Wenn sie jemals aus Panama wegziehen sollte, dann würde Adela ihre Familie ebenfalls aus dem Land schaffen. Aber nun war Adela die, die beobachtet werden mußte. Es war das erste Mal, daß sie ihrer Freundin sagte, daß sie der Ansicht wäre, Noriega müsse gehen. Sie wollte die Reaktion der Amerikanerin darauf sehen, aber sie wartete noch damit, das Ansuchen ihres Mannes um einen Kontakt zu übermitteln.

Erst nach der Taufe am Sonntag standen Major Giroldis Pläne fest. Er kam kurz nach 11 Uhr nach Hause und ging gleich wieder weg, um sich mit den anderen Rebellen zu treffen und mit ihnen die endgültigen Grundlagen zu besprechen. Er wirkte aufgeregt und optimistisch, als er gegen 17 Uhr wieder heimkam. Die Gefahr schien wie Adrenalin auf ihn zu wirken. Er gab seiner Frau ausführliche Instruktionen darüber, was sie von den Amerikanern verlangen sollte, und sie machte sich auf den Weg zum Haus ihrer Freundin, aber ihr grauer Mitsubishi-Lieferwagen stand nicht in der Einfahrt. Sie wartete nervös mehr als eine Stunde, bevor ihre Freundin wieder nach Hause kam; und es dauerte eine weitere Stunde, bis sie das Treffen arrangieren konnte, das Major Giroldi wollte. Die Sekretärin konnte ihren Chef nicht erreichen, weil er sich außerhalb der Stadt befand, also rief sie ihren Vater an, der die Sekretärin von General Maxwell Thurman kannte, welcher wiederum in der Nacht zuvor die Führung des Southern Command übernommen hatte.

Thurman schickte einen seiner Obersten, der Adela de Giroldi überprüfen sollte. Nachdem dieser zufriedengestellt und der Ansicht war, daß die Frau des Interesses des CIA würdig wäre, ging er wieder, um ein Treffen mit Geheimagenten zu arrangieren. Weniger als eine halbe Stunde danach rief er wieder im Haus der Freundin an. „Die Bohnen kochen schon", sagte er in einem improvisierten Code. „Sie werden bald serviert werden, und sie sollten den Köchen vertrauen."

Kurz nach 19 Uhr lächelte Adela de Giroldi, als zwei sehr amerikanisch aussehende CIA-Agenten (obwohl sie sich nicht als solche zu erkennen gaben) das Haus ihrer Freundin betraten. Die Sekretärin lebte mit einer anderen Frau zusammen und das Haus strotzte vor sehr weiblich aussehenden Pastellfarben und viel Rosa; reich verzierte Spiegel zierten die Wände. Die beiden CIA-Agenten schienen seltsam fehl am Platze zu sein. Sie waren ein Pärchen wie Pat und Patachon. Einer war außerordentlich großgewachsen, muskulös, mit dunklem Haar und einem dichten Schnurrbart. Er sprach fließend Spanisch mit mexikanischem Akzent. Der andere war blond und schlanker. Er sprach überhaupt nicht, sondern hörte nur zu. Es war das erste Mal, daß Señora Giroldi glaubte, die Verschwörung gegen Noriega könnte Wirklichkeit werden.

„Mein Mann möchte, daß sie drei Flughäfen überfliegen, sobald der Putsch begonnen hat – Chiriquí, Paitilla und Tocumen“, sagte sie. „Und er will, daß sie alle Zufahrtsstraßen zum Hauptquartier absperren.“ Die beiden Männer machten sich Notizen.

Und wer ist ihr Mann? fragte der Größere.

„Major Giroldi“, antwortete sie.

Der CIA-Mann buchstabierte den Namen auf seinem Notizblock falsch.

Wo arbeitet er? fragte der CIA-Agent, ein Mann, der erst relativ kurz auf seinem Posten war.

Adela de Giroldi war überrascht, daß diese Männer nicht mehr über ihren Mann wußten. Sie wäre noch enttäuschter gewesen, hätte sie gewußt, daß es ihre Aufgabe gewesen wäre, genau solche Dinge zu wissen. Aber nichtsdestotrotz beantwortete sie geduldig ihre grundlegenden Fragen. Sie leitete auch die Bitte ihres Mannes um ein privates Treffen mit einem Mann weiter, der „Entscheidungen treffen könne“, damit er dort bekräftigen könne, was er brauche. Als sie den Amerikanern in die Augen sah, fürchtete sie aber, daß sie sie nicht ernst nahmen.

Einige Wochen nach dem Putschversuch ihres Mannes saß sie inmitten großstädtischer Verwahrlosung in einem nichtssagenden Neubau in Miami und war überrascht, als sie erfuhr, daß ihre Wiedergabe der Gespräche mit den CIA-Beamten der Version der Regierung Bush widersprach. Da sie selbst die Bush-Fassung der Ereignisse nicht kannte und in solchen Dingen relativ unerfahren war, gibt es nur wenig Grund, daran zu zweifeln, daß Mrs. Giroldi die Wahrheit gesagt hat und daß amerikanische Funktionäre ihren Bericht darüber, was Giroldi von ihnen verlangt hatte, für die Öffentlichkeit etwas umarbeiteten, um zu verschleiern, wie schwer sie ihm gegenüber versagt hatten.

Am meisten widerspricht Mrs. Giroldis Behauptung der Version der Regierung Bush, daß sie von den USA forderte, *todas las vías* unpassierbar zu machen – „sämtliche Straßen“ – über die Rettungstruppen Noriega erreichen könnten. Sie behauptet, sie hätte diese Phrase den CIA-Männern gegenüber mehrmals wiederholt. Die USA behaupten, daß Giroldi nur um die Sperre zweier Straßen gebeten hätte. Dieser Punkt ist wichtig, weil die Soldaten, die Noriega schließlich retten sollten, über eine dritte Straße kamen, die die Amerikaner offen gelassen hatten. „Warum hätte mein Mann nur ein oder zwei Straßen gesperrt haben und seinen Feinden die Möglichkeit geben sollen, andere zu benutzen?“ fragte sie ungläubig.

Señora Giroldi behauptet auch, daß sie darum gebeten hätte, daß die USA aus der Luft die drei Flugfelder unter Kontrolle halten sollten, die eine Schlüsselrolle beim Putsch spielen würden – aber die Amerikaner ließen ihre Flugzeuge nicht starten. Ihre Behauptung widerspricht direkt der der USA, daß keine Anforderung zur Luftüberwachung an sie ergangen sei. Auch dieser Punkt ist bedeutend, da die Dschungel-Elitetruppe, die Noriega rettete, auf dem Luftweg am Flughafen Tocumen ankam, während amerikanische Offiziere ihre Ankunft betrachteten, erst auf den Radarschirmen und dann durch Feldstecher.

Aber Señora Giroldi muß auch eingestehen, daß ihr Mann etwas Wichtiges übersehen hatte. Er glaubte, Noriega mit Worten davon überzeugen zu können, die

Macht aufzugeben, und arbeitete an diesem Abend keinen Plan dafür aus, wie die Amerikaner den General in ihre Obhut nehmen sollten. In einem Interview mit dem *Miami Herald*, das später geführt wurde, widersprach sie jedoch der US-Version, daß Giroldi beharrlich gesagt hätte, er würde Noriega unter keinerlei Umständen aufgeben. „Mein Mann sagte, daß sie Noriega entweder den Amerikanern übergeben oder ihn töten müßten", sagte sie. „Er sagte, daß er ihn nicht töten wollte, weil das nicht in seiner Natur lag."

Nachdem sie die Forderungen ihres Mannes im Laufe einer einstündigen Sitzung an die CIA-Männer weitergeleitet hatte, sagte Mrs. Giroldi, daß sich ihr Mann mit jemandem treffen wollte, der „Entscheidungen treffen könne". Er wollte den Mann in Augenschein nehmen können, der eine Versicherung für den Erfolg seines Putschs sein würde. Die CIA-Beamten wollten natürlich auch Giroldi persönlich überprüfen, also schickten sie seine Frau los, um ihn zu holen, und schlugen vor, daß General Maxwell Thurman hier sein könnte, sobald sie zurück wäre.

Aus einer am Rückweg liegenden Telefonzelle rief sie im Hauptquartier ihres Mannes an. „Deine Sandwiches sind fertig", sagte sie in einem vorher vereinbarten Code. „Genauso wie du sie wolltest."

„Warum bringst du sie nicht einfach rüber?" entgegnete Giroldi daraufhin so gelassen wie möglich.

Ein paar Minuten später holte Adela ihren Mann aus seinem Büro ab, wo er sonntäglich bekleidet auf sie wartete – in weißen Shorts, Tennisschuhen und einem T-Shirt. Nach etwas beiläufigem Geplauder in seinem Büro fuhren sie auf den Parkplatz einer Bank in der Nähe ihres Hauses. Dort wechselten sie die Autos und fuhren weiter zum Haus der Sekretärin. Als Major Giroldi aber dort ankam, war General Thurman noch immer nicht anwesend. Adela Giroldi glaubte auch nicht, daß die CIA-Männer in der Zwischenzeit irgendetwas unternommen hatten.

Die CIA-Männer sagten, daß sie mit Major Giroldi eine Spazierfahrt unternehmen wollten. Er weigerte sich, da er ihnen nicht hundertprozentig traute. Die Geheimdienstbeamten wollten jedoch nicht innerhalb des Hauses bleiben, da sie Giroldi mißtrauten. Aber dieser wollte nicht einmal in ihr Auto steigen. Also schlossen sie einen Kompromiß, indem sie sich in den in der Einfahrt abgestellten grauen Mitsubishi der Sekretärin setzten und dort redeten. Ihr Treffen dauerte nicht länger als eine Viertelstunde; der aufständische Major, der große Angst vor einer Entdeckung hatte, hielt es kurz.

Da er wußte, daß seine Frau bereits die meisten Einzelheiten seiner Forderungen übermittelt hatte, stellte Major Giroldi klar, daß er die Hilfe der USA so begrenzt und so unauffällig wie möglich halten wollte. „Ich will eine panamaische Revolution", sagte er. Die amerikanischen Aktionen während der letzten zwei Jahre hatten die Militäroffiziere so gegen die USA verbittert, daß die Rebellen mehr Chancen haben würden, Verbündete für sich zu gewinnen, wenn sie bei dem im eigenen Lande entstandenen Putsch bleiben könnten. Als ihn die CIA-Agenten fragten, ob der Putsch von ihrer Hilfe abhinge, antwortete er, daß dem nicht so wäre. Er würde Noriega aus seiner Machtposition zu entfernen versuchen, ob die Gringos ihm nun halfen oder nicht. Aber ohne die Gringos wären seine Erfolgschancen eben weitaus geringer.

Ein hochrangiger Offizier des US-Militärs sagte später, daß die CIA-Männer ohne deutliche Instruktionen zu den Treffen mit den Giroldis gegangen wären – abgesehen von zwei Dingen: Sie sollten nur zuhören – und weder Ratschläge geben noch Versprechen machen – und sie sollten eine amerikanische Verwicklung in jeden Putschversuch vermeiden, der eventuell mit Noriegas Tod enden könnte.

Trotz der langen Monate, in denen man PDF-Offiziere dazu ermutigt hatte, einen Putsch gegen Noriega auf die Beine zu stellen, hatte man diesen CIA-Männern keine deutlichen Anweisungen gegeben, den Putschisten zu helfen.

Tatsächlich hatte die Regierung Reagan den Restriktionen des Senats-Geheimdienstkomitees über einen Putsch gegen Noriega zugestimmt, die so streng waren, daß Bush theoretisch den Diktator von Panama vorher hätte informieren müssen, wenn er gewußt hätte, daß eine Operation geplant war, die zu Noriegas Tod hätte führen können – was bei jedem Putsch wahrscheinlich war.

„Der Effekt unterm Strich war, daß US-Funktionäre nervös waren, wenn sie auch nur im selben Zimmer mit Panamaern sitzen mußten, die miteinander über Putschpläne sprachen, da sie Angst haben mußten, damit gegen ein Gesetz zu verstoßen“, sagte ein Regierungsbeamter. „Uns waren die Hände gebunden, und in der Atmosphäre nach dem Iran-Contra-Skandal wollte niemand einen falschen Schritt machen.“

Als die CIA-Agenten, die jetzt übervorsichtig waren, die Schwächen in Giroldis Plan entdeckten, bissen sie sich auf die Lippen. Dies war nicht mehr William Caseys CIA, in dem die Agenten nach Gelegenheiten zu Geheimaktionen Ausschau hielten. Dies war Judge William Websters CIA, wo alles genau nach Vorschrift ablief.

„Ihre Befehle lauteten, daß sie jedem, der einen Putsch plante und sich damit an sie wandte, einfach nur zuhören sollten“, sagte ein Geheimdienst-Funktionär. „Sie sollten diesen Leuten keine Vorschläge und keine Hilfe anbieten. Sie sollten nicht einmal Fragen stellen, die weiterhelfen könnten. Man fragte uns nicht um unsere Meinung und wir stellten sie auch nicht zu Verfügung.“

Diesen Anweisungen zufolge machten die CIA-Agenten jedoch klar, daß sie nicht bei einem Plan behilflich sein konnten, der zu Noriegas Tod führen könnte. Amerikanische Funktionäre waren später darüber besorgt, daß diese Warnung eine Rolle bei Giroldis Entscheidung gespielt haben könnte, Noriega nicht zu töten – da er Angst hatte, daß im Falle einer Ermordung Noriegas die USA ihre Unterstützung zurückziehen würden. „Wie sonst hätte ein Panamaer, der dieses ganze Hin und Her im Kongreß nicht verstand, unsere Warnungen bei diesem Treffen von einer halben Stunde Dauer interpretieren sollen?“ fragte ein Beamter des Geheimdiensts.

Noch wichtiger war, daß die CIA-Männer den Männern, die den Putsch planten, keine sichere Art der Funk- oder Telefonkommunikation anboten – wieder einmal sprachen die Gesetze dagegen. Sie gaben Giroldi ein oder zwei Telefonnummern und sagten ihm, daß er diese im Notfall benutzen sollte. Es war fast unmöglich, diese Nummern aus Panama City zu erreichen, sogar in Zeiten, in denen alles in Ordnung war. Aber Giroldi schien sich wegen dieser unzureichenden Möglichkeiten zur Kontaktaufnahme keine besonderen Sorgen zu machen. Die US-Beamten fragten, ob Giroldi ihnen eine Nummer geben könnte, unter der er zu erreichen sei. Er lehnte das ab, da er die Integrität seines Putschs aufrechterhalten wollte.

Für die Agenten war es problematisch, über diesen Kontakt nach Washington und an General Thurman zu berichten. Sie wußten nur wenig über Giroldi, konnten nicht einmal seinen Namen richtig schreiben. Da es ihnen an sicheren Informationen mangelte, verließen sich die CIA-Männer also auf ihre Instinkte.

Sie waren davon überzeugt, daß es sich nicht um eine Falle handelte, da Giroldi solche Angst gezeigt hatte, als er sich mit ihnen traf. Er zitterte und seine Augen warfen nervöse Blicke durchs ganze Haus, in dem es aussah wie in einer typischen amerikanischen Vorstadtsiedlung: ein Videogerät, billige Kunstdrucke, Möbel aus dem Kaufhaus und ein Regal voller Taschenbücher. Ihm gefiel es hier nicht. Während ihres Treffens mit ihm trugen die CIA-Männer Wörter wie „ängstlich" und „nervös" in ihre Notizbücher ein, um den Rebellen-Major zu beschreiben, als er gerade seine Pläne schilderte. Sollte Giroldi ein Provokateur sein, dann wäre er ein verdammt guter Schauspieler, dachten sie. Außerdem schenkten sie Giroldi wegen seiner Beharrlichkeit Vertrauen, daß die Teilnahme der USA beschränkt bleiben und erst beginnen sollte, nachdem sein Putsch angefangen hatte. Seine Bitte, daß das Southern Command seine Familie am Morgen des geplanten Putschs auf dem Stützpunkt aufnehmen sollte, machte sie ihrer Sache nur noch sicherer.

Am Montag, dem 2. Oktober, kurz nach 2.30 Uhr Washingtoner Zeit, leitete General Thurman Giroldis Pläne und Ansuchen an Generalleutnant Colin Powell, den Vorsitzenden der Vereinigten Stabschefs, weiter. Thurman hatte nicht damit gerechnet, daß er so bald einer solchen Herausforderung gegenüberstehen würde, und ebenso erging es Powell. Es war erst Thurmans zweiter Arbeitstag auf diesem Posten – und Powells erster. Powell weckte Verteidigungsminister Richard Cheney mit den Neuigkeiten und rief um 3 Uhr Brent Scowcroft, Bushs Nationalen Sicherheitsberater, an.

Am Montag, noch vor Tagesanbruch, hatten Thurman und der Leiter des Armeekontingents des Southern Command, Brigadegeneral Marc Cisneros, Traktoren und Planiermaschinen an den Rändern der Straße Aufstellung nehmen lassen, die über die Bridge of the Americas führt, und am Tor von Fort Amador vorbeigeht. Gegen sechs Uhr früh hatten US-Marines, die im Mai aus Camp Lejeune nach Panama versetzt worden waren, beim Tanklager von Arraijan Stellung bezogen, wo sie die Machos del Monte aufhalten würden, wenn sie versuchen sollten, Noriega zu retten, indem sie die Straße sperrten, die zur Bridge of the Americas und nach Panama City führte. Und um 8 Uhr waren 12 Transporthubschrauber des 5. Bataillons, 87. Infanteriekompanie, auf dem Fort Amador-Golfplatz gelandet, um es dort auf eine Kraftprobe mit der 5. Schützenkompanie wegen geplanter „Manöver" ankommen zu lassen. (Einer der Golfer, der nur mehr zwei Löcher zu spielen hatte, drohte mit einem Schläger auf einen der Soldaten loszugehen.)

Um 9.40 Uhr war ihr geplantes Training zu Ende, aber der Putsch hatte noch immer nicht angefangen, also erhielten die Truppen den Befehl, während des ganzen Tags in voller Schlachtmontur – unter der Sonne Panamas – an ihren Standorten zu bleiben. Einige der Offiziere waren besorgt, daß die USA sich damit verraten könnten.

„Wir befanden uns in einer vorbeugenden Position", sagte ein Offizier, der für die Logistik verantwortlich war.

Präsident Bush nahm diese vorbeugende Position ein paar Grade zurück, als er Montag früh informiert wurde.

Präsident Bush erfuhr bei seiner Informationssitzung um 8 Uhr das erste Mal von den Putschplänen. Im Rahmen einer Konferenzschaltung eine halbe Stunde später erfuhr er weitere Einzelheiten – von Baker, Cheney und Scowcroft, der das Gefühl hatte, daß die Situation ernst genug wäre, um eine größere Sitzung im Oval Office um 9 Uhr erforderlich zu machen. Der ursprünglichen Gruppe schlossen sich Vizepräsident Dan Quayle, Powell, Bushs Stabchef John Sununu, zwei hochrangige Funktionäre aus dem Außenministerium und drei Generale an. CIA-Direktor William Webster befand sich außerhalb der Stadt, also agierte Scowcrofts Stellvertreter Robert Gates – ein ehemaliger CIA-Boß – als de facto-Repräsentant der Interessen des CIA.

Keiner der Kabinettsbeamten konnte Bush viel über die Putschisten erzählen. Der Präsident zeigte sich über diesen Informationsmangel frustriert, gab Giroldis Forderung nach begrenzter Hilfe jedoch trotzdem seinen Segen. „Wir sollten das tun, worum sie uns gebeten haben", sagte Bush. Seine dahinterstehende Logik war, daß es für Zivilisten einfacher sein würde, die Demokratie zu fördern, wenn der Militärführer nicht mehr Noriega hieße, und da es niemand anderen gab, der eine solche diktatorische Macht ausüben könnte. Daher sagte Bush: „Wir werden darum gebeten, etwas zu tun, daß wir routinemäßig ohnehin tun."

Dennoch drückten Bush und seine Assistenten genug Vorsicht aus, was das Riskieren amerikanischer Leben betraf, so daß Powell und seine Generale ihren Post-Vietnam-Instinkten folgten und eine militärische Konfrontation um jeden Preis zu vermeiden suchten.

Verteidigungsminister Richard Cheney vergrößerte diese Vorsicht nur, indem er Giroldis Aufrichtigkeit in Frage stellte. „Die Person, die angeblich hinter der Planung dieses Putsches stand, war die einzige Informationsquelle, die wir besaßen, und er war ein bekannter Vertrauter und Kumpel Noriegas", sagte Cheney später.

Außenminister James Baker sorgte sich über gesetzliche Schwierigkeiten mit dem Kongreß wegen der Verhütung eines politischen Mordes. „Holt die Anwälte", sagte Baker, als ihm von dem Putsch berichtet wurde.

Bei dieser Sitzung wurden die Alternativen einer amerikanischen Reaktion nicht besonders ausführlich besprochen. Nur eine Viertelstunde nach Beginn der Diskussion betrat ein Assistent mit der Nachricht den Raum, die besagte, daß der Putsch verschoben worden war. Die Nachricht gab keine Auskunft darüber, auf wann. Die Sitzung wurde vertagt. Warum sollte man mehr von der verplanten Zeit des Präsidenten für einen nicht stattfindenden Putsch in Anspruch nehmen. „Es war ausgesprochen offensichtlich, daß nichts so passieren würde, wie es angekündigt worden war", sagte ein Funktionär, der bei der Sitzung anwesend war. Es gab manche, die bezweifelten, daß der Putsch überhaupt stattfinden würde. „Man neigte dazu, zu glauben, daß es sich nur um einen weiteren der regelmäßigen Putschberichte handelte, die wir immer wieder bekamen."

Während dieser kurzen Sitzung wurde nur sehr wenig entschieden. Hochrangige Offiziere sprachen nicht im einzelnen darüber, wie weit die Einmischung des amerikanischen Militärs gehen sollte – die Schlüsselfrage, der sie einen Tag danach gegenüberstehen sollten. „Man kann eine solche Entscheidung nicht treffen, wenn man die Umstände nicht kennt", sagte Cheney später zu seiner Verteidigung. „Man wußte nicht, wieviele Leute auf Giroldis Seite standen. Man wußte nicht, ob er es schaffen würde, Noriega zu ergreifen. Man wußte nicht, ob man sich mitten in einem panamaischen Bürgerkrieg wiederfinden würde. Es gab einfach viel zu viele Unsicherheiten."

Als der Putsch jedoch 24 Stunden später losging, hinderte der Mangel an genauer Vorbereitung vom Montag Bush daran, schnell zu reagieren. Die in Panama stationierten Einheiten warteten vergeblich auf präzisere Direktiven. „Wir hätten damals mehr ins Detail gehen sollen", sagte einer der Informationsbeamten. „Dieses Versäumnis hat uns später viel gekostet."

In Panama, später am selben Montag, bekam General Thurman kalte Füße. Er hatte erst vor kurzem seinen Posten angetreten und begann jetzt Verdacht zu schöpfen, daß General Noriega plante, ihn – und die Vereinigten Staaten – zu demütigen. Als der Putsch am Montagmorgen nicht stattfand, wurde Thurman noch nervöser. „Noriega stellt eine Falle für mich auf", sagte er zu einem Offizier. „Sie wollen mich reinlegen. Er will mich in eine peinliche Situation bringen." Thurman stellte fest, daß Francisco Rodriguez, Noriegas neuester Marionetten-Präsident, sich gerade in New York bei den Vereinten Nationen aufhielt. Er hatte die Theorie, daß Noriega seine Überlistungsaktion für einen Zeitpunkt anberaumt hatte, an dem die Generalversammlung der Vereinten Nationen gerade tagen würde, damit die ganze Welt zusehen könnte.

„Er glaubte, daß es nur um ihn ginge und erkannte nicht, daß es sich hier um Panama drehte", beschwerte sich einer seiner ranghöheren Offiziere später. „Menschen riskierten ihr Leben und er hatte Angst, in etwas Peinliches hineingezogen zu werden. Was für ein enormes Ego man dazu braucht! Und sein Stab nährte diese Gefühle nur."

Thurman hatte mit 58 Jahren seine geplante Pensionierung verschoben, um das Kommando von General Frederick Woerner zu übernehmen. Thurman war ein Soldat und Krieger, der kaum Fragen stellte und den Befehlen aus Washington gehorchte. Es ging das scherzhafte Gerücht, daß er sein ganzes Leben lang ledig geblieben wäre, da er mit der Armee verheiratet war, und sich nur freinahm, um am Sonntag die Messe zu besuchen. In Panama bewies Thurman, daß sein Ruf nicht erfunden war. Er betrachtete seinen neuen Posten als Kriegspflicht und stellte seine etwa 12 000 Soldaten – von denen viele noch nie ihre Büros verlassen hatten – in Schlachtordnung auf. Seine erste Handlung, nachdem er am Sonntag das Kommando übernommen hatte, bestand darin, von allen Soldaten und Offizieren zu verlangen, daß sie Kampfuniformen in Tarnfarben (BDU – Battle Dress Uniforms) trugen. Ein Offizier des Marinegeheimdienstes beklagte sich darüber, daß er den Morgen, für den der Putsch geplant war, damit verbringen mußte, eine Uniform in seiner Größe zu finden. Thurmans zweiter Befehl bestand darin, die Verkaufsautomaten aus dem Gebiet in der Nähe vom „Tunnel" zu entfernen – dem langen Gang, der in die Flanke des Quarry Heights-Hügels gegraben worden war und in dem Offiziere Informationen sammelten und weiterleiteten. Das Gebiet rund um die Automaten war ein Ort, an dem die Offiziere rauchten und sich während ihrer Pausen entspannen konnten, aber Thurman sah in einem solchen Ort, wo Offiziere zu unvorsichtig miteinander plaudern konnten, ein Sicherheitsrisiko.

Dazu kam, daß Thurmans neuer Stab, dem es an Lateinamerika-Spezialisten mangelte, die Ratschläge der altgedienten Profis, die unter Woerner im Southern Command gedient hatten, solange arrogant mißachteten, bis Thurman dann mitten während des Putschversuchs dringend den Rat dieser Experten benötigte. Der Mangel an Erfahrung rund um Thurman war sofort offensichtlich. Er wandte sich in der abhörsicheren Geheiminformationszone an hochrangige Berater und bat darum, daß der ranghöchste Lateinamerika-Experte sich melden sollte. General Michael Schneider, der Leiter der Geheimdienst-Abteilung J-2 im Southern Command, ergriff das Wort. Aber leider befand sich auch General Schneider erst seit zwei Monaten in Panama. Seine Offiziere machten sich Sorgen darüber, daß man einen Mann wie Giroldi unterstützen wollte, der nie zu den Geheimdienst-„Aktivposten“ Washingtons, also den Informanten, gehört hatte. Sie wußten kaum etwas über ihn. Als die USA in Lateinamerika noch stärker in die Putsch-Szene verwickelt waren, handelte es sich beim Anführer eines versuchten Staatsstreichs normalerweise um einen Mann, den die Amerikaner kannten und der häufig schon auf ihren Gehaltslisten stand. Dieser Putsch paßte nicht ins Muster.

Giroldi steigerte ihre Zweifel, als er den Putsch nicht zum frühesten angegebenen Zeitpunkt durchführte: Er befürchtete sowohl, daß Noriega hinter seine Pläne gekommen sein könnte und daß die USA ihn nicht unterstützen würden. Außerdem wußte er nicht, wo sich Noriega zu der Zeit, als der Putsch hätte beginnen sollen, gerade aufhielt.

Thurman blieb von der Morgendämmerung bis Mitternacht im Tunnel und wartete auf Informationen und Aktionen. Seine Zweifel wurden nach Washington übermittelt, wo sie auf ihrem Weg durch die Bürokratie immer weiter aufgeblasen wurden. Thurman nährte die typische Übervorsicht, die in Washington existierte – wo die politischen Risiken des Handelns immer größer sind als die des Nichthandelns.

Spät am Montag begann man sich in Washington Sorgen darüber zu machen, daß man mit Rebellen in Verbindung gebracht werden könnte, die sich nicht eindeutig zur Demokratie bekannten. Bush schickte durchs Southern Command eine Botschaft an Mrs. Giroldi, daß Washington eine Erklärung über demokratische Prinzipien wolle – sowie über die Suche nach internationaler Unterstützung bei der ersten Stellungnahme der Putschisten, nachdem sie an die Macht gekommen waren. Es wäre mit Sicherheit von Vorteil, sollten sie sagen, daß sie für neue Wahlen einträten, die dann von der Organisation Amerikanischer Staaten überwacht werden würden.

Giroldi betrachtete diese Botschaft und andere Neuigkeiten vom Montag als Washingtons zustimmendes Nicken auf die Frage, ob das Southern Command helfen würde. Man hatte ihm gesagt, daß er nicht auf eine noch deutlichere Botschaft warten solle. Das Southern Command verständigte die Panamaischen Verteidigungsstreitkräfte, wie die Panamakanal-Verträge das erforderten, um 18 Uhr davon, daß es für den folgenden Morgen Übungen motorisierter Einheiten bei Fort Amador und der Howard Air

Force Base plane. Für Noriega war dies nur ein weiteres der häufigen amerikanischen Manöver, die darauf abzielten, ihn zu verunsichern. Für Giroldi hingegen war es das Zeichen zum Losschlagen. Die Amerikaner würden die zum Hauptquartier führenden Straßen sperren. „Wir signalisierten ihnen durch unsere Handlungweise, daß wir uns nicht gegen ihr Losschlagen stellen würden", sagte ein Beamter des Weißen Hauses später.

Adela de Giroldi drehte sich in dieser Nacht im Bett zu ihrem Mann, der ihr entspannter vorkam als in den Wochen zuvor. Er war erleichtert, daß endlich die Zeit zum Handeln gekommen war. „Wenn du das tust, wirst du Noriega töten müssen", sagte Adela zu ihrem Mann.

Giroldi versicherte seiner Frau, daß das nicht nötig sein würde, da die Amerikaner doch ihren Teil der Abmachungen erfüllen würden. „Noriega wird begreifen, daß er abtreten muß", sagte Major Giroldi. „Es ist nicht notwendig, ihn zu töten."

Was Giroldi aber nicht wußte, war, daß seine amerikanischen Verbündeten seit seinem Treffen mit den CIA-Agenten am Sonntagabend zu viel zurückhaltenderen Kriegern geworden waren.

Am Dienstagmorgen fuhr General Manuel Antonio Noriega um 7.40 Uhr in sein Hauptquartier – eine Stunde früher, als Giroldi es erwartete. Sein dunkelblauer, gepanzerter Mercedes fuhr vor einem ähnlichen Auto, in dem sich seine Leibwächter befanden. Da er für die Sitzung des Generalstabs um 9 Uhr eine Stunde zu früh dran war, zögerte der Hauptmann, der den Auftrag hatte, ihn auf dem Parkplatz festzunehmen. Als einer von Noriegas beiden Leibwächtern das Klicken der Waffe des Hauptmanns hörte, wirbelte er herum und zog seine Pistole.

„Nur eine Sicherheitsübung", sagte der Hauptmann eingeschüchtert.

Aber Noriega wußte, daß es Ärger gab. Er ging in sein Büro, Rücken an Rücken mit einem Leibwächter, der seine Pistole weiterhin auf den Hauptmann gerichtet hielt. Major Giroldi wartete drinnen auf ihn. Giroldi war überrascht, daß Noriega nicht festgenommen worden war und stotterte zuerst nur, daß Noriega „zum Wohl des Landes" abgesetzt werden müsse. Er sprach davon, daß Menschen hungerten und das Land Hilfe brauchte. Er sagte, daß er eine institutionelle Lösung verfolge, nach der jeder, der eine Dienstzeit von mindestens 25 Jahren abgeleistet hatte – einschließlich Noriegas – in den Ruhestand treten müsse.

„Sie sind verrückt", gab Noriega zurück und befahl seinen Leibwächtern, aus den Fenstern zu schießen, um Alarm zu geben. Es handelte sich dabei um die ersten Schüsse eines Dramas, das fünf Stunden dauern würde. Als seine treuen Diener aber schossen, antworteten Giroldis sorgfältig positionierte Soldaten von der 4. „Urraca"-Kompanie, die Dobermänner (die Aufruhrpolizei des Landes) und die Kavallerie wie auf ein Stichwort mit einem Hagel aus Gewehrfeuer.

„Zu diesem Zeitpunkt begriff Noriega, daß er in größeren Schwierigkeiten steckte, als er geglaubt hatte", sagte sein Freund und Sprecher Mario Rognoni später. „Er feuerte nur Warnschüsse ab. Er rechnete nicht damit, daß seine Schüsse mit solcher Kraft erwidert werden würden. Giroldi hatte den ersten Teil seines Putsches perfekt geplant."

Amerikanische Offiziere, die vom Gipfel der Quarry Heights, nur 550 Meter entfernt, alles unter Beobachtung hielten, sahen die Dobermänner mit ihren schwarzen Uniformmützen und die Urraca-Kompanie mit ihren grünen Mützen, wie sie das Hauptquartier Gebäude für Gebäude einnahmen. Der Vorgang schien einfach. Sie zerschossen immer die Fenster eines Büros und verlangten dann die Aufgabe der Leute, die sich darin befanden. Sofort strömte eine Anzahl Männer mit über dem Kopf verschränkten Armen in den Hof. „Niemand schien besonders beunruhigt zu sein“, sagte einer der beobachtenden Amerikaner. „Es lief alles ganz glatt.“

Noch ehe Giroldi Noriega ergreifen konnte, war der General imstande, zwei Anrufe an zivile Verbündete zu tätigen. Diese abgehörten Anrufe waren das erste Zeichen für den amerikanischen Geheimdienst, daß sich der General im Hauptquartier befand. Noriega bat die Zivilisten, das Bataillon 2000 und die 5. und 7. Schützenkompanie telefonisch zu Hilfe zu rufen. „Noriega rief Zivilisten an, weil er nicht wußte, wem er in der Armee vertrauen konnte“, sagte Rognoni.

Olechea wiederum hatte den Großteil seiner Truppen zu Manövern in die Provinz Darién geschickt und Giroldi seine Neutralität zugesichert – aber sollte Giroldi versagen, dann wäre Olechea ein toter Mann. Er wollte sichergehen. Also bereitete er seine restlichen Soldaten und ihre schwere Ausrüstung darauf vor, mit den Machos del Monte in Panama City einzurücken. Mrs. Giroldi glaubt heute, daß Olecheas Strategie damals darin bestanden hat, sich in eine Position zu bringen, in der er entweder der sein würde, der Noriega retten oder Giroldi die Macht nehmen würde, indem er das Hauptquartier stürmte, nachdem Noriega entweder getötet oder von den Amerikanern übernommen worden war. Und wenn die Amerikaner die Straße sperrten, dann würde er einhalten und abwarten, wer aus dem Kampf im Hauptquartier siegreich hervorginge. Olechea, einer von Noriegas klügsten Offizieren mit den wenigsten Skrupeln, hatte sich nach allen Seiten hin abgesichert.

Um 9.15 Uhr erhielt der stellvertretende Nationale Sicherheitsberater Robert Gates in Washington aus dem Lagebesprechungsraum im Weißen Haus Berichte, denen zufolge rund um Noriegas Hauptquartier Schüsse gefallen wären. Bis zu diesem Zeitpunkt hatten Gates und andere hochrangige Beamten den Giroldi-Putsch nicht ernstgenommen.

George Bush wurde um 9.30 Uhr umgehend von dem Putsch verständigt. Der Nationale Sicherheitsberater Brent Scowcroft und eine Handvoll anderer Beamter gingen hinter ihm her, als er sich auf den Weg aus dem Oval Office durch den Westflügel des Weißen Hauses und auf den südlichen Rasen machte, wo er den soeben angekommenen mexikanischen Präsidenten Carlos Salinas de Gortari begrüßen sollte.

In der Comandancia sind Schüsse gefallen, berichtete Scowcroft dem Präsidenten. Der Putsch findet gerade statt. Thurmans Soldaten sperren bereits die Straßen.

Es war nicht mehr viel Zeit, Bush weitere Neuigkeiten mitzuteilen, geschweige denn, irgendwelche Handlungsalternativen zu diskutieren. Und er fragte zu diesem Zeitpunkt auch nicht nach vollständigen Informationen.. „Ja, gut“, sagte Bush fast abweisend.

„Es war eine Informationssitzung im Gehen", sagte einer der Funktionäre. „Sie hatte nicht besonders viel Tiefe."

Niemand kam auf die Idee, Bush vorzuschlagen, daß er eines der Treffen mit dem mexikanischen Staatschef abkürzen oder verschieben sollte, der ironischerweise einer der lateinamerikanischen Führer war, die sich am stärksten gegen die amerikanische Politik bezüglich Panama stellten. In einer kritischen Phase des Putsches beschäftigte sich Bush mit 20 Minuten dauernden pompösen Staatsakten auf dem South Lawn des Weißen Hauses, während die Männer, die in Panama stationiert waren, ungeduldig auf Anordnungen warteten.

Verteidigungsminister Richard Cheney befand sich nicht einmal in Washington. Colin Powell erreichte Cheney, um ihm über den Putsch zu berichten, als der Minister gerade neben dem sowjetischen Verteidigungsminister Dimitri Yazov in einem Bus saß, der über das Schlachtfeld von Gettysburg fuhr. Obwohl man ihm am Montagnachmittag mitgeteilt hatte, daß der Putsch am Dienstagmorgen beginnen würde, hatte sich Cheney dafür entschieden, seinen Job als Supermacht-Reiseleiter nicht zu verschieben.

General Thurman würde später im Rahmen geheimer Sitzungen Kongreßabgeordnete darüber informieren, daß das Hauptproblem während des Putsches das Fehlen jeglicher Eventualitätspläne gewesen wäre. Hätte er klarere Instruktionen gehabt, dann hätte er weder Bush noch Cheney gebraucht. Aber er hatte keine Ahnung, wie er auf die Ereignisse in Panama reagieren sollte, und alle seine Vorgesetzten schienen vollauf damit beschäftigt zu sein, den Anforderungen ihres Terminkalenders nachzukommen.

In den Krisenzentren im Außenministerium, dem Pentagon und dem CIA mühten sich zweitrangige Funktionäre ohne jeden Kontakt zum Weißen Haus ab. Ihre Berichte widersprachen einander häufig, aber Bush sah während des Tages ohnehin nur wenige davon, weil die Kommunikation zwischen dem Weißen Haus und seinen Behörden schlecht war und bei den Sitzungen, bei denen Entscheidungen getroffen wurden, kein informierter CIA-Funktionär anwesend war.

Das Sonderdezernat des Außenministeriums, das vom zweiten stellvertretenden Außenminister Michael Kozak geleitet wurde, sammelte wie verrückt alles an Informationen, was aus Panama City herüberkam, und leitete es an Außenminister James Baker im Weißen Haus weiter. Kozak hielt eine Telefonverbindung zu John Maisto, dem amerikanischen Geschäftsträger in Panama, offen. Maisto tat dasselbe mit General Thurman.

Eine der ersten Diskussionen des Sonderdezernats befaßte sich damit, was man tun solle, wenn die Putschisten den USA anbieten sollten, ihnen Noriega zu übergeben. Maisto und Thurman gelangten zur Ansicht, daß der Präsident dann drei Alternativen besitzen würde: (1) Sie könnten Noriega entgegennehmen. „Giroldi würde ihn nett verpacken und dann in einen Lastwagen stecken, der zum Southern Command fährt", sagte ein Funktionär. (2) Die USA könnten ihre eigenen Truppen losschicken, ihn abzuholen, entweder mit Hubschraubern oder mit einem Armeekonvoi. (3) Sie könnten sich Noriega mit Gewalt holen. Maisto und Thurman leiteten diese Alternativen nach Washington weiter, wo Präsident Bush sie in Erwägung ziehen sollte.

Anfänglich lief die Teilnahme der USA an diesem Putsch wie ein Uhrwerk ab. Die US-Streitkräfte in Fort Amador neutralisierten General Noriegas 5. Schützenkompanie und die von den Israelis ausgebildete UESAT-Spezialtruppe. Diese Einheiten versuchten nicht einmal auszubrechen, um Noriega zu retten. „Wir gaben ihnen eine Entschuldigung dafür, sich keinem Gefecht anzuschließen, an dem sie ohnehin nicht teilnehmen wollten", sagte ein US-Offizier. Und die amerikanischen Marinesoldaten sperrten den Landweg für die Machos del Monte. Der erste Hinweis, daß die amerikanische Planung ihre Mängel hatte, wurde offenbar, als Major Giroldis Frau, seine drei Kinder und sein invalider Vater – einer Vereinbarung zufolge, die Sonntagabend mit CIA-Beamten getroffen worden war – am Tor von Fort Clayton auftauchten, um Zuflucht zu suchen. Die Eskorte, die auf sie hätte warten sollen, war nicht dort. Zuerst versuchten die Wachen, sie wieder wegzuschicken, da man sie nicht von der Vereinbarung informiert hatte, und Mrs. Giroldi fürchtete das Schlimmste: daß man ihren Mann und den Putsch im Stich lassen würde. Die Eskorte kam schließlich an, aber ihre Ängste würden nach nur kurzer Zeit wieder zurückkehren.

In der Altstadt von Panama City, wo General Noriega seinen militärischen Hauptquartier-Komplex – eine Reihe schachtelartiger, drei Stock hoher, weißgekalkter Gebäude, die über einen ganzen Häuserblock gingen – unterhielt, war die Kommunikation noch wesentlich schlechter. Ohne jede vorher abgemachte Kommunikationsmethode mit den Rebellen versuchten die US-Offziere verzweifelt, die Comandancia anzurufen, um herauszufinden, was los war. Einige der Anrufe der Militäroffiziere wurden von ihren eigenen Vermittlungs-Angestellten unterbrochen, die den Offizieren Rügen erteilten, da sie Leitungen benutzten, die sie hätten freihalten sollen.

Aber um 9.30 Uhr panamaischer Zeit glaubte Major Giroldi immer noch, den Putsch ohne weitere amerikanische Hilfe über die Runden bringen zu können, besonders da die amerikanischen Streitkräfte die Straßen sperrten und panamaische Flugzeuge am Boden hielten – so hoffte er wenigstens. Seine Truppen hatten das Hauptquartier eingenommen, hielten Noriega fest und waren in die von Armen bewohnte Nachbarschaft um den Komplex herum ausgeschwärmt, um das aufzuhalten, was sie für die einzig mögliche Bedrohung hielten: die Infiltration von Spezialeinheiten, die Noriega gegenüber loyal waren.

Giroldi versuchte Noriega mit Worten dazu zu bringen, die Macht aufzugeben. „Giroldi erklärte Noriega, daß er ihn sehr respektierte, und um den PDF ihre Ehre zu geben, mußte er sagen, daß das Volk hungerte, daß die Menschen arbeitslos waren und daß wir uns auf den totalen Zusammenbruch hinbewegten", wie Hauptmann Javier Licona, einer der aufständischen Offiziere, der die panamaische Kavallerie kommandierte, sich später erinnern sollte, als er in seinem Exil in den Vereinigten Staaten ankam. Giroldi sagte Noriega sogar, daß er drei Offiziere ernennen dürfe, die die PDF führen sollten. Aber Noriega, der zur Ansicht gelangt war, daß seine einzige Sicherheit in seiner Uniform bestand, weigerte sich. „Da müssen Sie mich zuerst umbringen", sagte er. „Wenn Sie ein Macho sind, bringen Sie mich um." Aber das war genau das, was Giroldi dem Paten seines Sohnes und seinem Trauzeugen nicht antun wollte.

Um 11 Uhr sprach Giroldi im panamaischen Radio, um den Putsch anzukündigen und Unterstützung von den Amerikanern und Truppenteilen, die Noriega treu waren, zu bekommen. Aber er beging zwei entscheidende Fehler. Erstens sagte er nicht, was mit Noriega geschehen war – was für dessen loyale Anhänger die Botschaft war, daß ihr General noch immer nicht die Macht aus den Händen gelegt hatte – und zweitens verhinderte er, indem er sagte, daß Noriegas Marionetten-Präsident an der Macht bleiben würde, daß die Aktivisten der Opposition auf die Straße gingen. Seine einzige Konzession an die Demokratie bestand darin, daß er verkündete, daß eine Wahl, die von der OAS überwacht werden sollte, stattfinden sollte, und daß alle Offiziere mit 25 Dienstjahren – wie Noriega – in den Ruhestand versetzt werden würden.

Licona wurde angesichts der Verhandlungen zwischen Giroldi und Noriega zunehmend ungeduldiger. „Der General begann eine Diskussion mit dem Major [Giroldi], um ihn hinzuhalten und Zeit für seine loyalen Soldaten zu gewinnen, die nur aus Angst vor ihm loyal waren", sagte Hauptmann Licona. Licona verlor die Geduld und mischte sich in diese Diskussion ein, indem er sagte, daß der General zurücktreten müsse, da das Volk verarmt und das Militär gegen ihn sei.

„Sie können nicht für die 15 000 Männer der PDF sprechen", sagte Noriega.

Licona behauptete, daß die Moral der Truppe so gering sei, daß er den Soldaten oft Lügen über die Zukunft erzählen müßte, um sie friedlich zu halten. Aber Licona wollte nicht diskutieren. Er sagte zu Giroldi, seinem Vorgesetzten, daß er Noriega fünf Minuten Zeit geben solle, in denen er sich entschließen könne, zurückzutreten oder nach Fort Clayton gebracht zu werden. Licona verließ das Büro, um einen Lastwagen für den Transport Noriegas zu finden.

Licona begann damit, die Obersten, die Noriegas Verbündete waren, auf den Lastwagen zu verladen. Giroldi kam wütend aus dem Hauptquartier. Er sagte, daß er nicht glaube, daß die Straßen von den USA wirklich sicher abgesperrt worden wären. Er hatte bereits Berichte erhalten, daß sich loyale Truppen auf dem Weg zur Rettung Noriegas befinden sollten. Er zweifelte daran, ob er genug Männer hatte, um Noriega an die Amerikaner zu überbringen und zugleich weiterhin das Hauptquartier zu halten. Giroldi befahl Licona, die Offiziere wieder vom Lastwagen steigen zu lassen.

Major Giroldi wußte nicht, daß er hier den letzten Augenblick verpaßte, Noriega zu den Amerikanern zu schicken – etwas, das er und seine Frau die ganze Zeit für einen pannensicheren Teil seines Plans gehalten hatten.

Um etwa 10.30 Uhr „steigerten sich" John Maisto und General Thurman hinein und wollten einige A-37-Flugzeuge starten lassen, wie ein hochrangiger Beamter behauptet, um so einen Rettungsversuch Noriegas zu verhindern. Das Southern Command hatte nach Luftaktivität Ausschau gehalten und keinerlei Schwierigkeiten gemeldet. Aber dennoch waren die US-Funktionäre zu spät dran. Als sie endlich daran dachten, den Luftverkehr zu blockieren, befand sich die ernsteste Bedrohung für Giroldi bereits auf dem Weg.

Giroldi hatte sich auf eine Demonstration amerikanischer Macht verlassen, die die Truppen davon abbringen würde, Noriega retten zu wollen. Er schätzte richtig ein, daß die meisten Offiziere dem General erst dann zu Hilfe eilen würden, wenn sie sahen, daß

Giroldis Putsch fehlschlug und dann Noriegas Vergeltung fürchten mußten. Als einige der Soldaten in den ersten paar Stunden des Putschs jedoch untätig herumsaßen und sahen, daß die Unterstützung durch die USA nur teilweise und zögernd kam, begannen einige Truppenteile, wieder auf Noriega zu setzen; und einige von Giroldis Männern vor dem Hauptquartier begannen zu desertieren.

„Der entscheidende Faktor zwischen 10 und 11 Uhr am Tag des Putsches war die Untätigkeit der USA", sagte ein Offizier des Southern Command, der vergeblich auf Instruktionen aus Washington wartete, Straßen zu sperren oder den Luftverkehr abzufangen.

Senator Sam Nunn, der Vorsitzende des Komitees der Streitkräfte, hegte nach den Aussagen von Regierungsbeamten über diesen Zeitraum keinen Zweifel daran, wem die Schuld zu geben war. „Ich bin nicht der Ansicht, daß die Leute im Krisengebiet aus Washington klare politische Anweisungen erhalten haben", sagte Nunn. „Wir hatten die öffentliche Politik, einen Staatsstreich zu bestärken, aber keine echten Pläne für unsere Leute dort, wie sie sich verhalten sollten, wenn er wirklich stattfinden würde. ... Wir hatten keine Koordination von Geheimdienst-Aktivitäten in diesem Gebiet oder hier bei uns in Washington."

In Panama selbst war es offensichtlich, daß der Putsch sich langsam zu Ungunsten Giroldis verschob. Radarschirme in der US-Einrichtung auf Taboga Island nahmen etwas war, was wie eine zivile 727 aussah, die vom panamaischen Stützpunkt in Río Ható abhob. Die amerikanischen Radarbeobachter auf Taboga Island nehmen ihre Arbeit äußerst ernst. Ihr Auftrag besteht darin, den Panamakanal von ihrer kleinen tropischen Station mitten in der Panama Bay aus zu überwachen. Kein panamaischer Pilot wagt es, diese Station zu passieren, ohne sich zu identifizieren, aber dieser Flug blieb unidentifiziert, und hochrangige Militäroffiziere sagen, daß ihre Männer auf Taboga nicht Alarm gaben, als das verdächtige Flugzeug in der Nähe der amerikanischen Howard Air Force Base vorüberflog und dann im militärischen Teil des Tocumen-Flughafens in Panama City landete.

Zuerst machten sich die Offiziere des Southern Command keine Sorgen, als sie die weiße Maschine mit der roten Zierleiste sahen. Sie sah nicht wie eine Militärmaschine aus. Aber durch ihre starken Feldstecher bemerkten sie, wie das Flugzeug eine ganze Einheit schwer Bewaffneter in schwarzen T-Shirts ausspuckte: die Machos del Monte.

Diese Einheit, die von Hauptmann „Cholo" Gonzalez kommandiert wurde, bestand aus den gemeinsten und loyalsten Männern, die unter Noriegas Befehl standen. Sie waren von kubanischen Kommandoangehörigen ausgebildet worden und die Videoaufzeichnungen ihrer Aufnahme in den Militärdienst hatten die Oberschicht der panamaischen Gesellschaft und sogar Soldatenkollegen in Angst versetzt: Schwarzbärtige Kommandotruppen in kurzen Hosen und schwarzen T-Shirts schütteten sich kübelweise Blut über den Kopf, während sie wütende und unverständliche Grunzlaute von sich gaben.

In Giroldis Plan waren zwei Möglichkeiten vorgesehen, wie man die Machos aufhalten konnte. Die US-Truppen hatten ihren Weg über die Bridge of the Americas gesperrt und – so nahm er an – A-37's kreisten über den Flughäfen Tocumen und Paitilla, um sie vom Landen abzuhalten. Und wenn das alles nichts nützte, würden seine in den

Wohnungen stationierten Männer sie niederschießen, sobald sie sich der Comandancia näherten. Ohne die Unterstützung durch schwere Artillerie konnten sie nie an ihn herankommen, und die einzige Gruppe, die eine solche Unterstützung liefern könnte, war das Bataillon 2000, dessen Kommandant versprochen hatte, neutral zu bleiben.

Die Machos fuhren zum nahegelegenen Stützpunkt des Bataillon 2000. Hauptmann Gonzalez' Ankunft überzeugte Major Olechea davon, daß er sämtliche Mannschaften, die er nicht zum Manöver geschickt hatte, für Noriegas Rettungsversuch zur Verfügung stellen mußte. Die militärischen Beobachter sahen zu, wie Giroldis Verdammnis über die Straßen hinunterraste, die General Thurman nicht zu sperren beschlossen hatte. Washington hatte hier mit Sicherheit nicht vorbeugend gehandelt, und Thurman hatte nicht vor, ohne den Segen seiner Vorgesetzten amerikanische Leben zu riskieren.

Gegen Mittag wurde Maistos Stimme aufgeregt, als er aus dem Fenster der Botschaft blickte, von dem aus man normalerweise eine friedliche Aussicht über die Balboa Avenue auf den Pazifik hatte. „Oh, verdammte Scheiße", sagte er über eine offene Telefonleitung zu einem hohen Beamten in Washington. Dutzende Panzer und Truppentransporter des Bataillon 2000 dröhnten unten vorbei, sagte er, und hielt den Telefonhörer zum Fenster, damit der Funktionär in Washington es auch hören konnte.

„Wollen die Noriega retten?" fragte der Funktionär.

„Ich habe das unheimliche Gefühl, daß die auf der falschen Seite stehen", sagte Maisto. Der Geschäftsträger, der bei seinem letzten Posten nur zwei Jahre zuvor eine geordnetere und vielversprechendere Revolution auf den Philippinen zu unterstützen hatte, berichtete, daß sich das Bataillon 2000 gleich hinter den Machos del Monte befände.

„Gibt es irgendetwas, das wir tun können, um das Gleichgewicht wiederherzustellen?" fragte Washington. Maisto gab den Hörer Jerry Dunbar, dem Militärattaché der Botschaft, in die Hand.

Dunbar sagte, daß die zwei Streitmächte eine Zangenbewegung unternähmen. Das Bataillon 2000 war die Avenue of the Poets hinaufgefahren, und die Machos del Monte hatten auf der ehemaligen Fourth of July Avenue, die von den Panamaern nach dem Tod der Studenten, die 1964 gegen die USA demonstriert hatten, in „Avenue of the Martyrs" umbenannt worden war, Stellung bezogen. Dunbar sagte, daß ihre einzige Hoffnung darin bestünde, Soldaten am Rand des von den Amerikanern kontrollierten Territoriums bei Fort Amador aufmarschieren zu lassen, um die Panamaer damit einzuschüchtern. Die Soldaten könnten in eine Entfernung von der Länge eines Fußballplatzes an die Machos del Monte herankommen.

Giroldi steckte in Schwierigkeiten, und Onkel Sam war ihm keine große Hilfe. Die Amerikaner reagierten zu langsam. Die Gringos taten nicht mehr als das, was unbedingt notwendig war – und das war zu wenig. Er verlor die Kontrolle über das Gebiet rund ums Hauptquartier, und viele seiner Männer vor der Comandancia liefen auf Noriegas Seite über.

Dennoch hielt er nach wie vor das Hauptquartier und – was noch wichtiger war – er hatte Noriega. Hätte Giroldi Noriega zu diesem Zeitpunkt getötet, dann wäre der

Putsch vorbeigewesen und die loyalen Truppen hätten sein Hauptquartier nie gestürmt. Aber er glaubte immer noch, mit dem General handeln zu können.

Noriega war jetzt, da er ein Gefangener war, zum Verhandlungsobjekt geworden. Major Giroldi, der immer noch auf die antiamerikanischen Gefühle des Militärs Rücksicht nahm, hatte seine Gesandten instruiert, daß sie die USA bitten sollten, Noriega zu übernehmen, aber gleichzeitig zu versprechen, daß sie ihn nicht in die Vereinigten Staaten schicken würden, damit er dort vor Gericht käme. Wenn sie garantieren konnten, daß die USA Noriega nicht ausliefern würden, dann würden die eingekreisten Rebellen vielleicht einige der Männer, die Noriega loyal gegenüberstanden, auf ihre Seite bringen können. Giroldi forderte zweimal einen Waffenstillstand von Noriega und erlaubte ihm, über Funk mit den Offizieren draußen zu sprechen, damit er seine Verhandlungen weiterführen konnte.

„Ich habe den General, und es könnte ihm etwas passieren", gab Giroldi den loyalen Truppen, die sein Hauptquartier eingekreist hatten, zu verstehen. Sein einziger Ausweg war Noriega.

Giroldi versuchte mehrmals, die Nummern anzurufen, die ihm von den CIA-Agenten mitgeteilt worden waren, aber er kam nie durch. Die Amerikaner hatten ihn bei der Sperre der Straßen und Flughäfen im Stich gelassen, und er wollte herausfinden, was der Grund dafür war. Das Versagen der Amerikaner beim Erfüllen dieser geringen Anforderungen bedeutete jetzt, daß er die Gringos wahrscheinlich brauchen würde, damit sie ihm Noriega abnahmen. Amerikanische Funktionäre behaupteten, daß auch sie versuchten, Giroldi telefonisch zu erreichen, dabei aber kein Glück hatten; aber in Wirklichkeit waren einige ihrer Anrufe zu den Aufständischen durchgekommen.

Einer dieser Anrufe, die das Pentagon später geheimhielt, kam vom stellvertretenden Geheimdienstchef des Southern Command, Oberst William McDonough, der sein Gegenüber beim G-2, Nicasio Lorenzo Drake, anrief – der Panamaer würde für diesen Anruf, der auf Noriegas Überwachungsgeräten aufgezeichnet wurde, später mit seinem Leben bezahlen. McDonough weigert sich zu sagen, worüber sie gesprochen haben. Amerikanische Funktionäre beharren auf ihrer Version, daß sie nur aktuelle Nachrichten über den Putsch wollten, aber die rebellischen Offiziere sagen, daß Drake ein Ansuchen weitergeleitet hat, daß die Amerikaner Giroldi endlich Noriega abnehmen sollten. Panamaische Regierungsfunktionäre, die die Bandaufzeichnung angeblich gehört haben, bestätigen diese Version. Zwei andere Informationsquellen aus den USA, die dem Southern Command nahestehen, berichteten William Branigin von der *Washington Post*, daß die Aufständischen zusätzlich noch zweimal Brigadegeneral Marc Cisneros' Büro anriefen, um die Bitte, Noriega in Gewahrsam zu nehmen, zu wiederholen.

Giroldi war frustriert darüber, daß die Amerikaner es offenbar nicht geschafft hatten, alle Straßen zu sperren und den Luftverkehr aufzuhalten – sowie wegen der Schwierigkeiten bei der Kommunikation – und schickte daher Licona und vier andere nach Fort Clayton, wo sie sich bei Brigadegeneral Cisneros erkundigen sollten, wo die Unterstützung der Gringos bliebe. Licona war froh, daß er wegkonnte, da er fürchtete, daß es sich bei Giroldis Putsch um einen Fehlschlag handelte. Giroldis Botschaft war, daß die Amerikaner dringend ihre Versprechen vom Sonntag halten sollten. Licona merkte, daß Cisneros seltsam reserviert war und anscheinend nur wenig Ahnung hatte, was vorgefallen war oder was seine Landsleute versprochen hatten. Cisneros machte einen Anruf und beriet sich 20 Minuten lang, während Giroldi unter Beschuß stand.

„Ich machte mir Sorgen, als er sagte, daß er erst die Entwürfe von Giroldis Plänen überprüfen müßte“, sagte Licona, der den Eindruck hatte, daß die USA die Situation zu diesem Zeitpunkt bereits besser hätten kennen sollen. Licona beschwerte sich darüber, daß Cisneros sich eher darum kümmerte, daß die weltweite öffentliche Meinung die Vereinigten Staaten eventuell für ihre Intervention tadeln würde und daß es den Panamaern Unannehmlichkeiten bereiten könnte, wenn er noch mehr Straßen sperren ließe.

Das konnte Licona nicht begreifen. Die Situation wäre wirklich „sehr außergewöhnlich“, flehte er, und es würde „keine Probleme“ mit panamaischen Bürgern geben.

Die Forderung nach einem Versprechen, Noriega nicht auszuliefern, wurde nach Washington weitergeleitet, sagte ein hochrangiger US-Funktionär. „Wir hatten überhaupt keinen Eventualitätsplan für eine solche Situation“, sagte der Beamte. Und anscheinend besaß auch in Washington niemand einen solchen Plan. „Es wurde daran gearbeitet, und es gab eine Verzögerung“, sagte ein Militäroffizier in Panama. „Es gab keine direkte Ablehnung, aber auch keine schnelle Reaktion.“

Der Außenministeriums-Funktionär Michael Kozak, dessen Versuch, Noriega mittels Verhandlungen im Mai 1988 aus seiner Position zu entfernen, zum Entgleisen gebracht worden war, erhielt Nachricht aus Panama, daß er jetzt die Chance hätte, den Diktator in Gewahrsam zu nehmen. Geschäftsträger John Maisto rief mit den wichtigsten Neuigkeiten des Tages aus der US-Botschaft an: Die Rebellen wollten, daß die Amerikaner ihnen Noriega abnahmen. Maisto gab diese Nachricht von Brigadegeneral William Hertzog, dem stellvertretenden Armee-Geheimdienstchef in Panama, weiter, der bei der Besprechung mit Licona dabeigewesen war.

Kozak leitete dieses Ansuchen an Außenminister James Baker im Weißen Haus weiter. Erst als der Putsch vorbei war, würden Kozak und Maisto erfahren, daß der Bericht von Hertzog ungenau gewesen war, da er nicht verstanden hatte, was bei dem Treffen besprochen worden war. Hertzog sagte zu Maisto, daß er vor Ende der Besprechung und bevor klar war, worum es eigentlich ging, das Zimmer verlassen hätte. Und dennoch rief Hertzog Maisto kein zweites Mal an, um die Botschaft neu zu formulieren, nachdem sie ihm klar geworden war. Um die Verwirrung noch größer zu machen, würden Funktionäre aus dem Pentagon später behaupten, daß Hertzog nur angerufen hätte, um Maisto mitzuteilen, welche alternativen Handlungsmöglichkeiten die USA hätten – ohne eine Bitte der Rebellen.

Wie das bei Regierungsangelegenheiten oft so ist – die Schwierigkeit, sich auf die richtige Verschleierungsgeschichte zu einigen, weist darauf hin, daß jemand die Wahrheit geheimhalten will. Um es einfach auszudrücken, sagte ein US-Beamter: Die Rebellen wollten, daß die USA ihnen halfen, Noriega herauszubringen, und Washington wollte ihnen nicht helfen. „Das letzte, was die Regierung Bush will, ist, daß Noriega in Miami vor Gericht steht und dort Geheimdokumente vorlegt, CIA-Geheimnisse enthüllt und vielleicht damit sogar die Drogen-Anklagen gegen ihn zunichte macht“, sagte er. „Niemand war sehr begierig darauf, Noriega in Gewahrsam zu nehmen – egal, was öffentlich behauptet wird. Noriega der Gerechtigkeit zu überantworten ist genau das, was sie *nicht* tun wollen."

Später würde Bushs Weißes Haus auf der Version bestehen, daß der Präsident die ganze Zeit vom Southern Command richtig informiert worden wäre – daß die Aufständischen Noriega nicht herausgeben wollten – obwohl das Weiße Haus auch eine andere Version des Mißverständnisse bekanntwerden ließ, in der behauptet wurde, daß in einem Telegramm fälschlich berichtet wurde, daß die Rebellen „wollen" (daß die USA Noriega in Gewahrsam nehmen) statt „nicht wollen" (den USA erlauben, ihn in Gewahrsam zu nehmen).

Auf jeden Fall setzte sich Bush in Washington endlich hin, um effektivere Methoden zu besprechen, wie man den Rebellen helfen könnte – etwa um die Zeit, als Giroldi bereits jede Hoffnung aufgegeben hatte und die in Panama stationierten Beamten schon lange nicht mehr darauf hofften, irgendwelche Instruktionen von ihren Vorgesetzten zu bekommen. Die Treffen der Regierungsfunktionäre mit dem mexikanischen Präsidenten und dem sowjetischen Verteidigungsminister sowie ein chaotisches Bemühen, den Informationen, die aus den Krisenkontrollzentren im Pentagon, dem Außenministerium und dem CIA kamen, irgendeinen Sinn abzugewinnen, verzögerten und komplizierten den Entscheidungsprozeß nur noch mehr.

Bush berief um etwa 11.30 Uhr in Washington eine Sitzung ein. Die loyalen Truppen hatten sich längst auf den Weg zur Rettung des Generals gemacht, aber die Funktionäre hatten ihren in Panama stationierten Einheiten immer noch keinen Befehl zum Handeln gegeben. Cheney war von seinem Ausflug nach Gettysburg zurückgekehrt, aber die Beamten waren sich noch nicht einmal ganz sicher, wo sich Noriega gerade aufhielt. Die hereinkommenden Informationen waren widersprüchlich und keiner der bei dem Treffen Anwesenden konnte feststellen, wessen Daten die verläßlichsten waren. Der CIA spielte noch immer nicht mit.

„Wozu haben wir eigentlich einen Geheimdienst, wenn er nicht im Lagebesprechungszimmer ist, wenn dort Entscheidungen getroffen werden sollen?" rief Senator David Boren, Demokrat aus Oklahoma und Vorsitzender des Geheimdienst-Komitees, wütend, nachdem der Putsch fehlgeschlagen war.

Bushs erste richtige Sitzung wegen des Putschs fand erst um 13.30 Uhr statt, nachdem Licona bereits in Fort Clayton eingetroffen war. Einige Beamten sprangen später in die Bresche und behaupteten, daß es sich dabei bereits um die dritte Sitzung dieses Tages wegen Panama gehandelt hätte, aber hohe Funktionäre sagten, daß dies die einzig echte Sitzung gewesen sei. Cheney setzte Yazov im äußeren Büroteil des Weißen Hauses ab, bevor er Bush und seine wichtigsten Berater über das Treffen mit Licona in Panama informierte. Zu dieser Zeit glaubten die Funktionäre endlich fest daran, daß Noriega von den Aufständischen im Hauptquartier festgehalten wurde. Diesmal brachte Cheney eine große Karte mit, mit deren Hilfe er die einzelnen Alternativen durchging.

Bush entschied, daß Washington Noriega übernehmen sollte, wenn er von den Rebellen „frei Haus geliefert" werden würde, sagte ein Funktionär. Bush sagte auch, daß die USA Noriega abholen gehen könnten, wenn man eine Möglichkeit zur Durchführung eines solchen Vorhabens finden sollte. Thurman hatte die Delta Force aus Fort Bragg nicht hinzugezogen, also würde jede Blitzkrieg-Operation schwierig werden. Und Bush schloß aus, daß man Noriega übernähme, sollten die Rebellen ihn nicht anbieten.

Der Präsident hatte seine wichtigste Entscheidung des Tages getroffen, als es schon viel zu spät dafür war.

Cheney stieg mit Yazov wieder in seinen Wagen, um ins Pentagon zu fahren. Als seine 10 Minuten dauernde Fahrt beendet war, befand sich Noriega schon wieder an der Macht. Es kam selten vor, daß ein sowjetischer Verteidigungsminister amerikanisches Krisenmanagement aus solcher Nähe beobachten konnte, und die Ängste Moskaus wegen einer Bedrohung aus Washington können sich danach nur noch mehr verringert haben.

Unterstützt von den Panzerfahrzeugen des Bataillon 2000 begannen die Dschungel-Spezialtruppen das Hauptquartier kurz vor 13 Uhr panamaischer Zeit zu stürmen. Major Olechea, der immer noch versuchte, auf zwei Seiten zugleich zu agieren, sagte zu Hauptmann Gonzalez von den Machos, daß er nicht hineingehen wolle, weil er fürchte, damit Noriega umzubringen. Gonzalez kündigte an, daß die Machos auf jeden Fall vorrücken würden.

Giroldis Truppen waren in der Minderheit und eingekreist. Sie ergaben sich ohne einen echten Kampf. Um die Schlacht etwas wilder aussehen zu lassen, feuerte das Bataillon 2000 eine Granate in ein Lagerhaus, worauf eine schwarze Rauchfahne in den Himmel stieg. Gonzalez befahl seinen Männern außerdem, in den blauen Himmel zu schießen, damit das ganze ein bißchen Atmosphäre gewann. Noriegas Öffentlichkeitssprecher Mario Rognoni und ein Militäroffizier, die sich am Schauplatz des Geschehens befanden, beschrieben Noriegas Handlungsweise:

Noriega blickte aus dem Fenster von Giroldis Büro, wo er festgehalten wurde, und sah, wie die Machos del Monte den Hof einnahmen. Als er ihre schwarzen T-Shirts und Bärte sah, wußte er, daß er gewonnen hatte. Nach fünf Stunden, in denen er von Giroldi festgehalten worden war, war er wie durch ein Wunder als Sieger hervorgegangen – wenn Giroldi ihn nicht noch erschießen sollte.

Noriega ging – voll neuer Energie – quer durch das Büro auf Giroldi zu, der etwa einen Meter von der Wand entfernt stand und seine Maschinenpistole auf Noriega gerichtet hielt. Wissen Sie was, Giroldi, Sie werden nie ein General sein, sagte Noriega. Die Soldaten wollen jemanden, der Eier hat, der mutig ist. Aber Sie haben keine Eier. Nicht einmal, um mich zu erschießen.

Giroldi ging langsam rückwärts.

Schauen Sie doch, Giroldi, Sie schwitzen ja, sagte Noriega. Sie haben Angst. Man schwitzt, wenn man Angst hat. Sie haben jetzt das Hauptquartier verloren. Alles, was Sie noch unter Kontrolle haben, ist der zweite Stock.

Zu diesem Zeitpunkt kam ein Getreuer Noriegas, Major Rufito Cedeño, ins Zimmer. Ein nervöser Korporal, der direkt neben Giroldi stand, befahl dem Major, sich sofort auf den Boden zu legen, was dieser auch gehorsamst tat. Giroldi brüllte Noriega denselben Befehl zu. Aber Noriega lachte nur und setzte so sein Leben aufs Spiel, weil er fest davon überzeugt war, daß Giroldi ihn nicht töten würde.

Sie geben mir Befehle? gluckste er bösartig. Ich bin der General. Ich gebe die Befehle. Alles, was sie noch unter Kontrolle haben, ist der zweite Stock dieses Gebäudes.

Noriega ging auf Giroldi zu. Er befahl ihm, seine Maschinenpistole wegzulegen. Er sei irregeführt worden, sagte Noriega und deutete damit an, daß er Giroldi und seine Männer gnädig behandeln würde. Giroldi schaffte es nicht, abzudrücken. Er legte seine Waffe auf den Schreibtisch. Noriega hatte wieder die Macht über Panama. „Mein Mann hat wahrscheinlich einen Augenblick der Schwäche gehabt", sagte Mrs. Giroldi später über seine Unfähigkeit, Noriega zu töten.

Noriega nahm einem seiner Sicherheitsleute die Pistole ab. Er ging zu den zwei aufständischen Offizieren hinüber. Ich bin dieser Arschlöcher müde, sagte er, während Giroldi hilflos zusah. Dann schoß er einen der Offiziere in die linke Schläfe, was ihn sofort umbrachte. Blut spritzte auf die Wand. Als Giroldi zu weinen begann, schrie Noriega ihn an: „Bring' dich um, bring' dich um, oder ich bringe dich um."

Aber Giroldi brachte sich nicht um, und auch Noriega drückte nicht ab. Auf den Führer des Putsches wartete ein grausameres Schicksal.

Die US-Offiziere sahen von ihrem hochgelegenen Standort auf dem Hügel hilflos zu, als sie Noriega unbeschädigt in den Hof kommen sahen und Giroldis Männer sich ihm ergaben.

Sie sprachen darüber, wie einfach es gewesen wäre, für Giroldis Sieg zu sorgen. Einer von ihnen erwähnte, daß sie nur zwei oder drei Panzerfahrzeuge gebraucht hätten, um die einzigen drei Straßen zu sperren, die das Bataillon 2000 nehmen konnte. Und nur ein paar in der Luft kreisende A-37's hätten die Machos del Monte aufgehalten. Jedes Zeichen einer Einmischung der USA hätte die meisten der Männer, die Noriega treu waren, abgeschreckt. Warum hatten sie aus Washington keinen Befehl zum Handeln erhalten?

„Die Rebellen erledigten ihren Teil der Abmachung, aber die Amerikaner hielten ihr Versprechen nicht", sagte Noriegas Freund Mario Rognoni. „Die Amerikaner wollten einen Putsch mit sauberen Handschuhen, ganz im amerikanischen Stil. Die USA benahmen sich wie eine Dame, die es zufällig ins Puff verschlagen hatte."

Noriega ließ Giroldi ins Hauptquartier des Bataillons 2000 bringen, wie der amerikanische Militärgeheimdienst feststellte. Dort überwachte Major Olechea, der Mann, der Giroldi im kritischsten Moment im Stich gelassen hatte, seine Folter und das Verhör. Der dämonische Noriega bestrafte Olechea auf diese Art und stellte ihn auf die Probe, da er nicht mehr vertrauenswürdig war.

Auch Noriega war anwesend, um zuzuhören. „Giroldi war die Gans, die die goldenen Eier legte. Er wußte, wer bei dem Putsch mitgemacht hatte, was die USA getan hatten und wer ihm versprochen hatte, neutral zu bleiben."

Wenn es Noriegas Kugel war, die Giroldi tötete, dann war sie nur eine von vielen. Um andere potentielle Verräter abzuschrecken, lud Noriega eine Handvoll Offiziere – unter anderen Olechea, der nur abgewartet hatte – dazu ein, beim Niederschießen Giroldis mitzumachen. Als sein Leichnam begraben wurde, wies er etliche Schußwunden, einen eingeschlagenen Schädel und gebrochene Beine und Rippen auf. Noriega wollte jedem, der irgendwann in der Zukunft vielleicht seine Waffe gegen ihn richten würde, ein Zeichen geben, daß er ein General war, der keine Gnade kannte.

Egal, wer es war, der den Abzug betätigte, Adela Bonilla de Giroldi hegt keinerlei Zweifel daran, daß die Amerikaner die wahren Übeltäter waren. „Ich mache die Nordamerikaner für den Tod meines Mannes verantwortlich", sagte sie später in Miami. Sie sah in ihrem Super Bowl XXIII T-Shirt müde und verbraucht aus, während sie sich um ihre drei Kinder kümmerte, die gerade Windpocken hatten. „Sie hätten nur mit ihrer Macht und Ausrüstung protzen müssen, dann hätte sein Putsch funktioniert. Es hätte keine Zusammenstöße gegeben. Es gibt keinen Panamaer, der dumm genug ist, sich gegen die Nordamerikaner zu stellen."

Die Nachwehen des Putsches zeigten, warum es für die Vereinigten Staaten so schwierig gewesen war, trotz mehr als zwei Jahre voller Sanktionen und Drohungen Noriega abzusetzen.

Während man sich in Washington darauf konzentrierte, herumzustreiten und nur seiner eigenen Version der Ereignisse Glauben zu schenken, stellte Noriega seine Position brutal wieder her. Der Putsch war in Washington ein politisches Problem, aber für Noriega handelte es sich um eine Angelegenheit von Leben und Tod. Nichts könnte diesen Unterschied deutlicher machen als die Tatsache, daß Bushs Stabschef John Sununu Noriegas Überlebenschancen mit 60 Prozent einschätzte – und das zu einer Zeit, als Noriega seine Gegner gerade foltern und hinrichten ließ.

Der Krieg der Regierung Bush, in dem es darum ging, politisch ihr Gesicht zu wahren, begann mit einer Flut falscher Stellungnahmen von Regierungsseite, in denen behauptet wurde, daß die Regierung überhaupt nichts mit dem Putsch zu tun gehabt hätte. Sogar als Journalisten diese Version der Ereignisse beharrlich in Frage stellten, blieb Richard Boucher, der Sprecher des Außenministeriums, fest bei diesem Standpunkt: „Ich glaube, wenn wir hierher kommen und Ihnen in gutem Glauben erzählen, daß die Regierung der USA nicht in diese Ereignisse in Panama verwickelt war, dann versuchen wir mit solchen Stellungnahmen sicher nicht, die Wahrheit in den Schatten zu stellen und die Menschen irrezuführen."

Marlin Fitzwater, der Sprecher des Weißen Hauses, berichtete gehorsamst, daß die Regierung Bush nie direkt über eine Verschwörung zum Putsch informiert worden war. „Wenn man uns informiert haben sollte", sagte er, „dann weiß der Präsident nichts davon, weiß der Außenminister nichts davon, und der Verteidigungsminister weiß ebenfalls nichts davon." Später fügte er noch hinzu: „Wir hatten zu keinem Zeitpunkt eine Besprechung mit dem Anführer des Aufstands."

Als die Verwicklung der USA in den Putsch erst einmal bekanntgeworden war, verlagerte sich Bushs Strategie von Verheimlichung auf Schadenskontrolle. Hohe Funktionäre versuchten die Glaubwürdigkeit der Putschisten zu zerstören, um die Amerikaner auf diesem Weg davon zu überzeugen, daß diese Leute gar keine Unterstützung verdient hätten. Und für all jene, die selbst das nicht schlucken wollten, warfen die Regierungsfunktionäre dem Senats-Sonderkomitee für Geheimdienstangelegenheiten vor, die

Regierung daran gehindert zu haben, einen Putsch zu unterstützen, bei dem ein politischer Führer zu Tode hätte kommen können.

Schließlich gab ein frustrierter Präsident Bush einen Erlaß heraus, daß seine Spitzenberater jede regierungsinterne Kritik wegen seiner Behandlung des Putsches einzustellen hätten. Der zweite stellvertretende Außenminister Michael Kozak rief die Botschaft in Panama an, um diesen Befehl durchzugeben, andere Beamten taten das Gleiche, bis die Nörgelei schließlich fast ein Ende hatte. Der Untersuchungsdienst des Verteidigungsministeriums begann damit, Journalisten zu überprüfen, denen Einzelheiten über die amerikanische Verwicklung in den Putsch zugespielt worden waren.

Auf alle Fälle kosteten diese politischen Nebenvorstellungen Energie, die Bush gegen Noriega hätte verwenden können. Die vielleicht fesselndste – und wichtigste – dieser Ablenkungen war der Konflikt zwischen zwei normalerweise eher ruhigen Kriegern aus Washington. David Boren, der Vorsitzende des Senats-Geheimdienstkomitees, ein Geisteswissenschaftler aus Rhodes und scharfsinniger Politiker, kritisierte die Regierung dafür, das Maul weit aufzureißen und dann nichts zu unternehmen. Der Nationale Sicherheitsberater Brent Scowcroft, ein Veteran unter den Funktionären in Washington, der schon unter Präsident Ford diesen Posten innegehabt hatte, erwiderte darauf, daß es der Kongreß gewesen wäre, der den Präsidenten davon abgehalten hatte, etwas zu unternehmen.

„Auf der einen Seite haben wir mutige Menschen in Panama ... die versuchen, einen Drogenhändler und Verbrecher, der ihr Land übernommen hat, loszuwerden“, sagte Boren. Er meinte, daß es „falsch“ von den USA, die doch so sehr an die Demokratie glaubten, gewesen wäre, in nur zwei Meilen Entfernung zu verharren „und nichts zu tun“.

Scowcroft entgegnete: „Der Kongreß hielt uns, durch seine Handlungen und sein ganzes Verhalten, mit Sicherheit davon ab, die Dinge zu unternehmen, von denen sie jetzt behaupten, daß wir sie hätten tun sollen.“

Niemand gab je zu, daß es sich bei dem Streit eigentlich nur um die Interpretation eines Exekutivbefehls handelte, der die Teilnahme der USA, direkt oder indirekt, an politischen Morden untersagte. Aber Präsident Bush, der fürchtete, daß seine politische Rüstung Risse bekommen hatte, verlas einen Brief, den das Geheimdienstkomitee im vergangenen Oktober an Präsident Reagan geschickt hatte und der implizierte, daß die USA nicht nur nicht an einem Staatsstreich gegen Noriega teilnehmen könnten, sondern ihn auch davon informieren müßten, wenn sie Kenntnis davon erhalten sollten, daß ein Putsch in Vorbereitung war, der zu seinem Tod führen könnte. Boren schäumte innerlich vor Wut, weil Bush vielleicht sogar gegen das Gesetz verstieß, indem er solche Geheiminformationen freigab.

Trotz der Proteste Bushs, daß er ein zweites Mal genauso handeln würde, was den Einsatz der Streitkräfte betraf, löste das Panama-Fiasko eine Flutwelle von neuen Überlegungen und Reorganisationsbestrebungen aus. Hinter den Kulissen arbeiteten amerikanische Beamte hektisch daran, das zu entwerfen, was vor dem Putsch nicht existiert hatte: Eventualitätspläne.

Zusätzlich dazu begannen das Weiße Haus und das Geheimdienstkomitee großzügigere Regeln auszuarbeiten, die dem Präsidenten mehr Spielraum bei der Unterstützung des nächsten Putsches in Panama verleihen würden. Einer der Beamten verglich diese Arbeit – jetzt, nachdem Noriega seine Verteidigungsstreitkräfte völlig gesäubert hatte – mit einem Schließen der Stalltür, wenn alle Kühe schon weg waren.

Trotzdem versuchte die Regierung innerhalb eines Monats nach dem Putsch nachdrücklich, die entflohenen Kühe wieder zusammenzutreiben. Die Regierung Bush schickte die bisher höchstrangige Gruppe von Beamten zu den Geheimdienstkomitees des Kongresses und des Senats, um einen neuen geheimen Versuch zum Sturz Noriegas zu starten. Präsident Bush hatte den CIA mit einer sogenannten „Erkenntnis" des Präsidenten, dazu autorisiert, erst einmal drei Millionen Dollar dafür auszugeben, panamaische Offiziere und Dissidenten zu finden, die einen Putsch gegen Noriega durchführen würden. Dabei handelte es sich um das deutlichste Bekenntnis, einen Fehler gemacht zu haben, das die Regierung Bush überhaupt hätte abgeben können.

Diese Autorisation stellte außerdem eine Neuinterpretation eines 13 Jahre alten Exekutivbefehls dar, der die Verwicklung der USA in die Ermordung ausländischer politischer Führer untersagte. Es handelte sich hier um das erste Mal, daß dieses Verbot die amerikanischen Geheimdienste nicht davon abhielt, sich an einer Verschwörung zu beteiligen, die indirekt zur Ermordung ausländischer Politiker führen könnte.

Das dienstälteste Mitglied des Informationsteams der Regierung war CIA-Direktor William Webster, aber der stellvertretende Außenminister Lawrence S. Eagleburger war der Sprecher des Teams, der sich am besten und überzeugendsten ausdrücken konnte, da Webster sich weigerte, über politische Themen zu sprechen. Begleitet wurden die beiden von Paul Wolfowitz, dem Unterstaatssekretär für Politik des Pentagons, und Bernie Aronson, dem stellvertretenden Außenminister für interamerikanische Angelegenheiten. Drei Wochen nach dem Scheitern des Putsches richtete die Regierung ihre schweren Geschütze gegen Noriega.

Eagleburger, ein Veteran des Außenministeriums mit 25 Dienstjahren und Inhaber hoher politischer Ämter in drei republikanischen Regierungen, skizzierte die bisher härteste Politik gegen Noriega, und machte zwischendurch hektische Züge an einer endlosen Kette leichter Vantage-Zigaretten. Eagleburger war für seine wache Intelligenz, sein liebenswertes Benehmen, brillante analytische Fähigkeiten und selbstzerstörerische Gesundheitsgewohnheiten bekannt.

Als ihn ein Kongreßabgeordneter fragte, ob Washington einen Kompromiß mit Noriega schließen könnte, der es ihm gestatten würde, in Spanien um Exil anzusuchen oder sich in Panama still und leise in den Ruhestand zu begeben, rötete sich Eaglesburgers Gesicht vor Wut. „Es wird keinen Kompromiß geben", sagte er. „Der geht nirgends hin, außer in die Vereinigten Staaten."

Und tatsächlich – obwohl Noriega im Oktober einen großen Sieg errungen hatte, war sein Triumph hohl und leer. Der Kreis seiner Unterstützer wurde immer kleiner, und er war gezwungen, viele seiner besten Offiziere festsetzen oder hinrichten zu lassen. Das führte dazu, daß viele andere Soldaten und Familien Grund dazu hatten, gegen Noriega vorzugehen. Es lief darauf hinaus, daß sich die Amerikaner noch eine Menge Fehler leisten konnten. Aber schon ein einziger Fehler konnte Noriega den Kopf kosten.

Noriega hatte oft gesagt, daß nur schwache Diktatoren Brutalität auf ganzer Linie einsetzten. Nach seinen eigenen Maßstäben steckte Noriega in Schwierigkeiten.

Noriega bekam immer öfter Wutanfälle, stürzte in Phasen der Betrunkenheit und des allgemeinen Mißtrauens, und befahl in den Tagen nach dem Putsch die Hinrichtung von mindestens 70 panamaischen Soldaten und die Verhaftung 600 weiterer Männer.

Er entließ über ein Drittel der Regierungsangestellten, von denen viele spontan zu feiern begonnen hatten, als Major Giroldi im Radio verkündete, daß er die Macht an sich gerissen hätte. Dadurch hatte er es leichter, die öffentlichen Ausgaben zu senken, die er sich sowieso nicht mehr leisten konnte, und er ließ damit der gesamten Gesellschaft eine Botschaft zukommen, daß es jeden teuer zu stehen kommen würde, der sich gegen ihn stellte.

Noriega wußte auch, daß seine Feinde eine wichtige Lektion gelernt hatten: der General würde nur auf einer Totenbahre aus seinem Amt ausscheiden. Es war klar geworden, daß Noriega ein annehmbares Aufgeben der Macht, wie Giroldi es ihm angeboten hatte, nicht wollte.

Weiterhin schlief er jede Nacht woanders, manchmal wechselte er in einer Nacht auch mehrere Male seinen Standort. Seine Mahlzeiten wurden meistens von den einzigen Frauen, denen er völlig vertraute, seiner Dauergeliebten Vicky Amado und deren Mutter Norma, zubereitet.

Noriega konnte sich seines Sieges kaum freuen. Er war reicher geworden, als er es sich je vorgestellt hatte, aber er konnte den Luxus nicht genießen. In den US-Botschaften auf der ganzen Welt warteten Auslieferungsdokumente auf ihn, also konnte er auch keine Reisen unternehmen, und im eigenen Land hatte er sogar Angst davor, von einer Stadt zur anderen zu fliegen.

Noriega war immer anders als andere Diktatoren gewesen: er war weniger brutal, gescheiter, und zog es immer vor, im Hintergrund zu bleiben und wie ein Puppenspieler an den Schnüren marionettenhafter Zivilpolitiker zu ziehen. Er war zu kompliziert, um ihn ganz einfach verstehen zu können. Aber Giroldis gescheiterter Putsch hatte Noriega schließlich in einen Diktator verwandelt, dessen Mittel zur Erhaltung seiner Macht einfach und brutal waren. Er ermordete seine Feinde, eignete sich die totale Macht an und regierte mit brutaler Launenhaftigkeit.

Noriega beschrieb seine neue und brutal einfache Politik bei einer Ansprache, die er zwei Tage nach dem Putsch hielt: „Prügel für die Unentschiedenen, Kugeln für die Feinde und Geld für die Freunde."

Monat für Monat erweckte die Noriega-Story mehr den Eindruck einer Shakespeare-Tragödie als einer Geschichte, die mit Hilfe der politischen Wissenschaft faßbar gewesen wäre. Der tragische General benahm sich immer mehr so, als wäre er ein Mann, den ein seltsames Schicksal in Händen hatte. Würde er die Macht abtreten, dann fürchtete er, daß seine Feinde ihn töten würden; wenn er sich jedoch daran klammerte, dann hegte er den Verdacht, daß früher oder später ein Thronräuber kommen und den Abzug betätigen würde. Er war gefangen in einer Welt, die er selbst erschaffen hatte, einer Welt voller Krimineller, Folterer, korrupter Politiker und opportunistischer Speichellecker. Sie hatten erkannt, daß ihr Seelenheil davon abhing, daß der General an der Macht blieb.

Wie Richard III., der bucklige Protagonist des Shakespeare-Stückes, hatte Noriega seine angeborenen Mängel überwunden und war durch Missetaten und eine unmoralische Machtgier in eine Machtposition aufgestiegen. Und wie Richard III. hatte er die Lehren „des mörderischen Machiavelli" in Taten umgesetzt und „dem Chamäleon neue Farben" gegeben.

Aber wie das halt bei Virtuosen des Bösen so ist – ihre Macht hält nur eine Zeitlang. Seinen Wahrsager Ivan Trilha ließ Noriega Mitte 1989 wegbringen, nachdem dieser dem General erzählt hatte, er sähe dunkle, bedrohliche Wolken über seiner Zukunft hängen – das erste Mal, daß er die Aussichten des Generals pessimistisch dargestellt hatte.

Und wie der tragische Richard III. sah sich auch Noriega auf einem Schlachtfeld ohne Ausweg gefangen, ohne ein Pferd, das ihn in den Krieg oder zu einer sicheren Zuflucht bringen konnte.

Wie Richard III. sagte, bevor er von Richmond erschlagen wurde:

Nun geht, ihr Herrn, auf seinen Posten jeder.
Laßt plauderhafte Träum' uns nicht erschrecken;
Gewissen ist ein Wort für Feige nur,
Zum Einhalt für den Starken erst erdacht:
Uns ist die Wehr Gewissen, Schwert Gesetz.
Rückt vor! dringt ein! recht in des Wirrwarrs Völle!
Wo nicht zum Himmel, Hand in Hand zur Hölle!

Kapitel zweiundzwanzig

Noriega und der Nuntius

Das Leben geht weiter. ... Wir sind nichts als Moleküle.
– GENERAL NORIEGA, 27. DEZEMBER 1989

Es war der 24. Dezember 1989, obwohl dieser Tag den amerikanischen Truppen, die erst vier Tage zuvor ihre Invasion gemacht hatten, gar nicht wie ein Heiliger Abend vorkam. Das Wetter war feucht und tropisch. Die 25 000 Soldaten, die sich auf panamaischem Boden befanden, schwitzten wie die Schweine. Die tatsächlichen Kampfhandlungen hatten nicht einmal einen Tag lang gedauert. Und nun waren sie mit ihren mit Tarnfarbe bemalten Gesichtern und den Kevlar-Helmen, von denen Fetzen aus Tarnfarbenstoff baumelten, zum größten, bestbewaffneten und nutzlosesten Aufgebot der Geschichte geworden, das je hinter einem einzelnen Gesuchten her war: hinter General Noriega.

In der Botschaft des Vatikan, die auch als Nuntiatur bezeichnet wurde, bereiteten drei Nonnen und ihre Hilfskräfte ein Feiertagsmahl für zwei Dutzend ungeladene Gäste vor – hauptsächlich Noriegas Offiziere und Kumpane, die dort nach Beginn der Kampfhandlungen Zuflucht gesucht hatten. Die Schlafstellen der Besucher waren an einer Seite des Speisesaals im Erdgeschoß aufgereiht; der lange Tisch war ans andere Ende des Raumes geschoben worden. Es handelte sich um ein ganzes Verbrecheralbum von Asylbewerbern: einen Militärkaplan, der dem General seine katholische Seele verkauft hatte; ein korrupter Bankier mit seinen zwei Kindern und einem Kindermädchen; ein Einwanderungsminister, dessen Büros ein Kokainlabor beherbergt hatten; sechs Offiziere, die man unter anderem des Mordes und der Folter verdächtigte; und vier Basken von der Terrororganisation ETA, denen Noriega Asyl gewährt hatte. Fast wie ein nachträglicher Einfall marschierte auch noch ein kubanischer Arbeiter herein, der 3 500 Dollar für eine Arbeitsgenehmigung hingeblättert hatte, nur um zusehen zu müssen, wie die Amerikaner die korrupten Funktionäre stürzten, die er bestochen hatte.

Monsignore José Sebastián Laboa, der Botschafter des Vatikan in Panama, scherzte Freunden gegenüber, daß er seine Rückkehr nach Panama zu bereuen anfing. Er fühlte sich wie ein Hotelbesitzer oder vielleicht wie ein Wärter, aber sicher nicht wie ein Nuntius. Er hatte Ferien in San Sebastián gemacht, einer spanischen Hafenstadt in seiner baskischen Heimat, als er aus den Morgennachrichten von der Invasion der Gringos erfahren hatte. Ein amerikanischer Beamter hatte dem Nuntius zuvor geraten, seine Ferien zu verschieben, weil „etwas passieren wird". Aber er hatte die USA schon zu oft mit ihrem Säbel rasseln gehört. Als die panamaischen Rebellen und die USA die Gelegenheit des Giroldi-Putschs drei Monate zuvor ungenutzt hatten vorübergehen lassen, war der Nuntius von zwei Dingen überzeugt: Die Panamaer würden es nie auf eigene Faust schaffen, Noriega zu stürzen und Bush würde kein amerikanisches Leben aufs Spiel setzen, wenn Noriega das Leben amerikanischer Bürger nicht direkt bedrohte. Also wartete er noch kurze Zeit ab und fuhr dann in Urlaub.

Womit der Nuntius jedoch nicht gerechnet hatte, war die rapide Eskalation der Rhetorik Noriegas. Er hatte sich zum „höchsten Führer" ausgerufen und erklärt, daß Panama sich mit den Vereinigten Staaten im Kriegszustand befände. Das direkte Ergebnis dieser Aktionen war eine angespannte Atmosphäre, in der ein US-Marine erschossen, ein Leutnant der Navy verprügelt und seine Frau mit sexuellem Mißbrauch bedroht worden war. Die schlechte Vorbereitung des amerikanischen Militärs während des Putschversuchs von Giroldi hatte die Regierung Bush jetzt fest entschlossen gemacht, nicht mehr zurückzuscheuen oder zu versagen, als diese Provokationen sich ereigneten.

Der Nuntius, der seit seiner Ankunft in Panama vor sieben Jahren eine politische Schlüsselfigur war, rief seine Vorgesetzten an und erhielt die Erlaubnis, nach Panama zurückzukehren. Er flog mit der spanischen Fluglinie Iberia von Madrid nach Miami. Das Problem war aber, daß ihn aus Miami nur die amerikanische Luftwaffe nach Panama City bringen konnte. Der Nuntius war zwar nie ein besonderer Freund amerikanischer Außenpolitik gewesen, aber er besiegte seinen Stolz. In Miami rief er Aurelio Barria, den Führer des Bürger-Kreuzzugs, an, und dieser arrangierte über das Außenministerium, daß der Nuntius einen Platz in einer C-141 erhielt, die am nächsten Abend von der Homestead Air Force Base abfliegen würde – in der zweiten Nacht nach der Invasion. Der Nuntius runzelte die Stirn, als ihm ein Offizier eine kugelsichere Weste über seine Soutane streifte. Er sprach ein stilles Gebet. Und als er um vier Uhr morgens ankam, mußte er seinen Ärger zurückhalten, als sich herausstellte, daß sein Gepäck verlorengegangen war – denn darin befand sich ein Kruzifix aus dem 15. Jahrhundert, das er immer mit sich führte. Er kam in der Morgendämmerung des 22. Dezember 1989 in der Nuntiatur an – zwei Tage, bevor Noriegas verzweifelte Flucht den Nuntius in den Mittelpunkt weltweiter Beachtung stellen würde.

Als General Noriega die beiden hohen, geschnitzten Holztüren der päpstlichen Residenz am Heiligen Abend kurz nach 14 Uhr durchschritt, standen seine Kumpane und andere Offiziere stramm. Der Nuntius war über den Respekt überrascht, den sie Noriega immer noch erwiesen, obwohl er erschöpft und besiegt war und in seinen Bermudashorts und dem zerrissenen, grauen T-Shirt mit V-Ausschnitt kaum wie ein Diktator aussah. Viele von ihnen glaubten, daß eine besondere, übernatürliche Begabung es Noriega erlaubt hatte, so lang zu überleben. Noriega saß still unter einem Bild von Papst Johannes Paul II. in der Eingangshalle und trank eine Flasche Bier – dann wurde er in das karg eingerichtete Zimmer hinaufkomplimentiert, in dem er seine letzten elf Tage in Panama verbringen würde.

An einer Wand hing ein einzelnes Kruzifix, und an der anderen Wand stand ein kleiner Tisch. Noriegas einzige Ablenkung war ein Farbfernsehapparat mit Kabelempfang, der aber ein äußerst schlechtes Bild hatte. In der Wahl des Zimmers lag eine erhabene Ironie. Guillermo Endara, der gerade zum Präsidenten gemacht worden war, hatte weniger als zwei Monate zuvor, während Noriegas Raserei nach dem gescheiterten Giroldi-Putsch, dort geschlafen. Und der Kirchenmann, den Noriega am wenigsten mochte, Panamas Erzbischof Marcus McGrath, hatte in der vorigen Nacht dort geschlafen, weil er Zuflucht vor den noch kämpfenden Mitgliedern von Noriegas paramilitärischen Truppen gesucht hatte. Der Nuntius berichtete seinem neuen Hausgast darüber.

„Mein Gott", rief Noriega ungläubig aus. „Ich werde in McGraths Bett schlafen."

Der General konnte sich wenigstens mit der Anwesenheit seines Leibwächters, Hauptmann Eliecer Gaytan, trösten – einem der wenigen Untergebenen, die Noriega immer noch treu waren. Die meisten der Verbündeten Noriegas waren Speichellecker, die ihn in den ersten Stunden der amerikanischen Invasion im Stich gelassen hatten, aber Gaytan hatte von seiner Verbindung zu Noriega finanziell kaum profitiert. Gaytan war durch Ergebenheit zum General motiviert. Diese kostenlose Loyalität war der Grund dafür, daß der mißtrauische General ihn dazu ausgewählt hatte, sein persönlicher Leibwächter und seine Spezialtruppe in einer Person zu sein.

Eine halbe Stunde nach der Ankunft Noriegas hatte ein anderer nahestehender Verbündeter seinen dramatischeren Auftritt. Oberst Nivaldo Madriñan, der Chef der Geheimpolizei, sprang über eine Mauer hinter dem Gebäude. Die Soldaten, die ihn verfolgten, waren nur wenige hundert Meter hinter ihm her. Sein Ruf, ein grausamer Mensch zu sein, war weitaus größer als der Noriegas. „Rettet mich, rettet mich, bitte laßt mich rein!" rief er zitternd vor Angst.

Einer der Freunde des Nuntius', ein panamaischer Geschäftsmann namens César Tribaldos, stieß die Tür auf. „Komm herein, du Hurensohn", schnauzte Tribaldos den Flüchtling an. Dann eilte Tribaldos nach oben, um dem Nuntius vom neuesten ungeladenen Gast zu berichten.

„Oh lieber Gott, was soll ich nur mit all diesen Menschen tun?" stöhnte der Nuntius und schüttelte verzweifelt den Kopf. Noriega, Gaytan und Madriñan – drei Männer, die die Geschichte miteinander verbunden hatte – würden die wichtigsten Schauspieler in dem Schauspiel sein, das sich in den folgenden Tagen in der Nuntiatur abspielen würde.

Etwas mehr als eine Stunde nach Noriegas Ankunft telefonierte der Nuntius mit seinem Freund, Generalmajor Marc Cisneros, dem mexikanisch-amerikanischen Leiter der Southern Command-Armee. Die zwei waren sich in den vergangenen drei Jahren immer näher gekommen und trafen sich gelegentlich zum Mittagessen und dem Austausch von Neuigkeiten. Der Nuntius mochte diesen in Texas geborenen General, der die lateinamerikanische Kultur besser verstand als seine Kollegen. Cisneros wollte, daß sich Noriega sofort den USA ergab, aber Noriega sagte dem Nuntius, daß er sich erst ausruhen müsse, bevor er irgendetwas entscheiden könne. „Lassen Sie mich nur ein Weilchen schlafen", bat Noriega sanft und höflich, gar nicht wie ein unbesonnener Diktator.

Die Nachricht, daß sich Noriega in die vatikanische Residenz geflüchtet hatte, wurde bald danach über das panamaische Radio und Fernsehen ausgestrahlt. Die Leute, die in den benachbarten Hochhäusern neben der Nuntiatur mit ihrem roten Dach wohnten – und andere Panamaer in der ganzen Stadt – gingen auf ihre Balkone, um voller Freude mit Töpfen und Pfannen zu klappern, und die Gäste des Nuntius' konnten diese blecherne Kakophonie deutlich hören. Aber Noriega hörte nichts. Er schlief tief und fest – mehr als zwölf Stunden lang.

Laboa, einer der Monsignores dieser Welt mit eher machiavellistischen Zügen, begann umgehend Pläne zu schmieden. Er dachte über die Probleme nach, die Noriega jeder der beteiligten Parteien verursachen würde. Für den Heiligen Stuhl war Noriega ein unerwünschter Besucher, den man nicht hinauswerfen konnte, da es eine fast 2000 Jahre alte Tradition des Asylrechts gab. Diese Geschichte war für Johannes Paul II. besonders wichtig, da im osteuropäischen Gemüt dieses polnischen Papstes das Bild von der Kirche als Zufluchtsort vor kommunistischen Unterdrückern tief verwurzelt war. Noriega durfte mit Sicherheit nicht gegen seinen Willen den Leuten ausgeliefert werden, die ein Sprecher des Vatikans öffentlich als „Besatzungsmacht" bezeichnete.

Für Panamas neue Regierung war Noriega ein Mann, dem man nicht gestatten konnte, im Ausland ins Exil zu gehen, aus Angst, daß er immer noch fähig sein könnte, einer neuen und zerbrechlichen Regierung Probleme zu verursachen. Aber man konnte ihn auch in Panama nicht vor Gericht stellen; man mußte bezweifeln, daß es auch nur ein Gefängnis in diesem Land gab, das ihn auf Dauer festhalten könnte.

Für den amerikanischen Präsidenten George Bush war Noriega das Ziel einer kostspieligen Invasion. Da Noriega bei den Kampfhandlungen nicht gestorben war, stellte es eine politische Notwendigkeit dar, ihn in Miami vor Gericht zu bringen.

Und der Nuntius hatte seine eigenen Probleme. Er hatte Noriega aufgenommen, ohne vorher den Vatikan zu konsultieren; seinen Vorgesetzten gegenüber verteidigte er sich damit, daß er einfach nicht genug Zeit gehabt hätte, da ihm General Noriega nur zehn Minuten Zeit gegeben hatte, sich zu entscheiden. Nun mußte er für den Papst die Suppe auslöffeln, ohne neue Präzedenzfälle bezüglich des Asylrechts zu schaffen. Der Nuntius brauchte eine Lösung, die sowohl christlich war als auch rechtzeitig kam. „Ich hielt eine heiße Kartoffel in meinen Händen", sagte der Nuntius, „und das Gefährliche daran war, daß ich eventuell lange Zeit mit ihr herumjonglieren mußte."

Trotzdem sah er nur eine mögliche Lösung. Er mußte in der Botschaft die richtige Atmosphäre für ein paar *mano a mano*-Gespräche mit Noriega schaffen und dann den General davon überzeugen, sich freiwillig den Amerikanern zu stellen. Das würde schwierig sein, weil Noriega unter der Annahme in die Nuntiatur gekommen war, daß er dadurch in einem dritten Land Asyl finden könnte, wie so viele andere, die während der Zeit seiner Herrschaft hier durchgekommen waren.

„Die größten Gefahren waren vom ersten Augenblick an offensichtlich", sagte der Nuntius später. „Man durfte Noriega gar nicht erst erlauben, sich Gedanken über politisches Asyl [in einem Drittland] zu machen. Weder Panama noch die USA würden ihn gehen lassen. Und ich konnte mich nicht dazu bringen, ihn auszuliefern – nicht an die USA und noch weniger an die Panamaer."

Laboa war ein hyperaktiver, geselliger Erzbischof, der seit Jahren intensiv mit den Intrigen im Vatikan zu tun hatte. Nachdem er 1983 nach Panama übersiedelt war – nur wenige Monate bevor Noriega an die Macht kam – hatte er sich schnell als bestinformierter Gesandter in der ganzen Stadt erwiesen. Jeder redete mit dem Nuntius. Eine kleine Gruppe Diplomaten kam jeden Morgen an seinem Frühstückstisch zusammen, um Informationen miteinander auszutauschen. Sie nannten diese Zusammenkünfte *le levée*, „das Aufstehen", nach den regelmäßigen Frühstückstreffen der Ratgeber von König Ludwig dem XIV.

Und der Nuntius kannte Noriega. Er war einer der wenigen Männer auf der ganzen Welt, denen der General Vertrauen schenkte. Der Nuntius war intensiv an einigen der sensibelsten Verhandlungen beteiligt gewesen, die auf Noriegas Rücktritt abzielten. Als Noriega im Mai 1988 fast zurückgetreten wäre, war es der Nuntius, dem er Teile seiner Rücktrittsrede gezeigt hatte, damit er sie gutheißen sollte. Der Nuntius war so etwas wie Noriegas guter Onkel geworden – ein Mann, der ganz direkt mit ihm sprach und ihn rügte, wenn er einen Fehler machte, aber dennoch immer seine Tür für ihn offen hielt. „Der Nuntius sagt manchmal Dinge, die wir nicht gerne hören, aber er hat immer ein höheres Motiv dafür", sagte Noriega oft zu seinen Offizieren, die ihn vor diesem Mann warnen wollten.

Diejenigen, die über die Verbindungen zwischen dem Nuntius und Noriega Bescheid wußten, konnten einfach nicht glauben, daß die USA die vatikanische Botschaft unabsichtlich nicht unter Bewachung gestellt hatten. Die Tatsache, daß der Nuntius in einer amerikanischen Militärmaschine nach Panama geflogen war, steigerte ihren Verdacht nur noch mehr. Und der Nuntius sagte, daß er mehreren amerikanischen Funktionären gegenüber erwähnt habe, daß es möglich wäre, daß Noriega im Falle einer solchen Krise zu ihm kommen würde. Aber nachher beharrten die US-Beamten und der Nuntius auf ihrer Version, daß es sich schlicht und einfach um ein Versehen gehandelt hatte, daß man Noriega diese Chance gelassen hatte. Das Militär glaubte immer mehr seiner eigenen Propaganda, daß nur Kuba, Nicaragua und Libyen Noriega Zuflucht gewähren würden. Und die Offiziere wollten ihre Soldaten nur bei einer begrenzten Anzahl fester Standorte stationieren, was den meisten Männern die Gelegenheit ließ, hinter Noriegas widerspenstigen paramilitärischen Truppen herzujagen.

Aber jetzt war der Nuntius für die Gedankenprozesse innerhalb der Regierung Bush plötzlich zur Schlüsselfigur geworden. Der endgültige Triumph in dieser größten amerikanischen Militäraktion seit Vietnam lastete auf seinen Schultern.

Als der Nuntius am Weihnachtstag seine Gespräche mit den amerikanischen Behörden aufnahm, wußte er bereits, wie er diesen Leuten gegenübertreten wollte. Er traf sich mit General Cisneros und David Sciacatano aus dem Außenministerium und sprach gleich gegenüber seiner Residenz, im karg eingerichteten Büro des Direktors der St. Augustine-Schule, mit ihnen. Der Nuntius hatte über den Begriff „Asyl" nachgedacht und beschlossen, daß die breiten Definitionsmöglichkeiten dieses Wortes es gestatteten, daß er Noriega an das amerikanische Rechtssystem übergeben könnte. Da er ein religiöser Mensch war, hieß Asyl für ihn, daß man jemandes Leben rettete und sicherstellte, daß die

Menschenrechte einer Person garantiert wären. Er sah nur einen einzigen Ausweg. „Mein Plan war es, Noriega davon zu überzeugen, daß der einzige Ausweg für ihn wäre, sich zu stellen, nicht den USA oder einer militärischen Macht, sondern dem Rechtssystem der Vereinigten Staaten, das fair ist und seine Menschenrechte in Schutz nehmen würde“, sagte der Nuntius. „Dieser Plan würde die Bedürfnisse aller Beteiligten befriedigen und niemandem wehtun.“

Zur Durchführung dieses Plans gab der Nuntius gleich seine erste Forderung bekannt: Er wollte amerikanische und panamaische Hilfe dabei, die Asylsuchenden aus seiner Botschaft zu entfernen, im besonderen Gaytan und Madriñan. Die beiden Offiziere wollten Asyl in Peru oder Spanien, und der Nuntius wollte so bald wie möglich eine Antwort auf ihr Ansuchen.

„Ich bin davon überzeugt, daß für den Fall, daß die Atmosphäre in meiner Botschaft so ist, wie ich es will“, sagte der Nuntius, „ich Noriega wahrscheinlich davon überzeugen kann, daß er sich stellt.“ Aber der Nuntius brauchte Zeit, das Vertrauen und die Hilfe der Regierungen der USA und Panamas – und die Nachsicht seines Papstes – und er mußte Gaytan und Madriñan aus dem Haus kriegen.

Aber von den Vertretern der USA kam mehr als eine Woche lang keine Antwort.

Das größte Problem bestand darin, die US-Generäle zu dieser subtilen Strategie zu bekehren. Der Gedanke, daß ihr Krieg zu einem Ende kommen würde, indem ein spanisch-baskischer Nuntius sein Komplott schmiedete, stellte für sie so etwas wie Gotteslästerung dar. Sämtliche Generäle wehrten sich dagegen, einen Plan zu akzeptieren, über den sie keine Kontrolle hatten und der keinen genauen Zeitplan aufzuweisen hatte. Der Nuntius würde der einzige sein, der bei diesen Verhandlungen mit allen beteiligten Parteien sprechen würde: dem Vatikan, der Regierung Bush, der neuen panamaischen Regierung und Noriega. Die amerikanischen Funktionäre sprachen nie direkt mit Noriega; der Vatikan würde nicht direkt mit den panamaischen oder amerikanischen Behörden verhandeln. Und Noriega wollte mit niemand anderem als dem Nuntius sprechen.

Der Plan des Nuntius’ ließ einen Monsignore mit der typischen Mentalität eines Mannes, der vom Mittelmeer stammte, direkt mit der Gedanken- und Begriffswelt des amerikanischen Militärs aufeinanderprallen. General Maxwell R. Thurman stand der Vertrauenswürdigkeit des Nuntius’ mit dem größten Mißtrauen gegenüber, aber er war keineswegs der einzige, der so dachte. Sowohl er als auch General Carl Stiner, der bei der gesamten Invasion die Einsätze geplant hatte, waren nicht bereit, die Versprechen des Nuntius’ einfach für bare Münze zu nehmen. Die Akten der Geheimdienste enthüllten einige undurchsichtige Vorfälle aus seiner Zeit im Vatikan, wie Thurman anderen US-Funktionären mitteilte. Besonderen Verdruß bereiteten ihm die engen Verbindungen des Nuntius’ zu baskischen Terroristen, von denen vier in seiner Botschaft Asyl gefunden hatten. Einer Vereinbarung mit dem spanischen Regierungschef Felipe González folgend, hatte Noriega diesen Basken Asyl gewährt, als sie ihre Waffen niedergelegt hatten. Der Nuntius war der Verbindungsmann der spanischen Regierung. Seine Beziehung zu diesen Männern, die man des Terrorismus beschuldigte, war so herzlich, daß Besucher der Nuntiatur beobachten konnten, wie diese Leute den Tisch fürs Abendessen deckten, Vorhänge aufhängten und auch sonst im Haus behilflich waren.

Als man ihn früher wegen seiner Gastfreundschaft für solche ruchlosen Typen zur Rede gestellt hatte, hatte der Nuntius eine Geschichte über einen bekehrten Dieb aus dem Buch Lukas des Neuen Testaments zitiert. Auch Jesus wurde von seinen Jüngern heftig kritisiert, als er das Haus des Zachäus, eines diebischen Steuereinnehmers, aufsuchte. Aber Zachäus hatte Jesus seine Handlungsweise vergolten, indem er die Hälfte seines Besitzes an die Armen verschenkte und das, was er gestohlen hatte, vierfach zurückzahlte.

Aber für Thurman, einen erzkonservativen Katholiken aus der Zeit vor dem Zweiten Vatikanischen Konzil, dessen Bruder ein „guter" Priester und nicht einer dieser freidenkerischen lateinamerikanischen Gottesmänner war, die politische Ambitionen und eine lose Moral hatten, war dies nicht gut genug. Thurman schäumte vor Wut, als er zusehen mußte, wie Oberstleutnant Valarde am 26. Dezember sein Asyl in der Nuntiatur verließ und sich sofort nach dem Verbleib einer Frau erkundigte, die US-Offiziere für seine Geliebte hielten. Valarde, ein katholischer Priester und Noriegas Militärkaplan, hatte seine Streifen an den Ärmeln und ein ordentliches Gehalt bekommen, als er sich an den General verkauft hatte.

„Laboa fischt nun schon seit 15 Jahren im Trüben", brachte Thurman bei anderen US-Funktionären im Laufe einer Sitzung empört vor. „Er hatte im Vatikan seine eigene Tagesordnung, und er hatte sie auch in Panama." Thurman vertraute Laboa nicht genug, um daran zu glauben, daß er seine Versprechen halten würde. Und auch General Stiner und John Bushnell, der geschäftsführende Leiter der amerikanischen Botschaft, der erst zwei Monate zuvor nach Panama gekommen war, schenkten ihm keinen Glauben. Bushnell hatte einen anderen Lösungsvorschlag gemacht. Er war der Ansicht, die USA sollten Gaytan dazu anwerben, seinen General unter Anwendung körperlicher Gewalt aus der Nuntiatur herauszubringen. Hochrangige Funktionäre sagten, daß dies eine großzügige Bezahlung erfordert hätte.

Nur Cisneros glaubte dem Nuntius. Er verstand von Anfang an, was Monsignore Laboa zu tun versuchte und wollte Mittel und Wege finden, wie er ihm helfen und das alles Thurman begreiflich machen könnte. Aber Cisneros, der fließend Spanisch sprach, wurde seit langer Zeit von einigen seiner Vorgesetzten mißtraut, weil er ein zu enges Verhältnis zu den Einheimischen hatte, und seine Unterstützung des Nuntius' erregte nur noch mehr Erstaunen. Der Nuntius betrachtete ihn als seinen nicht deklarierten Verbündeten beim Kampf gegen die Unbeweglichkeit des Militärs. Sie standen gegen die tief verwurzelte Vorliebe der Amerikaner, große Entscheidungen der Führung zu überlassen, wenn die niederen Ränge nicht das erwünschte Ergebnis bringen.

„Lassen Sie uns das einfach dem Papst vorlegen und er wird die Entscheidung treffen", erklärte Thurman. „Der Vatikan weiß schon, was los ist."

Auf Thurmans Drängen schickte Außenminister James Baker ein Telegramm nach dem anderen in den Vatikan, in denen er eine Auslieferung Noriegas, eines angeklagten Kriminellen, in die Hände der Amerikaner forderte. Aus Rom kamen drei Antworttelegramme, die aber nur bestätigten, daß man die Botschaften aus den USA erhalten hatte

– eine höfliche Methode, jemandem in der Welt der Diplomatie die kalte Schulter zu zeigen. Der Vatikan war nicht dazu bereit, sich in dieses Durcheinander hineinziehen zu lassen, das einige ungewollte Präzedenzfälle erzeugen könnte, und reagierte daher nicht. Vom Vatikan aus war der Nuntius ganz auf sich selbst gestellt.

Als man dem Nuntius berichtete, daß Gefahr bestünde, die Amerikaner würden seine Residenz angreifen, zuckte er nur die Achseln. Dabei handelte es sich um eine Gefahr, an deren Existenz er nie glaubte. „Wenn Sie bei uns eindringen, werden Sie das Problem für mich lösen", sagte der Nuntius zu General Cisneros. „Aber Sie werden dabei einen schmutzigen Fleck zurückbehalten, den Sie nie wieder loswerden. Wenn ich ihn aber Ihnen ausliefere, dann beschmutze ich damit den Heiligen Stuhl. Also ist es mir lieber, wenn Sie sich die Hände schmutzig machen."

Laboa war ein intelligenter Pokerspieler und Präsident Bush gab ihm nur noch bessere Karten in die Hand. Es war einfach keine gute Politik, sich in der Weihnachtszeit mit der Kirche anzulegen. „Ich möchte mit dem Vatikan wegen dieser Sache keinen Krieg", sagte Bush zu einem hohen Funktionär des Außenministeriums. Der Präsident hatte sich darauf vorbereitet, geduldig sein zu müssen. Der Kongreß und das amerikanische Volk waren vollauf mit ihren Ferien beschäftigt.

Was die amerikanischen Funktionäre am meisten frustrierte, war die Tatsache, daß der Nuntius ihnen keinen genauen Zeitplan für seine Strategie geben konnte. Das Außenministerium fragte immer wieder, wie lange es dauern würde, Noriega herauszubekommen, wenn sie eine Möglichkeit gefunden hätten, dem Nuntius die beiden panamaischen Offiziere Gaytan und Madriñan abzunehmen.

In den ersten paar Tagen von Noriegas Aufenthalt sagte der Nuntius einfach immer, daß die Zeit noch nicht reif wäre. Bei seinem Plan, glaubte der Nuntius, wären Timing und die richtige Atmosphäre das Allerwichtigste. Würde er Noriega zu früh um eine Entscheidung fragen, dann würde der General mit Nein antworten und die Konsequenz wäre, daß sein Plan einen Rückschlag erleiden würde, der eventuell nicht mehr wiedergutzumachen wäre.

Außerdem war Noriega in den ersten Tagen noch zu verstört über sein Schicksal, das sich so plötzlich gegen ihn gewandt hatte, als daß er hätte vorausplanen können. „Für ihn ist alles so schnell gekommen", sagte Hermann López Arias, ein Diakon, der für den Nuntius arbeitete. „Er konnte es einfach nicht verkraften. Anfangs rechnete Noriega damit, daß er in einem dritten Land Asyl finden würde – so wie andere, die in der Botschaft Zuflucht gesucht hatten."

Aber es stellte sich schnell heraus, daß er eine andere Sorte Gast war. Am Abend des 26. Dezember rollte sich Noriega gerade unter seiner Decke zusammen, als die psychologische Kriegsführung der USA einen Höhepunkt erreichte. Blackhawk-Hubschrauber, die über die Bucht von Panama hereinschwebten, flogen so niedrig, daß die Fenster der Nuntiatur zu klirren begannen, und Soldaten zündeten ein Feld gleich neben der Residenz und vor Noriegas Fenster an, um damit eine neue Landefläche zu schaffen. Die Glut färbte Noriegas undurchsichtige Fenster feurig rot. „Hört ihr das?" rief Noriega zwei jungen panamaischen Rechtsanwälten zu, die gekommen waren, um dem Nuntius in seinem überbelegten Haus zur Hand zu gehen. „Die Gringos werden über die Mauer klettern. Sie brennen schon das Grundstück nebenan nieder. Bitte geht raus und schaut nach."

Die Hubschrauber kreisten wie Geier weiterhin über der Residenz. Und ein gepanzerter Truppentransporter, dessen Motor auf vollen Touren lief, fuhr mehrere Male mit glänzenden Scheinwerfern auf das hintere Tor zu, bremste dann und stieß leicht, aber bedrohlich, gegen das Tor. Am darauffolgenden Tag beschwerte sich Noriega über eine Störung, die nicht so leicht zu hören gewesen war: Männer mit Feldstechern beobachteten vom Parkplatz des benachbarten Wohnhauses aus Noriegas Fenster, und Männer mit äußerst empfindlichen Mikrophonen nahmen jedes Flüstern auf. Dennoch schien ihm die lauteste Störung überhaupt nichts auszumachen – Soldaten, die Rockmusik über die Mauern der Residenz dröhnen ließen. Die erste Sendung des Tages wurde mit einem lauten „Good Morning, Panama" – nach dem Vietnamfilm mit Robin Williams – eröffnet. Und man wählte auch passende Songs aus: „I Fought the Law (and the Law Won)" wurde ziemlich oft gespielt. Parodien auf Nachrichtensendungen, die mit hoher Lautstärke ausgestrahlt wurden, berichteten über Panamaer, die in die vatikanische Residenz eindrangen und Noriega Stück für Stück auseinandernahmen.

Der Nuntius war davon überzeugt, daß die Musik und die Nachrichtensendungen darauf abzielten, Noriega zu verunsichern, obwohl die Amerikaner ihm versichert hatten, daß die Sendungen nur dazu dienten, Abhöraktionen zu verhindern. Aber außer einer Störung des Nuntius' schienen sie nichts zu bewirken. „Ich bin die ganze Nacht wach, aber Noriega schläft tief und fest wie ein Säugling", beklagte er sich bei einem Beamten der US-Botschaft. Der Nuntius erzählte später, daß dies das einzige Mal während Noriegas Aufenthalt gewesen sei, daß er sich über amerikanische Maßnahmen geärgert habe.

Der Nuntius wollte seine eigene psychologische Kriegsführung in geringerer Lautstärke und in Frieden durchführen können. Er wollte Noriega langsam zur Ansicht bekehren, daß ein Gerichtssaal in Miami seine beste und einzige Alternative wäre. Einige seiner Maßnahmen waren grob: Trotz des heißen, tropischen Klimas ließ er Noriegas Klimaanlage abschalten. Die Helfer des Nuntius entfernten auch das Telefon aus Noriegas Zimmer und hielten ihn unter strenger Beobachtung, damit sie ihn davon abhalten konnten, das Telefon oder Faxgerät des Nuntius' am selben Gang zu benutzen. Sie hielten ihn trocken; die Nonnen hatten sämtlichen Schnaps aus seinem Schrank entfernt. Die Uzi-Maschinenpistole, mit der Noriega in die päpstliche Mission gekommen war, war sicher im Safe verwahrt. Und der General mußte ohne seinen Schrank voller in Frankreich maßgeschneiderter Uniformen auskommen. Für Noriega, einen Mann, der sich in der Unterwelt aus Korruption, Prostitution und Geheimdienstarbeit wohlgefühlt hatte, muß die Nuntiatur sehr wie Dantes Hölle ausgesehen haben.

Aber der General versuchte trotzdem, das Ganze von einem philosophischen Standpunkt aus zu betrachten.

Einer der jungen panamaischen Anwälte betrat am 27. Dezember Noriegas Zimmer – drei Tage nach der Ankunft des gestürzten Diktators, als er noch immer nichts mit den anderen Gästen des Nuntius' zu tun hatte. Der General sah sich im Fernsehen die verschwommenen Bilder eislaufender Kinder im Rockefeller Center an. „Sind Ihnen die Tage lang vorgekommen?“ fragte der Anwalt.

Noriega deutete mit einem Kopfnicken auf den Fernsehapparat, zeigte dann auf eine aufgeschlagene Bibel und ein Buch, das die Tochter des verstorbenen chilenischen Präsidenten Salvador Allende verfaßt hatte. Allende war 1973 unter wesentlich dramatischeren Umständen gestürzt worden, da er angeblich Selbstmord begangen hatte, als Soldaten seinen Präsidentenpalast mit Raketen beschossen und immer enger eingekreist hatten.

„Nun, ich habe gelernt, daß nichts im Leben so wichtig ist, daß man nicht auch ohne es auskommen kann“, sagte Noriega, ein Mann, der zu diesem Zeitpunkt bereits alles verloren hatte. „Das Leben geht weiter. ... Wir sind nichts als Moleküle.“ Der Anwalt, Enrique Jelenzsky, hatte bald keine Angst mehr vor Noriega. Er bemitleidete ihn nur.

Einige der psychologischen Operationen waren von gewinnender Schlauheit und wurden oft von den Freunden des Nuntius', die zu Besuch kamen, durchgeführt. Klaus Meixner, ein westdeutscher Diplomat, kam fast jeden Tag zu Besuch und brachte Essen mit, das vom Lieblings-Küchenchef des Nuntius' zubereitet worden war – Meixners spanischer Frau. Als er sich eines Abends gerade verabschiedete, machte er vor Noriegas Tür eine Bemerkung, die darauf abzielte, gehört zu werden. „Gute Nacht“, sagte Meixner. „Und sagen Sie Noriega, daß er sich besser den Amerikanern ergeben sollte, wenn ihm sein Leben lieb ist. Die Geschichte läßt grausame Diktatoren nie überleben. Denken Sie doch nur an Anastasio Somoza“, sagte er und bezog sich damit auf den nicaraguanischen Führer, der nach seinem Sturz von einer Panzerfaust in die Luft gesprengt worden war, als er in Paraguay in seinem Luxuswagen dahinfuhr.

Der Druck, den der Nuntius ausübte, war subtiler und humorvoller. „Wollen Sie, daß für den Rest Ihres Lebens Nonnen Ihre Unterwäsche waschen?“ fragte er den gestürzten Diktator.

Der Nuntius begann langsam, Noriega auf eine Entscheidung hinzudrängen und behauptete, daß die Amerikaner ihn besser behandeln würden, wenn er sie nicht allzulange warten ließe. „Sie könnten in ein bequemes Gefängnis kommen – eine Burg in Colorado mit allen Annehmlichkeiten“, sagte er zu Noriega, „aber wenn Sie zu lang warten, werden Sie in Alcatraz sitzen“ – dem ehemaligen Bundesgefängnis, das für seine Härte berüchtigt war.

Die nächste Gefahr für den Plan des Nuntius' kam aus dem Vatikan. Ein Sprecher des Vatikan äußerte den Gedanken, daß der Heilige Stuhl Noriega nie an Washington übergeben könnte. „Eine Besatzungsmacht kann sich nicht in die Arbeit einer diplomatischen Mission einmischen oder verlangen, daß ihr ein Mensch, der dort Asyl sucht, ausgehändigt wird“, sagte der Öffentlichkeitssprecher des Papstes, Joaquin Navarro.

Der Vatikan schien seine Reaktion auf die Empörung der Staaten der Dritten Welt über die amerikanische Intervention, anstatt auf die Realitäten in Panama zugeschnitten zu haben. Bei seinem Bemühen, diese Art der Problemlösung abzuwenden, fand der Nuntius zwei bereitwillige Verbündete: die panamaische Bischofskonferenz und den neu eingesetzten Präsidenten Guillermo Endara.

Die panamaische Bischofskonferenz veröffentlichte eine Stellungnahme, in der sie die Ansicht vorbrachte, daß Noriega ein Krimineller wäre, der vor Gericht gestellt werden müßte. Dieses Dokument überzeugte den Vatikan davon, Noriega wie einen gewöhnlichen Kriminellen zu behandeln – der nicht wirklich das Recht hatte, in der Botschaft zu sein – und nicht wie einen politischen Gefangenen. Was der Vatikan vermutlich nicht wußte, war, daß der Nuntius diesen Brief selbst geschrieben hatte, weil er so gut in seinen Plan paßte. Aber wenn man ihn schon ausliefern mußte, zog der Vatikan es auf alle Fälle vor, daß Noriega an die Panamaer übergeben würde,.

Und genau hier paßte Endaras Brief perfekt. Er zielte darauf ab, den Vatikan für die Ansicht zu gewinnen, daß Noriega in den Vereinigten Staaten verurteilt werden sollte, wo er sicherer wäre als in Panama. Er vertrat die Meinung, daß Noriegas fortgesetzter Aufenthalt in der Nuntiatur möglicherweise zu terroristischen Akten seiner Anhänger führen könnte, die glaubten, daß sein Überleben eine Folge irgendeiner „Schwarzen Magie" sei. In seinem Brief schrieb er, daß Noriega „zu Recht des Mordes und Drogenhandels beschuldigt" worden sei. Er appellierte an den Papst, das Asylrecht, das er Noriega gewährt hatte, zu beenden, damit die Vereinigten Staaten den General festnehmen könnten. „Unserer Ansicht nach würde diese Lösung panamaische Leben retten", meinte er. Damit gab man dem Vatikan auch zu verstehen, daß die neue panamaische Regierung diesen Handel nicht selbst machen wollte. Der Brief wurde über das Faxgerät des Nuntius' abgeschickt und sein Inhalt sickerte auch an die Presse durch – nur für den Fall, daß der Vatikan ihm keine Beachtung schenken sollte.

„Wir haben kein funktionierendes Rechtssystem", hatte Endara zum Nuntius gesagt. „Wenn wir ihn ins Gefängnis stecken, dann wird er die Wärter entweder bestechen oder ermorden." Eine andere Möglichkeit war seiner Ansicht nach auch, daß die Panamaer ihn lynchen könnten – und das war bestimmt nicht die Art, wie er eine Regierungsarbeit beginnen lassen wollte, die auf einer Anerkennung der Menschenrechte aufbaute.

Das amerikanische Militär machte die Position, die der Vatikan eingenommen hatte, noch ungünstiger, indem es die schmutzigen Einzelheiten über das, was in Noriegas Häusern und Büros entdeckt worden war, an die Öffentlichkeit gelangen ließ: Pornosammlungen, ein „Hexenhaus" voller Voodoo-Objekte, 50 Kilo weißes Pulver (das man anfangs als Kokain bezeichnete, sich aber später peinlicherweise als Mehl herausstellte) und ein Drogenlabor im Einwanderungs-Ministerium.

Da die beteiligten Parteien soweit unter Kontrolle waren und Noriega nicht mehr so nervös war, konnte der Nuntius seinen subtilen Druck etwas steigern. Er wußte, daß er hier gegen einen Mann stand, der das Handbuch der psychologischen Kriegsführung für das panamaische Militär verfaßt hatte. Aber davon ließ er sich nicht abschrecken. „Ich hielt mich selbst für einen viel besseren Psychologen als er es war, und ich besaß viel mehr Erfahrungen auf diesem Gebiet", lächelte er später. Früher hatte es der Nuntius schließlich geschafft, Noriega davon zu überzeugen, daß er seinen heftigsten Gegnern gestattete, in der Nuntiatur Zuflucht zu suchen und von dort aus leicht Panama verlassen zu können.

Der Nuntius zeigte sich überrascht über die amerikanische Besessenheit von dem Gedanken, daß Noriega ihn als Geisel nehmen könnte. Das war eine Möglichkeit, die seiner Ansicht nach durch seine Beziehung zu Noriega völlig ausgeschlossen war. Thurman glaubte, daß Noriega einen verborgenen Grund dazu gehabt haben mußte, in die Nuntiatur geflohen zu sein, und er nahm an, daß die wahrscheinlichste Möglichkeit die einer Geiselnahme war. „Sie hatten Angst, daß Panama für sie so etwas wie der Iran oder Vietnam werden könnte", sagte der Nuntius.

Aber trotzdem benutzte der Nuntius die Angst der Amerikaner dazu, seinen eigenen Plan voranzutreiben. Auf ein Ansuchen der Amerikaner hin unterschrieb der Nuntius eine Vollmacht, die es den US-Truppen gestatten würde, seine Residenz zu stürmen, sollten Noriega oder seine Männer ihn als Geisel nehmen. Amerikanische Funktionäre leiteten die Nachricht dieser Vereinbarung mit dem Segen des Nuntius' an die Medien weiter, und Berichte darüber wurden im panamaischen Fernsehen ausgestrahlt, das Noriega in seinem Zimmer eingeschaltet hatte. Er schoß darauf sofort zur Tür hinaus und fragte den Nuntius, ob diese Berichte wahr seien.

Der Nuntius zuckte die Achseln. „Ich habe das zwar getan, aber ich kann Ihnen versichern, daß ich nie daran geglaubt habe, daß Sie so weit gehen würden", sagte Monsignore Laboa. „Das ist so, als hätte mich jemand gefragt, ob er einen Brand löschen dürfte, wenn hier jemand Feuer legen sollte. Ich rechne nicht mit einem Brand, aber unsere Sicherheit ist mir am wichtigsten. ... Ich bin bereit dazu, mein Leben für Jesus Christus hinzugeben, aber nicht für eine politische Sache zu sterben."

Der Nuntius verlor nie seinen Sinn für Humor und pragmatisches Denken. Einmal kamen zwei Beamten des US-Außenministeriums zum Tor seiner Residenz und schlugen vor, daß er in Anbetracht der Gefahr einer Geiselnahme wenigstens die drei Nonnen aus dem Gebäude schaffen sollte. „Ich bin sicher, daß ich das tun sollte", sagte er und überlegte es sich dann wieder. „Aber wenn ich sie gehen lasse, wer wird dann kochen und die Wäsche waschen?"

Der Nuntius war mehr besorgt darüber, daß Noriega eventuell Selbstmord begehen könnte, was auf den Vatikan und ihn selbst natürlich auch kein gutes Licht werfen würde. Er hatte erfahren, daß Noriega in der Nacht, bevor er in die Nuntiatur gekommen war, mit Selbstmord gedroht hatte, aber er hielt dieses Ergebnis nichtsdestotrotz für eine relativ unwahrscheinliche Möglichkeit. „Noriega war zu schlau für sowas", sagte er später. Tatsächlich war Noriega in den Tagen nach seiner Gefangennahme geradezu davon besessen, sein Leben zu bewahren. Der Nuntius hatte Noriega verboten, sich in einem Großteil der Mission aufzuhalten, aber Noriega beschränkte seine eigene Bewegungsfreiheit sogar noch mehr. Er mied Fenster und sogar den schattigen Palmengarten im Hof, da er Angst hatte, daß Scharfschützen auf ihn schießen würden.

Als sich Noriega in der Nuntiatur wohler zu fühlen begann, trieb er sich auch ein bißchen mehr herum. Der Nuntius ließ – immer christlich – ein üppiges Silvestermahl mit speziellen panamaischen Zutaten servieren. Der westdeutsche Diplomat Klaus Meixner brachte am frühen Nachmittag einen Truthahn, den seine Frau gekocht hatte, durch die Linien des amerikanischen Militärs.

Eine Menge, die sich vor dem Gebäude versammelt hatte, um gegen Noriegas fortgesetztes Asyl zu demonstrieren, bot an, den Vogel durch einen der Geier zu ersetzen, die symbolischerweise in der Luft über der Nuntiatur kreisten. Als Meixner das Haus betrat, fragte ihn Oberst Madriñan, was es zum Abendessen geben würde. „Für die braven Gäste habe ich Truthahn", sagte Meixner, „und für die schlimmen Gäste jagen die Leute draußen gerade ein paar Geier." Noriega und seine beiden Offiziere konnten darüber nicht lachen.

Das Abendessen am Silvesterabend war das erste Mal seit Noriegas Ankunft eine Woche zuvor, daß er mit den anderen gemeinsam am Tisch saß. Sie aßen alle denselben Vogel – die braven wie die schlimmen Gäste. Noriega erinnerte sich an ein Gespräch, das er einmal mit dem Nuntius geführt und bei dem er ihn gefragt hatte, ob er den Berichten aus Panama glaube, daß ein Abbild des Heilands zu schwitzen begonnen hatte. „Warum nicht?" hatte der Nuntius geantwortet. „In Panama schwitzt jeder." Sie lachten. Der Nuntius sah, daß Noriegas Widerstand abnahm. Jetzt war es an der Zeit, ihn davon zu überzeugen zu versuchen, daß er gehen sollte.

Bis zum Neujahrstag hatte die Regierung Bush jedoch immer noch keine Antwort auf die ursprünglichen Ansuchen von Gaytan und Madriñan wegen ihres Asyls gegeben. Ohne diese Reaktion konnte der Nuntius die beiden und Noriega nicht dazu bringen, sich auf den nächsten Schritt zu konzentrieren. Das Problem in Washington war zum Teil Mißtrauen und zum Teil die Bürokratie. Cisneros Ansuchen, die mündlich vorgebracht worden waren, wurden verlangsamt, indem sie sowohl in Panama als auch in Washington einige „Relais" durchlaufen mußten. Am 31. Dezember mischte sich endlich Michael Kozak, der Funktionär des Außenministeriums, in die Auseinandersetzung ein, um die scheinbare Pattsituation aufzuheben, und engagierte sich wieder einmal in dem Bemühen, Noriega aus Panama herauszubekommen.

Als Kozak ankam, wollte General Thurman immer noch, daß das Außenministerium den Vatikan unter Druck setzte. Aber Kozak kam bald dahinter, daß dieser Weg sinnlos wäre. Es ist offensichtlich, daß in Rom nichts passieren wird, sagte Robert Kimmit, ein Unterstaatssekretär im Außenministerium, der in Washington an dem Problem arbeitete, zu seinen Männern in Panama. Soweit wir das verstehen, spielt sich alles auf eurem Terrain ab.

Kozak wußte, daß die Antwort der USA auf die Asylfrage ein klares Nein war. Die Komitees hatten bisher nur beim Äußern dieser Antwort versagt. Der Nuntius wurde jedoch immer verärgerter und verlangte eine Antwort. Jetzt war der Trick dabei, Washington dazu zu bringen, so schnell wie möglich nein zu sagen, damit die Verhandlungspartner sich mit anderen Themen befassen konnten. Kozak und Cisneros arbeiteten einen Antwortvorschlag von einer Seite Umfang aus, in der das Ansuchen um Asylgewährung abgelehnt wurde, und schickten es zur Bewilligung nach Washington. Sie bereiteten auch eine Antwort auf Noriegas Besorgnis vor, daß er der Todesstrafe gegenüberstehen könnte und/oder daß man ihn wieder nach Panama „ausleihen" könnte, damit auch hier über ihn verhandelt werden konnte.

Washington brauchte weitere 36 Stunden für eine Antwort. Am 1. Januar baten die Amerikaner um ein Treffen mit dem Nuntius – wie immer im Büro des Schuldirektors. Der Nuntius umarmte Kozak. „Ich habe Noriega erzählt, daß Sie hier sind“, sagte der Nuntius zu Kozak, der bei früheren Verhandlungen, die zu einer viel glücklicheren Lösung hätten führen können, stundenlang mit Noriega gesprochen hatte. „Er erinnert sich voller Sympathie und Vertrauen an Sie“, berichtete der Nuntius Kozak.

Kozak lachte. „Es geht mir immer so, daß mich Stinktiere gern haben.“

Kozak versuchte dem Nuntius seinen guten Willen zu beweisen, indem er Einzelheiten geheimer Aktivitäten preisgab, die Noriega unter dem Codenamen „Operation Judas“ gegen die Kirche betrieben hatte. Anti-Noriega-Priester wurden als Homosexuelle dargestellt, sagte Kozak, wobei er Dokumente zitierte, die von US-Soldaten nach der Invasion gefunden worden waren. Aber der Nuntius wußte sogar noch mehr als Kozak, wie sich herausstellen sollte. Er nannte die Offiziere, die mit dieser Operation beauftragt gewesen waren und sagte, daß der ehemalige Geheimdienstchef ihm alles gestanden hatte.

Die Amerikaner übermittelten dem Nuntius anschließend die Nachricht, daß das Ansuchen um Asyl für Gaytan und Madriñan abgelehnt worden wäre. Sie würden wie alle anderen Kriegsgefangenen ihren Fall im amerikanischen Fort Clayton bearbeiten lassen müssen. Was Noriega anging, so wollten die USA, daß er den amerikanischen Streitkräften übergeben würde, damit diese ihn vor ein faires und sicheres Gericht bringen könnten. Das Dokument vermerkte, daß keine der gegen Noriega erhobenen Anklagen die Todesstrafe vorsah. Es gab Leute in Washington, die sich gegen diesen Entscheid gewehrt hatten, aber Cisneros und Kozak hatten erfolgreich argumentiert, daß es sich hier um eine schlichte Tatsachenfeststellung handelte. Diese Stellungnahme war dem Nuntius auch im Vatikan behilflich, wo man davor Angst hatte, den General zu übergeben, nur damit er später hingerichtet werden konnte. Die Amerikaner konnten jedoch nicht Noriegas Bitte nach Garantien entsprechen, daß man ihn nicht mehr den Panamaern übergeben würde, die er anscheinend mehr als die Gringos fürchtete.

„Praktisch gesprochen, kann Noriega nur verhindern, daß er nach Panama zurückgeschickt wird, wenn er sich schuldig bekennt und um die Höchststrafe ersucht“, erklärte Kozak dem Nuntius. Er sagte, daß die USA Noriega in einem solchen Fall nicht für einen weiteren Prozeß zurückerstatten könnten. „Die einzige Garantie, die wir ihm geben können, liegt im amerikanischen Rechtssystem selbst“, sagte Kozak. Aus irgendeinem Grund gefiel dem Nuntius dieser Satz und er sprach ihn ein paar Mal nach.

Spät am Neujahrstag schlug der Nuntius, der immer noch nach Freiraum für seine Maßnahmen suchte, den Amerikanern vor, seine Botschaft zu leeren, indem er alle Asylsuchenden außer Noriega an andere Botschaften „verlieh“. Die Unterhändler der USA lehnten das ab. Es wäre zu kompliziert. Also schlug er stattdessen vor, daß die panamaische Regierung dem Vatikan an einem zweiten Standort diplomatische Immunität gewähren sollte – eine Forderung, die nicht ungewöhnlich war, da die meisten Botschafter sowohl eine Botschaft als auch eine Residenz besitzen, die unter diesem Schutz stehen. Der Nuntius schlug vor, daß ein Flügel der St. Augustine-Schule dazu benutzt werden sollte, Noriegas Henker zu beherbergen, während er Noriega isoliert in der Nuntiatur zurückbehalten wollte. Die Amerikaner hielten dies für eine weitaus bessere Idee.

Am Morgen des 2. Januar wollte der Nuntius jedoch niemanden verlegen. Eine Anti-Noriega-Demonstration, die für den folgenden Tag angesetzt war, hatte in Gaytan und Madriñan so große Angst erzeugt, daß sie beide Noriega rieten, sich zu stellen, um dadurch sein Leben zu retten. Sie waren darüber besorgt, daß die Panamaer hier eindringen könnten, um Noriega zu holen, oder – noch schlimmer – daß die Amerikaner das Eindringen von Panamaern als Ausrede benutzen würden, selbst hereinzukommen. Noriega hatte im Fernsehen Berichte über den Sturz und die Ermordung des rumänischen Staatsführers Nicolai Ceaucescu gesehen, die ihn nur noch nervöser machten.

„Gaytan ist eine große Hilfe", sagte der Nuntius. „Ich möchte, daß er bleibt. Ich glaube, daß ich diese Angelegenheit innerhalb von zwei Tagen regeln kann."

Thurman und Stiner waren nach wie vor skeptisch. Sie bezweifelten, daß Noriega dazu überredet werden konnte, sich in amerikanische Gefangenschaft zu begeben. Die einzige Alternative würde aber dann darin bestehen, die Nuntiatur zu stürmen. Thurmans Männer übten einen solchen Einsatz bereits außerhalb von Panama City und benutzten Rauchbomben dazu, ihr mögliches Eindringen zu verbergen. Aber tatsächlich war ein solcher Angriff unwahrscheinlich, und als ein Gesandter aus dem Vatikan ankam, der Monsignore Laboas Selbstvertrauen und seiner persönlichen Autorität nachhelfen sollte, gelangte Thurman weiter zur Überzeugung, daß er sich auf den Nuntius verlassen mußte.

Kozak ließ den Nuntius eine Botschaft an den General überbringen. „Letztes Jahr haben Noriega und ich sehr intensiv zusammengearbeitet", sagte Kozak. „Aber Noriega hat damals eine sehr gute Chance für sich selbst und alle anderen verspielt, weil er zu lange gezögert hat. Jetzt steht der General vor seiner allerletzten Chance, und wenn er wieder abwartet, dann wird er auch sie verspielen und so noch weit mehr verlieren."

Der Nuntius war ernüchtert. Er sagte, daß er Noriega am nächsten Morgen erklären würde, daß er „innerhalb der nächsten vier Stunden gehen" müßte, ansonsten würden nicht genau bekannte amerikanische Maßnahmen folgen. Kozak sagte, es wäre besser, wenn der Nuntius ihm die Botschaft noch in dieser Nacht übermitteln würde. Der Nuntius, normalerweise ein unendlich gesprächiger Mensch, war jetzt still. Er überlegte sich die Sache noch einmal und verkündete dann kein solches Ultimatum, sondern spielte stattdessen sein wesentlich subtileres psychologisches Spiel weiter.

Am Abend des 2. Januar hielt der Nuntius die erste seiner beiden längsten Sitzungen mit Noriega und dessen zwei Offizieren in der Empfangshalle der Botschaft ab. Über ihnen hing ein Bild des Papstes. Daneben war Monsignore Laboas Wappen zu sehen, auf dessen Inschrift er Noriega schon mehrmals hingewiesen hatte: *Solvitur in Excelsis* – alles wird im Himmel gelöst.

Der Nuntius zweifelte daran, daß aus der für den nächsten Tag geplanten Demonstration irgendeine Gefahr für Noriega erwachsen könnte. Aber er redete den drei panamaischen Offizieren vorsätzlich nicht ihre Ängste aus, daß die Gringos eine blutdurstige Menschenmenge hereinlassen würden.

„Ich mußte ihn auf die Gefahren hinweisen, die jede andere Lösungsmöglichkeit mit sich bringen würde“, sagte der Nuntius. „Ich sagte ihm, daß er hierbleiben könnte; ich würde ihn nie rauswerfen.“ Der Nuntius wies aber deutlich darauf hin, daß er ihm keine Sicherheit bieten könnte. Wie lange würden die amerikanischen Soldaten die Botschaft umstellen und keinen Mob hereinlassen, der ihn lynchen würde? Es könnte sich eine Situation ergeben, in der das amerikanische Militär keine Kontrolle mehr über das Geschehen haben würde, oder die USA könnten sogar selbst einen Zwischenfall provozieren, deutete der Nuntius an.

„Ich bin sicher, daß die amerikanischen Soldaten nie das Feuer auf panamaische Bürger eröffnen würden, wenn die Massen hier hereinströmen“, sagte der Nuntius zu Noriega. (Tatsächlich war ihm das wenige Stunden zuvor von amerikanischen Offizieren mitgeteilt worden.) „Und dann wartet das Schicksal von Mussolini auf Sie“, sagte der Nuntius und bezog sich dabei auf den italienischen Führer, dessen Volk ihn nach seiner Niederlage im 2. Weltkrieg erschossen und an einem Laternenmast aufgehängt hatte. „Das wäre doch ein sehr unwürdiges Ende für Sie.“

Oberst Nivaldo Madriñan war auch der Ansicht, daß der Diktator gehen sollte. Gaytan, ein Mann, dem Noriega vertraute und den er vielleicht mehr als jeden anderen respektierte, riet dem General, sein Leben zu retten, indem er sich ergab. Miami ist die einzige Möglichkeit, sagte Gaytan.

An diesem Abend sagte Noriega zum Nuntius, daß er zum Gehen bereit wäre. Noriegas Angst war nach dem Verkünden dieser Entscheidung so groß, daß er seinen treuen Leibwächter bat, auf dem Gang vor seiner Tür am Boden zu schlafen. Zu diesem Zeitpunkt wußte Gaytan nicht, was er mehr fürchten sollte: Noriegas Selbstmord oder die amerikanischen Soldaten und die Panamaer vor dem Haus.

In dieser Nacht schlief der Nuntius nicht besonders. Er wußte, daß der nächste Tag die Aufgabe für ihn bringen würde, Noriega von einer Meinungsänderung abzuhalten. Um Noriega von allen Einflüssen zu isolieren, die ihn davon abbringen konnten, bei seinem Entschluß zu bleiben, sprachen er oder ein Mitglied seines Stabs während des gesamten Tages ununterbrochen mit dem General. „Sie sprachen in seinem Zimmer mit ihm, auf dem Gang, in der Küche, überall, wo er hinging“, erzählte César Tribaldos, ein guter Freund des Nuntius’, der einen Teil dieses Tages in der Mission verbrachte. „Noriega ist ein Mensch, der seine Launen so oft wechselt wie andere ihre Unterhemden.“ Und in Panama heißt das mindestens zweimal täglich.

Am 3. Januar um 10 Uhr nahm Präsident Endara Kozak bei einer Sitzung im Präsidentenpalast beiseite. „Mich hat soeben ein Gesandter des Nuntius’ besucht“, sagte Endara. „Er hat letzte Nacht mit Noriega gesprochen, und der General war einverstanden damit, heute Nacht oder morgen früh die Nuntiatur zu verlassen. Er will, daß ich die Demonstration absage.“ Endara zweifelte daran, daß Noriega seinen Entschluß auch durchhalten würde. Aber der neue panamaische Präsident war auch wegen der Demonstration besorgt. Amerikanische Geheimdienste hatten Berichte erhalten, daß Mitglieder von Noriegas paramilitärischen Truppen die Menge infiltrieren wollten, um eine Bombe zu zünden oder auf die amerikanischen Soldaten rund um die Nuntiatur zu schießen und so ein Blutbad zu provozieren.

Kozak sagte, daß die amerikanische Botschaft versuche, die Organisatoren der Demonstration dazu zu bringen, diese wenigstens bei Einbruch der Nacht abzubrechen, damit so das Risiko von Heckenschützen-Angriffen durch treue Noriega-Anhänger vermieden werden könne.

Um die Mittagszeit schickte der Nuntius dringend nach Kozak. Laboa saß in seinem Zimmer und hörte einem anderen Priester dabei zu, wie er einen Führer des Bürger-Kreuzzugs anrief und ihn bat, die Demonstration zu verschieben. „Bitten Sie ihn, sie nur noch 48 Stunden aufzuhalten", sagte der Nuntius beschwörend. „Sagen Sie ihnen, daß ich die amerikanischen Soldaten hereinlasse, wenn Noriega sich nicht an unseren Handel hält." Der Nuntius meinte das zwar nicht ernst, aber er versuchte immer verzweifelter, alles abzuwehren, das Noriegas Entschluß zur Kapitulation untergraben könnte.

Noriega hatte möglicherweise Angst vor den Menschenmengen. Aber der Nuntius war besorgt, daß eine zu zahme Demonstration – und so etwas war bei den sehr zivilisierten Panamaern immer möglich – Noriegas legendäre Sturheit ansprechen und ihn dazu bringen könnte, sich zu sträuben. Außerdem befürchtete er, daß Noriega beschließen könnte, es handelte sich um eine unannehmbare Demütigung, wenn er sich angesichts einer solchen Demonstration ergeben müßte.

Am frühen Nachmittag nannte Noriega einige weitere Bedingungen für seine Kapitulation, die den Amerikanern von Pater Joseph Spiteri, dem persönlichen Sekretär des Nuntius', überbracht wurden. Ein Teil dieser Bedingungen war ihm von Gaytan eingegeben worden, der die Würde des General sogar erhalten wollte, wenn dieser sich ergeben mußte.

– Noriega möchte seine Uniform tragen. „Er kann so gekleidet herauskommen, wie er will", sagte Cisneros.

– Er wollte seine Familie anrufen. Cisneros meinte, daß es sich ohnehin um das Telefon des Nuntius' handelte, also sollte dieser entscheiden.

– Der General wollte nicht, daß die Medien davon erführen, und er wollte in der Nacht herauskommen, um sicherzugehen, daß die Kameras, die über ihm an den Balkonen des Holiday Inn angebracht waren, seine Kapitulation nicht aufzeichnen würden. „Auch wir sind nicht an einer Medienberichterstattung interessiert", sagte Cisneros. „Wir laden die Presse nicht zu dieser Zeremonie ein." Aber die US-Funktionäre wollten, daß Noriega den Zeitpunkt seines Verlassens der Nuntiatur von 21.30 oder 22 Uhr auf kurz nach Einbruch der Dunkelheit vorverlegte.

– Noriega wollte, daß ein General anwesend wäre, damit er zumindest so tun könnte, als ob es sich um die militärische Kapitulation eines besiegten Kommandanten handelte. Cisneros stimmte dem nicht offiziell zu, aber er versicherte dem Nuntius, daß die Generale da sein würden.

Als die panamaische Demonstration begann, bei der die Menschen „*justicia*" und „keine Gnade" riefen, war sie viel kleiner und ruhiger als erwartet. Das Häßlichste, was dabei zu sehen war, waren einige Demonstranten, die aufgespießte Ananas mit sich führten, womit sie auf den Spitznamen des pockennarbigen Diktators, *La Piña*, anspielten. Der Nuntius ließ sich die Tatsache, daß die Größe der Demonstration geschrumpft und die Hitze der Proteste eingedämmt war, ungerechtfertigt als sein Verdienst anrechnen. Aber Noriega nahm die Proteste kaum wahr, da er sich in einer Dauersitzung mit dem Nuntius und seinem Stab befand. Sein Entschluß zur Kapitulation blieb fest.

Von 14 bis 17 Uhr hatte der Nuntius eine Nonstop-Sitzung mit Noriega in der Bibliothek im ersten Stock, die nur von gelegentlichen Anrufen unterbrochen wurde. Monsignore Laboa achtete darauf, daß sein Einfluß weiterhin vorherrschend war. „Bis zur letzten Minute hat es bei den Sitzungen zwischen seinen Leuten und mir kein Ultimatum gegeben", sagte der Nuntius. „Meine letzten Worte an ihn waren: ‚Sie müssen sich entscheiden, ich werde Ihnen nie befehlen zu gehen. Aber wenn Sie einen meiner Ansicht nach guten Rat wollen, dann treffen Sie Ihre Entscheidung so bald wie möglich.' " Wie üblich hörte Noriega still zu.

Nach ihrer Sitzung rief Noriega seine Frau an, die sich in der kubanischen Residenz aufhielt, wo sie Zuflucht gesucht hatte. Er schrieb Briefe an seine Familie. Er schrieb dem Papst, erklärte in diesem Brief seine Unschuld und lobte den Nuntius dafür, ihn so gerecht behandelt zu haben.

Als feststand, daß Noriega gehen würde, fragte einer der Anwälte, die dem Nuntius behilflich gewesen waren, ob der General mit ihm für ein Photo posieren würde. „Wäre es gefährlich für Sie, wenn wir ein Photo machen?" fragte der Anwalt Enrique Jelenzsky.

„Überhaupt nicht", erwiderte Noriega. „Lassen Sie mich nur erst ein sauberes Hemd anziehen." Kurz danach kam er wieder und stellte sich mit ihnen auf, dann mit Madriñan und später noch mit ein oder zwei anderen. Er war ruhig und gelassen.

Am 3. Januar gegen 18 Uhr las der Nuntius in der kleinen Kapelle der vatikanischen Residenz eine Messe. Es war erst das zweite Mal, daß Noriega die Messe besuchte, seit er in die Nuntiatur gekommen war. Der Nuntius war bemüht, Noriegas Gefühl, von allen verlassen zu sein, etwas zu lindern, und sprach daher über Loyalität. Darüber, wie Freunde uns manchmal enttäuschen. Noriega hatte einem der Freunde des Nuntius' gegenüber von seinem Gefühl gesprochen, von allen im Stich gelassen zu werden. Er hatte zuerst seine früheren amerikanischen Geldgeber verloren, dann seine eigenen Offiziere und schließlich die vielen Freunde, die von ihrer Beziehung zu ihm so profitiert hatten. „Unsere einzige Sicherheit und Treue", sagte der Nuntius, „liegt darin, daß Gott uns nie im Stich lassen wird."

Nach der Messe bereitete sich Noriega sorgfältig auf seine Kapitulation vor. Er stieg ruhig die Treppe hoch und zog seine sauber gebügelte Uniform an, die ihm an diesem Tag aus der Wohnung seiner Geliebten Vicky Amado geliefert worden war. Auf jede der Schulterklappen waren vier Sterne genäht und über dem Herz stand sein Name. Schlicht und einfach Noriega. Die Zeit verging nur langsam. Der Nuntius fürchtete immer noch, daß Noriega seine Meinung ändern könnte.

Als Noriega sich darauf vorbereitete, die Nuntiatur zu verlassen, bat ihn Monsignore Laboa darum, ein letztes Mal sein Zimmer durchsuchen zu dürfen. Unter dem Bett fand er ein AK-47-Gewehr und jede Menge Munition, die anscheinend von einem der

Offiziere zurückgelassen worden waren, die diesen Zufluchtsort bereits früher verlassen hatten. Laboa war entsetzt. Es schien, als hätte Noriega jederzeit Geiseln nehmen – oder Selbstmord begehen – können. Aber dennoch hatte er sich für keine dieser Möglichkeiten entschieden. Er hatte einfach in keinem der beiden Wege einen Sinn gesehen, aber sie sich trotzdem bis ganz zum Schluß offengehalten. Laboa fühlte sich vom General hintergangen.

Um etwa 20 Uhr überquerte Pater Joseph die Straße und berichtete den zusammengekauerten Amerikanern, daß Noriega um 20.30 Uhr herauskommen würde. Sie waren bereits mit einem Hubschrauber auf einem kleinen Baseballplatz gleich hinter der Schule gelandet. Auf diesem kleinen Platz war kein Hubschrauber gelandet, seit Noriega vor elf geradezu endlos scheinenden Tagen Zuflucht in der Nuntiatur gesucht hatte. Die Journalisten, die von den Balkons im Holiday Inn, von denen aus man die Nuntiatur überblicken konnte, alles beobachteten, verbreiteten die Neuigkeit.

Die Rotoren des Hubschraubers drehten sich erwartungsvoll, und bald summte ganz Panama City vor Gerüchten, daß Noriega sich jetzt bald ergeben würde. Kozak und General Thurman saßen auf einer Bank im Hof hinter der St. Augustine-Schule und warteten auf die Meldung, daß Noriega seinen sicheren Zufluchtsort verlassen hätte. Aus Washington waren neue Instruktionen angelangt, wie man mit ihm verfahren sollte, aber die amerikanischen Beamten hatten beschlossen, sie zu ignorieren. Keiner der US-Funktionäre würde diese Gelegenheit aufs Spiel setzen.

Die Fernsehkameraleute betraten ihre Balkone, stellten ihre Nachtsicht-Objektive ein und kniffen die Augen zusammen, um in der Dunkelheit irgendjemanden oder irgendetwas sehen zu können. Chefredakteure riefen nervös an. Die Redaktionsschlüsse für die Morgenausgaben kamen näher, und jeder hatte das Gefühl, daß das Ende nahe wäre. Dann konnte man dunkle Schatten sehen, die sich in die Nacht hinausbewegten.

General Manuel Antonio Noriega, 55 Jahre alt, betrat um 20.44 Uhr den dunklen Hof. Er trug seine Uniform und in der Hand eine Bibel. Auf dem unbekannten Gelände vor der vatikanischen Residenz stolperte er zweimal, während zwei Priester und der päpstliche Nuntius einige Schritte hinter ihm gingen. Monsignore Laboa und Pater Joseph hatten Noriega versprochen, daß sie mit ihm zum Hubschrauber gehen würden. Der dritte Priester, der sich am deutlichsten von den dreien gegen Noriega gewandt hate, verabschiedete sich am Tor. „Ich werde jede Nacht für sie beten", sagte Pater Javier Villanueva.

„Gracias", murmelte General Noriega, der mit hängendem Kopf und glänzenden Augen weiterging. Der Geheimdienstoffizier, der früher alles gesehen hatte, blickte jetzt nur auf den Boden vor ihm, wo er seinen nächsten Schritt hinsetzen würde.

Er ging durch das hohe, schwarze Metalltor. Er machte ein oder zwei Schritte in Freiheit. Dann richteten Mitglieder der Delta Force schon ihre Gewehre auf ihn. Ein oder zwei andere filzten ihn nach Waffen. Er war sauber. Thurman und Cisneros standen in der Nähe. Aber trotz des äußeren Anscheins einer militärischen Kapitulation behandelte man Noriega wie einen gefangengenommenen Kriminellen. Ein Soldat trat hinter Noriega und stieß den General sanft auf den wartenden Hubschrauber zu. Die Priester gingen knapp hinter Noriega her. Der General, der verzweifelt den Kopf hängen ließ, ging langsam und mit schweren Schritten voran.

Michael Kozak hatte damit gerechnet, daß er sich erleichtert fühlen würde, aber stattdessen befiel ihn eine seltsame Traurigkeit. Er hatte noch nie in seinem Leben jemanden gesehen, der so ganz und gar besiegt aussah. Er erzählte einem Freund, daß es gewesen wäre, als wäre der bösartige Hund des Nachbarn, ein Vieh, das man seit Jahren am liebsten erschossen hätte, plötzlich von einem Lastwagen überfahren worden. „Er liegt mit gebrochenem Rückgrat auf der Straße und wimmert und heult", sagte Kozak. „Man kann nicht anders, als Mitleid für ihn empfinden."

Der General und seine Fänger gingen zur Hinterseite der Schule. Sie hielten vor zwei kurzen Treppen aus Zement an, die zum Baseballplatz und dem Hubschrauber führten. „Wurde er positiv identifiziert?" rief ein Mitglied der Delta Force, die Noriega auf die Howard Air Force Base transportieren sollte, wo er sich seiner Kleidung würde entledigen müssen, von Ärzten untersucht, mit Handschellen gefesselt und nach Miami weitergeschickt werden würde. Jemand mußte den ehemals mächtigsten Mann von Panama offiziell identifizieren, der früher einmal seinen Jägern entkommen war, indem er ein Double benutzt hatte.

Thurman befahl Kozak, der ihn am besten kannte, diese Aufgabe zu erledigen.

Als sich Noriega also auf dem Treppenabsatz umdrehte, um die letzten paar Stufen hinunterzugehen, blieb Kozak einige Schritte zurück, so daß er über ihm war und das Gesicht des Generals deutlich erkennen konnte. „Ja, das ist er", sagte Kozak und wandte sich Thurman zu. „Sie stellen nicht viele her, die so aussehen."

Drogenagenten zogen Noriegas zitternde Hände hinter seinen Rücken. Sie legten ihm leichte Handschellen an. Noriega, der verzweifelt und gedemütigt wirkte, wandte sich an Pater Joseph um eine Erklärung. „Es ist zu ihrer eigenen Sicherheit", versuchte Pater Joseph das Brüllen des Helikopters zu übertönen. Die Agenten zerrten Noriega in den Hubschrauber.

Dieser stieg fast sofort auf. Der Wind blies dem Nuntius das weiße Käppchen vom Kopf. Es flog wie ein durchgedrehter Frisbee über den ganzen Baseballplatz und ein paar Soldaten hetzten hinter ihm her.

NACHWORT

Amerikas größter Feind

Noriegas Sturz war zugleich Amerikas Tragödie.

Man beachte nicht die altmodische Euphorie der Yankees, die durch den Anblick eines in Handschellen gelegten, gestürzten Diktators heraufbeschworen wurde, den die U.S. Air Force-Maschine C-130 der Gerechtigkeit übergab. Man achte auch nicht auf die amerikanischen Funktionäre, die sich vor lauter Eigenlob fast überschlugen und damit zufrieden waren, daß die Großmacht Amerika wieder einmal ein Unrecht gut gemacht und die Demokratie gefördert hatte.

Dabei handelte es sich nur um ein unangebrachtes Feiern amerikanischer Macht.

Der Einsatz massiver militärischer Gewalt im Dezember 1989, der Noriegas Herrschaft beendete, war der endgültige Beweis für das Versagen der amerikanischen Außenpolitik in Panama. Nachdem man mehr als zwei Jahre lang versucht hatte, Noriega mit Verhandlungen oder Nötigungen aus seiner Machtposition zu entfernen, stellte die Invasion den letzten Ausweg und schließlich die Kapitulation einer Politik dar, bei der es keinen anderen Ausweg mehr gab. Früher hatte man geglaubt, es würde wesentlich weniger Geld und Schwierigkeiten kosten, zum Erfolg zu kommen. Und dazu kam noch, daß es sich um eine Verurteilung des 30 Jahre dauernden Verhältnisses mit General Noriega handelte – einer Beziehung, die mit seiner heimlichen Rekrutierung zu Spionagediensten begonnen hatte, als er noch ein junger Militärkadett war und damit endete, daß Noriega Bundesgefangener Nr. 41586 war.

Hätten die USA ihren politischen Druck intelligenter eingesetzt und mit passenden Anreizen versehen, dann hätte dieser Militäreinsatz verhindert werden können, und man hätte Noriega früher und viel ruhiger entmachten können. Ein solcher Weg hätte den Panamaern viel mehr Eigenverantwortung gelassen, ihre Wirtschaft und ihr politisches System zu reformieren und neu aufzubauen. Jetzt trugen die USA – als Invasionsmacht – jedoch die Verantwortung eines Eindringlings – wieder aufzubauen, was sie zerstört hatten. Der Preis war ein hoher: 25 amerikanische Gefallene, etwa 1000 panamaische Opfer und 1,5 Milliarden Dollar an Schadenswiedergutmachung.

Mehr als zwei Jahre lang waren die USA einem inkonsequenten Kurs halbherziger wirtschaftlicher Sanktionen und nicht verwirklichter Drohungen gefolgt, die dabei behilflich gewesen waren, eines der gesündesten Wirtschaftssysteme der Region zu zerstören, aber Noriega trotzdem an seinem Platz belassen hatten. Und daß sich Washington im Jahr der Präsidentschaftswahl 1988 mehr auf die Innenpolitik konzentriert hatte, verhinderte eine konsequente, geduldige Politik, die eventuell Erfolg dabei hätte haben können, Noriega mittels Verhandlungen von seiner Position zu entfernen.

Bei Washingtons verpfuschter Affäre mit Noriega könnte es sich um die beste bisher existierende Fallstudie handeln, mit der illustriert wird, was es Amerika kosten kann, seine demokratischen Prinzipien hintanzustellen, um dadurch kurzfristige Erfolge in der Außenpolitik zu erzielen. General Noriega ist in dieser Episode nicht der einzige Böse; diese Rolle kann man auch Washingtons inkonsequentem und unüberlegtem Zugang zu internationalen Angelegenheiten zuschreiben – einem unglücklichen Nebenprodukt der amerikanischen Demokratie. Amerika ist sein eigener größter Feind – nicht Noriega.

Die Geschichte Noriegas ist auch eine Geschichte von Gut und Böse. Die Vereinigten Staaten halfen dabei, das Böse zu schaffen, und machten es dann noch schlimmer, als sie seine Existenz ignorierten, bis es zu einer eiternden Wunde geworden war, die man nicht mehr länger ignorieren oder heilen konnte, ohne etwas anderes als einen chirurgischen Eingriff mit katastrophalen Folgen durchzuführen.

In den letzten 20 Jahren hat es keine US-Regierung gegeben, die sich daran nicht mitschuldig gemacht hätte. Die Regierung Nixon besaß geheimdienstliche Informationen darüber, daß Noriega mit Drogen zu tun hatte. Die Regierung Ford, unter der Bush 1976 CIA-Direktor war, entdeckte, daß Noriega sich die Dienste von Geheimagenten erkauft hatte. Die Regierung Carter erwischte ihn dabei, als er Ende der Siebziger illegal Waffen an den nicaraguanischen Widerstand lieferte – im Auftrag des panamaischen Diktators Omar Torrijos. Und als Noriega 1983 an die Macht kam, bezahlte ihm die Regierung Reagan bereits 185 000 bis 200 000 Dollar im Jahr – was etwa dem Jahresgehalt des amerikanischen Präsidenten entsprach –, obwohl es Beweise dafür gab, daß er sich mit Drogenhandel befaßt, Wahlschwindel begangen, die Enthauptung eines politischen Gegners gutgeheißen und eine ganze militärische und politische Struktur korrumpiert hatte.

Trotzdem tat Washington die vielen Gefallen, die Noriega den USA einst getan hatte, mit einem Schulterzucken ab, als beschlossen wurde, ihn zu stürzen. Nun war Amerika plötzlich die Streitmacht des Guten, die gegen das Böse, gegen Noriega, angetreten war. Aber wie schon der Philosoph Blaise Pascal sagte: „Das Böse ist wandelbar und kann die verschiedensten Formen annehmen." Eine Begleiterscheinung dabei war, daß das Gute ein muskelbepackter Riese war, der sein Gewicht nur mühsam verlagern konnte und gegen Noriegas kunstvolle Begabung zu Geheimaktionen und psychologische Kriegsführung hilflos und unbeholfen war. Als sich die USA endlich zum Handeln entschlossen, taten sie das mit unangemessen starker Gewalt, die angesichts des Versuchs, diese relativ kleine Bedrohung der nationalen Sicherheit auszulöschen, übertrieben schien.

Durch den momentanen Triumph, der durch Noriegas Sturz ausgelöst wurde, war es leicht, die Nähe der früheren Beziehung zu vergessen. Noriega war fast drei Jahrzehnte dazu fähig, seine Geldgeber und Freunde in den USA zu manipulieren, da er wußte, was er wollte und Washington gut genug verstand, um es auch kriegen zu können. Amerika versagte, weil es nie wußte, was es von dieser Beziehung mit Noriega haben wollte und nie die Gefahr begriff, die er darstellte, bis es zu spät war.

Noriega wollte Macht. Er benutzte die USA sehr schlau dazu, sie zu bekommen, da Amerika ihn früh mit Geldmitteln unterstützte, seine Karriere aufbaute und ihn schließlich auch beschützte. Er gewann Prestige und Kenntnisse, die ihm dabei behilflich waren, seine Gegner auf dem Weg zur Macht auszustechen. Und als er erst einmal an der Macht war, halfen ihm die Amerikaner, sie zu behalten. Wenn er sich einem Rückschlag nach gestohlenen Wahlen oder einem Putsch, der gegen ihn geplant wurde, gegenübersah, hielten sich die USA nicht nur zurück, sondern stellten ihm gelegentlich sogar Geheiminformationen zur Verfügung, die Noriega dabei halfen, seine Feinde abzuwehren.

Noriega erkannte, daß die amerikanische Außenpolitik meistens das komplizierte Resultat der Ambitionen einzelner Personen und miteinander im Widerstreit liegender bürokratischer Anliegen ist. Daher fütterte Noriega amerikanische Behörden und ihre Vertreter. Er stellte dem CIA Geheiminformationen und einen Horchposten zur Verfügung; er ließ das Pentagon überraschenderweise seine Stützpunkte kostenlos benutzen; er übergab Drogenhändler (oft seine Konkurrenten) der Drug Enforcement Administration und lieferte Kriminelle dem FBI aus, obwohl es keinen Auslieferungsvertrag gab. Kurz und gut, er diente stets Amerikas engstirnigsten Interessen und befriedigte dabei die ganze Zeit seine eigenen Wünsche, zu denen es gehörte, Geld zu waschen, den Kubanern Geheiminformationen und Hochtechnologie zu verkaufen und Guerillabewegungen in der gesamten Region Waffen zu liefern.

Die Vereinigten Staaten waren Noriegas erster Geldgeber, Förderer und Berater, bis sie schließlich sein Feind wurden. Aber Washington inszenierte die Scheidung ebenso armselig, wie es die Ehe geführt hatte. Statt das Frankenstein-Monster zu zerstören, die sie zu erschaffen geholfen hatte, verlängerte die halbherzige Politik der USA Noriegas politisches Leben, indem sie ihm eine Sache in die Hand gab, für die er kämpfen konnte – eine Entschuldigung für brutale Unterdrückung, die er ausüben konnte, ohne je eine Bedrohung darzustellen, die groß genug war, einen Angriff der USA zu rechtfertigen. Amerika handelte mit dem Widerstreben eines Partners, der sich überlegte, ein Stückchen seines eigenen Körpers zu amputieren.

Die schlechte Handhabung der Affäre Noriega stellt auch eine weitergehende Verurteilung der Art und Weise dar, wie die USA ihre internationalen Geschäfte abwikkeln. Um es ganz einfach auszudrücken: Amerikas Außenpolitik wird nicht gemacht, sondern sie passiert einfach. Die Ziele passen nur selten zu den Mitteln, mit denen man sie erreichen will, und die schönen Reden werden oft von keinerlei Handlungen begleitet. Die besten Absichten führen oft zu den schlimmsten Konsequenzen.

Bei der amerikanischen Außenpolitik handelt es sich nicht um das wohlüberlegte Ergebnis gutgeplanter Vorgänge, die an einer Schautafel erklärt werden können. Dazu ist sie viel zu schmutzig und zynisch. Man sehe sich zuerst die vagen Anreize an, die in der Innenpolitik, bürokratischen Tagesordnungen und den Ambitionen einzelner Individuen liegen. Die multipliziere man dann mit der allgemeinen Sehnsucht der Funkionäre in Washington, der Art politischer Risiken auszuweichen, die zwar Geschichte machen, aber auch Karrieren zerstören könnten.

Die Innenpolitik ist die stärkste Kraft in Amerika. Aber die Probleme, die sich durch sie stellen, fordern eine zu kurze Aufmerksamkeitsspanne, als daß damit die schwierigen und umfassenden Maßnahmen ergriffen werden könnten, die der Kampf gegen das moderne Böse in Gestalt lästiger Diktatoren, Drogenhändler und Terroristen erfordert. Noriegas Übeltaten wurden bald durch den Fernsehsturm einer Präsidentenwahl, der Aufstände in Peking und dem Erdbeben in San Francisco überflügelt. Er war für die USA solange kein Problem mehr, bis die Medien ihn wiederentdeckten oder er zum Wahlkampfthema wurde. Aber für Panama blieb er ein unbehandelter, bösartiger Tumor.

Die Politik in Washington wird von andauernd wechselnden Motivationen, Prioritäten und Gewalten bestimmt, die dazu führen, daß man sich in seinen Verbündeten irrt (und sie oft sogar im Stich läßt). Diese Tatsache macht es schwierig, nationale Interessen zu fördern und manchmal auch, sie überhaupt erst zu definieren. Die Haltung gegenüber Noriega hat sich im Laufe der Jahre mit den politischen Launen des Augenblicks verändert. Aber es stand nicht immer die Antriebskraft hinter der US-Politik gegenüber Panama, die Demokratie zu fördern.

Präsident Theodore Roosevelts entschlossene Kanonenboot-Politik im Jahre 1903, mit der er die Unabhängigkeit Panamas von Kolumbien gewaltsam herbeiführte, war vom Wunsch motiviert, einen Kanal zu bauen. Während des 2. Weltkriegs unterstützten die USA den Sturz des beliebtesten panamaischen Präsidenten aller Zeiten, Arnulfo Arias – hauptsächlich deshalb, weil er seinem Land und dessen Handelsflotte nicht gestattete, sich den Amerikanern im Krieg anzuschließen. Danach sahen sich die Vereinigten Staaten bei ihrem Kampf gegen die Kommunisten und Castro dazu veranlaßt, die Entwicklung eines panamaischen Militärs zu fördern, das zu einer Größe heranwuchs, die jene, die man gebraucht hätte, um das Land zu verteidigen, weit überstieg. Nachdem dieses Militär im Jahr 1968 die Macht an sich gerissen hatte, neigten die US-Funktionäre bei ihrem Bemühen, einen neuen Panamakanal-Vertrag abzuschließen, dazu, die zunehmende Beweislast für die Korruption des Militärs und Noriegas schändliche Aktivitäten einfach zu übersehen. Und die Besessenheit der Regierung Reagan vom Thema Nicaragua und den Contras führte wieder dazu, daß Noriega zu einer Zeit unterstützt wurde, als seine Untaten bereits historische Proportionen erreicht hatten.

Nein, es war nicht der Wunsch nach einer Demokratie, der die Regierung Reagan schließlich gegen Noriega aufbrachte. Es waren die Drogen. In einem Amerika, das eine „Just say no"-Philosophie vertrat, verwandelten die beiden Anklagen wegen Drogendelikten Noriega im Februar 1988 von einem lästigen Diktator in ein innenpolitisches Problem. Durch einen einzigen juristischen Streich, der in Florida anscheinend ohne jede außenpolitische Überlegung geführt wurde, wurde Noriega zum Unberührbaren. Er war zu einem politischen Symbol geworden, zu einem Stereotyp, das man leicht hassen und unmöglich unterstützen konnte: ein mit Drogen handelnder Diktator. Die panamaische Opposition erfand sogar einen neuen Ausdruck, mit der sie seine Herrschaft beschrieb: „Narko-Militarismus".

Der päpstliche Nuntius, Monsignore José Sebastián Laboa, hatte allen Grund zur Überzeugung, daß bestimmte US-Behörden die Beziehung mit Noriega gern so weitergeführt hätten wie bisher, hätten die Anklagen und Senats-Hearings die Aufmerksamkeit der amerikanischen Öffentlichkeit nicht auf das Problem gerichtet.

„Das amerikanische Volk traf nie eine Schuld", sagte der Nuntius. „Als die Menschen erfuhren, wer Noriega war, lehnten sie ihn nicht nur ab, sondern bestanden auch darauf, daß man keine Beziehungen mehr zu ihm unterhalten und nicht mehr mit ihm handeln sollte. Das Problem dabei ist nur, daß Ihre Behörden nicht so anständig und moralisch sind wie Ihr Volk. Wären diese Tatsachen nicht an die amerikanische Öffentlichkeit gelangt, dann wäre die Sache einfach so weitergegangen."

Vielleicht war der Kern des Problems, nachdem sich die USA erst einmal gegen Noriega gewandt hatten, die Tatsache, daß amerikanische Funktionäre den General unterschätzten, der eine komplexere und einfallsreichere Persönlichkeit war, als sein Stereotyp ahnen ließ. Er war viel eher ein meisterhafter Puppenspieler denn ein Militärdiktator. In seinem Innersten war er ein Geheimagent, der lieber seine Feinde ausspionierte als einen Staat führte. Er zog lieber im Hintergrund an den Schnüren und verließ sich viel mehr auf psychologische Kriegsführung als auf direkte Konfrontationen. In seinem High School-Jahrbuch hatte er gesagt, daß er Psychiater und Präsident werden wollte – er wurde beides.

Die Regierung Reagan, die seine verborgenen Stärken nicht verstand, glaubte, daß dieser kleinwüchsige General nur eine weitere kleine Kerbe sein würde, die sie auf ihren Anti-Diktator-Revolver schnitzen könnte. Die Regierung war von ihrem Erfolg bei der Absetzung des philippinischen Diktators Ferdinand Marcos und von Jean-Claude „Baby Doc" Duvalier in Haiti wie betrunken. Man hatte sogar Augusto Pinochet in Chile zu einem Referendum gezwungen, mit dem er seine Herrschaft aufs Spiel setzen würde.

Man war sich sicher, daß diese 1,67 Meter große, uncharismatische, häßliche Persönlichkeit in Panama dem Druck aus Amerika nicht würde standhalten können. Aber Noriega war eine neue Art Despot: eine Kombination aus Straßenkämpfer, orientalischem Mystiker, Geheimagenten und Mafia-Paten. Und er besaß eine Menge opportunistischer Freunde, die ihm – weil sie Gewinn machen wollten – seine Herrschaft immer weiter auszudehnen halfen. Die Israelis gaben ihm geheimdienstliche Informationen und Sicherheitsratschläge. Die Taiwaner und Japaner suchten Geschäftsmöglichkeiten. Die Kubaner stellten ihm Ratschläge für seine Propaganda und Ausbildung für seine Spezialtruppen zur Verfügung.

Amerikanische Militäroffiziere schätzten den General bis ganz zum Ende falsch ein. Einige von ihnen hatten Angst, daß er in den Dschungel gehen und von dort aus einen Guerillakrieg anführen würde; aber Noriega war kein Che Guevara. Und als Noriega in der päpstlichen Residenz Zuflucht suchte, kamen die amerikanischen Generale zum kollektiven Schluß, daß er Geiseln nehmen würde; aber der General war auch kein Ayatollah Khomeini. Und andere waren der Ansicht, daß er Selbstmord begehen würde; aber Noriega war schließlich auch nicht Adolf Hitler.

General Noriega schien einfach nie in die amerikanische Schablone eines Diktators zu passen. Noriega, der Überlebenskünstler, war ein gerissener Manipulator, kein Idealist oder Ideologe. Er ergab sich friedlich, trotz der Tatsache, daß er unter seiner Matraze in der Nuntiatur ein AK-47-Gewehr und eine Menge Munition versteckt hatte, mit der er sich selbst – oder anderen – jederzeit das Leben hätte nehmen können. Noriega, der sich still und leise auf seine Gerissenheit verließ, erkannte, daß beide dieser Möglichkeiten gleichermaßen selbstmörderisch gewesen wären.

Also wählte er die beste Alternative aus, die ihm noch blieb. Er verließ das Schlachtfeld und seine Heimat, um seinen Krieg gegen die Vereinigten Staaten in die Gerichtssäle von Miami zu tragen. Der beste aller Überlebenskünstler war ganz tief unten, aber er war noch nicht aus dem Spiel ausgeschieden.

Sogar als er besiegt und entehrt war, plante Noriega noch eine neue Schlacht.